“十三五”国家重点出版物出版规划项目
卓越工程能力培养与工程教育专业认证系列规划教材
（电气工程及其自动化、自动化专业）

电机学

苏少平　高　琳　杜锦华　刘新正　编著

机械工业出版社

本书是“十三五”国家重点出版物出版规划项目，是卓越工程能力培养与工程教育专业认证系列规划教材和西安交通大学“十三五”规划教材，是在总结西安交通大学电机专业多年教学经验并借鉴国内外相关教材的基础上编写而成的。全书分为9章，包括绪论、变压器、机电能量转换与旋转电机工作原理、直流电机、交流电机的共同问题、感应电机、同步电机、特种电机、交流旋转电机的伺服控制等。全书在强调传统电机和机电能量转换基本理论的同时，还阐述了无刷直流电机、永磁同步电机、开关磁阻电机、步进电机、双馈感应发电机、伺服控制等新内容。

本书可作为高等院校电类或机电类专业的教材，也可作为相关工程技术人员的参考用书。

为帮助学生消化理解全书内容，本书提供了5套试题，扫描下方二维码即可在线做题并查看答案。

试题 1

试题 2

试题 3

试题 4

试题 5

图书在版编目（CIP）数据

电机学/苏少平等编著．—北京：机械工业出版社，2021.6（2026.1重印）

“十三五”国家重点出版物出版规划项目　卓越工程能力培养与工程教育专业认证系列规划教材．电气工程及其自动化、自动化专业

ISBN 978-7-111-67483-2

Ⅰ.①电…　Ⅱ.①苏…　Ⅲ.①电机学-高等学校-教材　Ⅳ.①TM3

中国版本图书馆CIP数据核字（2021）第023900号

机械工业出版社（北京市百万庄大街22号　邮政编码100037）
策划编辑：王雅新　责任编辑：王雅新　韩　静
责任校对：王　延　责任印制：郜　敏
河北虎彩印刷有限公司印刷
2026年1月第1版第5次印刷
184mm×260mm · 22.5印张 · 558千字
标准书号：ISBN 978-7-111-67483-2
定价：59.80元

电话服务	网络服务
客服电话：010-88361066	机　工　官　网：www.cmpbook.com
010-88379833	机　工　官　博：weibo.com/cmp1952
010-68326294	金　　书　　网：www.golden-book.com
封底无防伪标均为盗版	机工教育服务网：www.cmpedu.com

前　言

电机学对电类及其相关专业来说是一门极为重要的技术基础课，主要讲述以电机为代表的机电装置的工作原理、基本结构、分析方法、试验和操作技能，是许多专业课程的必修先导课，通过本课程的学习，能为后续专业课程的学习打下基础。

本书是“十三五”国家重点出版物出版规划项目，是卓越工程能力培养与工程教育专业认证系列规划教材和西安交通大学“十三五”规划教材，内容符合全国高等学校电工技术类专业教材编审委员会通过的教学大纲，适合作为电力系统及其自动化、电机电器及其控制、高电压技术及绝缘、工业自动化、水利电力、农电等电类或机电类专业电机学课程教学之用。

本书在总结西安交通大学电机专业多年教学经验并参考国内外相关教材的基础上编写而成。在保持国内教材结构清晰、讲述简洁、注重应用等特点的基础上，借鉴了国外教材强调基本理论、基本概念、注重自学、例题和习题丰富的风格。在讲述上力求做到既通俗易懂、简洁明快，又逻辑严密、概念准确。

为了拓展读者思路，本书将传统电机作为机电装置的一个重要大类，从机电能量转换的角度，对各种电机的原理结构和工作机理进行分析讨论，揭示了一些共有的概念和规律。为了适应新技术革命、国民经济发展以及教学改革的需要，本书对一些传统内容进行了精简，并增加了机电能量转换、无刷直流电机、永磁同步电机、开关磁阻电机、步进电机、双馈感应发电机、旋转电机的伺服控制等新内容。

本书融入了丰富的课程思政内容，限于篇幅，更多的文字不能体现在书中，选用本书作为教材的老师可以登录机械工业出版社教育服务网（www. cmpedu. com）下载“《电机学》课程思政设计方案及思政教学案例”。同时，本书在 2023 年重印时，又将党的“二十大”精神相关内容融入了书中。

通过本书的学习，力求达到的基本要求是：①透彻理解机电能量转换的基本概念和规律，并能用来分析和解释各种传统电机及一些特种电机的基本工作机理；②对电机常用的一些数据，如额定值、参数、励磁电流等应建立起数值大小的概念；③学会分析电机性能的基本方法，如等效电路、相量图、复数运算、对称分量法等；④学会普通电机的选用、试验和操作技能，如发电机建压、并网、功率调节，电动机的起动、调速、制动等。

本书由西安交通大学苏少平、高琳、杜锦华、刘新正合作编写。编写过程中比较系统地总结了编者长期从事电机学教学的经验，广泛听取了西安交通大学电机教研室其他教师的建议，征求了多届学生的意见。本书参考了西安交通大学先前使用的由汪国梁主编、机械工业出版社出版的《电机学》教材以及由阎治安、苏少平、崔新艺合编，西安交通大学出版社出版的《电机学》（第 3 版）教材。本书第 1、2、3、7 章由苏少平编写，第 4、5 章由高琳编写，第 6 章由刘新正编写，第 8、9 章由杜锦华编写。全书由苏少平组织其他编者修正并统稿。在此，对给与本书建议和意见、提供思政案例和视频的人员及单位表达诚挚的谢意。

由于水平有限，错误在所难免，望广大读者多提宝贵意见，多多批评指正！

编　者

目　　录

第1章 绪 论

1.1 电机的用途和类别

1.1.1 电机的用途

人类社会发展至今，在我们赖以生存的蓝色星球上，每分每秒都在生产和消费着巨量的**电能**，现代文明须臾不可断供的就是电能。电能在生产、变换、传输、调配、利用和管控等方面所展现出的优良特性，使它从众多形式的能源中脱颖而出，成为能源家族中的主宰。电能点亮了现代文明的每一个角落，而电能的生产和利用等都离不开电机，因此可以说电机推动了现代文明的进步。

电机正是我们这门课程——**电机学**所要讲述和探讨的主要对象，它是一种与电能相关的基于**电磁感应理论**的**能量转换装置**，用来**实现机械能与电能之间能量形态的转换或者电能自身形式的转换**。依据功能可以将电机分为**发电机**、**电动机**、**变压器**、**控制电机**等。自然界赋予我们的各种能源，如煤炭之热能、江河之水能、旷野之风能、高天之光能以及取之不尽的原子能等，都难以直接便捷、有效地利用，必须将它们先转换成电能，再将电能转换成其他各种能源形态加以利用。这是因为电能与其他形式的能源相比，具有无可比拟的优越性。电能具有规模生产、方便变换、快捷传输、灵活调配、高效利用和智能管控等突出特点。与之共存共荣的电机，当仁不让地成为电能生产、变换、传输、调配、利用和管控的核心设备，在现代社会所有行业和人民生活的各个方面都占据着极其重要的地位。

电能的生产必须依靠发电机——**将机械能转换成电能**。在全球不计其数的发电厂中，大型发电机组分秒不停地将各种能源所蕴涵的机械能转换成电能，大规模集中地生产着电能。热电厂和核电站将燃煤、燃气或者核反应产生的热能通过汽轮机转换成机械能，再通过发电机转换成电能；水电站和风电场用蓄水的势能或刮风的动能推动水轮机或风力机转动并带动发电机旋转将其转换为电能。发电机是发电厂或者应急供电的主要设备。

电能的传输、变换、分配离不开变压器——**将一种电压等级的电能转换成另一种电压等级的电能**。密布全球的数不清的变电站、电力传输网、配电站，持续不断地将各个发电厂集中生产的电能极速、高效、安全地输向城市和乡村。在庞大的电力系统中，变压器起着至关重要的作用。在发电厂或变电站，升压变压器将发电机的输出电压升高至高压输电电压，以减少输电线路上电能的消耗和电压的降落；在配电站或用电区，降压变压器将高压电变换成可安全使用的电能，并分配给用电户。没有变压器，高压输电及安全用电就无从谈起。

电能的利用严重依赖各种电动机——**将电能转换为机械能**。在国民经济的所有领域，如工农业、交通运输、国防及日常生活的各个方面，都广泛使用各种各样的电动机驱动生产机械或装备。工业机床、农业排灌、矿石采掘、冶金钻探、高铁牵引、轧钢造纸、医疗设备、家用电器等的原动力都来自各种不同类型、规格、容量的交直流电动机。

各种自动控制系统都离不开包括控制电机在内的种类繁多的微特电机。随着科技的发展，各行各业的自动化程度越来越高，各种各样的控制电机发挥着重要作用。此类电机功率小、品种多、精度要求高。例如，雷达定位、卫星飞控、飞船跟踪、汽车无人驾驶、船舶自动操纵，以及计算机、自动记录仪表、医疗设备、录音摄影和现代家用电器等的运行控制等，都使用了大量的控制电机和各种微特电机。

总之，电机在包括电能生产、电力传输、电力拖动、自动控制系统在内的所有经济民生领域起着不可替代的重要作用。伴随着时代的进步，电机在人们日常生活中的应用也越来越广泛。有人统计，工业化国家的一个普通家庭，家用电器中的电机总数在 50 台以上；一部现代化的小轿车，其内部装备的各种微特电机已超过 60 台。在全世界的各个领域，每分每秒都有数不胜数的电机运转着，源源不断地将电能生产出来、传送出去，再转换成动力，推动着经济发展、生活质量提高和社会文明进步。随着现代电力电子技术、智能控制理论、超导技术以及各种新材料、新机理、新工具、新领域的拓展与研发，电机的应用前景将更加广阔。

1.1.2 电机的类别

电机种类繁多、性能各异，分类方法也很多，最基本和最常用的分类方法有两种。由 1.1.1 节可知，从所实现功能及用途来分，有如下几类：

1）变压器：实现交流电能电压等级的变换。

2）发电机：实现机械能向电能的转换，即用来产生电能。

3）电动机：实现电能向机械能的转换，即利用电能驱动各种生产机械。

4）控制电机：在自控系统中起执行作用及用于信号的检测、放大和解算。

从工作机理上讲，任何旋转电机都具有进出能量的两个端口——机械端和电端，两个端口的输入和输出功能可以互换。当机械端作为输入端、电端作为输出端时，便是发电机；反过来，当电端作为输入端、机械端作为输出端时，便是电动机。变压器具有高压端和低压端，高压端作为输入端时，是降压变压器；低压端作为输入端时，是升压变压器。总之，在电机或变压器中，能量转换或传递的方向是可逆的。所以，从运行机理上看，发电机和电动机不过是同一电机的两种运行状态，将其分成两类是不科学的。但在实际应用中，同一电机兼作发电机和电动机时，性能上往往难以两全其美，所以通常仍然按照实际需求分别设计和生产发电机或电动机。个别特殊用途的电机可兼作发电机和电动机，如各种起动发电机。

根据电流的种类来分，有如下几类：

1）变压器：实现交流电能电压等级的变换。

2）直流电机：实现机械能与直流电能的转换。

3）交流电机：实现机械能与交流电能的转换。交流电机根据结构上的差异又分为感应电机（也称异步电机）和同步电机两大类。

严格地讲，变压器属于一种特殊的静止交流电机，应该划归交流电机之列。但由于变压器功能独立，结构、运行等方面与交流旋转电机差异较大，通常还是自成一类为宜。

电机学课程通常是按照后一种分类法编排和教学的。主要讲述变压器和各种旋转电机的基本构造、基本理论、基本性能和基本操作方法，是一门电类技术基础课。通过电机学课程的学习，能为后续专业课学习及从事相关专业工作打下基础。

1.2 磁路

电机的基本作用原理是：以**磁场**为媒介，通过电磁感应作用，实现机械能与电能之间的转换或者电能自身形式的转换。作为**耦合场**的磁场是能量转换和传递的媒介，如果没有磁场做媒介，电机中的能量转换就无从谈起。严格地讲，电机或其他机电装置中的耦合场不单是磁场，而是电场与磁场相结合的**电磁场**。但由于涉及的频率和尺寸使得麦克斯韦方程中的位移电流可以被忽略，所以我们假设，本书所讨论或涉及的装置仅以磁场作为耦合场。

作为耦合场的磁场，其强弱程度和分布状况对电机的性能有着重大影响，分析和解算磁场对理解和掌握电机的机理和性能非常重要。由于电机几何结构复杂，要实现对其磁场的完整解算，会涉及对麦克斯韦方程组的求解，往往需要借助专业的数值分析软件，而且还需要一系列描述材料特性的数据或曲线。如果通过合理的假设和修正，将复杂难解的三维场分析问题简化为简单明了的一维**磁路**的计算，虽然难以得到精确解，但在多数情况下，仍然可以得到能满足工程精度要求的结果。

产生磁场的方法有两种：①采用**永磁体**；②采用**载流线圈**。包括电机在内的大多数机电装置是采用载流线圈来产生磁场的，这称为**励磁**，相应的线圈称为**励磁线圈**(或**励磁绕组**)，电流称为**励磁电流**。励磁电流可以是直流或交流，视具体设备而定。

图1-1a给出了一个N匝励磁线圈产生磁场的示意图。**磁通**Φ（在图中用**磁力线**直观表示）的方向由电流i的方向依据**右手螺旋定则**决定：想象伸出右手，四指沿电流方向握住励磁线圈，则拇指指向的一端为磁场N极，即磁通Φ发出的方向。

磁场强度向量H与电流i之间的关系符合**安培环路定律**：H沿闭合回线L的线积分等于L所交链的总电流。其表示式为

$$\oint_L H \cdot \mathrm{d}l = \sum i = Ni = F \tag{1-1}$$

式中，$F=Ni$表示闭合回线L所**交链**的总电流，称为作用在该回线上的磁势（或磁动势），其度量单位为A，与电流单位相同。磁场强度向量H的量值可以理解为作用在回线L单位长度上的磁势，其度量单位为A/m。

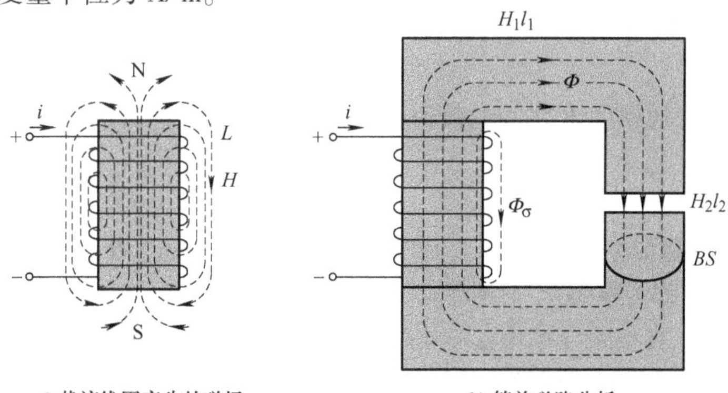

a) 载流线圈产生的磁场　　b) 简单磁路分析

图1-1　电流产生磁场及简单磁路分析

大家知道，利用导体可以引导电流按人们所希望的路径流通；同样，利用**磁性材料**也可以引导磁通按人们所期望的路径行进并闭合。这种主要由磁性材料构成并引导绝大多数磁通行进的闭合路径称为**主磁路**。图 1-1b 就是将图 1-1a 中的**铁心**延伸，构成以铁心为主体的闭合主磁路。由于铁心的导磁性能远远超过其周边的空气，所以绝大部分磁通被引导沿主磁路流通，到达并穿越**气隙**，称为**主磁通**(如图 1-1b 中的磁通 Φ)；当然，也会有极少量的磁通经线圈周围的空气介质流通，形成所谓的**漏磁通**(如图 1-1b 中的磁通 Φ_σ)，对应的流通路径称为**漏磁路**。

图 1-1b 所示的闭合主磁路由两段构成，主体路段为铁心，这一段的等效长度为 l_1；另一段为空气（通常称为**气隙**），长度为 l_2。假设各路段中的磁场强度均匀，量值分别为 H_1 和 H_2，则向量 $\boldsymbol{H}$ 沿闭合主磁路的线积分式(1-1) 可以简化为

$$H_1 l_1 + H_2 l_2 = Ni \tag{1-2}$$

或者

$$F_1 + F_2 = F \tag{1-3}$$

式中，$F_1 = H_1 l_1$、$F_2 = H_2 l_2$ 分别为铁心段和气隙段所消耗的磁势，称为相应路段上的**磁压降**。磁压降的单位与磁势单位相同，也为 A。

式(1-2) 或式(1-3) 可以推广到由多个线圈和多个路段所构成的闭合磁路，即

$$H_1 l_1 + H_2 l_2 + \cdots + H_n l_n = N_1 i_1 + N_2 i_2 + \cdots + N_k i_k \rightarrow \sum_{i=1}^{n} H_i l_i = \sum_{j=1}^{k} N_j i_j \tag{1-4}$$

或者

$$F_1 + F_2 + \cdots + F_n = F \tag{1-5}$$

式(1-4) 或式(1-5) 称为磁路的**基尔霍夫定律**，它表明，磁路上所加的总磁势等于各个磁路段上所产生的磁压降之和。显然，基尔霍夫定律是全电流定律的推论。

主磁路对磁力线具有疏通和导向作用，绝大部分磁力线被导入主磁路。主磁路横截面 S 上所通过的磁通 Φ 和**磁通密度**向量 $\boldsymbol{B}$ 之间的关系为

$$\Phi = \int_S \boldsymbol{B} \cdot \mathrm{d}S \tag{1-6}$$

式中，磁通 Φ 的单位为韦伯（Wb），表示穿过面积 S（单位为 m^2）的**磁荷**量即磁力线的多少（经典电磁学定义 1Wb 等于10^8 线）；磁通密度（也称**磁感应强度**）$\boldsymbol{B}$ 表示单位面积的磁通，其单位为特斯拉（T），$1\mathrm{T} = 1\mathrm{Wb/m^2}$。

如果横截面上的磁通密度 $\boldsymbol{B}$ 均匀分布且方向为垂直于 S 平面，则式(1-6) 可以简化为

$$\Phi = \boldsymbol{B}S \tag{1-7}$$

磁场强度 $\boldsymbol{H}$ 与磁通密度 $\boldsymbol{B}$ 之间的数值关系由磁场所在处的材料性质决定，通常假设为线性关系，即

$$\boldsymbol{B} = \mu \boldsymbol{H} \tag{1-8}$$

式中，μ 称为材料的**磁导率**。在 SI 单位制中，$\boldsymbol{H}$ 的单位为 A/m，$\boldsymbol{B}$ 的单位为$\mathrm{Wb/m^2}$，所以μ 的单位为 Wb/A/m，称为**亨每米**(H/m)。

在 SI 单位制中，真空磁导率为$\mu_0 = 4\pi \times 10^{-7}\mathrm{H/m}$。其他材料的导磁性能可以用其磁导率$\mu$ 相对于μ_0 的倍数即**相对磁导率**μ_r 来表示，$\mu = \mu_\mathrm{r}\mu_0$。变压器和电机主磁路所用的铁磁性材料的相对磁导率$\mu_\mathrm{r}$ 值的典型范围是 2000 ~ 8000，有些材料的相对磁导率可达到几万。铁

磁材料的特性将在1.3节描述。

当气隙长度 l_2 远小于邻近铁心面的尺寸时，可以认为，气隙段的截面积等于铁心段的截面积 S。如果气隙长度比较大，就会有磁通从气隙的边缘“泄漏”（称为**边缘效应**），应该对气隙路段的截面积稍作修正。这里我们假定气隙长度 l_2 足够小，两个磁路段相串联，通过相同的磁通 Φ。铁心路段具有磁导率 μ、截面积 S 以及磁路长度 l_1；气隙路段具有磁导率 μ_0、截面积 S 以及长度 l_2。铁心和气隙中的磁通密度相等，均为

$$B = \frac{\Phi}{S} \tag{1-9}$$

铁心段的磁压降为

$$F_1 = H_1 l_1 = \frac{B}{\mu} l_1 = \frac{1}{\mu} \frac{l_1}{S} \Phi = R_{m1} \Phi \tag{1-10}$$

式中

$$R_{m1} = \frac{1}{\mu} \frac{l_1}{S} \tag{1-11}$$

称为铁心路段的**磁阻**，此式可与电阻公式相类比。可见，某段磁路的磁阻与构成该路段材料的磁导率成反比、与磁路长成正比、与磁路截面积成反比。式(1-10) 中的 $F_1 = R_{m1}\Phi$ 称为磁路的**欧姆定律**，可与电路的欧姆定律相类比。磁阻的单位为 A/Wb 或者 1/H。

同样，气隙路段的磁阻为

$$R_{m2} = \frac{1}{\mu_0} \frac{l_2}{S} \tag{1-12}$$

气隙路段的磁压降为

$$F_2 = R_{m2} \Phi \tag{1-13}$$

主磁路上的总磁压降即为线圈电流所产生的磁势

$$F = F_1 + F_2 = (R_{m1} + R_{m2}) \Phi \tag{1-14}$$

需要说明的是，对于实际的磁性材料，$\boldsymbol{B}$ 和 $\boldsymbol{H}$ 并不能简单地用式(1-8) 所描述的恒值磁导率 μ 来关联。事实上，对磁性材料来说，**$\boldsymbol{B}$ 通常是 $\boldsymbol{H}$ 的非线性、多值函数**。必须用 $B-H$ 的非线性关系特性或曲线来描述。然而，在大多数情况下，将材料的磁导率假设为恒定值也能得出满足工程精度要求的结果。

磁阻的倒数称为**磁导**Λ，例如，气隙段的磁导为

$$\Lambda = \frac{1}{R_{m2}} = \mu_0 \frac{S}{l_2} \tag{1-15}$$

在 SI 单位制中，磁导的单位为 H。

式（1-13）所表达的磁势（磁压降）与磁通间的关系与电路中电势（电压）与电流间的关系类似，这种类比在图 1-2 中作了描绘。图 1-2a 所示为一个电路，其中电压 U 驱使电流 I 通过电阻 R_1 和 R_2；图 1-2b 所示为

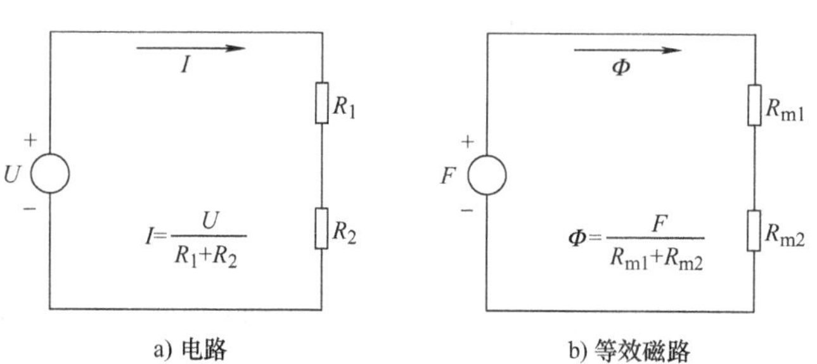

图 1-2　电路与等效磁路的简单类比

图 1-1b 的等效磁路，磁势 F 驱使磁通 Φ 通过铁心磁阻和气隙磁阻。电路和等效磁路之间的这种类比，对于求解复杂磁路颇为有益。

以上，我们描述了将磁场问题简化为磁路模型的基本原理，并介绍了与磁路相关的一些物理量、定律和术语。必须强调，这样的思路完全基于工程观点。例如，我们假定磁路铁心段的磁导率为已知恒值，且磁力线完全被纳入主磁路之中。尽管这样的假设在许多情况下是可行的，但实际情况是，线圈电流在主磁路之外也产生磁场。在像变压器及旋转电机这类装置中，两个或更多线圈被安置在一个磁路上时，主磁路之外也会有磁场，这类磁场称为**漏磁场**。漏磁场会显著影响装置的性能，在精确分析时，不能完全忽视。

例 1-1　图 1-1b 所示的磁路的尺寸为 $S=10\text{cm}^2$，$l_1=40\text{cm}$，$l_2=0.05\text{cm}$，$N=500$。假设铁心材料的相对磁导率 $\mu_r=6000$。

（1）求主磁路各段磁阻 R_{m1}、R_{m2} 以及总磁阻 R_m；

（2）当磁路工作在 $B=1.0\text{T}$ 时，求磁通 Φ 和电流 i；

（3）假设由于边缘效应，使得气隙的有效截面积增加了 5%，求 $B=1.0\text{T}$ 时的磁通 Φ 和电流 i。

解：

（1）铁心磁阻　$R_{m1}=\dfrac{1}{\mu_r\mu_0}\dfrac{l_1}{S}=\dfrac{1}{6000\times4\pi\times10^{-7}}\dfrac{40\times10^{-2}}{10\times10^{-4}}\text{A/Wb}=5.3052\times10^4\text{A/Wb}$

气隙磁阻　$R_{m2}=\dfrac{1}{\mu_0}\dfrac{l_2}{S}=\dfrac{1}{4\pi\times10^{-7}}\dfrac{0.05\times10^{-2}}{10\times10^{-4}}\text{A/Wb}=3.9789\times10^5\text{A/Wb}$

总磁阻　$R_m=R_{m1}+R_{m2}=(5.3052\times10^4+3.9789\times10^5)\text{A/Wb}=4.5094\times10^5\text{A/Wb}$

（2）磁通　$\Phi=BS=1.0\times10\times10^{-4}\text{Wb}=1.0\times10^{-3}\text{Wb}$

磁势　$F=R_m\Phi=4.5094\times10^5\times1.0\times10^{-3}\text{A}=450.9390\text{A}$

电流　$i=\dfrac{F}{N}=\dfrac{450.9390}{500}\text{A}=0.9019\text{A}$

（3）考虑边缘效应，修正气隙磁通面的面积为　$S_2=1.05S=10.5\text{cm}^2$

气隙磁阻　$R_{m2}=\dfrac{1}{\mu_0}\dfrac{l_2}{S_2}=\dfrac{1}{4\pi\times10^{-7}}\dfrac{0.05\times10^{-2}}{10.5\times10^{-4}}\text{A/Wb}=3.7894\times10^5\text{A/Wb}$

总磁阻　$R_m=R_{m1}+R_{m2}=(5.3052\times10^4+3.7894\times10^5)\ \text{A/Wb}=4.3199\times10^5\text{A/Wb}$

磁通　$\Phi=BS_2=1.0\times10.5\times10^{-4}\text{Wb}=1.05\times10^{-3}\text{Wb}$

磁势　$F=R_m\Phi=4.3199\times10^5\times1.05\times10^{-3}\text{A}=453.5916\text{A}$

电流　$i=\dfrac{F}{N}=\dfrac{453.5916}{500}\text{A}=0.9072\text{A}$

可见，由于边缘效应的影响，产生同样 1.0T 的气隙磁通密度所需励磁电流会增加一些。

1.3　磁性材料的特性

在电机或变压器中采用磁导率极大的磁性材料，可以大大减少主磁路的磁阻，从而以较小的励磁电流产生较高的磁通密度。而磁通密度的增加，会使得能量密度增加，从而缩小装置的体积并提高工作性能。另外，用磁性材料所构建的主磁路可以用来导向或定形磁场。在变压器中，磁性材料构成的铁心使得线圈相互间的耦合度更高；在电机中，用磁性材料对磁场分布定形，能得到所期望的输出特性。

1.3.1 铁磁材料的磁化

铁磁材料一般是指铁或铁与钴、钨、镍、铝及其他金属的合金，是迄今为止最通用的磁性材料。虽然这些材料的性能差异很大，但决定其性能的基本机理是相通的。研究发现，铁磁材料是由许许多多的**磁畴**(磁畴即磁化小区）构成的。在没有外部磁场作用的情况下，所有磁畴散乱排列，对任何方向发出和吸收的磁力线相等，宏观上不对外显示磁性。图1-3a示意了铁磁材料未经磁化时内部磁畴所呈现的随机状态。

a) 未磁化状态

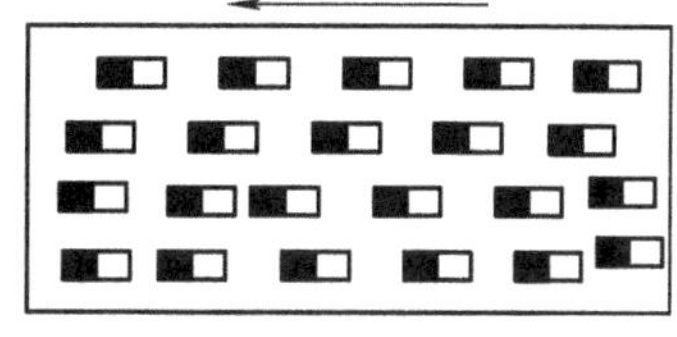

b) 磁化饱和状态

图1-3 铁磁物质的磁化机理

当有外磁场 $\boldsymbol{H}$ 作用于铁磁材料时，磁畴在 $\boldsymbol{H}$ 的作用下，趋向于沿 $\boldsymbol{H}$ 的指向排列。磁畴发出的磁力线也趋向于与外磁场的磁力线平行，大大增强了磁力线的密度，即沿外磁场方向形成更大的磁通密度。当同样的 $\boldsymbol{H}$ 作用于铁磁材料时，所产生的 $\boldsymbol{B}$ 比作用于非磁性材料时要大得多。所以，铁磁材料的磁导率 $\mu_{\mathrm{Fe}}=\boldsymbol{B}/\boldsymbol{H}$ 远大于非磁性材料，其相对磁导率 μ_{r} 会达到2000~8000。

随着 $\boldsymbol{H}$ 的增强，磁畴沿 $\boldsymbol{H}$ 方向的定向排列会越来越接近完成。当所有磁畴都沿 $\boldsymbol{H}$ 方向整齐排列后，内部磁畴对磁通密度的增强效应会消失，此时，我们说铁磁材料达到**饱和**状态，其内部磁畴所呈现的状态如图1-3b所示。

1.3.2 磁化曲线

1. 起始磁化曲线

材料的**磁化曲线**是指磁通密度 $\boldsymbol{B}$ 随着磁场强度 $\boldsymbol{H}$ 变化的函数曲线。非磁性材料处于磁场中时，$\boldsymbol{B}$ 与 $\boldsymbol{H}$ 之间呈线性关系，其比值就是磁导率，基本等于真空磁导率 μ_0。所以非磁性材料的磁化曲线就是一条直线 $\boldsymbol{B}=\mu_0\boldsymbol{H}$，如图1-4所示。

铁磁材料的 $\boldsymbol{B}$ 与 $\boldsymbol{H}$ 之间呈非线性关系。将一块未磁化的铁磁材料进行磁化，当 $\boldsymbol{H}$ 从0逐渐增大时，$\boldsymbol{B}$ 也随之增大，曲线 $\boldsymbol{B}=f(\boldsymbol{H})$ 称为铁磁材料的**起始磁化曲线**，如图1-4中所示的 $Oabcd$。

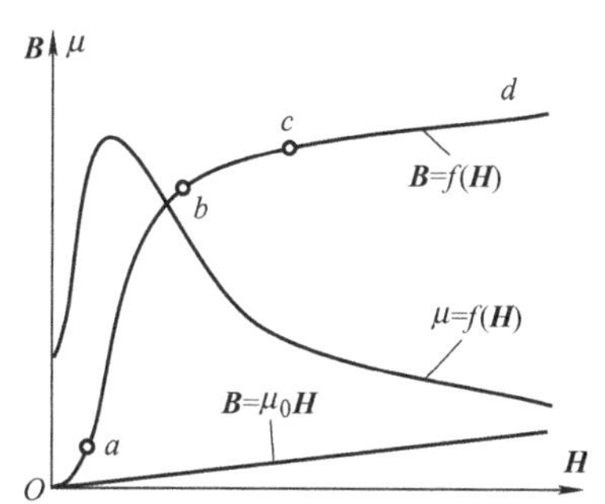

图1-4 铁磁材料的起始磁化曲线分析

起始磁化曲线基本上可分为四段：开始磁化时，$\boldsymbol{H}$ 较弱，磁畴受 $\boldsymbol{H}$ 的作用力较小，磁通密度 $\boldsymbol{B}$ 增加较为平缓，如图1-4中 Oa 段所示；随着

$\boldsymbol{H}$ 的增强，大量磁畴开始转向 $\boldsymbol{H}$ 的方向，磁通密度 $\boldsymbol{B}$ 快速增大，$\boldsymbol{B}=f(\boldsymbol{H})$ 线的斜率较大，如图 1-4 中 ab 段所示；若 $\boldsymbol{H}$ 继续增大，由于大部分磁畴已经指向了 $\boldsymbol{H}$ 方向，可转向的磁畴越来越少，因此磁通密度 $\boldsymbol{B}$ 值的增加也越来越慢，这种现象称为**饱和**，如图 1-4 中的 bc 段所示。b 点是磁化曲线开始饱和的点，通常称为**膝点**。达到饱和以后，几乎所有磁畴都已指向 $\boldsymbol{H}$ 方向，此后，再增大 $\boldsymbol{H}$ 时，铁磁材料所特有的磁畴转向效应已基本消失，$B-H$ 曲线基本与非磁性材料的 $\boldsymbol{B}=\mu_0\boldsymbol{H}$ 直线相平行，如图 1-4 中的 cd 段所示。

由于铁磁材料的磁化曲线不是直线，所以磁导率 $\mu_{\mathrm{Fe}}=\boldsymbol{B}/\boldsymbol{H}$ 亦非常数，其值随着 $\boldsymbol{H}$ 值而变，如图 1-4 所示。**磁导率特别大、非常数以及有饱和现象是铁磁材料的基本特征。**设计电机或变压器时，为了充分利用铁心材料并且以较小的励磁电流获得较大的主磁通，通常将铁心材料磁化曲线膝点附近的磁通密度值选为工作磁通密度。

2. *磁滞回线*

若对铁磁材料进行周期性磁化，则 $\boldsymbol{B}$ 和 $\boldsymbol{H}$ 之间的变化关系将变成如图 1-5 中的曲线 $abcdefa$ 所示。由此可见，当 $\boldsymbol{H}$ 从 0 开始增加到最大值 $\boldsymbol{H}_{\mathrm{m}}$ 时，$\boldsymbol{B}$ 相应地从 0 增加到最大值 $\boldsymbol{B}_{\mathrm{m}}$；以后逐渐减小 $\boldsymbol{H}$ 时，$\boldsymbol{B}$ 将沿 ab 下降。当 $\boldsymbol{H}=0$ 时，$\boldsymbol{B}$ 值并没有减小到 0，而是等于 $\boldsymbol{B}_{\mathrm{r}}$。这种撤掉外磁场后，铁磁材料中仍然保留的磁通密度 $\boldsymbol{B}_{\mathrm{r}}$，称为剩余磁通密度，简称**剩磁**。要使得 $\boldsymbol{B}$ 值减小到 0，必须加上相应的反向磁场强度 $\boldsymbol{H}_{\mathrm{c}}$，称为**矫顽力**。剩磁 $\boldsymbol{B}_{\mathrm{r}}$ 和矫顽力 $\boldsymbol{H}_{\mathrm{c}}$ 是铁磁材料的两个重要参数。铁磁材料所具有的这种磁通密度变化滞后于磁场强度变化的现象称为**磁滞**。由于存在磁滞现象，使得铁磁材料的 $B-H$ 曲线呈现为闭合回线，称为**磁滞回线**。**剩磁和磁滞现象是铁磁材料的又一特征**。

按照磁滞回线形状的不同，可以将铁磁材料分为**软磁材料**和**硬磁材料**两大类。磁滞回线窄、剩磁 $\boldsymbol{B}_{\mathrm{r}}$ 和矫顽力 $\boldsymbol{H}_{\mathrm{c}}$ 都小的材料称为软磁材料，如图 1-6a 所示。此类材料包括铸铁、硅钢片等。软磁材料的磁导率高，可以用来制造电机和变压器的铁心。磁滞回线宽、剩磁 $\boldsymbol{B}_{\mathrm{r}}$ 和矫顽力 $\boldsymbol{H}_{\mathrm{c}}$ 都大的材料称为硬磁材料，如图 1-6b 所示。由于硬磁材料的 $\boldsymbol{B}_{\mathrm{r}}$ 较大，因此可以用来制造永磁体。硬磁材料有铁氧体、铝镍钴和稀土三大类。稀土作为一种性能优异的永磁材料，受到了许多应用领域的青睐。

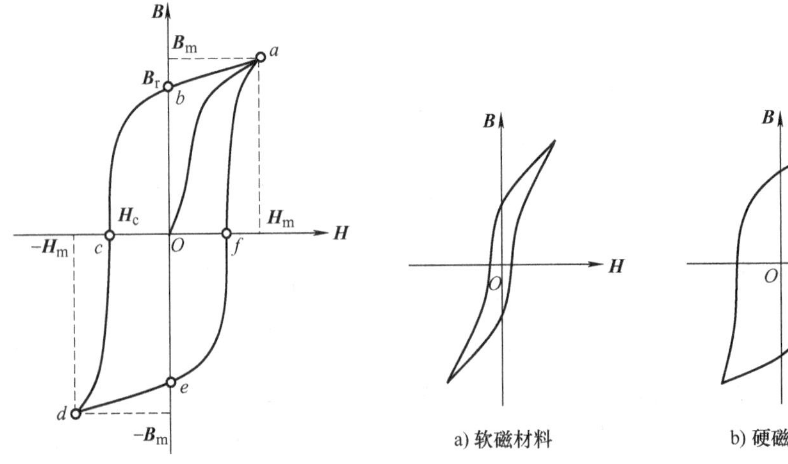

图 1-5　铁磁材料的磁滞回线

图 1-6　软磁材料和硬磁材料的磁滞回线

3. 基本磁化曲线

对于同一铁磁材料，以不同的磁场强度幅值 $\boldsymbol{H}_{\mathrm{m}}$ 进行反复磁化，可以得到一系列大小不同的磁滞回线，如图1-7所示。将各磁滞回线在第一象限的顶点连起来，所形成的 $\boldsymbol{B}-\boldsymbol{H}$ 关系曲线称为**基本磁化曲线**或**平均磁化曲线**。基本磁化曲线是单值函数，使用较为方便，并且能得到工程计算所要求的精度，所以得到了普遍应用。

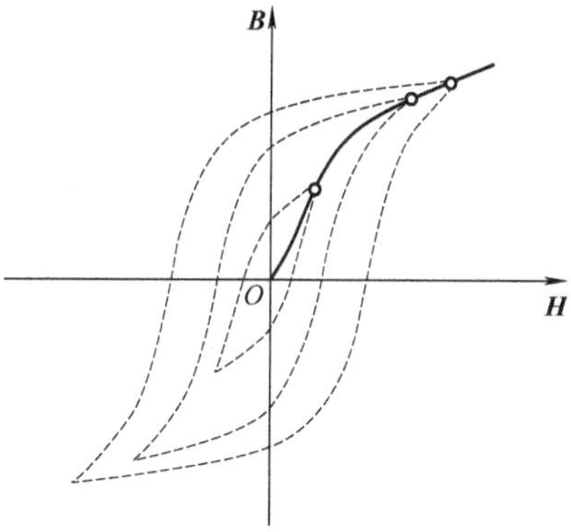

图1-7　基本磁化曲线

1.3.3　铁心损耗

旋转电机属于机电能量转换设备，在能量转换过程中，会产生一定的**功率损耗**。**输出功率**P_2 永远小于**输入功率**P_1，其比值 $\eta=P_2/P_1$ 称为**效率**。旋转电机的功率损耗一般分为三类：电流在电路中流通时所产生的欧姆损耗 $p_{\mathrm{Cu}}=Ri^2$，称为**铜耗**或**铝耗**；旋转部件所产生的**机械损耗**；交变磁通在铁心中引起的所谓**铁心损耗**(简称铁耗)。铜耗和机械损耗原理简单、概念清楚、易于理解，而铁耗无论是具体计算还是概念理解都稍显复杂。这里仅对铁耗产生的基本机理做简单介绍。

1. 磁滞损耗

铁磁材料处于交变磁场中时，材料被反复磁化，大量磁畴或相互粘滞，或相互碰擦，周期性地消耗能量，造成功率损失，这种损耗称为**磁滞损耗**。

分析表明，磁滞损耗 p_{h} 与磁场交变的频率 f、铁心体积 V 以及铁心材料磁滞回线的面积 $\oint\boldsymbol{H}\mathrm{d}\boldsymbol{B}$ 成正比，即

$$p_{\mathrm{h}}=fV\oint\boldsymbol{H}\mathrm{d}\boldsymbol{B}\tag{1-16}$$

试验证明，磁滞回线的面积与磁通密度幅值 $\boldsymbol{B}_{\mathrm{m}}$ 的 n 次方成正比，所以磁滞损耗可以写成

$$p_{\mathrm{h}}=C_{\mathrm{h}}fV\boldsymbol{B}_{\mathrm{m}}^{n}\tag{1-17}$$

式中，C_{h} 是与材料有关的系数；对一般的**硅钢片**，$n=1.3\sim2.3$。由于硅钢片导磁性能好且磁滞回线面积小，因此用其作为电机和变压器的铁心，不但能有效地减小铁心体积，还可以减少铁心中的磁滞损耗。

2. 涡流损耗

铁磁材料处于交变磁场中时，铁心中磁通密度 $\boldsymbol{B}$ 随时间周期性变化，根据电磁感应原理，铁心中将产生感应电势，由于铁心本身就是导电的，所以会出现环流。这些环流围绕磁力线作旋涡状流动，称为涡旋电流，简称**涡流**，如图1-8a所示。涡流在铁心中引起的损耗，称为**涡流损耗**。不难想象，涡流遇到的电阻越大，涡流和涡流损耗就会越小。据此，为了减少涡流损耗，通常把电机和变压器的铁心用薄的硅钢片（普通硅钢片的厚度通常为0.35～0.5mm）做成**叠片结构**，硅钢片沿磁力线方向排列，各片之间有绝缘漆，这样就可以将涡流的流通路径限制在硅钢片的厚度范围之内，大大增加涡流所遇到的电阻，从而减小涡流和涡

流损耗，叠片越薄，损耗越小，如图 1-8b 所示。分析表明，涡流损耗 p_e 可表示成

$$p_e = C_e \Delta^2 f^2 B_m^2 V \quad (1\text{-}18)$$

式中，C_e 是与材料相关的系数；Δ 为硅钢片厚度。

铁心中的磁滞损耗和涡流损耗之和，统称为**铁心损耗**，用 p_{Fe} 表示，即

$$p_{Fe} = (C_h f \boldsymbol{B}_m^n + C_e \Delta^2 f^2 \boldsymbol{B}_m^2) V \quad (1\text{-}19)$$

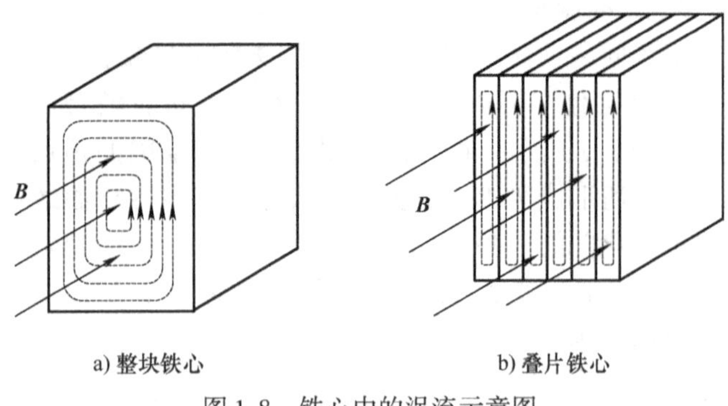

图 1-8　铁心中的涡流示意图

对于一般的硅钢片，正常工作磁通密度为 1 ~ 1.8T，在此范围内，式(1-19）可以近似写成

$$p_{Fe} \approx C_{Fe} f^{1.3} \boldsymbol{B}_m^2 G \quad (1\text{-}20)$$

式中，C_{Fe}为铁心的损耗系数，可在相关手册中查到；G 为铁心重量。

需要指出的是，铁心只有处于交变磁场中时，才会产生涡流损耗和磁滞损耗。比如直流电机的磁极所产生的是周期性分布的恒定磁场，对于定子铁心来说，磁极磁场是恒定的，理论上不产生铁心损耗；但转子铁心与周期性分布的磁极磁场之间有相对运行，相当于转子铁心处于交变磁场中，所以会产生较大的铁心损耗。

1.4　电机作用原理的基础

电机是以磁场为媒介实现机电能量转换的设备，或者说，电机就是以磁为媒介，完成电与力之间转换的装置。在大多数电机中，磁又是由电（励磁电流）产生的，所以电机的作用原理基于电、磁、力三者相互作用、相互转换的规律。

在 1.2 节我们讲述了电流产生磁场的规律——安培环路定律，以及它的推论——磁路的基尔霍夫定律和磁路的欧姆定律，并对简单磁路中的电磁转换进行了分析。本节介绍在磁场中实现电与力或电与电相互转换的基本定律。

1.4.1　磁链、感应电势、电感

图 1-9 所示为典型的单相变压器磁路，磁路上绕有两个线圈 N_1 和 N_2（N_1 和 N_2 同时也表示线圈匝数），下面分析给线圈 N_1 施加交流电压 u 时，磁路和电路中所发生的物理现象。交流电压 u 会产生交流电流 i_1 和交流磁通 ϕ，变化的 ϕ 将在它所交链的线圈中产生**感应电势**。如果磁通 ϕ 全部在主磁路中流通，则它将交链线圈 N_1 和 N_2 的所有线匝，并形成**磁链**ψ_{11} 和 ψ_{21}，即

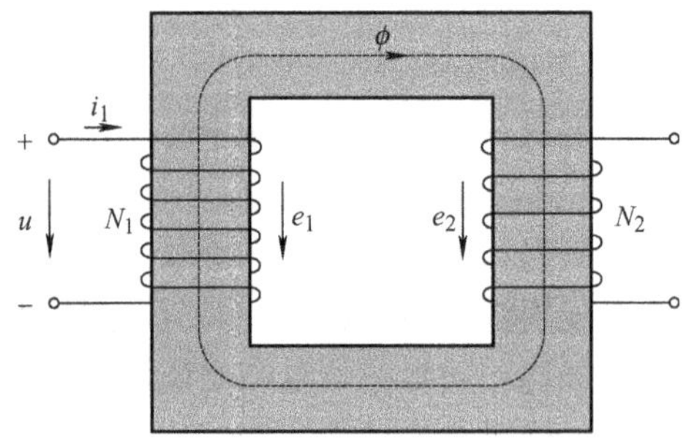

图 1-9　交流励磁和感应电势分析

$$\psi_{11}=N_1\phi,\qquad \psi_{21}=N_2\phi \tag{1-21}$$

式中，ψ_{11}为线圈 N_1 自身电流所产生的磁链；ψ_{21}为线圈 N_1 的电流在线圈 N_2 中所产生的磁链。磁链的单位同磁通单位，也为 Wb。

当线圈磁链随时间发生变化时，线圈中将产生感应电势，感应电势的大小和方向分别由**法拉第电磁感应定律**和**楞次定律**描述。用公式表示为

$$e_1=-\frac{\mathrm{d}\psi_{11}}{\mathrm{d}t}=-N_1\frac{\mathrm{d}\phi}{\mathrm{d}t},\quad e_2=-\frac{\mathrm{d}\psi_{21}}{\mathrm{d}t}=-N_2\frac{\mathrm{d}\phi}{\mathrm{d}t} \tag{1-22}$$

式中，e_1，e_2 分别为线圈 N_1 和 N_2 中的感应电势，单位为 V；时间 t 的单位为 s。

法拉第电磁感应定律描述了感应电势的大小，其表述为：交链线圈的磁链发生变化时，线圈中将产生感应电势，线圈感应电势的大小等于其磁链随时间的变化率。楞次定律则描述了感应电势的方向，其表述为：线圈磁链变化所引起的感应电势，试图产生一个阻止原磁链变化的新磁链。式(1-22) 中的负号正是楞次定律的体现，其含义为：如果规定感应电势的正方向与磁链的正方向符合右手定则，则正的磁链变化率形成负电势。

由式(1-22) 可以得到

$$\frac{e_1}{e_2}=\frac{N_1}{N_2} \tag{1-23}$$

这正是变压器作用原理的基础。

将线圈 N_1 的电流 i_1 在自身所引起的磁链ψ_{11}与电流 i_1 的比值定义为线圈 N_1 的**电感（自感）**L_{11}；将线圈 N_1 的电流 i_1 在另一个线圈 N_2 中所引起的磁链ψ_{21}与电流 i_1 的比值定义为线圈 N_2 与线圈 N_1 之间的**互感**L_{21}。若假设该磁路为线性磁路，即磁链与电流之间为线性关系，则

$$\left.\begin{aligned}L_{11}&=\frac{\psi_{11}}{i_1}=\frac{N_1\phi}{i_1}=\frac{N_1}{i_1}\frac{N_1 i_1}{R_\mathrm{m}}=\frac{N_1^2}{R_\mathrm{m}}\\ L_{21}&=\frac{\psi_{21}}{i_1}=\frac{N_2\phi}{i_1}=\frac{N_2}{i_1}\frac{N_1 i_1}{R_\mathrm{m}}=\frac{N_1N_2}{R_\mathrm{m}}\end{aligned}\right\} \tag{1-24}$$

式中，R_m 为磁通 ϕ 所经历磁路的磁阻。在 SI 单位制中，电感的单位与磁导单位相同，为 H。可见自感正比于匝数的二次方，互感正比于两线圈匝数的乘积，二者均反比于与线圈相关联的磁路的磁阻。

电磁感应定律的另一表现形式，就是通常所说的直导体切割磁力线产生感应电势的公式。在旋转电机中，磁通密度 $\boldsymbol{B}$ 沿电机的气隙圆周按一定规律分布，线圈与磁通密度波形之间有相对运动。设线圈的某个**有效边（直导体）**以线速度 $\boldsymbol{v}$ 切割磁力线，且磁力线（径向）、直导体（轴向）和导体运动方向（切线方向）三者相互垂直，则导体的感应电势为

$$e=\boldsymbol{B}l\boldsymbol{v} \tag{1-25}$$

式中，$\boldsymbol{B}$ 为导体所处某个瞬时位置的磁通密度，单位为 T；l 为导体长度，单位为 m；$\boldsymbol{v}$ 为导体切割磁力线的线速度，单位为 m/s；e 为导体的感应电势，单位为 V。感应电势 e 的方向由**右手定则**判定：想象伸出右手，展开手掌并伸直各指，让磁力线穿过手掌，拇指指向直导体运动的方向，则并拢的四指指向电势方向，如图 1-10 所示。式(1-25) 正是发电机的

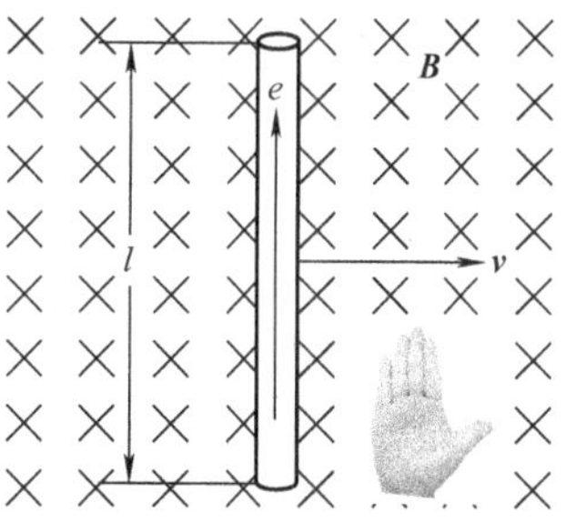

图 1-10　直导体切割磁力线产生感应电势

作用原理的基础。

1.4.2 电磁力、电磁转矩

载流导体在磁场中会受到**电磁力**的作用，电磁力的大小和方向可用**电磁力定律**确定。通用的电磁力公式较为复杂，这里不做介绍。在电机中，磁通密度通常与直导体垂直，作用在导体上的电磁力可简单地表示为

$$f = Bli \tag{1-26}$$

式中，力 f 的单位为 N，其方向由**左手定则**判定：想象伸出左手，展开手掌并伸直各指，让磁力线穿过手掌，并拢的四指指向电流方向，则拇指指向导体受力的方向，如图 1-11 所示。在旋转电机中，作用在转子所有导体上的电磁力会使得转子受到一个合成**力矩**，称为**电磁转矩**，它在机电能量转换中起着重要作用。式(1-26) 正是电动机作用原理的基础。

例 1-2 在图 1-12a 所示的磁路中，励磁线圈的匝数为 N，假设铁心材料的磁导率 $\mu_r = \infty$，两段气隙磁路的长度分别为 g_1 和 g_2，截面积分别为 S_1 和 S_2。不考虑边缘效应，试推导线圈电感表达式。

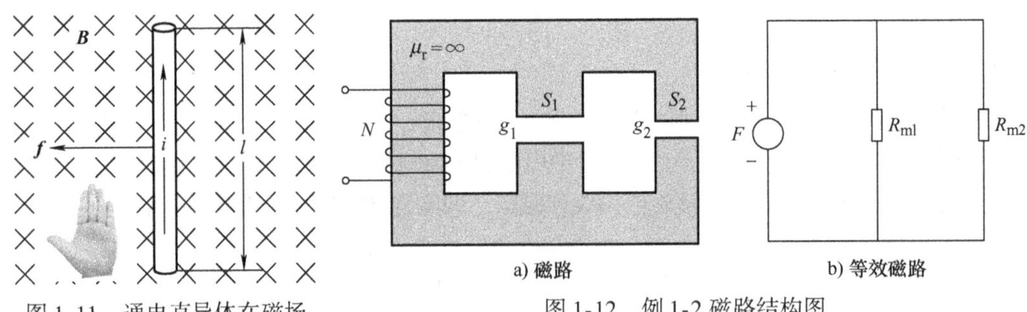

图 1-11 通电直导体在磁场产生电磁力

图 1-12 例 1-2 磁路结构图

解：由于铁心的磁导率为无穷大，所以铁心磁路的磁阻为 0，总磁阻为两个气隙磁阻的并联磁阻（图 1-12b）。

两个气隙的磁阻分别为 $R_{m1} = \dfrac{1}{\mu_0}\dfrac{g_1}{S_1}$， $R_{m2} = \dfrac{1}{\mu_0}\dfrac{g_2}{S_2}$

总磁阻为
$$R_m = \frac{R_{m1}R_{m2}}{R_{m1}+R_{m2}} = \frac{1}{\mu_0}\frac{\dfrac{g_1g_2}{S_1S_2}}{\dfrac{g_1}{S_1}+\dfrac{g_2}{S_2}} = \frac{1}{\mu_0}\frac{g_1g_2}{S_2g_1+S_1g_2}$$

电感为
$$L = \frac{N^2}{R_m} = \mu_0 N^2\frac{S_2g_1+S_1g_2}{g_1g_2} = \mu_0 N^2\left(\frac{S_1}{g_1}+\frac{S_2}{g_2}\right)$$

例 1-3 对例 1-1 的磁路及其尺寸数据，不考虑气隙边缘效应和漏磁，试求：

（1）不考虑铁心磁阻时的电感；

（2）假设铁心材料的相对磁导率 $\mu_r = 6000$ 时的电感 L；

（3）假设磁通密度 $B = 1.0\cos100\pi t$T，求线圈的感应电势 e。

解：

(1) 铁心磁阻 $R_{m1}=\frac{1}{\mu_r\mu_0}\frac{l_1}{S}=\frac{1}{6000\times4\pi\times10^{-7}}\frac{40\times10^{-2}}{10\times10^{-4}}\text{A/Wb}=5.3052\times10^4\text{A/Wb}$

气隙磁阻 $R_{m2}=\frac{1}{\mu_0}\frac{l_2}{S}=\frac{1}{4\pi\times10^{-7}}\frac{0.05\times10^{-2}}{10\times10^{-4}}\text{A/Wb}=3.9789\times10^5\text{A/Wb}$

总磁阻 $R_m=R_{m1}+R_{m2}=(5.3052\times10^4+3.9789\times10^5)\text{A/Wb}=4.5094\times10^5\text{A/Wb}$

不考虑铁心磁阻时的电感 $L_0=\frac{N^2}{R_{m2}}=\frac{500^2}{3.9789\times10^5}\text{H}=0.6283\text{H}$

(2) 考虑了铁心磁阻后的电感 $L=\frac{N^2}{R_m}=\frac{500^2}{4.5094\times10^5}\text{H}=0.5544\text{H}$

(3) 电势 $e=-\frac{d\psi}{dt}=-N\frac{d\phi}{dt}=-NS\frac{d\boldsymbol{B}}{dt}=100\pi NS\sin100\pi t=157.0796\sin100\pi t\text{V}$

本章小结

电机是进行机电能量转换的装置，变压器是进行电能自身形式转换的装置。电机和变压器是电力系统的支柱，是所有行业和人民生活不可缺少的设备或元件。电机按照功能可分为发电机、电动机、变压器、控制电机等；电机按照电流可分为直流电机和交流电机，变压器可以认为是一种静止的交流电机。

磁路是磁通流经的闭合回路。以铁磁材料为主体，引导绝大多数磁通行进的磁路称为主磁路；沿线圈周围空间或其他非磁性材料闭合的磁路称为漏磁路。铁磁材料具有极高的磁导率，用它做主磁路可以大大降低励磁磁势，缩减磁路和设备的尺寸。

大多数电磁装置是利用励磁线圈通过电流来励磁的。电流产生磁场的普遍规律是安培全电流定律，在磁路中则简化为磁路的基尔霍夫定律和欧姆定律。

可以用磁畴理论来解释铁磁物质的特征：如磁导率特别大、有饱和和剩磁现象、磁滞回线、磁滞损耗等。采用硅钢片叠压做成的叠片铁心，可以大大降低由于磁场交变所引起的涡流损耗。

电机和变压器的本质是以磁场为媒介，实现电与力或者电与电的转化，其基本作用原理基于两个定律——法拉第电磁感应定律、电磁力定律及其相应的三个公式——$e=-N\mathrm{d}\phi/\mathrm{d}t$、$e=\boldsymbol{B}l\boldsymbol{v}$、$\boldsymbol{f}=\boldsymbol{B}li$。

磁势、磁通、磁阻、磁场强度、磁通密度、磁导率、磁链、电感、电势、电磁转矩等物理量在磁路和电机学的学习中经常用到，要对其概念、计算和计量单位有清晰的认识。

思考题

1-1 什么是电机？简述电机的应用。

1-2 如何对电机分类？

1-3 什么是电机的可逆性？

1-4 电机学课程有什么特点？

1-5　什么是磁路？什么是主磁路？什么是漏磁路？

1-6　为什么要用铁磁材料作为主磁路的主体？

1-7　什么是安培全电流定律？

1-8　什么是磁势？什么是磁压降？什么是磁场强度？三者的关系是怎样的？

1-9　什么是磁路的基尔霍夫定律？

1-10　什么是磁路的欧姆定律？

1-11　什么是磁阻？什么是磁导？

1-12　什么是磁通？什么是磁通密度？二者的关系是怎样的？

1-13　什么是磁导率？如何按照磁导率对材料进行分类？

1-14　铁磁材料的磁导率为什么远远大于其他材料的磁导率？

1-15　什么是材料的磁化曲线？什么是磁路的磁化曲线？

1-16　什么是初始磁化曲线？什么是基本磁化曲线？

1-17　什么是磁滞回线？如何根据磁滞回线形状对磁性材料进行分类？

1-18　什么是磁滞损耗？它与哪些因素有关？

1-19　什么是涡流损耗？它与哪些因素有关？

1-20　为什么变压器或电机的铁心通常要用硅钢片叠压？

1-21　什么是法拉第电磁感应定律？什么是楞次定律？

1-22　变压器、发电机和电动机作用原理的基础分别是什么？

1-23　自感和互感分别与哪些因素有关？磁路的饱和程度对线圈的自感或互感会产生什么影响？

1-24　若穿过 N 匝线圈的磁通 $\phi=\Phi_{\mathrm{m}}\sin\omega t$，试求该磁通在线圈中所产生的感应电势的有效值，并说明感应电势与磁通在相位上的关系。

1-25　根据图 1-13 所示的信息，标出图 a 中感应电势方向和图 b 中电磁力方向。

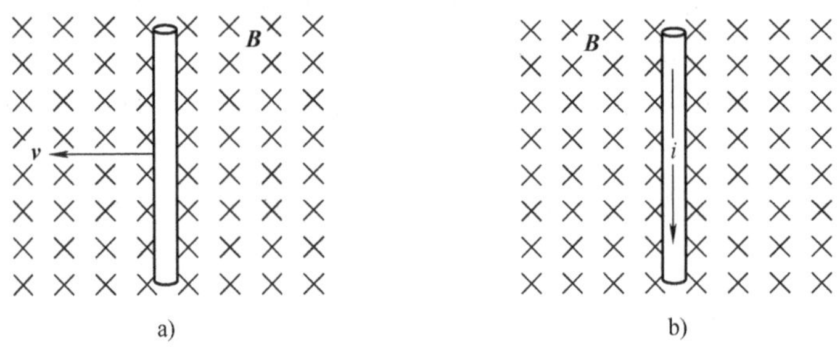

图 1-13　思考题 1-25 图

习　题

1-1　一个由铁磁材料构成的磁路如图 1-14 所示。其中三个边的尺寸相同，右侧的立柱稍窄一些。有一个线圈绕在左侧的立柱上。已知 $a=15\mathrm{cm}$，$b=40\mathrm{cm}$，$c=10\mathrm{cm}$，$N=100$ 匝。假定铁心的相对磁导率 $\mu_{\mathrm{r}}=4000$，问当电流 $i=2\mathrm{A}$ 时，铁心中的磁通 ϕ 为多少？右侧立柱中的磁通密度 B 为多少？

1-2　图1-15所示的磁路包含平均长度为 $l=50\text{cm}$ 的铁心路段和一个 $g=0.05\text{cm}$ 长的气隙。铁心的横截面积为 $S=16\text{cm}^2$，相对磁导率 $\mu_r=4000$，铁心上绕有200匝的励磁线圈，要求在气隙中产生0.8T的平均磁通密度。试求：

（1）不考虑气隙磁路的边缘效应时所需的励磁电流、磁链和电感；

（2）考虑气隙边缘效应使得气隙横截面积增大了5%时所需的励磁电流、磁链和电感。

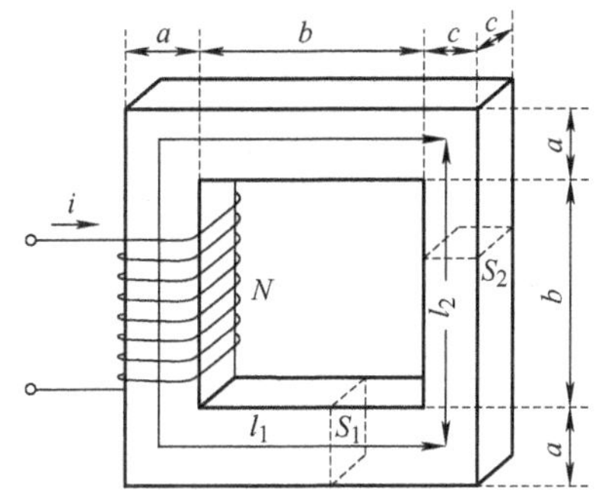

图1-14　习题1-1磁路结构图

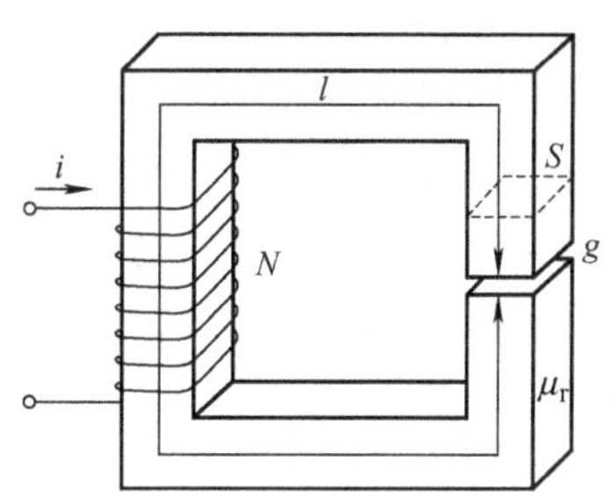

图1-15　习题1-2磁路结构图

1-3　图1-16所示的磁路由叠压高度为 h 的环状磁性材料构成。环的内半径为 R_i，外半径为 R_o。假设铁心磁导率 $\mu=\infty$，忽略漏磁及边缘效应。若 $R_i=3\text{cm}$，$R_o=4\text{cm}$，$h=1\text{cm}$，$g=0.1\text{cm}$，$N=100$，试计算：

（1）铁心磁阻、气隙磁阻及线圈电感；

（2）产生1.2T的气隙磁通密度所需的励磁电流。

1-4　图1-17所示的磁路上有三个线圈，匝数分别为 N、N、N_1，图中标注了铁心及气隙的数据符号。不考虑漏磁及气隙边缘效应，试求：

（1）每个线圈的自感及三个线圈两两之间的互感；

（2）当底部两个线圈分别输入时变电流 i_A 和 i_B 时，在线圈 N_1 中所产生的感应电势。

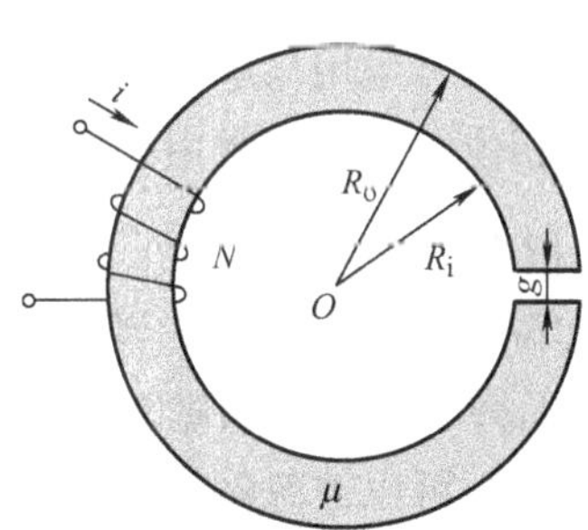

图1-16　习题1-3磁路结构图

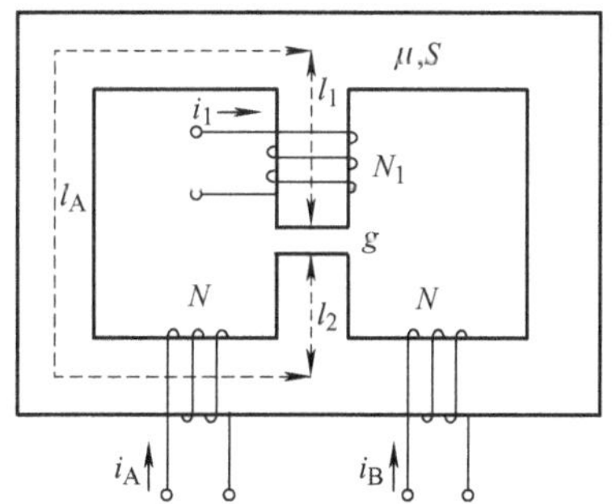

图1-17　习题1-4磁路结构图

第 2 章

变压器

变压器是一种静止的交流电气设备，其功能是实现电压和电流等级的改变。变压器与旋转电机具有共同的理论基础——电磁感应原理，因此，可以把变压器看作一种特殊电机——静止感应电机。在电力系统中，变压器的地位十分重要。远距离高压输电时，发电厂需要用升压变压器将交流发电机发出的电压升高到输电电压；用电区域需要用降压变压器将输电线路的高电压逐级降低到配电电压，供用户使用。这样做的好处是可以大幅度降低传输线路上的功率损耗和电压衰减。

新中国首台 330kV 超高压变压器

2.1 变压器的工作原理和结构

2.1.1 变压器的工作原理

最简单的变压器当属**单相双绕组变压器**，其物理模型如图 2-1 所示，在共同的铁心磁路（主磁路）上绕着两个绕组。一个绕组匝数为 N_1，接正弦交流电源 u_1 并从电源吸取电能，称为**一次绕组**(也称输入绕组，旧称原边绕组)；另一个绕组匝数为 N_2，接负载阻抗 Z_L 并向 Z_L 输出电能，称为**二次绕组**(也称输出绕组，旧称副边绕组)。

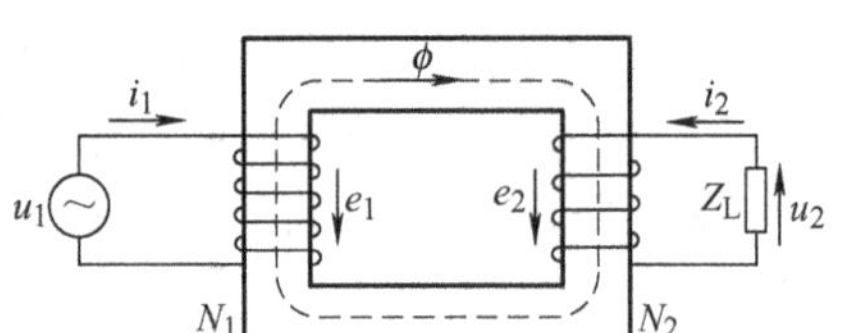

图 2-1 单相双绕组变压器物理模型

变压器在正弦电源下稳态运行时，电压、电流、电势、磁通等电磁量，或者为与电源同频率的正弦量，或者可以用与电源同频率的等效正弦量来表示。这些正弦量相互之间具有一定的大小关系和相位关系，通常用能同时描述**有效值和相位的相量**来表示，如电流 $i_1=\sqrt{2}I_1\sin(\omega t+\alpha)$ 可用相量表示为 $\dot{I}_1$。

为了揭示变压器改变电压、电流的机理，可以将实际变压器理想化，为此做如下假设：①绕组电阻为 0，无电阻压降，无铜耗；②主磁路磁阻无穷小，漏磁路磁阻无穷大，所有磁通被纳入主磁路之中；③建立磁场所需的励磁磁势无穷小，可以被忽略；④铁心中没有磁滞损耗和涡流损耗，即无铁耗。符合以上特点的变压器称为**理想变压器**。实际变压器虽然不可能完全具备这些特点，但也十分接近之，针对理想变压器得出的一些结论，也基本适合实际变压器。

对于理想变压器，在一次侧加正弦交流电压 u_1 后，一次绕组流过正弦交流电流 i_1，产生正弦交变磁通 ϕ，ϕ 同时交链着一次绕组和二次绕组，在其中分别产生正弦感应电势 e_1 和 e_2，根据电磁感应原理，有

$$e_1 = -N_1 \frac{\mathrm{d}\phi}{\mathrm{d}t}, e_2 = -N_2 \frac{\mathrm{d}\phi}{\mathrm{d}t} \tag{2-1}$$

式(2-1)中之所以出现负号，原因在于图2-1所示各物理量的参考方向。按图示参考方向，当 i_1 或 i_2 增大时，ϕ 也增大，$\mathrm{d}\phi/\mathrm{d}t$ 为正值，根据楞次定律，e_1、e_2 必须阻止 ϕ 的增大，也即感应电势必须逆着电流方向以阻止其增大。由于图中感应电势的参考方向顺着电流的参考方向，于是式(2-1)中便出现了负号。

由于绕组被假设无电阻，无压降，且 ϕ 被假设为全部磁通，所以 e_1、e_2 分别为一次绕组和二次绕组产生的全部感应电势。按图2-1所示参考方向，有

$$u_1 = -e_1, e_2 = u_2 \tag{2-2}$$

结合式(2-1)和式(2-2)可得

$$\frac{u_1}{u_2} = -\frac{e_1}{e_2} = -\frac{N_1}{N_2} = -k \quad \text{或者} \; \dot{U}_1 = -k\dot{U}_2 \tag{2-3}$$

式中，$k = N_1/N_2$ 称为变压器的**变比**。可见，**理想变压器按匝数正比例地改变电压大小**。式中的负号同样归咎于参考方向的选择。

二次绕组接上负载后，在电势 e_2 的作用下，二次绕组也会有电流流过。此时一次绕组流过电流 i_1，产生磁势 $F_1 = i_1N_1$；二次绕组流过电流 i_2，产生磁势 $F_2 = i_2N_2$。总磁势即为建立磁通 ϕ 所需要的**励磁磁势**F_{m}，即

$$F_{\mathrm{m}} = i_1N_1 + i_2N_2 \tag{2-4}$$

理想变压器的励磁磁势为无穷小，忽略不计时，有

$$i_1N_1 + i_2N_2 = 0 \quad \text{即} \quad \frac{i_2}{i_1} = -\frac{N_1}{N_2} = -k \; \text{或者} \; \dot{I}_1 = -\frac{1}{k}\dot{I}_2 \tag{2-5}$$

可见，**理想变压器按匝数反比例地改变电流大小**。

再考虑接在二次侧的阻抗 Z_{L}，它与二次侧电压 u_2、二次侧电流 i_2 之间的关系符合电路欧姆定律，即

$$Z_{\mathrm{L}} = \frac{\dot{U}_2}{\dot{I}_2} \tag{2-6}$$

若把理想变压器看成一个“阻抗变换器”，则 Z_{L} 通过该“变换器”再连接到电源 u_1 后，从输入侧看进去，其电压为 u_1，电流为 i_1，等效的负载阻抗值 Z'_{L} 为

$$Z'_{\mathrm{L}} = \frac{\dot{U}_1}{\dot{I}_1} = \frac{-k\dot{U}_2}{-\dot{I}_2/k} = k^2 Z_{\mathrm{L}} \tag{2-7}$$

可见，**理想变压器按匝数二次方正比例地改变阻抗大小**。选取适当的变比，就可以利用变压器将负载阻抗变换成与电源阻抗相匹配的值。

由式(2-3)和式(2-5)可知

$$P_1 = \dot{U}_1 \cdot \dot{I}_1 = -k\dot{U}_2 \cdot \left(-\frac{1}{k}\dot{I}_2\right) = P_2 \tag{2-8}$$

即从一次侧输入的电功率 P_1 等于从二次侧输出的电功率 P_2。这一结果是必然的，因为理想

变压器是一个无损耗、全耦合的电磁感应设备。

综上所述，**理想变压器可以按绕组匝数正比例地改变电压、反比例地改变电流；按绕组匝数二次方正比例地改变阻抗；可以无损耗地传递电能**。

例 2-1 一单相发电机的输出端电压 $u=\sqrt{2}\times 400\sin(100\pi t)$，通过阻抗为 $Z_X=0.2+j0.3\Omega$ 的传输线给阻抗为 $Z_L=4+j3\ \Omega$ 的负载供电。

（1）负载上的电压为多少 V？传输线功率损耗为多少 W？

（2）将一台 1:10 的升压变压器接在发电机输出端和传输线之间，将一台 10:1 的降压变压器接在传输线和负载之间，此时负载电压为多少 V？传输线的功率损耗为多少 W？

解：

（1）用有效值计算。

发电机端电压 $$U=\frac{\sqrt{2}\times 400}{\sqrt{2}}\text{V}=400\text{V}$$

传输线连同负载总阻抗为 $Z=Z_X+Z_L=(0.2+j0.3+4+j3)\Omega=4.2+j3.3\ \Omega$

线路电流和负载电流均为 $$I=\frac{U}{|Z|}=\frac{400}{|4.2+j3.3|}\text{A}=74.89\text{A}$$

负载上的电压 $U_2=I|Z_L|=74.89\times|4+j3|\text{V}=374.44\text{V}$

传输线的功率损耗 $p_X=I^2R_X=74.89^2\times 0.2\text{W}=1.1206\text{kW}$

（2）负载阻抗通过 10:1 的降压变压器变换为 $Z'_L=10^2Z_L=10^2(4+j3)\Omega=400+j300\ \Omega$

传输线连同负载总阻抗为

$$Z=Z_X+Z'_L=(0.2+j0.3+400+j300)\Omega=400.2+j300.3\ \Omega$$

发电机输出电压经过 1:10 的升压变压器后，加到传输线上的电压为

$$U'=10U=10\times 400\text{V}=4000\text{V}$$

传输线的电流为 $$I=\frac{U'}{|Z|}=\frac{4000}{|400.2+j300.3|}\text{A}=7.99\text{A}$$

负载电流为 $I'=I\times 10=79.95\text{A}$

负载电压为 $U_2=I'|Z_L|=79.95\times|4+j3|\text{V}=399.73\text{V}$

传输线的功率损耗为 $p_X=I^2R_X=7.99^2\times 0.2\text{W}=12.78\text{W}$

在该例题中，借助变压器的升压和降压功能，使得传输线的功率损耗降低了约 87 倍；电压衰减也大幅度降低。变压器在电力系统中的重要作用可见一斑。

2.1.2 变压器的基本结构

变压器本质上是通过磁路把两个或多个电路耦合在一起的变电装置。电路一般用导电性能良好的铜线或铝线绕制而成，称为**绕组**。磁路一般用导磁性能良好的硅钢片构成，称为**铁心**。用铁心作为磁路，能使绕组间的耦合更为有效。绕组和铁心共同构成变压器的基本电磁结构，称为**器身**。

变压器运行时，铁心中的交变磁通会产生**铁耗**（包括磁滞损耗和涡流损耗）；绕组中的电流会产生**铜耗**（或铝耗），这些损耗最终会转化成热能，并导致器身发热。为了改善散热条件并提高绝缘能力，大、中容量的电力变压器一般将器身安置在**油箱**内并浸泡在**变压器油**中，称为**油浸式变压器**。油箱既是器身和油的容器，又是安装其他附件的框架。箱体上的附

件主要是一些起保护、监测、缓冲、散热等作用的零部件，如图 2-2 所示。下面就以最常见的油浸式变压器为例介绍变压器的结构特点。

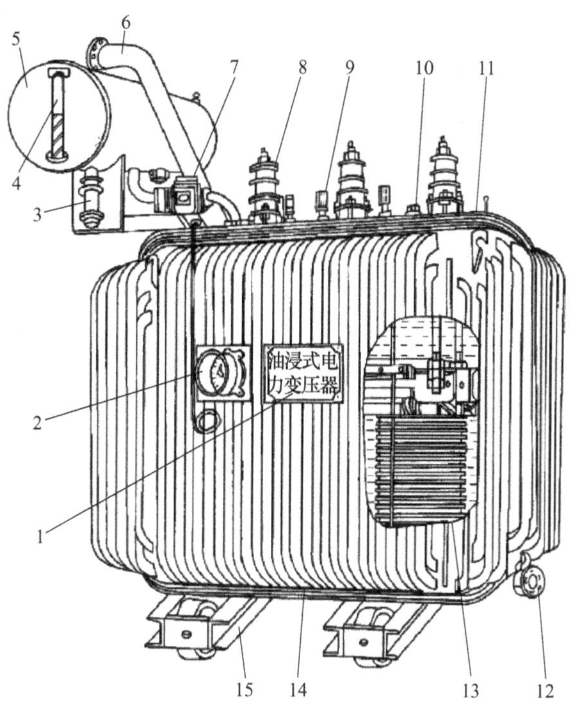

图 2-2　油浸式变压器
1—铭牌　2—温度计　3—吸湿器　4—油位表
5—储油柜　6—安全气道　7—气体继电器　8—高压套管
9—低压套管　10—分接开关　11—油箱　12—放油阀
13—器身　14—接地板　15—小车

1. 铁心

铁心既是变压器的主磁路，也是套装绕组的骨架。套装绕组的铁心段称为**心柱**，其余铁心段则称为**铁轭**。铁心在整体上按其框架结构不同，可以分为**心式**(也写为芯式) 和**壳式**，图 2-3a 给出了单相心式铁心及绕组的框架结构，矩形铁心的两个竖直边作为心柱套装绕组，顶边和底边则作为铁轭，起着连通磁路的作用。图 2-3b 示出的是单相壳式铁心及绕组的架构，中间的立柱作为心柱套装绕组，其余边作为铁轭。心式结构的心柱被绕组包围，绕组装配和绝缘比较容易，散热条件也好，是电力变压器的首选；壳式结构的心柱在中间，两边的铁轭除了连通磁路外，还兼做绕组的“外壳”，其特点是机械强度高，能承受巨大的电磁应力，低压、大电流的特种变压器较多采用这种结构。图 2-3c 和图 2-3d 示出的分别是三相心式和三相壳式铁心结构。

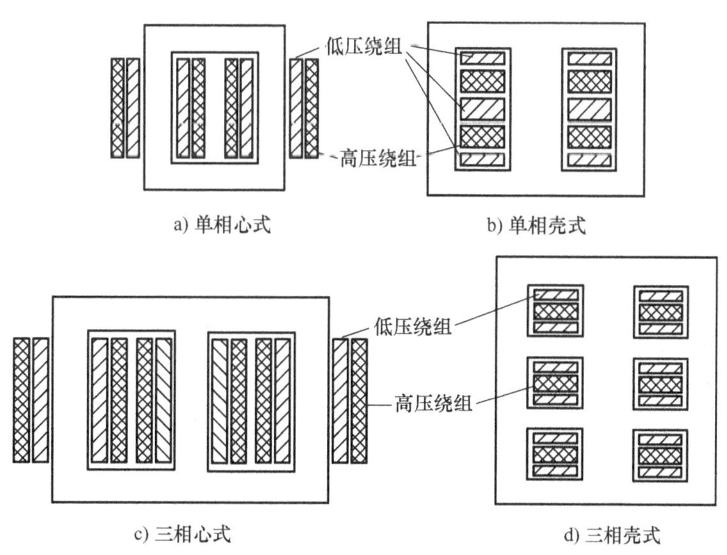

图 2-3　变压器的铁心和绕组

为了减少铁耗，铁心要用薄的（如0.35mm）、表面涂有绝缘漆的硅钢片叠压制成，称为**叠片式铁心**。这种铁心一般要采用**交叠式装配**，即把冲剪成一定尺寸、形状的硅钢片按一定规律交错叠装，要求相邻层的接缝错开，如图2-4所示。采用交叠式装配的目的是避免主磁路中沿磁通方向出现较大的气隙，从而降低励磁磁势和励磁电流。对于具有晶粒取向的冷轧硅钢片，采用斜接缝，可以进一步减少磁路转角处的磁阻和附加损耗，有利于降低铁心发热程度。图2-4c和图2-4d给出了一种斜接缝的交错装配方式。叠装好的铁心要用环氧玻璃丝带或者锰铝合金带绑扎，并将铁轭用拉板或拉带固定。

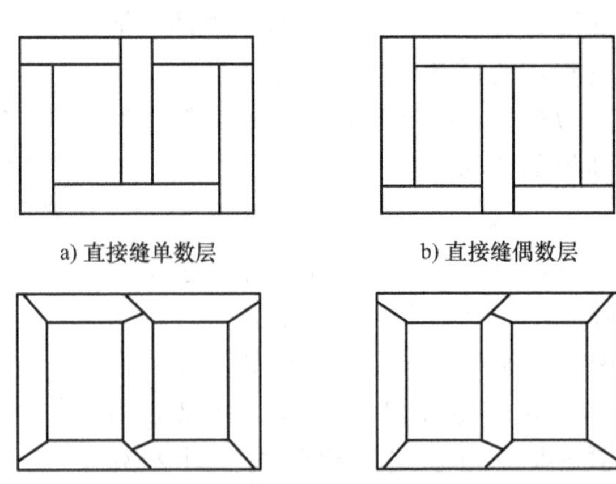

图2-4　三相变压器铁心交叠方法举例

心柱截面的形状应与绕组形状相适应。壳式变压器的绕组通常为矩形，心柱也应为矩形；心式变压器的绕组多为圆筒形，心柱截面也接近圆形。矩形截面很容易由硅钢片叠成；而圆形截面，通常由内接于圆的多级阶梯形组成，也可以由渐开线形硅钢片叠成。大容量变压器，为了改善铁心的冷却条件，常在心柱中开设**油道**，油道可与硅钢片平行或垂直。图2-5给出了铁心的方形截面、多级圆截面和渐开线截面示意图。

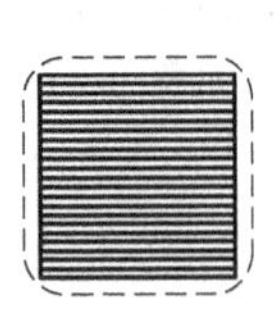

a) 方形截面

b) 多级圆截面带横向油道

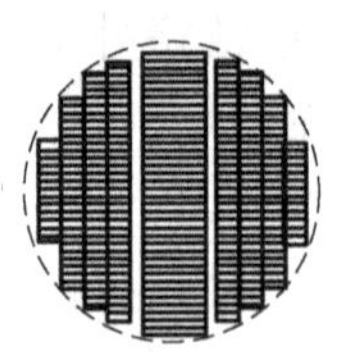

c) 多级圆截面带纵向油道

d) 渐开线形截面

图2-5　铁心截面示意图

2. 绕组

绕组是变压器的电路，常用扁导线、圆导线或铝箔绕制而成。按工作电压高低有**高压绕组**和**低压绕组**之分；按绕组在心柱上排列的方式，可分为**同心式绕组**和**交叠式绕组**两种。

同心式绕组是将高、低压绕组分别绕制成两个同心的圆筒，套装在心柱上。为了便于绝缘，一般将低压绕组放在紧邻心柱的内圈，高压绕组套在外圈，如图2-3a和图2-3c所示。同心式绕组结构简单、制造方便，是最常用的形式。按照绕制方法的不同，同心式绕组又可分为圆筒式、螺旋式、连续式、纠结式等，各种结构形式的特点可参看相关资料，这里不再赘述。

交叠式绕组的高、低压绕组是互相交错放置的。高、低压绕组分别被分成几个线圈段（称为**线饼**），再将线饼按照所属电压等级交替套装在心柱上；为了便于绝缘，紧邻上、下铁轭的应是低压线饼，如图2-3b和图2-3d所示。为了对称，有时将一个低压“整绕饼”制成两个“半线饼”，分别套装在紧邻铁轭的上、下两处。交叠式绕组机械强度高，易于构成多条并联支路，常用在低压、大电流的壳式变压器中。

3. 油箱

铁心、绕组和油箱构成了油浸式电力变压器的三大件。油箱中所装的变压器油，是从石油中分馏出来的矿物油，具有比空气高得多的耐电强度，能够有效地缩短绝缘距离，减小变压器体积。油箱一般设计成圆形、椭圆形或方形等，椭圆形具有机械强度高、用油量少的特点，较多采用。容量小的变压器采用平壁油箱就能满足散热要求；容量较大时采用管壁油箱，以增大散热面积；容量很大时则采用散热能力更强的散热器油箱。在油箱内，通过油的自然循环或强迫循环加快热量散发；在油箱外，通过风冷、水冷等方式加快箱体和油的冷却。

为了防止油的热胀冷缩对油箱造成损害以及油与空气大面积接触而加速老化变质，在箱盖之上还装有**储油柜**。其体积约为箱体的1/10，通过连管与油箱相通，在为油箱储油和补油的同时还对油的热胀冷缩起缓冲作用。储油柜上部装有**通气管**，使柜内空气与外部可自由流通，以适应油在热胀冷缩时出现的“呼吸”现象。储油柜将油面的升降限制在柜内，大大减小了油与空气的接触面，能有效延缓油的老化变质。为减少吸进潮气，在通气管内放置有**干燥剂**。储油柜底部还有**沉积器**，沉积的水分和污物要定期排除。储油柜外侧装有**油位表**，以便查看油面高低。

在储油柜与油箱的连管间装有**气体继电器**，与控制电路一起构成瓦斯保护装置。当变压器发生故障产生气体或者因漏油使得油面下降而出现气体时，气体继电器会被触发，发出警报信号或自动切断变压器电源。

油箱顶盖上还装有紧急排气管，称为**安全气道**（也称**防爆管**），用来保护油箱。在安全气道的出口处装有**密封板**。变压器发生严重故障而形成大量气体时，压力激增，油流和气体将冲破密封板而喷出，能避免油箱在强压下爆裂。目前，全密封的新产品变压器也用**压力释放阀**代替安全气道，装在箱盖或侧壁上，应安装的压力释放阀的尺寸及数量由用油量决定。

4. 绝缘套管

绝缘套管是变压器的出线装置，绕组引出线穿出箱盖时，必须用套管进行绝缘和固定。绝缘套管的基本组件是**中心导电杆**和**瓷套**。导电杆的一端与油箱内的绕组引线连接，另一端就是连接外电路的端点。绝缘套管常做成多级伞状，如图2-6所示。不同电压等级应采用不同形式的套管，电压等级越高，套管的结构越复杂，尺寸也越大。1kV及以下采用简单的实心瓷质套管；10～35kV采用空心的充气或充油瓷质套管，这种套管的瓷套与导电杆之间有一道油层，以增强绝缘能力；110kV则要采用电容式充油套管，其内腔除了充油外，环绕导电杆还要包几层绝缘纸筒，并在每个纸筒上贴附一层铝箔，如此，则绝缘层和铝箔层就构成了径向串联电容器，使瓷套与导电杆间的电场分布趋于均匀，能承受较高的电压。

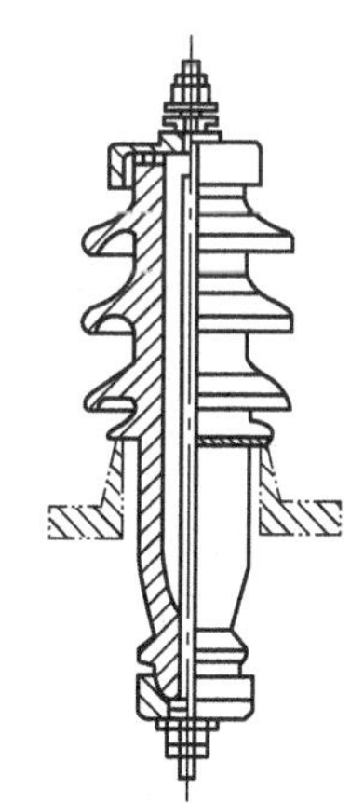
图2-6　绝缘套管

5. 调压装置

电网电压和负载经常会有波动，并引起变压器输出电压的有效值在小范围内变化。变压器所装设的调压装置（常称为**分接开关**）就是用来校正输出电压的。分接开关是通过改变高压绕组匝数来微调输出电压的。由于高压绕组电流小、导线细，且装在低压绕组外侧，容易引出抽头，所以分接开关所控制的一般都是高压绕组的匝数。

分接开关分为无载分接开关（常称为**无励磁分接开关**）和**有载分接开关**两类。无励磁分接开关切换分接头时要断开电源和负载，在确保无励磁的情况下操作；有载分接开关可以在不中断供电的情况下完成匝数切换。

无励磁分接开关的调压，按绕组分接头的引出方式不同分为四种：**中性点调压**、**中性点反接调压**、**中部调压**和**中部并联调压**，如图 2-7 所示（只画出 A 相）。前两者属于中性点调压，调压范围为 ±5%；后两者属于中部调压，调压范围为 ±2 ×2.5%，适合于大容量变压器。图 2-8 示出了中性点调压三相无励磁分接开关的原理图。

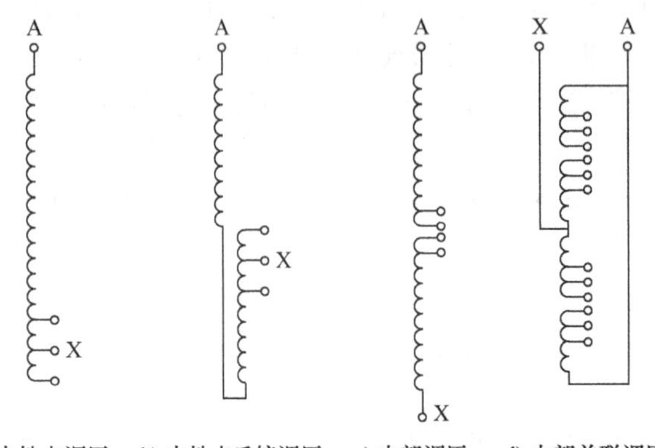

a) 中性点调压　b) 中性点反接调压　c) 中部调压　d) 中部并联调压

图 2-7　绕组分接头引出方式示意图

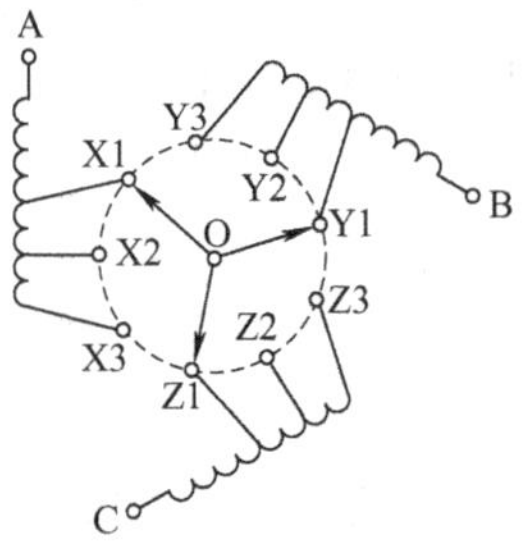

A
Y3
X1
Y2
Y1
B
O
X2
Z3
Z2
X3
Z1
C

图2-8　中性点调压三相无励磁分接开关原理图

2.1.3　变压器的分类

2.1.2 节所介绍的油浸式变压器只是应用在电力系统中众多变压器中的一类；事实上，变压器不止用于电力系统，其应用范围几乎涵盖国民经济每个领域。为了适应不同的运行条件和完成不同的功能，出现了很多类型的变压器，可以从各种不同角度进行分类。

1）按用途可分为**电力变压器**、**试验变压器**、**特种变压器**和**仪用变压器**等。电力变压器包括在电力系统中起升压、降压、联络、配电用的各种变压器。试验变压器包括高压试验变压器和调压器等。特种变压器是某些特殊工种或设备的专用变压器，主要包括电炉变压器、电焊变压器、矿用变压器、整流变压器、脉冲变压器等。仪用变压器包括在测量和控制领域广泛应用的电压互感器和电流互感器等。

2）按相数可分为**单相变压器**、**三相变压器**及**多相变压器**。

3）按冷却介质可分为**油浸式变压器**、**干式变压器**和**充气变压器**等。油浸式变压器根据冷却方式又有自冷、风冷、水冷、强迫油循环风冷、强迫油循环水冷等多种类别。

4）按每相绕组数可分为**自耦变压器**、**双绕组变压器**、**三绕组变压器**等。

5）按导电材质可分为**铜线**、**铝线**、**半铜半铝**、**超导变压器**等。

6）按调压方式可分为**无励磁调压**、**有载调压变压器**等。

7）按铁心结构可分为**心式**、**壳式**和**辐射式变压器**等。

8）按容量可分为**小型**(10～630kVA)、**中型**(800～6300kVA)、**大型**(8000～63000kVA）和**特大型变压器**(90000kVA 以上)。

9）按电压等级分主要有 1000kV、750kV、500kV、330kV、220kV、110kV、66kV、35kV、20kV、10kV、6kV 等多种电压等级的变压器。

2.1.4 变压器铭牌和额定值

生产厂家必须为变压器装贴**铭牌**，标明变压器型号、执行标准、厂家、各种额定值等重要信息，作为正确使用和维护变压器的基本依据。型号本身就蕴涵了变压器的重要特征，如 SJL－560/10 表示三相（S)、油浸自冷式(J)、铝线（L)、560kVA、10kV 变压器。**额定值**是制造厂对变压器在指定工作条件下运行时所规定的一些量值。在额定值所界定的状态(称为**额定状态**）下运行时，可以保证变压器长期可靠地工作，并具有良好的性能。标注在铭牌上的额定值主要有：

额定容量S_N：在规定的额定状态下运行时变压器输出视在功率的保证值，三相变压器指三相总容量，计量单位有 VA、kVA、MVA 等。

额定电压U_{1N}/U_{2N}：铭牌规定各个绕组在空载、指定分接位置下的端电压，三相变压器指线电压，计量单位有 V、kV 等。

额定电流I_{1N}/I_{2N}：用额定容量和额定电压算出的电流，以 A 为单位，三相变压器指线电流。

单相变压器一次和二次额定电流分别为

$$I_{1N}=\frac{S_N}{U_{1N}};\quad I_{2N}=\frac{S_N}{U_{2N}} \tag{2-9}$$

三相变压器一次和二次额定电流分别为

$$I_{1N}=\frac{S_N}{\sqrt{3}U_{1N}};\quad I_{2N}=\frac{S_N}{\sqrt{3}U_{2N}} \tag{2-10}$$

额定频率f_N：电力变压器的额定频率为标准工业频率，在我国为 50Hz。

此外，在变压器的铭牌上还标注有相数、接线方式、额定运行效率、阻抗电压和温升。对于特大型变压器，还标注变压器的总质量、铁心和绕组的质量以及储油量等，供安装和检修时参考。

2.2 变压器基本理论

2.1.1 节所描述和分析的理想变压器能够无损地传递功率、精确地变换电压、电流及阻抗。实际变压器只能尽可能地接近理想，但绝对无法达到理想。相对于理想变压器，实际变压器的真实情况是：①绕组有电阻和铜耗；②漏磁路磁阻非无穷大，有少量漏磁通；③主磁路磁阻非无穷小，建立主磁通需要有少量的励磁磁势或者励磁电流；④铁心中有磁滞和涡流形成的铁耗。基于这些特征，实际变压器对电压、电流、阻抗变换系数不如理想变压器那样精确，功率传递过程中也存在不可忽略的损耗。尽管如此，由理想变压器所推导出来的许多规律，在一定程度上仍适用于实际变压器。为了叙述简单，在后文中将实际变压器直接称为变压器。本节的分析限定为单相变压器在正弦交流电源下稳态运行的情况，其分析过程和结论也适合于三相变压器对称稳态运行，因为对称运行的三相变压器可以取其一相进行分析。

2.2.1 参考方向的选取

前面已经说明，变压器在正弦电源下稳态运行时，电压、电流、电势、磁通等电磁量可以用相量来表示。通过列写**相量方程**或者绘制**相量图**可以分析变压器的运行状态。

在推导物理量的相量表达式、列写相量方程式和绘制相量图时，首先要选取或规定物理量的**参考方向**(也称**正方向**)。将图 2-1 中各物理量改成相量，并重新绘制成图2-9。图中用箭头标明了所选取的电压、电流、磁通、电势的参考方向。如此选取参考方向，符合变压器的物理概念，也是大部分教材和专著遵循的惯例。

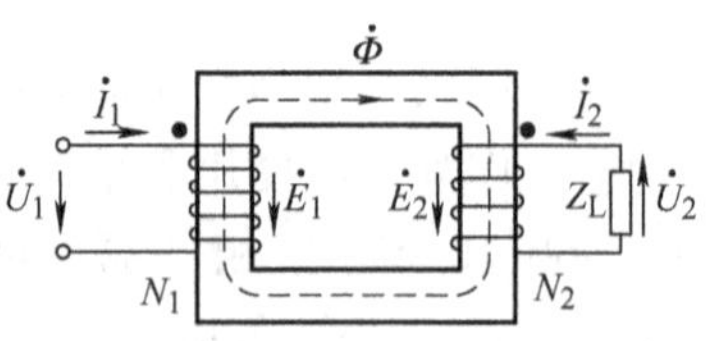

图 2-9　用相量表示的单相双绕组变压器物理模型

在一次侧，首先给出电压 $\dot{U}_1$ 的正方向，再按**电动机惯例**确定电流 $\dot{I}_1$ 的正方向，即电流沿电路从高电位点流向低电位点为正方向。正电流产生正磁通，或者说磁通与电流之间符合右手螺旋关系，据此确定磁通 $\dot{\Phi}$ 的正方向。规定电势的正方向与电流正方向相同，据此确定 $\dot{E}_1$ 的正方向。

在二次侧，可以有两种方法确定各量的参考方向。

一种方法是：先根据主磁通 $\dot{\Phi}$ 的正方向和右手定则确定电流 $\dot{I}_2$ 的正方向，再用发电机惯例确定二次电势 $\dot{E}_2$ 的正方向。

另一种方法是：首先要确定电势 $\dot{E}_2$ 的正方向，为此要找出一、二次绕组的相同绕向端(称为**同名端**)。确定两个绕组同名端的方法是：先用黑点标记一次绕组的某个端点，假想电流由该标记端进入，产生正磁通；再假想二次电流由二次绕组的某端进入，若也能产生正磁通，则二次绕组的该端与一次绕组的标记端为同名端，反之二次绕组的另一端与一次绕组的标记端为同名端。在找出的同名端旁也用黑点作标记。确定了同名端后，由于 $\dot{E}_2$ 和 $\dot{E}_1$ 是由同一磁通 $\dot{\Phi}$ 产生的，若 $\dot{E}_1$ 的正方向由同名端指向非同名端，则 $\dot{E}_2$ 的正方向也由同名端指向非同名端，反之则相反。一次侧规定的 $\dot{E}_1$ 由图中的同名端指向非同名端，所以二次侧的电势 $\dot{E}_2$ 也由同名端指向非同名端。

$\dot{E}_2$ 的正方向确定以后，要根据**发电机惯例**确定 $\dot{I}_2$ 的正方向，即电流由高电位点流出，由低电位点进入；二次侧的电压 $\dot{U}_2$ 为输出电压，按发电机惯例，沿电流正方向，电压是下降的，由此就确定了 $\dot{U}_2$ 的正方向。

例 2-2　在图 2-10 所示的单相变压器中，已经给出了一次电压的参考方向和一次绕组的标记端。试在二次绕组上确定一次绕组标记端的同名端，并标出其他物理量的参考方向。

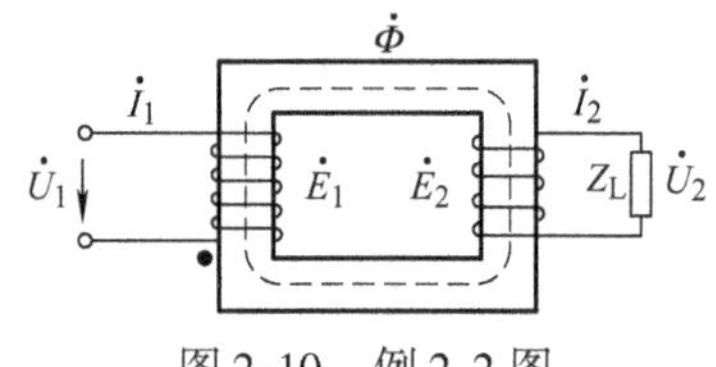

图 2-10　例 2-2 图

解：先确定同名端。假想电流从一次绕组标记端进入，则产生如图2-11a中虚线1所示的磁通；再假想二次绕组的电流也从下端流入，则产生图中虚线2所示的磁通，显然两个磁通方向相反，所以二次绕组的下端为非同名端，上端为同名端，用黑点标记。

再确定各量的参考方向。一次侧电流和电压的正方向符合电动机惯例，$\dot{I}_1$ 的正方向为流出电源高电位端，$\dot{\Phi}$ 的正方向与 $\dot{I}_1$ 的正方向之间符合右手螺旋关系，$\dot{E}_1$ 和 $\dot{I}_1$ 正方向相同。由于 $\dot{E}_1$ 由非同名端指向同名端，所以 $\dot{E}_2$ 也由非同名端指向同名端，依据发电机惯例确定 $\dot{I}_2$ 和 $\dot{U}_2$ 的正方向。所确定的各物理量的参考方向如图2-11b所示。

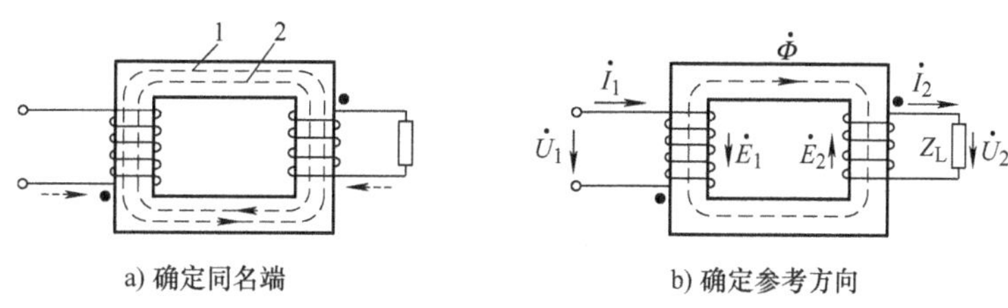

a) 确定同名端　　b) 确定参考方向

图2-11　例2-2同名端和参考方向的确定

也可以根据右手螺旋法则和磁通 $\dot{\Phi}$ 的正方向确定电流 $\dot{I}_2$ 的正方向，再根据发电机惯例确定电势 $\dot{E}_2$ 和 $\dot{U}_2$ 的正方向。两种方法所确定的正方向是一致的。

2.2.2　变压器的磁势平衡

变压器一次侧接正弦电压、二次侧带负载运行时，两侧绕组中分别流过电流 $\dot{I}_1$ 和 $\dot{I}_2$，主磁路上具有的总磁势为

$$\dot{F}_m = \dot{F}_1 + \dot{F}_2 = N_1\dot{I}_1 + N_2\dot{I}_2 = \dot{\Phi}R_{mm} \tag{2-11}$$

式中，$\dot{\Phi}$ 为主磁通，是一有限值；R_{mm} 为主磁路的磁阻。在理想变压器中，R_{mm} 被看成无穷小，所以

$$\dot{F}_m = \dot{F}_1 + \dot{F}_2 = N_1\dot{I}_1 + N_2\dot{I}_2 = 0 \qquad 即\ \dot{I}_2 = -\frac{N_1}{N_2}\dot{I}_1 = -k\dot{I}_1 \tag{2-12}$$

二次电流 $\dot{I}_2$ 等于一次电流 $\dot{I}_1$ 的 k 倍，且二者反相。

对于实际变压器，主磁路的磁阻虽然很小，但不是无穷小，所以建立主磁通需要消耗一定的磁势 $\dot{F}_m$，称为**励磁磁势**，其大小由主磁路的磁阻 R_{mm} 和所要建立的主磁通 $\dot{\Phi}$ 决定。若将 R_{mm} 看成不变，则励磁磁势由磁通决定。那么，变压器运行时需要建立多大的磁通呢？磁通的大小又是由什么因素决定的呢？假设主磁通的瞬时表达式为

$$\phi = \Phi_m \sin\omega t \tag{2-13}$$

式中，Φ_m 为主磁通的幅值；$\omega = 2\pi f$ 为电源角频率，f 为电源频率；t 为时间变量。

根据电磁感应定律，一次绕组的感应电势为

$$e_1 = -N_1\frac{d\phi}{dt} = -\omega N_1\Phi_m\cos\omega t = E_{1m}\sin\left(\omega t - \frac{\pi}{2}\right) \tag{2-14}$$

式中，$E_{1m}=\omega N_1\Phi_m$ 为 e_1 的幅值。比较式(2-13) 与式(2-14) 可知，电势滞后于磁通 $\pi/2$ (或 90°)。电势 e_1 的有效值为

$$E_1=\frac{\omega N_1\Phi_m}{\sqrt{2}}=\frac{2\pi fN_1\Phi_m}{\sqrt{2}}=\sqrt{2}\pi fN_1\Phi_m=4.44fN_1\Phi_m \tag{2-15}$$

或者写成

$$\Phi_m=\frac{E_1}{4.44fN_1} \tag{2-16}$$

在已经制成的变压器中，一次绕组匝数 N_1 固定后，若电源频率 f 也不变，则磁通的幅值由感应电势大小决定。

当电流 $\dot{I}_1$ 流过一次电路时，除了产生主磁通 ϕ 外，还会产生一次漏磁通 $\phi_{1\sigma}$，$\phi_{1\sigma}$ 也在一次绕组中产生感应电势（称为一次**漏电势**）。假设 $\phi_{1\sigma}=\Phi_{1\sigma m}\sin\omega t$，则它在一次绕组中产生的漏电势有效值为

$$E_{1\sigma}=\sqrt{2}\pi fN_1\Phi_{1\sigma m}=4.44fN_1\Phi_{1\sigma m} \tag{2-17}$$

由于漏磁路的磁阻 $R_{1\sigma m}$ 主要由漏磁路的空气段所决定，而空气的磁导率为常数，所以 $R_{1\sigma m}$ 近似为常数，因而漏磁通 $\dot{\Phi}_{1\sigma}=N_1\dot{I}_1/R_{1\sigma m}$ 正比于电流，且与电流同相位。再考虑到电势滞后于磁通 90°，所以

$$\dot{E}_{1\sigma}=-j\sqrt{2}\pi fN_1\dot{\Phi}_{1\sigma m}=-j\sqrt{2}\pi fN_1\sqrt{2}\dot{\Phi}_{1\sigma}=-j\frac{2\pi fN_1^2}{R_{1\sigma m}}\dot{I}_1=-j\dot{I}_1X_{1\sigma} \tag{2-18}$$

式中，$X_{1\sigma}=2\pi fN_1^2/R_{1\sigma m}=2\pi fL_{1\sigma}$（$L_{1\sigma}=N_1^2/R_{1\sigma m}$ 为一次绕组**漏电感**）定义为一次绕组**漏电抗**。可见，一次绕组漏磁通产生的反电势可以用**漏抗压降**来表示。

除了漏抗压降，一次绕组本身的电阻 R_1 上还要产生**电阻压降** $\dot{I}_1R_1$，根据电路的基尔霍夫定律，一次电路的电势平衡方程为

$$\dot{U}_1=-\dot{E}_1+j\dot{I}_1X_{1\sigma}+\dot{I}_1R_1=-\dot{E}_1+\dot{I}_1Z_1 \tag{2-19}$$

式中，$Z_1=R_1+jX_{1\sigma}$ 称为一次绕组**漏阻抗**。实际变压器在正常运行时，$\dot{I}_1Z_1$ 的量值很小，定性分析时可以忽略不计，所以 $\dot{U}_1\approx-\dot{E}_1$，即 $\dot{U}_1$ 和 $\dot{E}_1$ 基本反相，有效值基本相等，即

$$U_1\approx E_1=4.44fN_1\Phi_m \text{ 或 } \Phi_m\approx\frac{U_1}{4.44fN_1} \tag{2-20}$$

可见，变压器接到交流正弦电压后，所建立的主磁通的幅值 Φ_m 与电源电压 U_1、频率 f_1 和一次匝数 N_1 有关。**当 N_1 和 f_1 一定时，Φ_m 仅取决于 U_1，与变压器铁心材料及几何尺寸无关**。这一结论本质上是电路的电势平衡所要求的，因为在忽略阻抗压降 $\dot{I}_1Z_1$ 的情况下，电源电压需要由等值的反电势来平衡，而等值的反电势需要由一定的主磁通来产生。由于电源电压通常是基本不变的，因而主磁通有效值也基本为恒定值。对于已经制成的变压器，建立主磁通所需的励磁磁势 F_m 的有效值也基本为恒定值。

假设变压器空载，即 $\dot{I}_2=0$，则励磁磁势为

$$\dot{F}_m=N_1\dot{I}_1=N_1\dot{I}_0=N_1\dot{I}_m \tag{2-21}$$

式中，$\dot{I}_0$ 为变压器空载时的一次电流，称为**空载电流**；$\dot{I}_m$ 为由一次绕组单独产生励磁磁势所需的电流，称为**励磁电流**，显然，$I_m = I_0$。负载以后，只要电源电压维持额定值不变，则励磁磁势也将维持不变，故有

$$\dot{F}_m = \dot{F}_1 + \dot{F}_2 = N_1\dot{I}_1 + N_2\dot{I}_2 = N_1\dot{I}_0 = N_1\dot{I}_m \tag{2-22}$$

这就是变压器的**磁势平衡方程**，稍作变换，可得

$$\dot{I}_1 = \dot{I}_0 - \frac{N_2}{N_1}\dot{I}_2 = \dot{I}_0 + \left(-\frac{1}{k}\dot{I}_2\right) = \dot{I}_m + \dot{I}_{1L} \tag{2-23}$$

式中，$\dot{I}_{1L} = -\frac{1}{k}\dot{I}_2$ 称为一次电流的**负载分量**，相应的 $\dot{I}_0 = \dot{I}_m$ 就是一次电流的**空载分量**或**励磁分量**。式(2-23) 就是负载运行时，变压器一次电流与二次电流的关系式。可以这样来理解：变压器由空载运行向负载运行转变时，由于出现了二次电流，一次电流会在原来空载电流的基础上自动增加一个负载分量，负载分量的值等于二次电流值的 $1/k$，且与二次电流反相。负载分量经由一次绕组所产生的磁势分量正好把二次绕组的磁势抵消掉，使得总磁势仍然维持在空载时的值。

值得注意的是，由于实际变压器通常运行在饱和区域，即主磁路处于饱和状态，励磁电流和磁通之间是非线性关系，当磁通为正弦波时，励磁电流并非纯粹的正弦波，而是基波和一系列谐波的级数和。但将其等效为纯粹的正弦波，按相量法求解，不会引起大的误差。

2.2.3 变压器的电势平衡

变压器有一次和二次两个电流回路，都必须遵从电路的基尔霍夫定律。两个电路通过主磁通相互耦合。对于一次电路，有

$$\dot{U}_1 = -\dot{E}_1 + \dot{I}_1(R_1 + jX_{1\sigma}) = -\dot{E}_1 + \dot{I}_1 Z_1 \tag{2-24}$$

对于二次电路，有

$$\dot{E}_2 = \dot{I}_2 R_2 + \dot{I}_2 Z_L + j\dot{I}_2 X_{2\sigma} = \dot{U}_2 + \dot{I}_2(R_2 + jX_{2\sigma}) = \dot{U}_2 + \dot{I}_2 Z_2 \tag{2-25}$$

式中，$\dot{E}_2$ 为二次绕组主电势，其有效值 $E_2 = 4.44fN_2\Phi_m$，推导过程类似于式(2-15) 的推导；$Z_2 = R_2 + jX_{2\sigma}$称为二次绕组**漏阻抗**，R_2 为二次绕组本身的电阻值，$X_{2\sigma} = 2\pi fN_2^2/R_{2\sigma m} = 2\pi fL_{2\sigma}$（$L_{1\sigma} = N_1^2/R_{1\sigma m}$为二次绕组**漏电感**）称为二次绕组**漏电抗**，具有与 $X_{1\sigma}$类似的物理意义，$R_{2\sigma m}$为二次绕组漏磁路的磁阻，与 $R_{1\sigma m}$类似，也为常值；$\dot{U}_2 = \dot{I}_2 Z_L$ 即为二次侧端电压。两个电路的主电势都由主磁通感应而得，二者的关系为

$$\dot{E}_1 = k\dot{E}_2 \tag{2-26}$$

两个电路的电流由磁势平衡相联系，即

$$\dot{I}_1 = \dot{I}_m + \left(-\frac{1}{k}\dot{I}_2\right) \tag{2-27}$$

式中，$\dot{I}_m$ 为励磁电流，等于空载电流 $\dot{I}_0$，当电源电压不变时，$\dot{I}_m$ 为常数。

2.2.4 励磁电流分析

变压器外施正弦电压时，在不计**阻抗压降** $\dot{I}_1 Z_1$ 的情况下，感应电势 $-\dot{E}_1$ 与电源电压相

平衡，也为正弦波；而 E_1 正比于主磁通 ϕ 的变化率，ϕ 必然也是正弦波。建立正弦波磁通 ϕ 所需的励磁磁势 f_m（用小写字母表示瞬时值，下同）或者励磁电流 i_m 却未必是正弦波。因为变压器的主磁路由铁磁材料构成，具有**磁滞**和**饱和**的特点，其 ϕ 与 i_m 之间的函数关系 $\phi=f(i_m)$ 或 $i_m=f(\phi)$——**磁化曲线**也具有磁滞和饱和的特点。

仅考虑饱和时，$\phi=f(i_m)$ 如图 2-12a 所示。正弦的 ϕ 对应的 i_m 为对称的**尖顶波**，i_m 的等效正弦波与 ϕ 同相，如图 2-12b 中的虚线所示。

若再考虑到磁滞，则 $\phi=f(i_m)$ 如图 2-13a 所示。正弦的 ϕ 对应的 i_m 为不对称的尖顶波，且 i_m 的等效正弦波与 ϕ 不再同相，而是稍微超前于 ϕ，如图 2-13b 中的虚线所示。

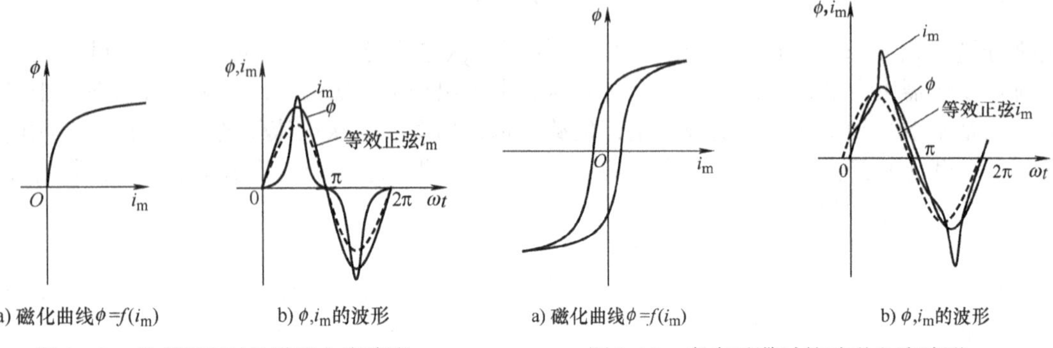

a) 磁化曲线 $\phi=f(i_m)$　　b) ϕ, i_m 的波形

图 2-12　考虑饱和时的励磁电流波形

a) 磁化曲线 $\phi=f(i_m)$　　b) ϕ, i_m 的波形

图 2-13　考虑磁滞时的励磁电流波形

可见，考虑到磁滞现象后，等效的正弦波励磁电流相量 $\dot{I}_m$ 不再与 $\dot{\Phi}$ 同相，用相量图表示时如图 2-14 所示。将 $\dot{I}_m$ 分解为与 $\dot{\Phi}$ 同相的分量 $\dot{I}_\mu$ 和超前于 $\dot{\Phi}$90°的分量 $\dot{I}_{Fe}$，即

$$\dot{I}_m=\dot{I}_\mu+\dot{I}_{Fe} \tag{2-28}$$

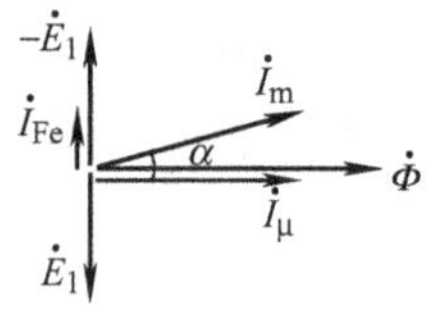

图 2-14　励磁电流的构成

式中，分量 $\dot{I}_\mu$ 与 $\dot{\Phi}$ 同相位，纯粹用来建立磁通，它不做功，称为**磁化电流**或**无功电流**；分量 $\dot{I}_{Fe}$ 与 $-\dot{E}_1$ 同相位，产生有功功率 $-\dot{E}_1\cdot\dot{I}_{Fe}$，用来补偿因磁滞引起的铁耗，称为**铁耗电流**或**有功分量**。事实上，除了**磁滞铁耗**外，交变磁通 $\dot{\Phi}$ 还要产生**涡流铁耗**，对应的铁耗电流也一并计入 $\dot{I}_{Fe}$ 中，所以用 $p_{Fe}=-\dot{E}_1\cdot\dot{I}_{Fe}$ 代表总铁耗，励磁电流 $\dot{I}_m$ 超前于磁通的相位角 α（称为**铁耗角**）要比基于图 2-13 得到的大一些。

若不考虑饱和及磁滞，则 $\phi=f(i_m)$ 为一条直线，此种情况下，励磁电流的波形与磁通波形一致，也为正弦波。但涡流引起的铁耗仍然是存在的，所以励磁电流中仍然存在有功分量（即铁耗电流），励磁电流在相位上仍然超前于磁通一个铁耗角。

励磁电流中的磁化分量 $\dot{I}_\mu$ 用来产生磁通 $\dot{\Phi}$，进而产生感应电势 $\dot{E}_1$，即

$$\dot{E}_1=-\mathrm{j}4.44fN_1\sqrt{2}\dot{\Phi}=-\mathrm{j}4.44fN_1\sqrt{2}\frac{N_1\dot{I}_\mu}{R_{mm}}=-\mathrm{j}\frac{2\pi fN_1^2}{R_{mm}}\dot{I}_\mu=-\mathrm{j}X_\mu\dot{I}_\mu \tag{2-29}$$

式中，R_{mm} 为主磁路的磁阻；$X_\mu=2\pi fN_1^2/R_{mm}$ 称为**磁化电抗**；R_{mm} 与饱和程度相关，磁路越饱和，R_{mm} 越大，相应的 X_μ 就越小。

励磁电流中的铁耗分量 $\dot{I}_{Fe}$用来产生补偿铁耗的有功功率，假设计算或测量出的总铁耗为 p_{Fe}，则可以在电路中用一个流过电流 I_{Fe}的电阻元件 R_{Fe}来等效铁耗的效应，R_{Fe}的值为

$$R_{Fe}=\frac{p_{Fe}}{I_{Fe}^2} \tag{2-30}$$

耗能电阻 R_{Fe}上的压降为

$$I_{Fe}R_{Fe}=I_{Fe}\frac{p_{Fe}}{I_{Fe}^2}=\frac{-E_1I_{Fe}}{I_{Fe}}=-E_1 \tag{2-31}$$

基于以上关系可以画出如图 2-15a 所示的并联电路。为了简化计算，将并联电路转化成串联电路，如图 2-15b 所示。串联电路中的电阻 R_m 称为**铁耗电阻**(也称**励磁电阻**)，电抗 X_m 称为**励磁电抗**，而 $Z_m=R_m+jX_m$ 或模值 $z_m=\sqrt{R_m^2+X_m^2}$称为**励磁阻抗**。

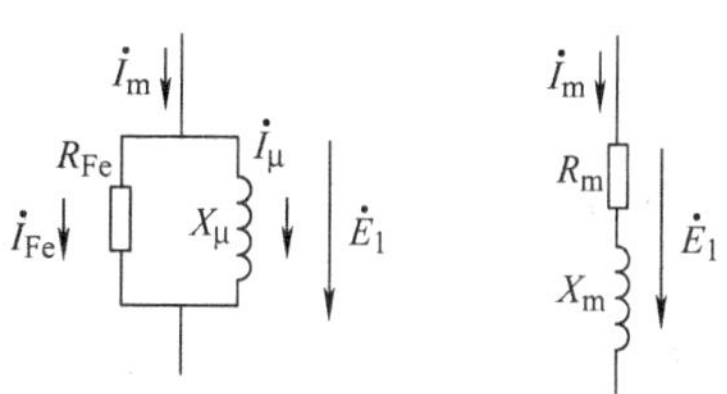

a) 并联电路　　b) 等效串联电路

图 2-15　励磁支路等效电路

励磁阻抗流过励磁电流时，产生的阻抗压降等于感应电势 $-\dot{E}_1$，即

$$-\dot{E}_1=\dot{I}_mZ_m \tag{2-32}$$

值得注意的是，电阻 R_m 既非绕组电阻，也非铁心电阻，只是一个在等效电路中用来模拟铁耗的虚拟电阻。励磁电流流过 R_m 时，产生的欧姆损耗就是铁耗，即

$$p_{Fe}=I_m^2R_m \tag{2-33}$$

2.2.5　等效电路

借助式(2-32)，式(2-24) 和式(2-25) 表示的变压器电势平衡方程式可以改写为

$$\dot{U}_1=-\dot{E}_1+\dot{I}_1Z_1=\dot{I}_mZ_m+\dot{I}_1Z_1 \tag{2-34}$$

$$\dot{E}_2=\frac{1}{k}\dot{E}_1=-\frac{1}{k}\dot{I}_mZ_m=-k\dot{I}_m\left(\frac{Z_m}{k^2}\right)=\dot{U}_2+\dot{I}_2Z_2 \tag{2-35}$$

基于式(2-34)、式(2-35) 以及式(2-27)，就可以分别绘制出变压器一次侧和二次侧各自的等效电路，如图 2-16 所示。

不难看出，若 $k=1$，即若为 1:1 的变压器，则励磁支路可以共用，等效电路变为如图 2-17 所示。

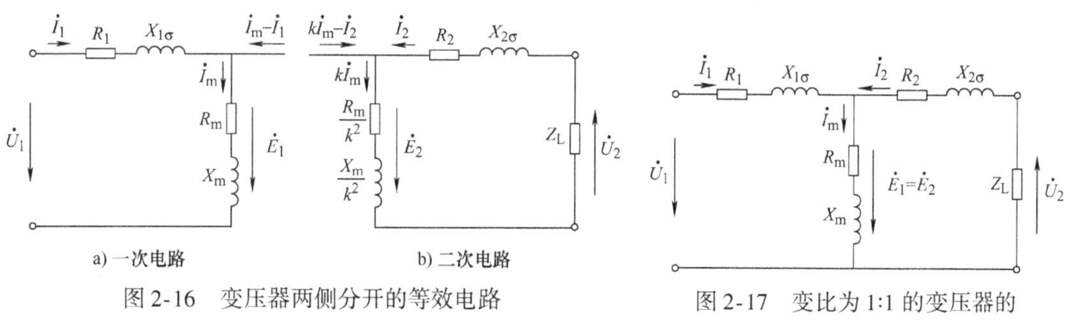

a) 一次电路　　b) 二次电路

图 2-16　变压器两侧分开的等效电路

图 2-17　变比为 1:1 的变压器的等效电路

可见，如果能将变比为 k 的变压器转换为变比为 1 的变压器，就可以绘制出一个包含一、二次回路的完整**等效电路**。将实际变压器转换为变比为 1 的“等效变压器”，称为**归算**或者**折算**。为了保持等效变压器与实际变压器具有相同的功率传递关系，必须保证归算前后，**变压器的磁势平衡不能变**。可以将二次侧归算到一次侧，也可以将一次侧归算到二次侧。下面以二次侧归算到一次侧（即归算后二次绕组匝数 $N_2' = N_1$）为例，来说明归算前后二次侧的物理量如何变化。

设归算后二次电流为 $\dot{I}_2'$，根据磁势不变的要求，有

$$N_2'\dot{I}_2' = N_2\dot{I}_2 \quad 即\ \dot{I}_2' = \frac{N_2}{N_2'}\dot{I}_2 = \frac{N_2}{N_1}\dot{I}_2 = \frac{1}{k}\dot{I}_2 \tag{2-36}$$

设归算后二次绕组的感应电势为 $\dot{E}_2'$，由于磁势不变，磁通也不变，所以

$$E_2' = 4.44fN_2'\Phi_m = 4.44fN_1\Phi_m = E_1 = kE_2 \tag{2-37}$$

设二次电路的总阻抗为 Z，归算到一次侧后为 Z'，则

$$Z' = \frac{E_2'}{I_2'} = \frac{kE_2}{\frac{1}{k}I_2} = k^2\frac{E_2}{I_2} = k^2 Z \tag{2-38}$$

设二次侧输出电压归算到一次侧后为 U_2'，则

$$U_2' = Z_L'I_2' = k^2 Z_L \frac{1}{k}I_2 = kZ_LI_2 = kU_2 \tag{2-39}$$

完成归算后，变压器的方程式仍能保持原来的形式，而且磁势平衡方程将变得更加简洁。以下给出归算到一次侧后，变压器的主要方程式：

$$\left.\begin{aligned} \dot{U}_1 &= \dot{I}_m Z_m + \dot{I}_1 Z_1 \\ \dot{E}_2' &= \dot{E}_1 = -\dot{I}_m Z_m \\ \dot{E}_2' &= \dot{U}_2' + \dot{I}_2' Z_2' \\ \dot{I}_1 &+ \dot{I}_2' = \dot{I}_m \end{aligned}\right\} \tag{2-40}$$

基于式(2-40) 就可以绘制出归算到一次侧后变压器完整统一的等效电路，如图 2-18 所示，称为**T 形等效电路**。

在 T 形等效电路中，R_1、$X_{1\sigma}$、R_2'、$X_{2\sigma}'$ 为常数，且数值较小；R_m、X_m 的值与主磁路的饱和程度有关。分析表明，磁路越饱和，R_m、X_m 的量值越小。相对来说 R_m、X_m 远大于 R_1、$X_{1\sigma}$、R_2'、$X_{2\sigma}'$ 的量值。励磁支路对变压器的运行性能影响较小，为了计算简单，可以将励磁支路移到电源侧，得到如图 2-19 所示的**近似等效电路**（**Γ** 形等效电路）。用近似等效电路计算比较方便，可以得到足够精确的近似值，但对相位误差以及变比误差要求严格的特殊变压器（如互感器）则不适用。

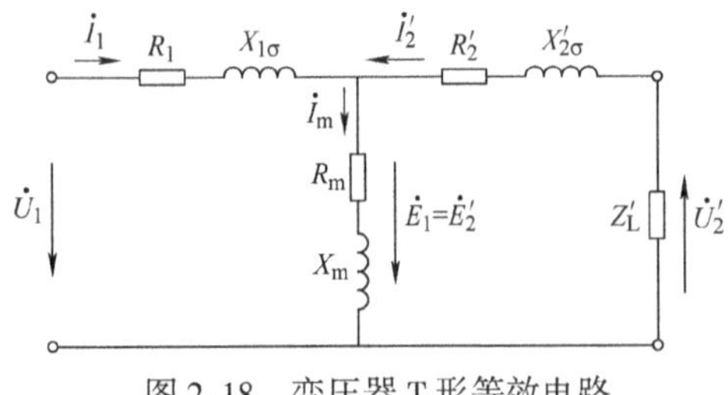

图 2-18　变压器 T 形等效电路

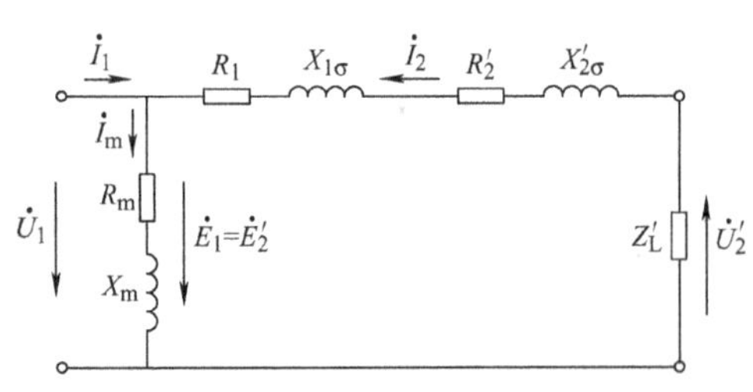

图 2-19　变压器的近似等效电路

电力变压器正常负载运行时，励磁电流与负载电流相比通常很小。励磁电流仅占额定电流的0.6%～10%，在工程计算时，可以忽略励磁电流，即令$I_m=0$，则得到如图2-20所示的**简化等效电路**。其中$R_k=R_1+R_2'$称为变压器的**短路电阻**，$X_k=X_{1\sigma}+X_{2\sigma}'$称为变压器的**短路电抗**。复数$Z_k=R_k+jX_k$或模值$z_k=\sqrt{R_k^2+X_k^2}$则称为变压器的**短路阻抗**。

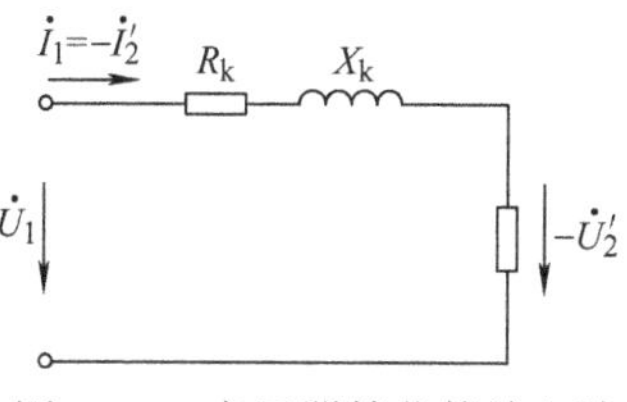

图2-20　变压器简化等效电路

对于同一台变压器，假设其高压侧对低压侧的变比为k，则从高压侧"观察"和从低压侧观察所得到的等效电路的参数值是不一样的，例如短路阻抗，从高压侧观察，为

$$Z_k=(R_1+k^2R_2)+j(X_{1\sigma}+k^2X_{2\sigma}) \tag{2-41}$$

从低压侧观察，则为

$$Z_k'=\left(\frac{1}{k^2}R_1+R_2\right)+j\left(\frac{1}{k^2}X_{1\sigma}+X_{2\sigma}\right) \tag{2-42}$$

显然，$Z_k/Z_k'=k^2$，从高压侧看到的阻抗值是从低压侧看到的k^2倍，这正是变压器对阻抗的变换作用。同样，从高压侧看到的电流是从低压侧看到的$1/k$，从高压侧看到的电势和电压是相应的从低压侧看到的k倍。用归算到高压侧的等效电路求出的低压侧量值为折算值，要得到实际的低压侧量值，就要再折算回去。

简化等效电路适合于变压器正常负载或者负载较大的情况；当负载较小时，由于二次电流较小，励磁电流相对于二次电流来说，就不能忽略了，此时就要用近似等效电路或T形等效电路来分析。变压器的负载大小常用**负载系数**表示，负载系数等于实际电流与额定电流的比值，即

$$\beta=\frac{I_1}{I_{1N}}=\frac{I_2}{I_{2N}} \tag{2-43}$$

参看图2-20所示的简化等效电路，如果变压器一侧短路，另一侧加适当的电压，使其电流达到额定值，所加电压即为短路阻抗流过额定电流时的压降，称为**短路电压U_k**；U_k占额定电压的百分比称为**阻抗电压**，用小写符号u_k表示，即

$$u_k=\frac{z_kI_{1N}}{U_{1N}}\times100\% \tag{2-44}$$

阻抗电压的两个分量分别称为**电阻电压**和**电抗电压**，即

$$\left.\begin{aligned}u_{kr}&=\frac{R_kI_{1N}}{U_{1N}}\times100\%\\u_{kx}&=\frac{X_kI_{1N}}{U_{1N}}\times100\%\end{aligned}\right\} \tag{2-45}$$

因为绕组电阻与变压器运行时的环境温度θ有关，通常要将温度为θ(℃)时所测得的电阻值$R_{k\theta}$换算为标准温度75℃时的电阻值R_{k75}，相应的阻抗也应换算为75℃时的值z_{k75}，即

$$\left.\begin{aligned}R_{k75}&=R_{k\theta}\cdot\frac{234.5+75}{234.5+\theta}\\z_{k75}&=\sqrt{R_{k75}^2+X_k^2}\end{aligned}\right\} \tag{2-46}$$

对应于75℃时的阻抗电压及其两个分量分别为

$$\left.\begin{aligned}u_{k75}&=\frac{z_{k75}I_{1N}}{U_{1N}}\times100\%\\u_{kr75}&=\frac{R_{k75}I_{1N}}{U_{1N}}\times100\%\\u_{kx}&=\frac{X_kI_{1N}}{U_{1N}}\times100\%\end{aligned}\right\}\tag{2-47}$$

阻抗电压是变压器的一个重要运行参数，通常会在铭牌上标出（常将 u_{k75} 简记为 u_k）。u_k 反映了变压器在额定负载（即电流为额定值或负载系数 $\beta=1$）运行时，短路阻抗压降的相对大小。变压器正常运行时，希望 u_k 小些好，这样变压器的输出电压在负载电流变化时波动就小一些。但若 u_k 太小，则变压器在额定电压下的短路电流就太大。传统结构的电力变压器的 u_k 约为 3% ~10.5%。

例 2-3 单相变压器的额定容量 $S_N=2\text{kVA}$，额定电压 $U_{1N}/U_{2N}=220\text{V}/110\text{V}$，频率 $f_N=50\text{Hz}$。已知参数 $R_1=R_2'=0.3\Omega$，$X_{1\sigma}=X_{2\sigma}'=0.5\Omega$，$R_m=37\Omega$，$X_m=266\Omega$。一次侧接额定电压，二次侧接感性负载 $Z_L=5+\text{j}4\ \Omega$ 运行。

（1）用 T 形等效电路计算输入电流 I_1、励磁电流 I_m、输出电流 I_2 和输出电压 U_2；

（2）用简化等效电路计算输出电流 I_2、输出电压 U_2 和负载系数 β；

（3）计算阻抗电压 u_k。

解：

（1）变比 $k=\dfrac{U_{1N}}{U_{2N}}=\dfrac{220}{110}=2$

负载阻抗归算到高压侧 $Z_L'=k^2Z_L=2^2(5+\text{j}4)\Omega=20+\text{j}16\Omega$

总阻抗
$$\begin{aligned}Z&=Z_1+(Z_2'+Z_L')//Z_m=(R_1+\text{j}X_{1\sigma})+\frac{(R_m+\text{j}X_m)(R_2'+\text{j}X_{2\sigma}'+R_L'+\text{j}X_L')}{(R_m+\text{j}X_m)+(R_2'+\text{j}X_{2\sigma}'+R_L'+\text{j}X_L')}\\&=\left[(0.3+\text{j}0.5)+\frac{(37+\text{j}266)(0.3+\text{j}0.5+20+\text{j}16)}{(37+\text{j}266)+(0.3+\text{j}0.5+20+\text{j}16)}\right]\Omega\\&=18.2259+\text{j}17.0135\Omega\end{aligned}$$

一次电流 $$\dot{I}_1=\frac{\dot{U}_{1N}}{Z}=\frac{220}{18.2259+\text{j}17.0135}\text{A}=6.4502-\text{j}6.0211\text{A}$$

输入电流 $$I_1=|\dot{I}_1|=|6.4502-\text{j}6.0211|\text{A}=8.8237\text{A}$$

感应电势 $$\begin{aligned}-\dot{E}_1&=\dot{U}_{1N}-\dot{I}_1Z_1=[220-(6.4502-\text{j}6.0211)(0.3+\text{j}0.5)]\text{V}\\&=215.05-\text{j}1.4188\text{V}\end{aligned}$$

二次电流 $$-\dot{I}_2'=\frac{-\dot{E}_1}{Z_2'+Z_L'}=\frac{215.05-\text{j}1.4188}{0.3+\text{j}0.5+20+\text{j}16}\text{A}=6.3451-\text{j}5.2272\text{A}$$

励磁电流 $$\begin{aligned}\dot{I}_m&=\dot{I}_1+\dot{I}_2=[(6.4502-\text{j}6.0211)-(6.3451-\text{j}5.2272)]\text{A}\\&=0.0971-\text{j}0.7783\text{A}\end{aligned}$$

励磁电流值 $$I_m=|\dot{I}_m|=|0.0971-\text{j}0.7783|\text{A}=0.7843\text{A}$$

实际输出电流 $$I_2=k|-\dot{I}_2'|=2|6.3451-\text{j}5.2272|\text{A}=16.4419\text{A}$$

实际输出电压 $U_2 = |Z_L| I_2 = |5 + j4| 16.4419\text{V} = 105.2795\text{V}$

(2) 总阻抗 $Z = Z_1 + Z_2' + Z_L' = (0.3 + j0.5 + 0.3 + j0.5 + 20 + j16)\Omega = 20.6 + j17\Omega$

二次电流 $$-\dot{I}_2' = \frac{\dot{U}_{1N}}{Z} = \frac{220}{20.6 + j17}\text{A} = 6.3530 - j5.2428\text{A}$$

实际输出电流 $I_2 = k|-\dot{I}_2'| = 2|6.3530 - j5.2428|\text{A} = 16.4740\text{A}$

实际输出电压 $U_2 = |Z_L| I_2 = |3 + j4| 16.4740\text{V} = 105.4849\text{V}$

二次额定电流 $$I_{2N} = \frac{S_N}{U_{2N}} = \frac{2000}{110}\text{A} = 18.1818\text{A}$$

负载系数 $$\beta = \frac{I_2}{I_{2N}} = \frac{16.4740}{18.1818} = 0.9061$$

(3) 额定电流 $$I_{1N} = \frac{S_N}{U_{1N}} = \frac{2000}{220}\text{A} = 9.0909\text{A}$$

短路阻抗 $z_k = |Z_1 + Z_2'| = |0.3 + j0.5 + 0.3 + j0.5|\Omega = 1.1662\Omega$

阻抗电压 $$u_k = \frac{z_k I_{1N}}{U_{1N}} = \frac{1.1662 \times 9.0909}{220} \times 100\% = 4.82\%$$

2.2.6 变压器的相量图

相量图是相量方程式的直观图示。以式(2-40) 中归算到一次侧的方程式为依据，来绘制与T形等效电路相对应的相量图。

选取输出电压$\dot{U}_2'$作为参考相量，并将其画在水平位置上。假设负载为滞后性（即电流$\dot{I}_2'$滞后于电压$\dot{U}_2'$）且滞后角为φ_2（称为负载**功率因数角**），则在滞后于$\dot{U}_2'\varphi_2$的位置画出$\dot{I}_2'$。

根据方程式$\dot{E}_2' = \dot{U}_2' + \dot{I}_2' R_2 + j\dot{I}_2' X_{2\sigma}$，按相量加法作出$\dot{E}_2'$相量以及$\dot{E}_1 = \dot{E}_2'$相量。

超前于$\dot{E}_1$ 90°作出磁通相量$\dot{\Phi}$。

超前于$\dot{\Phi}$一个铁耗角α作出励磁电流相量$\dot{I}_m$。

根据方程式$\dot{I}_1 = \dot{I}_m + (-\dot{I}_2')$，按相量加法作出一次电流相量$\dot{I}_1$。

根据方程式$\dot{U}_1 = -\dot{E}_1 + \dot{I}_1 R_1 + j\dot{I}_1 X_{1\sigma}$，按相量加法作出一次电压相量$\dot{U}_1$。

基于T形等效电路和滞后性负载的相量图如图2-21所示。

若以简化等效电路及其方程为依据，则相量图更为简单。

选取输出电压$\dot{U}_2'$为参考相量，并将其画在水平位置上。假设负载为滞后性且滞后角为φ_2，则在滞后于$\dot{U}_2'\varphi_2$的位置画出$\dot{I}_2'$。

根据$\dot{I}_1 = -\dot{I}_2'$作出一次电流相量$\dot{I}_1$。

根据方程$\dot{U}_1 = \dot{I}_1 R_k + j\dot{I}_1 X_k + (-\dot{U}_2')$，按相量加法作出一次电压相量$\dot{U}_1$。基于简化等效电路和滞后性负载的相量图如图2-22所示。

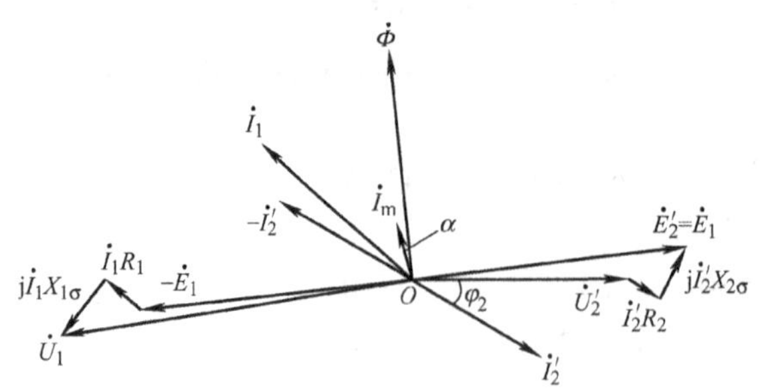

图 2-21　基于 T 形等效电路和滞后性负载的相量图

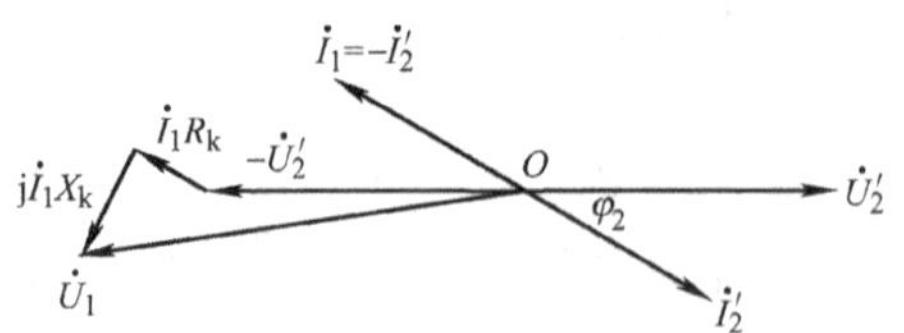

图 2-22　基于简化等效电路和滞后性负载的相量图

按照类似的步骤可以作出容性负载以及纯电阻负载时变压器的相量图。

变压器的方程式、等效电路和相量图都是用来分析变压器稳态运行的工具，各具特色。方程式清晰地表明变压器各物理量之间的电磁关系；等效电路则更加直观且便于记忆；相量图对于相位关系的描述则更为便利，在推导某些公式时，相量图也发挥着重要作用。

2.2.7　标幺值

物理量的量值有实际值和相对值之分，通常带计量单位的值是指实际值，如某变压器的输出电流为 100A，就是指实际值。**标幺值**则是相对值，是实际值与某一参考值的比值，所选定的参考值称为**基值**，所以标幺值就等于实际值与基值的比值。通常给物理量原来的表示符号加上标“ * ”来表示其标幺值，如 I_1^* 就表示一次电流的标幺值。

在电机和变压器的计算中，**电压和电流的基值通常取相应的额定值**，如

$$\left.\begin{aligned} U_1^* &= \frac{U_1}{U_{1N}}, U_2^* = \frac{U_2}{U_{2N}} \\ I_1^* &= \frac{I_1}{I_{1N}}, I_2^* = \frac{I_2}{I_{2N}} \end{aligned}\right\} \tag{2-48}$$

选定了电压和电流的基值后，就不能孤立地选择阻抗和容量（功率）的基值。因为，**在标幺值计算体系中，各个物理量之间的电磁关系仍然必须满足**。例如，从一次侧观察到的变压器总阻抗的标幺值为

$$z^* = \frac{U_1^*}{I_1^*} = \frac{U_1/U_{1N}}{I_1/I_{1N}} = \frac{U_1/I_1}{U_{1N}/I_{1N}} = \frac{z}{z_{1b}} \tag{2-49}$$

式中，$z = U_1/I_1$ 为从一次侧观察到的总阻抗的实际值；$z_{1b} = U_{1N}/I_{1N}$ 为一次侧阻抗基值。同样，一次侧容量的标幺值为

$$S_1^* = U_1^* I_1^* = U_1/U_{1N} \cdot I_1/I_{1N} = \frac{U_1 I_1}{U_{1N} I_{1N}} = \frac{S_1}{S_{1b}} \tag{2-50}$$

式中，$S_1 = U_1 I_1$ 为一次侧的实际容量；$S_{1b} = U_{1N} I_{1N}$ 为容量基值。对于一些没有计量单位的物理量，如功率因数 $\cos\varphi_2$ 和负载系数 β，标幺值就等于实际值。

例 2-4　试推导单相变压器二次绕组电阻 R_2 上所消耗的有功功率的标幺值和基值表达式。

解：$p_{\mathrm{Cu2}}^{*}=R_2^{*}I_2^{*2}=\dfrac{R_2}{U_{2\mathrm{N}}/I_{2\mathrm{N}}}\left(\dfrac{I_2}{I_{2\mathrm{N}}}\right)^2=\dfrac{R_2I_2^2}{U_{2\mathrm{N}}I_{2\mathrm{N}}}=\dfrac{p_{\mathrm{Cu2}}}{S_{\mathrm{b}}}$，其基值$S_{\mathrm{b}}$为额定容量$S_{\mathrm{N}}=U_{2\mathrm{N}}I_{2\mathrm{N}}$。

类似的推导可以证明，**功率类物理量的基值均为变压器的额定容量，阻抗类物理量的基值则为相应的额定电压与额定电流之比。**

采用标幺值进行分析计算会带来许多优点：

1）计算简单，结果直观，且容易判断变压器运行状况。无论变压器的额定电压和额定电流为多少，其标幺值都是1，若求得的电流标幺值超过1，则说明变压器过载了。

2）起到了归算的作用。因为一次侧和二次侧采用了各自的额定电压和额定电流作为基值，实际值转换成标幺值，在本质上起到了把实际变压器归算成1:1变压器的作用。

3）采用标幺值计算体系，许多计算公式可以大为简化。如额定运行时，一次绕组铜耗为$p_{\mathrm{Cu1}}^{*}=R_1^{*}I_{1\mathrm{N}}^{*2}=R_1^{*}$；阻抗电压$u_{\mathrm{k}}=\dfrac{z_{\mathrm{k}}I_{1\mathrm{N}}}{U_{1\mathrm{N}}}=z_{\mathrm{k}}^{*}$。这些公式比实际值符号表示的公式简单明了。

4）起到了将三相对称运行转换为单相运行的作用。因为三相的线电压、线电流与相电压、相电流采用相应的额定值作为基值，本质上起到了把线值转换成相值的作用。

总之，鉴于标幺值的诸多优点，电力系统常采用标幺值计算体系。

2.3 三相变压器

三相制能使系统在容量、性能、投资等方面达成最好的折中，所以电力系统普遍采用三相制。电力系统大量使用的变压器中，三相变压器占绝大多数。在三相对称电源、三相对称负载下运行时，三相变压器处于对称运行状态。对称运行时，三相变压器的电压、电流也是三相对称的，可以针对其一相列写相量方程、绘制等效电路和相量图，与单相变压器的分析方法基本相同。但三相变压器的磁路结构和电路结构毕竟有异于单相，仍然有许多特点和问题需要分析讨论。

2.3.1 三相变压器的类型

构成三相变压器的方法有两种：①是用三个完全相同的单相变压器通过电路连接构造成三相变压器，这样的三相变压器称为**组式三相变压器**或者**三相变压器组**；②是采用整体的三相铁心框架，考虑到工艺上的方便，通常采用三个铁心柱位于同一平面的心式结构，称为**三相心式（或芯式）变压器**。图2-23给出的是将三个单相变压器的一次绕组和二次绕组分别按Y联结连成三相绕组所构成的三相组式变压器；图2-24则显示了三相心式变压器铁心结构的简化过程。在图2-24a中，中间的铁轭为三相磁路所共用，其磁通$\dot{\Phi}$为三相磁通之和，考虑到三相电源和磁路的对称性，有

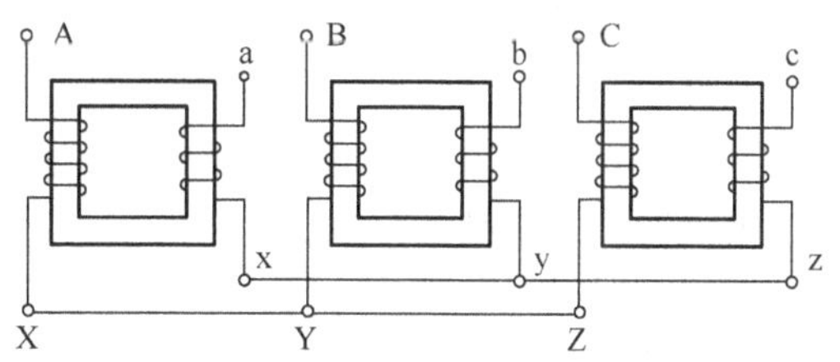

图2-23 三相组式变压器的构成

$$\dot{\Phi} = \dot{\Phi}_A + \dot{\Phi}_B + \dot{\Phi}_C = 0 \tag{2-51}$$

所以这个三相共用的铁轭可以省去，就演变成图 2-24b 所示的对称三铁心柱结构。但这一结构制造工艺较难，为此将三个铁心柱安排在同一平面，就演变成了图 2-24c 所示的三相心式变压器结构，这一结构为电力变压器普遍采用。

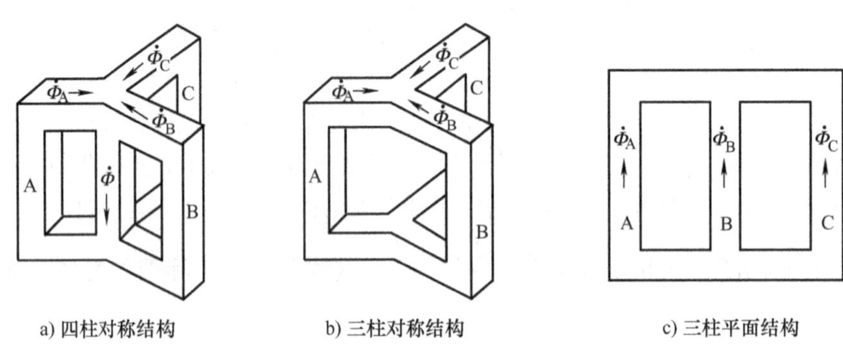

a) 四柱对称结构　　b) 三柱对称结构　　c) 三柱平面结构

图 2-24　三相心式变压器铁心结构的简化

组式三相变压器各相磁路独立、对称、自成磁通闭路；各相之间只有电路上的连接，没有磁路上的耦合；对称运行时，包括励磁电流在内的各物理量在三相上完全对称。而心式三相变压器各相磁路不独立，每相磁通都必须借道其他两相铁心形成闭路。不难看出，位于中间心柱的 B 相磁路的磁阻要小于位于两边心柱上的 A、C 相磁阻。外施三相对称电源时，B 相的励磁电流要小于 A、C 两相。由于励磁电流占额定电流的百分比很小，在负载对称的情况下，仍然可以按照对称运行进行分析。

额定容量相同的组式和心式变压器作比较，从整体上来看，心式变压器省材料、体积小、占地少、较为经济；但组式变压器可以拆分为三个单相变压器，从个体来看，体积较小、运输方便、备用容量小。超高压、特大型变压器在制造或运输较为困难时，常采用组式结构。

2.3.2　三相变压器的联结组

将三相变压器的三个相绕组连成三相电路的方法有**星形**联结（Y联结）、**三角形**联结（D 联结）和**曲折**联结（Z 联结）等。沿用惯例，用大写字母 A、B、C 和 X、Y、Z 分别表示一次绕组的 3 个**首端**和 3 个**尾端**；用小写字母 a、b、c 和 x、y、z 分别表示二次绕组的 3 个首端和 3 个尾端。Y联结是把三相绕组的 3 个尾端连接在一起形成**中性点**，将 3 个首端作为**出线端**，其**相电势相量图**呈 Y 形，如图 2-25a 所示。D 联结是把一相的首端和另一相的尾端连接，形成一个闭合回路，从 3 个连接点引出 3 个出线端，其相电势相量图呈△形，如图 2-25b 和图 2-25c 所示。另外，D 联结有两种连接次序：①是按图 2-25b 所示按 AY－BZ－CX 次序连接，称为顺串 D 联结；②是按图 2-25c 所示按 XB－YC－ZA 次序连接，称为反串 D 联结。

某些特殊变压器的二次绕组有时采用曲折联结，以字母 z 表示，即把二次绕组的每相制成匝数相等的两半，将每相的上一半与另一相的下一半反相串联构成一相，其绕组连线及相量图示于图 2-26 中。

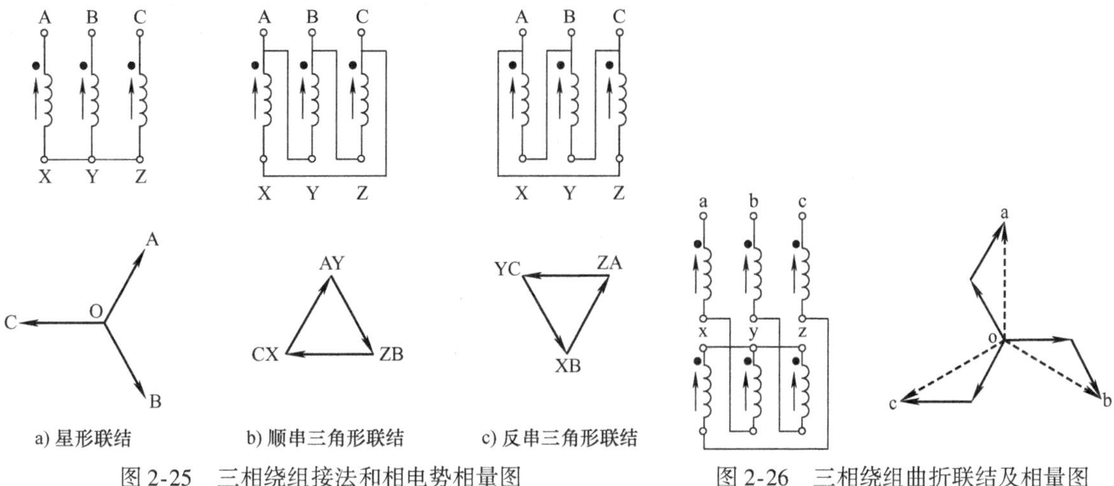

a) 星形联结　b) 顺串三角形联结　c) 反串三角形联结

图 2-25　三相绕组接法和相电势相量图

图 2-26　三相绕组曲折联结及相量图

联结组是用来表示变压器一、二次绕组的连接方法以及对应标记线电势之间相位关系的。例如，联结组 Yd3 表示一次绕组采用Y联结，二次绕组采用 d 联结，序号 3 是用来表示二次绕组的线电势（如 $\dot{E}_{ab}$）与一次绕组对应标记的线电势（$\dot{E}_{AB}$）之间相位关系的。通常采用时钟表示法，即将一次绕组的线电势（如 $\dot{E}_{AB}$）指向钟表盘上的 0 点（12 点），若二次绕组对应标记的线电势（$\dot{E}_{ab}$）指向 3 点，则联结组中的序号（称为联结组标号）即为 3，如图 2-27 所示。

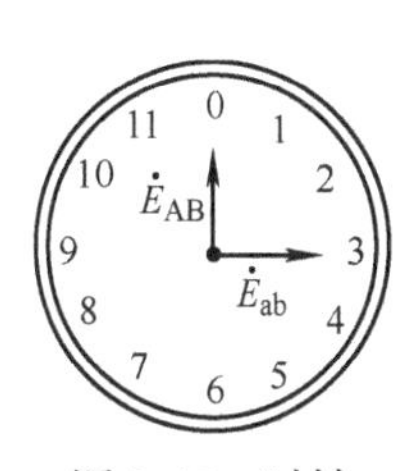

图 2-27　时钟表示法举例

单相变压器用字母 I 表示，其联结组只有 Ii0 和 Ii6 两种，即一次绕组电势指向 0 点时，二次绕组的电势只有两种可能，指向 0 点（与一次电势同相）或指向 6 点（与一次电势反相）。图 2-28 给出了单相变压器在一次侧不变时，二次绕组的相对绕向（用同名端表示）及出线标记的各种可能情况。其中，在图 2-28a 和图 2-28d 中，一次电势从非同名端指向同名端，二次电势也从非同名端指向同名端，所以一、二次电势同相，联结组为 Ii0；在图 2-28b 和图 2-28c 中，二次电势由同名端指向非同名端，与一次电势反相，联结组为 Ii6。

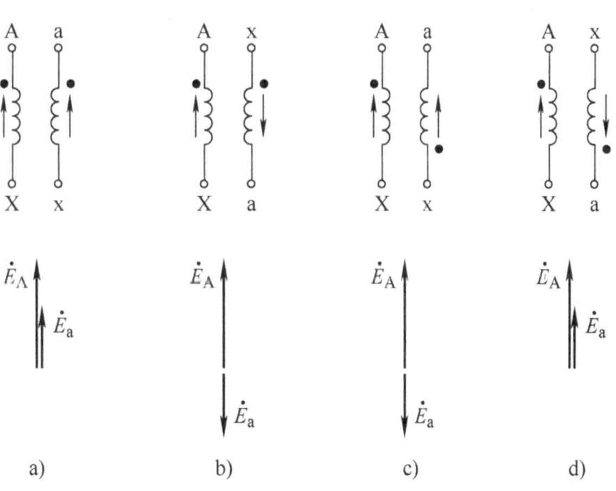

图 2-28　单相变压器一、二次电势的相位关系

三相变压器在保持一、二次绕组排列相序一致（均为顺时针 ABC），同侧绕组绕向相同的情况下，当一次绕组连线及**出线端标记**固定，二次绕组连线也固定，但二次绕组的出线端标记及与一次绕组的相对绕向变化时，会呈现出多种不同的联结组标号。通过绘制电势相量

图，确定一、二次绕组对应标记出线端的线电势相位，就能得到联结组的标号。

例 2-5 三相变压器的绕组接线、出线端标记及绕组绕向如图 2-29 所示，试画出电势相量图并确定其联结组标号。

解： 如图 2-30 所示，先绘制一次侧相电势相量图，作出一个线电势 $\dot{E}_{AB}$，其指向为由 B 到 A。再对照一次侧的相电势相量图，作二次侧相电势相量图。对照两侧的接线图，不难看出，$\dot{E}_a$ 与 $\dot{E}_B$ 反相，$\dot{E}_b$ 与 $\dot{E}_C$ 反相，$\dot{E}_c$ 与 $\dot{E}_A$ 反相，二次绕组为 d 联结且连线次序为 ay - bz - cx，据此就可作出二次侧的相电势相量图。最后在二次侧相电势相量图上作出线电势 $\dot{E}_{ab}$，其指向为由 b 到 a。显然，$\dot{E}_{ab}$ 超前 $\dot{E}_{AB}$ 90°，当 $\dot{E}_{AB}$ 在钟表盘上指向 0 点时，$\dot{E}_{ab}$ 指向 9 点，所以该变压器的联结组标号为 Yd9。

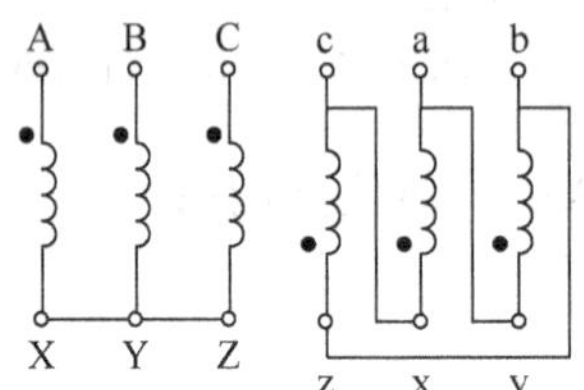

图 2-29 例 2-5 三相变压器接线及标记

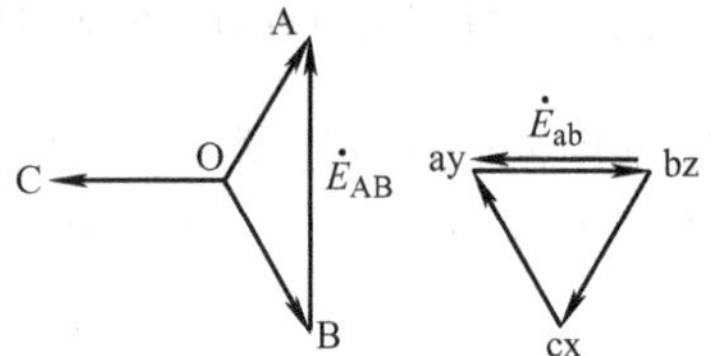

图 2-30 例 2-5 三相变压器相量图

例 2-6 三相变压器的绕组接线、出线端标记及绕组绕向如图 2-31 所示，试画出电势相量图并确定联结组标号。

解： 如图 2-32 所示，先作出一次侧相电势相量图和某个线电势（如 $\dot{E}_{AB}$）的相量图。对照一次侧相量图作出二次侧相电势相量图。根据连线图，$\dot{E}_a$ 与 $\dot{E}_A$ 平行，$\dot{E}_b$ 与 $\dot{E}_B$ 平行，$\dot{E}_c$ 与 $\dot{E}_C$ 平行。相电势 $\dot{E}_{ab}$ 由 b 指向 a。显然，变压器该种接法的联结组标号为 Dy1。

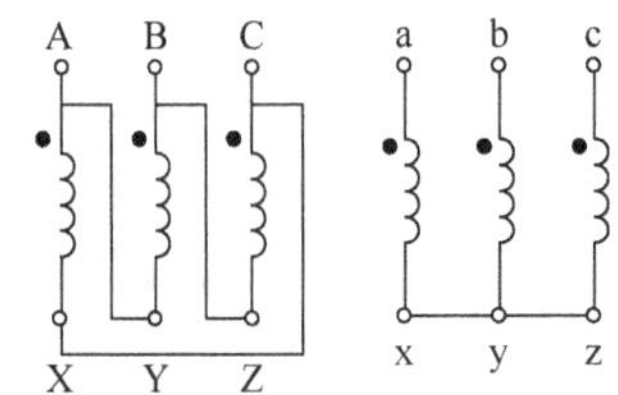

图2-31 例 2-6 三相变压器连线图

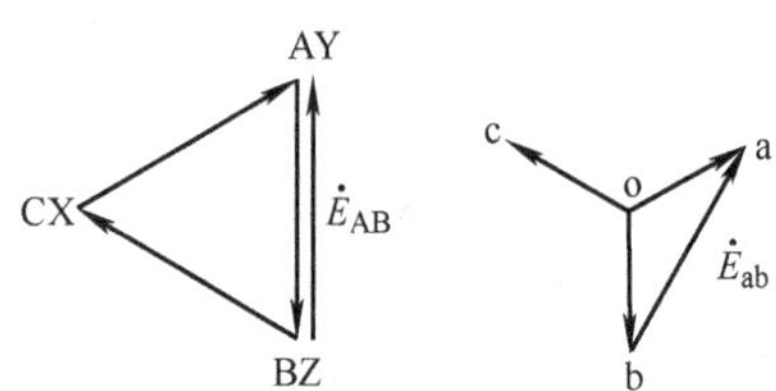

图 2-32 例 2-6 三相变压器相量图

事实上，只要记住几个最基本的联结组，经过简单推算，就可以导出其他类似的联结组。例如，最基本的变压器联结组 Yy0 的连线如图 2-33b 所示。如果一次侧连线不变、标记不变、二次连线不变，若将二次侧出线端标记统一向右移动一个绕组位置（最右端的标记向右移动时要返回到最左端），则相当于线电势 $\dot{E}_{ab}$ 向滞后方向移动了 120°，即在钟表盘上沿顺时针方向转动了 4 个整点，所以图 2-33c 所示的联结组为 Yy4。同样，若二次侧出线端标记统一向左移动一个绕组位置（最左端的标记向左移动时要返回到最右端），相当于 $\dot{E}_{ab}$ 向超前方向移动了 120°，即在钟表盘上逆时针转动了 4 个整点，所以图 2-33a 所示的联结组为 Yy8。再看图 2-33e，二次侧出线端标记未变，但同名端在下面，相当于 $\dot{E}_{ab}$ 与原来反相了，即在表盘上转了 6 个整点，该联结组为 Yy6。在 Yy6 的基础上，通过向右或向左移动二次绕组出线端标记，可以得到如图 2-33f 所示的 Yy10 和如图 2-33d 所示的 Yy2。通过改变联结组 Yy0 的二次侧标记，就得到了全部偶数标号的 Yy 联结组。

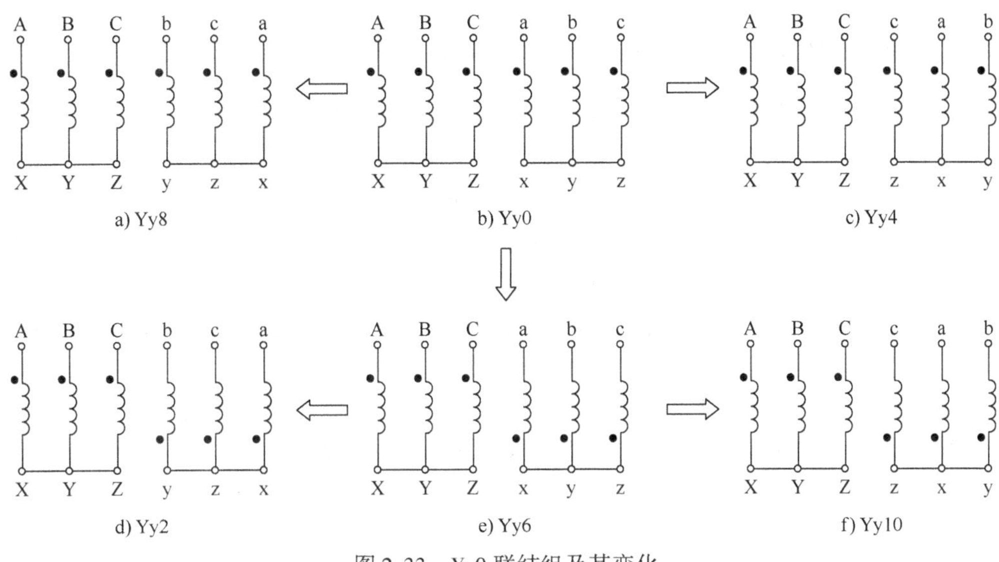

图 2-33　Yy0 联结组及其变化

例 2-7　通过改变例 2-5 中的联结组 Yd9 的二次侧标记，画出联结组 Yd11 的连线图。

解：为方便分析，将例 2-5 中图 2-29 所示的 Yd9 联结组重新绘成图 2-34a。由 Yd9 到 Yd11，需要将 $\dot{E}_{ab}$ 在钟表盘上逆时针转动 10 个整点。将图 2-34a 所示 Yd9 的二次侧出线标记左移一个绕组位置，相当于 $\dot{E}_{ab}$ 逆时针转 4 个整点到了 5 点，再将二次绕组同名端移到上部，相当于 $\dot{E}_{ab}$ 再转动 6 个整点，就到了 11 点，故 Yd11 的连线如图 2-34b 所示。

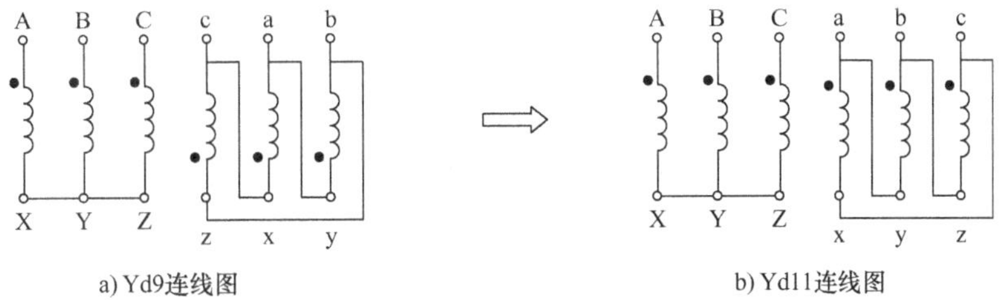

图 2-34　例题 2-7 变压器连线图

由图 2-34b 所示的 Yd11 连线图可知，它是一个比较容易记忆的联结组，其一次侧为标准的Y联结，二次侧为标准的顺串 d 联结。以 Yd11 作为基本联结组，可以通过改变二次侧标记，得到所有单数标号的 Yd 联结组。进一步的分析表明，一、二次侧同为Y联结或者同为 D 联结的联结组的标号均为偶数；一侧为Y联结，另一侧为 D 联结的联结组的标号均为奇数。

三相变压器的联结组比较多，为了制造和应用上的方便和统一，国家标准规定了 5 种标准联结组：Yyn0、Yd11、YNd11、YNy0 和 Yy0。前 3 种最为常用，Yyn0 低压侧可引出中性线，称为三相四线制，用作配电变压器时可兼顾照明负载和动力负载；Yd11 用在低压侧电压超过 400V 的线路中，因为低压侧接成三角形，对于改善电势波形有利；YNd11 联结组用于高压输电线路中，使电力系统的高压侧可以接地。

2.3.3 三相变压器的励磁电流、磁通及电势波形

单相变压器一次侧接正弦电压 u_1 空载运行时，由于电阻压降 R_1i_0 和漏电势 $e_{1\sigma}=-N_1\mathrm{d}\phi_{1\sigma}/\mathrm{d}t$ 的数值很小，u_1 基本上由主电势 $e_1=-N_1\mathrm{d}\phi/\mathrm{d}t$ 来平衡，所以主磁通 ϕ 也为正弦波。当磁路饱和时，主磁通与励磁电流之间具有非线性关系 $i_m=f(\phi)$。正弦的磁通 ϕ 对应非正弦的励磁电流 i_m，分析表明，i_m 为**尖顶波**，如图 2-35 所示。将尖顶波的 i_m 按傅里叶级数分解，可得到**基波**i_{m1} 和一系列奇次**谐波**，图 2-35 中只画出了最主要的 3 次谐波 i_{m3}。正是由于励磁电流中含有 3 次谐波，才使得磁通的波形成为正弦；否则，如果励磁电流中不含 3 次谐波（当然也假设不含其他高次谐波），即励磁电流为正弦波，那么它所建立的磁通必定为**平顶波**，平顶波的磁通 ϕ 主要由基波 ϕ_1 和 3 次谐波 ϕ_3 组成，如图 2-36 所示。可见，**要使得变压器产生正弦的磁通波，其绕组中必须能流通 3 次谐波电流**。

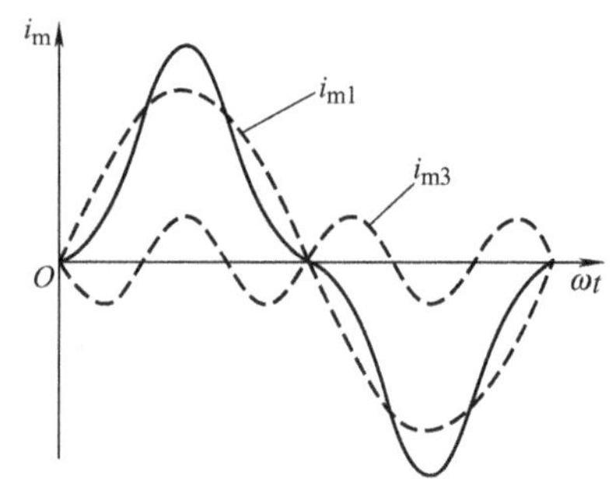

图2-35 尖顶波励磁电流分解为基波和 3 次谐波

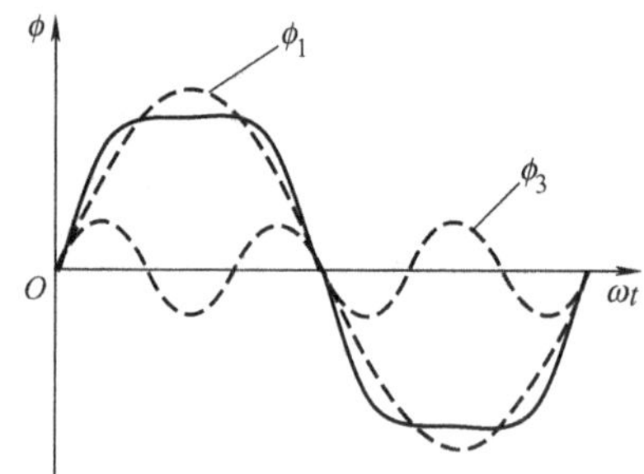

图 2-36 平顶波磁通分解为基波和 3 次谐波

在磁路饱和的情况下工作时，单相变压器的一次电路自成闭路，基波电流及各次谐波电流都可流通，所以接正弦波电压运行时，当电路的电势平衡后，感应电势也为正弦波，对应的主磁通也为正弦波，励磁电流因磁路的饱和效应必然变为含 3 次谐波电流的尖顶波。

三相变压器的三相电路是连接在一起的，情况要稍微复杂一些。三相的 3 次谐波电流具有如下形式：

$$\left.\begin{aligned}i_{Am3}&=I_m\sin(3\omega t)=i_{m3}\\ i_{Bm3}&=I_m\sin[3(\omega t-2\pi/3)]=I_m\sin(3\omega t)=i_{m3}\\ i_{Cm3}&=I_m\sin[3(\omega t+2\pi/3)]=I_m\sin(3\omega t)=i_{m3}\end{aligned}\right\}\tag{2-52}$$

不难看出，三相的 3 次谐波电流实质上是 3 个同相电流。在Y联结的三相绕组中，每相电流都要以另外两相作为回路，其结果是三相的 3 次谐波电流相互抵消为 0，或者说，3 次谐波电流无法流通，如图 2-37a 所示。在 YN 联结（即带中性线的Y联结）中，3 次谐波电流可以沿绕组和中性线构成的回路流通。在△联结的三相绕组中，3 次谐波电流沿绕组所构

成的△回路流通，不影响**线电流**的大小，如图 2-37b 所示。

在磁路饱和的情况下，当三相变压器采用 Dy 联结时，一次侧的△回路为 3 次谐波电流提供了流通的条件，每相励磁电流会自动调整为尖顶波从而建立起正弦的磁通波，产生正弦的相电势。当三相变压器采用 Yd 联结时，一次绕组无法流过 3 次谐波电流，电流为正弦波，由于磁路的非线性，将产生平顶的磁通波和含 3 次谐波的相电势；二次侧的 3 次谐波相电势将在△回路中产生 3 次谐波电流。二次侧的 3 次谐波电流产生的3 次谐波磁势无法被一次侧自动抵消。这样总的励磁磁势和励磁电流中就有了 3 次谐波成分，进而产生 3 次谐波磁通，将一次电流所产生的平顶波磁通修正为“非常接近”正弦波，从而产生正弦的相电势。可见，由于变压器的励磁电流 $\dot{I}_m$ 由一次电流 $\dot{I}_1$ 和二次电流 $\dot{I}_2$ 的相量和构成，只要有一侧绕组为△联结时，就会为流过 3 次谐波电流提供条件，其励磁电流中就会出现自动感应的 3 次谐波而成为尖顶波，主磁通将成为正弦波，并且产生正弦的相电势。

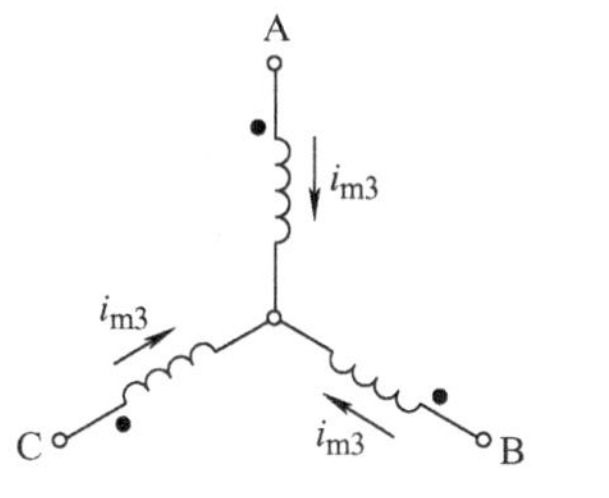

a) 星形联结中无法流通

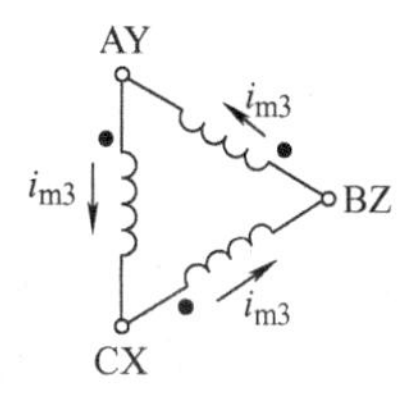

b) 三角形联结中可以流通

图 2-37　星形或三角形联结中 3 次谐波电流的流通

当三相变压器采用 YNy 联结组时，一次侧的中性线为 3 次谐波电流提供了流通条件，每相励磁电流会自动调整为尖顶波，从而建立起正弦的磁通波，并且产生正弦的相电势。

如果变压器的两侧均为Y联结，两侧电路均无法流通 3 次谐波电流，其励磁电流基本上就是基波（因为基波能在Y联结的三相绕组中流通），即正弦波。由于励磁电流与磁通之间的非线性关系，正弦励磁电流可能产生平顶波的磁通，或者说，采用 Yy 联结组的变压器的主磁通可能会是含有较大 3 次谐波的平顶波。

对于组式三相变压器来说，三相磁路互相独立，各相磁通的基波和 3 次谐波均可以沿独立的磁路流通（图 2-38a）。所以**组式变压器采用 Yy 联结组时，只能产生正弦波的励磁电流**（3 次谐波电流无法流通）**和平顶波的磁通**（3 次谐波磁通可以在主磁路上流通）。平顶波的磁通 ϕ 主要由基波 ϕ_1 和 3 次谐波 ϕ_3 组成，它们在组式变压器中都沿主磁路流通，由于主磁路的磁阻小，所以 ϕ_3 就相当大，加上其频率为基波频率的 3 倍，所感应的 3 次谐波电势 e_3 也就相当可观，其幅值可达基波幅值的 45% ~60%。如图 2-39 所示，ϕ_1 产生基波电势 e_1（滞后于 ϕ_1 90°），ϕ_3 产生 3 次谐波电势 e_3（滞后于 ϕ_3 90°）；总的感应电势 $e = e_1 + e_3$ 为尖顶波。e 的幅值很大，可能会损坏线圈的绝缘。因此，**三相组式变压器不能采用 Yy 联结组。**

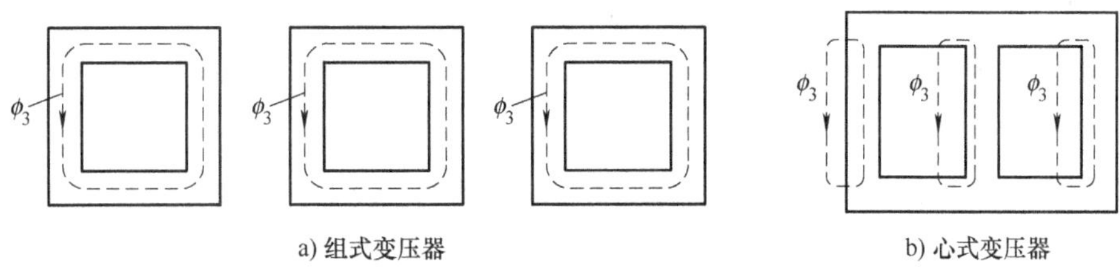

a) 组式变压器　　b) 心式变压器

图 2-38　3 次谐波磁通的流通路径

对于具有 3 个铁心柱的三相心式变压器来说，三相磁路相互关联，各相的磁通必须经由其他两相的心柱形成通路。各相的 3 次谐波磁通在本质上是同相位的 3 个磁通（与 3 次谐波电流的特点类似)，在主磁路上相互抵消，或者说难以流通；但可以沿各相的漏磁路独立流通，如图 2-38b 所示。由于漏磁路的磁阻很大，使得 ϕ_3 具有漏磁通的性质，值很小，由它所产生的 3 次谐波电势 e_3 也很小，每相总的感应电势 $e = e_1 + e_3$ 为近似正弦波，所以容量较小的心式三相变压器可以采用 Yy 联结组。由于 ϕ_3 经过漏磁路上的油箱壁和其他结构件时会引起附加的涡流损耗，对容量大、电压高的变压器来说，其影响较大，所以不宜采用。

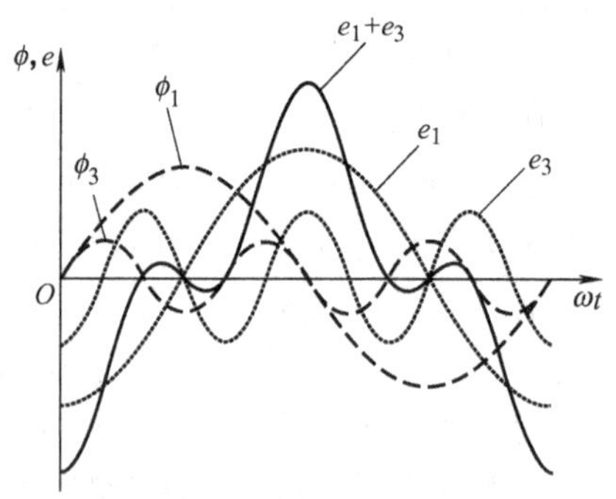

图 2-39　Yy 联结的组式变压器相电势波形分析

综上所述，在三相变压器中，希望将一次侧或二次侧接成△，以保证 3 次谐波电流的流通，从而避免相电势畸变成尖顶波。

有些大容量变压器的一、二次绕组都必须采用Y联结时，需要在铁心柱上另外安装一套按△联结的**第三绕组**，以感应产生 3 次谐波电流，保证总的励磁电流中含有 3 次谐波分量。如果不需要第三绕组供给负载，则不必引出其端点。如果需要第三绕组供给负载，则这种变压器就成了三绕组变压器，将在后续章节中介绍。

2.4　变压器稳态运行性能分析

2.4.1　外特性与电压调整率

变压器输入侧接额定频率的额定电压，输出侧空载时，则输出电压也为额定值。但若输出侧接上负载有输出电流时，则输出电压值会发生变化。**外特性**就是用来描述变压器输出电压随输出电流变化规律的，指的是在电源电压保持额定值 U_{1N}，负载的功率因数 $\cos\varphi_2$ 保持不变，变压器单机运行时，二次电压随负载电流变化的函数关系 $U_2 = f(I_2)$ 或者 $U_2^* = f(\beta)$。

分析表明，输出电压随输出电流变化的规律与负载的性质（用功率因数 $\cos\varphi_2$ 表示）直接相关，不同的 $\cos\varphi_2$ 对应不同的外特性曲线，所以外特性曲线是一簇曲线。通常要求绘制三条典型的外特性曲线，分别对应 $\cos\varphi_2 = \cos\varphi_N$（滞后）、$\cos\varphi_2 = 1$、$\cos\varphi_2 = \cos\varphi_N$（超前）的负载。注意，功率因数角 φ_2 定义为电流滞后于电压的相位角，即电流滞后于电压时 $\varphi_2 > 0$；电流与电压同相时 $\varphi_2 = 0$；电流超前于电压时 $\varphi_2 < 0$。

可以用简化等效电路及其对应的方程式和相量图来分析变压器的外特性。在图 2-20 所示的简化等效电路中

$$\dot{U}_{1N} = -\dot{I}_2'(R_k + jX_k) + (-\dot{U}_2') \tag{2-53}$$

据此，可以画出简化相量图。图 2-40 给出了 $\cos\varphi_2$ 滞后、$\cos\varphi_2 = 1$ 和 $\cos\varphi_2$ 超前三种情况下的简化相量图。不难看出，在 $\cos\varphi_2$ 滞后（感性负载）时，U_2' 与 U_{1N}（等于 U_{20}' 或 U_{2N}'）相比，下降较多；$\cos\varphi_2 = 1$（纯电阻负载时）U_2' 下降较少；在 $\cos\varphi_2$ 超前（容性负载）时，U_2' 上升了。但容性负载在 $\cos\varphi_2$ 较大（接近 1）时，相对于 U_{1N}，U_2' 也可能下降。图 2-41 给出了用标幺值表示的三条典型外特性曲线。

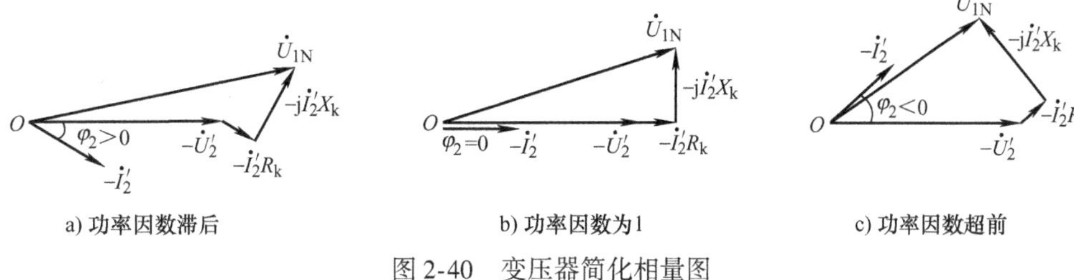

图 2-40　变压器简化相量图

除了用外特性来表示变压器输出电压的变化趋势和规律外，通常还用**电压调整率 ΔU** 来描述某种负载状态下，输出电压变化幅度的具体值。ΔU 的定义式为

$$\Delta U=\frac{U_{20}-U_2}{U_{20}}=\frac{U_{2N}-U_2}{U_{2N}}=\frac{U_{1N}-U_2'}{U_{1N}}\times 100\% \tag{2-54}$$

用标幺值表示时

$$\Delta U=1-U_2^*=(1-U_2'^*)\times 100\% \tag{2-55}$$

为了推导电压调整率 ΔU 简便实用的计算公式，图 2-42 绘出了用标幺值表示的滞后负载对应的简化相量图，并添加了一些辅助线和适当标记。不难看出

$$\begin{aligned}\Delta U&=1-U_2^*=OA-OB\approx OD-OB\\&=BE+ED=BE+CF\\&=I_2^*R_k^*\cos\varphi_2+I_2^*X_k^*\sin\varphi_2\\&=\beta(R_k^*\cos\varphi_2+X_k^*\sin\varphi_2)\times 100\%\end{aligned} \tag{2-56}$$

式(2-56) 通常称为变压器电压调整率的实用公式。可以看出，ΔU 与负载大小（β）、负载性质（$\cos\varphi_2,\sin\varphi_2$）以及变压器的短路参数（$R_k^*,X_k^*$）有关。根据实用公式，也可以绘制变压器的标幺值表示的外特性曲线，即 $U_2^*=f(\beta)=1-\Delta U=1-\beta(R_k^*\cos\varphi_2+X_k^*\sin\varphi_2)$。

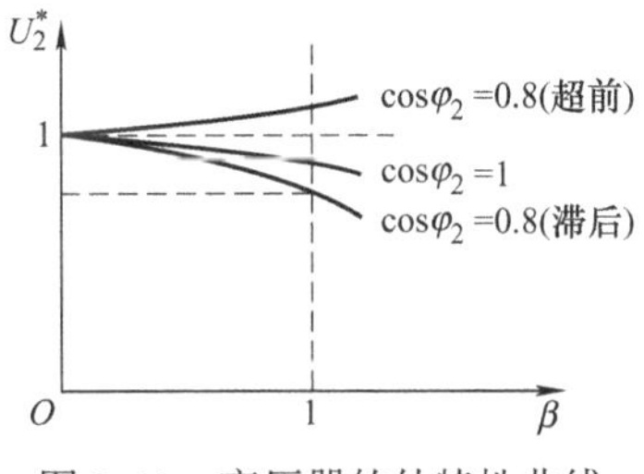

图 2-41　变压器的外特性曲线

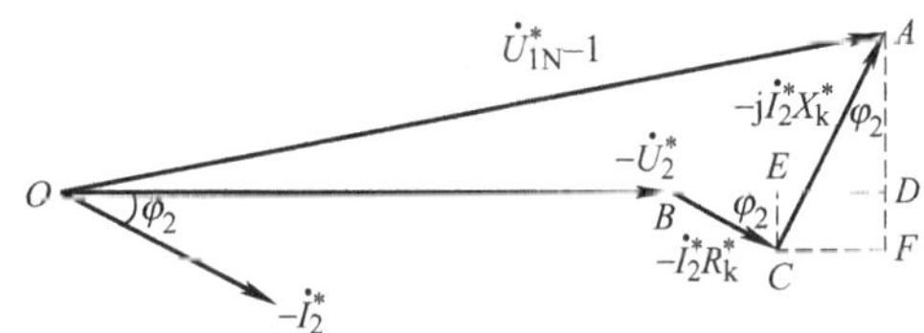

图 2-42　用相量图推导 ΔU 的实用计算公式

电压调整率是变压器的主要性能指标之一。对于电力变压器，由于其短路电阻和短路电抗比较小，额定负载时的电压调整率约为 2% ~5%。

例 2-8　一台三相变压器，额定容量 $S_N=6000\text{kVA}$，额定电压 $U_{1N}/U_{2N}=35\text{kV}/6.3\text{kV}$，联结组为 Yd11，阻抗电压 $u_k=7.5\%$，额定铜耗 $p_{kN}=43\text{kW}$。试计算：

（1）额定负载且功率因数 $\cos\varphi_2=0.8$（滞后）时的电压调整率 ΔU；

（2）额定负载且功率因数 $\cos\varphi_2=0.8$（超前）时的电压调整率 ΔU；

（3）带纯电阻负载半载运行时的电压调整率 ΔU；

（4）带什么负载、功率因数为多少时，电压调整率为 0？

解：短路阻抗的标幺值 $z_k^* = u_k = 0.075$

额定铜耗的标幺值 $p_{kN}^* = \dfrac{p_{kN}}{S_N} = \dfrac{43}{6000} = 0.0072$

短路电阻的标幺值 $R_k^* = \dfrac{p_{kN}^*}{I_{1N}^{*2}} = \dfrac{0.0072}{1} = 0.0072$

短路电抗的标幺值 $X_k^* = \sqrt{z_k^{*2} - R_k^{*2}} = \sqrt{0.075^2 - 0.0072^2} = 0.0747$

(1) $\beta = 1$，$\cos\varphi_2 = 0.8$，$\sin\varphi_2 = \sqrt{1-0.8^2} = 0.6$

电压调整率 $\Delta U = \beta(R_k^*\cos\varphi_2 + X_k^*\sin\varphi_2)\times 100\% = 1\times(0.0072\times 0.8 + 0.0747\times 0.6)\times 100\% = 5.06\%$

(2) $\beta = 1$，$\cos\varphi_2 = 0.8$，$\sin\varphi_2 = -\sqrt{1-0.8^2} = -0.6$

电压调整率 $\Delta U = \beta(R_k^*\cos\varphi_2 + X_k^*\sin\varphi_2)\times 100\% = 1\times(0.0072\times 0.8 - 0.0747\times 0.6)\times 100\% = -3.91\%$

(3) $\beta = 0.5$，$\cos\varphi_2 = 1$，$\sin\varphi_2 = 0$

电压调整率 $\Delta U = \beta(R_k^*\cos\varphi_2 + X_k^*\sin\varphi_2)\times 100\% = 0.5\times(0.0072\times 1 + 0.0747\times 0)\times 100\% = 0.36\%$

(4) 带容性负载即 $\varphi_2 < 0$ 时，ΔU 可能为 0。令

$$\Delta U = \beta(R_k^*\cos\varphi_2 + X_k^*\sin\varphi_2)\times 100\% = 0$$

可得 $\varphi_2 = -\arctan\left(\dfrac{R_k^*}{X_k^*}\right) = -\arctan\left(\dfrac{0.0072}{0.0747}\right) = -5.5055°$

功率因数 $\cos\varphi_2 = \cos(-5.5055°) = 0.9954$（超前）

2.4.2 损耗和效率

变压器属于静止电气设备，在电能转换过程中，伴随有铁心中的铁耗、绕组中的铜耗以及附加损耗产生，但没有机械损耗。所以变压器的效率高于同容量的旋转电机，一般小型变压器的效率为 95%～98%，大型变压器可达 99% 以上。

变压器的主要损耗是铁耗 p_{Fe} 和铜耗 p_{Cu}。p_{Fe} 是由交变磁通在铁心中产生的，由于磁通的大小和频率决定于电源电压的大小和频率，因此当电源电压保持不变时，铁耗也基本不变，故又称为**不变损耗**。p_{Cu} 是由电流在绕组中产生的，与绕组电流的二次方成正比，负载电流变化时，铜耗会发生较大的变化，所以又称**可变损耗**。变压器总的铜耗为

$$p_{Cu} = m(I_1^2R_1 + I_2^2R_2) = m\beta^2(I_{1N}^2R_1 + I_{2N}^2R_2) = \beta^2 p_{kN} \tag{2-57}$$

式中，m 为相数；$p_{kN} = m(I_{1N}^2R_1 + I_{2N}^2)R_2$ 为额定电流在绕组中产生的铜耗，称为**额定铜耗**，对制造好的变压器来说为一定值。

变压器在空载运行时产生的**空载损耗**为

$$p_0 = p_{Fe} + I_0^{*2}p_{kN} \approx p_{Fe} \tag{2-58}$$

变压器在额定电流稳态短路运行时，外施短路电压的标幺值为

$$U_k^* = \frac{U_k}{U_{1N}} = \frac{I_{1N}z_k}{U_{1N}} = u_k \tag{2-59}$$

由于阻抗电压 u_k 的数值很小，由电压 U_k^* 所决定的磁通也极小，相应的铁耗很小，可

以忽略不计，所以额定电流稳态短路运行的总损耗就是额定铜耗 p_{kN}。

除了基本的铁耗和铜耗之外，变压器运行时还会产生附加铁耗和铜耗。主要的附加铁耗有：在铁心接合处由于磁通密度分布不均匀引起的损耗；漏磁通在拉紧螺杆、箱壁等结构件中产生的涡流损耗等。附加铜耗主要是指由于趋肤效应导致电流在导体中分布不均匀，引起等效电阻增大而形成的额外损耗。在计算效率时，假设已经将附加损耗计入到了相应的基本损耗之中。

效率指的是输出有功功率与输入有功功率的比值，所以变压器的效率为

$$\eta = \frac{P_2}{P_1} \times 100\% = \frac{P_2}{P_2 + \sum p} \times 100\% = \frac{P_2}{P_2 + p_{\mathrm{Fe}} + p_{\mathrm{Cu}}} \times 100\% \tag{2-60}$$

式中，$\sum p = p_{\mathrm{Fe}} + p_{\mathrm{Cu}}$表示总损耗。通常铁耗 p_{Fe}可以取额定电压下的空载损耗 p_0；铜耗 p_{Cu}则用式(2-57）来计算。输出功率 P_2 用下式近似计算

$$P_2 = mU_2 I_2 \cos\varphi_2 \approx mU_{2\mathrm{N}} I_2 \cos\varphi_2 = mU_{2\mathrm{N}} I_{2\mathrm{N}} \frac{I_2}{I_{2\mathrm{N}}} \cos\varphi_2 = \beta S_{\mathrm{N}} \cos\varphi_2 \tag{2-61}$$

式中，忽略了负载电流变化所引起的输出电压的微小变化。效率公式可以写成

$$\eta = \frac{\beta S_{\mathrm{N}} \cos\varphi_2}{\beta S_{\mathrm{N}} \cos\varphi_2 + p_0 + \beta^2 p_{\mathrm{kN}}} \times 100\% \tag{2-62}$$

式中，S_{N}、p_0、p_{kN} 是一定的；$\cos\varphi_2$ 由负载的性质决定。式(2-62）表示了在负载功率因数一定的条件下，变压器的效率随着负载系数变化的函数曲线 $\eta = f(\beta)$，称为**效率曲线**，如图2-43所示。当变压器空载时，$\beta = 0$，效率 $\eta = 0$；随着 β 的增大，η 会逐渐升高；当 β 达到某一值 β_{m} 时，η 达到其最大值 η_{m}；随后 β 再增大时，η 反而会下降。效率曲线的这种变化规律也是各种电机所共有的。

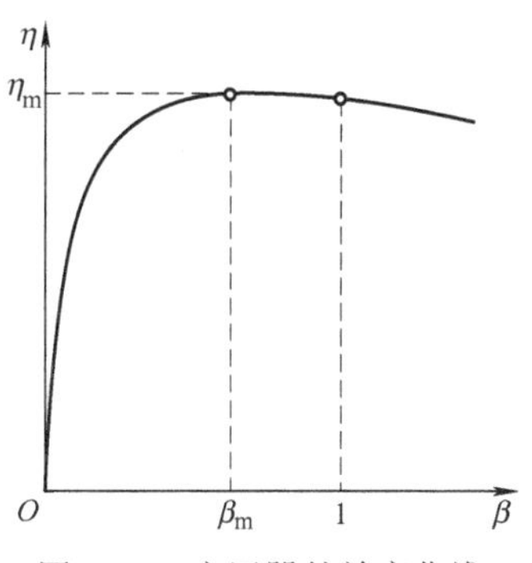

图2-43　变压器的效率曲线

最大效率 η_{m} 所对应的负载系数 β_{m} 可以通过求极值的方法得到。令$\dfrac{\mathrm{d}\eta}{\mathrm{d}\beta} = 0$，可以求得

$$\beta_{\mathrm{m}} = \sqrt{\frac{p_0}{p_{\mathrm{kN}}}} \tag{2-63}$$

并且，$\beta_{\mathrm{m}}^2 p_{\mathrm{kN}} = p_0$，即**可变损耗等于不变损耗时，效率最高**。最大效率为

$$\eta_{\mathrm{m}} = \frac{\beta_{\mathrm{m}} S_{\mathrm{N}} \cos\varphi_2}{\beta_{\mathrm{m}} S_{\mathrm{N}} \cos\varphi_2 + 2p_0} \times 100\% \tag{2-64}$$

例2-9　一台三相变压器，额定容量 $S_{\mathrm{N}} = 5000\mathrm{kVA}$，额定电压 $U_{1\mathrm{N}}/U_{2\mathrm{N}} = 35/10.5\mathrm{kV}$，额定电压下的空载损耗 $p_0 = 7.25\mathrm{kW}$，额定铜耗 $p_{\mathrm{kN}} = 40\mathrm{kW}$。试计算：

（1）额定负载且功率因数 $\cos\varphi_2 = 0.8$ 时的效率 η；

（2）功率因数 $\cos\varphi_2 = 1$ 时的最高效率 η_{m}。

解：

（1）$\eta = \dfrac{\beta S_{\mathrm{N}} \cos\varphi_2}{\beta S_{\mathrm{N}} \cos\varphi_2 + p_0 + \beta^2 p_{\mathrm{kN}}} \times 100\% = \dfrac{1 \times 5000 \times 0.8}{1 \times 5000 \times 0.8 + 7.25 + 40} \times 100\% = 98.83\%$

(2) $\beta_m=\sqrt{\dfrac{p_0}{p_{kN}}}=\sqrt{\dfrac{7.25}{40}}=0.4257$

$$\eta_m=\frac{\beta_m S_N\cos\varphi_2}{\beta_m S_N\cos\varphi_2+2p_0}\times 100\%=\frac{0.4257\times 5000\times 1}{0.4257\times 5000\times 1+2\times 7.25}\times 100\%=99.32\%$$

2.4.3 并联运行

变压器并联运行是指将两台或多台变压器的一次侧分别接到电源母线上，将二次侧分别接到负载母线上，共同向负载供电的运行方式。图 2-44 给出了两台三相变压器并联运行的示意图。

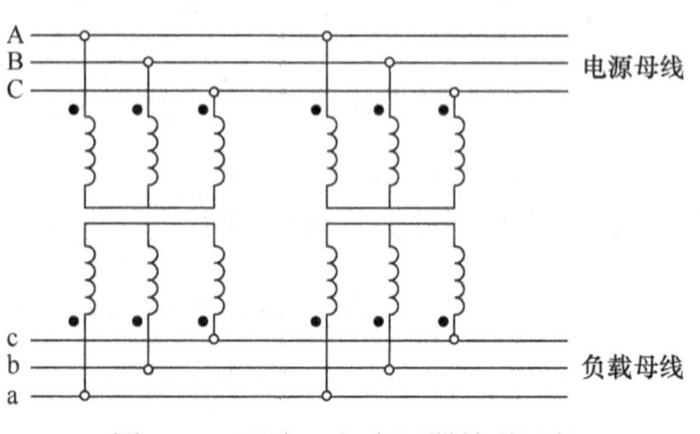

图 2-44　两台三相变压器并联运行

并联运行是电力变压器重要的运行方式，其优点主要包括：①供电可靠性高，单台变压器在故障或检修时，其他变压器仍能继续向负载供电；②供电效率高，可根据负载变化调整投入运行的台数，使每台在线变压器都运行在效率较高的状态；③初期投资少，扩容方便，可根据用电量的增加逐步增加并联变压器的数量。尽管并联运行有诸多优点，但在变电站总容量一定的情况下，也不宜采用过多台数并联，因为这样做会导致变电站投资增加，且使运行管理复杂化。

以两台单相变压器并联运行为例来说明并联运行的理想情况。如图 2-45 所示，两台变压器 α 和 β 并联运行时，它们的一次绕组接至同一电网，具有共同的一次电压 $\dot{U}_1$，它们的二次绕组并联在一起，具有共同的二次电压 $\dot{U}_2$。也就是说，它们的两侧都有相同的额定电压。

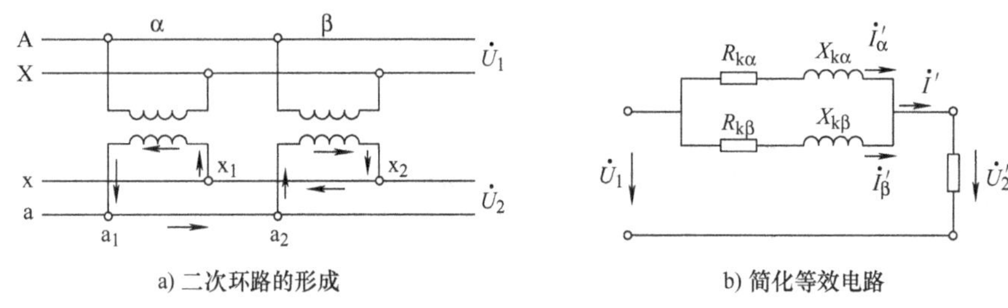

图 2-45　两台单相变压器并联运行

空载时，两台变压器的二次绕组会形成电流闭路（以下简称二次环路），如图 2-45a 中箭头所示的 $a_1\to a_2\to x_2\to x_1\to a_1$ 通路。理想的情况应该是，各二次绕组所形成的任何二次环路中，都不应有循环电流产生。

负载时，要求两台变压器所分担的负载容量（或电流）按其额定容量正比例地分配，这样才能最大程度地利用各台变压器的容量，即要求

$$\frac{S_\alpha}{S_\beta}=\frac{I'_\alpha}{I'_\beta}=\frac{S_{N\alpha}}{S_{N\beta}} \tag{2-65}$$

另外，负载时还要求两台变压器的输出电流 $\dot{I}'_{\alpha}$、$\dot{I}'_{\beta}$ 同相，这样才能使并联组输出的总负载电流 $\dot{I}'=\dot{I}'_{\alpha}+\dot{I}'_{\beta}$ 的量值最大化；或者说在总负载电流 I' 一定的情况下，才能使各变压器的负载电流的量值最小化。

综上所述，变压器并联运行的理想情况是：①空载时所有二次环路中都无循环电流产生；②负载时各变压器所承担的负载容量与其额定容量成正比；③负载时各变压器的负载电流同相位。

分析表明，三相变压器并联运行时，要达到理想状态，必须满足一定的条件。

1）各台变压器一、二次额定电压应分别相等，或者说**各变压器的一、二次侧线电压的比值都应相等**。

显然这一条是必需的，否则一次侧接同一电网电压，若二次侧电压不相等，则在二次环路中必然形成净电压和环流。若两台变压器两侧线电压比值的相对差值小于 1%，则空载时二次环路的环流不超过额定电流的 10%。负载后，线电压比值小的变压器负荷加重。一般要求线电压比值的相对差值不超过 ±0.5%。

2）各台变压器的联结组标号应相同。

这一条件尤为重要，必须严格保证。并联变压器的一次线电压同相位，若联结组标号不同，则相同标记端的二次电压相位不同，将这些出线端并联在一起，会导致二次环路中出现极大的环流。

比如将一台 Yy0 的三相变压器和一台 Yd11 的三相变压器并联运行，高压侧的线电压相位一致。Yy0 变压器低压侧线电压 $\dot{U}_{ab1}$ 与高压侧线电压 $\dot{U}_{AB}$ 同相位，而 Yd11 变压器低压侧线电压 $\dot{U}_{ab2}$ 超前于 $\dot{U}_{AB}$ 30°，两台变压器低压侧对应标记端线电压出现了 30°的相位差。一旦将两台变压器的低压侧的对应出线端并联，在二次环路中将引起极大的环流，从而烧毁变压器。所以**联结组标号不同的变压器绝对不允许并联运行**。

顺便指出，如果两台变压器绕组的连接方法不同，但具有相同的联结组标号（例如 Yd11 与 Dy11），并且一、二次额定电压（线电压）分别相等，它们就能并联运行。还有一种情况，两台变压器一次绕组接法相同（同为 Y 或 D 联结），二次绕组接法也相同，一、二次侧的额定电压也分别相等，但联结组标号不同，这时可以通过改变二次绕组出线端标记，将两台变压器联结组标号调整到相同后，便可并联运行。

3）**各台变压器短路阻抗的阻抗角应相等**。

参看图 2-45b，两台变压器并联运行时，有

$$\dot{I}_{\alpha}Z_{k\alpha}=\dot{I}_{\beta}Z_{k\beta}\quad 即\quad \frac{\dot{I}_{\alpha}}{\dot{I}_{\beta}}=\frac{Z_{k\beta}}{Z_{k\alpha}} \tag{2-66}$$

要使得 $\dot{I}_{\alpha}$ 与 $\dot{I}_{\beta}$ 同相位，必然要求 $Z_{k\alpha}$ 的阻抗角与 $Z_{k\beta}$ 的阻抗角相等。实际上，这一条件允许有小的偏差。当并联组中各变压器的容量不同时，阻抗角也不同。为了使各变压器的输出电流同相位，要求并联运行的变压器的容量比不超过 3:1。

4）各台变压器的阻抗电压相等。

当 $Z_{k\alpha}$ 的阻抗角与 $Z_{k\beta}$ 的阻抗角相等时，有

$$I_\alpha z_{k\alpha}=I_\beta z_{k\beta}\quad 即\quad \frac{I_\alpha}{I_\beta}=\frac{z_{k\beta}}{z_{k\alpha}} \tag{2-67}$$

用标幺值表示时，有

$$\frac{I_\alpha^*}{I_\beta^*}=\frac{z_{k\beta}^*}{z_{k\alpha}^*}\quad 即\quad \frac{\beta_\alpha}{\beta_\beta}=\frac{u_{k\beta}}{u_{k\alpha}}\quad 或者\quad \beta_\alpha:\beta_\beta=\frac{S_\alpha}{S_{N\alpha}}:\frac{S_\beta}{S_{N\beta}}=\frac{1}{u_{k\alpha}}:\frac{1}{u_{k\beta}} \tag{2-68}$$

可见，**并联运行的各台变压器的负载系数与其阻抗电压成反比**。要使得各变压器所承担的负载容量与其额定容量成正比，必然要求各变压器的负载系数相等，也就要求各变压器的阻抗电压相等。在总的负载容量一定的情况下，如果并联组中各变压器的阻抗电压有差别，则阻抗电压小的变压器负载系数大，阻抗电压大的变压器负载系数小。若要使每一台变压器都不过载，并联组的最大输出容量就要受到阻抗电压最小的那台变压器的容量限制。

在其他条件满足，但阻抗电压略有差别时，两台或多台变压器并联运行时，可以通过式(2-68) 计算各台变压器所承担的负载容量。

例 2-10 两台相同额定电压的单相变压器 A 和 B 的额定容量 $S_{NA}=1800\text{kVA}$，$S_{NB}=2400\text{kVA}$，阻抗电压 $u_{kA}=6.6\%$，$u_{kB}=7.0\%$。现将其并联运行供给共同负载。试求：

（1）总负载 $S=4000\text{kVA}$ 时，各变压器所分担的负载容量；

（2）在每台变压器都不过载的情况下，两台所能供给的总负载以及并联组总容量的利用率。

解：（1）假设 A、B 变压器所分担的负载容量分别为 S_A、S_B，可列出如下方程组：

$$\left.\begin{aligned}&S_A+S_B=S\\&\frac{S_A}{S_{NA}}:\frac{S_B}{S_{NB}}=\frac{1}{u_{kA}}:\frac{1}{u_{kB}}\end{aligned}\right\}$$

解方程组得

$$S_A=\frac{S_{NA}/u_{kA}}{(S_{NA}/u_{kA}+S_{NB}/u_{kB})}\cdot S=\frac{1800/6.6}{(1800/6.6+2400/7.0)}\times4000\text{kVA}=1772.2\text{kVA}$$

$$S_B=\frac{S_{NB}/u_{kB}}{(S_{NA}/u_{kA}+S_{NB}/u_{kB})}\cdot S=\frac{2400/7.0}{(1800/6.6+2400/7.0)}\times4000\text{kVA}=2227.8\text{kVA}$$

（2）并联组中阻抗电压最小的变压器先达到满载，由于 $\min(u_{kA},u_{kB})=u_{kA}$，故令 $S_A=S_{NA}=1800\text{kVA}$，代入式(2-68) 可得

$$S_B=\frac{u_{kA}}{u_{kB}}S_{NB}=\frac{6.6}{7.0}\times2400\text{kVA}=2262.9\text{kVA}$$

$$S_m=S_{NA}+S_B=(1800+2262.9)\text{kVA}=4062.9\text{kVA}$$

总容量的利用率

$$k_L=\frac{S_m}{S_{NA}+S_{NB}}\times100\%=\frac{4062.9}{1800+2400}\times100\%=96.73\%$$

例 2-10 的求解方法和结果可以推广到多台变压器并联运行的情况。设 n 台变压器的额定容量分别为 $S_{N1},S_{N2},\cdots,S_{Nn}$，阻抗电压分别为 $u_{k1},u_{k2},\cdots,u_{kn}$，并联供给的总负载为 S，则第 p 台变压器所承担的负载容量为

$$S_p=\frac{S_{Np}/u_{kp}}{\sum\limits_{i=1}^{n}(S_{Ni}/u_{ki})}\cdot S \tag{2-69}$$

在不使任一台变压器过载的情况下，并联组所能供给的最大负载容量为

$$S_m = \min(u_{k1}, u_{k2}, \cdots, u_{kn}) \cdot \sum_{i=1}^{n} (S_{Ni}/u_{ki}) \tag{2-70}$$

从式(2-70)不难看出，各变压器的阻抗电压越接近，在不使任一台过载的情况下，并联组所能提供的最大负载容量就越接近总装机容量。在实用上，为使并联组的总装机容量得到充分利用，通常规定并联运行的各台变压器阻抗电压的相对差值不应超过±10%。

2.4.4 参数测定

变压器T形等效电路有六个参数，即R_1、$X_{1\sigma}$、R_2'、$X_{2\sigma}'$、R_m、X_m，简化等效电路有两个参数，即R_k、X_k，这些参数对变压器的运行性能有直接影响。通过测量或计算得到变压器参数后，就能利用等效电路分析运行性能。另外，变压器的结构尺寸、所用材料的性质都与参数密切相关，所以参数的选择也会影响到变压器的生产成本。对于大型变压器，在实验室直接如实地加负载测定其性能不仅不经济，而且也不容易做到。一般是通过对变压器进行空载试验和短路试验来测定其参数，再利用参数计算其运行性能。

1. 空载试验

变压器空载运行时，一侧加电源，另一侧开路。T形等效电路变成如图2-46a所示的串联电路。由于$R_1 \ll R_m$，$X_{1\sigma} \ll X_m$，图2-46a可进一步简化为如图2-46b所示的简单电路。

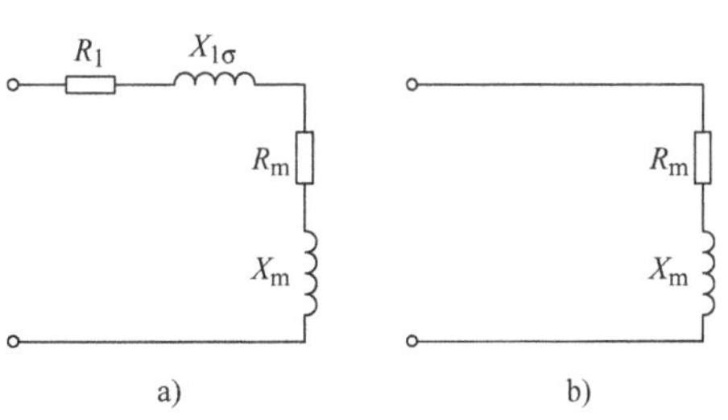

图2-46 空载运行时变压器的等效电路

图2-46b是最简单的阻感性交流电路，一次侧加电压后，测量出电流和有功功率，通过简单的计算就可以求出该电路的参数。由于励磁阻抗Z_m与主磁路的饱和程度有关，通常加额定电压进行试验。为了试验时的安全和仪表选择的方便，通常选择在低压侧加额定电压进行试验。通过空载试验可以求得被试变压器的铁耗p_{Fe}、励磁阻抗Z_m、变比k等数据。

空载试验接线图如图2-47所示，图2-47a用于单相变压器，图2-47b用于三相变压器。试验时，变压器的高压侧开路，低压侧加额定电压U_{2N}，分别测量出高压侧开路电压U_{10}、低压侧空载电流I_{20}以及变压器的空载损耗p_0。试验变压器为三相心式结构时，由于三相磁路不对称，因此各相空载电流不相等，一般取算术平均值作为空载电流，即励磁电流。由于空载试验施加的是额定电压，产生的主磁通已经达到正常运行值，所以铁耗也达到正常运行值。又由于空载电流相对于额定电流很小，铜耗也就极小，可以忽略不计，所以空载试验所测得的有功功率（空载损耗）可以认为就是铁耗，即

$$p_{Fe} \approx p_0 \tag{2-71}$$

以单相变压器为例，空载时，变压器的总阻抗

$$z_0 = |Z_2 + Z_{2m}| = \frac{U_{2N}}{I_{20}} \tag{2-72}$$

由于$z_2 \ll z_{2m}$，所以励磁阻抗为

$$z_{2m} \approx \frac{U_{2N}}{I_{20}} \tag{2-73}$$

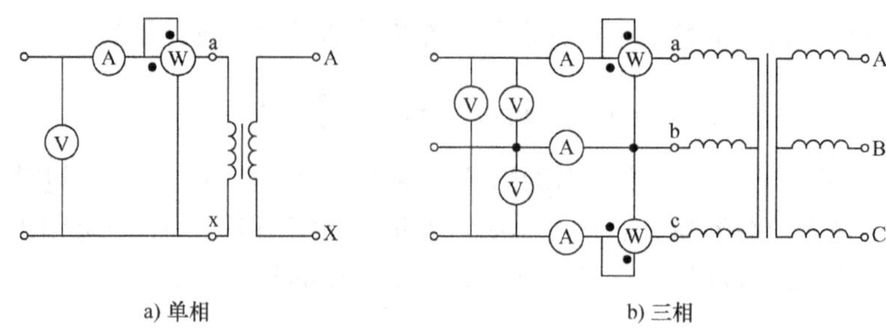

a) 单相　　　　b) 三相

图 2-47　变压器空载试验接线图

励磁电阻（即铁耗电阻）为

$$R_{2m}=\frac{p_{Fe}}{I_{20}^2}\approx\frac{p_0}{I_{20}^2} \tag{2-74}$$

励磁电抗为

$$X_{2m}=\sqrt{z_{2m}^2-R_{2m}^2} \tag{2-75}$$

若是三相变压器，则电压、电流和功率都应取每相值。以上求得的是从低压侧观察到的变压器的励磁参数。若要求取高压侧的励磁参数，则应将 R_{2m} 和 X_{2m} 折算到高压侧，即

$$R_m=k^2R_{2m},X_m=k^2X_{2m} \tag{2-76}$$

2. 稳态短路试验

变压器短路运行时，一侧接电源，另一侧短路。T 形等效电路变成如图 2-48a 所示的串并联电路。由于 $R_2'\ll R_m$，$X_{2\sigma}'\ll X_m$，图 2-48a 可进一步简化为如图 2-48b 所示的串联电路。

图 2-48b 是最简单的阻感性交流电路，一次侧加电压后，测量出电流和有功功率，通过简单的计算就可以求出该电路的参数。基于试验安全和仪表选择的方便，一般选择低压侧短路，高压侧加适当电压进行短路试验。通过短路试验可以求得变压器的额定铜耗 p_{kN}、短路参数 R_k、X_k、Z_k 以及阻抗电压 u_k 等数据。

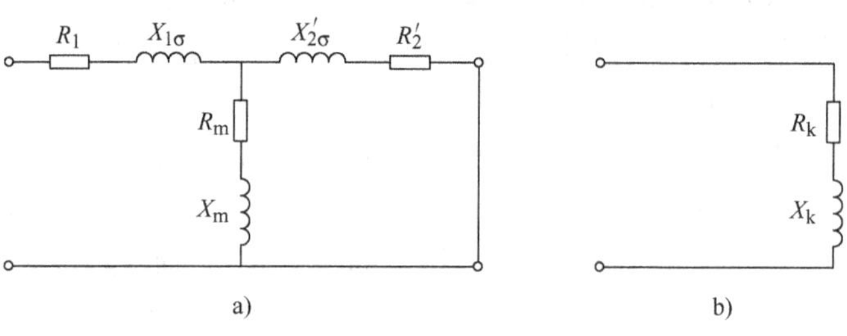

a)　　　　b)

图 2-48　短路试验时变压器的等效电路

短路试验接线图如图 2-49 所示，图 2-49a 用于单相变压器，图 2-49b 用于三相变压器。试验时，低压侧短路，从 0 开始逐渐增加高压侧的电压，使得高压侧电流达到额定值，即 $I_k=I_{1N}$，记录高压侧所加的电压（即短路电压）U_k、短路电流 I_k 及短路损耗 p_k。由于短路试验时电流为额定值，在绕组中产生的铜耗即为额定铜耗 p_{kN}。对应于额定电流的短路电压 U_k 与额定电压 U_{1N} 的比值即为阻抗电压 u_k。变压器的阻抗电压 u_k 一般是很小的值，所以短路试验所加的电压 U_k 的值相对很小，在该电压下变压器的铁耗可以忽略不计，所以短路试验测得的损耗可以看作额定铜耗，即

$$p_{kN}=p_k \tag{2-77}$$

以单相变压器为例，变压器的短路阻抗和阻抗电压分别为

$$z_k=\frac{U_k}{I_k}=\frac{U_k}{I_{1N}},\quad u_k=z_k^* \tag{2-78}$$

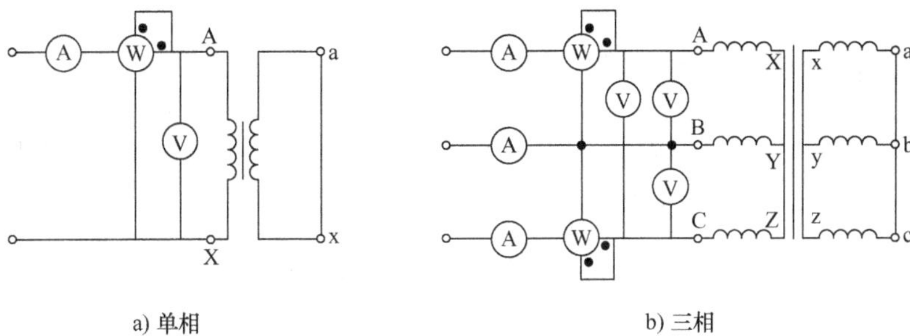

a) 单相　　b) 三相

图 2-49　变压器短路试验接线图

短路电阻为

$$R_k = \frac{p_k}{I_k^2} = \frac{p_{kN}}{I_{1N}^2} \tag{2-79}$$

短路电抗为

$$X_k = \sqrt{z_k^2 - R_k^2} \tag{2-80}$$

若是三相变压器，则电压、电流和功率都应取每相值。

因为绕组电阻与变压器运行时的环境温度 θ 有关，通常要将实验测得的电阻值 R_k 和短路阻抗值 z_k 换算成标准温度 75℃时的值，换算方法见式(2-46)。求得短路阻抗 $Z_k = R_k + jX_k$ 后，就可以绘制出变压器简化等效电路。若要绘制 T 形等效电路，还需要将 R_k、X_k 拆分为 R_1、R_2'、$X_{1\sigma}$、$X_{2\sigma}'$。可以近似地认为

$$\left.\begin{aligned} R_1 &\approx R_2' \approx R_k/2 \\ X_{1\sigma} &\approx X_{2\sigma}' \approx X_k/2 \end{aligned}\right\} \tag{2-81}$$

例 2-11　某台三相变压器联结组为 Yd11，额定容量 $S_N = 3150\text{kVA}$，额定电压 $U_{1N}/U_{2N} = 10\text{kV}/6.3\text{kV}$。在低压侧加额定电压做空载试验，测得空载电流标幺值 $I_0^* = 0.9\%$，空载损耗 $p_0 = 4400\text{W}$；在高压侧加额定电流做稳态短路试验，测得阻抗电压 $u_k = 5.5\%$，短路损耗 $p_{kN} = 27000\text{W}$。

（1）若 $R_1 = R_2' = R_k/2$，$X_{1\sigma} = X_{2\sigma}' = X_k/2$，画出归算到高压侧的 T 形等效电路；

（2）若试验时的环境温度 $\theta = 20℃$，计算换算到 75℃时的短路阻抗和阻抗电压。

解：

（1）每相额定容量　　$S_{N1} = \frac{S_N}{3} = \frac{3150}{3}\text{kVA} = 1050\text{kVA}$

额定相电压　　$U_1 = \frac{U_{1N}}{\sqrt{3}} = \frac{10000}{\sqrt{3}}\text{V} = 5773.5\text{V}$，$U_2 = U_{2N} = 6300\text{V}$

变比　　$k = \frac{U_1}{U_2} = \frac{5773.5}{6300} = 0.9164$

额定相电流　　$I_1 = \frac{S_{N1}}{U_1} = \frac{1050\times10^3}{5773.5}\text{A} = 181.8653A$，$I_2 = \frac{S_{N1}}{U_2} = \frac{1050\times10^3}{6300}\text{A} = 166.6667\text{A}$

空载试验相电流　　$I_0 = I_0^* I_2 = 0.9\% \times 166.6667\text{A} = 1.5\text{A}$

每相空载损耗　　$p_{01} = \frac{p_0}{3} = 4400/3\text{W} = 1466.7\text{W}$

励磁参数

$$z'_{\mathrm{m}}=\frac{U_2}{I_0}=\frac{6300}{1.5}\Omega=4200\Omega,\quad R'_{\mathrm{m}}=\frac{p_{01}}{I_0^2}=\frac{1466.6}{1.5^2}\Omega=651.8519\Omega,\quad X'_{\mathrm{m}}=\sqrt{z'^2_{\mathrm{m}}-R'^2_{\mathrm{m}}}=4149.1\Omega$$

$$R_{\mathrm{m}}=k^2R'_{\mathrm{m}}=0.9164^2\times651.8519\Omega=547.4526\Omega,\ X_{\mathrm{m}}=k^2X'_{\mathrm{m}}=0.9164^2\times4149.1\Omega=3484.6\Omega$$

短路相电压 $U_{\mathrm{k}}=u_{\mathrm{k}}U_1=5.5\%\times5773.5\mathrm{V}=317.5426\mathrm{V}$

每相短路损耗 $p_{\mathrm{k1}}=\dfrac{p_{\mathrm{k}}}{3}=27000/3\mathrm{W}=9000\mathrm{W}$

短路参数

$$z_{\mathrm{k}}=\frac{U_k}{I_1}=\frac{317.5426}{181.8653}\Omega=1.7460\Omega,\quad R_{\mathrm{k}}=\frac{p_{\mathrm{k1}}}{I_1^2}=\frac{9000}{181.8653^2}\Omega=0.2721\Omega,$$

$$X_{\mathrm{k}}=\sqrt{z_{\mathrm{k}}^2-R_{\mathrm{k}}^2}=\sqrt{1.7460^2-0.2721^2}\Omega=1.7247\Omega$$

$$R_1=R'_2=R_{\mathrm{k}}/2=0.2721/2\Omega=0.1361\Omega,\quad X_{1\sigma}=X'_{2\sigma}=X_{\mathrm{k}}/2=1.7247/2\Omega=0.8623\Omega$$

T 形等效电路如图 2-50 所示。

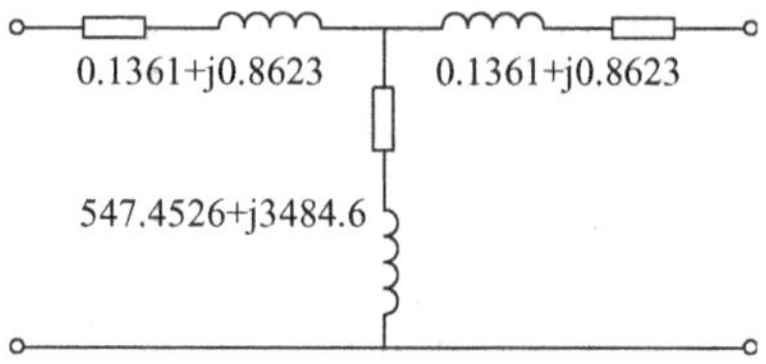

图 2-50　例 2-11T 形等效电路图

（2）$R_{\mathrm{k75}}=R_{\mathrm{k}}\cdot\dfrac{234.5+75}{234.5+\theta}$

$$=0.2721\times\frac{234.5+75}{234.5+20}\Omega=0.3309\Omega,$$

$$z_{\mathrm{k75}}=\sqrt{R_{\mathrm{k75}}^2+X_{\mathrm{k}}^2}=\sqrt{0.3309^2+1.7247^2}\Omega=1.7562\Omega$$

$$u_{\mathrm{k75}}=\frac{z_{\mathrm{k75}}I_1}{U_1}\times100\%=\frac{1.7562\times181.8653}{5773.5}\times100\%=5.53\%$$

例 2-12　某变压器的已知数据有 $I_0^*=0.016$，$p_0^*=0.0029$，$u_{\mathrm{k}}=4\%$，$p_{\mathrm{kN}}^*=0.015$，试计算其 T 形等效电路参数的标幺值。

解：空载试验电压标幺值 $U_0^*=1$

短路试验电压标幺值 $U_{\mathrm{k}}^*=\dfrac{U_{\mathrm{k}}}{U_{\mathrm{N}}}=\dfrac{z_{\mathrm{k}}I_{\mathrm{N}}}{U_{\mathrm{N}}}=u_{\mathrm{k}}=0.04$，电流标幺值 $I_{\mathrm{k}}^*=1$

$$z_{\mathrm{m}}^*=\frac{U_0^*}{I_0^*}=\frac{1}{0.016}=62.5$$

$$R_{\mathrm{m}}^*=\frac{p_0^*}{I_0^{*2}}=\frac{0.0029}{0.016^2}=11.3281,\quad X_{\mathrm{m}}^*=\sqrt{z_{\mathrm{m}}^{*2}-R_{\mathrm{m}}^{*2}}=\sqrt{62.5^2-11.3281^2}=61.4648$$

$$z_{\mathrm{k}}^*=u_{\mathrm{k}}=0.04$$

$$R_{\mathrm{k}}^*=\frac{p_{\mathrm{kN}}^*}{I_{\mathrm{k}}^{*2}}=\frac{0.015}{1^2}=0.015,\quad X_{\mathrm{k}}^*=\sqrt{z_{\mathrm{k}}^{*2}-R_{\mathrm{k}}^{*2}}=\sqrt{0.04^2-0.015^2}=0.0371$$

$$R_1^*\approx R_2^*=R_{\mathrm{k}}^*/2=0.015/2=0.0075,\quad X_{1\sigma}^*\approx X_{2\sigma}^*=X_{\mathrm{k}}^*/2=0.0371/2=0.0186$$

2.4.5　三相变压器的不对称运行

导致三相变压器不对称运行的情况有多种。一是三相电源本身不对称；二是三相负载不对称；三是三相绕组因故障出现不对称。最常见的是负载不对称，例如较大的单相负载、单相负载对三相来说分布不平衡、一相检修两相供电等都能引发变压器不对称运行。当三相负载电流不对称时，变压器的阻抗压降也不对称，导致输出电压不对称，会给用电设备带来许多不利影响。例如三相感应电动机在不对称电压下运行时，效率和功率因数等性能指标均会降低。又如在三相四线制中，若三相电压不对称，可造成相电压升高或降低，对单相负载的运行不利。对变压器本身来讲，三相电压或电流不对称，可能使个别绕组产生过电压或过电流现象。

1. 对称分量法

分析不对称运行常用**对称分量法**。对称分量法是一种线性变换方法，它将一个不对称三相系统分解为三个对称的分量系统，即**正序**、**负序**和**零序**系统，各分量系统的三相量分别称为**正序分量**、**负序分量**和**零序分量**。三相正序分量大小相等，相位互差120°，相序为ABC；三相负序分量也是大小相等，相位互差120°，但相序为ACB；三相零序分量大小相等、相位相同。分析时认为各分量系统独立作用，互不影响，可以单独计算出其响应，叠加后得到原不对称三相系统的总响应。因为每一分量系统本身是对称的，可以用分析一相的方法来分析，这就是对称分量法。对称分量法的依据是叠加原理，只适合于线性电路；对于非线性电路，必须做近似的线性化假设，才能得出近似结果。

图2-51a、b、c分别给出了正序、负序和零序三个互不相关的对称分量系统。每个分量系统都可取一相进行分析。例如在正序系统中，选择 $\dot{I}_a^+$ 进行分析，则 $\dot{I}_b^+$、$\dot{I}_c^+$ 可以表示为

$$\dot{I}_b^+ = a^2\dot{I}_a^+, \quad \dot{I}_c^+ = a\dot{I}_a^+ \tag{2-82}$$

式中，$a = \frac{1}{2} + \mathrm{j}\frac{\sqrt{3}}{2} = 1\angle 120° = \mathrm{e}^{\mathrm{j}\frac{2\pi}{3}}$，是一个模为1、相位角为120°的相量，任何相量乘以 a 后，其模不变，但相位角增加120°，所以称 a 为**旋转因子**。同样，选择 $\dot{I}_a^-$ 和 $\dot{I}_a^0$后，$\dot{I}_b^-$、$\dot{I}_c^-$、$\dot{I}_b^0$、$\dot{I}_c^0$可以表示为

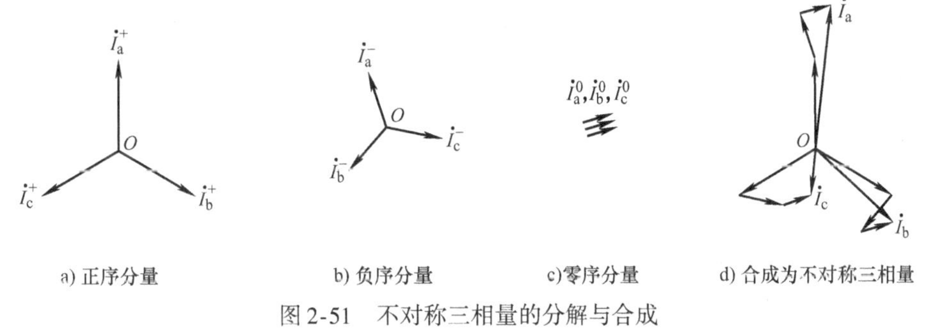

图2-51 不对称三相量的分解与合成

$$\dot{I}_b^- = a\dot{I}_a^-, \quad \dot{I}_c^- = a^2\dot{I}_a^-, \quad \dot{I}_b^0 = \dot{I}_c^0 = \dot{I}_a^0 \tag{2-83}$$

将三个分量系统中相应的电流分量按相量合成，并注意到式(2-82)和式(2-83)，就可得到不对称的三相电流，即

$$\left.\begin{aligned} \dot{I}_a^+ + \dot{I}_a^- + \dot{I}_a^0 &= \dot{I}_a \\ a^2\dot{I}_a^+ + a\dot{I}_a^- + \dot{I}_a^0 &= \dot{I}_b \\ a\dot{I}_a^+ + a^2\dot{I}_a^- + \dot{I}_a^0 &= \dot{I}_c \end{aligned}\right\} \tag{2-84}$$

图2-50d示出了各分量电流合成为总电流的相量图。

反过来，若已知原不对称三相电流 $\dot{I}_a$、$\dot{I}_b$、$\dot{I}_c$，利用式(2-84) 就可以求得 $\dot{I}_a^+$、$\dot{I}_a^-$、$\dot{I}_a^0$三个独立变量，即

$$\left.\begin{aligned}\dot{I}_a^+ &= \frac{1}{3}(\dot{I}_a + a\dot{I}_b + a^2\dot{I}_c)\\ \dot{I}_a^- &= \frac{1}{3}(\dot{I}_a + a^2\dot{I}_b + a\dot{I}_c)\\ \dot{I}_a^0 &= \frac{1}{3}(\dot{I}_a + \dot{I}_b + \dot{I}_c)\end{aligned}\right\} \tag{2-85}$$

再根据式(2-82) 和式(2-83) 就可以求出 $\dot{I}_b^+$、$\dot{I}_b^-$、$\dot{I}_b^0$以及 $\dot{I}_c^+$、$\dot{I}_c^-$、$\dot{I}_c^0$。

可见，**任何不对称的三相系统都可以唯一地分解成三组对称的分量系统，而三个分量系统又可以合成唯一的不对称三相系统**。

例 2-13 已知三相不对称电压表达式分别为

$$u_a = 100\sqrt{2}\sin\omega t,\quad u_b = -150\sqrt{2}\sin(\omega t + \pi/3),\quad u_c = -50\sqrt{2}\sin(\omega t - \pi/3)$$

将其分解成正序、负序和零序三组对称分量。

解：根据瞬时值表达式可以写出三相不对称电压的相量式

$$\dot{U}_a = 100\angle 0°, \dot{U}_b = -150\angle 60°, \dot{U}_c = -50\angle -60°$$

根据式(2-85) 可得

$$\dot{U}_a^+ = \frac{1}{3}(\dot{U}_a + a\dot{U}_b + a^2\dot{U}_c) = \frac{1}{3}(100 - 1\angle 120° \cdot 150\angle 60° - 1\angle 240° \cdot 50\angle -60°) = 100\angle 0°$$

$$\dot{U}_a^- = \frac{1}{3}(\dot{U}_a + a^2\dot{U}_b + a\dot{U}_c) = \frac{1}{3}(100 - 1\angle 240° \cdot 150\angle 60° - 1\angle 120° \cdot 50\angle -60°) = 28.87\angle 90°$$

$$\dot{U}_a^0 = \frac{1}{3}(\dot{U}_a + \dot{U}_b + \dot{U}_c) = \frac{1}{3}(100 - 150\angle 60° - 50\angle -60°) = 28.87\angle -90°$$

各对称分量分别为

$$\left.\begin{aligned}\dot{U}_a^+ &= 100\angle 0°\\ \dot{U}_b^+ &= 100\angle -120°\\ \dot{U}_c^+ &= 100\angle 120°\end{aligned}\right\},\quad \left.\begin{aligned}\dot{U}_a^- &= 28.87\angle 90°\\ \dot{U}_b^- &= 28.87\angle(90° + 120°) = 28.87\angle -150°\\ \dot{U}_c^- &= 28.87\angle(90° - 120°) = 28.87\angle -30°\end{aligned}\right\},\quad \left.\begin{aligned}\dot{U}_a^0 &= 28.87\angle -90°\\ \dot{U}_b^0 &= 28.87\angle -90°\\ \dot{U}_c^0 &= 28.87\angle -90°\end{aligned}\right\}$$

例 2-14 已知用对称分量法求得某变压器的二次电流的 a 相各分量分别为

$$\dot{I}_a^+ = 100\angle 30°\text{A},\quad \dot{I}_a^- = 50\angle 60°\text{A},\quad \dot{I}_a^0 = 10\text{A}$$

试求电流 i_b 的表达式。

解：根据 a 相各分量可求出 b 相各分量

$$\left.\begin{aligned}\dot{I}_b^+ &= a^2\dot{I}_a^+ = 100\angle -90°\text{A}\\ \dot{I}_b^- &= a\dot{I}_a^- = 50\angle 180°\text{A}\\ \dot{I}_b^0 &= \dot{I}_a^0 = 10\text{A}\end{aligned}\right\}$$

合成可得

$$\begin{aligned}\dot{I}_b &= \dot{I}_b^+ + \dot{I}_b^- + \dot{I}_b^0 = (100\angle -90° + 50\angle 180° + 10)\text{A} = -40 - \text{j}100\text{A}\\ &= 107.7033\angle -111.8014°\text{A}\end{aligned}$$

所以 $$i_b = 107.7033\sqrt{2}\sin(\omega t - 111.8014°)\ \text{A}$$

2. 分量系统的阻抗

交变电流流过变压器绕组时，会遇到阻抗，包括励磁阻抗和短路阻抗。正序电流流过绕组时会遇到**正序阻抗**，负序电流流过绕组时会遇到**负序阻抗**，零序电流流过绕组时会遇到**零序阻抗**。正序和负序系统与对称三相系统无异，所以正序和负序的励磁阻抗都与对称运行时变压器的励磁阻抗相等，正序和负序短路阻抗也与对称运行时的短路阻抗相等。即

$$Z_m^+ = Z_m^- = Z_m,\quad Z_k^+ = Z_k^- = Z_k \tag{2-86}$$

但零序系统本质上是三个相同单相系统的组合，三相零序电流同大小、同相位，能否在三相绕组中流通，要看三相绕组的接法。假如三相绕组中能流过零序电流，则将在变压器的磁路上产生零序磁通，零序电流便会遇到一定的零序阻抗，零序阻抗的大小取决于相应零序磁通的大小；若三相绕组中不能流通零序电流，则零序阻抗便为∞。

三相零序磁通也是同大小、同相位，能否在三相变压器的主磁路中畅通要看变压器的磁路结构。对三相组式变压器来说，各相磁路独立地自成闭路，每相零序主磁通都能像正序主磁通一样沿着主磁路流通，所以零序励磁阻抗等于正序励磁阻抗；每相零序漏磁通也像正序漏磁通一样沿着漏磁路流通，所以零序漏阻抗等于正序漏阻抗。即

$$Z_m^0 = Z_m,\quad Z_1^0 = Z_1,\quad Z_2'^0 = Z_2' \tag{2-87}$$

对于只有三个铁心柱的三相心式变压器来说，一相零序主磁通在借助其他两相的主磁路闭合时，会遇到其他两相的零序主磁通的“拦截”，结果沿主磁路的零序磁通相互抵消，也就是说零序磁通无法经主磁路闭合，只能在铁轭处散射出去，穿过变压器油，借道油箱壁构成闭路。可见，零序主磁通的路径与三次谐波磁通的路径一样，具有漏磁路的特点，磁阻较大，所以零序励磁阻抗远小于正序励磁阻抗，而零序漏阻抗仍然等于正序漏阻抗。即

$$Z_m^0 \ll Z_m,\quad Z_1^0 = Z_1,\quad Z_2'^0 = Z_2' \tag{2-88}$$

三相心式变压器的零序阻抗可以用试验方法测定。试验时把变压器一侧的三相绕组串联起来并外施单相电压，另一侧开路，如图2-52所示。根据所测得的电压、电流和功率，经过简单计算，可得零序阻抗

$$Z^0 = \frac{U}{3I},\quad R^0 = \frac{P}{3I^2},\quad X^0 = \sqrt{Z^{02} - R^{02}} \tag{2-89}$$

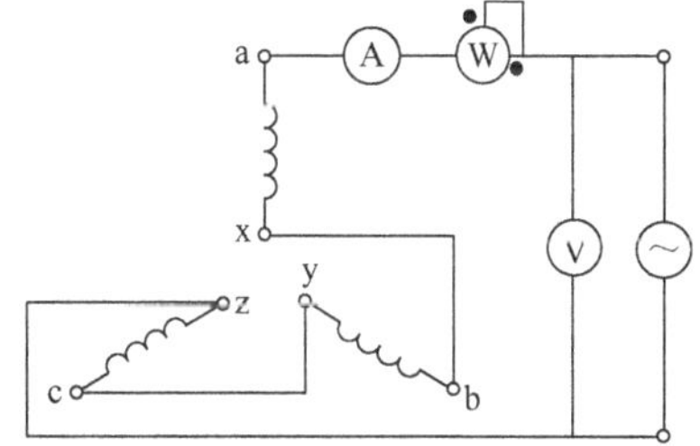

图2-52 测定零序阻抗的接线图

这样测得的阻抗为试验时加电压一侧的漏阻抗和零序励磁阻抗之和。

3. 分量系统的等效电路

将三相不对称系统分解成对称的分量系统后，可以根据变压器本身的磁路、电路结构以及各分量系统的特点来分析和列写各分量系统的电势平衡方程，绘制各分量系统的等效电路，独立地求取各分量的响应后，再合成为总响应。

正序和负序系统在本质上都属于三相对称系统，其等效电路与前面所讲的三相对称运行

时的等效电路一样，如图 2-53 所示。如果一次侧所接电源电压是三相对称的，那么，一次电压就只有正序分量而没有负序分量，即 $\dot{U}_A^- = 0$，此种情况下，图 2-53b 中负序等效电路的一次侧将是短路的。

零序等效电路稍显复杂。三相零序电流同相位、同大小，它能否在三相绕组中流通要看三相绕组的连接方式。对于 Yyn 联结组，一次绕组为Y联结，同大小、同相位的三个零序电流无法流通，所以一次侧对零序电流相当于开路，从一次侧看进去的零序阻抗为

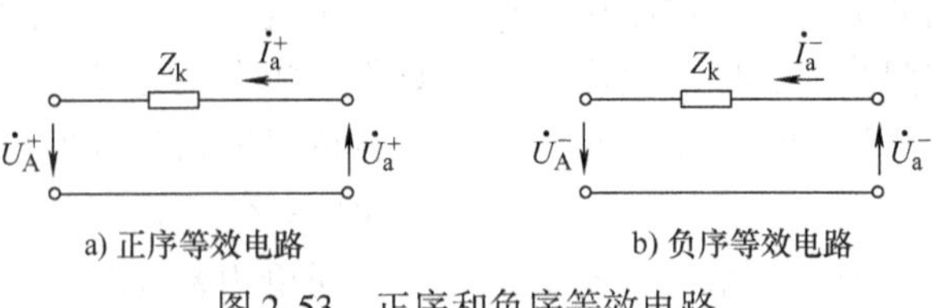

图 2-53　正序和负序等效电路

$$Z^0 = \infty \tag{2-90}$$

二次绕组的中性线为零序电流提供了通路，所以二次绕组有零序电流，会遇到零序漏阻抗和零序励磁阻抗，从二次侧看进去，有

$$Z^0 = Z_m^0 + Z_2' \tag{2-91}$$

Yyn 联结组零序电流的流通以及零序等效电路如图 2-54 所示。同样，若外施电压是对称的，则 $\dot{U}_A^0 = 0$。

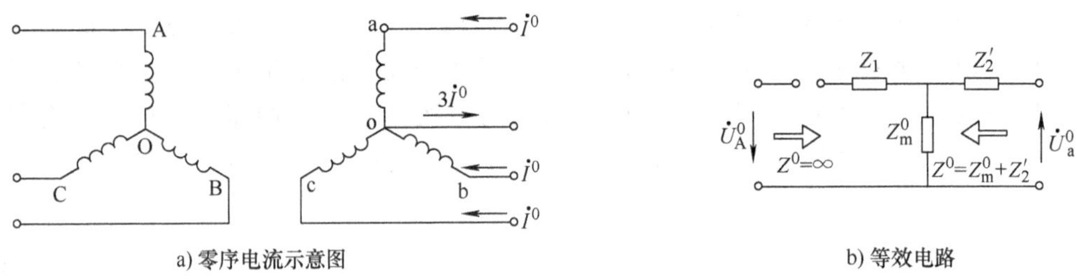

图 2-54　Yyn 联结组零序电流及零序等效电路

对于 YNd 联结组，如图 2-55a 所示，一次侧有中性线，零序电流能流通。二次侧为△联结，零序电流可以在三相绕组串联成的三角形回路中流通，对内相当于短路，对外相当于开路。从一次侧看进去的零序阻抗为

$$Z^0 = Z_1 + Z_m^0 // Z_2' \approx Z_k \tag{2-92}$$

从二次侧看进去，有

$$Z^0 = \infty \tag{2-93}$$

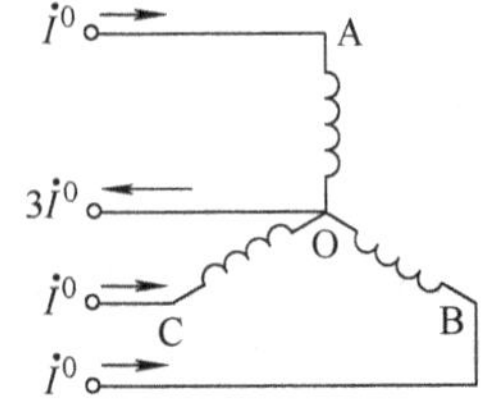

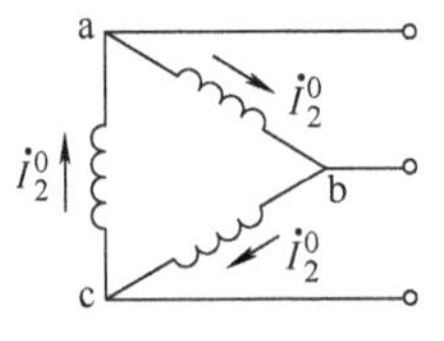

a) 零序电流示意图

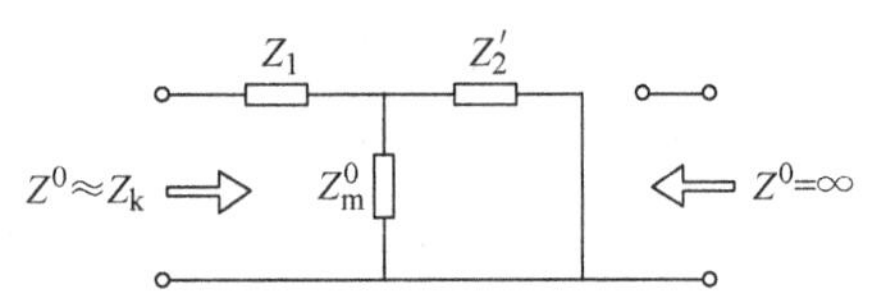

b) 等效电路

图 2-55　YNd 联结组零序电流及零序等效电路

4. Yyn 联结组带单相负载运行

一台 Yyn 联结的三相变压器，一次侧接三相对称电源，二次侧 a 相-中性线间接负载，b、c 两相空载，如图 2-56 所示。下面应用对称分量法分析 a 相负载电流的大小。

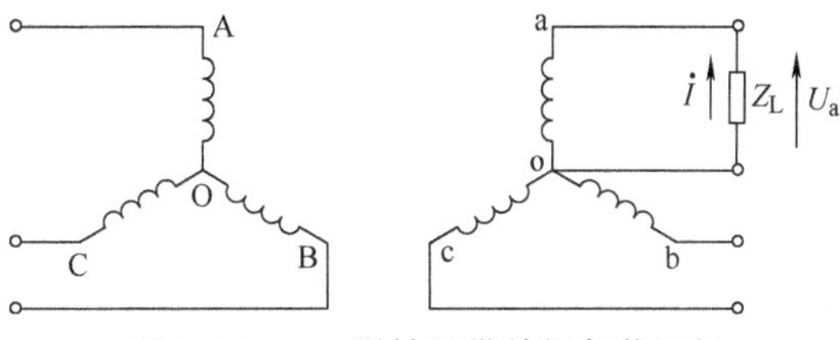

图 2-56　Yyn 联结组带单相负载运行

为分析方便，假设一、二次绕组匝数相等，并忽略励磁电流。二次电流为

$$\dot{I}_a=\dot{I},\ \dot{I}_b=\dot{I}_c=0 \tag{2-94}$$

代入式(2-85)，可得二次电流 a 相的各对称分量为

$$\dot{I}_a^+=\dot{I}_a^-=\dot{I}_a^0=\frac{\dot{I}}{3} \tag{2-95}$$

正序分量的等效电路如图 2-53a 所示，Z_k 为短路阻抗，$\dot{U}_a^+$ 为负载压降，$\dot{U}_A^+$ 为电网电压，电势平衡方程为

$$-\dot{U}_a^+=\dot{U}_A^++\dot{I}_a^+Z_k \tag{2-96}$$

负序分量的等效电路如图 2-53b 所示，由于电网电压对称，$\dot{U}_A^-=0$，所以

$$-\dot{U}_a^-=0+\dot{I}_a^-Z_k \tag{2-97}$$

零序分量等效电路如图 2-54b 所示，一次侧是开路的，零序电流不能在一次绕组中流通，所以

$$-\dot{U}_a^0=\dot{I}_a^0(Z_2'+Z_m^0) \tag{2-98}$$

负载 Z_L 上的压降就是二次侧端电压 $\dot{U}_a$，所以

$$\begin{aligned}-\dot{U}_a&=-\dot{U}_a^+-\dot{U}_a^--\dot{U}_a^0=\dot{U}_A^++\dot{I}_a^+Z_k+\dot{I}_a^-Z_k+\dot{I}_a^0(Z_2'+Z_m^0)\\&=\dot{U}_A^++\frac{1}{3}\dot{I}Z_k+\frac{1}{3}\dot{I}Z_k+\frac{1}{3}\dot{I}\ (Z_2'+Z_m^0)=-Z_L\dot{I}\end{aligned} \tag{2-99}$$

可得

$$\dot{I}=-\frac{3\dot{U}_A^+}{3Z_L+2Z_k+Z_2'+Z_m^0} \tag{2-100}$$

式中，Z_k、Z_2' 具有漏阻抗的性质，其值很小，忽略之，可得

$$\dot{I}\approx-\frac{\dot{U}_A^+}{Z_L+\dfrac{Z_m^0}{3}} \tag{2-101}$$

可见，零序励磁阻抗对单相负载电流 $\dot{I}$ 的影响极大，相当于给变压器增加了 $Z_m^0/3$ 的负载阻抗。现在分两种情况来讨论。

对于三相组式变压器来说，零序励磁阻抗等于正序励磁阻抗，即 $Z_m^0=Z_m$，其值很大，即使负载阻抗很小，负载电流也不大。假定单相短路，即 $Z_L=0$，则短路电流为

$$I_k \approx \frac{3U_A^+}{|Z_m|} = 3I_0 \tag{2-102}$$

可见，Yyn 联结的三相组式变压器在单相短路运行时，短路电流约为对称运行空载电流 I_0 的 3 倍，一般 $I_0 = (2\% \sim 10\%) I_N$，所以 $I_k \approx (6\% \sim 30\%) I_N$。一般单相负载电流比 I_k 更小，所以 Yyn 联结的三相组式变压器不能带单相负载正常运行。

对于三相心式变压器来说，零序励磁阻抗也具有漏阻抗的性质，其值不大，负载电流主要由负载阻抗 Z_L 来决定。所以，Yyn 联结的心式变压器可以带单相负载运行。但零序电流会产生零序磁通，其流通路径与 3 次谐波磁通的流通路径相似，会在油箱和其他结构件中引起涡流损耗，故在实际运行时，应尽可能使三相负载平衡，中性线上的电流不应超过规定值。

5. Yyn 联结组单相短路时的中性点位移

忽略各相序等效电路中的漏阻抗压降，式(2-96) ~式(2-98) 变为

$$\left.\begin{aligned} -\dot{U}_a^+ &= \dot{U}_A^+ = \dot{U}_A \\ -\dot{U}_a^- &= 0 \\ -\dot{U}_a^0 &= \dot{I}_a^0 Z_m^0 = -\dot{E}_a^0 \end{aligned}\right\} \tag{2-103}$$

所以

$$-\dot{U}_a = -\dot{U}_a^+ - \dot{U}_a^- - \dot{U}_a^0 = \dot{U}_A - \dot{E}_a^0 \tag{2-104a}$$

同理

$$\left.\begin{aligned} -\dot{U}_b &= \dot{U}_B - \dot{E}_b^0 \\ -\dot{U}_c &= \dot{U}_C - \dot{E}_c^0 \end{aligned}\right\} \tag{2-104b}$$

式中，$\dot{E}_b^0 = \dot{E}_c^0 = \dot{E}_a^0 = -\dot{I}_a^0 Z_m^0$；$\dot{U}_A$、$\dot{U}_B$、$\dot{U}_C$ 为三相对称电源电压。当 a 相短路、其他两相空载时，$-\dot{U}_a = 0$，由式(2-104a) 可知

$$\dot{E}_a^0 = 0 + \dot{U}_A = \dot{U}_A \tag{2-105a}$$

所以

$$\dot{E}_a^0 = \dot{E}_b^0 = \dot{E}_c^0 = \dot{U}_A \tag{2-105b}$$

即二次侧的三个零序电势与 $\dot{U}_A$ 相等，由式(2-104) 可得，三相输出电压为

$$\left.\begin{aligned} -\dot{U}_a &= \dot{U}_A - \dot{E}_b^0 = 0 \\ -\dot{U}_b &= \dot{U}_B - \dot{E}_b^0 = \dot{U}_B - \dot{U}_A \\ -\dot{U}_c &= \dot{U}_C - \dot{E}_c^0 = \dot{U}_C - \dot{U}_A \end{aligned}\right\} \tag{2-106}$$

根据式(2-106) 就可作出 a 相短路时一、二次电压相量图，如图 2-57 所示。

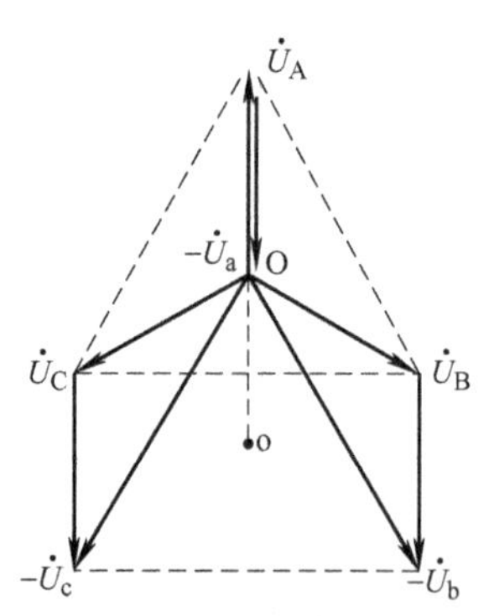

图 2-57　Yyn 联结组单相短路时的中性点位移分析

尽管电源电压是对称的三相电压（$\dot{U}_A$，$\dot{U}_B$，$\dot{U}_C$），但当二次

侧 a 相发生单相短路后，在每相绕组上会叠加一个零序电势 $-\dot{E}_a^0=-\dot{E}_b^0=-\dot{E}_c^0=-\dot{U}_A$，造成二次侧相电压（$-\dot{U}_a$，$-\dot{U}_b$，$-\dot{U}_c$）不对称。在相量图上表现为相量三角形的几何中心偏离了相电压的中性点，这种现象称为“**中性点位移**”或“**中性点浮动**”。中性点位移的程度取决于零序电势 $\dot{E}_a^0$，而 $\dot{E}_a^0$ 取决于零序电流的大小（由三相负载的不对称度决定）和变压器的磁路结构。

从负载的不对称度来看，单相短路属于最严重的不对称运行，零序电势 $\dot{E}_a^0$ 与电源相电压大小相等、相位相同，使得短路的 a 相的二次电压变为 0，其他两相电压有大幅度升高，中性点浮动较为严重。一般的三相不对称负载运行时，零序电势 $\dot{E}_a^0$ 的值相对小一些，也与电源相电压不同相，各相的二次电压均有不同程度的变化，中性点浮动相对小一些。

从磁路结构来看，对于三铁心柱的心式变压器，各相零序磁通无法经其他两相铁心柱流通，只能经各自的漏磁路闭合，磁阻较大，零序励磁阻抗具有漏阻抗的性质，Z_m^0 很小。因此只要适当地限制中性线电流（等于 3 倍零序电流），则零序电势 $\dot{E}_a^0=-\dot{I}_a^0Z_m^0$ 不至于太大。电力变压器运行规程规定 Yyn 联结的三相心式变压器的中性线电流不应超过 $0.25I_N$，这样将使中性点浮动不至于太严重。对于组式变压器，零序磁通经各相主磁路闭合，磁阻小，零序励磁阻抗等于正序励磁阻抗，即 $Z_m^0=Z_m$，其数值较大。即使有很小的零序电流，也会产生很大的零序电势 $\dot{E}_a^0$，造成严重的中性点位移。所以三相组式变压器不能接成 Yyn 联结组运行。

6. V 形联结*（*表示选学内容，下同）

除了用三相联结组供给三相负载以外，有时也需要用三相变压器中的两相通过适当的连接来提供三相电。例如，某些地域的配电线路只有三相中的两相，这时就可以采用三相变压器中的两相来为三相负载供电。Vv 联结就是用两台单相变压器连接成 V 形，实现三相供电。可以将 Vv 联结看成是 Dd 联结的三相变压器组中拆除一台单相变压器后形成的，所以也称为开口三角形联结法，如图 2-58 所示。

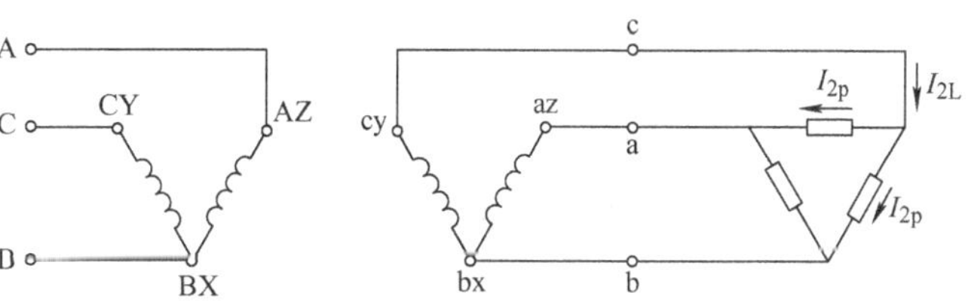

图 2-58 用 Vv 联结给三相负载供电

一次侧由三相对称电压中的两相 $\dot{U}_A=\dot{U}_1\angle 0°$，$\dot{U}_B=\dot{U}_1\angle -120°$ 供电，则二次侧的空载端电压为

$$\left.\begin{aligned}\dot{U}_a&=\dot{U}_2\angle 0°\\ \dot{U}_b&=\dot{U}_2\angle -120°\\ \dot{U}_c&=-\dot{U}_2\angle -120°-\dot{U}_2\angle 0°=\dot{U}_2\angle 120°\end{aligned}\right\}\tag{2-107}$$

这一组电压与 C 相存在时的三相电压完全相同，所以称 C 相为虚相。实际上，这种接法的变压器组，如果考虑内部漏阻抗压降，即使接三相对称负载，变压器的二次电压也将略

为不对称。但由于变压器的漏阻抗相对较小，所以二次电压的不对称程度可以容忍。

当三相变压器组中移走一台时，剩余的两台能提供多少容量？不考虑由于漏阻抗压降引起的不对称，则对称三相负载获得的总容量为

$$S_2 = 3U_2I_{2p} = \frac{3U_2I_{2L}}{\sqrt{3}} = \sqrt{3}U_2I_{2L} \tag{2-108}$$

式中，U_2 为负载电压的有效值；I_{2p}为负载相电流的有效值；I_{2L}为负载线电流的有效值。不难看出，I_{2L}等于单台变压器的相电流。所以 Vv 联结的两台变压器的最大输出容量为

$$S_{2N} = \sqrt{3}U_{2Np}I_{2Np} \tag{2-109}$$

式中，U_{2Np}、I_{2Np}分别为单台变压器的额定相电压和额定相电流。与两个单台变压器的总容量之比为

$$k_L = \frac{\sqrt{3}U_{2Np}I_{2Np}}{2U_{2Np}I_{2Np}} = 0.866 \tag{2-110}$$

可见，这种接法不能完全发挥设备容量。Vv 联结不是标准联结组，仅用于特殊场合。例如，在新建的线路上，当负载尚轻时，可先装两台变压器连成 Vv 联结使用，以后随着负载增加，再加装一台变压器接成对称三相。

2.5 变压器的暂态过程

变压器稳态运行时，通常认为磁通、电压和电流等物理量的幅值或有效值不变，瞬时值以固定频率按正弦规律变化，可以用相量方程进行分析。但是，当变压器负载突变、空载合闸、突然短路或者受到过电压的冲击等现象发生时，就会发生**暂态过程**。暂态过程就是指变压器从一个稳态向另一个稳态过渡的电磁物理过程。暂态过程中各物理量的幅值甚至频率都处于变化状态，通常用微分方程（组）来描述各物理量之间的关系，通过求解微分方程（组）来获得各物理量在暂态过程中的变化规律。

暂态过程持续的时间虽短，但对变压器的影响却很大。例如，突然短路暂态过程中出现的大电流会产生巨大的机械应力，有可能损坏变压器的绕组。过电压波动的暂态过程有可能损坏变压器的绝缘等。因此，分析了解变压器暂态过程中各物理量变化规律，对其设计、制造和运行都颇为有益。

2.5.1 变压器的过电流

1. 空载合闸

变压器在稳态运行时，空载电流通常为额定电流的 2% ~10%。但在空载合闸的暂态过程中，空载电流的幅值却有可能达到额定电流的 4 ~8 倍，对变压器的安全可靠操作造成麻烦。下面来分析空载合闸电流增大的原因。

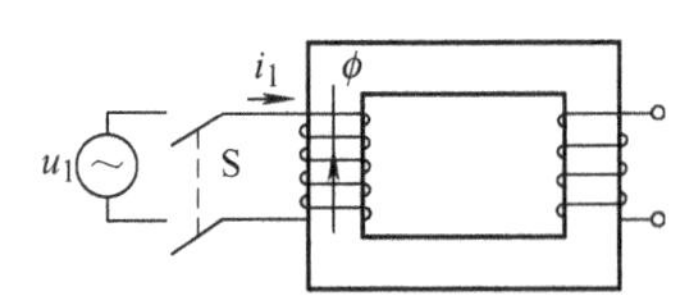

图 2-59 单相变压器空载合闸示意图

变压器二次侧空载，一次侧在 $t=0$ 的瞬间接到正弦电压 u_1 上，如图 2-59 所示。合闸后，一次回路的电压平衡方程式为

$$u_1 = R_1 i_1 + N_1 \frac{\mathrm{d}\phi}{\mathrm{d}t} = U_{1\mathrm{m}} \sin(\omega t + \alpha) \tag{2-111}$$

式中，ϕ 为与一次绕组交链的总磁通；$U_{1\mathrm{m}}$ 为正弦电源电压的幅值；α 为合闸瞬间电源电压的初相角；R_1、i_1 分别为一次绕组的电阻和电流。

由于主磁路通常是饱和的，所以电流 i_1 与磁通 ϕ 之间具有非线性函数关系，无论选择 i_1 还是 ϕ 作为独立变量，方程式(2-111) 都是一个非线性微分方程，难以求得解析解。为了求得解析解来做定性分析，可以先不考虑饱和，这样，电流 i_1 与磁通 ϕ 之间就具有如下的线性关系：

$$\psi = L_1 i_1 = N_1 \phi \quad 即 \quad i_1 = \frac{N_1 \phi}{L_1} \tag{2-112}$$

式中，ψ 为一次绕组的总磁链；L_1 为变压器一次绕组的不饱和电感（为常数）。选择磁通 ϕ 作为独立变量，则方程式(2-111) 变为

$$\frac{\mathrm{d}\phi}{\mathrm{d}t} + \frac{R_1}{L_1}\phi - \frac{U_{1\mathrm{m}}}{N_1}\sin(\omega t + \alpha) = 0 \tag{2-113}$$

式(2-113) 为一阶非齐次常系数微分方程，其通解为

$$\phi = \phi' + \phi'' = \phi' + C\mathrm{e}^{-\frac{t}{T}} \tag{2-114}$$

式中，ϕ'称为**振荡分量**；$\phi'' = C\mathrm{e}^{-\frac{t}{T}}$称为**自由分量**；$T = L_1/R_1$ 为**时间常数**。ϕ'为方程的一个特解。设

$$\phi' = \Phi_\mathrm{m} \sin(\omega t + \theta) \tag{2-115}$$

代入方程式(2-113) 可得

$$\Phi_\mathrm{m}[R_1 \sin(\omega t + \theta) + \omega L_1 \cos(\omega t + \theta)] = \frac{L_1 U_{1\mathrm{m}}}{N_1}\sin(\omega t + \alpha) \tag{2-116}$$

令 $Z = \sqrt{R_1^2 + (\omega L_1)^2}$，$\cos\varphi = \frac{R_1}{Z}$，$\sin\varphi = \frac{\omega L_1}{Z}$，则

$$\Phi_\mathrm{m} Z[\cos\varphi \sin(\omega t + \theta) + \sin\varphi \cos(\omega t + \theta)] = \frac{L_1 U_{1\mathrm{m}}}{N_1}\sin(\omega t + \alpha) \tag{2-117a}$$

即

$$\Phi_\mathrm{m} Z \sin(\omega t + \theta + \varphi) = \frac{L_1 U_{1\mathrm{m}}}{N_1}\sin(\omega t + \alpha) \tag{2-117b}$$

所以

$$\Phi_\mathrm{m} = \frac{L_1 U_{1\mathrm{m}}}{N_1 Z}, \quad \theta = \alpha - \varphi \tag{2-118}$$

所以，ϕ'确定为

$$\phi' = \Phi_\mathrm{m} \sin(\omega t + \alpha - \varphi) \tag{2-119}$$

ϕ 的通解为

$$\phi = \Phi_\mathrm{m} \sin(\omega t + \alpha - \varphi) + C\mathrm{e}^{-\frac{t}{T}} \tag{2-120}$$

式中，C 为待定常数。假设 $t = 0$ 的瞬间，与一次绕组交链的磁通（即剩磁）为 0，则 $C = -\Phi_\mathrm{m} \sin(\alpha - \varphi)$。所以，不考虑剩磁时，磁通随时间变化的函数为

$$\phi = \Phi_\mathrm{m} \sin(\omega t + \alpha - \varphi) - \Phi_\mathrm{m} \sin(\alpha - \varphi)\mathrm{e}^{-\frac{t}{T}} \tag{2-121}$$

再考虑到 $R_1 \ll \omega L_1$ 或者 $\varphi=\arctan(\omega L_1/R_1)\approx\pi/2$，则

$$\phi=-\Phi_m\cos(\omega t+\alpha)+\Phi_m\cos\alpha\cdot e^{-\frac{t}{T}} \tag{2-122}$$

下面利用式(2-122)对两个特殊的合闸瞬间进行分析。

1）若 $\alpha=0$，即合闸瞬间 $u_1=U_{1m}\sin(\omega t+\alpha)=0$，则式(2-122)变为

$$\phi=\Phi_m(e^{-\frac{t}{T}}-\cos\omega t) \tag{2-123}$$

当 $\omega t\approx\pi$，即合闸后经历约半个周期时，ϕ 会达到其最大值 $\phi_{max}\approx2\Phi_m$，再考虑到合闸前变压器铁心中有剩磁，且若剩磁方向与 $\phi(\pi)$ 的方向一致，则空载合闸暂态过程中的磁通最大会超过 $2\Phi_m$。相应的最大电流 $i_{max}=f(\phi_{max})$ 会达到稳态空载电流最大值 $i_{0m}=f(\phi_m)$ 的数百倍，达到额定电流的 4～8 倍。通常将该电流称为**励磁涌流**。式(2-123)对应的磁通波形如图 2-60 所示。相应的最大电流分析如图 2-61 所示。随着时间的推移，自由分量 $\phi''=\Phi_m e^{-\frac{t}{T}}$ 最终会衰减为 0。衰减时间常数 $T=L_1/R_1$，一般小型变压器经过几个时间常数即可衰减完毕，空载合闸励磁涌流衰减过程如图 2-62 所示。大型变压器励磁涌流衰减相对慢一些，要经过十几秒甚至数十秒之久。有些变压器为了限制励磁涌流和加快衰减，要在一次侧串联一个电阻，合闸成功且稳定后再切除掉。

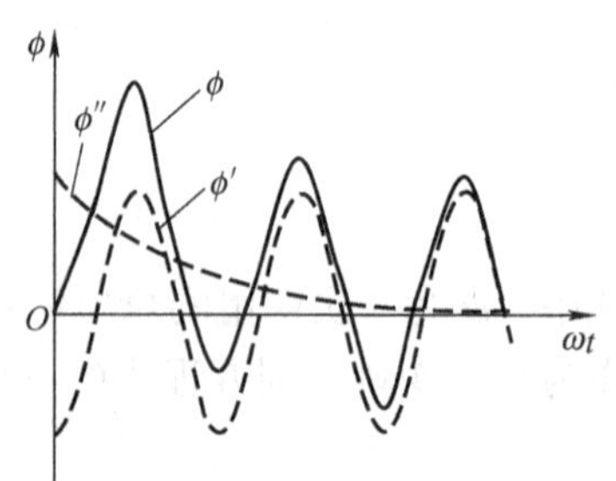

图 2-60　α=0 时空载合闸暂态过程磁通的变化

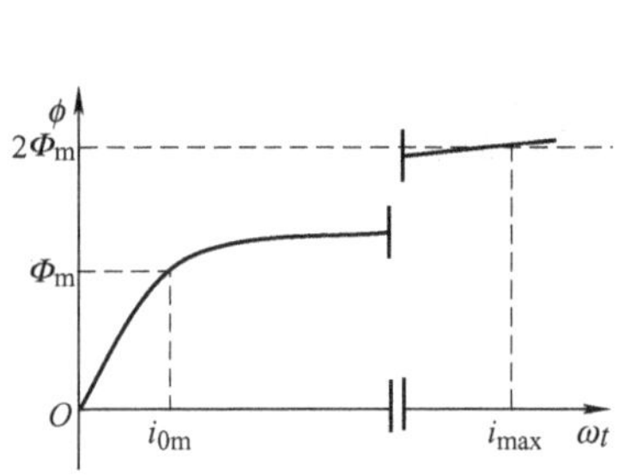

图 2-61　空载合闸最大电流分析

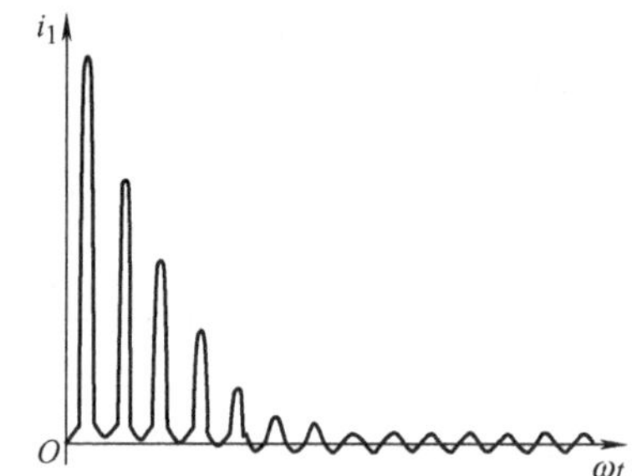

图 2-62　空载合闸励磁涌流衰减过程示意图

2）若 $\alpha=\pi/2$，即合闸瞬间 $u_1=U_{1m}\sin(\omega t+\alpha)=U_{1m}$，则式(2-122)变为

$$\phi=\Phi_m\sin\omega t \tag{2-124}$$

此种情况下，变压器空载合闸暂态过程中的磁通波形与稳态磁通波形一样，即无须过渡过程就可达到稳态，不产生励磁涌流，相应的空载合闸电流也等同于稳态空载电流。

2. 突然短路

变压器在额定电压下正常运行时，当发生线路故障而引起二次绕组突然短路时，会在一、二次绕组中产生极大的冲击电流。额定电压下稳态短路运行时，短路电流已经是额定电流的十几倍，而突然短路暂态电流所能达到的峰值比稳态短路电流峰值还要大许多，如此巨大的冲击电流会严重威胁变压器的安全，设计和保护不当的变压器会因此而损坏。

下面以单相变压器为例来分析突然短路暂态过程。假设发生突然短路前一次侧接额定正弦电压 $u_1=U_{1m}\sin(\omega t+\alpha)$，二次侧空载，在 $t=0$ 的瞬间，二次侧发生短路故障。由于短路电流较大，励磁电流相对较小，可以被忽略，因此通常用简化等效电路分析突然短路暂态过

程，如图2-63所示，其中 $L_k = X_k/\omega$ 为变压器的短路电感，i_k 为短路电流。由图可知

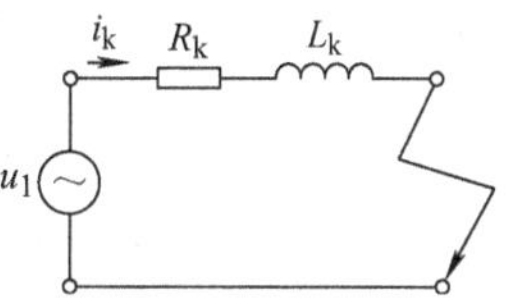

图2-63　变压器突然短路的简化电路

$$u_1 = R_k i_k + L_k \frac{di_k}{dt} = U_{1m}\sin(\omega t + \alpha) \tag{2-125}$$

式(2-125)为一阶非齐次常系数微分方程，与方程式(2-111)具有相似的形式。通过类似分析，可以得到

$$i_k = -I_{km}\cos(\omega t + \alpha) + I_{km}\cos\alpha \cdot e^{-\frac{t}{T}} \tag{2-126}$$

式中，$I_{km} = U_{1m}/z_k$ 为额定电压下稳态短路电流的幅值；z_k 为短路阻抗的模。

下面对两个特殊瞬间发生突然短路后的暂态电流进行分析。

1）若 $\alpha = 0$，即在 $u_1 = U_{1m}\sin(\omega t + \alpha) = 0$ 时突然短路，则式(2-126)变为

$$i_k = I_{km}(e^{-\frac{t}{T}} - \cos\omega t) \tag{2-127}$$

当 $\omega t \approx \pi$，即短路后经历约半个周期时，i_k 会达到其最大值 $i_{k\,max} \approx 1.2 \sim 1.8 I_{km}$。$\alpha = 0$ 时突然短路暂态电流变化波形如图2-64所示。

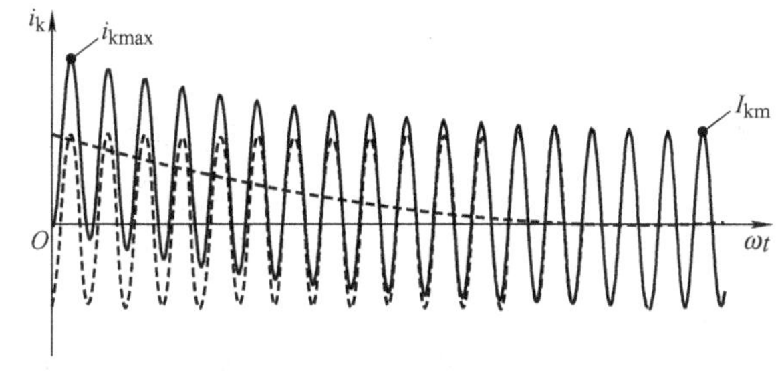

图2-64　$\alpha = 0$ 时突然短路电流变化波形

设某变压器阻抗电压为 $u_k = 6\%$，则

$$i^*_{k\,max} \approx 1.8 I^*_{km} = 1.8 \frac{\sqrt{2} U^*_{1N}}{z^*_k} = 1.8 \frac{\sqrt{2}}{0.06} = 30\sqrt{2} \tag{2-128}$$

可见突然短路暂态电流有效值最大可达

$$I^*_m \approx \frac{i_{kmax}}{\sqrt{2}} = 30 \tag{2-129}$$

这是一个很大的冲击电流，会在变压器的绕组上产生极大的电磁应力，严重时可以使变压器绕组变形而损坏。为了限制 i_{kmax}，u_k 不能设计得过小；但从减小电压调整率的角度来看，u_k 又不宜设计得过大。所以在设计变压器时，必须全面考虑 u_k 值的选择。

2）若 $\alpha = \pi/2$，即在 $u_1 = U_{1m}\sin(\omega t + \alpha) = U_{1m}$ 时突然短路，则式(2-126)变为

$$i_k = I_{km}\sin\omega t \tag{2-130}$$

此种情况下，变压器突然短路暂态电流波形与稳态短路电流波形一样，即无须过渡过程就可达到稳态。

变压器的绕组处于漏磁场中，短路电流会增强漏磁场并与漏磁场相互作用形成强大的电磁力。对于三相变压器，由于各相电压彼此相差120°，发生突然短路时，总有一相短路电流会接近或达到最大值，巨大的短路电流将产生较强的漏磁场，并与漏磁场相互作用，形成与短路电流二次方成正比的电磁力。由于突然短路电流最大可达额定电流的20～30倍，所以最大电磁力可达额定运行时的400～900倍。这样大的电磁力有可能使绕组损坏。为了能使变压器经受住电磁力的冲击，绕组的各线圈之间、线圈与铁心之间必须得到牢固的支撑。在设计制造大型变压器时，往往要进行仿真分析或实验研究，以确定所设计的绕组能否承受突然短路时可能产生的巨大电磁力。

2.5.2 过电压现象

在正常运行时，变压器工作电压的幅值是一定的。若由于某种原因，使得加在变压器上的电压幅值超过了限额，则称为**过电压**。关于过电压，大致分为：①操作过电压。当变压器或线路上的开关合闸或拉闸时，伴随着系统电磁能量的急剧变化而产生的过电压，称为操作过电压。②故障过电压。当电力系统中发生短路或间歇弧光接地而产生的过电压。③大气过电压。输电线遭受雷击或者附近带电云层在输电线上感应而产生的过电压，都属于大气过电压。前两种属于电力系统内部过电压，后一种属于外部过电压。

过电压具有短时电脉冲或周期波的性质。有许多观察到的情况证实，操作过电压一般不超过额定相电压的4.5倍；故障过电压为额定相电压的7~8倍；大气过电压则可能超过额定相电压的8~12倍，但大气过电压持续时间一般不超过几十微秒。一般来说，不超过额定相电压2.5倍的过电压，对变压器没有直接危险；但超过2.5倍时，不论哪种过电压，都有使变压器绝缘损坏的可能。过电压损坏绝缘一般有两种情况：一种是将绕组与铁心（或油箱）之间的绝缘或高、低压绕组间的绝缘击穿，造成绕组接地故障；另一种是在同一绕组内将匝与匝或一段绕组与另一段绕组之间的绝缘击穿，造成匝间短路故障。分析表明，遭遇大气过电压时，两种绝缘击穿情况均可能发生，所以大气过电压的危害最大。

输电线直接遭受雷击时，雷云所携带的大量电荷通过放电落到输电线上，大量的自由电荷以近乎光速沿输电线传播，引发冲击过电压波，称为雷电波。图2-65示出了一种大气过电压模拟波形，它的持续时间只有几十微秒，电压由0上升至最大值的一段称为波头（只有几微秒），下降段称为波尾。这种波称为**全波**，是变压器冲击电压试验时的标准波形。图2-66为另一种波形，称为**截波**。这是由于在电压上升过程中，变压器出线端的线路上发生了闪络放电，引起电压突然下降，同时由于电磁能量的变化而引发衰减振荡现象。全波和截波均作为模拟大气过电压时冲击试验的标准波形，由冲击电压发生器产生。

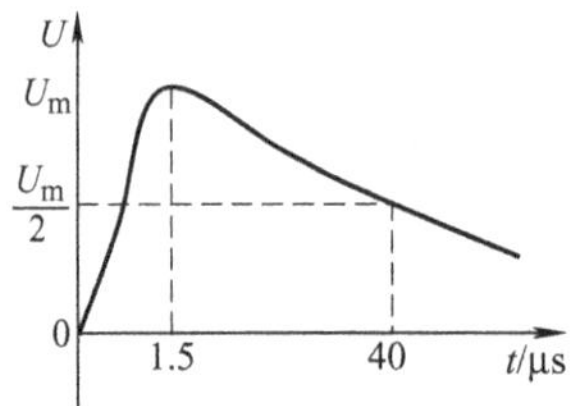

图2-65 全波过电压波形

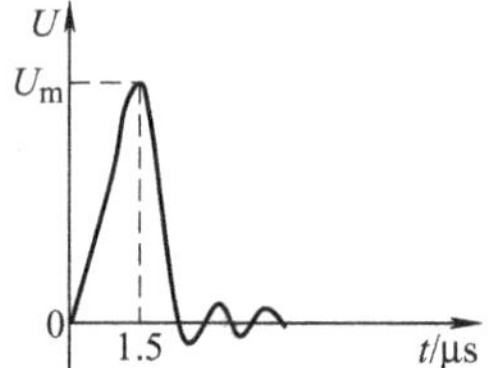

图2-66 截波过电压波形

操作过电压常引起周期性的冲击波，如图2-67所示，有的很快衰减，有的不衰减。不衰减表示线路产生了电压谐振，这种情况对变压器等设备危害最大，在电力系统设计时应设法防止电压谐振。

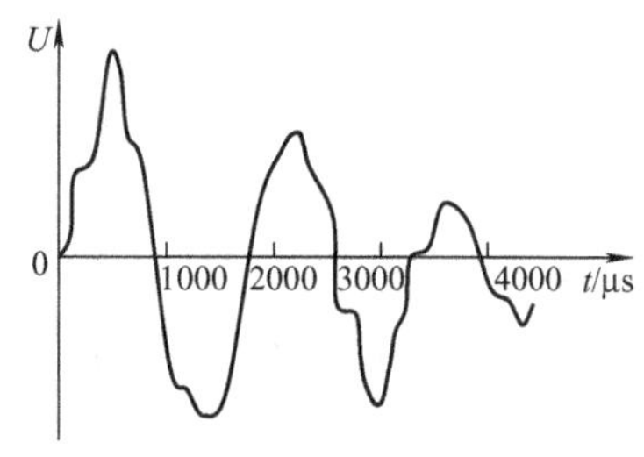

图2-67 操作过电压波形

若将冲击电压波波头所占时间看成是周期性波的1/4周期，则上述冲击波可以看成是频率极高的周期性波。高频电压脉冲到达变压器时，线圈感抗变得极大，容抗（线圈匝间电容、对地电容等会产生容抗）则变小。低压绕组靠近铁心，对地电容大，容抗极小，可以近似地认为低压绕组接地。所以电流只从高压绕组的匝间电容和对地电容中流过。当高频过电压进入高压绕组时，由于绕组对地电容和匝间电容的影响，使绕组高度方向的电压分布不均匀，在前几个线圈中，最高匝间电压可能高达额定电压的50~200倍。

为了防止绕组绝缘在过电压暂态过程中被击穿，必须采取适当的保护措施：①降低进入变压器的过电压波的幅值。为此，应避免在雷电活动强烈的地域架设输电线路，并在输电线路上采用架空地线，在接近变电所的输电线路上装设避雷器。②加强变压器本身的电气强度。为此除了应加强高压绕组的对地主绝缘外，还要加强绕组首端和末端附近部分线匝的绝缘。另外，还应设法增大匝间电容。因为匝间电容相对于对地电容越大，过电压沿绕组高度方向的起始分布越均匀，电压梯度越小。过去采用加静电环或静电屏的方法，但其工艺复杂、成本高且效果有限，目前已不多用。现在110kV及以上的高压变压器中，广泛采用纠结式绕组，此方法能显著增大线饼之间的电容，比静电屏简单而有效。

2.6 自耦变压器

绕组是变压器的电路，绕组的额定电压与额定电流的乘积称为**绕组容量**。如图2-68a所示，绕组AX和绕组ax的容量分别为$S_1=U_{1N}I_{1N}$和$S_2=U_{2N}I_{2N}$，这两个绕组通过主磁路铁心耦合在一起，就构成了容量为$S_N=S_1=S_2$的双绕组变压器，其变比为$k=U_{1N}/U_{2N}=N_1/N_2$。现在将绕组AX和ax串联起来作为新的一次绕组AX，接到额定电压为$U_{1N}+U_{2N}$的电源上，将绕组ax的出线端作为二次侧出线端。不难证明，二次侧端电压仍为U_{2N}，这样就得到了一台新的变压器，如图2-68b所示。

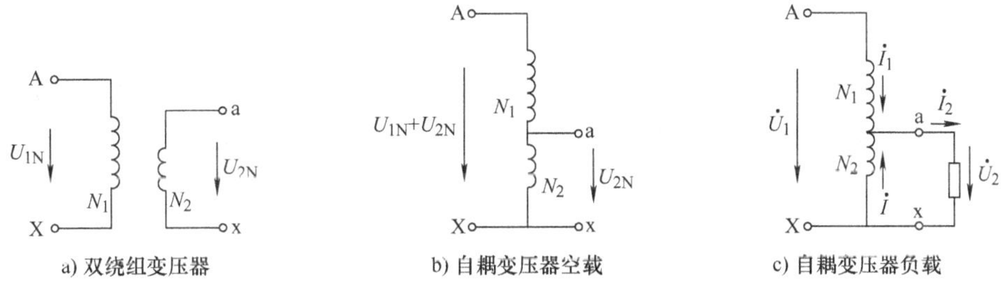

图2-68 由两个绕组构造双绕组和自耦变压器

在新变压器中，绕组ax既作为二次绕组，又作为一次绕组的一部分，属于两侧的共同耦合部分。也可以将AX看成一个绕组，将出线端a看成是AX的一个中间抽头，如图2-68c所示。我们把这种一、二次绕组具有共同耦合部分的变压器称为**自耦变压器**。自耦变压器的一、二次电路是直接连接在一起的。下面以图2-68c所示的各物理量的参考方向为准来分析自耦变压器负载运行时的电磁关系以及与双绕组变压器的异同之处。

自耦变压器的**变比**

$$k_a=\frac{U_1}{U_2}=\frac{N_1+N_2}{N_2}=1+k \tag{2-131}$$

忽略励磁磁势时，自耦变压器的**磁势平衡方程**为

$$N_1\dot{I}_1+(-N_2\dot{I})=0 \quad 即 \quad \dot{I}=\frac{N_1}{N_2}\dot{I}_1=k\dot{I}_1 \tag{2-132}$$

式中，$\dot{I}$ 为公共部分的电流。由式(2-132) 可知，$\dot{I}_1$ 与 $\dot{I}$ 同相位，所以可以用代数方程来分析自耦变压器各部分电流之间的关系。一次电流、二次电流及公共部分电流关系为

$$\left.\begin{aligned} I&=kI_1=(k_a-1)I_1\\ I_2&=I_1+I=I_1+(k_a-1)I_1=k_aI_1 \end{aligned}\right\} \tag{2-133}$$

自耦变压器的**输入容量**为

$$S_{1N}=(U_{1N}+U_{2N})I_{1N}=\left(1+\frac{1}{k}\right)U_{1N}I_{1N}=\left(1+\frac{1}{k}\right)S_1=\left(\frac{k_a}{k_a-1}\right)S_1 \tag{2-134}$$

式中，$S_1=U_{1N}I_{1N}$为**绕组段 Aa** 的容量。

输出容量为

$$S_{2N}=U_2I_2=U_{2N}(I_{1N}+I)=U_{2N}I\left(\frac{I_{1N}}{I}+1\right)=\left(1+\frac{1}{k}\right)S_2=\left(\frac{k_a}{k_a-1}\right)S_2 \tag{2-135}$$

式中，$S_2=U_{2N}I$ 为绕组段 ax 的容量，它与绕组段 Aa 的容量相等。

由于$(1+1/k)>1$ 或者 $k_a/(k_a-1)>1$，所以，对自耦变压器来说，其额定容量（即输入容量或输出容量）大于构成其电路的单个绕组的容量。例如，要构造容量为 S_N 的自耦变压器，只需要两个容量为

$$S=\left(\frac{k_a-1}{k_a}\right)S_N=\left(1-\frac{1}{k_a}\right)S_N \tag{2-136}$$

的绕组；但要构造出容量为 S_N 的双绕组变压器，则需要两个容量同样为 S_N 的绕组。所以，相对于双绕组变压器，自耦变压器每段绕组能节省的容量为

$$\Delta S=S_N-\left(1-\frac{1}{k_a}\right)S_N=\frac{1}{k_a}S_N \tag{2-137}$$

可见，**自耦变压器所用的绕组容量小于同容量的双绕组变压器所用的绕组容量**，这样就可以减少有效材料（铜材、硅钢片等）的用量，并降低损耗、提高效率，而且还能缩减体积、节省成本。由式(2-137) 可知，变比 k_a 越接近 1，自耦变压器节省材料的优点就越明显。所以，自耦变压器更适合于一、二次变比值不大的场合，一般希望 $k_a\leqslant 2$。

接下来再来分析自耦变压器的容量构成。由式(2-134) 或式(2-135) 可知，自耦变压器的容量为

$$\begin{aligned} S_N&=\left(1+\frac{1}{k}\right)S_1=S_1+\frac{1}{k}S_1=\left(1-\frac{1}{k_a}\right)S_N+\frac{1}{k_a-1}\frac{k_a-1}{k_a}S_N\\ &=\left(1-\frac{1}{k_a}\right)S_N+\frac{1}{k_a}S_N=S_{dc}+S_{cd} \end{aligned} \tag{2-138}$$

式中，$S_{dc}=S=(1-1/k_a)S_N$ 称为**电磁容量**或**感应容量**，其值等于绕组容量［参看式(2-136)］，是两段绕组经过电磁感应由一次侧传递到二次侧的容量；$S_{cd}=S_N/k_a$ 称为**传导容量**，是由于一、二次电路具有直接的电联系，一次电流通过一次绕组直接到达负载而形成的容量，其值为

$$S_{cd}=I_1U_2=\frac{I_2}{k_a}U_2=\frac{S_N}{k_a} \tag{2-139}$$

可见，自耦变压器之所以能够节省材料，根本原因在于它同时包含两种能量传递途径——直接传导作用和电磁感应作用；而双绕组变压器只能通过电磁感应作用传递能量。一台变比为 k_a 的自耦变压器相当于一台变比为(k_a-1)的双绕组变压器外加一部分传导容量。

参看图2-68c，我们来推导自耦变压器的电势平衡方程和等效电路。一次侧方程为

$$\begin{aligned}\dot{U}_1 &= \dot{U}_{Aa}+\dot{U}_2=-\dot{E}_{Aa}+Z_1\dot{I}_1+\dot{U}_2\\&=(k_a-1)\dot{E}_{xa}+Z_1\dot{I}_1+\dot{U}_2\\&=(k_a-1)(\dot{U}_2+Z_2\dot{I})+Z_1\dot{I}_1+\dot{U}_2\\&=(k_a-1)[\dot{U}_2+Z_2(k_a-1)\dot{I}_1]+Z_1\dot{I}_1+\dot{U}_2\\&=k_a\dot{U}_2+\dot{I}_1[Z_1+Z_2(k_a-1)^2]=k_a\dot{U}_2+\dot{I}_1Z_{ka}\end{aligned}\tag{2-140}$$

式中，$Z_{ka}=Z_1+Z_2(k_a-1)^2$ 称为自耦变压器的**短路阻抗**，并且是归算到高压侧的数值。根据此式可以画出自耦变压器的简化等效电路，如图2-69所示，图中 $\dot{U}_2'=k_a\dot{U}_2$ 为归算到高压侧的二次侧端电压。

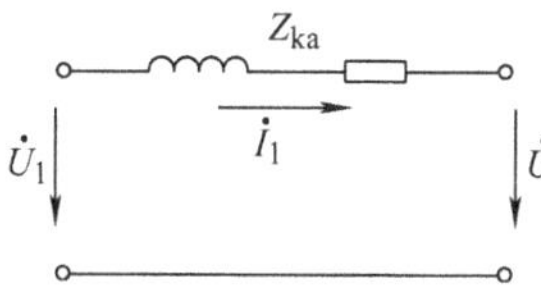

图2-69　自耦变压器简化等效电路

自耦变压器的短路阻抗 Z_{ka} 可以直接由稳态短路试验求得。如图2-70a所示，将低压侧短路，高压侧加适当电压 U_k，使得高压侧电流达到额定值 I_{1N}，则 $Z_{ka}=U_k/I_{1N}$。再观察图2-70b和图2-70c，可以发现它们与图2-70a是等效的。可见变比为 k_a 的自耦变压器相当于一台变比为(k_a-1)的双绕组变压器。这样，从高压侧测得的短路阻抗是

$$Z_{ka}=Z_1+(k_a-1)^2Z_2\tag{2-141}$$

由式(2-141)可见，与同容量、同变比的双绕组变压器的短路阻抗 $Z_k=Z_1+k^2Z_2$ 相比，自耦变压器的短路阻抗要小一些。

a) 自耦变压器短路试验电路　　b) 等效短路　　c) 等效双绕组变压器短路

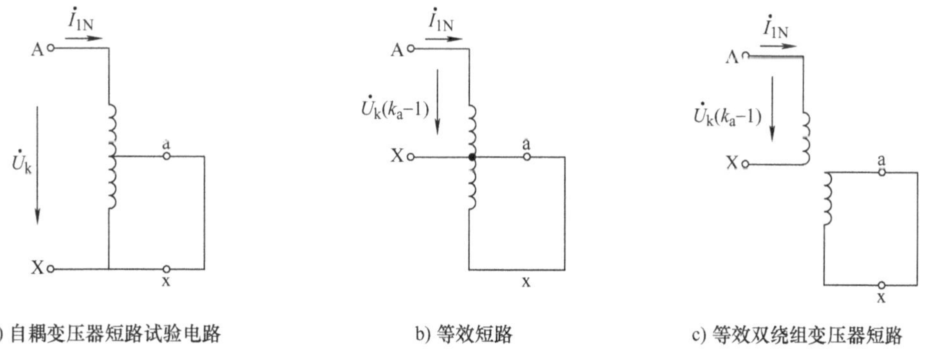

图2-70　自耦变压器短路试验

综上所述，自耦变压器与双绕组变压器比较，具有以下优点：①在额定容量相同的情况下，自耦变压器体积小、重量轻、节省材料、成本较低；②由于有效材料减少，使得变压器的铜耗和铁耗相应地减少，效率有所提高；③由于体积小、重量轻，因此方便运输和安装。

自耦变压器的主要缺点是：①高、低压侧有直接的电联系，高压侧发生故障会殃及低压侧，为此，自耦变压器的继电保护、过电压保护等装置都比双绕组变压器复杂；②自耦变压

器的短路阻抗小于同容量、同变比的双绕组变压器，短路电流较大。为了提高自耦变压器承受突然短路的能力，在设计、制造和运行时，需要采取相应的限制和保护措施。

例 2-15 某单相变压器额定容量 $S_N = 1000\text{kVA}$，额定电压 $U_{1N}/U_{2N} = 6000\text{V}/400\text{V}$，额定频率 $f = 50\text{Hz}$。额定电压下的空载损耗 $p_0 = 1800\text{W}$，满载铜耗 $p_{kN} = 11600\text{W}$。

（1）将该变压器改接为 6400V/6000V 的自耦变压器，求变比 k_a 和额定容量 S_{aN}、传导容量 S_{cd} 和感应容量 S_{dc}。

（2）满载、功率因数为 0.8 时的双绕组变压器和自耦变压器的效率各是多少？

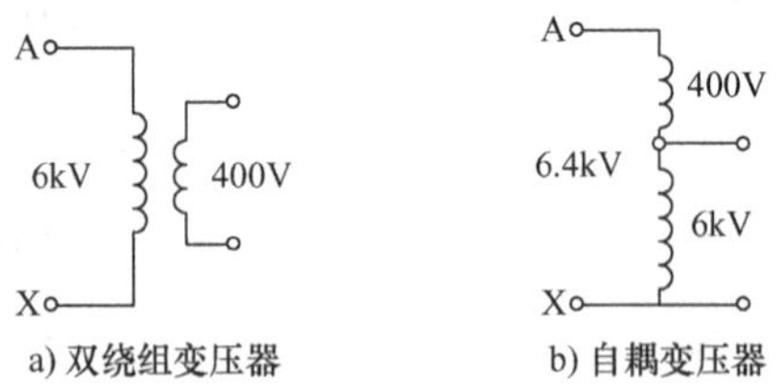

图 2-71　例 2-15 图

解：（1）将该双绕组变压器（图 2-71a）的高、低压绕组按图 2-71b 连接，便得到一台 6400V/6000V 的自耦变压器。

变比
$$k_a = \frac{6400}{6000} = 1.0667$$

额定容量
$$S_{aN} = \left(\frac{k_a}{k_a - 1}\right)S_N = \frac{1.0667}{1.0667 - 1} \times 1000\text{kVA} = 16000\text{kVA}$$

传导容量
$$S_{cd} = \frac{1}{k_a}S_{aN} = \frac{1}{1.0667} \times 16000\text{kVA} = 15000\text{kVA}$$

感应容量
$$S_{dc} = \left(1 - \frac{1}{k_a}\right)S_{aN} = \left(1 - \frac{1}{1.0667}\right)16000\text{kVA} = 1000\text{kVA}$$

（2）双绕组变压器的效率
$$\eta = \frac{\beta S_N \cos\varphi_2}{\beta S_N \cos\varphi_2 + p_0 + \beta^2 p_{kN}} \times 100\% = \frac{1 \times 1000 \times 0.8}{1 \times 1000 \times 0.8 + 1.8 + 11.6} \times 100\% = 98.35\%$$

自耦变压器的效率
$$\eta_a = \frac{\beta S_{aN} \cos\varphi_2}{\beta S_{aN} \cos\varphi_2 + p_0 + \beta^2 p_{kN}} \times 100\% = \frac{1 \times 16000 \times 0.8}{1 \times 16000 \times 0.8 + 1.8 + 11.6} \times 100\% = 99.90\%$$

通过此例可以看出，该自耦变压器有很大一部分容量是通过电路上的联系直接“无损耗”地从一次侧传导到二次侧的，仅有一小部分容量是通过电磁感应原理传递的。并且，电压比 k_a 越接近 1，传导容量的占比越大，变压器的效率就越高。

2.7 三绕组变压器

单相**三绕组变压器**的主磁路铁心上绕有不同电压等级的三个绕组，即高压、中压和低压绕组。当一个绕组（一次绕组）接交流电源后，另外两个绕组（二次绕组）就会感应出不同的电势，如图 2-72 所示。三相心式三绕组变压器的每相的高、中、低压三个绕组都套装在同一铁心柱上。为了方便绝缘，一般高压绕组放在最外层，中压和低压绕组放在内层。升压用的三绕组变压器将低压绕组放在中、高压绕组之间；降压用的三绕组变压器则将中压绕组放在低、高压绕组之间，如图 2-73 所示。

发电厂产生的电能输向不同距离的负载时，有时需要采用两种不同的输电电压；变电站有时需要把三种不同电压的输电线路连接起来。在这些情况下，采用三绕组变压器较为经济。例如，发电厂中发出电压为 U_1 的电能，要用两种电压 U_2 和 U_3 输送到不同的线路。若采用双绕组变压器，则需要额定电压分别为 U_1/U_2 和 U_1/U_3 的变压器两台；若采用三绕组变压器，则只需要额定电压为 $U_1/U_2/U_3$ 的变压器一台，不但经济，而且使得设备简单、维护管理方便。因此，三绕组变压器在电力系统中得到了广泛应用。

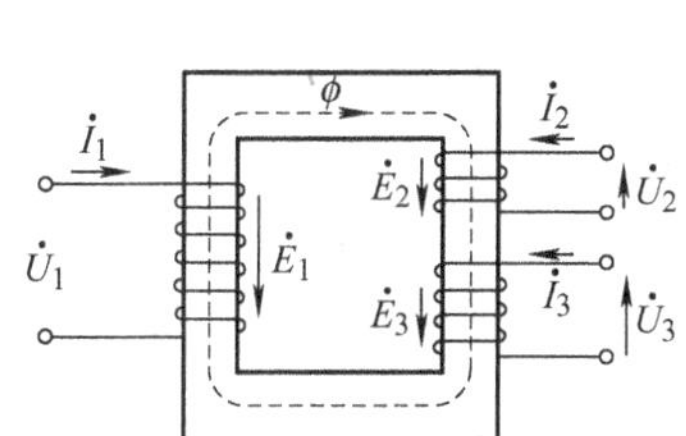
图 2-72　单相三绕组变压器物理模型

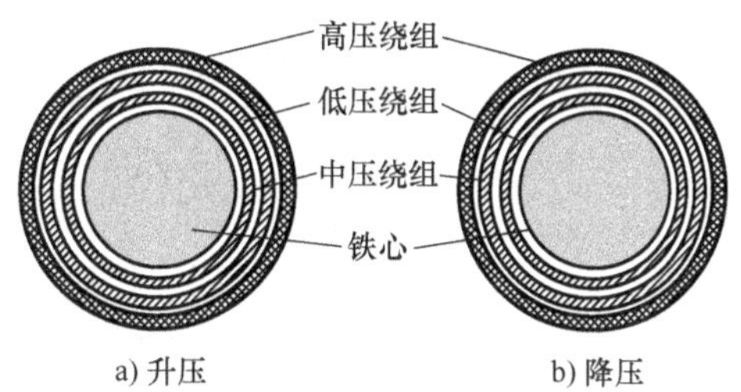

图 2-73　三绕组变压器绕组布置

根据实际的供电要求，三绕组变压器的三个绕组的容量可以设计成不一样。规定容量最大的那个绕组的容量为三绕组变压器的额定容量。如果将额定容量记为 100，按国家标准规定，三个绕组的容量配合有 100/100/100、100/50/100 和 100/100/50 三种。

三绕组变压器有三个变比，即

$$\left.\begin{aligned} k_{12} &= N_1/N_2 = U_1/U_2 \\ k_{13} &= N_1/N_3 = U_1/U_3 \\ k_{23} &= N_2/N_3 = U_2/U_3 \end{aligned}\right\} \tag{2-142}$$

根据图 2-72 中的参考方向，负载运行时，磁势平衡方程为

$$N_1\dot{I}_1 + N_2\dot{I}_2 + N_3\dot{I}_3 = \dot{F}_0 \tag{2-143}$$

式中，$\dot{F}_0$ 为空载磁势或励磁磁势，负载运行时，可以忽略 $\dot{F}_0$，则

$$N_1\dot{I}_1 + N_2\dot{I}_2 + N_3\dot{I}_3 = 0 \quad 即 \quad \dot{I}_1 + \frac{\dot{I}_2}{k_{12}} + \frac{\dot{I}_3}{k_{13}} = 0 \tag{2-144}$$

将两个二次电流都归算到一次侧，则

$$\dot{I}_1 + \dot{I}'_2 + \dot{I}'_3 = 0 \quad 即 \quad \dot{I}_1 = -(\dot{I}'_2 + \dot{I}'_3) \tag{2-145}$$

可见，一次电流等于两个二次电流的相量和。由于两个二次电流通常会有相位差，而且两个二次侧的负载时间也可能错开，不会同时达到满载，所以一次绕组的容量总是小于两个二次绕组容量的代数和。因此用一台三绕组变压器来代替两台双绕组变压器，一次绕组的用铜量会减少。

设各绕组的自感分别为 L_{11}、L_{22}、L_{33}，相互间的互感分别为 M_{12}、M_{13}、M_{23}，将绕组 2 和绕组 3 都归算到一次侧，归算后的自感和互感分别为 L_{11}、L'_{22}、L'_{33} 和 M'_{12}、M'_{13}、M'_{23}，参看图 2-72，根据电路理论，有

$$\left.\begin{aligned}\dot{U}_1&=\dot{I}_1R_1+\mathrm{j}\omega L_{11}\dot{I}_1+\mathrm{j}\omega M'_{12}\dot{I}'_2+\mathrm{j}\omega M'_{13}\dot{I}'_3\\-\dot{U}'_2&=\dot{I}'_2R'_2+\mathrm{j}\omega L'_{22}\dot{I}'_2+\mathrm{j}\omega M'_{12}\dot{I}_1+\mathrm{j}\omega M'_{23}\dot{I}'_3\\-\dot{U}'_3&=\dot{I}'_3R'_3+\mathrm{j}\omega L'_{33}\dot{I}'_3+\mathrm{j}\omega M'_{13}\dot{I}_1+\mathrm{j}\omega M'_{23}\dot{I}'_2\end{aligned}\right\}\ \text{即}\ \left.\begin{aligned}\dot{U}_1&=\dot{I}_1R_1+\mathrm{j}X_{11}\dot{I}_1+\mathrm{j}X'_{12}\dot{I}'_2+\mathrm{j}X'_{13}\dot{I}'_3\\-\dot{U}'_2&=\dot{I}'_2R'_2+\mathrm{j}X'_{22}\dot{I}'_2+\mathrm{j}X'_{12}\dot{I}_1+\mathrm{j}X'_{23}\dot{I}'_3\\-\dot{U}'_3&=\dot{I}'_3R'_3+\mathrm{j}X'_{33}\dot{I}'_3+\mathrm{j}X'_{13}\dot{I}_1+\mathrm{j}X'_{23}\dot{I}'_2\end{aligned}\right\}\tag{2-146}$$

式中，X_{11}、X'_{22}、X'_{33}、X'_{12}、X'_{13}、X'_{23}均为归算到一次侧的各绕组的自电抗和相互间的互电抗。

基于式(2-146) 并注意到式(2-145)，我们来推导三绕组变压器的等效电路。将 $\dot{I}'_3=-(\dot{I}_1+\dot{I}'_2)$代入式(2-146) 的前两个等式(消去变量 $\dot{I}'_3$) 可得

$$\left.\begin{aligned}\dot{U}_1&=\dot{I}_1R_1+\mathrm{j}(X_{11}-X'_{13})\dot{I}_1+\mathrm{j}(X'_{12}-X'_{13})\dot{I}'_2\\-\dot{U}'_2&=\dot{I}'_2R'_2+\mathrm{j}(X'_{12}-X'_{23})\dot{I}_1+\mathrm{j}(X'_{22}-X'_{23})\dot{I}'_2\end{aligned}\right\}\tag{2-147}$$

将式(2-147) 中的两个等式相减，可得

$$\begin{aligned}\dot{U}'_1-(-\dot{U}'_2)&=\dot{I}_1R_1+\mathrm{j}\dot{I}'_1(X_{11}+X'_{23}-X'_{12}-X'_{13})-[\dot{I}'_2R'_2+\mathrm{j}\dot{I}'_2(X'_{22}+X'_{13}-X'_{12}-X'_{23})]\\&=\dot{I}_1R_1+\mathrm{j}\dot{I}'_1X_1-(\dot{I}'_2R'_2+\mathrm{j}\dot{I}'_2X'_2)\end{aligned}$$

即

$$\dot{U}'_1=\dot{I}_1R_1+\mathrm{j}\dot{I}'_1X_1-(\dot{I}'_2R'_2+\mathrm{j}\dot{I}'_2X'_2)+(-\dot{U}'_2)\tag{2-148}$$

式中，X_1、X'_2分别为绕组 1 和绕组 2（归算到绕组 1）的**等效电抗**，$X_1=X_{11}+X'_{23}-X'_{12}-X'_{13}$，$X'_2=X'_{22}+X'_{13}-X'_{12}-X'_{23}$。

同理，

$$\dot{U}'_1=\dot{I}_1R_1+\mathrm{j}\dot{I}'_1X_1-(\dot{I}'_3R'_3+\mathrm{j}\dot{I}'_3X'_3)+(-\dot{U}'_3)\tag{2-149}$$

式中，$X'_3=X'_{33}+X'_{12}-X'_{13}-X'_{23}$为绕组 3（归算到绕组 1）的等效电抗。对应于式(2-148) 和式(2-149) 的等效电路如图 2-74 所示。值得注意的是，三绕组变压器简化等效电路的电抗参数不同于双绕组变压器的漏抗。双绕组变压器的漏抗 $X_{1\sigma}$，$X'_{2\sigma}$只与单个绕组的自漏磁通对应；而三绕组变压器的等效电抗 X_1，X'_2，X'_3 对应于自漏磁通和互漏磁通，其值有时可能表现为负值，是构成成分较为复杂的复合参数。

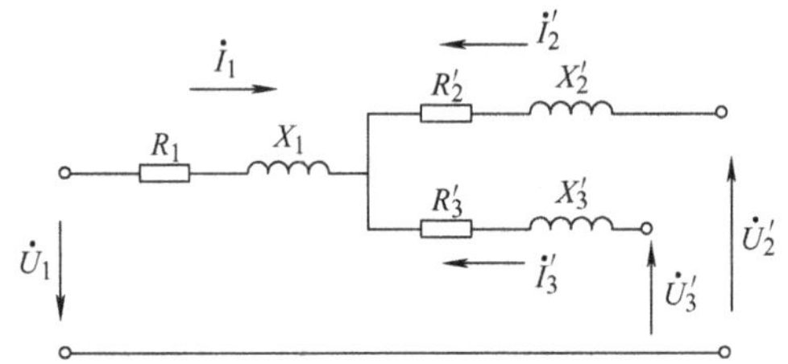

图 2-74　三绕组变压器等效电路

在三绕组变压器中，任一输出绕组的电压不仅受自身负载电流大小和性质的影响，而且受另一输出绕组负载电流大小和性质的影响。输入绕组的阻抗压降 $\dot{I}_1(R_1+\mathrm{j}X_1)$同时受两个输出绕组电流的影响，而 $\dot{I}_1(R_1+\mathrm{j}X_1)$的变化又直接影响输出电压。

三绕组变压器的阻抗归算方法与双绕组变压器在原理上是一样的。例如将各个电抗归算到一次侧的公式为

$$
\left.\begin{aligned}
X'_{22} &= \frac{N_1}{N_2}\frac{N_1}{N_2}X_{22} = k_{12}^2 X_{22} \\
X'_{33} &= \frac{N_1}{N_3}\frac{N_1}{N_3}X_{33} = k_{13}^2 X_{33} \\
X'_{12} &= \frac{N_1}{N_1}\frac{N_1}{N_2}X_{12} = k_{12} X_{12} \\
X'_{13} &= \frac{N_1}{N_1}\frac{N_1}{N_3}X_{13} = k_{13} X_{13} \\
X'_{23} &= \frac{N_1}{N_2}\frac{N_1}{N_3}X_{23} = k_{12}k_{13} X_{23}
\end{aligned}\right\} \tag{2-150}
$$

图2-74所示的变压器等效电路共有6个参数，即R_1、R'_2、R'_3、X_1、X'_2、X'_3，通过3个短路试验可以求得。

第一个短路试验，如图2-75a所示，绕组2短路，绕组3开路，绕组1加适当电压，使得绕组1电流为额定电流。此时测得的短路阻抗为

$$Z_{k12} = Z_1 + Z'_2 = (R_1 + R'_2) + j(X_1 + X'_2) = R_{k12} + jX_{k12} \tag{2-151}$$

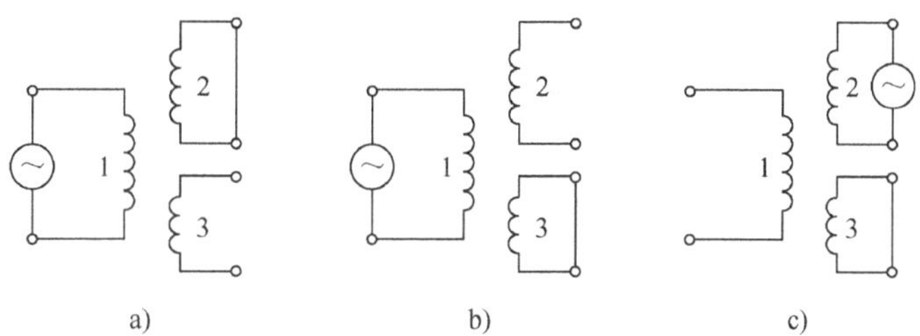

图2-75　三绕组变压器短路试验

第二个短路试验，如图2-75b所示，绕组3短路，绕组2开路，绕组1加适当电压，使得绕组1电流为额定电流。此时测得的短路阻抗为

$$Z_{k13} = Z_1 + Z'_3 = (R_1 + R'_3) + j(X_1 + X'_3) = R_{k13} + jX_{k13} \tag{2-152}$$

第三个短路试验，如图2-75c所示，绕组3短路，绕组1开路，绕组2加适当电压，使得绕组2电流为额定电流。此时测得的短路阻抗为归算到绕组2的短路阻抗Z_{k23}，再乘以k_{12}^2，将其归算到绕组1，得

$$Z'_{k23} = k_{12}^2 Z_{k23} = (R'_2 + R'_3) + j(X'_2 + X'_3) = R'_{k23} + jX'_{k23} \tag{2-153}$$

基于式(2-151)～式(2-153)，不难得到

$$
\left.\begin{aligned}
R_1 &= (R_{k12} + R_{k13} - R'_{k23})/2 \\
R'_2 &= (R_{k12} + R'_{k23} - R_{k13})/2 \\
R'_3 &= (R_{k13} + R'_{k23} - R_{k12})/2
\end{aligned}\right\} \text{ 及 }
\left.\begin{aligned}
X_1 &= (X_{k12} + X_{k13} - X'_{k23})/2 \\
X'_2 &= (X_{k12} + X'_{k23} - X_{k13})/2 \\
X'_3 &= (X_{k13} + X'_{k23} - X_{k12})/2
\end{aligned}\right\} \tag{2-154}
$$

求得三绕组变压器的参数后，就可以绘制出如图2-74所示的简化等效电路。利用等效电路可以对三绕组变压器的电压调整率、效率等性能指标进行分析和计算。

例2-16　一台三相三绕组电力变压器，额定电压为121kV/38.5kV/10.5kV，联结组为YNyn0d11，额定容量为10000/10000/10000kVA，短路试验数据见表2-1。

表 2-1 短路试验数据

试验方法	损耗 p_{kN}/kW	阻抗电压 u_k
高-中	91	17.0%
高-低	89	10.5%
中-低	69.3	6.0%

画出归算到高压侧的简化等效电路，并标出参数值。

解：

$$I_{k1}=I_{N1}=\frac{S_{N1}}{\sqrt{3}U_{N1}}=\frac{10000}{121\sqrt{3}}\text{A}=47.7149\text{A}$$

$$I_{k2}=I_{N2}=\frac{S_{N2}}{\sqrt{3}U_{N2}}=\frac{10000}{38.5\sqrt{3}}\text{A}=149.9611\text{A}$$

$$U_{k12}=u_{k12}\frac{U_{N1}}{\sqrt{3}}=17\%\frac{121\times10^3}{\sqrt{3}}\text{V}=11876\text{V}$$

$$U_{k13}=u_{k13}\frac{U_{N1}}{\sqrt{3}}=10.5\%\frac{121\times10^3}{\sqrt{3}}\text{V}=7335.2\text{V}$$

$$U_{k23}=u_{k23}\frac{U_{N2}}{\sqrt{3}}=6.0\%\frac{38.5\times10^3}{\sqrt{3}}\text{V}=1333.7\text{V}$$

$$z_{k12}=\frac{U_{k12}}{I_{k1}}=\frac{11876}{47.7149}\Omega=248.8970\Omega$$

$$z_{k13}=\frac{U_{k13}}{I_{k1}}=\frac{7335.2}{47.7149}\Omega=153.7305\Omega$$

$$z_{k23}=\frac{U_{k23}}{I_{k2}}=\frac{1333.7}{149.9611}\Omega=8.8935\Omega$$

$$R_{k12}=\frac{p_{k12}}{3I_{k1}^2}=\frac{91\times10^3}{3\times47.7149^2}\Omega=13.3233\Omega$$

$$R_{k13}=\frac{p_{k13}}{3I_{k1}^2}=\frac{89\times10^3}{3\times47.7149^2}\Omega=13.0305\Omega$$

$$R_{k23}=\frac{p_{k23}}{3I_{k2}^2}=\frac{69.3\times10^3}{3\times149.9611^2}\Omega=1.0272\Omega$$

$$X_{k12}=\sqrt{z_{k12}^2-R_{k12}^2}=\sqrt{248.8970^2-13.3233^2}\,\Omega=248.5401\Omega$$

$$X_{k13}=\sqrt{z_{k13}^2-R_{k13}^2}=\sqrt{153.7305^2-13.0305^2}\,\Omega=153.1773\Omega$$

$$X_{k23}=\sqrt{z_{k23}^2-R_{k23}^2}=\sqrt{8.8935^2-1.0272^2}\,\Omega=8.8340\Omega$$

$$k_{12}=\frac{U_{N1}}{U_{N2}}=\frac{121}{38.5}=3.1429$$

$$R'_{23}=k_{12}^2R_{k23}=3.1429^2\times1.0272\Omega=10.1462\Omega$$

$$X'_{23}=k_{12}^2X_{k23}=3.1429^2\times8.8340\Omega=87.2581\Omega$$

$$R_1 = \frac{1}{2}(R_{k12} + R_{k13} - R'_{k23}) = \frac{1}{2}(13.3233 + 13.0305 - 10.1462)\Omega = 8.1038\Omega$$

$$R'_2 = \frac{1}{2}(R_{k12} + R'_{k23} - R_{k13}) = \frac{1}{2}(13.3233 + 10.1462 - 13.0305)\Omega = 5.2195\Omega$$

$$R'_3 = \frac{1}{2}(R_{k13} + R'_{k23} - R_{k12}) = \frac{1}{2}(13.0305 + 10.1462 - 13.3233)\Omega = 4.9267\Omega$$

$$X_1 = \frac{1}{2}(X_{k12} + X_{k13} - X'_{k23}) = \frac{1}{2}(248.5401 + 153.1773 - 87.2581)\Omega = 157.2297\Omega$$

$$X'_2 = \frac{1}{2}(X_{k12} + X'_{k23} - X_{k13}) = \frac{1}{2}(248.5401 + 87.2581 - 153.1773)\Omega = 91.3105\Omega$$

$$X'_3 = \frac{1}{2}(X_{k13} + X'_{k23} - X_{k12}) = \frac{1}{2}(153.1773 + 87.2581 - 248.5401)\Omega = -4.0524\Omega$$

其简化等效电路如图 2-76 所示。

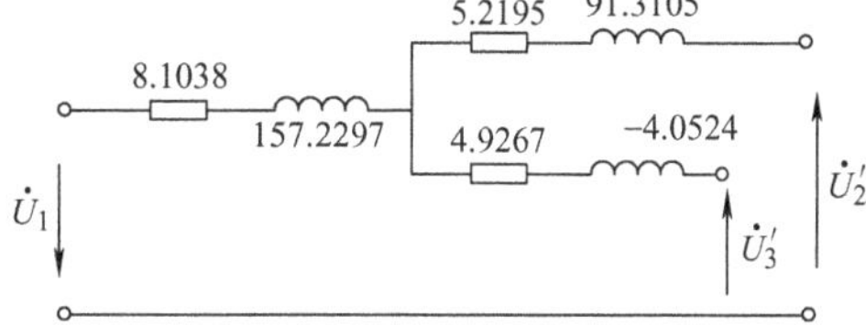

图 2-76　例 2-16 三绕组变压器简化等效电路

2.8　互感器

电力系统中的高电压和大电流通常不宜直接测量，必须借助某种特殊设计的变压器将高电压或大电流转变成易于测量的值后再进行测量，这种用途的变压器称为**互感器**。互感器分为电压互感器和电流互感器两种。

1. 电压互感器

在测量时用于变换电压的互感器称为**电压互感器**(PT)。借助于电压互感器，将一次高压转变为二次低压测量，一方面可以隔离高压与低压，保证人员和仪表安全；另一方面可以扩大仪表量程，并使仪表设计和生产易于标准化。

电压互感器的结构和原理与小型双绕组电力变压器基本相同。闭合铁心上有两个绕组。一次绕组匝数较多，二次绕组匝数较少。测量时一次侧并联在被测量的线路上；二次侧接测量仪表的高阻抗电压线圈（例如电压表、功率表、电度表的电压线圈等），其原理接线如图 2-77 所示。由于电压互感器的负载是高阻抗，二次电流很小，所以**电压互感器相当于空载运行的降压变压器**。电压互感器一、二次绕组的漏阻抗上的压降很小，它的一、二次额定电压之比为

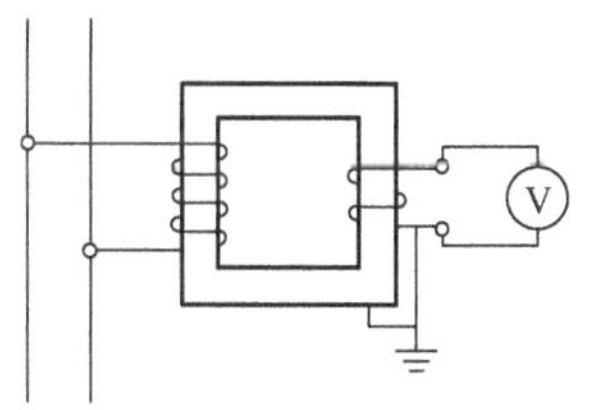

图 2-77　电压互感器原理及接线示意图

$$\frac{U_{1N}}{U_{2N}} = \frac{N_1}{N_2} = k_u \quad 或 \quad U_{1N} = k_u U_{2N} \tag{2-155}$$

式中，k_u 是电压互感器的**变换系数**，也称为**变换倍率**或**电压比**。

由式(2-155) 可知，利用电压互感器可以将被测量的高电压变换为低电压，然后用电压表测量这个低电压，电压表的读数 U_2 乘以倍率 k_u 就是被测量的高电压 U_1。在电压表的刻度盘上，可以直接标出被测量的高电压值。

不论电压互感器的一次电压有多高，它的二次电压一般都设计为 100V。这样，与电压互感器二次绕组相连接的各种仪表和继电器都可以统一而标准化。在测量不同等级的高电压

时，只要换用不同电压等级的电压互感器就行了。如果电压表与一只专用的电压互感器配套使用，那么电压表就可以按电压互感器的高压侧电压值进行刻度。

理想空载情况下，电压互感器的电压比等于匝数比。实际情况不可能达到理想空载，而是有一定的负载，负载大小与所接仪表的数量有关，加上互感器本身有励磁电流和漏阻抗压降，使得电压比并不精确等于匝数比。因此导致二次电压换算到一次侧后与一次实际电压值之间存在一定的误差，这一误差用百分数表示时，称为**比差**。除了比差外，测量电压与实际电压之间还存在相位角误差，简称**角差**，其计量单位为“分”。按本书参考方向惯例，将电压互感器二次电压相量旋转180°后与一次电压相量之间的夹角δ，就是角差。当反相后的二次电压相量超前于一次电压相量时，角差为正，反之为负。

为了减小误差，必须采取一定的措施。从设计和制造的角度看，必须设法减小电压互感器的励磁电流和漏阻抗压降。为此，通常采用铁耗小的硅钢片，将工作磁通密度设计得低一些（如0.6~0.8T），让磁路处于不饱和状态。在加工时，尽可能减少磁路上的接缝。在绕组制作上尽量减小漏磁，适当选用粗导线减小电阻，以此来降低漏阻抗压降。从使用的角度来看，要求电压互感器所接的仪表具有高阻抗。要严格限制所接仪表的数量，负载大小不能突破互感器额定容量的限制。如此，则二次电流较小，互感器处于接近空载的状态。

电压互感器按其误差分为0.1、0.2、0.5、1、3五个准确度等级。0.1和0.2级属于实验室的精密测量；0.5和1级一般用于发配电设备的测量和保护；计量电度表用0.5级；3级用于非精密测量。0.1级的比差为±0.1%。

在使用电压互感器时应特别注意：①二次绕组绝对不允许短路。一旦短路，短路电流会引起绕组发热，损坏绕组绝缘，导致高电压侵入低压回路，危及人身和设备安全；②为了保证人身安全，电压互感器的铁心及二次绕组的一端必须可靠接地。

2. 电流互感器

电流互感器（CT）是用来变换电流的特殊变压器。电力线路上的电流大小不一，相差悬殊，从几安到几万安都有。若直接测量这些电流，就需要有量程从几安直到几万安的许多电流表和其他电表，这样就给仪表制造带来了很大的困难。此外，有的线路是高压的，直接用电表测量高压线路上的电流是很危险的。使用电流互感器，就可以将高压电流和低压大电流变换为电压等级较低的小电流，同时将仪表和保护装置与高压线路隔开。电流互感器的二次侧电流一般规定为5A，保证了仪表和操作员的安全，并使得仪表制造标准化，降低了成本。

电流互感器的结构和电压互感器一样，它由铁心、一次绕组、二次绕组、接线端子及绝缘支持物等组成。其接线原理如图2-78所示。

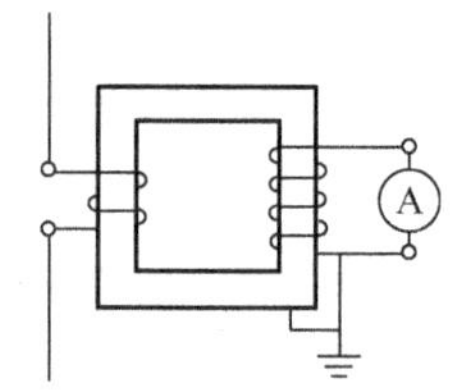

图2-78 电流互感器原理及接线示意图

电流互感器在运行时，一次绕组与被测线路串联，流过较大的电流I_1，它在铁心中产生交变磁通，使二次绕组感应出相应的二次电流。若忽略损耗，则一次绕组与二次绕组有相等的安匝数：$I_1N_1=I_2N_2$，即

$$\frac{I_1}{I_2}=\frac{N_2}{N_1}=k_i \text{ 或 } \quad I_1=k_iI_2 \tag{2-156}$$

式中，k_i 为电流互感器的变换倍率，也称为**电流比**。

电流互感器的一次绕组直接与被测高压线连接，因此，电流互感器一次绕组对地必须采用与线路高电压所要求的相应的绝缘支持物，以保证二次回路的设备和人身安全。二次绕组与仪表、机电保护装置的电流线圈等串接成二次回路。

测量很大电流用的电流互感器的一次绕组往往是一段平直的铜条。二次绕组的额定电流一般设定为5A，因此与它配套的电流表的量程也都是5A。和电压互感器一样，与电流互感器配套使用的电流表也可以直接按一次侧被测电流进行刻度，并注明它与配套使用的电流互感器的变换倍率。

接在电流互感器二次绕组上的仪表线圈的阻抗是很小的。所以，**电流互感器相当于在二次侧短路的状态下运行**。电流互感器二次绕组端子上的电压只有几伏，因而铁心中的磁通量是很小的。一次绕组的磁势虽然可以达到几百安匝甚至更大，但是，大部分被二次短路电流所建立的反向磁势所抵消，只剩下很小的一部分（大约相当于一次磁势 I_1N_1 的0.5%左右）作为励磁磁势，建立起不大的铁心磁通。如果在运行时的二次绕组断开，二次电流 $I_2=0$，那么，二次绕组的反向磁势消失，而一次磁势是不变的，仍然是 I_1N_1。于是，这个磁势就全部用来建立磁通。这将使磁通急剧增加，铁心发热严重，以致烧坏绕组绝缘，或者使得高压侧对地短路。另一方面，大磁通在二次绕组的两端会感应出很高的电压（达到几百伏甚至千伏以上），危及操作人员和仪表的安全。因此，**电流互感器严禁二次侧开路运行**，它的二次绕组应该常接在仪表上。当必须从使用着的电流互感器上拆除电流表时，应首先将电流互感器的二次绕组可靠地接地，然后才能把仪表连接线拆开。

理想情况下，电流互感器的励磁电流应为0。一次绕组和二次绕组所产生的磁势大小相等，方向相反，互相抵消。实际情况中，一次绕组与二次绕组的励磁磁势并不精确相等，也不精确反相，所以电流互感器也具有比差和角差。

为了使电流互感器在测量时接近理想情况，需要采取一些措施。从使用角度看，二次侧所串联的仪表数量不能太多，否则，二次电压将增大，励磁电流也相应增大而影响测量精度。从设计和制造的角度看，电流互感器的励磁电流受负载电流的影响更为明显（与电压互感器相比），磁通密度应设计得更低一些，通常取0.08～0.1T。设计制造时应尽可能减小绕组的漏阻抗。

电流互感器的精度分为0.2、0.5、1.0、3.0、10.0五个标准等级。在使用电流互感器时应特别注意：①在运行过程中或带电切换仪表时，绝对不允许二次绕组开路；②为防止绝缘被击穿带来的危险，二次绕组的一端连同铁心必须可靠接地。

本章小结

变压器是用来实现交流电压和电流等级变换的电气设备，其理论基础是电磁感应原理。理想变压器按变比正比例地变换电压、反比例地变换电流、按变比的二次方正比例地变换阻抗，并且无损耗地传递电能。

最简单的单相双绕组变压器的基本结构就是在一个铁心（主磁路）上包绕两个绕组（电路）。变压器工作原理基于电磁感应定律 $e=-N\mathrm{d}\phi/\mathrm{d}t$，主磁通作为媒介将两个绕组耦合起来，并在其中分别产生与其匝数成正比的感应电势，由此实现了两侧电压等级的变换。

电力变压器在电能传输、分配以及不同电压等级电力系统的联络方面发挥着极为重要的作用。油浸式电力变压器的构成除了最基本的器身（由绕组和铁心构成）外，还有油箱、储油柜、气体继电器、安全气道、散热部件、绝缘套管、调压装置等基本零部件以及其他附件，这些零部件分别承担着散热、绝缘、保护和调压等重要作用。

变压器在额定值所规定的状态下运行时，应能保证长期可靠工作，且具有良好的性能。要明确单相及三相变压器的额定容量 S_N、额定电压 U_N、额定电流 I_N 之间的关系。

变压器正常稳态运行时，其基本的电磁量如电压、磁通、电流、电势等为正弦量或者等效正弦量，通常用相量来表示。用相量方程、等效电路和相量图来分析变压器时，要规定好各个量的参考方向。在本书中，一次电压和电流的正方向符合电动机惯例；磁通和电流的正方向符合右手定则；感应电势正方向与电流正方向相同。二次电势、电流和电压符合发电机惯例。

一次绕组接到电源后，一次电路将产生三个相量来平衡电源电压，即主电势、电阻压降和漏抗压降。主电势大小正比于主磁通的幅值，即 $E_1=4.44N_1f\Phi_m$；漏抗压降（漏电势）正比于漏磁通的幅值，即 $I_1X_{1\sigma}=E_{1\sigma}=4.44N_1f\Phi_{1\sigma m}$。由于主磁通远大于漏磁通，所以主电势远大于漏电势（电阻压降就更小了），电源电压基本上由主电势来平衡，即 $U_1\approx 4.44N_1f\Phi_m$，因此磁通的大小由电源电压（大小和频率）决定。

变压器正常稳态运行时，电源电压基本不变，所以磁通以及产生磁通所需的励磁磁势和励磁电流也就基本不变，与负载大小基本无关。空载运行时，励磁磁势 $\dot{F}_m$ 由一次空载电流 $\dot{I}_0$ 单独产生，即 $\dot{F}_m=\dot{F}_0=\dot{N}_1\dot{I}_0$；负载后，励磁磁势由两侧电流共同产生，即 $\dot{F}_m=N_1\dot{I}_1+N_2\dot{I}_2$。所以 $\dot{N}_1\dot{I}_m=N_1\dot{I}_1+N_2\dot{I}_2$，这就是变压器的磁势平衡原理。磁势平衡界定了一、二次电流之间的关系，即 $\dot{I}_1=\dot{I}_m+(-N_2/N_1)\dot{I}_2=\dot{I}_m+(-1/k)\dot{I}_2=\dot{I}_m+\dot{I}_{1L}$，将一次电流分为励磁分量和负载分量。负载分量与二次电流（负载电流）成比例但反相，随着负载电流的变化而变化，以平衡二次磁势对励磁磁势的影响，维持励磁磁势不变。励磁分量即励磁电流 $\dot{I}_m$ 与空载电流 $\dot{I}_0$ 相等，用来建立主磁通并供给不大的空载损耗，并用励磁电抗 X_m 与铁耗电阻 R_m 来等效，阻抗 $Z_m=R_m+jX_m$ 称为励磁阻抗。在等效电路中，将主电势用励磁电流在励磁阻抗上的压降来表示，即 $-\dot{E}_1=\dot{I}_mZ_m=\dot{I}_m(R_m+jX_m)$。

由于铁心饱和，为了得到正弦变化的磁通，励磁电流中必须有高次谐波（特别是3次谐波）成分，使得其波形通常为尖顶波。考虑到铁耗的影响，励磁电流的等效正弦波超前于磁通一个铁耗角。

为了使得方程式和等效电路更为简单，通常将变比为 k 的实际变压器折算为变比为 1 的等效变压器，归算前后各物理量的关系为：$\dot{I}_2'=\dot{I}_2/k$，$\dot{U}_2'=k\dot{U}_2$，$\dot{E}_2'=k\dot{E}_2$，$Z_2'=k^2Z_2$。经过归算，就可以画出变压器的 T 形等效电路。T 形电路中有六个参数，四个短路参数 R_1、R_2'、$X_{1\sigma}$、$X_{2\sigma}'$可以认为基本不变；两个励磁参数 R_m、X_m 随着主磁路饱和程度的增大而减小。励磁参数 X_m 和 R_m 在量值上远大于短路参数 $X_k=X_{1\sigma}+X_{2\sigma}'$和 $R_k=R_1+X_2'$。正常负载运行时，励磁电流远小于负载电流，忽略励磁电流，就可得到常用的简化等效电路。可以根据等效电路写出相量方程式或画出相量图，也可以根据相量方程画出等效电路和相量图。等效电路、方程式、相量图是分析变压器的三种工具，其本质上是一致的。参数可以用空载试验和短路试验测出。空载试验在低压侧做，短路试验在高压侧做。空载试验在额定电压下测取电流和有功功率。短路试验在额定电流下测取电压和有功功率。通过简单的数据处理就可求得等效电路的六个参数。空载试验测得的损耗可以认为全部是铁耗；短路试验测得的损耗可以认为等于额定情况下的铜耗。

由简化等效电路可知，电源电压一部分降落在短路阻抗上，另一部分降落在负载阻抗上。在额定电流时，短路阻抗上的压降即为短路电压，短路电压占额定电压的百分比即为阻抗电压 u_k，在数值上等于短路电压的标幺值，也等于短路阻抗的标幺值。

变压器二次侧的电压会随着负载大小或电网电压的变化而变化，所以大型变压器都有调压装置，以维持相对稳定的输出电压。阻抗电压是变压器重要的性能指标，它对于变压器的输出电压稳定性、短路电流的大小以及并联运行时负载的分配都很重要。

二次侧电压随着输出电流变化的关系曲线称为外特性。电压调整率就是外特性曲线上从空载到负载，二次端电压变化的幅度，与负载的大小、性质及变压器本身的参数有关。电压调整率通常用实用公式 $\Delta U=\beta(R_k^*\cos\varphi_2+X_k^*\cos\varphi_2)\times100\%$ 来计算。纯电阻负载或感性负载时，电压调整率为正；电容性负载时，电压调整率一般为负，个别情况下为 0 或正。

变压器属于静止设备，功率消耗主要是铁耗和铜耗，不存在机械损耗，其效率比旋转电机高。铁耗主要发生在主磁路铁心中，由磁通决定，而磁通由电源电压决定。正常运行的变压器电源电压基本不变，所以铁耗便是不变损耗，基本不受负载影响。空载试验加额定电压，产生额定磁通和额定铁耗；空载电流极小，所引起的铜耗通常忽略不计，所以空载损耗就等于铁耗。铜耗主要发生在电路中，由电流决定，随负载电流的变化而变化，属于可变损耗。短路试验加额定电流，产生额定铜耗；短路电压很小，产生很小的磁通和极小的铁耗（忽略不计），所以短路损耗等于额定铜耗。

通过损耗分析，就可以计算变压器的效率。在负载功率因数一定的情况下，效率随着负载系数的变化而变化，当可变损耗达到不变损耗时，效率达到最大值。可以用求极值的方法解出最大效率以及最大效率对应的负载系数。

电力变压器最常见的是三相变压器，从磁路结构上可分为组式三相变压器和心式三相变压器。组式结构各相磁路独立、对称，各相的基波和谐波磁通均可沿主磁路流通；心式结构各相磁路相互耦合、互为回路，基波磁通可以畅通，但 3 次谐波磁通无法沿主磁路流通。上述特点对三相变压器的连线和应用有较大影响。三相变压器的电路可以按Y或△联结，当一、二次绕组对应出线端的标记发生变化时，两侧对应标记端的线电压之间的相位差也会发生变化。在一、二次标记相序相同的情况下，对应的线电压之间的相位差或者为 0°，或者为 30°的整数倍。当一次线电压相量被固定在钟表盘上零点（12 点）的位置时，对应标记的二次线电压相量必定指向某个整点位置，这个整点值便是联结组标号。通过画电势相量图，可以确定联结组标号或者根据联结组标号完成连线。

饱和情况下，变压器的励磁电流与主磁通之间存在确定的非线性关系。要获得正弦磁通，就要求励磁电流为尖顶波，也即要求励磁电流中存在 3 次谐波分量，所以在确定三相变压器连线时应该确保 3 次谐波电流能够流通。Yy 联结的组式三相变压器无法为 3 次谐波电流提供流通路径，其励磁电流为正弦波，产生平顶波的主磁通，平顶波中的3次谐波在各相磁路中自成回路，畅通无阻，并在一、二次绕组中产生较大的3次谐波电势，与基波电势叠加形成尖顶波的相电势。所以组式三相变压器不允许采用Yy联结。

并联运行是电力变压器主要的运行方式。并联运行的理想状态是所有二次环路无环流、各变压器输出电流同相位，所分担的输出容量与其额定容量成正比。为此，三相变压器应满足线电压比值相同、联结组标号相同、阻抗角相等、阻抗电压相等的条件。阻抗电压不等的变压器并联运行时，负载容量的分配与其阻抗电压的大小成反比。阻抗电压略有差别的几台变压器并联运行时，最先达到满载的是阻抗电压最小的变压器。

分析不对称运行通常采用对称分量法，即利用数学方法把不对称三相系统分解为三个对称的分量系统——正序、负序和零序系统。正序和负序系统属于对称三相系统，其电势方程和等效电路皆类似于对称运行。零序系统相当于三个单相系统，在不带中性线的Y联结中，零序电流无法流通，在相应的等效电路中表现为开路；在带中性线的Yn联结中，各相的零序电流可以经中性线自成闭路，会遇到一定的零序阻抗；在△联结中，各相的零序电流可以在三角形回路内形成环流，会遇到一定的零序阻抗，但不流向外电路，对外表现为开路。Yyn组式变压器带单相负载运行时，二次绕组中的零序电流产生的零序磁势无法被一次侧平衡，因而在主磁路上会产生较大的零序主磁通，并感应较大的零序电势（表现为零序阻抗压降），大大降低了输出到负载的电压，难以达到驱动负载的要求。Yyn组式变压器除了无法驱动不对称负载外，还会造成严重的中性点位移现象。

从一种稳态向另一种稳态过渡的过程称为暂态运行或暂态过程，暂态过程的规律通常用微分方程（组）来描述，通过列写和求解微分方程就可以得到暂态过程各物理量的变化波形。暂态过程往往会出现过电流或者过电压。空载合闸和突然短路是典型的过电流暂态过程。分析表明，如果电源电压为正弦波，若在电压0值瞬间空载合闸，会出现严重的励磁涌流，使得暂态电流会达到额定电流的4～8倍；若在电压过峰值时合闸，则暂态电流无须过渡直接进入稳态。若电压0值瞬间突然短路，则暂态电流会冲高到额定电流的20～30倍，严重威胁绕组的安全；若在电压峰值瞬间突然短路，则暂态短路电流无须过渡直接达到稳态短路电流。过电压主要包括操作过电压、故障过电压和大气过电压，当过电压超过额定相电压的2.5倍时，会对绕组绝缘造成严重威胁。分析了解过电流和过电压暂态过程的基本规律，对于变压器的设计、生产和运行维护具有重要意义。

自耦变压器的一次侧和二次侧绕组有共同耦合部分。由于自耦变压器的一、二次绕组直接相连，使得它所传递的容量分成两部分——传导容量（占$1/k_a$）和感应容量（占$[1-1/k_a]$）。而双绕组变压器所传递的全部容量均为感应容量，没有自耦变压器所特有的传导容量。所以自耦变压器能够节省有效材料的用量。自耦变压器的缺点是一、二次绕组无隔离、短路阻抗较小，使得其保护装置复杂，成本高。

三绕组变压器每相有高压、中压、低压三个绕组套装在同一铁心柱上，可实现多个电压等级的变换。通过三个短路试验可以测定三绕组变压器简化等效电路的参数。但要注意，三绕组变压器的电抗参数不同于双绕组变压器的短路电抗，而是一个结合了绕组自感和绕组间互感的复合参数。

仪用互感器主要有电压互感器和电流互感器，分别用于监测高电压和大电流。电压互感器运行时一次绕组与被测电压并联，二次侧接测量仪表的高阻抗线圈，相当于空载的降压变压器。电流互感器运行时一次绕组与被测电流串联，二次侧接测量仪表的低阻抗线圈，相当于短路的升压变压器。电压互感器不允许二次侧短路，电流互感器不允许二次侧开路。为了保证人身安全，互感器的二次绕组的一端连同铁心必须可靠接地。

思 考 题

2-1 简述变压器的基本工作原理。

2-2 变压器能否用来改变直流电压？为什么？

2-3 变压器在电力系统中的作用是什么？

2-4 简述油浸式电力变压器的基本结构。

2-5 变压器油的作用是什么？

2-6 变压器按铁心结构如何分类？

2-7 变压器的铁心为什么要用硅钢片叠压而成？

2-8 什么是铁心的交叠式装配？

2-9 什么是变压器的额定值？变压器二次侧的额定电压是如何定义的？

2-10 三相变压器的额定容量、额定电压、额定电流之间有怎样的关系？

2-11 试推导变压器的感应电势有效值 E_1 和 E_2 的计算公式。

2-12 某单相变压器一、二次绕组分别标记为 AX 和 ax，A 和 a 为同名端，额定电压为 220V/110V。如果：（1）将 X 与 a 连接在一起，在 A 与 x 端加 330V 交流电压；（2）将 X 与 x 连接在一起，在 A 与 a 端加 330V 交流电压，则各会产生什么后果？

2-13 若变压器绕组误接到直流电源上，会产生什么后果？

2-14 为什么说在电源电压不变的情况下，变压器的主磁通基本不变？

2-15 一台 $f_N=50\text{Hz}$，$U_N=220\text{V}$ 的变压器，能否接到如下电源？（1）$f_N=25\text{Hz}$，$U_N=220\text{V}$；（2）$f_N=25\text{Hz}$，$U_N=110\text{V}$；（3）$f_N=100\text{Hz}$，$U_N=400\text{V}$。

2-16 如何确定变压器各相量的参考方向？

2-17 简述变压器的磁势平衡和电势平衡。

2-18 变压器空载电流很小，负载时一、二次电流都较大，为什么说负载时一、二次绕组所产生的合成磁势等于空载磁势？

2-19 变压器一、二次电路没有直接相连，为什么一次电流会随着二次电流的变化而变化？

2-20 变压器“绕组折算”的物理意义是什么？绕组归算必须遵循的原则是什么？向一次侧归算时，二次电流、电压、阻抗、功率、损耗各如何变化？

2-21 T 形等效电路中有哪些参数？电源电压的升高或降低对这些参数的大小各有什么影响？

2-22 画出与 T 形等效电路对应的超前负载时变压器的相量图。

2-23 画出与简化等效电路对应的纯电阻负载时变压器的相量图。

2-24 说明参数 X_m、$X_{1\sigma}$、$X_{2\sigma}$ 的物理意义。如果将铁心换成非铁磁材料，X_m 如何变化？若将一次匝数 N_1 增加 10% 而其他条件不变，X_m、$X_{1\sigma}$、$X_{2\sigma}$ 将分别如何变化？

2-25 为什么说励磁电抗 X_m 非常数而漏电抗 $X_{1\sigma}$、$X_{2\sigma}$ 却为常数？

2-26 若铁心截面积增加 10% 而其他条件不变，主磁通 Φ 如何变化？电抗 X_m 如何变化？

2-27 主磁通 ϕ 和励磁电流 i_m 之间有怎样的函数关系？若 ϕ 为正弦波，i_m 应为什么波形？若 i_m 为正弦波，ϕ 会是什么波形？

2-28 为什么励磁电流 i_m 超前于主磁通 ϕ？

2-29 简化等效电路适合于用来分析变压器什么运行状态？

2-30 什么是标幺值？采用标幺值有什么优点？

2-31 什么是阻抗电压 u_k？其大小对变压器的性能有什么影响？

2-32 阻抗电压为什么与短路阻抗的标幺值相等？试推导之。

2-33 组式三相变压器和心式三相变压器在磁路方面各有什么特点？

2-34 三相变压器高、低压侧对应标记端的线电势之间的相位关系由哪些因素决定？

2-35 基波磁通和 3 次谐波磁通分别在组式和心式三相变压器中所遇到的磁阻有什么异同？为什么？

2-36 基波电流和 3 次谐波电流分别在 Y、YN 和△联结的三相绕组中的流通情况各是怎样的？

2-37 一台 Yd1 的三相变压器，仅改变电源相序，其联结组标号会改变吗？为什么？

2-38 为什么三相变压器常希望有一侧绕组接成△联结？

2-39 组式三相变压器按 Yd 联结，一次侧接三相对称正弦电压，二次侧的△未闭合时，发现开口处有较高的电压，但△闭合后，△回路中的电流又很小，为什么？

2-40 当三相对称额定正弦电压加到 Yd 联结的组式三相变压器一次侧时，问一次线电流、二次相电流、二次线电流、一次相电压、一次线电压、二次相电压、二次线电压以及主磁通中有无 3 次谐波？

2-41 当三相对称额定正弦电压加到 Yy 联结的组式三相变压器一次侧时，问一次线电流、二次相电流、二次线电流、一次相电压、一次线电压、二次相电压、二次线电压以及主磁通中有无 3 次谐波？

2-42 用三台单相变压器连接而成的组式三相变压器，如果不慎有一台变压器的一次绕组绕反了，但出线端标记及连接仍照旧，则会产生什么后果？

2-43 什么是变压器的外特性和电压调整率？负载的功率因数对外特性和电压调整率有何影响？

2-44 试推导变压器电压调整率的实用计算公式。

2-45 变压器二次侧接感性负载或容性负载，对励磁电流和铁耗有什么影响？

2-46 什么是变压器的负载系数？负载系数和负载功率因数分别对变压器的效率有何影响？

2-47 什么条件下变压器有最大效率？

2-48 并联运行组达到什么状态才算理想并联运行？

2-49 三相变压器并联运行应满足哪些条件？

2-50 线电压比值不等的变压器并联运行时，二次侧会产生环流，问一次侧也会产生环流吗？为什么？

2-51 联结组分别为 Yd11 和 Dy11 的三相变压器，能否在一定条件下并联运行？

2-52 Yd1 与 Yd11 能否直接并联运行？若要并联运行，应对联结组作怎样的改变？

2-53 变压器短路阻抗角和阻抗电压分别对并联运行有什么影响？

2-54 阻抗电压的差异对并联运行的变压器的总容量的利用有何影响？

2-55 变压器在高压侧和低压侧进行空载试验，所得到的空载损耗是否相同？求出的励磁参数是否相同？为什么？

2-56 变压器在高压侧和低压侧进行短路试验，所得到的负载损耗是否相同？求出的短路参数是否相同？为什么？

2-57 变压器当电压过零点时空载合闸，为什么暂态电流会达到额定电流的许多倍？

2-58 在最坏的情况下，突然短路暂态电流峰值能达到稳态短路电流的多少倍？能达到额定电流的多少倍？

2-59 什么是对称分量法？

2-60 为什么正序、负序分量系统的等效电路参数与对称系统的参数完全一样？而零序分量系统的等效电路参数却与对称系统的参数不一样？

2-61 三相磁路结构对零序系统的励磁电抗大小有什么影响？

2-62 试画出 YNy、Dyn、Yy 联结组零序电流流通路径及零序等效电路图。

2-63 为什么 Yyn 联结的组式三相变压器无法驱动单相负载？

2-64 Yyn 联结的三相变压器不对称运行时为什么会产生中性点移动？中性点移动的程度与磁路结构的关系如何？

2-65 什么是自耦变压器？其优缺点各有哪些？

2-66 如何理解自耦变压器中传导容量和感应容量的概念？

2-67 试分析升压自耦变压器中传导容量和感应容量在总容量中所占的比例。

2-68 自耦变压器的短路阻抗为什么小于同容量的双绕组变压器的短路阻抗？

2-69 为什么自耦变压器的变比越接近于1，其制造成本越低？

2-70 在三绕组变压器中，一次绕组容量小于两个二次绕组的总容量，当两个二次绕组满载时，一次电流是否一定会超过额定值？

2-71 三绕组变压器简化等效电路中的电抗参数与双绕组变压器相应参数的物理意义有何不同？

2-72 如何通过短路试验测定三绕组变压器简化等效电路参数？

2-73 电压互感器在运行时二次绕组为什么不允许短路？

2-74 电流互感器在运行时二次绕组为什么不允许开路？

习　题

2-1 某三相变压器的额定容量 $S_N=750\text{kVA}$，额定电压 $U_{1N}/U_{2N}=6.3\text{kV}/0.4\text{kV}$，试求其额定电流。

2-2 三相变压器的额定容量 $S_N=8000\text{kVA}$，额定电压 $U_{1N}/U_{2N}=35\text{kV}/10.5\text{kV}$，一次绕组为Y联结，二次绕组为△联结，试求其额定电流、线电流和相电流。

2-3 三相变压器的额定电压 $U_{1N}/U_{2N}=10\text{kV}/0.4\text{kV}$，Yy 联结，频率 $f_N=50\text{Hz}$，主磁路铁心的有效截面积 $S=80.2\text{cm}^2$，高压绕组匝数 $N_1=2600$，试确定其主磁通密度的幅值 B_m 和低压绕组的匝数 N_2。

2-4 三相变压器的额定电压 $U_{1N}/U_{2N}=6.0\text{kV}/0.4\text{kV}$，频率 $f_N=50\text{Hz}$，Yy 联结。已知低压侧匝数为100，问高压侧匝数为多少？若将电源电压改为10kV 而仍要维持低压侧电压为0.4kV，保持低压绕组每相100匝不变，需要将高压绕组的每相匝数改为多少？如果保持高压绕组匝数不变，通过减少低压绕组匝数来维持低压侧为0.4kV，可行吗？为什么？

2-5　单相变压器的额定容量 $S_N=10\text{kVA}$，额定电压 $U_{1N}/U_{2N}=380\text{V}/220\text{V}$，频率 $f_N=50\text{Hz}$。已知参数 $R_1=R_2'=0.22\Omega$，$X_{1\sigma}=X_{2\sigma}'=0.18\Omega$，$R_m=18\Omega$，$X_m=179\Omega$。该变压器在额定电压下接感性负载 $Z_L=4+j3\Omega$ 运行。

（1）用T形等效电路计算输出电压 U_2、输出电流 I_2 和效率；

（2）用简化等效电路计算输出电压 U_2、输出电流 I_2 和效率。

2-6　三相变压器联结组为Yd11，额定容量 $S_N=2000\text{kVA}$，额定电压 $U_{1N}/U_{2N}=10\text{kV}/6.3\text{kV}$。在低压侧加额定电压做空载试验，测得空载电流标幺值 $I_0^*=1.0\%$，空载损耗 $p_0=3100\text{W}$；在高压侧加额定电流做短路试验，测得阻抗电压5.5%，短路损耗 $p_{kN}=19800\text{W}$。

（1）若 $R_1=R_2'=R_k/2$，$X_{1\sigma}=X_{2\sigma}'=X_k/2$，画出归算到高压侧的T形等效电路；

（2）若试验时的环境温度 $\theta=20℃$，计算换算到75℃时的短路阻抗和阻抗电压。

2-7　单相变压器额定容量 $S_N=50\text{kVA}$，额定电压 $U_{1N}/U_{2N}=380\text{V}/220\text{V}$。已知阻抗电压 $u_k=4\%$，满载铜耗 $p_{kN}=1030\text{W}$。试求：

（1）额定负载，$\cos\varphi_2=0.8$（感性）时的电压调整率；

（2）额定负载，$\cos\varphi_2=0.8$（容性）时的电压调整率；

（3）在何种负载、功率因数为多少时可使得电压调整率为0？

2-8　单相变压器额定容量 $S_N=30\text{kVA}$，额定电压 $U_{1N}/U_{2N}=6000\text{V}/220\text{V}$。已知额定电压时空载损耗 $p_0=100\text{W}$，满载铜耗 $p_{kN}=625\text{W}$。试求：

（1）负载系数为多少时，变压器出现最大效率？

（2）$\cos\varphi_2=0.8$ 时，最大效率和满载效率各为多少？

2-9　试通过电势相量图判断图2-79中各三相变压器的联结组标号。

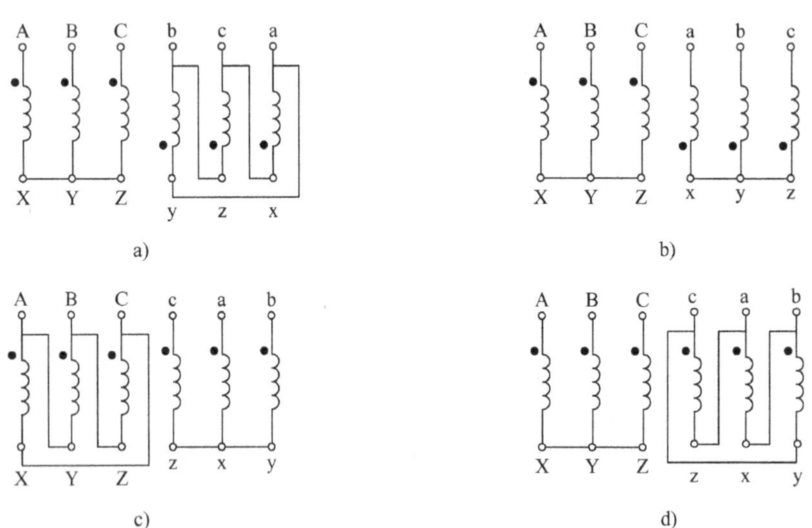

图2-79　习题2-9变压器连线图

2-10　画出Yd3、Dy7三相变压器的连线图。

2-11　某变电站有两台变压器，数据如下：

第一台：$S_N=5000\text{kVA}$，$U_{1N}/U_{2N}=35\text{kV}/6.3\text{kV}$，$u_k=7\%$；

第二台：$S_N=6000\text{kVA}$，$U_{1N}/U_{2N}=35\text{kV}/6.3\text{kV}$，$u_k=7.5\%$。

两台变压器均按 Yd11 联结，今将它们并联运行，问：

（1）当输出总负载容量为 10000kVA 时，每台变压器分担多少容量？

（2）在两台变压器均不过载的情况下，并联组的最大输出容量是多少？

2-12　两台属于同一联结组的三相变压器 A 和 B 并联运行供给同一负载，负载的功率因数为 $\cos\varphi_2=0.8$（滞后）。两台变压器的数据参数见表 2-2。

表 2-2　两台变压器的数据参数

变压器	额定容量/kVA	额定电压/V	空载损耗 p_0/W	负载铜耗 p_{kN}/W	阻抗电压 u_k
A	1250	6300/400	2200	13822	3.9%
B	1600	6300/400	2650	16500	4.1%

现保持负载的功率因数不变，改变负载容量，试计算：

（1）当 A 变压器达到满载时，B 变压器的效率为多少？

（2）当 A 变压器达到最大效率时，B 变压器的负载系数为多少？

2-13　某变电站有 10 台变压器，规格完全一样，每一台的额定容量 $S_N=630\text{kVA}$，额定电压下的铁耗 $p_{Fe}=1300\text{W}$，满载时的铜耗 $p_{Cu}=8100\text{W}$；变电站的总负载容量为 2000kVA。假设负载的功率因数 $\cos\varphi_2=0.8$（滞后）保持不变，如果希望变电站的效率最大，问应投入几台变压器并联运行？

2-14　应用对称分量法将三相不对称电压 $u_A=380\sin\omega t$、$u_B=0$、$u_C=380\sin(\omega t+120°)$ 分解为对称分量。

2-15　已知三相不对称电流系统中 A 相电流的对称分量 $\dot{I}_A^+=30$、$\dot{I}_A^-=5-\text{j}10$、$\dot{I}_A^0=\text{j}2$；试求三相不对称电流。

2-16　单相自耦变压器额定电压 $U_{1N}/U_{2N}=50\text{kV}/35\text{kV}$，输出电流 $I_2=800\text{A}$。试求：

（1）变压器一次电流和公共部分的电流；

（2）感应容量占输出容量的百分比；

（3）传导容量占输出容量的百分比。

2-17　单相双绕组变压器额定容量 $S_N=315\text{kVA}$，额定电压 $U_{1N}/U_{2N}=10000\text{V}/400\text{V}$，铁耗 $p_{Fe}=480\text{W}$，满载铜耗 $p_{Cu}=3650\text{W}$。如果改接为 $U_{1N}/U_{2N}=10400\text{V}/10000\text{V}$ 的自耦变压器。

（1）自耦变压器的额定容量、传导容量和感应容量各为多少？

（2）满载、$\cos\varphi_2=0.8$ 的条件下运行时，双绕组变压器和自耦变压器的效率各为多少？

2-18　某单相变压器额定容量 $S_N=30\text{kVA}$，额定电压 $U_{1N}/U_{2N}=380\text{V}/220\text{V}$，额定频率 $f=50\text{Hz}$。额定电压下的空载损耗 $p_0=190\text{W}$，额定铜耗 $p_{kN}=720\text{W}$。

（1）将该变压器改接为 380V/600V 的升压自耦变压器，以 380V 作为低压侧的额定电压，求变比 k_a 和额定容量 S_{aN}。

（2）当该自耦变压器供给额定负载且功率因数为 0.8 时的效率是多少？

2-19　一台三绕组变压器，额定电压为121kV/38.5kV/10.5kV，联结组为YNynd－12－11，额定容量为20000kVA/20000kVA/20000kVA，高压绕组对中压绕组的短路试验测得$p_{k12}=145\text{kW}$，阻抗电压$u_{k12}=18\%$；高压绕组对低压绕组的短路试验测得$p_{k13}=158\text{kW}$，阻抗电压$u_{k13}=10.5\%$；中压绕组对低压绕组的短路试验测得$p_{k23}=117\text{kW}$，阻抗电压$u_{k23}=6.5\%$。求出该三绕组变压器简化等效电路的参数值，并画出等效电路图。

第 3 章 机电能量转换与旋转电机工作原理

3.1 机电能量转换装置概述

机电能量转换装置(以下简称**机电装置**) 这一概念无论从内涵还是从外延来讲，都比**电机**的概念要大得多。机电装置种类繁多，结构及用途各异，运行机制不尽相同，电机只是包含于其中的一个重要大类。广义地讲，一切能够实现电能与机械能相互转换的设备或元件都称为机电装置。实现机电能量转换的机制大致可以分为四种：①电致伸缩与压电效应；②磁致伸缩；③电场力；④电磁力。采用①或②只能制成小功率机电元件，如超声波电机以及用在主动控制系统中的压电陶瓷作动器、电致伸缩作动器、磁致伸缩作动器、形状记忆合金作动器等。采用第③种机制即以**电场**为耦合场可制成多种**静电式机电装置**，如静电式仪表、静电式电机等。采用第④种机制即以**磁场**为耦合场而制成的机电装置称为**电磁式机电装置**，其种类多且应用范围最为广泛，如各种电机、继电器等。本书以电磁式机电装置为主要研究对象。

机电装置按其用途可分为三类：

1）**机电信号变换器**：实现机械信号与电信号相互转换的装置，如扬声器、旋转变压器等。

2）**动铁装置**：通过电流励磁从而产生电磁力，使得动铁产生一定位移的装置，如继电器、电磁铁等。

3）**连续能量转换装置**：包括发电机和电动机等。绝大多数以电场或磁场为耦合场所进行的机电能量转换过程是可逆的。也就是说，同一台电机，既可以按电动机方式运行，也可以按发电机方式运行。

本章将在介绍机电能量转换基本原理、换能过程、耦合场作用等的基础上，推导机电能量转换装置的两个关键物理量——**感应电势**和**电磁转矩**的计算公式，分析机电能量转换的条件，阐述旋转电机的工作机理。通过本章学习，将建立起关于机电能量转换的总体概念，明确电机在机电装置中的定位，为后续学习各种特定类型的电机打下基础。

3.2 机电能量转换装置的物理模型

以磁场为耦合场的电磁式机电装置一般由三部分组成：承载电流的**电系统**(一个或多个线圈)、可以活动的**机械系统**(一般做直线运动或旋转运动) 以及**磁场储能系统**(包含气隙的主磁路)。在分析研究时，可以先将实际机电装置抽象为没有能量损耗的**无损理想模型**，即具有若干个电端口（简称为**电端**)、一个机械端口（简称为**机械端**）的“**无损**”磁场储能系统；再将实际装置中的能耗用耗能元件或某种算法予以修正。例如，电系统中有**电能损耗**(主要是电流通过电阻时产生的损耗)，可以用串联于电端的耗能电阻予以考虑；机械系统有**机械损耗**(主要是摩擦损耗和通风损耗)，可以用连接在机械端的耗能部件予以考虑；耦合磁场内部有**介质损耗**(主要是铁心中的磁滞损耗和涡流损耗，统称为**铁耗**)，可以忽略不计或通过某种算法予以修正。将实际装置内部所产生的各种损耗转移到磁场储能系统之外去考虑，可以大大简化系统分析。

总之，在本章的分析中，实际机电装置将被理想化为一个**无损耦合场**和一些耗能元件的组合。因为换能过程是在耦合场中进行的，所以我们将主要精力放在对无损耦合场的分析上。

图 3-1a 所示是一个简单的动铁装置，由电系统（线圈或绕组）、机械系统（衔铁）以及磁场储能系统（磁路）三部分构成。可以将其等效成图 3-1b 所示的物理模型，该模型由 1 个电端、1 个机械端和 1 个无损耦合场构成。电端串联 1 个电阻 R，用来计及电流流过线圈时所产生的电能损耗。机械损耗则可以看成是机械负载的一部分而在机械端予以扣除。电端接外施电源，电压为 u，电流为 i；线动机械端用 2 个变量——**电磁力**f 和**位移**x 来描述。

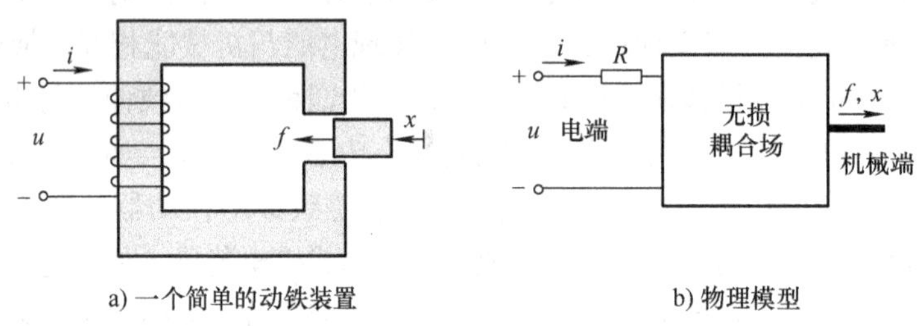

a) 一个简单的动铁装置　　b) 物理模型

图 3-1　动铁装置及其物理模型

许多实际的机电装置（如旋转电机）通常具有多个（或多组）**绕组**和 1 个**机械端**(线动或旋转)。将这类装置抽象化，可得到多电端、单机械端的物理模型。图 3-2 所示的物理模型具有 n 个电端、1 个无损耦合场和 1 个旋转机械端。第 $k(k=1,2,\cdots,n)$ 个电端的电压、电流、等效耗能电阻分别为 u_k、i_k、R_k；旋转机械端的端口变量为**电磁转矩**T 和**角位移**θ。

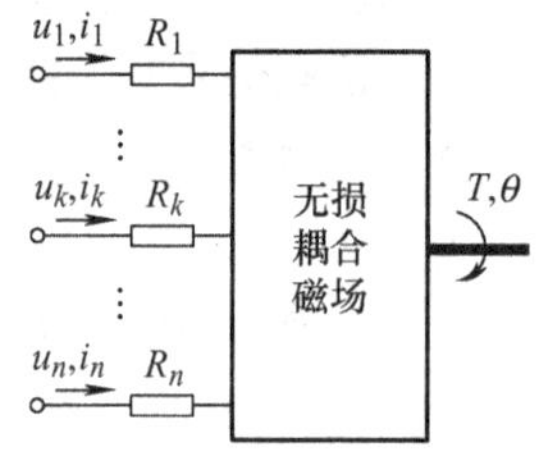

图 3-2　n 个电端、1 个旋转机械端的机电装置模型

电端与机械端通过耦合场完成能量转换和传递，耦合场是能量转换的场所和媒介，电端和机械端均可以作为输入端或者输出端。若电端为输入端、机械端为输出端，则输入的电能通过耦合场转换成机械能输出，此类装置包括电磁铁、电动机等；若机械端为输入端，电端为输出端，则输入的机械能通过耦合场转换成电能输出，此类装置包括发电机等。

将实际有损耗的换能过程进行“无损化”处理，即将线圈电阻转移到电端；将机械损耗转移到机械端，将磁场自身产生的铁耗忽略不计或用某种算法予以校正，使得换能过程在一个理想化的“无损耦合场”中进行，对于突出能量转换的本质以及简化分析过程将带来诸多便利。

3.3 能量守恒和磁能分析

3.3.1 能量守恒方程

能量守恒定理是分析机电能量转换过程最基本的出发点。在机电装置中，能量只能发生形式或形态上的转换，而不会发生总量上的改变。下面以输入电能、输出旋转机械能的电动型旋转机电装置为例来分析机电能量转换的过程。

如图3-2所示，能量转换是在无损耦合场中进行的。第 k 个电端外接电源的电压为 u_k，输入电流为 i_k，在**微分时间段**$\mathrm{d}t$ 内，电源 u_k 所提供的**微分总电能**为 $\mathrm{d}W_k = i_k u_k \mathrm{d}t$，扣除掉电阻 R_k 上的电能消耗 $i_k^2 R_k \mathrm{d}t$ 后，其余的电能 $(i_k u_k - i_k^2 R_k)\mathrm{d}t$ 进入无损耦合场并参与换能过程，这部分能量就是第 k 个电端在 $\mathrm{d}t$ 时间段内输入到无损耦合场的**微分净电能**$\mathrm{d}W_{ek}$。耦合场会对 $\mathrm{d}W_{ek}$的输入做出两个反应：①**磁场储能**W_m（简称**磁能**）发生微变（用磁能的**微分增量**$\mathrm{d}W_\mathrm{m}$ 来表示）；②**机械能**W_Ω 发生微变（用 $\mathrm{d}W_\Omega$ 表示），进而引起机械端产生**微分角位移**$\mathrm{d}\theta$、**电磁转矩**T 和**机械功**$\mathrm{d}W_\Omega = T\mathrm{d}\theta$ 输出。机械损耗从输出的机械功中予以扣除。

在微分时间段 $\mathrm{d}t$ 内，由 n 个电端输入到无损耦合场的**总净电能**为

$$\mathrm{d}W_\mathrm{e} = \sum_{k=1}^{n} \mathrm{d}W_{ek} = \sum_{k=1}^{n} (i_k u_k - i_k^2 R_k)\mathrm{d}t = \sum_{k=1}^{n} (u_k - i_k R_k) i_k \mathrm{d}t \tag{3-1}$$

根据能量守恒定理有

$$\mathrm{d}W_\mathrm{e} = \mathrm{d}W_\mathrm{m} + \mathrm{d}W_\Omega = \mathrm{d}W_\mathrm{m} + T\mathrm{d}\theta \tag{3-2}$$

也可以写成

$$\mathrm{d}W_\mathrm{m} = \mathrm{d}W_\mathrm{e} - \mathrm{d}W_\Omega = \sum_{k=1}^{n} (u_k - i_k R_k) i_k \mathrm{d}t - T\mathrm{d}\theta \tag{3-3}$$

如果是线动机械端，则写成

$$\mathrm{d}W_\mathrm{m} = \sum_{k=1}^{n} (u_k - i_k R_k) i_k \mathrm{d}t - f\mathrm{d}x \tag{3-4}$$

从式(3-2)可知：**输入到无损耦合场的净电能分为两部分：一部分引起磁场储能的改变，即转换成了磁能的增量（可正可负）；另一部分转换成了机械能，实现机械功输出**。或者由式(3-3)和式(3-4)这样来理解：**无损耦合场磁能的增量**$\mathrm{d}W_\mathrm{m}$，**等于输入净电能**$\mathrm{d}W_\mathrm{e}$**减去输出机械功**$\mathrm{d}W_\Omega$。式(3-2)~式(3-4)称为机电装置的**能量守恒方程**。

3.3.2 磁能和磁共能分析

分析表明，在不考虑介质损耗、并把电损耗和机械损耗转移出去后，无损耦合场是一个**保守场**。耦合场储存的**磁能**W_m 是一个**状态函数**，也就是说磁能的数值仅与磁场的当前状态有关，而与磁场的历史状态以及达到当前状态的途径无关。能表征函数状态的独立变量称为**状态变量**。磁能函数 W_m 有两组状态变量，一组是电端的变量——**磁链**ψ（或**电流**i），另一组是机械端变量——**线位移**x（或者**角位移**θ）。为了明确显示磁能函数值由状态变量值唯一确定的这一特点，将具有 n 个电端和1个旋转机械端的机电装置的磁能写成 $W_\mathrm{m}(\psi_1,\psi_2,\cdots,\psi_n,\theta)$；只有1个电端和1个线动机械端时，则写成 $W_\mathrm{m}(\psi,x)$。

（1）**单边激励的机电装置**

机电装置一般由固定部分（**定子**）和可动部分（**转子**或**动子**）构成。如果只是定子或转子中的一边有绕组通电流，则称为**单边激励机电装置**；如果定、转子两边均有绕组通电流，则称为**双边激励机电装置**。

图3-3所示为一个简单的单边激励机电装置——电磁继电器。由固定铁心、可动铁心以及**气隙**组成了一个闭合磁路。固定铁心上装有线圈，用来输入电能和激励耦合场。线圈接通

电源时，产生输入电流，在电流的激励下产生耦合场，系统对此会做出一定的响应。

根据电路的基尔霍夫定律，线圈的电势平衡方程为

$$u = -e + iR \tag{3-5}$$

式中，u 为电源电压；i 为输入电流；e 为线圈产生的**感应电势**；电流与电压的参考方向符合**电动机惯例**，感应电势的参考方向与电流参考方向一致；R 为线圈的等效电阻。

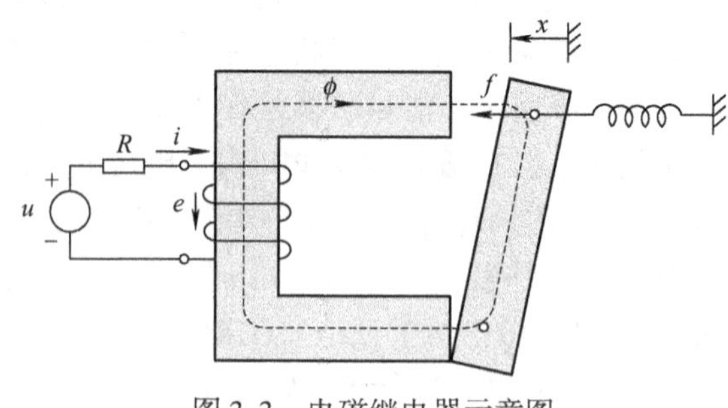

图 3-3　电磁继电器示意图

根据电磁感应定律有

$$e = -\frac{\mathrm{d}\psi}{\mathrm{d}t} \tag{3-6}$$

式中，ψ 为与线圈交链的**总磁链**，i 与 ψ（或磁通量 ϕ）在方向上符合**右手定则**。

在微分时间段 $\mathrm{d}t$ 内，输入到耦合场的净电能为

$$\mathrm{d}W_{\mathrm{e}} = (u - iR)i\mathrm{d}t = -ei\mathrm{d}t = i\mathrm{d}\psi \tag{3-7}$$

由式(3-4) 可知，耦合磁场的磁能增量为

$$\mathrm{d}W_{\mathrm{m}}(\psi, x) = \mathrm{d}W_{\mathrm{e}} - f\mathrm{d}x = i\mathrm{d}\psi - f\mathrm{d}x \tag{3-8}$$

现在，求当磁链 ψ 从 0 增长到 ψ_0、位移 x 从 0 增长到 x_0 时，耦合场所建立起的磁能 $W_{\mathrm{m}}(\psi_0, x_0)$的量值。为此，先要完成定积分

$$W_{\mathrm{m}}(\psi_0, x_0) = \int_{0,0}^{\psi_0, x_0} (i\mathrm{d}\psi - f\mathrm{d}x) \tag{3-9}$$

的计算。在(ψ, x)二维坐标系中，该积分的起点为$(0,0)$，终点为(ψ_0, x_0)。磁能 $W_{\mathrm{m}}(\psi, x)$从起始状态即起点$(0,0)$达到最终状态即终点(ψ_0, x_0)，可以有无数条路径。由于 $W_{\mathrm{m}}(\psi, x)$是状态函数，其终值只与终点坐标值有关，与怎样到达或者沿什么样的途径到达终点无关，因此可以选择一条能使式(3-9) 积分求解过程简单化的路径，来完成 $W_{\mathrm{m}}(\psi_0, x_0)$的计算。

图 3-4 给出了两条不同的路径，路径 1 代表一般情况，沿该路径完成积分式(3-9) 的计算十分困难，除非明确知道 $i(\psi, x)$ 和 $f(\psi, x)$的显式表达式。沿路径 2，即沿$(0,0) \xrightarrow{2a} (0, x_0) \xrightarrow{2b} (\psi_0, x_0)$进行积分，却非常简单。

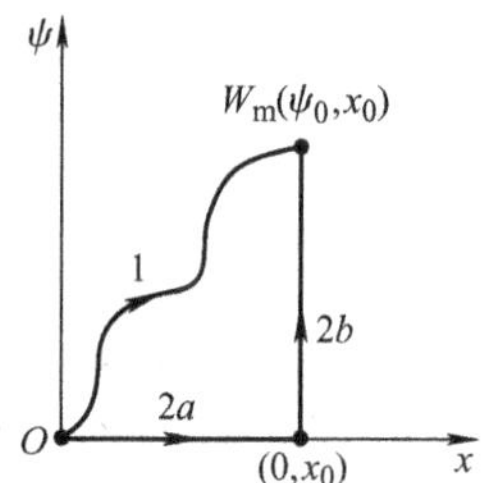

图 3-4　W_{m}的积分路径

在路径 2a 段，由于 $\psi = 0$，$\mathrm{d}\psi = 0$，故电磁力 $f = 0$，积分式(3-9) 在该段的积分结果为 0。

在路径 2b 段，由于 $x = x_0$，$\mathrm{d}x = 0$，式(3-9) 的积分变为

$$W_{\mathrm{m}}(\psi_0, x_0) = \int_0^{\psi_0} i\mathrm{d}\psi \tag{3-10}$$

由于路径 2a 段积分为 0，所以式(3-10) 就是 $W_{\mathrm{m}}(\psi_0, x_0)$的终值表达式。

由于点(ψ_0, x_0)是任选的，所以式(3-10) 所给出的磁能表达式对任意点(ψ, x)即耦合场的任何状态都适用，为了强调这一点，将式(3-10) 改写为

$$W_m(\psi,x) = \int_0^{\psi} i\mathrm{d}\psi \tag{3-11}$$

对于旋转机电装置，则可以改写为

$$W_m(\psi,\theta) = \int_0^{\psi} i\mathrm{d}\psi \tag{3-12}$$

式(3-11) 和式(3-12) 就是单边激励装置的磁能计算式，此两式对线性或非线性系统均适用。

对于线动的线性系统来说，$\psi = L(x)i$，代入式(3-11) 可得

$$W_m(\psi,x) = \int_0^{\psi} \frac{\psi}{L(x)}\mathrm{d}\psi = \frac{1}{2}\frac{\psi^2}{L(x)} = \frac{1}{2}L(x)i^2 \tag{3-13}$$

对于旋转的线性系统来说，$\psi = L(\theta)i$，则

$$W_m(\psi,\theta) = \frac{1}{2}L(\theta)i^2 \tag{3-14}$$

由式(3-11) 或式(3-12) 可知：**对应于某个系统状态，机电装置耦合场的磁能 W_m 在量值上等于电流 i 对磁链 ψ 的定积分，积分时还要注意保持表征系统机械端位移状态的变量 x (或 θ) 不变**。

对于机电装置来说，磁链 ψ 与电流 i 之间的函数关系 **$\psi - i$ 曲线**称为**磁化曲线**。$\psi - i$ 曲线可能为一条或一簇。对图 3-3 所示的装置来说，当动子处于不同的位移 x 时，对应有不同 $\psi - i$ 曲线，所以它有一簇磁化曲线。

由于磁能就是电流对磁链的定积分，我们选取一个特定的位移 x_0 所对应的 $\psi - i$ 曲线进行分析。如图 3-5 所示，i 对 ψ 在 $0 \to \psi_0$ 区间的定积分就是图中的面积 S_{Oab}，也就是说面积 S_{Oab}就代表了该装置在动子位移为 x_0 且磁链达到 ψ_0 时的磁能，即

$$W_m(\psi_0,x_0) = \int_0^{\psi_0} i\mathrm{d}\psi = S_{Oab} \tag{3-15}$$

如果将磁链 ψ 对电流 i 在 $0 \to i_0$ 区间进行积分，就可以得到

$$W'_m(i_0,x_0) = \int_0^{i_0} \psi\mathrm{d}i = S_{Ocb} \tag{3-16}$$

式中，$W'_m(i_0,x_0)$被定义为磁场储能系统的**磁共能**，它也是一个状态函数，在图 3-5 中可以用面积 S_{Ocb}来代表。磁共能没有实际的物理意义，但这一概念的引入，会为分析和计算机电装置中的电磁力或电磁转矩带来很大便利。

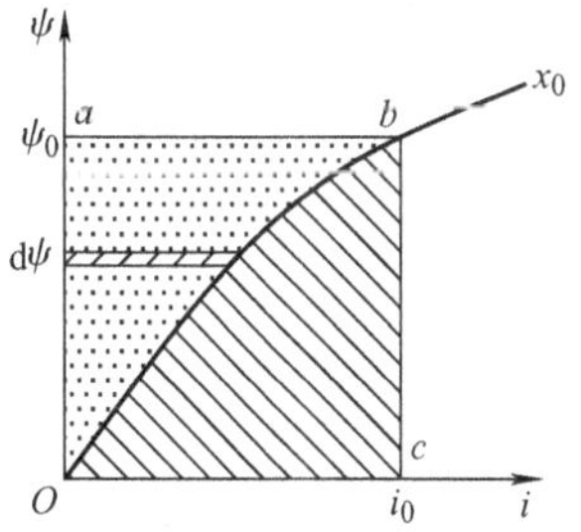

图 3-5　磁能和磁共能图示

由图 3-5 可知，磁能与磁共能之和为

$$W_m(\psi_0,x_0) + W'_m(i_0,x_0) = S_{Oab} + S_{Ocb} = S_{Oabc} = \psi_0 i_0 \tag{3-17}$$

将该式一般化，并省掉自变量，可以简写为

$$W_m + W'_m = \psi i \tag{3-18}$$

由图 3-5 不难看出：一般情况下，磁能和磁共能不相等。但如果机电装置的主磁路为线性或者工作在线性区域，则 $\psi - i$ 曲线将变成直线，磁能和磁共能将相等，即

$$W_m = W'_m = \frac{1}{2}\psi i \tag{3-19}$$

如果用电感把 $\psi-i$ 曲线表示为 $\psi=L(x)i$，则

$$W_{\mathrm{m}}=W'_{\mathrm{m}}=\frac{1}{2}L(x)i^2 \tag{3-20}$$

对于旋转装置，$\psi=L(\theta)i$，则

$$W_{\mathrm{m}}=W'_{\mathrm{m}}=\frac{1}{2}L(\theta)i^2 \tag{3-21}$$

（2）**双边激励的机电装置**

许多电机类装置都有多个绕组，这些绕组一般分成两组，一组在定子上，另一组在转子上；如果定、转子都有绕组通电流，就构成了**双边激励机电装置**。

图 3-6 示出了一台简单的双边激励机电装置，其定、转子上各装有一个绕组，分别接电源 u_1、u_2，两个绕组分别流过电流 i_1、i_2，产生磁链 ψ_1、ψ_2；磁能 W_{m} 是 ψ_1、ψ_2 以及转子角位移 θ 的状态函数，即 $W_{\mathrm{m}}=W_{\mathrm{m}}(\psi_1,\psi_2,\theta)$。

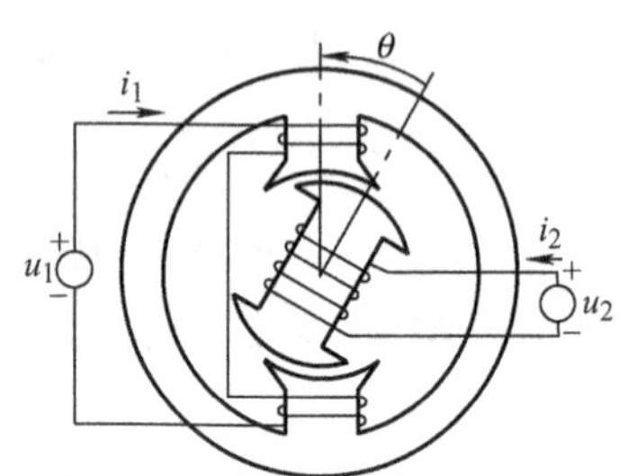

图 3-6　双边激励机电装置

两个绕组分别产生感应电势 e_1、e_2 和电阻压降 i_1R_1、i_2R_2，与电源电压 u_1、u_2 形成平衡，即

$$\left.\begin{aligned}u_1&=-e_1+i_1R_1\\u_2&=-e_2+i_2R_2\end{aligned}\right\} \tag{3-22}$$

在微分时间段 $\mathrm{d}t$ 内，由定、转子绕组输入到耦合场的微分净电能为

$$\begin{aligned}\mathrm{d}W_{\mathrm{e}}&=(i_1u_1-i_1^2R_1)\mathrm{d}t+(u_2-i_2^2R_2)\mathrm{d}t\\&=-e_1i_1\mathrm{d}t-e_2i_2\mathrm{d}t=i_1\mathrm{d}\psi_1+i_2\mathrm{d}\psi_2\end{aligned} \tag{3-23}$$

由式(3-3) 和式(3-23) 可知，耦合场的磁能微分增量为

$$\mathrm{d}W_{\mathrm{m}}=\mathrm{d}W_{\mathrm{e}}-T\mathrm{d}\theta=i_1\mathrm{d}\psi_1+i_2\mathrm{d}\psi_2-T\mathrm{d}\theta \tag{3-24}$$

如图 3-7 所示，在三维坐标系(ψ_1,ψ_2,θ)中，对于任意给定点$(\psi_{10},\psi_{20},\theta_0)$，有

$$W_{\mathrm{m}}(\psi_{10},\psi_{20},\theta_0)=\int_{0,0,0}^{\psi_{10},\psi_{20},\theta_0}(i_1\mathrm{d}\psi_1+i_2\mathrm{d}\psi_2-T\mathrm{d}\theta) \tag{3-25}$$

现在来分析当耦合场的状态从起点$(0,0,0)$变动到终点$(\psi_{10},\psi_{20},\theta_0)$时所建立的磁能 $W_{\mathrm{m}}(\psi_{10},\psi_{20},\theta_0)$。如图 3-7 所示，我们所选取的最佳积分路径为

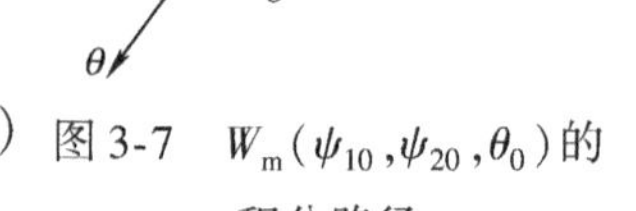

图 3-7　$W_{\mathrm{m}}(\psi_{10},\psi_{20},\theta_0)$的积分路径

$$(0,0,0)\xrightarrow{a}(0,0,\theta_0)\xrightarrow{b}(\psi_{10},0,\theta_0)\xrightarrow{c}(\psi_{10},\psi_{20},\theta_0)$$

在 a 段，由于 $\psi_1=0$，$\psi_2=0$，所以 $T=0$，$\mathrm{d}\psi_1=0$，$\mathrm{d}\psi_2=0$，式(3-25) 的积分为 0。

在 b 段，由于 $\psi_2=0$，$\theta=\theta_0$，所以 $\mathrm{d}\psi_2=0$，$\mathrm{d}\theta=0$，式(3-25) 的积分为

$$\int_b \mathrm{d}W_{\mathrm{m}}=\int_0^{\psi_{10}}i_1(\psi_1,0,\theta_0)\mathrm{d}\psi_1 \tag{3-26}$$

在 c 段，由于 $\psi_1=\psi_{10}$，$\theta=\theta_0$，所以 $\mathrm{d}\psi_1=0$，$\mathrm{d}\theta=0$，式(3-25) 的积分为

$$\int_c \mathrm{d}W_{\mathrm{m}}=\int_0^{\psi_{20}}i_2(\psi_{10},\psi_2,\theta_0)\mathrm{d}\psi_2 \tag{3-27}$$

在终点 $(\psi_{10},\psi_{20},\theta_0)$，该装置所累积的磁能为

$$W_m(\psi_{10},\psi_{20},\theta_0) = \int_0^{\psi_{10}} i_1(\psi_1,0,\theta_0)\mathrm{d}\psi_1 + \int_0^{\psi_{20}} i_2(\psi_{10},\psi_2,\theta_0)\mathrm{d}\psi_2 \tag{3-28}$$

若以电流 (i_1,i_2) 替换磁链 (ψ_1,ψ_2) 作为状态变量，类似分析可得磁共能为

$$W'_m(i_{10},i_{20},\theta_0) = \int_0^{i_{10}} \psi_1(i_1,0,\theta_0)\mathrm{d}i_1 + \int_0^{i_{20}} \psi_2(i_{10},i_2,\theta_0)\mathrm{d}i_2 \tag{3-29}$$

磁能与磁共能之和为

$$\begin{aligned} W_m + W'_m &= \int_0^{\psi_{10}} i_1(\psi_1,0,\theta_0)\mathrm{d}\psi_1 + \int_0^{\psi_{20}} i_2(\psi_{10},\psi_2,\theta_0)\mathrm{d}\psi_2 + \int_0^{i_{10}} \psi_1(i_1,0,\theta_0)\mathrm{d}i_1 + \int_0^{i_{20}} \psi_2(i_{10},i_2,\theta_0)\mathrm{d}i_2 \\ &= \int_{0,0}^{\psi_{10},i_{10}} \mathrm{d}(i_1\psi_1) + \int_{0,0}^{\psi_{20},i_{20}} \mathrm{d}(i_2\psi_2) = i_{10}\psi_{10} + i_{20}\psi_{20} \end{aligned} \tag{3-30}$$

由于 $(\psi_{10},\psi_{20},\theta_0)$ 或者 (i_{10},i_{20},θ_0) 是任选的，所以式（3-30）对任一点 (ψ_1,ψ_2,θ) 均适用。为了彰显通用性，可将式（3-28）~式（3-30）分别改写成

$$W_m(\psi_1,\psi_2,\theta) = \int_0^{\psi_1} i_1(\psi_1,0,\theta)\mathrm{d}\psi_1 + \int_0^{\psi_2} i_2(\psi_1,\psi_2,\theta)\mathrm{d}\psi_2 \tag{3-31}$$

$$W'_m(i_1,i_2,\theta) = \int_0^{i_1} \psi_1(i_1,0,\theta)\mathrm{d}i_1 + \int_0^{i_2} \psi_2(i_1,i_2,\theta)\mathrm{d}i_2 \tag{3-32}$$

$$W_m + W'_m = i_1\psi_1 + i_2\psi_2 \tag{3-33}$$

对于线性系统，定、转子绕组的磁链可以分别表示为

$$\left.\begin{aligned} \psi_1 &= L_{11}(\theta)i_1 + L_{12}(\theta)i_2 \\ \psi_2 &= L_{21}(\theta)i_1 + L_{22}(\theta)i_2 \end{aligned}\right\} \tag{3-34}$$

式中，$L_{11}(\theta)$ 为定子绕组的自感；$L_{12}(\theta)=L_{21}(\theta)$ 为定、转子绕组之间的互感；$L_{22}(\theta)$ 为转子绕组的自感。自感和互感可能为角位移 θ 的函数，也可能为常数。为了公式简明，可以省掉自变量。将式(3-34) 代入式(3-33)，不难求得

$$W_m = W'_m = \frac{1}{2}L_{11}i_1^2 + L_{12}i_1i_2 + \frac{1}{2}L_{22}i_2^2 \tag{3-35}$$

对于 n 个绕组的机电系统，同理可以推导出总的磁能为

$$W_m = \sum_{j=1}^{n} \int_0^{\psi_j} i_j\mathrm{d}\psi_j \tag{3-36}$$

磁共能为

$$W'_m = \sum_{j=1}^{n} \int_0^{i_j} \psi_j\mathrm{d}i_j \tag{3-37}$$

磁能与磁共能之和为

$$W_m + W'_m = \sum_{j=1}^{n} i_j\psi_j \tag{3-38}$$

在线性情况下

$$W_m = W'_m = \frac{1}{2}\sum_{j=1}^{n} i_j\psi_j = \frac{1}{2}\sum_{j=1}^{n}\sum_{k=1}^{n} L_{jk}i_ji_k \tag{3-39}$$

式(3-36) 和式(3-37) 从宏观上给出了整个耦合场的磁能和磁共能计算式。如果从磁路的角度来考虑，假设有一条由单线圈激励的简单磁路，磁能全部集中在主磁路中，在磁通密度均匀的情况下，由于 $i=F/N$、$\psi=N\phi$，所以磁能可以表示为

$$W_{\mathrm{m}} = \int_0^{\psi} i\mathrm{d}\psi = \int_0^{N\phi} \frac{F}{N}\mathrm{d}(N\phi) = \int_0^{\phi} F\mathrm{d}\phi = \int_0^{\phi} R_{\mathrm{m}}\phi\mathrm{d}\phi \tag{3-40}$$

式中，F 为线圈磁势；R_{m} 为磁路的总磁阻。

如果所研究的磁路为线性（或工作在线性区），则磁阻 R_{m} 为常值，式(3-40) 变为

$$W_{\mathrm{m}} = W'_{\mathrm{m}} = \frac{1}{2}R_{\mathrm{m}}\phi^2 = \frac{1}{2}\frac{F^2}{R_{\mathrm{m}}} \tag{3-41}$$

需要说明的是，式(3-40) 既可表示整个磁路的磁能，也可表示磁路某一段所存储的磁能；在后一种情况下，R_{m} 代表某一段磁路的磁阻，F 代表该段磁路所消耗的磁压降。式(3-41) 表明，在串联磁路（磁通相同）中，磁阻大的路段，会存储更多的磁能。

进一步的分析表明，线性情况下，单位体积内的磁能（称为**磁能密度**）或单位体积内的磁共能（称为**磁共能密度**）为

$$w_{\mathrm{m}} = w'_{\mathrm{m}} = \frac{1}{2}BH = \frac{1}{2}\frac{B^2}{\mu} \tag{3-42}$$

式(3-42) 表明，在一定的磁密 B 下，介质的磁导率 μ 越小，磁能密度就越大。由于气隙的磁导率 μ_0 远小于铁心的磁导率，因此，对于通常的机电装置，气隙路段的磁能密度远大于铁心路段。当磁通从 0 开始上升时，绝大部分磁能将储存于气隙磁场中；当磁通减小时，绝大部分磁能将从气隙磁场中释放出来。铁心中的磁能很少，通常可以忽略不计。可见：**气隙在机电装置特别是旋转电机中占有极其重要的地位，其重要性不仅在于它在定、转子之间起隔离作用，更因为它是能量的“聚集地”和“中转站”**。

例 3-1 图 3-8 所示是一个继电器，其固定铁心和可动铁心（活塞）磁导率均为 ∞，活塞的高度远大于气隙长度（即 $h \gg g$），各尺寸符号如图所示。

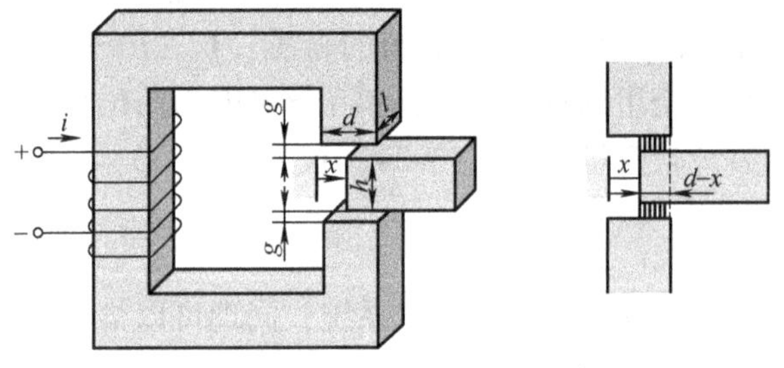

图 3-8 具有可动活塞的继电器（例 3-1）

（1）试写出磁能 W_{m} 对活塞位移 x 的函数表达式；

（2）若 $N = 1000$ 匝，$g = 2.0\mathrm{mm}$，$d = 0.15\mathrm{m}$，$l = 0.1\mathrm{m}$，$i = 10\mathrm{A}$，分别求出当 $x = 0$ 和 $x = 0.05\mathrm{m}$ 两种状态下的磁能值。

解：（1）由于铁心的磁导率为 ∞，所以主磁路的磁阻全部为气隙磁阻，磁路为线性，且磁通量全部垂直通过活塞铁心（不存在边缘效应）。

整个装置的磁能为 $$W_{\mathrm{m}} = \frac{1}{2}\frac{F^2}{R_{\mathrm{m}}} = \frac{1}{2}\frac{N^2 i^2}{R_{\mathrm{m}}}$$

其中气隙磁阻 $$R_{\mathrm{m}} = \frac{1}{\mu_0}\frac{2g}{l(d-x)}$$

所以 $$W_{\mathrm{m}} = \frac{1}{2}\frac{N^2 i^2}{R_{\mathrm{m}}} = N^2 i^2 \frac{\mu_0 l(d-x)}{4g}$$

（2）代入已知数据，可得

$$W_{\mathrm{m}} = N^2 i^2 \frac{\mu_0 l(d-x)}{4g} = 1000^2 \times 10^2 \frac{4\pi \times 10^{-7} \times 0.1(0.15-x)}{4 \times 0.002} = 1570.8(0.15-x)$$

当 $x=0$ 时，　　$W_m=1570.8\times(0.15-0)\text{J}=235.62\text{J}$

当 $x=0.05$ 时，　　$W_m=1570.8\times(0.15-0.05)\text{J}=157.08\text{J}$

3.4 感应电势和电磁转矩

下面以图3-6所示的双边激励旋转机电装置为例，来分析机电能量转换过程中最重要的两个耦合量——**感应电势**和**电磁转矩**。

(1) 感应电势

当绕组所交链的磁链发生变化时，就会在绕组中产生抵抗磁链变化的感应电势。一般来说，磁链既是电流的函数，又是角位移的函数，即 $\psi_1=\psi_1(i_1,i_2,\theta)$，$\psi_2=\psi_2(i_1,i_2,\theta)$。由电磁感应定律可知

$$\left.\begin{aligned}e_1&=-\frac{\mathrm{d}\psi_1}{\mathrm{d}t}=-\left(\frac{\partial\psi_1}{\partial i_1}\frac{\mathrm{d}i_1}{\mathrm{d}t}+\frac{\partial\psi_1}{\partial i_2}\frac{\mathrm{d}i_2}{\mathrm{d}t}\right)-\left(\frac{\partial\psi_1}{\partial\theta}\frac{\mathrm{d}\theta}{\mathrm{d}t}\right)=e_{1t}+e_{1\Omega}\\e_2&=-\frac{\mathrm{d}\psi_2}{\mathrm{d}t}=-\left(\frac{\partial\psi_2}{\partial i_1}\frac{\mathrm{d}i_1}{\mathrm{d}t}+\frac{\partial\psi_2}{\partial i_2}\frac{\mathrm{d}i_2}{\mathrm{d}t}\right)-\left(\frac{\partial\psi_2}{\partial\theta}\frac{\mathrm{d}\theta}{\mathrm{d}t}\right)=e_{2t}+e_{2\Omega}\end{aligned}\right\}\tag{3-43}$$

式中，$e_{1t}=-\left(\frac{\partial\psi_1}{\partial i_1}\frac{\mathrm{d}i_1}{\mathrm{d}t}+\frac{\partial\psi_1}{\partial i_2}\frac{\mathrm{d}i_2}{\mathrm{d}t}\right)$、$e_{2t}=-\left(\frac{\partial\psi_2}{\partial i_1}\frac{\mathrm{d}i_1}{\mathrm{d}t}+\frac{\partial\psi_2}{\partial i_2}\frac{\mathrm{d}i_2}{\mathrm{d}t}\right)$分别为两个绕组产生的**变压器电势**；$e_{1\Omega}=-\left(\frac{\partial\psi_1}{\partial\theta}\frac{\mathrm{d}\theta}{\mathrm{d}t}\right)$、$e_{2\Omega}=-\left(\frac{\partial\psi_2}{\partial\theta}\frac{\mathrm{d}\theta}{\mathrm{d}t}\right)$分别是两个绕组产生的**运动电势**(也称**速度电势**、**旋转电势**)。

可见，机电装置运行时，将产生两种感应电势，即变压器电势和运动电势。变压器电势是由电流随时间变化引起的；运动电势是由定、转子的相对运动引起的。如果转子固定不动，即 $\mathrm{d}\theta/\mathrm{d}t=0$，则不存在运动电势。绕组中是否产生运动电势是静止装置与动态装置的主要差别之一。

(2) 电磁转矩

在微分时间段 $\mathrm{d}t$ 内，若磁链 ψ 和角位移 θ 都发生变化，则磁能的变化量 $\mathrm{d}W_m$ 应该用**全微分**来表示，即

$$\mathrm{d}W_m(\psi_1,\psi_2,\theta)=\frac{\partial W_m}{\partial\psi_1}\mathrm{d}\psi_1+\frac{\partial W_m}{\partial\psi_2}\mathrm{d}\psi_2+\frac{\partial W_m}{\partial\theta}\mathrm{d}\theta\tag{3-44}$$

再看式(3-24)

$$\mathrm{d}W_m=i_1\mathrm{d}\psi_1+i_2\mathrm{d}\psi_2-T\mathrm{d}\theta\tag{3-45}$$

对比以上两式可知

$$i_1=\frac{\partial W_m}{\partial\psi_1},\quad i_2=\frac{\partial W_m}{\partial\psi_2}\tag{3-46}$$

$$T=-\frac{\partial W_m}{\partial\theta}\tag{3-47}$$

对于线动机械端，则有

$$f=-\frac{\partial W_m}{\partial x}\tag{3-48}$$

式(3-44)和式(3-45)中的第1、2项，是由磁链变化所引发的磁能变化；第3项为角位移变化所引发的磁能变化，这一项是动态机电装置所特有的。

从式(3-47)和式(3-48)可见：**当角位移（或位移）的变化（实际变化或者虚拟变化）引发磁能变化时，将产生电磁转矩（或电磁力）；电磁转矩 T（或电磁力 f）的大小等于磁能 W_m 对角位移 θ（或位移 x）的偏导数；当磁链保持不变时，电磁转矩（或电磁力）的作用方向为使磁能减小的方向。**

式(3-47)给出的电磁转矩计算公式是以磁链和角位移 θ 作为状态变量导出的。若以电流和角位移 θ 作为状态变量，则电磁转矩从磁共能导出比较方便。

磁共能的全微分为

$$\mathrm{d}W'_m(i_1,i_2,\theta)=\frac{\partial W'_m}{\partial i_1}\mathrm{d}i_1+\frac{\partial W'_m}{\partial i_2}\mathrm{d}i_2+\frac{\partial W'_m}{\partial \theta}\mathrm{d}\theta \tag{3-49}$$

由式(3-33)可得，$W'_m=i_1\psi_1+i_2\psi_2-W_m$，结合式(3-45)可得磁共能的全微分

$$\begin{aligned}\mathrm{d}W'_m&=\mathrm{d}(i_1\psi_1+i_2\psi_2)-\mathrm{d}W_m\\&=i_1\mathrm{d}\psi_1+i_2\mathrm{d}\psi_2+\psi_1\mathrm{d}i_1+\psi_2\mathrm{d}i_2-(i_1\mathrm{d}\psi_1+i_2\mathrm{d}\psi_2-T\mathrm{d}\theta)\\&=\psi_1\mathrm{d}i_1+\psi_2\mathrm{d}i_2+T\mathrm{d}\theta\end{aligned} \tag{3-50}$$

对比式(3-49)和式(3-50)可得

$$\frac{\partial W'_m}{\partial i_1}=\psi_1,\quad \frac{\partial W'_m}{\partial i_2}=\psi_2 \tag{3-51}$$

$$T=\frac{\partial W'_m}{\partial \theta} \tag{3-52}$$

对于线动机械端，有

$$f=\frac{\partial W'_m}{\partial x} \tag{3-53}$$

由式(3-52)和式(3-53)可见：**当角位移（或位移）的变化（实际变化或者虚拟变化）引发磁共能变化时，将产生电磁转矩（或电磁力），电磁转矩（或电磁力）的大小为磁共能 W'_m 对角位移 θ（或位移 x）的偏导数；当电流保持不变时，电磁转矩（或电磁力）的作用方向为使磁共能增加的方向。**

式(3-47)和式(3-52)所给出的电磁转矩公式是通用的宏观公式，对非线性和线性情况均适用。其中磁能 W_m 或磁共能 W'_m 对角位移 θ 求偏导数时，磁链 ψ 或电流 i 应约束为常数，这仅仅是一种数学方法上的制约，并不影响电流或磁链的实际状态，也不影响这两个公式的通用性。

在线性情况下，将式(3-35)代入式(3-47)或式(3-52)，可得

$$T=\frac{1}{2}i_1^2\frac{\partial L_{11}}{\partial \theta}+i_1i_2\frac{\partial L_{12}}{\partial \theta}+\frac{1}{2}i_2^2\frac{\partial L_{22}}{\partial \theta} \tag{3-54}$$

对于线动机械端，则有

$$f=\frac{1}{2}i_1^2\frac{\partial L_{11}}{\partial x}+i_1i_2\frac{\partial L_{12}}{\partial x}+\frac{1}{2}i_2^2\frac{\partial L_{22}}{\partial x} \tag{3-55}$$

式(3-54)中的第1项是由定子自感 L_{11} 随角位移的变化所引起的电磁转矩；第3项是由转子自感 L_{22} 随角位移的变化所引起的电磁转矩，这两项合称为**附加电磁转矩**或者**磁阻转矩**。第

2 项是由定、转子互感 L_{12} 随角位移的变化所引起的，称为**主电磁转矩**或**基本电磁转矩**，是一般电机中电磁转矩的主要部分。

同理可以推导出，对于具有 n 个电端的旋转机电装置，其电磁转矩公式为

$$T=\frac{\partial W'_{\mathrm{m}}(i_1,i_2,\cdots,i_n,\theta)}{\partial\theta}=-\frac{\partial W_{\mathrm{m}}(\psi_1,\psi_2,\cdots,\psi_n,\theta)}{\partial\theta}\tag{3-56}$$

在线性情况下，电磁转矩公式为

$$T=\frac{1}{2}\sum_{j=1}^{n}\sum_{k=1}^{n}\frac{\partial L_{jk}}{\partial\theta}i_k i_j\tag{3-57}$$

例 3-2 在图 3-9 所示的双边激励机电装置中，已知数据为

定子绕组的自感 $L_{11}=(5+2\cos2\theta)\times10^{-3}\mathrm{H}$

定、转子绕组的互感 $L_{12}=0.6\cos\theta\ \mathrm{H}$

转子绕组的自感 $L_{22}=20+10\cos2\theta\ \mathrm{H}$

定子绕组电流 $i_1=1.5\mathrm{A}$

转子绕组电流 $i_2=0.02\mathrm{A}$

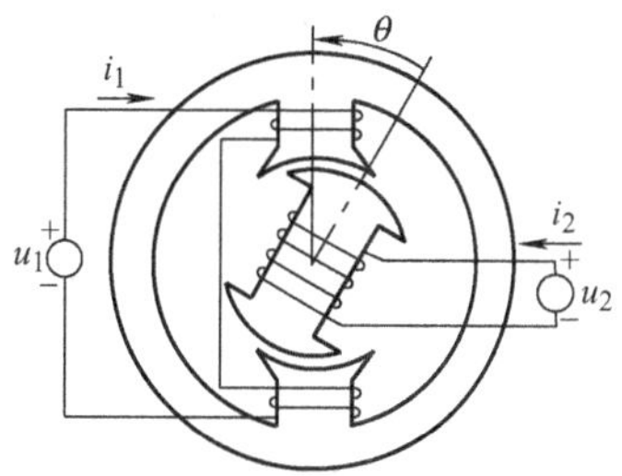

图 3-9 双边激励机电装置示意图（例 3-2）

试求：

（1）电磁转矩对角位移的函数 $T=f(\theta)$；

（2）当定、转子磁极轴线对齐（即 $\theta=0°$）时的电磁转矩值；

（3）当转子角位移 θ 为多少度时，电磁转矩具有最大值？求出最大值。

解：

（1）$T=f(\theta)$ 可以根据式(3-54) 来求：

$$\begin{aligned}T&=\frac{i_1^2}{2}\frac{\partial L_{11}}{\partial\theta}+\frac{i_2^2}{2}\frac{\partial L_{22}}{\partial\theta}+i_1 i_2\frac{\partial L_{12}}{\partial\theta}\\&=\left[\frac{1.5^2}{2}\times(-4\times10^{-3}\sin2\theta)+\frac{0.02^2}{2}\times(-20\sin2\theta)+1.5\times0.02\times(-0.6\sin\theta)\right]\mathrm{N\cdot m}\\&=-0.018\sin\theta-0.0085\sin2\theta\ \mathrm{N\cdot m}\end{aligned}$$

（2）定、转子磁极轴线对齐时，将 $\theta=0°$代入 $T=f(\theta)$，可得 $T=f(0)=0$。

（3）令 $\frac{\mathrm{d}T}{\mathrm{d}\theta}=-0.017\cos2\theta-0.018\cos\theta=0$，解得最大电磁转矩对应的转子角位移为

$$\theta_{\mathrm{m}}=60.64°$$

最大电磁转矩为

$T_{\mathrm{m}}=f(\theta_{\mathrm{m}})=[-0.018\sin(60.64°)-0.0085\sin(2\times60.64°)]\mathrm{N\cdot m}=-0.023\mathrm{N\cdot m}$

负值转矩表示电磁转矩的作用方向为使转子角位移 θ 减小的方向。

注意 $T=f(\theta)$ 由两类转矩项组成。一类项由定、转子电流之间的相互作用形成，正比于 $\sin\theta$，是主电磁转矩，其作用方向为促使定、转子之间的互感增大，即促使定、转子磁场轴线对齐，也就是说，这一项是由**两个磁场轴线试图对齐的趋势**所产生的。另一类项正比于 $\sin2\theta$ 和某一个电流的二次方，这些项由绕组自身电流单独作用而产生，每个转矩项的作用方向都指向增大各自绕组的电感，并以此获得最大磁共能。$\sin2\theta$ 项转矩分量是由于相应绕

组的电感本身按 cos2θ 变化（本质上是气隙磁阻变化）引起的，所以 sin2θ 项转矩就是磁阻转矩。

3.5 机电能量转换的条件

本节将研究稳态运行时产生机电能量转换的条件。以两绕组双边激励的旋转装置为研究对象。为了简化分析，假设磁路为线性，并以电流和角位移为自变量进行分析。

(1) 功率方程和转换功率

由于所研究的系统被假设为线性，两个绕组的磁链方程为

$$\psi_1 = L_{11}i_1 + L_{12}i_2, \quad \psi_2 = L_{21}i_1 + L_{22}i_2 \tag{3-58}$$

绕组 1 的电压方程为

$$u_1 = i_1R_1 + \frac{\mathrm{d}\psi_1}{\mathrm{d}t} = i_1R_1 + \left(L_{11}\frac{\mathrm{d}i_1}{\mathrm{d}t} + L_{12}\frac{\mathrm{d}i_2}{\mathrm{d}t}\right) + \left(i_1\frac{\partial L_{11}}{\partial\theta} + i_2\frac{\partial L_{12}}{\partial\theta}\right)\omega = i_1R_1 - e_{1\mathrm{T}} - e_{1\Omega} \tag{3-59}$$

式中，$\omega = \mathrm{d}\theta/\mathrm{d}t$ 为转子角速度；$e_{1\mathrm{T}} = -(L_{11}\mathrm{d}i_1/\mathrm{d}t + L_{12}\mathrm{d}i_2/\mathrm{d}t)$ 为绕组 1 中的变压器电势；$e_{1\Omega} = -(i_1\partial L_{11}/\partial\theta + i_2\partial L_{12}/\partial\theta)\omega$ 为绕组 1 中的运动电势。可见，当绕组接到电源时，将产生 3 个与电源电压相平衡的项，即电阻压降、变压器电势和运动电势。

同理，绕组 2 的电压方程为

$$u_2 = i_2R_2 + \left(L_{21}\frac{\mathrm{d}i_1}{\mathrm{d}t} + L_{22}\frac{\mathrm{d}i_2}{\mathrm{d}t}\right) + \left(i_1\frac{\partial L_{21}}{\partial\theta} + i_2\frac{\partial L_{22}}{\partial\theta}\right)\omega = i_2R_2 - e_{2\mathrm{T}} - e_{2\Omega} \tag{3-60}$$

将两个绕组的电压方程组合后用矩阵形式表示为

$$\boldsymbol{u} = \boldsymbol{R}\boldsymbol{i} + \boldsymbol{L}\frac{\mathrm{d}\boldsymbol{i}}{\mathrm{d}t} + \left(\omega\frac{\partial \boldsymbol{L}}{\partial\theta}\right)\boldsymbol{i} = \boldsymbol{R}\boldsymbol{i} + \boldsymbol{L}\frac{\mathrm{d}\boldsymbol{i}}{\mathrm{d}t} - \boldsymbol{e}_\Omega \tag{3-61}$$

式中，$\boldsymbol{u}$、$\boldsymbol{i}$ 分别为绕组的电压和电流列矩阵，即

$$\boldsymbol{u} = \begin{bmatrix} u_1 \\ u_2 \end{bmatrix}, \quad \boldsymbol{i} = \begin{bmatrix} i_1 \\ i_2 \end{bmatrix}$$

$\boldsymbol{R}$、$\boldsymbol{L}$ 为绕组的电感和电阻矩阵，即

$$\boldsymbol{R} = \begin{bmatrix} R_1 & 0 \\ 0 & R_2 \end{bmatrix}, \quad \boldsymbol{L} = \begin{bmatrix} L_{11} & L_{12} \\ L_{21} & L_{22} \end{bmatrix}$$

$\boldsymbol{e}_\Omega$ 为运动电势矩阵，即

$$\boldsymbol{e}_\Omega = -\begin{bmatrix} i_1\dfrac{\partial L_{11}}{\partial\theta} & i_2\dfrac{\partial L_{12}}{\partial\theta} \\ i_1\dfrac{\partial L_{21}}{\partial\theta} & i_2\dfrac{\partial L_{22}}{\partial\theta} \end{bmatrix}\omega = -\omega\frac{\partial \boldsymbol{L}}{\partial\theta}\boldsymbol{i}$$

系统的功率方程为

$$u_1i_1 + u_2i_2 = i_1^2R_1 + i_2^2R_2 + i_1\left(L_{11}\frac{\mathrm{d}i_1}{\mathrm{d}t} + L_{12}\frac{\mathrm{d}i_2}{\mathrm{d}t}\right) + i_2\left(L_{21}\frac{\mathrm{d}i_1}{\mathrm{d}t} + L_{22}\frac{\mathrm{d}i_2}{\mathrm{d}t}\right) + \left(i_1^2\frac{\partial L_{11}}{\partial\theta} + i_1i_2\frac{\partial L_{12}}{\partial\theta}\right)\omega + \left(i_1i_2\frac{\partial L_{21}}{\partial\theta} + i_2^2\frac{\partial L_{22}}{\partial\theta}\right)\omega \tag{3-62}$$

用矩阵表示为

$$\boldsymbol{i}_t\boldsymbol{u}=\boldsymbol{i}_t\boldsymbol{R}\boldsymbol{i}+\boldsymbol{i}_t\boldsymbol{L}\frac{\mathrm{d}\boldsymbol{i}}{\mathrm{d}t}-\boldsymbol{i}_t\boldsymbol{e}_\Omega \tag{3-63}$$

式中，$\boldsymbol{i}_t$ 为电流 $\boldsymbol{i}$ 的转置矩阵。

可见，输入到系统的电功率 $\boldsymbol{i}_t\boldsymbol{u}$，被电阻消耗掉 $\boldsymbol{i}_t\boldsymbol{R}\boldsymbol{i}$，余下的部分就是输入到耦合场的**净电功率**，这一部分又被系统内的变压器电势吸收了 $\boldsymbol{i}_t\boldsymbol{L}\mathrm{d}\boldsymbol{i}/\mathrm{d}t$，被运动电势吸收了 $-\boldsymbol{i}_t\boldsymbol{e}_\Omega$。被两种感应电势所吸收的电功率中，有多少转换为**磁能变化率**，又有多少转换为**机械功率**输出，是我们下面要分析的问题。

式(3-54) 给出的是双边激励的线性系统所产生的电磁转矩，给其两边同乘以角速度 ω，就得到机械功率的表达式

$$\begin{aligned}T\omega &=\left(\frac{1}{2}i_1^2\frac{\partial L_{11}}{\partial\theta}+i_1i_2\frac{\partial L_{12}}{\partial\theta}+\frac{1}{2}i_2^2\frac{\partial L_{22}}{\partial\theta}\right)\omega=\frac{1}{2}i_1\left(\frac{\partial L_{11}}{\partial\theta}i_1+\frac{\partial L_{12}}{\partial\theta}i_2\right)\omega+\frac{1}{2}i_2\left(\frac{\partial L_{12}}{\partial\theta}i_1+\frac{\partial L_{22}}{\partial\theta}i_2\right)\omega\\&=-\frac{1}{2}(i_1e_{1\Omega}+i_2e_{2\Omega})=-\frac{1}{2}\boldsymbol{i}_t\boldsymbol{e}_\Omega\end{aligned} \tag{3-64}$$

可见，电磁转矩对机械负载所做的机械功率为运动电势所吸收的电功率的一半；此等式显示了机、电功率之间的转换关系，所以称此功率为**转换功率**，具体到电机中，则习惯称为**电磁功率**。

既然输入到耦合场的净电功率是磁能变化率和输出机械功率之和，那么结合式(3-63) 和式(3-64) 就能得到磁能变化率为

$$\frac{\mathrm{d}W_\mathrm{m}}{\mathrm{d}t}=\boldsymbol{i}_t\boldsymbol{L}\frac{\mathrm{d}\boldsymbol{i}}{\mathrm{d}t}-\frac{1}{2}\boldsymbol{i}_t\boldsymbol{e}_\Omega \tag{3-65}$$

现在将式(3-63) 改写为

$$\underbrace{\boldsymbol{i}_t\boldsymbol{u}-\boldsymbol{i}_t\boldsymbol{R}\boldsymbol{i}}_{\text{净电功率}}=\underbrace{\left(\boldsymbol{i}_t\boldsymbol{L}\frac{\mathrm{d}\boldsymbol{i}}{\mathrm{d}t}-\frac{1}{2}\boldsymbol{i}_t\boldsymbol{e}_\Omega\right)}_{\text{磁能变化率}}+\underbrace{\left(-\frac{1}{2}\boldsymbol{i}_t\boldsymbol{e}_\Omega\right)}_{\text{转换功率}} \tag{3-66}$$

式(3-66) 就是机电装置的**功率方程**。此式说明：**变压器电势所吸收功率的全部和运动电势所吸收功率的一半，转换成了耦合场的磁能变化率；运动电势所吸收功率的另外一半则是转换功率，即为电功率通过耦合场转换成的机械功率**。

对于具有 n 个绕组的线性系统，用矩阵式表示时，其电压方程、功率方程和转换功率的表达式仍然成立，只要把电压和电流、电阻和电感矩阵扩展成与 n 个绕组相对应的 n 维列阵或方阵即可。因此，工程上常常用矩阵形式来表示多绕组系统的方程，这样做既简洁又具有通用性。

(2) 机电能量转换的条件

若要连续地进行机电能量转换，转换功率在一个周期内必须有非0的平均值，即

$$-\frac{1}{2}(\boldsymbol{i}_t\boldsymbol{e}_\Omega)_\mathrm{av}=(T\omega)_\mathrm{av}\neq 0 \tag{3-67}$$

为此，转子角速度 ω 不能为0，即**机电能量的转换必须在旋转过程中进行**。另外，运动电势 $\boldsymbol{e}_\Omega$ 和电磁转矩 T 亦不能为0，只有这样转换功率才不等于0。

稳态运行时，经过一个周期，转子转过 2π 弧度，定、转子电流的瞬时值和角位移与一个周期前的值相同，即耦合场的状态变量没有发生变化，那么作为状态函数的磁能 W_m 的量

值也不会发生变化，也就是说磁能变化率在一个周期内的平均值必定为0，即

$$\left(\frac{\mathrm{d}W_{\mathrm{m}}}{\mathrm{d}t}\right)_{\mathrm{av}}=\left(\boldsymbol{i}_{\mathrm{t}}\boldsymbol{L}\frac{\mathrm{d}\boldsymbol{i}}{\mathrm{d}t}-\frac{1}{2}\boldsymbol{i}_{\mathrm{t}}\boldsymbol{e}_{\Omega}\right)_{\mathrm{av}}=0 \tag{3-68}$$

因为要求 $-\frac{1}{2}(\boldsymbol{i}_{\mathrm{t}}\boldsymbol{e}_{\Omega})_{\mathrm{av}}\neq0$，所以必定要求

$$\boldsymbol{i}_{\mathrm{t}}\boldsymbol{L}\frac{\mathrm{d}\boldsymbol{i}}{\mathrm{d}t}\neq0 \tag{3-69}$$

式(3-69) 说明：**要连续地进行机电能量转换，绕组内的电流必须为交流，或者部分为交流，而不能全部为直流。**如果所有绕组内的电流都是直流，则 $\mathrm{d}\boldsymbol{i}/\mathrm{d}t=0$，因而 $\boldsymbol{i}_{\mathrm{t}}\boldsymbol{L}\mathrm{d}\boldsymbol{i}/\mathrm{d}t=0$，就不会产生机电能量转换。

3.6 旋转电机工作原理

3.6.1 旋转电机概述

旋转电机是最常用、最重要的机电能量转换设备。用机电能量转换的术语来描述，旋转电机就是由被气隙隔离、能发生相对运动的两部分铁心（分别称为**定子**铁心和**转子**铁心）及其线圈所构成的磁场耦合系统。线圈构成了系统的电端，铁心和气隙构成了主磁路，而旋转部分在连通磁路的同时兼做旋转机械端。

旋转电机的定、转子铁心结构通常有两种形式，即**凸极式**和**隐极式**。凸极铁心可以看到有明显突出或伸出的磁极，隐极铁心则看不到磁极的形状。图 3-10 列举了四种电机的定、转子铁心配合示意图，图 3-10a 的定、转子铁心均为隐极式；图 3-10b 的定子为隐极式，转子为凸极式；图 3-10c 的定子为凸极式，转子为隐极式；图 3-10d 的定、转子都是凸极式。

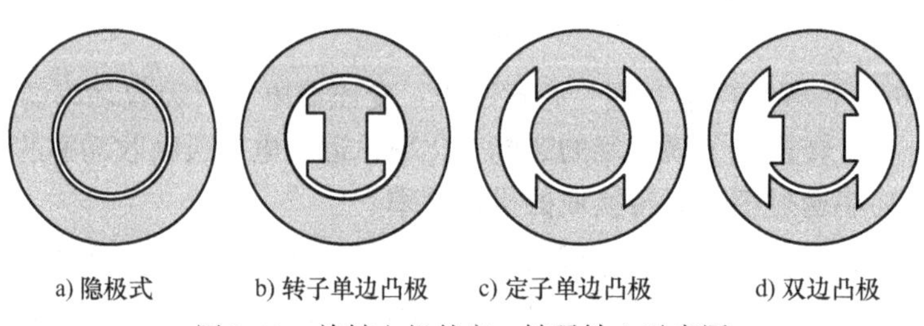

图 3-10 旋转电机的定、转子铁心示意图

定、转子铁心均为隐极式的电机称为**隐极电机**。隐极电机的定子铁心为圆筒形，转子铁心为圆柱体，定、转子之间的气隙均匀，除了定、转子绕组之间的互感随转子角位移变化外，其他的自感和互感（定子自感、转子自感、定子互感、转子互感）均为常数，建模和分析较为简单方便。

定、转子有一侧铁心为凸极式的电机称为**凸极电机**；两侧铁心均为凸极式的电机称为**双凸极电机**。凸极电机除了定、转子绕组互感与转子角位移相关联外，隐极侧绕组的自感和互感也随着转子角位移的变化而变化，使得建模和分析过程稍显复杂。

绝大多数旋转电机属于双边激励的机电装置，包括两组电端和一个旋转机械端，一组（或一个）电端位于定子上，另一组（或一个）则位于转子上，也有一些旋转电机只有一组

（或一个）电端位于定子或转子上；转子兼做旋转机械端。不论结构如何，其感应电势的产生机理可以用式(3-43) 来揭示；电磁转矩的产生机理则符合式(3-47) 或式(3-52) 给出的一般规律，在线性情况下，符合式(3-54) 给出的表达式。

3.6.2 同步电机

同步电机是一种广泛应用的交流旋转电机，作为发电机运行是同步电机最主要的运行方式。本节从最简单的**单相同步发电机**入手，用机电能量转换的概念和理论，分析介绍同步发电机的工作原理。

单相同步发电机可以看成是一个具有2个电端和1个旋转机械端的机电能量转换装置。其定子上装有1个单相绕组，可用1个线圈来等效；转子上有成对的磁极，一般用**极对数**p来表示磁极的多少，如2极电机$p=1$，6极电机$p=3$等；磁极上装有励磁绕组，通过直流的励磁电流来激励主磁场。图3-11a表示的是一台简化的2极单相同步发电机的示意图。该简化同步发电机的转子磁极上绕有励磁绕组f，定子内圆的槽内嵌放着一个等效匝数为N的线圈AX，用来充当定子绕组（通常称为**电枢绕组**）。以线圈AX的轴线为参考线即0°线，转子旋转的角位移θ用线圈f轴线距离0°线的弧度值表示。设AX开路（即发电机空载），f通过直流电流$i_f=I_f$，并假设主磁路为线性，线圈AX和f之间的互感为$L_{Af}=M_{SR}\cos\theta$，其中M_{SR}为定、转子线圈轴线对齐时的互感值，即互感峰值。当转子以角速度ω旋转时，参看图3-11b，线圈AX在t时刻的基波磁链可表示为

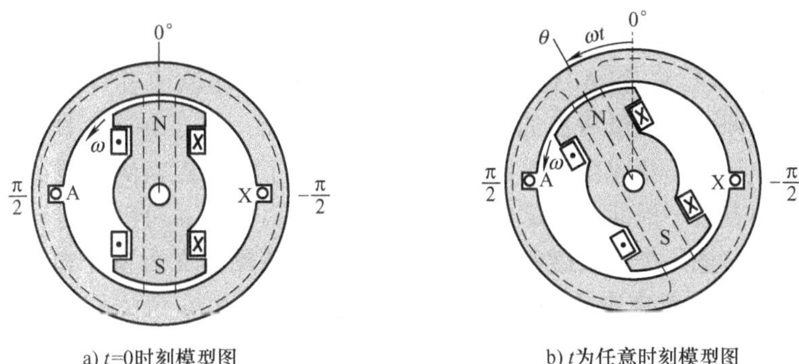

图3-11 简化的2极单相凸极同步发电机模型图

$$\psi_0=L_{Af}i_f=M_{SR}I_f\cos\omega t=\psi_{0m}\cos\omega t=N\Phi_f\cos\omega t \tag{3-70}$$

式中，Φ_f为线圈AX和f轴线对齐时的磁通量，即f线圈产生的每极总磁通，简称**每极磁通**；$\psi_{0m}=M_{SR}I_f=N\Phi_f$为磁链幅值。由励磁磁通在电枢线圈AX中产生的感应电势（称为**励磁电势**）为

$$e_0=-\frac{d\psi_0}{dt}=\omega N\Phi_f\sin\omega t=E_{0m}\cos(\omega t-90°) \tag{3-71}$$

式中，$E_{0m}=\omega N\Phi_f$为电势幅值。由此式可见，感应电势在相位上滞后于磁链或磁通90°。
励磁电势的有效值为

$$E_0=\frac{E_{0m}}{\sqrt{2}}=\frac{\omega N\Phi_f}{\sqrt{2}}=\frac{2\pi}{\sqrt{2}}\frac{\omega}{2\pi}N\Phi_f=4.44fN\Phi_f \tag{3-72}$$

式中，$f=\omega/(2\pi)$为励磁电势的频率。

式(3-72) 就是图 3-11a 所示的简化同步发电机每相励磁电势有效值的计算公式。实际的电枢绕组是多个分布线圈按一定规律连接而成的，计算励磁电势时要对式(3-72) 稍作修正，具体修正方法将在第 5 章的相关节论述。

频率f指的是周期性变量每秒变化的周期数。对于图 3-11a 所示的 2 极电机来说，转子旋转一周，励磁电势刚好变化 1 个周期，其频率就是转子每秒转过的圈数。旋转电机的转速n通常是指每分钟的圈数（r/min），所以对于 2 极电机来说，励磁电势的频率为

$$f=\frac{\omega}{2\pi}=\frac{n}{60} \tag{3-73}$$

励磁电势的角频率

$$\omega_e=2\pi f=\frac{2\pi n}{60}=\omega \tag{3-74}$$

可见，在 2 极同步发电机中，**励磁电势角频率同步于发电机的角速度**。要产生 50Hz 的励磁电势，2 极同步发电机的转速必须为每秒钟 50 圈，即$n=3000\text{r/min}$，将 3000r/min 称作 2 极同步发电机的**同步转速**。可见同步发电机要产生恒定工频交流电势，必须运行在同步转速，这也就是“同步电机”及“同步转速”这些名称的由来。

实际电机往往不止 2 个磁极，可能会有 4、6、8 极，甚至更多，即$p\geqslant 1$。作为具体例子，图 3-12a 所示是一台简化 4 极单相凸极同步发电机示意图，气隙圆周上安装着 4 个磁极，每个磁极上都有一个励磁线圈，4 个励磁线圈按一定规律连接，使得 4 个磁极的极性沿圆周以 NSNS 交替分布。很明显，4 极电机整个圆周包含 2 个完整的磁场变化周期。相应地，电枢绕组由 2 个线圈 A_1X_1 和 A_2X_2 组成，这两个线圈可以串联或者并联。每个线圈的跨度约为半个磁场波长即一个磁极所占的弧长，即 1 个极距τ。转子转过 1 圈，经历 2 个周期，励磁电势的角频率是转子角速度的 2 倍。图 3-12b 给出了励磁磁密的基波$B_f(\theta)$，显然，基波磁密沿气隙圆周有 2 个周期。推广到一般情况，如果电机有p对极，则一个圆周上有p个基波磁密周期。我们**把一个基波磁密周期所占据的气隙圆周定义为 360°电角度或者 2π 电弧度，把转子旋转的实际角速度改用电角速度来表示**。转子实际角位移（称为机械角位移）为θ_m时，在p对极的电机中，电角位移θ为

$$\theta=p\theta_m \tag{3-75}$$

转子实际角速度（称为机械角速度）为ω_m时，在p对极的电机中，电角速度ω为

$$\omega=p\omega_m \tag{3-76}$$

这样，当电机极对数为p时，励磁电势的频率为

$$f=\frac{pn}{60} \tag{3-77}$$

励磁电势的角频率ω_e与转子的电角速度ω相等，为

$$\omega_e=\omega=2\pi f \tag{3-78}$$

实际应用的同步发电机大多是三相电机，其定子上装有 3 个对称分布的单相绕组，并按实际要求可以接成Y或△的三相绕组。所产生的每相励磁电势有效值、频率仍可以按式(3-72) 和式(3-77) 计算。所不同的是，三相发电机产生的是三相对称电势，可以用来向三相电负载或者三相电网供电。

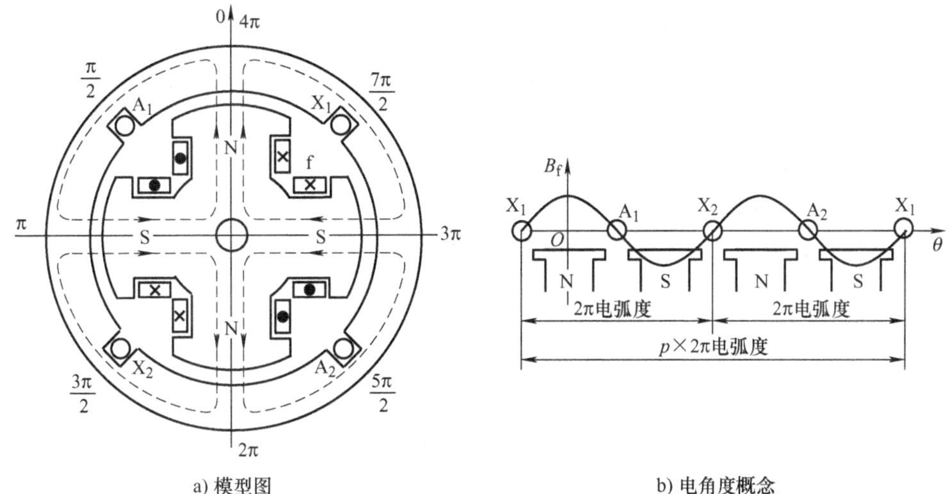

a) 模型图　　b) 电角度概念

图 3-12　简化的 4 极单相同步发电机模型及电角度概念

以上我们分析了同步发电机空载运行时产生励磁电势的原理，并给出了励磁电势有效值和频率的计算公式。当负载运行时，电枢绕组中便有电流流过，电枢电流和磁场相互作用，会形成电磁转矩。下面用**耦合电路模型**来推导三相隐极同步发电机的电磁转矩公式。

图 3-13a 是三相隐极同步发电机原理简图，与凸极转子不同的是，隐极转子上没有凸出的磁极，励磁绕组分布在转子外表面的槽内，使得大齿形成 N、S 极，忽略小齿和槽引起的气隙磁阻波动，整个圆周的气隙磁阻可以看成是均匀的。图 3-13b 是该发电机的耦合电路模型，即把发电机看成是几个具有耦合作用的线圈，定子上有 ABC 三相线圈，转子只有一个励磁线圈 f。在忽略磁路饱和时，定子各线圈自感及相互间的互感分别为

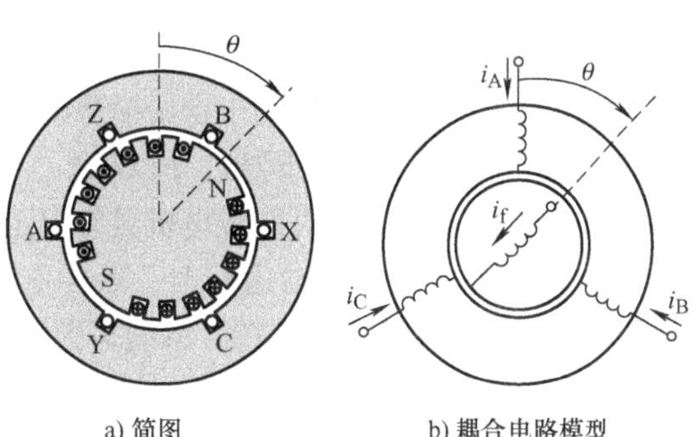

a) 简图　　b) 耦合电路模型

图 3-13　三相隐极同步发电机简图及耦合电路模型

$$L_A = L_B = L_C = L_S = 常数 \tag{3-79}$$

$$L_{AB} = L_{BA} = L_{BC} = L_{CB} = L_{CA} = L_{AC} = -M_S = 常数 \tag{3-80}$$

转子线圈自感为

$$L_f = L_R = 常数 \tag{3-81}$$

定、转子线圈间的互感为

$$L_{Af} = M_{SR}\cos\theta,\quad L_{Bf} = M_{SR}\cos(\theta - 2\pi/3),\quad L_{Cf} = M_{SR}\cos(\theta + 2\pi/3) \tag{3-82}$$

式中，M_{SR}为转子线圈 f 与定子 A 相线圈轴线对齐（即 $\theta = 0°$）时（以定子 A 相线圈的轴线为 0°线）的互感值。

由于所研究的对象为隐极电机，所以，在所有自感和互感中，只有定、转子间的互感随角位移 θ 的变化而变化。由式(3-54) 可知，电磁转矩中只有与定、转子电流都相关的主电磁转矩项，不存在磁阻转矩项，即

$$
\begin{aligned}
T &= i_A i_f \frac{\partial L_{Af}}{\partial \theta_m} + i_B i_f \frac{\partial L_{Bf}}{\partial \theta_m} + i_C i_f \frac{\partial L_{Cf}}{\partial \theta_m} \\
&= i_f M_{SR}\left[i_A \frac{\partial \cos(p\theta_m)}{\partial \theta_m} + i_B \frac{\partial \cos(p\theta_m - 2\pi/3)}{\partial \theta_m} + i_C \frac{\partial \cos(p\theta_m + 2\pi/3)}{\partial \theta_m}\right] \\
&= -p i_f M_{SR}\left[i_A \sin\theta + i_B \sin(\theta - 2\pi/3) + i_C \sin(\theta + 2\pi/3)\right]
\end{aligned} \tag{3-83}
$$

式中，$\theta_m = \theta/p$ 为机械角位移，特别注意，求电磁转矩时要用 θ_m 而不能用电角位移 θ。

定子三相绕组通过三相对称电流，转子绕组通过直流电流，即

$$
\begin{cases}
i_A = I_{1m}\cos(\omega_1 t + \delta), i_B = I_{1m}\cos(\omega_1 t + \delta - 2\pi/3), i_C = I_{1m}\cos(\omega_1 t + \delta + 2\pi/3) \\
i_f = I_f
\end{cases} \tag{3-84}
$$

将式(3-84) 代入式(3-83) 可得

$$
\begin{aligned}
T &= -p I_{1m} I_f M_{SR}\left[\cos(\omega_1 t + \delta)\sin\theta + \cos\left(\omega_1 t + \delta - \frac{2\pi}{3}\right)\sin\left(\theta - \frac{2\pi}{3}\right) + \cos\left(\omega_1 t + \delta + \frac{2\pi}{3}\right)\sin\left(\theta + \frac{2\pi}{3}\right)\right] \\
&= \frac{3}{2} p I_{1m} I_f M_{SR} \sin(\omega_1 t + \delta - \theta) = \frac{3}{2} p I_{1m} I_f M_{SR} \sin[(\omega_1 - \omega)t + \delta]
\end{aligned} \tag{3-85}
$$

式中，$\theta = \omega t$ 为转子角位移，δ 为 $t = 0$ 时定子 A 相电流的相位角。

若 $\omega = \omega_1$，即转子以同步角速度旋转时，电磁转矩为

$$
T = \frac{3}{2} p I_{1m} I_f M_{SR} \sin\delta \tag{3-86}
$$

因为 $t = 0$ 时，转子角位移为 0，所以 δ 也就是 $t = 0$ 时定子 A 相电流的相位角与转子角位移之间的差值，实际上等同于定子磁势轴线与转子磁势轴线之间的角位移差。由于定子电流的角频率与转子角速度同步，所以这一差值 δ 在电机稳定运行时将保持不变。可见 $\omega = \omega_1$ 即运行在同步转速时同步电机具有恒定的稳态电磁转矩。

进一步分析表明，稳态运行时，若 $-\pi/2 < \delta < 0°$（转子角位移超前于定子电流相位角），T 为负值，阻碍转子旋转，系统需要吸收机械能，即由原动机给机械端补充机械能，才能维持旋转，同步电机运行在发电状态，将吸收的机械能转换成电能从电枢端输出；若 $0° < \delta < \pi/2$（转子角位移滞后于定子电流相位角），T 为正值，拖动转子旋转，从机械端释放机械能，同步电机运行在电动状态，将电枢端吸收的电能转换成了机械能。

若 $\omega \neq \omega_1$，即同步电机不在同步转速下运行时，电磁转矩 T 为周期性的交变量，其时间平均值为 0，不能持续有效地进行机电能量转换。所以同步电机必须运行在同步转速下，才能连续地进行机电能量转换。$\omega = \omega_1$ 是对同步电机连续进行机电能量转换的频率约束。

对于凸极同步电机，其非凸极侧线圈的自感和互感均受转子角位移的影响，电磁转矩中除了主电磁转矩外，还会存在磁阻转矩（参看例 3-3）。

若定、转子两边都做成凸极结构，则转子的自感也近似地随 2θ 按余弦规律变化，此时磁阻转矩中除了包含与定子激励有关的分量外，还会包含一个与转子激励有关的分量，两个分量中必有一个成为平均值为 0 的脉动转矩，从而引起不希望的速度振荡。所以，实用上，除了个别特种电机外，双边激励的旋转电机很少采用双边凸极结构。

3.6.3 感应电机

感应电机是另一种广泛应用的交流旋转电机，既可以作为电动机，大量应用于国民经济

和日常生活的各个领域；也可以作为发电机应用在风力发电、小型水电和应急发电。下面以工业上常用的三相感应电动机为例来介绍感应电机的工作原理。

如图3-14a所示，与同步电机类似，感应电机的定子铁心也为圆筒形叠片结构。定子内圆有许多槽，槽内嵌装三相对称交流绕组。转子铁心为圆柱体叠片结构，转子外圆有槽，槽内嵌装多相对称绕组。作为电动机正常运行时，定子绕组接三相对称交流电源，转子绕组短路。感应电机耦合电路模型类似于三相隐极同步发电机，如图3-14b所示。不同的是，转子绕组不接电源，而是直接短路，转子上通常是多相对称绕组，分析时往往将其折合成等效的abc三相绕组。假设定子三相绕组通入式(3-84)中表示的三相对称电流，产生以角速度ω_1旋转的定子旋转磁场（三相对称绕组通过三相对称电流时产生旋转磁场的原理和规律将在本章3.7.1节中介绍）；若转子旋转的电角速度为ω，则转子绕组与定子磁场之间的相对角速度为

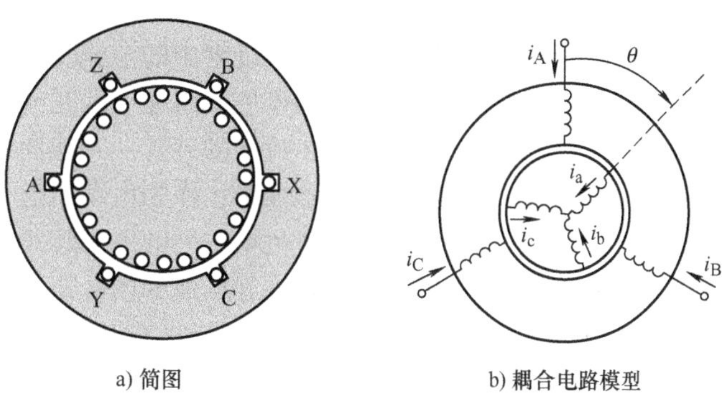

a) 简图　　b) 耦合电路模型

图3-14　三相感应电动机简图及耦合电路模型

$$\Delta\omega = \omega_1 - \omega \tag{3-87}$$

转子感应电流的角频率亦为$\Delta\omega = \omega_1 - \omega$。设转子三相感应电流为

$$i_a = I_{2m}\cos(\Delta\omega t + \alpha), i_b = I_{2m}\cos(\Delta\omega t + \alpha - 2\pi/3), i_c = I_{2m}\cos(\Delta\omega t + \alpha + 2\pi/3) \tag{3-88}$$

类比式(3-85)，感应电机转子a相绕组与定子ABC三相绕组作用形成的转矩分量为

$$\begin{aligned} T_a &= \frac{3}{2}pI_{1m}i_aM_{SR}\sin(\Delta\omega t + \delta) = \frac{3}{2}pI_{1m}I_{2m}M_{SR}\cos(\Delta\omega t + \alpha)\sin(\Delta\omega t + \delta) \\ &= \frac{3}{4}pI_{1m}I_{2m}M_{SR}[\sin(\delta - \alpha) + \sin(2\Delta\omega t + \delta + \alpha)] \end{aligned} \tag{3-89}$$

同理，b、c两相的转矩分量为

$$\begin{cases} T_b = \dfrac{3}{4}pI_{1m}I_{2m}M_{SR}[\sin(\delta - \alpha) + \sin(2\Delta\omega t + \delta + \alpha - 4\pi/3)] \\ T_c = \dfrac{3}{4}pI_{1m}I_{2m}M_{SR}[\sin(\delta - \alpha) + \sin(2\Delta\omega t + \delta + \alpha + 4\pi/3)] \end{cases} \tag{3-90}$$

所以，三相感应电机总的电磁转矩为

$$T = T_a + T_b + T_c = \frac{9}{4}pI_{1m}I_{2m}M_{SR}\sin(\delta - \alpha) = \frac{9}{4}pI_{1m}I_{2m}M_{SR}\sin\delta' \tag{3-91}$$

式中，$\delta' = \delta - \alpha$是定、转子电流初相角的差值，实际上也是定、转子所产生的旋转磁势轴线角位移差。稳态运行时，δ'保持不变，所以三相感应电动机稳态运行时具有恒定的电磁转矩。

3.6.4　直流电机

直流电机是实现直流电能与机械能相互转换的机电设备。直流发电机将机械能转变为直

流电能，提供给直流电负载或直流电网；直流电动机则将直流电能转换为机械能，驱动机械负载运转。

直流电机通常为凸极式，且定子侧为凸极（图 3-10c），定子和转子上各有一套绕组。为了连续地实现机电能量转换，两套绕组中的电流不能全部为直流。一般来说定子上的励磁绕组通过的是直流电流，转子上的电枢绕组通过的是交流电。为了实现机械能与直流电能之间的转换，直流电机中必须有一个特殊的装置——**换向器**，作为发电机运行时，换向器将电枢绕组产生的交流电**整流**成直流电输出；作为电动机运行时，换向器又将外部的直流电**逆变**成交流电输入到电枢绕组中，以产生单方向的电磁转矩。我们将会看到，直流电机的电枢绕组是由许多线圈按一定规律连接在一起构成的闭合绕组，转子旋转时，通过**电刷**与换向器之间的滑动接触将电流送进或引出旋转的电枢绕组。

在图 3-15a 所示的直流电机简化模型图中，电枢绕组只有一个单匝线圈 ax，与 ax 相连的两个相互绝缘的半圆形铜片——**换向片**就构成了最简单的换向器，与换向器滑动接触的有两个电刷 A 和 B，电刷安装在定子上并有引出线作为电枢电路出线端。作为发电机运行时，电枢出线端接电负载或受电直流电源；作为电动机运行时，电枢出线端接供电直流电源。励磁绕组通过直流的励磁电流，产生一个 2 极**励磁磁场**（即**主磁场**）。以励磁线圈 f 的轴线为参考 0°线，则线圈 f 产生的磁密即**励磁磁密** $B_{\mathrm{f}}(\theta)$ 沿气隙圆周固定分布，其实际波形如图 3-15b 所示。

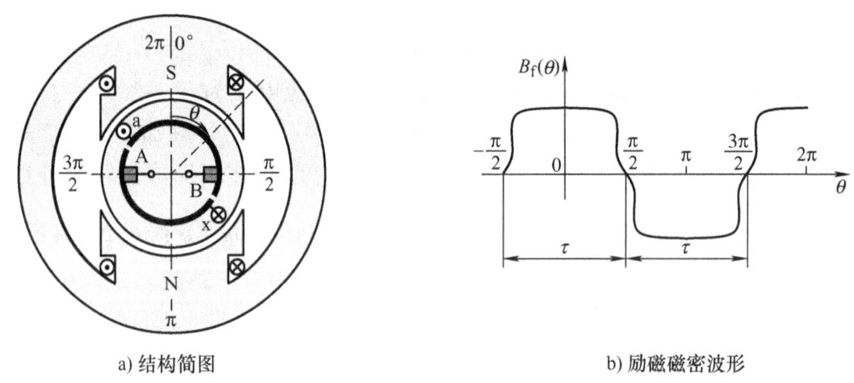

a) 结构简图　　b) 励磁磁密波形

图 3-15　直流电机结构简图及励磁磁密波形

作为发电机运行时，转子接原动机，线圈 ax 连同换向器以转速 n 或者角速度 $\omega=2pn\pi/60$ 顺时针旋转，以线圈 f 和线圈 ax 轴线重合的瞬间作为时间起点 $t=0$，则在任意时刻 t，转子角位移 $\theta=\omega t$。

在 $0°<\theta<\pi$ 即 $0°<t<\pi/\omega$ 的半个周期内，线圈 ax 中感应电势 e_{ax} 的方向如图 3-16a 所示，此时，电刷 AB 两端的电势 e_{AB} 为 B 正 A 负；

在 $\pi<\theta<2\pi$ 即 $\pi/\omega<t<2\pi/\omega$ 的半个周期内，线圈 ax 中感应电势 e_{ax} 的方向如图 3-16b 所示。由于在 $\theta=\pi$ 即 $t=\pi/\omega$ 的瞬间，与电刷 AB 接触的换向片发生了切换，所以电刷 AB 两端的电势 e_{AB} 仍维持 B 正 A 负。

可见，当线圈 ax 扫过一对磁极（2 极电机旋转一圈），即 θ 从 0°变化到 2π 的过程中，线圈 ax 产生的感应电势 e_{ax} 刚好完成一个周期的变化，所以 e_{ax} 是角频率等于转子角速度 ω 的交变电势。但由于换向器的作用，使得电刷两端的输出电势 e_{AB} 成了单向的直流电势。线

圈电势 e_{ax} 和电刷电势 e_{AB} 的波形分别如图 3-17a、b 所示。

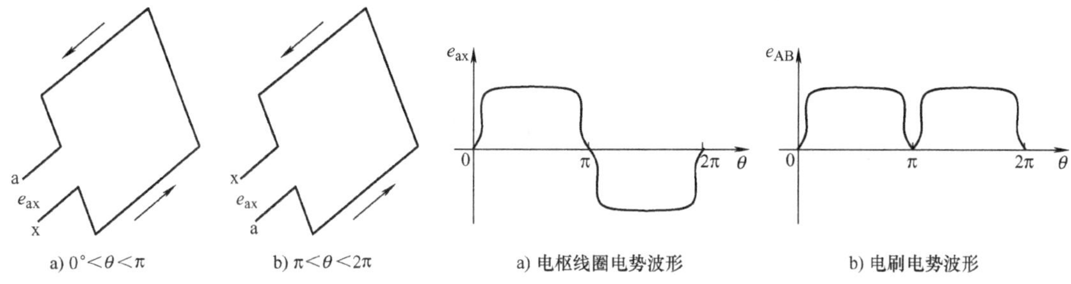

a) 0°<θ<π　　b) π<θ<2π

图 3-16　电枢线圈中感应电势的方向

a) 电枢线圈电势波形　　b) 电刷电势波形

图 3-17　电枢线圈及电刷电势波形

如果电刷两端接上电负载，则发电机将会对负载施加直流电势，但线圈内部的电势仍然是交变电势。可见**直流发电机相当于一台交流发电机加上一个机械整流器**（换向器起整流作用）。正是由于直流电机需要换向器，才使得直流电机相对于交流电机显得结构复杂、体积大、成本高，且维护困难。

作为电动机运行时，转子接机械负载，电刷接直流电源，则线圈 ax 中会流过电流 i_a。设电刷所接电源的极性为 A 正 B 负。

在 $0° < \theta < \pi$ 即 $0° < t < \pi/\omega$ 的半个周期内，电流 i_a 的方向是 x 进 a 出，产生的电磁转矩 T_{ax} 方向为逆时针方向；

在 $\pi < \theta < 2\pi$ 即 $\pi/\omega < t < 2\pi/\omega$ 的半个周期内，电流 i_a 的方向是 a 进 x 出，电磁转矩 T_{ax} 方向仍维持逆时针方向。

可见，线圈 ax 扫过一对磁极即 θ 从 0°变化到 2π 的过程中，电流 i_a 完成一个周期的变化，它是角频率等于 ω 的交变电流。正是由于换向器及时地切换了电流的方向，使得导体（线圈边）中的电流方向与导体所切割的磁场方向同步变化，才使得电磁转矩 T_{ax} 维持单一方向，使得电机能够持续旋转。线圈电流 i_a 和转矩 T_{ax} 的波形分别如图 3-18a、b 所示。所以，**在直流电动机中，换向器相当于一台机械逆变器，将外部的直流电逆变成了线圈或导体中的交流电**。

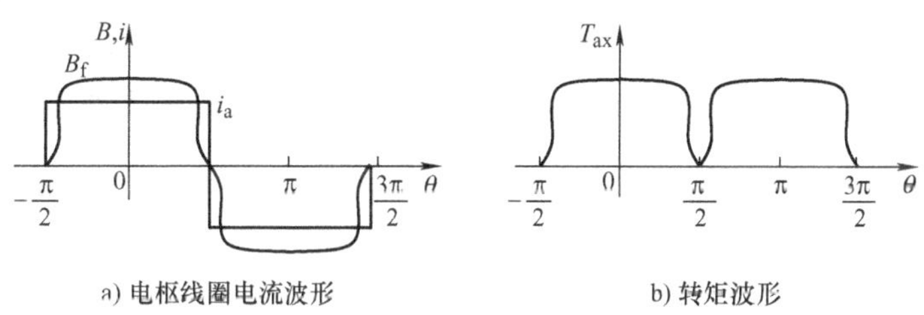

a) 电枢线圈电流波形　　b) 转矩波形

图 3-18　直流电动机电枢线圈电流及转矩波形

以上从基本的原型电机出发，定性分析了直流电机作为发电机和电动机运行的基本原理，主要讨论的是通过换向器获得直流电势和单向转矩的原理。我们发现只有单个电枢线圈的原型电机所产生的直流电势和单向转矩具有较大的波动，实用直流电机的电枢绕组是由许多电枢线圈按一定规律连接而成的，其换向器也是由多个换向片组成的，能够产生平稳的直流电势和单向转矩。

下面通过耦合电路模型，利用机电能量转换的理论来推导直流电机所产生的电枢电势和电磁转矩的计算公式。

基于线性化假设且只考虑基波，设线圈 f 的自感为 L_f，线圈 ax 的自感为 L_a，它们之间

的互感为 L_{af}，考虑到直流电机为单边凸极电机，各线圈自感及相互间的互感分别为

$$L_f = 常数,\quad L_a = L_{a0} + L_{a2}\cos 2\theta,\quad L_{af} = L_{afm}\cos\theta \tag{3-92}$$

式中，L_{a0}、L_{a2} 和 L_{afm} 均为常数，L_{afm} 为定、转子线圈轴线重合时的互感值。

线圈 ax 的磁链为

$$\psi_a = L_a i_a + L_{af} i_f = (L_{a0} + L_{a2}\cos 2\theta) i_a + L_{afm} i_f \cos\theta \tag{3-93}$$

式中，i_f、i_a 分别为励磁电流和电枢电流，i_f 为常数，i_a 在所研究的半个周期内为常数。

电枢线圈的感应电势为

$$e_{ax} = -\frac{d\psi_a}{dt} = -2\omega L_{a2} i_a \sin 2\theta - \omega L_{afm} i_f \sin\theta \tag{3-94}$$

在 $0<\theta<\pi$ 的半个周期中感应电势的平均值为

$$\overline{e_{ax}} = \frac{2}{\pi}\omega L_{afm} i_f \tag{3-95}$$

考虑到

$$L_{afm} i_f = N_a \Phi_f = \Phi_f \tag{3-96}$$

式中，$N_a=1$ 为电枢线圈匝数。式(3-95) 可改写为

$$\overline{e_{ax}} = \frac{2}{\pi} 2\pi \frac{pn}{60}\Phi_f = \frac{4p}{60}\Phi_f n \tag{3-97}$$

式(3-97) 表示的是一个单匝电枢线圈所产生的平均感应电势。事实上，实际直流电机的电枢绕组是由许多如 ax 一样的线圈按一定规律连接而成的。**电枢绕组的所有线圈通常被连接成若干并联支路，而且支路的数目一定是偶数**。通常用符号 a 来表示**支路对数**，相应的**支路数**则为 $2a$，如图 3-19 所示（该图中 $2a=4$）。假设电枢绕组总的导体（即单匝线圈的 1 个边）数为 N，则电枢绕组的总匝数为 $N/2$，这 $N/2$ 匝线圈被分成 $2a$ 条支路时，每条支路的匝数为 $N/(4a)$，所以每条支路的感应电势为

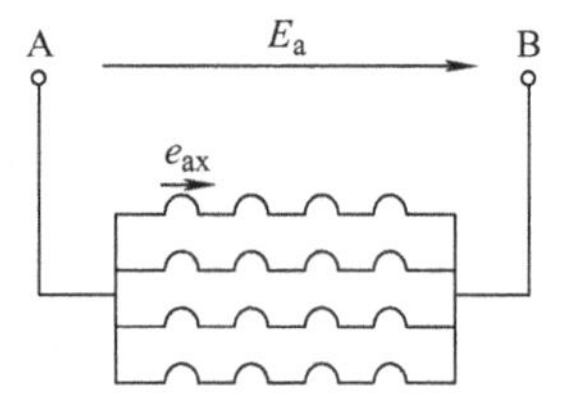

图 3-19　实际直流电机电枢绕组电路示意图

$$E_a = \frac{N}{4a}\overline{e_{ax}} = \frac{pN}{60a}\Phi_f n = C_e \Phi_f n \tag{3-98}$$

式中，C_e 被定义为直流电机的**电势常数**。

由于直流电机的电枢电路是由 $2a$ 条支路并联而成的，所以由式(3-98) 求得的支路电势也就是直流电机的**电枢电势**。实际电机负载运行时，每极励磁磁通 Φ_f 会受到**电枢反应**（将在后续章节中论述）等因素的影响而略有变化，所以将式(3-98) 中的 Φ_f 改为实际的每极磁通 Φ，可得

$$E_a = C_e \Phi n \tag{3-99}$$

可见：**直流电机电枢绕组产生的感应电势与每极气隙磁通及电机转速成正比**。

下面再来分析直流电机电枢绕组所产生的电磁转矩。根据双边激励机电装置的电磁转矩公式即式(3-54) 可得，线圈 ax 产生的电磁转矩为

$$T_{ax} = \frac{1}{2} i_a^2 \frac{\partial L_a}{\partial \theta_m} + i_a i_f \frac{\partial L_{af}}{\partial \theta_m} = -p i_a (i_a L_{a2}\sin 2\theta + i_f L_{afm}\sin\theta) \tag{3-100}$$

式中，$\theta_m = \theta/p$ 为转子的机械角位移。式(3-100) 是单匝电枢线圈轴线位于角位移 θ 处时的瞬时转矩值，在 $0<\theta<\pi$ 的半个周期内的平均值为

$$\overline{T_{ax}} = -\frac{2}{\pi} p i_a i_f L_{afm} \tag{3-101}$$

考虑到式(3-96) 后，可得

$$\overline{T_{ax}} = -\frac{2}{\pi} p i_a \Phi_f \tag{3-102}$$

电枢绕组的总匝数为 $N/2$，设总电流为 I_a，则单匝线圈的电流 $i_a = I_a/(2a)$，所以电磁转矩绝对值为

$$T = \frac{N}{2}\frac{2}{\pi}p\frac{I_a}{2a}\Phi_f = \frac{pN}{2a\pi}\Phi_f I_a = C_T \Phi_f I_a \tag{3-103}$$

式中，$I_a = 2ai_a$ 为电枢绕组总电流，即**电枢电流**；$C_T = pN/(2a\pi)$ 被定义为直流电机的**转矩常数**。考虑到电机负载运行时，每极磁通会有所变化，故将式(3-103) 中的 Φ_f 改为实际的每极气隙磁通 Φ，得

$$T = C_T \Phi I_a \tag{3-104}$$

可见：**直流电机电枢绕组产生的电磁转矩与每极气隙磁通及电枢电流成正比**。

以上针对几种典型旋转电机的具体特点，利用机电能量转换理论分析了其产生感应电势和电磁转矩的基本机理，并推导了一些反映其工作原理的公式。

例 3-3 图 3-20 示出的是一台两相凸极同步电机截面图。其定子叠片铁心中嵌放着两个结构一样的绕组 ax 和 by。转子凸极上绕有励磁绕组 f。由于气隙不均匀，定子绕组的自感和互感均是转子角位移 θ 的函数：

$$L_{aa} = L_0 + L_2\cos 2\theta \qquad L_{bb} = L_0 - L_2\cos 2\theta \qquad L_{ab} = L_2\sin 2\theta$$

式中，L_0 和 L_2 为正的常数。

定、转子绕组之间的互感为

$$L_{af} = M\cos\theta \qquad L_{bf} = M\sin\theta$$

式中，M 为正的常数。

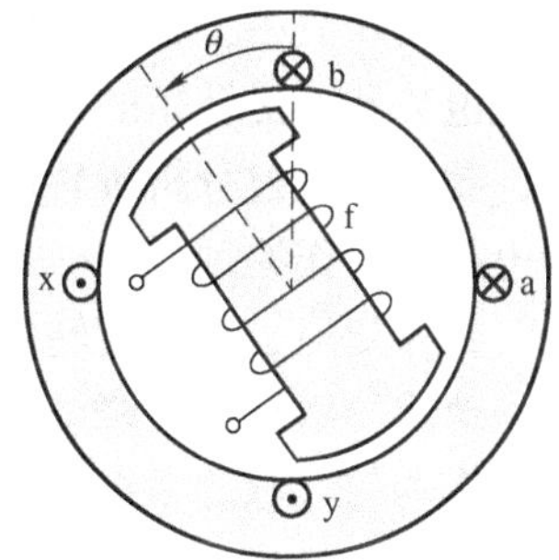

图 3-20 两相凸极同步电机截面图（例 3-3）

励磁绕组的自感 L_{ff} 为常数，与 θ 无关。考虑如下运行条件：励磁绕组用直流电流 I_f 励磁，定子绕组连接到角频率为 ω 的对称两相电压源。转子以同步速度旋转，其角位移由式 $\theta = \omega t$ 给出。在上述运行条件时，定子电流具有如下形式：

$$i_a = \sqrt{2} I_a \cos(\omega_1 t + \delta) \qquad i_b = \sqrt{2} I_a \sin(\omega_1 t + \delta)$$

（1）推导作用于转子的电磁转矩的表达式；

（2）该电机能作为电动机和（或）发电机运行吗？试解释之。

（3）当励磁电流 I_f 减小到 0 时，该电机还能提供连续转矩吗？若能，写出转矩表达式。

解：

（1）电磁转矩表达式为

$$T = \frac{1}{2}\frac{\partial L_{aa}}{\partial\theta}i_a^2 + \frac{1}{2}\frac{\partial L_{bb}}{\partial\theta}i_b^2 + \frac{1}{2}\frac{\partial L_{ff}}{\partial\theta}i_f^2 + \frac{\partial L_{ab}}{\partial\theta}i_a i_b + \frac{\partial L_{af}}{\partial\theta}i_a i_f + \frac{\partial L_{bf}}{\partial\theta}i_b i_f$$

$$= -i_a^2 L_2 \sin2\theta + i_b^2 L_2 \sin2\theta + 2i_a i_b L_2 \cos2\theta - i_a i_f M\sin\theta + i_b i_f M\cos\theta$$

$$= -2I_a^2 L_2 \cos^2\theta_1 \sin2\theta + 2I_a^2 L_2 \sin^2\theta_1 \sin2\theta + 4I_a^2 L_2 \cos\theta_1 \sin\theta_1 \cos2\theta - \sqrt{2} I_a I_f M\cos\theta_1 \sin\theta + \sqrt{2} I_a I_f M\sin\theta_1 \cos\theta$$

$$= -2I_a^2 L_2 \cos2\theta_1 \sin2\theta + 2I_a^2 L_2 \sin2\theta_1 \cos2\theta - \sqrt{2} I_a I_f M\cos\theta_1 \sin\theta + \sqrt{2} I_a I_f M\sin\theta_1 \cos\theta$$

$$= 2I_a^2 L_2 \sin[2(\theta_1 - \theta)] + \sqrt{2} I_a I_f M\sin(\theta_1 - \theta)$$

$$= 2I_a^2 L_2 \sin[2(\omega_1 - \omega)t + 2\delta] + \sqrt{2} I_a I_f M\sin[(\omega_1 - \omega)t + \delta]$$

式中，$\theta_1 = \omega_1 t + \delta$。

当转子角速度 ω_1 与电流角频率 ω 同步时，$T = 2I_a^2 L_2 \sin2\delta + \sqrt{2} I_a I_f M\sin\delta$

（2）该电机既可以作为电动机运行也可以作为发电机运行。在稳定运行的范围内，若 $\delta < 0, T < 0$，电磁转矩为阻力转矩，电机作为发电机运行；若 $\delta > 0$，$T > 0$，电磁转矩为动力转矩，电机作为电动机运行。

（3）当励磁电流减小到 0 时，能提供连续转矩。此时，$T = 2I_a^2 L_2 \sin2\delta$。

3.7 从磁场观点分析电机原理

3.7.1 旋转电机中的磁势

在 3.6 节中，我们用耦合电路模型分析了旋转电机的工作原理，重点讨论了旋转电机中感应电势和电磁转矩的计算。但耦合电路模型难以洞察电机内部所发生的物理现象。在本节中，我们将通过分析旋转电机定、转子磁势（磁场）之间的相互作用，更加深入地理解旋转电机的工作原理。

大家知道，大多旋转电机属于双边（定子和转子）激励的机电装置，其定、转子上各有一个或一组绕组，绕组中流过电流时，将产生相应的沿气隙圆周分布的磁势和磁密。下面以具有均匀气隙的 2 极隐极电机为例来讨论电机的磁势分布及其相互作用。如图 3-21 所示，定、转子上各有一个线圈 AX 和 ax，分别有电流 i_A 和 i_a 流过，沿气隙圆周产生相应的磁势分布，并在气隙圆周上形成相应的分布磁场，图中只画出了定子线圈 AX 产生的磁力线分布。假设铁心磁导率为无穷大，则线圈磁势全部加在气隙上。以定子线圈 AX 的轴线为 0°线，气隙圆周任意位置 θ 处的磁力线都 2 次通过气隙，在气隙上产生的磁压降为线圈总磁势的一半，即

$$f_A(\theta) = \frac{N_1 i_A}{2} \tag{3-105}$$

式中，N_1 为定子线圈 AX 的匝数。$f_A(\theta)$ 的波形如图 3-21b 所示，是一个方波。通常只考虑基波 $f_{A1}(\theta)$，不难证明

$$f_{A1}(\theta) = \frac{4}{\pi}\frac{N_1 i_A}{2}\cos\theta = \frac{2N_1 i_A}{\pi}\cos\theta = F_{p1}\cos\theta \tag{3-106}$$

式中，$F_{p1} = 2N_1 i_A/\pi$ 为基波幅值，它随着电流 i_A 的变化而变化。

如果 i_A 为直流，则 $f_{A1}(\theta)$ 为幅值恒定的空间正弦波；如果 i_A 为交流，设 $i_A = \sqrt{2} I_1 \sin(\omega_1 t)$，则

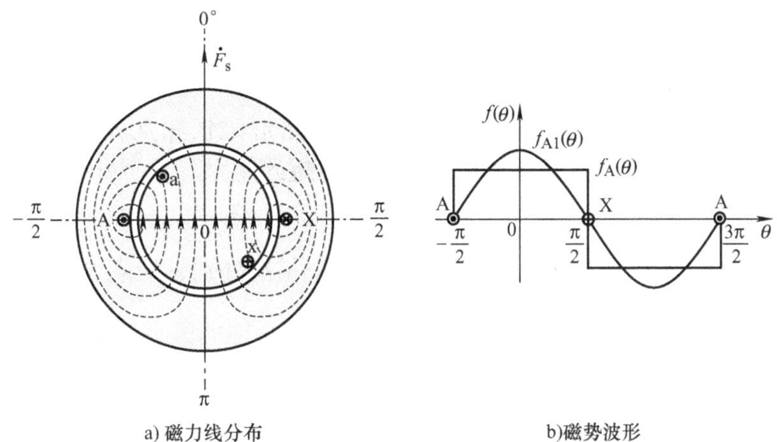

a) 磁力线分布　　　　b)磁势波形

图 3-21　线圈通过电流在旋转电机中产生磁势

$$f_{A1}(\theta)=\frac{2\sqrt{2}N_1I_1}{\pi}\cos\omega_1t\cos\theta=F_{p1}\cos\omega_1t\cos\theta \tag{3-107}$$

式中，$F_{p1}=2\sqrt{2}N_1I_1/\pi$ 为磁势幅值；$f_{A1}(\theta)$ 为幅值随时间按正弦规律变化的空间正弦波，称为**正弦脉振磁势**。如果定子上是三相对称绕组 ABC，且通过的是三相对称电流，即

$$i_A=\sqrt{2}I_1\sin(\omega_1t),\ i_B=\sqrt{2}I_1\sin(\omega_1t-2\pi/3),\ i_C=\sqrt{2}I_1\sin(\omega_1t+2\pi/3) \tag{3-108}$$

则定子合成基波磁势为

$$\begin{aligned}f_{s1}&=f_{A1}+f_{B1}+f_{C1}\\&=F_{p1}\left[\cos\omega_1t\cos\theta+\cos\left(\omega_1t-\frac{2\pi}{3}\right)\cos\left(\theta-\frac{2\pi}{3}\right)+\cos\left(\omega_1t+\frac{2\pi}{3}\right)\cos\left(\theta+\frac{2\pi}{3}\right)\right]\\&=\frac{3}{2}F_{p1}\cos(\omega_1t-\theta)=F_{sm}\cos(\omega_1t-\theta)\end{aligned} \tag{3-109}$$

式中，F_{sm} 为定子三相合成磁势的幅值，为

$$F_{sm}=\frac{3}{2}\,\frac{2\sqrt{2}N_1I_1}{\pi}=\frac{3\sqrt{2}N_1I_1}{\pi} \tag{3-110}$$

式(3-109) 和式(3-110) 表明：**三相交流绕组通过三相对称电流时，将产生一个幅值恒定的旋转磁势波，其电角速度等于电流的角频率 ω_1，相应的转速就是同步转速。**同步转速为

$$n_1=\frac{60\omega_1}{2p\pi}=\frac{60\times2\pi f_1}{2p\pi}=\frac{60f_1}{p} \tag{3-111}$$

式中，f_1 为定子电流的频率。

综上所述，在只考虑基波时，可以得到结论：**在旋转电机中，如果线圈通过直流电流，则产生相对于线圈不动、幅值恒定的正弦分布磁势；如果单相绕组通过单相交流电流，则产生相对于绕组不动但幅值变化的正弦脉振磁势；如果是三相对称绕组通过三相对称电流，则产生一个以同步转速旋转、幅值恒定的旋转磁势。**

以上结论是针对定子绕组通过定子电流而得出的，对于转子绕组通过转子电流产生转子磁势同样适用。

3.7.2 用磁势表示的电磁转矩公式

旋转电机的定、转子绕组都通过电流时，将产生定子磁势$f_s(\theta)$和转子磁势$f_r(\theta)$。这两个磁势的轴线总是试图相互对齐（这与两个靠近的条形磁铁相互吸引试图对齐的原理一样），**正是这种对齐趋势赋予了旋转电机产生电磁转矩的能力**。下面就来推导用磁势表示的电磁转矩公式。

只考虑基波时，磁势$f_s(\theta)$和$f_r(\theta)$都可以用空间相量分别表示成$\dot{F}_s$和$\dot{F}_r$，相量的长度表示磁势的有效值，相量的相位角表示磁势轴线在气隙空间的电角位移。$\dot{F}_s$与$\dot{F}_r$的合成磁势用$\dot{F}$表示，3 个磁势相量在空间的大小及位置关系如图 3-22 所示。以$\dot{F}_s$所在位置为 0°线，则$\dot{F}_r$的电角位移即为$\theta=\delta_{sr}$。由式(3-41)可知，电机的磁共能为

$$W'_m=\frac{1}{2}\frac{F^2}{R_m}=\frac{1}{2}\frac{F_s^2+F_r^2+2F_sF_r\cos\theta}{R_m} \tag{3-112}$$

对于隐极电机来说，假设磁阻R_m为常数，所以电磁转矩为

$$T=\frac{\partial W'_m}{\partial\theta_m}=-\frac{pF_sF_r\sin\theta}{R_m}=-\frac{pF_sF_r}{R_m}\sin\delta_{sr} \tag{3-113}$$

对于凸极电机来说，由于磁阻R_m为转子电角位移θ的函数，其电磁转矩要复杂一些，这里暂不做讨论。

由式(3-113)可以看出：①只有当δ_{sr}有固定值时，电磁转矩T对时间的平均值才不为零。所以要想连续地进行机电能量转换，定、转子磁势$\dot{F}_s$和$\dot{F}_r$必须相对静止。②当$\delta_{sr}>0$即转子磁势$\dot{F}_r$超前于定子磁势$\dot{F}_s$时，电磁转矩$T<0$，阻碍电机旋转，电机运行在发电状态；若$\delta_{sr}<0$即$\dot{F}_r$滞后于$\dot{F}_s$时，则$T>0$，拖动电机旋转，电机运行在电动状态。

在图 3-22 中，用正弦定理不难得到

$$\frac{\sin\delta_s}{F_r}=\frac{\sin\delta_r}{F_s}=\frac{\sin\delta_{sr}}{F} \tag{3-114}$$

这就使得式(3-113)可以变化出如下形式：

$$T=-\frac{pFF_s}{R_m}\sin\delta_s,\quad T=-\frac{pFF_r}{R_m}\sin\delta_r \tag{3-115}$$

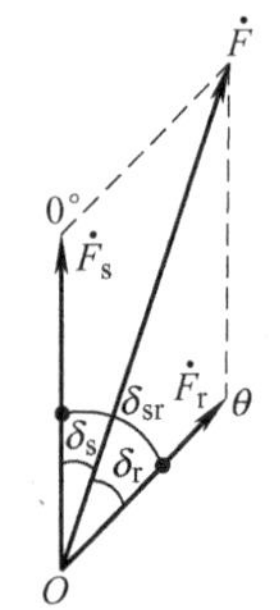

图 3-22 旋转电机的磁势空间相量

式(3-113)和式(3-115)表明，定子磁势$\dot{F}_s$、转子磁势$\dot{F}_r$和合成磁势$\dot{F}$任意两个之间的作用转矩都是相等的，都能代表电机的电磁转矩，3 个公式是等价的。

3.7.3 从磁场观点分析电机原理

(1) 三相隐极同步电机

对三相隐极同步电机来说，定子上有三相对称绕组，流过角频率为ω_1的三相对称电流时，产生一个以电角速度ω_1旋转的定子磁势$\dot{F}_s$。转子上的励磁绕组通直流励磁电流I_f时，

根据式(3-106)将产生相对于转子不动的正弦分布磁势（取基波）。当转子也以电角速度ω_1旋转时，转子磁势也随转子同步旋转，可以用相量表示成$\dot{F}_r$。正常稳态运行时，$\dot{F}_s$与$\dot{F}_r$相对静止，它们之间有一个固定的角位移差δ_{sr}，可以用式(3-113)或式(3-115)计算出$\dot{F}_s$与$\dot{F}_r$相互作用形成的电磁转矩。当$\dot{F}_s$超前于$\dot{F}_r$时，作为电动机运行；当$\dot{F}_s$滞后于$\dot{F}_r$时，作为发电机运行。

(2) 三相感应电机

三相感应电机的定子上装有三相对称绕组，流过角频率为ω_1的三相对称电流时产生以电角速度ω_1旋转的定子磁势$\dot{F}_s$。

转子上有多相对称绕组，可以等效为三相对称绕组，如果转子旋转的电角速度为ω，则$\dot{F}_s$将以相对速度$\Delta\omega=\omega_1-\omega$扫过转子绕组，并在其中感应出角频率为$\Delta\omega$的三相对称转子电流（$i_a,i_b,i_c$）。（$i_a,i_b,i_c$）流过三相对称转子绕组时，产生一个相对于转子的旋转磁势f_r，f_r相对于转子的角速度为$\Delta\omega$，相对于定子的角速度则为$\omega+\Delta\omega=\omega_1$。所以$f_r$也是一个以同步转速旋转的旋转磁势，可以表示成相量$\dot{F}_r$。

分析表明，三相感应电动机正常稳态运行时，$\dot{F}_s$与$\dot{F}_r$之间也有一个固定的角位移差δ_{sr}，可以用式(3-113)或式(3-115)计算出$\dot{F}_s$与$\dot{F}_r$相互作用形成的电磁转矩。当$\dot{F}_s$超前于$\dot{F}_r$时，作为电动机运行；当$\dot{F}_s$滞后于$\dot{F}_r$时，作为发电机运行。

(3) 直流电机

现在我们用磁场的观点来分析直流电机。在3.6.4节，我们从只有一个电枢线圈的简化模型出发，分析了直流电机的工作原理，推导了其感应电势和电磁转矩的计算公式，并加以合理推论，得到了具有多个电枢线圈的实用直流电机的电势公式(3-99)和转矩公式(3-104)。事实上，如果把所有电枢线圈看成一个整体，直流电机的电磁转矩同样可以归结为定、转子磁势之间的相互作用。

图3-23是一台具有多个电枢线圈的2极直流电机，线圈ax只是众多电枢线圈中的一个。电枢导体随转子旋转经过电刷时，其电流方向会发生变化，对每一个导体或者线圈来说，其中的电流为交变电流；但如果把所有电枢导体看成一个整体，从宏观上看，电流分布是固定的，上半区导体与下半区导体中的电流方向相反。这样就可以把电枢绕组看成不动"**伪静止绕组**"，它所产生的转子磁势$\dot{F}_r$也静止不动，与励磁绕组所产生的定子磁势$\dot{F}_s$在指向上形成正交关系，即$\delta_{sr}=90°$。这两个正交的磁势相互作用，产生了电磁转矩（这里忽略了凸极效应），由式(3-113)可得

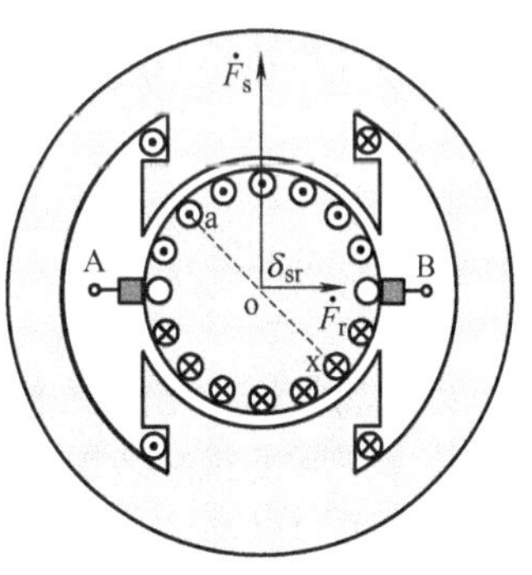

图3-23　直流电机中的磁势

$$T = -\frac{pF_sF_r}{R_m}\sin\delta_{sr} = -\frac{pF_sF_r}{R_m} = -p\Phi_f N_r i_a \tag{3-116}$$

式中，$\delta_{sr}=\frac{\pi}{2}$；$\Phi_f=\frac{F_s}{R_m}$为每极励磁磁通；$N_r$ 为转子绕组等效匝数；i_a 为转子线圈中的电流。再注意到电枢电流 $I_a=2ai_a$，等效匝数 $N_r=\frac{2}{\pi}\frac{N}{2}=\frac{N}{\pi}$，式(3-116) 可写成

$$T = -\frac{pN}{2a\pi}\Phi_f I_a = -C_T\Phi_f I_a \tag{3-117}$$

式中的“－”号表明，电磁转矩作用在试图使 δ_{sr}减小的方向上，即试图促使转子磁势轴线向定子磁势轴线对齐。

如果图 3-23 所示的电机在原动机的驱动下顺时针旋转，则 $\dot{F}_r$ 超前于 $\dot{F}_s$，电机运行于发电机状态；反之，若转子在电磁转矩的作用下逆时针旋转，则 $\dot{F}_s$ 超前于 $\dot{F}_r$，该电机作为电动机运行。不论电机运行在何种方式，电磁转矩的作用方向为试图将转子磁势轴线与定子磁势轴线对齐。

以上我们用磁场观点分析了各种电机的基本运行原理。可以看出，双边激励的旋转电机的定、转子绕组各产生一个磁势，稳定运行时，两个磁势相对静止二者在空间的电角位移差 δ_{sr}将为固定值，由于两个磁势具有将其轴线相互对齐的趋势，因此形成了恒定的电磁转矩，这正是各种电机产生电磁转矩的物理本质。

一般来说，直流电机中的定、转子磁势本身是静止的，相互间的电角位移差 $\delta_{sr}=90°$，定、转子磁势相互作用形成了恒定的电磁转矩。三相同步电机的定子磁势是角速度等于电源角频率的旋转磁势，转子接入的直流电流，产生的是相对于转子固定不动的磁势，只有当转子也以同步角速度旋转时，转子磁势才能与定子磁势保持同步并形成固定的电角位移差，从而形成恒定的电磁转矩。三相感应电机的定子磁势是同步旋转磁势，转子上的感应电流产生相对于转子的旋转磁势，在转子的带动下，转子磁势也会与定子磁势达到同步，形成与定子磁势固定的角位移差，从而产生恒定的电磁转矩。可见各种旋转电机尽管结构各异，电流又有交、直流之别，但其运行机理在本质上是相同的，都是依靠定、转子磁势轴线相互对齐的趋势产生电磁转矩的，把握这些共性，对于深入理解各类不同电机的性能和分析方法颇为有益。

本章小结

以磁场为耦合场的机电装置即电磁式机电装置种类多、应用广，是本书的主要研究对象。许多实际的机电装置可以抽象成由电端、机械端和无损耦合场构成的理想化模型装置。耦合场是能量转换的场所和媒介，电端和机械端均可以作为输入端或者输出端。

能量守恒定律是分析机电能量转换过程最基本的出发点。通过电端输入到耦合场的净电能分为两部分：一部分转换成耦合磁场的磁能增量（可正可负）；另一部分转换成了机械功输出。

无损耦合磁场是一个保守场，磁能和磁共能均是状态函数。磁能以磁链和位移作为状态变量；磁共能则以电流和位移作为状态变量。耦合场的磁能在量值上等于电流 i 对磁链 ψ 的

定积分，磁共能在量值上等于磁链对电流的定积分。磁能和磁共能还可以有其他的表示形式，如用磁势和磁阻、磁通和磁阻或者用磁能密度来表示等；对线性系统，磁能和磁共能相等，且计算公式可以简化。正确理解磁能和磁共能的计算是掌握机电能量转换理论的关键。

在一定的磁密下，介质的磁导率越小，磁能密度就越大。一般情况下，气隙的磁能密度远大于铁心，是能量的“聚集地”和“中转站”。

当线圈磁链发生变化时，就会在线圈中产生抵抗磁链变化的感应电势。由电流变化引发磁链变化会形成变压器电势，由相对运动引发磁链变化会形成运动电势，线圈中是否产生运动电势是静止装置与动态装置的主要差别之一。

当角位移/线位移的变化引发磁能或磁共能变化时，将产生电磁转矩/力；电磁转矩/力的大小等于磁能或磁共能对角位移/线位移的偏导数；当磁链保持或电流不变时，电磁转矩/力的作用方向为使磁能减小或磁共能增加的方向。

对于旋转装置来说，电磁转矩由两类项组成：一类项正比于 $\sin\theta$，是由定、转子电流之间的相互作用形成的，是主电磁转矩；另一类项正比于 $\sin2\theta$，与单边电流有关，是由气隙磁阻的变化引起的，称为磁阻转矩。从本质上讲，主电磁转矩是定、转子电流所产生的定、转子磁势的轴线相互对齐的趋势所形成的；磁阻转矩则是磁阻趋小趋势所形成的。

通过推导机电能量转换装置的功率方程，可以证明：变压器电势所吸收功率的全部和运动电势所吸收功率的一半，转换成了耦合场磁能的变化率；运动电势所吸收功率的另外一半则是转换功率，即为电功率通过耦合场转换成的机械功率。

分析表明，机电能量的转换必须在运动过程中进行；要连续地进行机电能量转换，绕组内的电流必须为交流，或者部分为交流，不能全部为直流。

旋转电机是极其重要的机电装置，一般包括两组电端和一个旋转机械端，一组（或一个）电端位于定子上，另一组（或一个）则位于转子上。从电流的角度来分，普通的旋转电机可分为直流电机和交流电机。交流电机又可分为感应电机和同步电机。直流电机的定子和转子上各有一个直流绕组；三相感应电机的定、转子上分别安装一个三相交流绕组和一个多相对称绕组；三相同步电机的定、转子分别安装一个三相交流绕组和一个直流的励磁绕组。

直流电机通常为凸极式，且定子侧为凸极；感应电机通常为隐极式；而同步电机既有隐极式，也有凸极式，大多数凸极同步电机的转子侧为凸极。

在旋转电机中有一些基本概念，如极对数、电角度、极距、每极磁通等，需要认真理解。

本质上讲，旋转电机为双边激励的机电装置。同步电机由一组（三相）交流电端、一个直流电端和一个旋转机械端构成；感应电机则由两组交流电端（定子三相、转子多相）和一个机械端构成；直流电机是由一个直流电端（励磁端）、一个交流电端（电枢端）和一个旋转机械端构成，电枢端还要连接换向器，实现内部交流电与外部直流电之间的转换。旋转电机的电磁转矩都可以用耦合电路模型进行推导。推导过程中要注意各线圈自感、互感与转子角位移是否有关，通过求偏导求取电磁转矩时要注意必须对“机械角位移”求偏导。

从磁场观点分析旋转电机定、转子磁场之间的相互作用，能够更为深入地理解旋转电机的工作原理。

旋转电机的绕组分为两种：交流绕组和直流绕组。三相交流绕组接三相交流电源，产生幅值恒定的旋转磁势，磁势转速由电源频率和电机极对数决定。直流绕组接直流电源，产生相对于绕组不动的恒定磁势。简化分析时，可以只考虑磁势的基波。

各种旋转电机正常运行时，均有定、转子两个磁势，依靠这两个磁势之间的相互作用力就会形成主电磁转矩。当两个磁势轴线之间的夹角有固定值时，主电磁转矩才是恒定的；如果夹角随时间变化，则平均转矩将为0，无法连续地进行机电能量转换。分析表明，正常运行时，同步电机、感应电机和直流电机定、转子磁势之间的夹角均为固定值，均能产生恒定的主电磁转矩。

思 考 题

3-1 什么是机电能量转换装置？实现机电能量转换的机制分为哪几种？

3-2 机电装置按用途如何分类？

3-3 电磁式机电装置由哪几部分组成？各部分会产生哪些损耗？

3-4 怎样将机电装置抽象成无损系统？

3-5 怎样理解电磁式机电装置中的能量守恒？

3-6 状态函数有什么特点？无损磁场系统的磁能由哪些状态变量决定？

3-7 什么是机电装置的磁化曲线？

3-8 怎样通过 $\psi-i$ 曲线来确定机电装置的磁能和磁共能？

3-9 在线性磁场系统中，为什么磁能和磁共能在数值上是相等的？

3-10 怎样确定磁场系统某段磁路中所储存的磁能大小？为什么说磁场系统的磁能绝大部分存储于气隙中？

3-11 磁场系统磁路各部分的磁能密度与哪些因素有关？

3-12 什么是变压器电势？什么是运动电势？

3-13 怎样用磁能或磁共能来计算机电装置的电磁转矩？

3-14 在线性系统中，$W_m=W'_m$，能否将公式 $T=-\partial W_m/\partial\theta$ 中的负号去掉？为什么？

3-15 转矩计算公式 $T=-\partial W_m/\partial\theta$ 中的 θ 是电角位移还是机械角位移？

3-16 什么是主电磁转矩？什么是磁阻转矩？在隐极电机中为什么不存在磁阻转矩？

3-17 什么是隐极电机？什么是凸极电机？

3-18 在旋转电机中，通过什么方式可以产生运动电势？

3-19 为什么旋转电机电枢线圈中的运动电势一定是交变电势？直流发电机如何产生直流电？

3-20 产生主电磁转矩和磁阻转矩的本质是什么？

3-21 同步电机和感应电机在结构上的异同点有哪些？

3-22 同步发电机励磁电势的频率与哪些因素有关？

3-23 怎样用耦合电路模型推导三相同步电机的电磁转矩公式？

3-24 怎样用耦合电路模型推导三相感应电机的电磁转矩公式？

3-25 换向器在直流发电机和直流电动机中各起什么作用？

3-26 怎样推导直流电机的励磁电势公式和电磁转矩公式？

3-27 为什么三相绕组通过三相对称电流时，会产生一个幅值恒定的旋转磁势？

3-28 为什么在旋转电机中定、转子磁势波必须是相对静止的？

3-29 为什么说同步电机、直流电机和感应电机产生电磁转矩的机理是一样的？

3-30 磁场系统的功率关系是怎样的？什么是转换功率？

3-31 为什么连续能量转换装置中绕组电流不能全部为直流？直流电机满足这个要求吗？

3-32 隐极同步电机和凸极同步电机应满足怎样的频率约束？感应电机能满足这种约束吗？

习　题

3-1 如图3-24所示，在磁密为 $B_0=1\text{T}$ 的匀强磁场中有两个正交的转子单匝线圈AX和BY，线圈边处半径为 $R=0.1\text{m}$，线圈边的轴向长度为 $l=0.3\text{m}$，AX通过电流 i_1，BY通过电流 i_2。试求：在下列各种情况下，电磁转矩对转子位置角 θ 的函数关系式。

（1）$i_1=0$，$i_2=10\text{A}$；

（2）$i_1=10\text{A}$，$i_2=0$；

（3）$i_1=10\text{A}$，$i_2=10\text{A}$；

（4）$i_1=10\sin\theta\text{A}$，$i_2=10\cos\theta\text{A}$

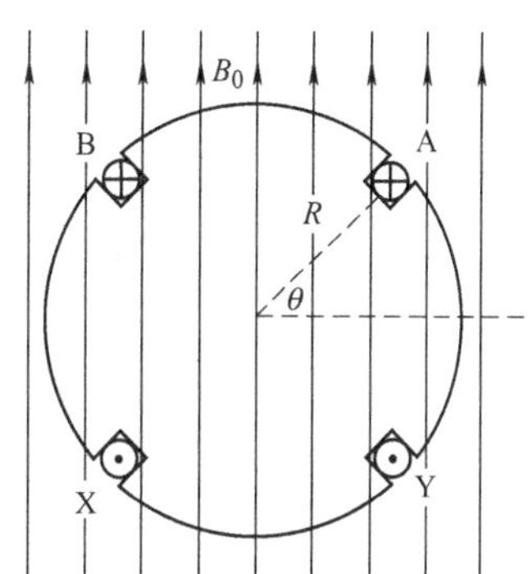

图3-24 习题3-1的两线圈转子

3-2 已知某继电器的电感具有表达式：$L=\dfrac{2L_0}{1+x/x_0}$，其中 $L_0=100\text{mH}$，$x_0=1.0\text{mm}$，x 是运动部件的位移。

（1）若保持位移 $x=1.2\text{mm}$ 为常数，电流从0增加到5.0A，求继电器中最终的磁场储能。

（2）若保持电流 $i=5.0\text{A}$ 为常数，位移从 $x=1.2\text{mm}$ 增加到 $x=2.0\text{mm}$，求对应的磁场储能的变化量。

3-3 测得三相凸极电动机的某相绕组自感值具有表达式：$L(\theta)=L_0+L_2\cos(2\theta)$，其中 θ 是转子角位移。假定其他绕组电流为0，只给该相绕组输入恒定电流 I_0 进行励磁，求作用在转子上的电磁转矩表达式 $T(\theta)$。

3-4 某磁场系统包括一个定子线圈和一个转子，线圈电感随转子角位移 θ 变化的函数关系式 $L(\theta)=L_0+L_6\cos(6\theta)$。线圈由一个电源供电，该电源利用反馈控制可使得所提供的电流维持在恒定值 I_0。

（1）求出作用在转子上的电磁转矩对转子角位移的函数式 $T(\theta)$。

（2）如果转子被驱动并运行在固定的角速度而使得 $\theta=\omega t$，求电源所提供的瞬时功率 $p(t)$ 的表达式。

3-5 如图3-25所示的电磁铁，铁心截面积 $S=2\times10^{-3}\text{m}^2$，气隙长度为 $g_0=0.3\times10^{-3}\text{m}$，线圈匝数为 $N=100$，铁心磁导率 $\mu_{Fe}=\infty$，要产生600N的向上提升力，电流 i_0 应该为多少A？

3-6 图3-26所示的圆柱铁壳螺线管传动装置被用作断路器、操作阀等。活塞可以上下在一定的范围内运动，线圈匝数为 N，铁心磁导率为无穷大。

（1）推导气隙磁密 B 对活塞位移 x 和线圈电流 i 的函数关系式。

（2）分别推导磁链 ψ 和电感 L 对活塞位移 x 和线圈电流 i 的函数关系式。

（3）推导磁能 W_m 对活塞位移 x 和线圈电流 i 的函数关系式。

（4）推导作用于活塞的力 f 对活塞位移 x 和线圈电流 i 的函数关系式。如果电流 i 保持为常数，则该力的作用是增大气隙还是减小气隙？

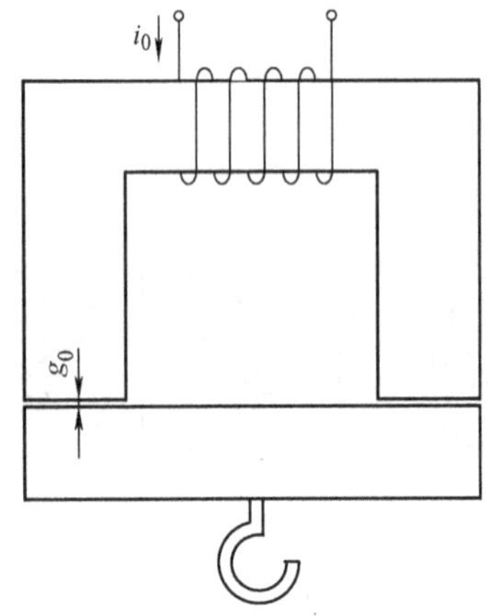

图 3-25　习题 3-5 的电磁铁示意图

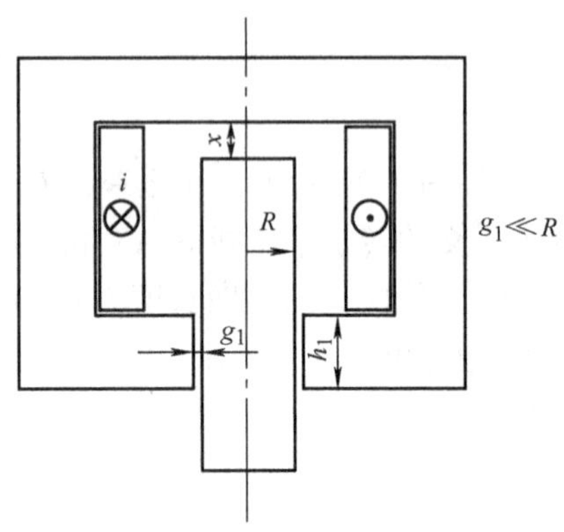

图 3-26　习题 3-6 的传动装置示意图

3-7　图 3-27 中的电抗器由两个 C 形铁心构成，铁心的横截面积为 S_c，等效长度为 l_c。有两个长度均为 g 的气隙，以及两个匝数均为 N 的串联连接的线圈。假设铁心的磁导率为无穷大，并且不计气隙的边缘效应。

$$S_c = 9.7\text{cm}^2 \qquad l_c = 15\text{cm}$$

$$g = 5\text{mm} \qquad N = 200\ \text{匝}$$

（1）计算该电抗器的电感 L；

（2）保持两边的气隙均为 $g = 5\text{mm}$，当线圈中的电流为 $I = 15\text{A}$ 时，计算气隙中的磁通密度 B_g 以及作用在每个气隙层上的力 f。

3-8　图 3-28 所示是一个双边激励磁场系统，一个线圈绕在固定磁轭上，另一个绕在可动部件上。可动部件被约束使得两边气隙均保持为 g_0，铁心的磁路的截面积为 S_c，设铁心磁导率为无穷大。

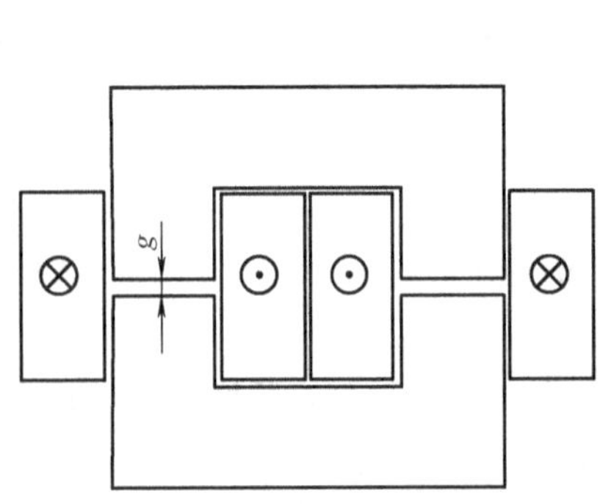

图 3-27　习题 3-7 的 C 形电感器

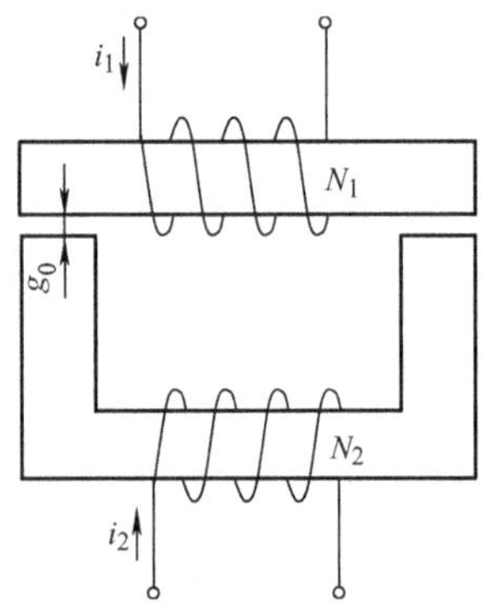

图 3-28　习题 3-8 的双边激励机电装置

（1）用铁心尺寸和线圈匝数分别表示线圈1和线圈2的自感表达式。

（2）求出两个线圈之间的互感表达式。

（3）计算磁共能 $W'_m(i_1, i_2)$。

（4）求出作用在可动部件上的力对线圈电流的函数关系式。

3-9　两个线圈，一个嵌在定子上，另一个嵌在转子上，其自感和互感值为

$$L_{11} = 5.3\text{mH} \qquad L_{22} = 2.7\text{mH} \qquad L_{12} = 3.1\cos\theta\text{mH}$$

式中，θ 为两个线圈轴线之间的夹角，且被约束在 $0 < \theta < 90°$ 的范围内。两个线圈串联且通过的电流为 $i = \sqrt{2} I\sin\omega t$。

（1）推导作用在转子上的瞬时转矩 T 对转子角位移 θ 的函数关系式；

（2）求时间平均转矩 T_{av} 对 θ 的函数关系式；

（3）当 $I = 10\text{A}$，$\theta = 30°$时，计算平均转矩值 T_{av}。

3-10　一台6极同步发电机以机械转速1000r/min旋转。

（1）用rad/s表示该机械角速度。

（2）励磁电势 E_0 的频率是多少Hz？换算成角频率为多少rad/s？

（3）要产生60Hz的感应电势，转速应为多少r/min？

3-11　三相电动机用来驱动泵。当连接到50Hz的电源空载运行时，测得转速为995r/min，而当泵负载后，电动机的转速会下降到945r/min。

（1）这是一个同步电动机还是感应电动机？

（2）该电动机有多少极？

3-12　某电机具有一个转子绕组f和两个定子绕组ax和by，ax与by结构一样而轴线正交，图3-29示出了该电机的横截面图。每个定子绕组的自感为 L_{aa}，转子绕组的自感为 L_{ff}。气隙均匀，每个定子绕组与转子绕组之间的互感决定于转子的角位移，具有如下形式：

$$L_{af} = M\cos\theta \quad L_{bf} = M\sin\theta$$

这里 M 为互感的最大值，每个定子绕组的电阻为 R_a。

（1）推导用转子角位移 θ、电感参数以及瞬时电流 i_a、i_b 及 i_f 表示的电磁转矩 T 通用表达式。该表达式适用于停止状态吗？

（2）假设转子静止，按图3-29中所示方向给绕组通入恒定的直流电流 $i_a = I_0$、$i_b = I_0$ 以及 $i_f = 2I_0$。如果转子允许转动，则转子是连续转动还是趋于停止？如果是趋于停止，则 θ 为多少时转子停止？

（3）现在，转子用直流电流 $i_f = I_a$ 激励，定子绕组通入对称两相交流电流

$$i_a = \sqrt{2} I_a \cos\omega_1 t \quad i_b = \sqrt{2} I_a \sin\omega_1 t$$

转子以角速度 ω 旋转，瞬时角位移可以表示为 $\theta = \omega t + \delta$，其中 δ 为 $t = 0$ 时的转子角位移。推导在该情况下电磁转矩的表达式，并说明产生稳定电磁转矩的条件。

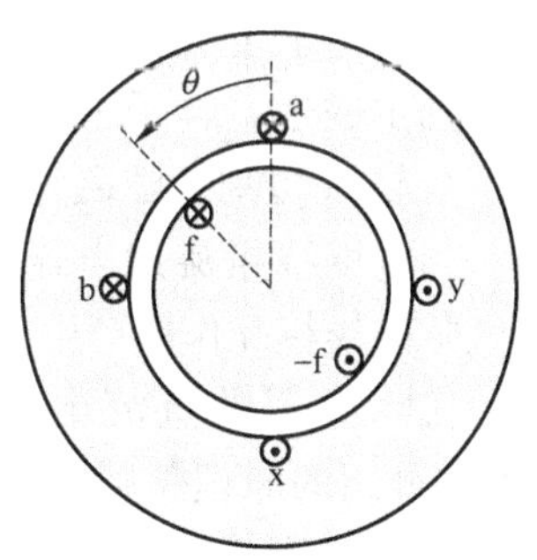

图3-29　习题3-12基本的隐极两相同步电机

第 4 章

直流电机

直流电机是旋转电机的一个重要类别，用来实现直流电能与机械能之间的相互转换。直流电机可作为发电机和电动机运行。作为发电机运行时，将机械源（原动机）提供的机械能转换成直流电能，为电负载提供直流电源；作为电动机运行时，将直流电能转换成机械能，驱动机械负载做功。

直流电机的特点是可以通过不同的励磁方式实现多种运行特性。直流发电机与交流整流装置相比，具有输出波形谐波小、使用方便和可靠性高等优点。直流电动机与交流电动机相比，其本身就具有优越的起动和调速性能，且在驱动控制中直流电机的驱动系统更简单，因此，在需要大范围调速和精确控制的场合仍有较好的应用。

传统的直流电机需要换向器来实现交流电与直流电之间的转换，换向器的存在不仅增加了电机的体积和成本，同时还降低了电机运行的可靠性，这使得传统直流电机的应用受到了一定的限制。

西迁精神

4.1 直流电机的结构与励磁方式

4.1.1 直流电机的基本结构

直流电机属于双边激励的凸极电机，其物理结构由两大部分构成，静止不动的部分称为**定子**，旋转的部分称为**转子**；定、转子之间留有**气隙**。气隙的作用除了隔离定、转子之外，更重要的是为能量转换提供场所，正如第 3 章所述，气隙是能量的聚集地和中转站。在 3.6 节，我们对直流电机的原理模型已经有所了解：定子上有主磁极，用于在气隙中激励主磁通；转子上有电枢绕组，随转子旋转时切割气隙磁场并产生感应电势；当电枢绕组流过电流时，电枢电流与气隙磁场相互作用产生电磁转矩。

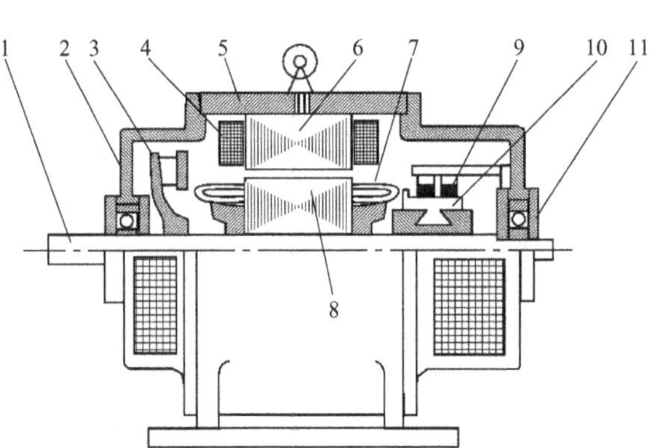

图 4-1　直流电机构造示意图

1—轴　2—端盖　3—风扇　4—励磁绕组　5—机座　6—主磁极铁心　7—电枢绕组　8—电枢铁心　9—电刷　10—换向器　11—轴承

实际应用的直流电机的结构远比 3.6 节介绍的原理模型复杂得多。图 4-1 以半剖图的形式展示了典型直流电机的结构，并标注了主要零部件的名称和位置。定子部分主要包括端盖、机座、励磁绕组、主磁极铁心、换向极铁心及绕组、电刷、轴承等；转子部分主要包括转轴、风扇、电枢绕组、电枢铁心、换向器等。图4-2给出了直流电机的横截面示意图，从中可以清楚地看出主磁极、换向极、电枢铁心、电枢导体等重要部件的位置。

直流电机的具体结构分述如下：

1. 定子

（1）机座

定子的最外围是机座，它由磁轭和底脚两部分构成。磁轭用于固定主磁极和换向极，同时构成电机中主磁路的一部分，即利用磁轭使主磁通最大限度地在铁心中流通。底脚用于将电机牢固地固定在地基上，以减小电机运行时的振动。

（2）主磁极

固定在磁轭上的主磁极用于激励电机中的主磁通，它由铁心和绕组两部分构成。由于直流电机中的主磁场是静止的，与定子间没有相对运动，在定子铁心中不会产生铁耗，因此主磁极铁心不需要采用硅钢片制造。早期的主磁极铁心是由单个的金属铸件制成，然后在铁心的表面用螺钉再固定一些小叠片以减小谐波磁场产生的铁心损耗。现在的主磁极铁心已整体上采用叠片式结构，由1～1.5mm厚的低碳钢片叠装而成。这种变化主要是因为现在的直流电动机大部分是由整流电源供电，整流电源中存在的交流谐波分量会在定子铁心中产生涡流损耗，而叠片式结构能有效地减小涡流损耗。

主磁极绕组称为励磁绕组，包绕在主磁极极身上。当励磁绕组中流过励磁电流时将在气隙中激励主磁场，这也是主磁极名称的由来。从图4-2可以看出，直流电机的定子是凸极结构，多个主磁极突出在定子内表面。主磁极极面两侧通常延伸形成极靴，除了协助固定励磁绕组外，还可以改善主磁场的分布。

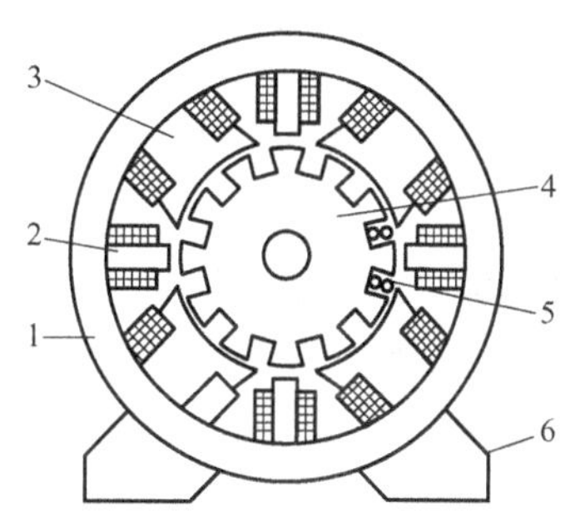

图4-2　直流电机剖面图
1—磁轭　2—换向极　3—主磁极
4—电枢铁心　5—电枢槽及槽内导体
6—底脚

（3）换向极

在相邻主磁极的中间位置通常会安装一个小磁极，称为换向极或中间极，也是由铁心和绕组两部分构成。由于与主磁极同样的原因，现在的换向极铁心也采用叠片式结构。换向极的作用是帮助直流电机电枢线圈中的电流改变方向。在电机运行过程中，处于换向极下的导体切割换向极磁场而感应出的电势能够帮助导体电流换向，使电刷下不产生有害的火花。因为换向极很小，因此换向极的存在并不会影响主磁极在电机中建立的主磁场的大小和分布。

（4）电刷装置

电机的电刷安放在电刷架的刷握中，由碳、石墨或二者的混合材料制成，电刷架固定在电机一端的端盖上。电刷是静止的，通过弹簧机构被压紧放置在换向器表面，与换向器之间形成滑动接触。电刷的摩擦作用会造成换向器表面的磨损，为了避免换向器表面过度磨损，电刷需要采用比换向片更软的材料制成。电刷材料硬度的选择要折中考虑，如果太软会造成电刷更换过于频繁。此外，电刷在换向器表面的压紧程度也要折中考虑，压力过大会造成电刷和换向片同时过度磨损，而压力过小又可能造成电机运行中由于电刷轻微脱开引起火花。若火花过大会对电刷和换向器造成危害，甚至会引起电枢绕组短路。

（5）端盖

端盖安装在机座两端，对电机内部起防护作用，同时端盖中的**轴承**用于支撑转子，使定、转子合为一体。

2. 转子

直流电机的转子也称为**电枢**，由**电枢铁心**和**电枢绕组**构成，铁心套装在**转子轴**上。与静止的定子铁心不同，电机运行时电枢铁心与静止的主磁场之间存在相对运动，会产生涡流损耗，因此电枢铁心通常采用厚度为 0.5mm 左右的硅钢片叠装而成。构成电枢铁心的硅钢片一般在冲床上冲制而成，因此又称为冲片。直流电机电枢冲片的外表面冲有多个均匀分布的齿和槽，槽中放置电枢绕组，如图 4-2 所示。

转子轴上除了套装电枢铁心外，在铁心的一侧还要套装**换向器**。换向器由许多铜片构成，片间采用云母类材料相互绝缘，电枢线圈的两端分别连接到不同的换向片上。从 3.6 节所述的直流电机的工作原理可以看出，旋转的电枢线圈正是通过换向器与电刷之间的滑动接触来完成交流电与直流电之间的转换，同时将旋转的电枢绕组与静止的外电路连接起来。

稍大一些的直流电机，转轴上还装有通风散热用的**风扇**。

4.1.2 直流电机中的电枢绕组

无论交流电机还是直流电机，电枢绕组都承担着机电能量转换的重要作用。当电枢绕组切割气隙磁场时会产生感应电势，当电枢绕组中流过的电流与磁场相互作用时会产生电磁转矩。构成电枢绕组的基本单元是线圈，多个线圈依次嵌入电枢铁心表面的槽中，并按一定的方式连接成闭合绕组。闭合的电枢绕组本身没有固定的引出端，需要通过换向器与电刷的滑动接触实现电枢绕组与外电路的连接。

近现代的直流电机采用鼓形绕组，如图 4-3a 所示。与早期的**环形绕组**不同（图 4-3b），鼓形绕组线圈的两个边都处于电枢铁心表面的槽中，而环形绕组的部分导体位于电枢铁心圆筒的内腔，不能感应电势。在大部分直流电机中，电枢绕组的线圈是采用线圈模具预制成菱形，每个线圈由多匝的导线构成。线圈放在铁心槽内的部分处于主磁场下，称为线圈的**有效边**，伸出铁心之外的部分处于漏磁场中，称为线圈的**端部**，如图 4-4 所示。通常直接称每匝线圈的一个有效边为**导体**，两根导体串联构成一个单匝线圈，不同槽中的多个线圈以一定的方式相互串联构成闭合的电枢绕组。

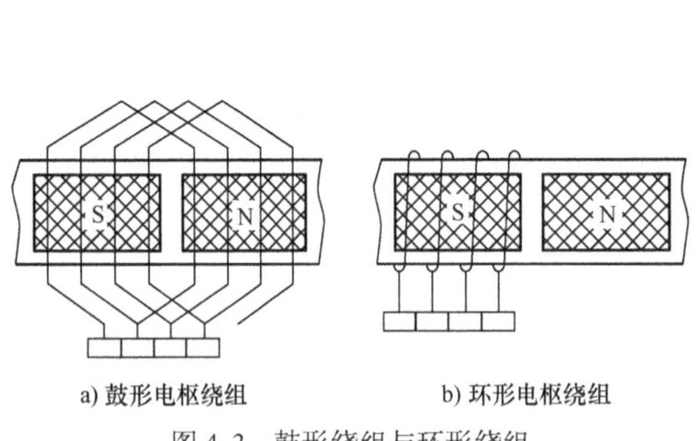

a) 鼓形电枢绕组　　b) 环形电枢绕组

图 4-3　鼓形绕组与环形绕组

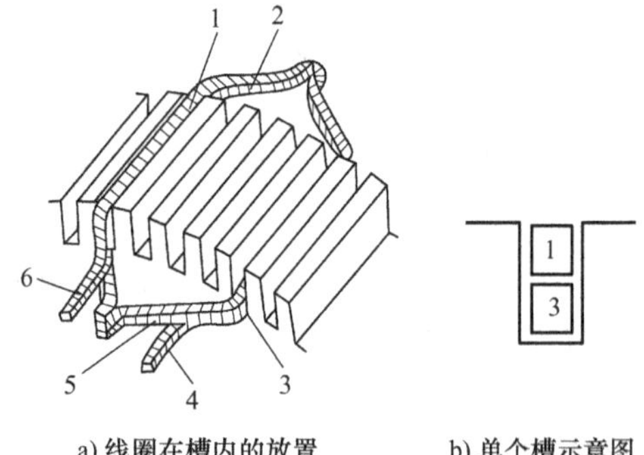

a) 线圈在槽内的放置　　b) 单个槽示意图

图 4-4　双层绕组线圈示意图

1—上层边　2、5—端部　3—下层边　4、6—引线

1. 单层绕组与双层绕组

在电枢铁心的每个槽中可以放置一个线圈边，也可以放置两个线圈边，由这样的线圈构成的绕组分别称为**单层绕组**和**双层绕组**。

大多数直流电机的电枢绕组是双层绕组，每个槽中放置两个不同线圈的线圈边，每个线圈的一个边放在一个槽的上层，另一个边则放在另一个槽的下层，如图 4-4 所示。在电机制造过程中，双层绕组要以一定的工序完成线圈的嵌放，通常先将每个线圈的一个边依次放入各个槽的下层，嵌放完成后，再将这些线圈的另一个边依次放入其他槽的上层。在直流电机中采用双层绕组可以增强绕组整体的机械强度和均匀性。

2. 整距绕组、短距绕组与长距绕组

电枢表面一个磁极所跨过的距离称为**极距**，用 τ 表示。在研究绕组连接时，极距的大小一般用槽数表示，即

$$\tau = \frac{Z}{2p} \tag{4-1}$$

式中，Z 为电枢铁心的**总槽数**；p 为电机的**极对数**。

在电机中，一个线圈的两个边沿电枢表面跨过的距离称为线圈**节距**，用 y 表示，它可以等于极距、小于极距或者大于极距，由这样的线圈构成的绕组分别称为**整距绕组**、**短距绕组**或者**长距绕组**。

对于整距绕组而言，当线圈的一个边位于给定磁极的中心线时，线圈的另一个边正好位于相邻具有相反极性的磁极中心线处。因此当电枢旋转时，线圈的两个边切割定子主磁极磁场感应的电势幅值相等而相位相差 180°，那么它们串联构成线圈时两个边的电势相互叠加，所以整距线圈的电势最大。直流电机大多采用整距绕组。交流电机大多采用短距或整距绕组，关于短距绕组和长距绕组将在第 5 章讨论。

3. 叠绕组与波绕组

近现代的鼓形电枢绕组一般采用双层绕组，其相邻线圈之间的基本连接方式有两种，构成的绕组分别被称为**叠绕组**和**波绕组**。此外，将叠绕组和波绕组结合在一起还可以形成第三种绕组形式，称为**蛙绕组**或自均压绕组。对于蛙绕组这里不再详细讨论。

叠绕组的连接如图 4-5a 所示，采用这种连接方式时相邻连接的两个线圈位于同一极对下，它们的上端部相互重叠，叠绕组的名称也由此而得，它是用于现代直流电机的一种最简单的绕组结构。

波绕组的连接如图 4-5b 所示，相邻连接的两个线圈位于相邻的极对下，两个线圈组合在一起形似波浪，因此被形象地称为波绕组。

一个线圈的两端所连接换向片之间的距离 y_c 称为**换向器节距**，用换向片数表示。根据换向器节距的不同，叠绕组又分为**单叠绕组**和**复叠绕组**，对应地，波绕组分为**单波绕组**和**复波绕组**。

在单叠绕组中，每个线圈的两个引线连接在相邻的两个换向片上，即 $y_c = 1$；若每个线圈的尾端连接的换向片与它的首端所连接的换向片之间间隔一片，这样的叠绕组称为双叠，以此类推可以得到其他复叠绕组。

在波绕组中，若相邻线圈依次串联构成的一条支路中最后一个线圈的尾端回接到与第一个线圈首端所连接的换向片相邻的换向片上，则称为单波绕组。若回接的换向片与首端所连

接的换向片之间间隔一片，这样的波绕组称为双波绕组，以此类推可以得到其他复波绕组。

叠绕组和波绕组又有**左行**绕组和**右行**绕组之分。以叠绕组为例，如果一个线圈的尾端引线所连接的换向片位于其首端引线所连接换向片的右边，如图4-5a所示，那么与它串联的下一个线圈将位于它的右边，这样构成的叠绕组称为右行绕组（或前向绕组）。相反，如果一个线圈的尾端引线所连接的换向片位于其首端引线所连接换向片的左边，那么它串联的下一个线圈将位于它的左边，这样构成的叠绕组称为左行绕组（或后向绕组）。

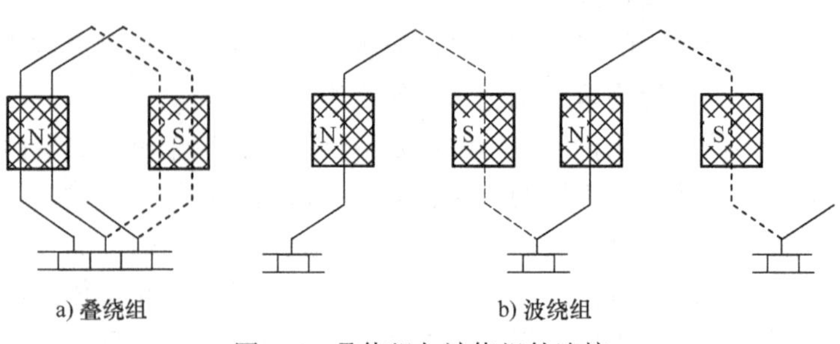

图4-5　叠绕组与波绕组的连接

4. 单叠绕组的连接方法

我们仅讨论单叠绕组的连接方法，其他类型的绕组可参考相关书籍。以一台4极16槽的直流电机电枢绕组为例讨论单叠绕组的连接方法。对于单叠绕组来说，换向器节距 $y_c=1$。电枢绕组为双层整距绕组，因此线圈节距 $y=\tau$。根据式（4-1）计算可得 $y=\tau=4$，因此，若线圈的一个边位于槽1的上层，则线圈的另一个边位于槽5的下层。

在分析绕组连接时，通常采用**绕组展开图**，它将电机的圆周展开成平面，使线圈间的连接看起来更清晰，图4-6所示为这台电机的单叠绕组展开图。图中的16个槽中放置32根导体，每两根导体连成一个线圈，因此有16个线圈。实线表示线圈的上层边，虚线表示线圈的下层边。电机的换向片数为16，等于槽数，每个换向片连接一个线圈的上层边和相邻线圈的下层边。将16个槽和16个换向片依次编号，第16个换向片与第1个换向片相邻，表示电枢绕组呈圆周分布。上层边位于槽1的线圈称为线圈1，上层边位于槽2的线圈称为线圈2，…，以此类推，可以将16个线圈也依次编号。

从图4-6中可以看出，线圈1的上层边位于槽1，其下层边位于槽5，两个边间隔4个槽，等于线圈的节距。线圈1的首端连接到换向片1上，尾端连接到换向片2上。线圈2的上层边位于槽2，其下层边位于槽6。线圈2的首端连接在换向片2上，与线圈1串联，线圈2的尾端连接在换向片3上。线圈3的首端又连接在换向片3上，与线圈2串联。其他线圈依次串联，直到最后一个线圈16的尾端连接到换向片1上，与线圈1的首端相连，从而16个线圈串联构成了一个闭合的电枢绕组。闭合的电枢绕组没有固定的引出端，在电机运行中，当某个线圈所连接的换向片与电刷接触时，电枢中的感应电势通过与该线圈连接的换向片而从电刷引出。

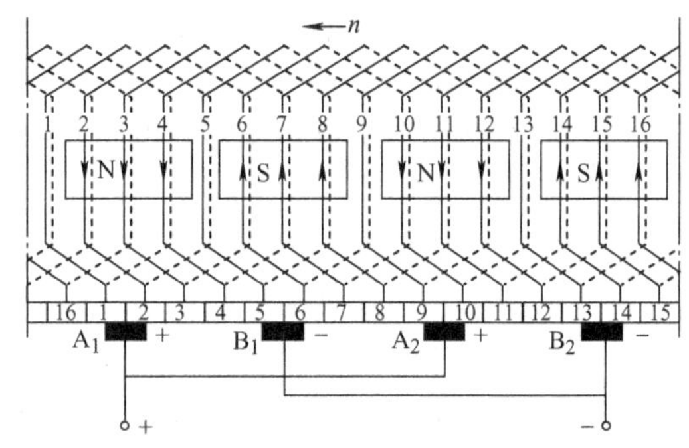

图4-6　单叠绕组展开图（4极16槽）

在图4-6中还画出了定子磁极相对于电枢绕组的位置，本节实例中定子上有4个磁极，因此把电枢圆周等分为4个极域，在每个极域中放置一个磁极，磁极的宽度通常为极距宽度的0.6~0.7倍。两个主磁极之间的中心线称为**几何中性线**。作为N、S极的分界线，几何中性线处的径向磁通密度为零。这里要注意的是，当电机旋转时，电枢绕组上的每个线圈与定子主磁极的相对位置是不断变化的，图中画出的是某个瞬间的相对位置。N极下的磁力线从定子进入转子，图中假设其方向为进入纸面；S极下的磁力线从转子进入定子，图中假设其方向为流出纸面。如果电枢的旋转方向是从右向左，根据右手定则，可以判断出位于N极下的线圈边的感应电势方向是由上而下，而位于S极下的线圈边的感应电势方向是由下而上。可以想象，若不采取适当的方式将电枢绕组中的感应电势引出，那么在闭合的电枢绕组中16个线圈的感应电势将相互抵消。

为了在电刷间引出最大的电枢绕组感应电势，电刷的安放位置至关重要。**只有当电刷通过换向片与处于几何中性线的导体（线圈）相接触时，才能在电刷间引出最大的感应电势**。图4-6中画出了4个电刷正确的安放位置，可以看出，由于一般电机中的线圈呈对称的菱形，因此当电刷与处于几何中性线的线圈相接触时，它的实际位置却在磁极的中心线处。在图示瞬间，4个电刷A_1、B_1、A_2、B_2分别与处于几何中性线的线圈1、5、9、13相接触，这4个线圈通过换向片被电刷短接，电枢绕组中的感应电势通过这4个线圈从电刷间引出。电刷A_1、B_1间串联的是线圈1、2、3、4、5，其中线圈2、3、4的上层边都位于N极下，下层边都位于S极下，所以它们的感应电势方向相同，相互叠加。而线圈1和线圈5位于几何中性线处，其感应电势近似为零。从电刷A_1、B_1间引出的感应电势是2、3、4三个线圈的感应电势之和。同理，电刷B_1、A_2间引出的感应电势是6、7、8三个线圈的感应电势之和，电刷A_2、B_2间引出的感应电势是10、11、12三个线圈的感应电势之和，电刷B_2、A_1间引出的感应电势是14、15、16三个线圈的感应电势之和。可见，四个电刷将电枢绕组16个线圈构成的闭合回路分成了4条并联支路。

电枢绕组的并联支路数通常用**并联支路对数**a来表示。对于单叠绕组来说，并联支路数等于电机的主磁极数，即

$$a=p \quad 或 \quad 2a=2p \tag{4-2}$$

同时也等于电刷（或电刷组）的个数。四条并联支路的感应电势大小相等，电刷A_1、A_2的极性为正，B_1、B_2的极性为负，将两对电刷并联起来即可以给负载提供直流电。

多极叠绕组的优点是存在多条并联支路，负载所需的大电流能够由几条并联支路共同分担，因此采用叠绕组的直流电机适合于低电压、大电流的应用场合。如果是小容量较高电压的电机，则采用单波绕组比较适合，因为单波绕组的并联支路对数总是等于1，也就是说，无论电机是多少极，单波绕组只有两条支路，即

$$a=1 \quad 或 \quad 2a=2 \tag{4-3}$$

然而，多极叠绕组也存在安全隐患，若电机的轴承在长期运行中出现磨损使转子偏心，则沿电枢圆周的气隙磁场不再对称，靠近磁极的一面，支路中线圈的感应电势变大，远离磁极的一面支路中线圈的感应电势变小。由于电枢绕组的电阻很小，这种支路间电势的微小不平衡会导致很大的电流流过电刷，从而引起严重的过热问题。此时采用均压线可以在一定程度上减轻环流。均压线是放置在叠绕组上的导线棒，它将不同支路上的等电位点短接起来，将环流限制在被短接的这部分线圈中流通，从而不再流过电机的电刷。

4.1.3 直流电机的励磁方式

直流电机的主磁极通常安装在定子上，定子绕组中的电流用于激励主磁通，因此定子绕组被称为励磁绕组，相应地，定子绕组中的电流被称为励磁电流。直流电机的励磁方式是指定子电流的供给形式，分为**他励**、**并励**、**串励**和**复励**四种类型，如图 4-7 所示。在直流发电机中，并励、串励和复励三种方式又合称为**自励**。四种励磁方式对应的直流电机分别被称为他励直流电机、并励直流电机、串励直流电机和复励直流电机。虽然励磁绕组所消耗的功率并不大，通常为电机额定功率的 1% ~3%，但不同的励磁方式会使直流电机呈现出不同的运行特性，为根据不同负载的需求选配电机提供了多种可能性。

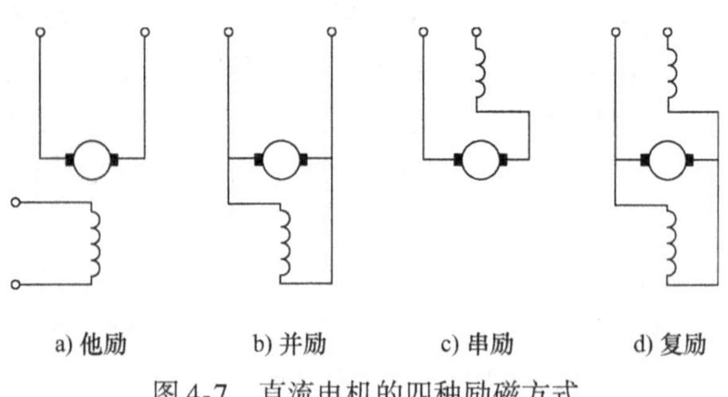

图 4-7 直流电机的四种励磁方式

在他励和并励直流电机中，励磁绕组的匝数多、电阻大，因而励磁电流小。在串励直流电机中，励磁绕组流过的是电枢电流，励磁电流很大，所以激励同样的主磁通，所需匝数少，电阻小。复励直流电机定子上有两套励磁绕组，与电枢绕组并联的为并励绕组，与电枢绕组串联的为串励绕组。并励绕组起主要励磁作用，串励绕组起辅助励磁作用，通过改变串励绕组的匝数可以改变复励电机的运行特性。如果复励电机中的并励与串励绕组产生的磁通方向相同，相互加强，这样的复励电机称为**加复励**直流电机；反之，若两个绕组产生的磁通方向相反，相互削弱，则称为**差复励**直流电机。通常复励电机要避免接成差复励，而应以加复励状态运行。

对于直流发电机来说，他励发电机需要单独的直流电源给励磁绕组供电，自励发电机的励磁绕组与电枢绕组相连，由电枢绕组的感应电势提供励磁电流。自励发电机电枢绕组中最初的感应电势是通过电枢绕组切割定子铁心中的剩磁产生的，只有满足一定的建压条件，自励发电机才能建立稳定的电压。

而对于直流电动机来说，无论电枢电流还是励磁电流都由外加电源提供，所以没有他励与自励之分。一般来讲，他励电动机与并励电动机具有相同的运行特性，但在调压调速运行中，他励电动机可以在保持励磁电压不变的情况下单独改变电枢端电压，而并励电动机在改变电枢端电压调速时，也同时改变了励磁电流的大小，从而呈现出与他励电动机不同的调压调速特性。

4.1.4 直流电机的额定值

电机的额定值是指电机制造厂对电机在指定工作条件下运行时所设计和规定的一些量值，它们通常标注在电机机座外表面的铭牌上，所以又称为铭牌数据，是正确选择和合理使用电机的重要依据。根据国家标准规定，直流电机的额定值有：**额定功率**P_N（kW）、**额定电压**U_N（V）、**额定电流**I_N（A）、**额定转速**n_N（r/min）、**额定励磁电流**I_f（A）等。

通常还有一些额定运行时的量值，如**额定转矩**T_N、**额定效率**η 等，虽然不标注在铭牌上，但也是很重要的电机额定数据。

这里特别要注意的是，电机的额定功率 P_N 是指电机额定运行时的输出功率，因此发电机的额定功率是指额定运行时发电机出线端输出的电功率，即

$$P_N = U_N I_N \tag{4-4}$$

而电动机的额定功率是指额定运行时电动机轴伸端输出的机械功率，即

$$P_N = U_N I_N \eta_N \tag{4-5}$$

如果直流电机运行时各个物理量都达到额定值，称电机运行在**额定状态**，此时电机的总体性能最好。当电机的电枢电流大于额定值时，称电机运行在**过载**状态，长期过载运行会引起电机过热而损坏电机。当电机的电枢电流小于额定值时，称电机运行在**欠载**状态，此时电机的运行效率低，不经济。因此，应根据负载的大小合理选配电机，使电机尽量运行在额定状态附近。

4.2 直流电机的气隙磁场与电枢反应

直流电机中定子励磁电流的作用就是激励气隙磁场，转子上的电枢绕组与气隙磁场相互作用产生感应电势和电磁转矩。气隙磁场的空间分布以及每极气隙磁通的大小都直接影响到电枢绕组的感应电势和电磁转矩，进而影响到电机的运行性能和电枢绕组的换向。本节从分析电机空载气隙磁场和负载气隙磁场入手，引出直流电机中一个重要的概念——电枢反应。

4.2.1 空载气隙磁场的空间分布

无论是直流发电机还是直流电动机，空载运行时电枢电流为零或非常小，可以忽略不计，此时气隙中的磁场由定子励磁磁势单独产生，其大小和空间分布由励磁磁势所决定。由于电机结构较复杂，详细分析电机中的磁场分布和大小需要采用有限元法对整个磁场进行求解，正如本书第1章所述，在工程应用中通常采用更简便易行的磁路法代替复杂的磁场分析。

从磁路的观点出发，主磁极励磁磁势产生的磁通分为主磁通和漏磁通，它们分别在主磁路和漏磁路中流通。图4-8中带箭头的虚线所示为一台4极直流电机相邻两个主磁极构成的主磁路，它从定子的一个主磁极出发，经由定、转子间气隙、电枢齿和电枢轭，到达定子的另一个主磁极，再通过定子轭形成闭合的串联磁路。主磁路上流过的主磁通穿过气隙同时匝链定、转子绕组，是电机中能量传递和转换的媒介。漏磁通（图中未画出）只匝链定子绕组或转子绕组，不参与定、转子间的能量传递和转换，但漏磁通的大小会对电机的运行性能产生影响。

主磁路中除气隙外，其他部分均由铁磁材料构成。气隙虽然很短，但由于气隙磁阻远大于铁心磁阻，所以主磁路上的总磁势大部分降落在气隙上。当磁路不饱和或者微饱和时，可以忽略铁心磁阻，认为定子励磁电流产生的磁势全部降落在气隙上。每极下极距范围内气隙中各点消耗的磁势相等，所以主磁极磁势的波形为矩形波。忽略电枢表面齿槽的影响，认为极面下的气隙均匀分布，则各点的磁阻相等，所以极面下气隙中各点的磁通密度相等且较大。在两极之间由于气隙很大导致磁阻很大，所以磁通密度会显著降低，在磁极的几何中性线处磁通密度为零。每极下空载气隙磁场的空间分布如图4-9所示。

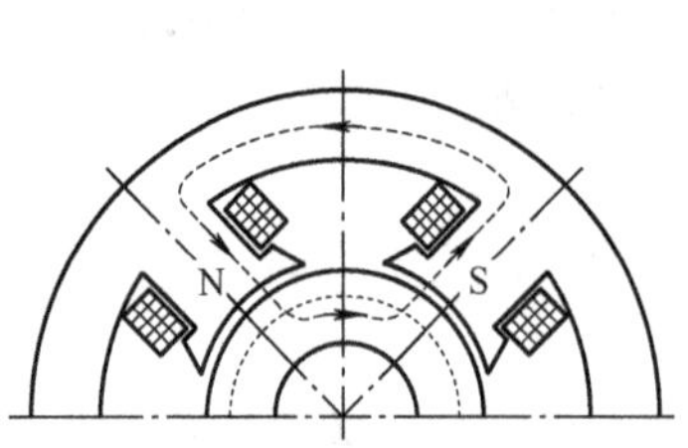

图 4-8 直流电机空载时的主磁路

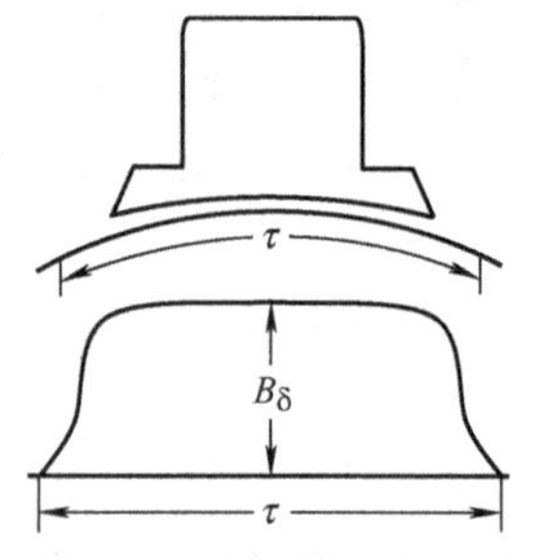

图 4-9 每极下空载气隙磁场的空间分布

4.2.2 负载时电枢磁场的空间分布

负载运行时，电枢电流不再为零，电枢电流流过电枢绕组时，会产生电枢磁势。电枢磁势与定子励磁磁势一样也要激励主磁通，所以负载时的气隙磁场是由定子励磁磁势与转子电枢磁势共同激励的。这里先分析电枢磁势单独激励产生的气隙磁场。

图 4-10 为直流电机的电枢磁场示意图，为简单起见，图中未画出电枢铁心表面的齿槽结构，只画出电枢导体，并且考虑到电枢双层整距绕组每槽的上、下层导体电流方向相同，所以用单层绕组来表示。图中略去了换向器，使电刷直接与位于磁极几何中性线上的导体相接触。

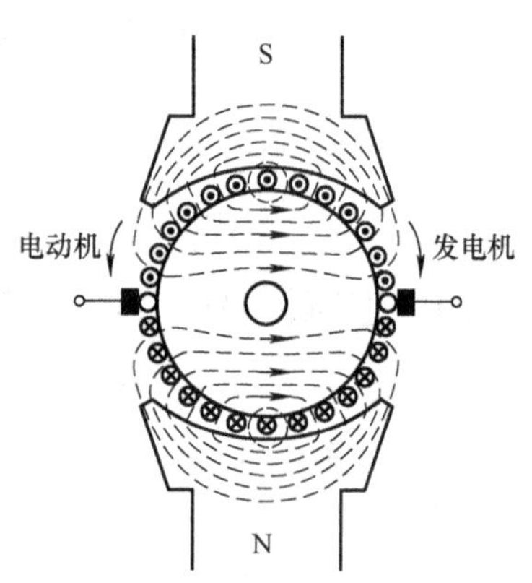

图 4-10 电枢磁场示意图

一对电刷将闭合的电枢绕组分成两条并联支路，在图 4-10 所示的旋转方向时，N 极下的电枢电流为流进纸面，S 极下的电枢电流为流出纸面。由于磁场的空间分布只与电流的空间分布有关，与电枢导体的连接顺序无关，根据右手定则，可以判断出电枢磁势激励的主磁通方向，其磁力线如图中虚线所示。电枢磁场的轴线位于主磁极的几何中性线上，而主磁极磁场的轴线位于主磁极的中心线上，两个磁场的轴线相互垂直。进一步分析可知，图中的电枢磁场轴线之所以位于几何中性线上，是由于电刷正好与位于几何中性线的导体相接触，此处的导体处于换向状态。电刷两边导体中的电流方向不同，电刷位于电枢电流改变方向处，可见电枢磁场的轴线由电刷位置所决定，正常情况下，位于主磁极的几何中性线上。

电枢磁场对应的主磁路与主磁极磁场对应的主磁路一样，也是由电枢铁心、气隙和定子铁心构成，分析时仍然忽略铁心磁阻，认为电枢磁势全部降落在两个气隙上。将图 4-10 沿电枢圆周展开，便得到图 4-11 所示的电枢磁场空间分布波形。假设 N 为电枢绕组的总导体数，I_c 为每根导体中的电流，D_a 为电枢直径，定义电枢圆周单位长度上的安倍电流数为电机的线负荷 A，则

$$A = \frac{NI_c}{\pi D_a} \tag{4-6}$$

参看图 4-11a，取 N 极的中心线为坐标原点，在距离原点 x 处作一条闭合回路，它包围的总电流为 $2Ax$。忽略铁心磁阻时，每个气隙所消耗的磁势为

$$F_a(x)=Ax \tag{4-7}$$

式中，$-\tau/2<x<\tau/2$，可见气隙圆周某点的电枢磁势与其离开原点的距离 x 成正比。

当 $x=0$ 时，$F_a=0$，主磁极的中心线处的电枢磁势为零。随着 x 的增加，F_a成正比例地增大，在气隙空间呈线性变化。在电刷处，即 $|x|=\tau/2$，电枢磁势达到最大值，即

$$F_a=\frac{1}{2}A\tau \tag{4-8}$$

当 $|x|>\tau/2$ 以后，闭合回路将包含部分电流方向相反的导体，故闭合回路上的总磁势反而比 $|x|=\tau/2$ 处的磁势小。采用右手定则可以判断，在左边的电刷处电枢磁势的方向是从转子到定子，而在右边的电刷处电枢磁势的方向是从定子到转子。因此，电枢磁势的空间分布为三角波，磁势的最大值位于电刷处，也即电枢电流的方向改变处，如图 4-11b 所示。

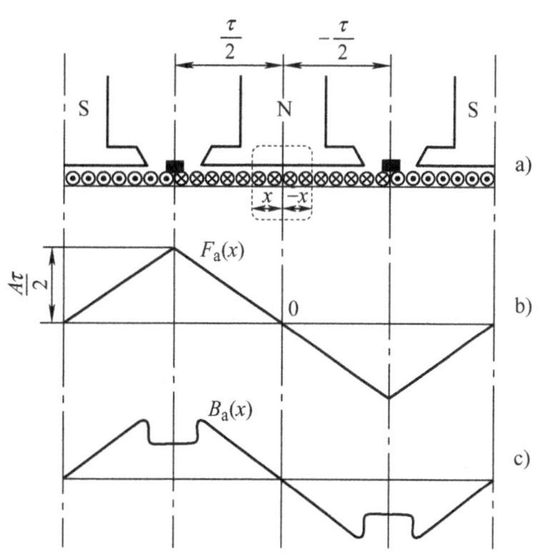

图 4-11　电枢磁场空间分布波形

由电枢磁势在气隙中某点产生的磁通密度 $B_a(x)$ 与该点磁势 $F_a(x)$ 的大小成正比，与该点对应的主磁路的磁阻成反比。若忽略铁心磁阻，则气隙中各点磁阻的大小取决于气隙的大小。在主磁极极面下，气隙较小且均匀分布，如果忽略电枢表面齿槽的影响，可以认为各点的磁阻相等，所以极面下各点的磁通密度与磁势成正比变化。在两极之间，虽然电枢磁势继续增大，但由于气隙很大，磁阻迅速增加，所以磁通密度反而减小，形成所谓的**马鞍形**分布，如图 4-11c 所示。

4.2.3　电枢反应及其对电机性能的影响

当电机空载运行时，主磁极单独激励气隙磁场，此时气隙磁场的空间分布关于主磁极的中心线对称。若忽略电枢齿槽影响，则极面下磁通密度均匀，两极间磁通密度为零，这样的空间分布对于电机的运行和换向都是较为理想的。当电机负载运行时，主磁极和电枢磁势共同激励主磁通，电枢磁势激励的电枢磁场会叠加到空载气隙磁场上，从而对气隙磁场的空间分布和每极气隙磁通的大小产生影响。电枢磁势对主磁极所激励的空载磁场的影响称为**电枢反应**。电枢反应所引起的气隙磁场的变化可以通过图 4-12 来分析，图 4-12a、b 分别是主磁极磁势和电枢磁势各自单独激励的气隙磁通密度分布波形 $B_f(x)$ 和 $B_a(x)$，图 4-12c 为两者共同激励的合成气隙磁通密度分布波形 $B(x)$。

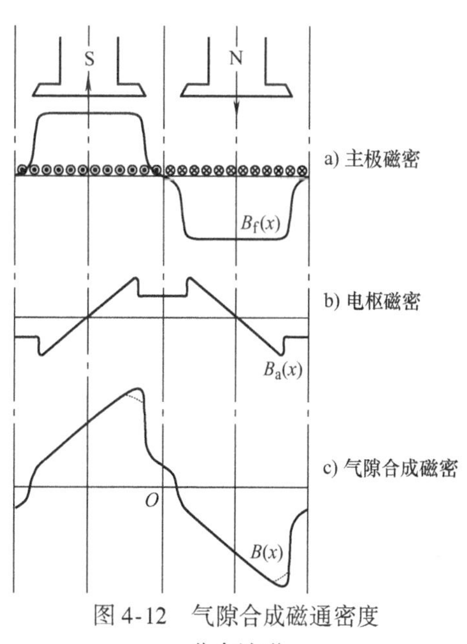

图 4-12　气隙合成磁通密度分布波形

比较两个分布波形 $B(x)$ 与 $B_f(x)$ 可以看出，由于电枢磁势的作用，导致主磁极一半极面下的磁通密度减小，而另一半极面下的磁通密度增加，使极面下的磁通密度分布发生畸变。气隙磁场的这种畸变将导致处于极面下不同位置的线圈所感应的电势大小不同。对一条并联支路来讲，各串联线圈电势大小不均匀虽然不会使电刷间的输出电势受到明显的影响，但却可能造成某些换向片间的电压过高。当某个线圈的两个边都处于最大磁通密度处时，则该线圈中的感应电势会达到最大值，对于叠绕组来讲，这个线圈两端所连接的两个换向片间的电压有可能超过了换向片间的安全电压，使片间发生闪络而短路，造成电机的损坏。

进一步分析可以看到，当铁心不饱和时，由于磁通密度的变化与磁势成正比，因此电枢反应引起的一半极面下增加的磁通与另一半极面下减小的磁通正好相等，每极下的总磁通保持不变。但是当铁心饱和时，随着磁势的增加主磁路的磁阻会增大，这就使得一半极面下增加的磁通会小于另一半极面下减少的磁通，从而使每极总磁通减少，产生所谓的去磁效应，进而导致并联支路感应电势和电磁转矩的减小，直接影响电机的输出性能。一般来讲，如果不采取补偿措施，当电机重载运行时，直流电机电枢反应的去磁效应很明显。

此外，由于电枢反应的影响，使气隙磁场磁通密度的过零点偏移了几何中性线，如图 4-12c 所示。图中位于几何中性线处被电刷短接的线圈处于换向状态，由于存在电枢反应，当电机负载运行时，处于换向状态的线圈将切割非零的气隙磁通密度而产生感应电势。根据右手定则可以判定，这个感应电势阻碍线圈电流换向，会导致电机的换向性能变差。

对于大型直流电机，电枢电流很大，因此电枢反应很强。为了克服电枢反应对电机运行造成的不良影响，可以通过安装**补偿绕组**来抵消电枢磁势。补偿绕组安装在定子主磁极上，在极靴表面开槽，放置导体，将这些导体串联构成补偿绕组，如图 4-13 所示。为了抵消电枢磁势，应将补偿绕组与电枢绕组串联，而且产生的磁势与电枢磁势相互削弱，这样，无论电枢电流随负载如何变化，补偿绕组始终都能有效地补偿电枢磁势的影响。安装补偿绕组还可以减小电枢回路的时间常数，提高电机的响应速度。但是，安装补偿绕组无疑会增加电机成本，因此主要用于电机运行中会出现严重过载和负载快速变化的场合。

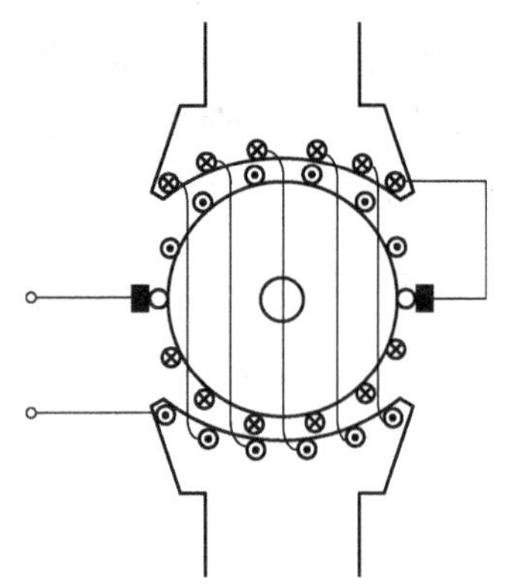
图 4-13　补偿绕组示意图

4.2.4　电刷偏离几何中性线的电枢反应

当电刷安装位置准确，正好与处于几何中性线上的电枢导体相接触时，则电枢磁势的轴线位于几何中性线处，与主磁极磁势轴线正交，这时的电枢反应称为**交轴电枢反应**。几何中性线所在的轴线被称为**交轴**，与交轴垂直的主磁极的轴线位置被称为**直轴**。当电刷正确安装时，主磁极磁势的轴线位于直轴，电枢磁势的轴线位于交轴。

如图 4-14a 所示，如果由于某种原因，电刷位置偏离了几何中性线，例如，电刷顺着发电机旋转方向或者逆着电动机旋转方向偏移一个小角度 β，由于电枢磁势轴线与电刷轴线相重合，所以电枢磁势轴线也将偏移角度 β。以几何中性线为对称轴，向偏移的反方向也取 β 角，把电枢电流分布分成两部分，如图 4-14b 所示。在 2β 范围内的导体电流产生的电枢磁势的轴线位于直轴，与主磁极轴线重合，这部分磁势称为**直轴电枢磁势**，用 F_{ad} 表示。F_{ad} 与主磁极磁势方向相反，起去磁作用，使每极磁通减小。如图4-14c所示，位于（$\pi-2\beta$）范围内的导体电流产生的电枢磁势的轴线位于交轴，与主磁极轴线正交，这部分磁势称为**交轴电枢磁势**，用 F_{aq} 表示，F_{aq} 产生的电枢反应如4.2.3节所述。

a) 电枢磁势轴线　b) 直轴电枢磁势　c) 交轴电枢磁势

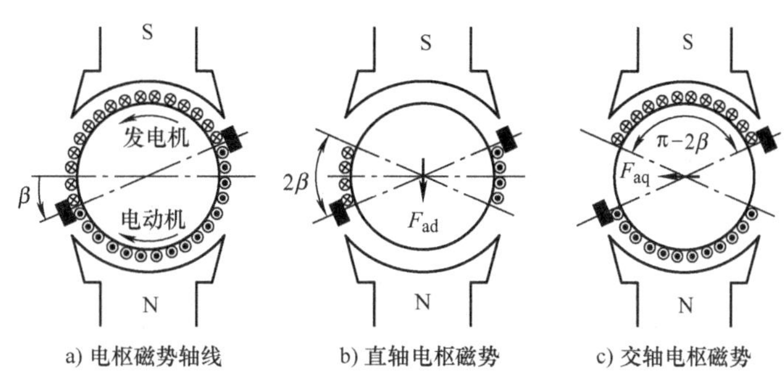

图4-14　电刷偏离正常位置电枢反应

可见，当电刷位置偏离几何中性线时，电枢磁势不仅产生交轴电枢反应，而且还产生直轴电枢反应。直轴电枢反应对主磁极磁场起去磁作用还是增磁作用，取决于电刷偏移的方向。直轴去磁电枢反应可能导致电动机运行不稳定或发电机输出电压稳定度变差。在电机实际应用中，电刷的位置安放是否正确可以通过试验检测。在保持励磁电流和电枢电流不变的情况下，分别使发电机正转和反转，测量发电机输出的端电压。如果电刷的位置处于几何中性线处，则正转和反转时发电机输出的端电压大小相等，否则会不相等。

4.3　直流电机的电势、功率与转矩公式

4.3.1　感应电势计算公式

直流电机运行时，电刷两端的感应电势是直流电势，但是电枢绕组内部导体切割气隙磁场时所产生的却是交流电势。根据电磁感应定律，一根长度为 l 的导体，以线速度 v 切割气隙磁场，在导体中产生的感应电势为

$$e = Blv \tag{4-9}$$

由于电枢反应的影响，直流电机中极面下的气隙磁场分布不再均匀，如图4-15所示。假设极面下 x 处的气隙磁通密度为 B_x，导体的感应电势为 e_x。设电枢的总导体数为 N，并联支路数为 $2a$，则每条并联支路的导体数为 $N/(2a)$，电刷两端的感应电势为

$$E_a = \sum_{x=1}^{N/(2a)} e_x = \sum_{x=1}^{N/(2a)} B_x lv = lv \sum_{x=1}^{N/(2a)} B_x \tag{4-10}$$

图4-15　极面下磁密分布及导体感应电势

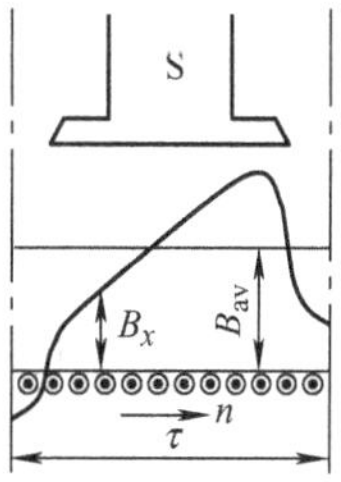

假设导体沿电枢表面连续分布，那么 $\sum_{x=1}^{N/(2a)} B_x$ 可看成图4-15中磁通密度曲线下所包围的面积，若采用 B_{av} 表示每极磁通密度的平均值，其计算公式为

$$B_{av} = \frac{1}{\tau}\int_0^{\tau} B_x \mathrm{d}x \tag{4-11}$$

那么可以得到

$$\sum_{x=1}^{N/(2a)} B_x = \frac{N}{2a} B_{\text{av}} \tag{4-12}$$

将式(4-12) 代入式(4-10) 得到

$$E_{\text{a}} = lv\frac{N}{2a}B_{\text{av}} \tag{4-13}$$

在电机中通常采用转速 n 来表示电机的运行速度，指每分钟转过的圈数，单位为 r/min。考虑到电枢圆周的周长为 $2p\tau$，因此线速度 v 与转速 n 之间的变换关系为

$$v = 2p\tau\frac{n}{60} \tag{4-14}$$

每极平均磁通密度 B_{av} 用电机的每极气隙磁通 Φ 表示为

$$B_{\text{av}} = \frac{\Phi}{l\tau} \tag{4-15}$$

将式(4-14) 和式(4-15) 代入式(4-13)，则电刷两端的感应电势的表达式为

$$E_{\text{a}} = \frac{pN}{60a}\Phi n \tag{4-16}$$

对于一台制造完成的直流电机，式(4-16) 中的 p、N 和 a 都是常数，因此在这里引入**电势常数**

$$C_{\text{e}} = \frac{pN}{60a} \tag{4-17}$$

则，感应电势的计算公式 [式(4-16)] 可以进一步写成

$$E_{\text{a}} = C_{\text{e}}\Phi n \tag{4-18}$$

可见，在直流电机中电刷两端感应电势 E_{a} 的大小与电机的每极磁通 Φ 和转速 n 成正比。从前面的分析可知，电枢反应可能影响到每极磁通的大小，因而会影响到感应电势的大小。同样，若电刷的位置发生偏移，也会直接影响到感应电势的大小，关于这点请读者自行分析。

上面关于感应电势的推导是从单叠绕组出发的，对于单波绕组，虽然相邻的两个线圈不在同一个极对下，但对于每条并联支路来说，位于 N 极下的所有导体串联构成一条并联支路，位于 S 极下的导体构成另一条并联支路，因此可以仿照叠绕组先计算每极下所有导体的感应电势之和，计算时仍然可以采用每极平均磁通密度的概念。感应电势的计算公式 [式(4-18)] 也同样适用于单波绕组和其他类型的绕组，只是式中的支路对数 a 要取不同的值，例如对于单波绕组来讲，a 总是等于 1。

4.3.2 电枢回路的电势平衡方程式

无论是直流发电机还是直流电动机，电枢绕组切割气隙磁场都会产生感应电势，电枢电流与气隙磁场相互作用也都会产生电磁转矩，但是对于发电机和电动机这两种不同的运行方式，感应电势和电磁转矩的作用不同。

图 4-16 给出了直流电机中感应电势、电枢电流和电磁转矩的方向。在直流发电机中，原动机驱动转子旋转，向电机输入机械能，电枢绕组切割气隙磁场产生感应电势，感应电势的方向用右手定则判定。若电刷两端连接负载形成闭合回路，那么在感应电势的作用下电枢

回路中会产生电流，发电机向负载输出电能。可见，在发电机中，电枢电流是由感应电势所产生，电枢电流的方向也与感应电势的方向一致，如图4-16a所示。发电机中的感应电势E_a也因此被称为正电势或电动势。转子导体受力的方向根据左手定则来判定，由此可知，在发电机中电磁转矩的方向与转子旋转方向相反（图4-16a），对转子的转动起阻碍作用，因此发电机中的电磁转矩T被称为反力矩（阻力转矩）。

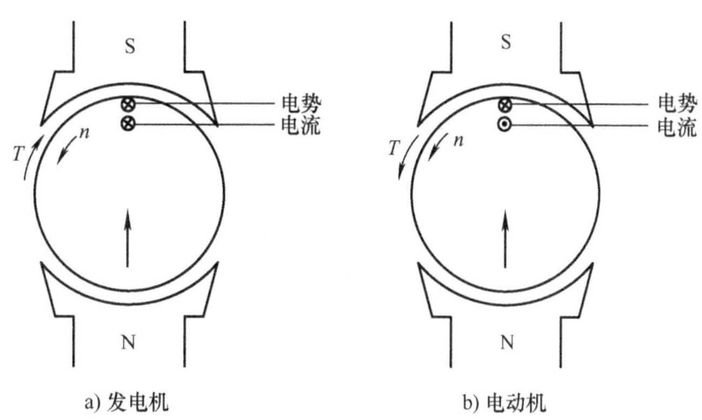

图4-16　电势、电流和电磁转矩方向

在直流电动机中，电源通过电刷将电能输入到电枢绕组，电枢电流与气隙磁场相互作用产生电磁力以驱动转子旋转，将电能转换成机械能输出。与直流发电机不同，在直流电动机中，电枢电流是由外加电源电压产生的，其方向由外加电压的方向决定，因此电枢电流的方向与外加电压的方向一致，而电枢绕组的感应电势对电流进入电枢绕组起阻碍作用（图4-16b），因此电动机中的感应电势E_a被称为反电势。电动机中的电磁转矩与转子旋转方向相同（图4-16b），对转子的转动起驱动作用，因此电动机中的电磁转矩T被称为正力矩（动力转矩）。

设发电机负载两端的端电压为U，考虑到电枢绕组存在电阻压降，同时电刷与换向器之间还存在接触电阻压降，根据电路的基尔霍夫定律，可以得到发电机电枢回路的电势平衡方程式

$$E_a = U + I_a R_a + 2\Delta u_s \tag{4-19}$$

式中，R_a表示电枢绕组电阻；$2\Delta u_s$表示两个电刷与换向器之间的接触电阻压降，负载运行时，中小型电机一般取$2\Delta u_s = 2\text{V}$。

图4-17为发电机电枢回路等效电路，在发电机中，$E_a > U$，I_a由E_a产生，I_a的方向与E_a的方向相同。

对于直流电动机，电刷两端的电压U为外加电压，它需要克服电枢绕组中的反电势E_a才能将电能输入到电枢中，因此与发电机相反，在电动机中$U > E_a$，I_a由U产生，I_a的方向与U的方向相同，而与E_a的方向相反。同样，考虑到电枢绕组存在电阻压降$I_a R_a$，同时电刷与换向器之间还存在接触电阻压降$2\Delta u_s$，根据基尔霍夫定律，可以得到电动机电枢回路的电势平衡方程式

$$U = E_a + I_a R_a + 2\Delta u_s \tag{4-20}$$

图4-18为对应的电动机电枢回路等效电路。

在列写发电机和电动机电势平衡方程式时，由于电刷接触电阻压降通常很小，因此有时可忽略$2\Delta u_s$或通过修正电枢回路电阻R_a的值来考虑。如果直流电机装有换向极或补偿绕组，由于换向极和补偿绕组是与电枢绕组相串联的，因此R_a中还应包括换向极和补偿绕组的电阻。

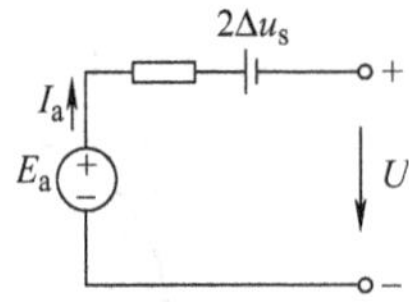

图 4-17　直流发电机电枢回路等效电路

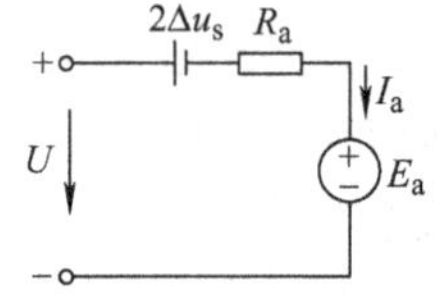

图 4-18　直流电动机电枢回路等效电路

实际上，电机的运行是可逆的，一台电机既可以运行在发电机状态也可以运行在电动机状态。如果一台直流电机连接在直流电网上运行，当电枢绕组的感应电势 E_a 大于电网电压 U 时，电机向电网输送电能，作为直流发电机运行。而当电网电压 U 增大或通过减小发电机励磁电流使电枢绕组感应电势 E_a 减小，使得 E_a 小于电网电压 U 时，电网就转而向电机输送电能，此时的电机就从发电机运行状态变为电动机运行状态。

4.3.3　直流电机的损耗

在进行机电能量转换的过程中，电机内部会产生损耗，无论是发电机还是电动机，输出功率总是小于输入功率。直流电机的损耗分为铜耗、铁耗、机械损耗和杂散损耗。

(1) 铜耗

铜耗是对直流电机中各部分电阻损耗的总称。直流电机中转子上的铜耗是电枢回路的电阻损耗，包括电枢绕组铜耗 p_a 和电刷与换向器之间的接触电阻铜耗 p_b，它们的表达式分别为

$$p_a = I_a^2 R_a \tag{4-21}$$

$$p_b = 2\Delta u_s I_a \tag{4-22}$$

直流电机定子上的铜耗是励磁绕组回路的电阻损耗，对于他励和并励电机，励磁绕组回路铜耗 p_f 的表达式为

$$p_f = I_f^2 R_f = U_f I_f \tag{4-23}$$

式中，I_f 为并励（或他励）绕组中的电流；R_f 为并励（或他励）绕组回路的电阻；U_f 为并励（或他励）绕组两端的电压。

对于串励电机，励磁绕组铜耗 p_s 的表达式为

$$p_s = I_s^2 R_s \tag{4-24}$$

式中，I_s 为串励绕组中的电流；R_s 为串励绕组电阻。

对于复励电机，励磁损耗同时包括并励绕组的铜耗 p_f 和串励绕组的铜耗 p_s。

(2) 铁耗

当穿过铁心的磁通交变时，在铁心中将产生涡流损耗和磁滞损耗，总称为铁耗，用 p_{Fe} 表示。直流电机中的气隙磁场为恒定磁场，因此在定子铁心中不会产生铁耗，但是由于转子是旋转的，所以在转子铁心中存在涡流和磁滞损耗。铁耗与铁心中磁通密度最大值 B_m 的二次方以及磁通交变频率的 1.2～1.5 次方成正比。

(3) 机械损耗

机械损耗是电机中存在的摩擦损耗和通风损耗的总称，用 p_m 表示。摩擦损耗包括轴承摩擦损耗以及电刷与换向器之间的摩擦损耗，通风损耗主要指转子表面的冷却空气产生的摩擦损耗。机械损耗的影响因素较多，如滑动轴承的摩擦损耗与所用润滑油的黏度、品质相

关，还与轴颈的尺寸、圆周速度以及工作表面的加工精度相关；而通风损耗与通过电机的空气体积流量和风扇外缘的速度相关。

(4) 杂散损耗

铜耗、铁耗和机械损耗是直流电机中的主要损耗，除此之外，电机中的谐波磁场和漏磁场也会产生少量损耗，这部分损耗总称为杂散损耗，有时也称为附加损耗，用 p_Δ 表示。电机空载时的杂散损耗主要是气隙谐波磁场产生的铁心表面损耗和齿中脉振损耗，当电机负载时，漏磁场在绕组中以及一些金属结构件中还会产生涡流损耗，这部分损耗被称为负载杂散损耗。无论空载杂散损耗还是负载杂散损耗都很难精确计算，一般按电机输出功率 P_2 的 $(0.5 \sim 1)\%$ 估算。

4.3.4 功率流程图与功率平衡方程式

直流发电机将机械能转换成电能，因此，发电机的输入功率 P_1 是机械功率，输出功率 P_2 是电功率；而直流电动机将电能转换成机械能，所以，电动机的输入功率 P_1 是电功率，输出功率 P_2 是机械功率。由于发电机与电动机的输入、输出功率正好相反，所以它们内部的功率流向也相反。电机内部的功率传递关系可以采用**功率流程图**来表示，下面以复励直流电机为例来分析。

对于一台复励直流发电机，原动机输入的机械功率 P_1 首先要供给电机的机械损耗 p_m、铁心损耗 p_{Fe}和杂散损耗 p_Δ，扣除这三项损耗后剩余的部分将通过电磁感应转换成全部的电功率，称为**电磁功率**P_M。P_M 还需要供给电机内部的铜耗，包括电枢绕组的铜耗 p_a、电刷接触电阻的铜耗 p_b、并励绕组的铜耗 p_f 以及串励绕组的铜耗 p_s，扣除这些铜耗后剩余的电功率就是电机的输出功率 P_2。复励直流发电机的功率流程图如图 4-19 所示，根据功率流程图可以方便地列写功率平衡方程式，用于定量计算发电机中的功率、损耗和效率，如：

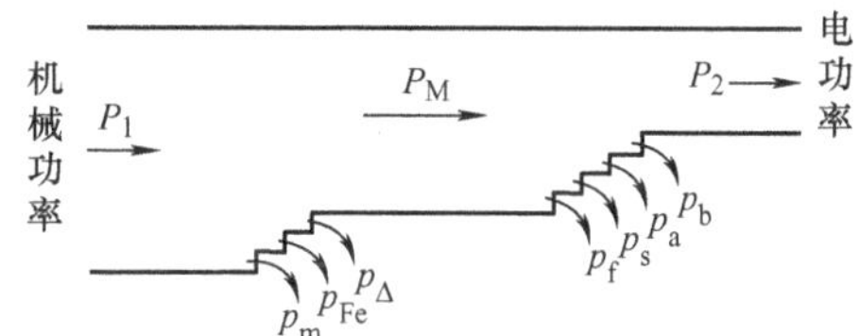

图 4-19 复励直流发电机功率流程图

$$P_1 = P_2 + (p_m + p_{Fe} + p_\Delta + p_f + p_s + p_a + p_b) \tag{4-25}$$

$$P_M = P_1 - (p_m + p_{Fe} + p_\Delta) \tag{4-26}$$

$$P_2 = P_M - (p_f + p_s + p_a + p_b) \tag{4-27}$$

在复励直流电动机中，输入功率 P_1 是外接电源供给的电功率，首先要供给电机内部的各种电损耗，也就是铜耗，包括 p_a、p_b、p_f 和 p_s。扣除铜耗后剩余的电功率将通过电磁感应转换成全部的机械功率，这里也称为电磁功率 P_M。所以，电磁功率 P_M 在发电机中是全部的电功率，而在电动机中是全部的机械功率。电动机中的电磁功率 P_M 也不能全部输出给负载，还要供给电机内部的机械损耗 p_m、铁心损耗 p_{Fe}和杂散损耗 p_Δ，剩余的部分就是输出功率 P_2。复励直流电动机的功率流程图如图 4-20 所示，可见，电动机中的功率流向与发电机中的相反。根据电动机的功率流程图也可以列写所需的功率平衡方程式，定量计算功率和损耗，如：

$$P_1 = P_2 + (p_m + p_{Fe} + p_\Delta + p_f + p_s + p_a + p_b) \tag{4-28}$$

$$P_M = P_1 - (p_f + p_s + p_a + p_b) \tag{4-29}$$

$$P_2 = P_M - (p_m + p_{Fe} + p_\Delta) \tag{4-30}$$

机械损耗 p_m、铁心损耗 p_{Fe}、杂散损耗 p_Δ 和并励绕组的铜耗 p_f 在电机空载时就存在，因此它们之和 $p_0 = p_m + p_{Fe} + p_\Delta + p_f$ 又称为**空载损耗**。而串励绕组的铜耗 p_s、电枢绕组铜耗 p_a 和电刷接触电阻铜耗 p_b 取决于负载电流的大小，因此它们之和 $p_s + p_a + p_b$ 称为**负载损耗**。当电机带负载运行时，如果电机的转速与端电压变化不大，那么空载损耗近似不变，因此空载损耗也被称为不变损耗，而负载损耗则被称为可变损耗，因为它随负载的大小而变化。

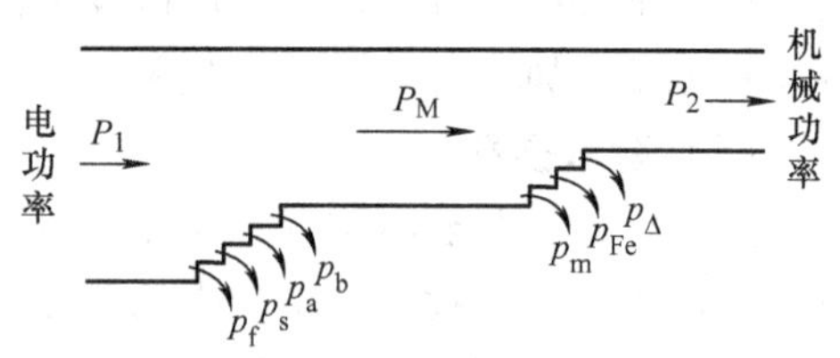

图 4-20　复励直流电动机功率流程图

分析他励、并励和串励电机内部的功率平衡关系时，可以将它们看作复励电机的特例。如在图 4-19 所示的复励直流发电机的功率流程图中，去掉串励绕组的铜耗 p_s 就是并励发电机的功率流程图，而去掉并励绕组的铜耗 p_f 就得到串励发电机的功率流程图。对于他励直流发电机，由于定子励磁绕组是由单独的直流电源供电，因此励磁损耗不包含在电磁功率中，所以，在图 4-19 中要同时去掉并励绕组的铜耗 p_f 和串励绕组的铜耗 p_s 才能得到他励发电机的功率流程图。

4.3.5　电磁转矩计算公式

无论是直流电动机还是直流发电机，当电枢绕组中流过电流时，都会产生电磁转矩。如前所述，发电机中的电磁转矩是阻碍转子旋转的，被称为反力矩；而电动机中的电磁转矩是驱动转子旋转的主动力矩，因此被称为正力矩。下面从分析电枢绕组中每根导体所受电磁力出发，推导电枢绕组电磁转矩的计算公式。

设电枢绕组导体的长度为 l，导体中的电流为 i_a。若某导体所处位置的气隙磁通密度为 B_x，则作用在该导体上的电磁力为

$$F_x = B_x l i_a \tag{4-31}$$

该导体在一个极面下各点所受的电磁力大小不等，但方向都沿切线方向，其平均大小为

$$F_{av} = B_{av} l i_a = \frac{\Phi}{\tau l} l i_a = \frac{\Phi}{\tau} i_a \tag{4-32}$$

式中

$$B_{av} = \frac{\Phi}{\tau l} \tag{4-33}$$

为每个极面下的平均磁通密度。该导体产生的平均电磁转矩为

$$T_{av} = F_{av} R = \frac{\Phi}{\tau} \frac{I_a}{2a} \frac{2p\tau}{2\pi} = \frac{p}{2a\pi} \Phi I_a \tag{4-34}$$

式中，$R = \frac{2p\tau}{2\pi}$为电枢半径；$I_a = 2ai_a$ 为电枢电流。

由于所有导体产生的电磁转矩作用在同一旋转方向上，若电枢绕组的总导体数为 N，则作用在电枢上的总转矩即电机的电磁转矩为

$$T = NT_{av} = \frac{pN}{2a\pi} \Phi I_a \tag{4-35}$$

与感应电势计算公式中定义的电势常数类似，对于一台制造完成的直流电机，

式(4-35) 中的 p、N 和 a 都是常数，在这里引入转矩常数 $C_T = pN/(2\pi a)$，因此电磁转矩的计算公式表示为

$$T = C_T \Phi I_a \tag{4-36}$$

可见，直流电机中的电磁转矩与感应电势一样，都与电机的每极磁通成正比，当主磁路饱和时，电枢反应的去磁效应使每极磁通减小，因而会同时导致感应电势和电磁转矩的减小。

4.3.6 转矩平衡方程式

式(4-26) 给出了直流发电机中的电磁功率 P_M 与输入功率 P_1 之间的功率平衡关系，在式(4-26) 的两端同时除以发电机的角速度 Ω 可得

$$\frac{P_M}{\Omega} = \frac{P_1}{\Omega} - \frac{p_m + p_{Fe} + p_\Delta}{\Omega} \tag{4-37}$$

式中，角速度 Ω 的单位是 rad/s。从式(4-37) 可以得到直流发电机的转矩平衡方程式为

$$T = T_1 - T_0 \tag{4-38}$$

其中，电磁转矩

$$T = \frac{P_M}{\Omega} \tag{4-39}$$

输入转矩

$$T_1 = \frac{P_1}{\Omega} \tag{4-40}$$

空载阻力转矩

$$T_0 = \frac{p_m + p_{Fe} + p_\Delta}{\Omega} \tag{4-41}$$

可见，在直流发电机中，电磁转矩是阻力矩，原动机的输入转矩需要克服电磁转矩和空载阻力转矩才能驱动发电机旋转。

对于直流电动机，电磁功率 P_M 是通过电磁感应转换成的全部机械功率，在供给电机内部的机械损耗 p_m、铁心损耗 p_{Fe} 和杂散损耗 p_Δ 后剩余的部分，才是电动机的输出机械功率 P_2，对应的功率平衡关系为

$$P_2 = P_M - (p_m + p_{Fe} + p_\Delta) \tag{4-42}$$

同样，在式(4-42) 的两端同时除以电动机的角速度 Ω 可得

$$\frac{P_2}{\Omega} = \frac{P_M}{\Omega} - \frac{p_m + p_{Fe} + p_\Delta}{\Omega} \tag{4-43}$$

因此直流电动机的转矩平衡方程式为

$$T_2 = T - T_0 \tag{4-44}$$

其中，输出转矩

$$T_2 = \frac{P_2}{\Omega} \tag{4-45}$$

可见，在直流电动机中，电磁转矩是驱动力矩，需要克服空载阻力转矩之后才是供给负载的

输出转矩。

从式(4-39) 可以得到电磁功率的表达式

$$P_M = T\Omega \tag{4-46}$$

考虑到电机的角速度 Ω (rad/s) 与电机的转速 n (r/min) 之间的换算关系

$$\Omega = \frac{2\pi n}{60} \tag{4-47}$$

将式(4-47) 及式(4-35) 代入式(4-46)，并结合电势常数的计算公式［式(4-17)］，可以得到

$$P_M = T\Omega = \frac{pN}{2\pi a}\Phi I_a \frac{2\pi n}{60} = \frac{pN}{60a}\Phi n I_a = C_e \Phi n I_a = E_a I_a \tag{4-48}$$

式(4-48) 表明，电磁功率既可以表示为与电磁转矩和角速度相关的机械功率的形式，又可以表示为与感应电势和电枢电流相关的电功率的形式，这也就是电机运行的可逆性的呈现。这两种表达形式与转化前后两种功率形态相对应，电磁功率为转化过来的功率，有时也称为**转化功率**。在发电机中，电磁功率是由机械功率转化而来的全部电功率；而在电动机中，电磁功率是由电功率转化而来的全部机械功率。

例 4-1 有一台积复励直流发电机，额定功率 $P_N = 20\text{kW}$，额定电压 $U_N = 220\text{V}$，额定转速 $n_N = 1000\text{r/min}$。采用长复励接法（电枢绕组先与串励绕组串联后再与并励绕组并联），电枢绕组的电阻 $R_a = 0.156\Omega$，串励绕组的电阻 $R_s = 0.00714\Omega$，电刷接触压降 $\Delta u_s = 1\text{V}$，$R_f = 73.3\Omega$。已知机械损耗、铁耗和杂散损耗共计 $p_m + p_{Fe} + p_\Delta = 1\text{kW}$。试求：

（1）额定负载情况下各绕组的铜耗、电磁功率、电磁转矩、输入功率以及效率；

（2）若将该电机接在 $U = 220\text{V}$ 的电源上作为电动机运行，且使得电动机的电枢电流与（1）中的电枢电流相等，并假定 $p_m + p_{Fe} + p_\Delta = 1\text{kW}$ 保持不变。求此时电机的输入功率、电磁转矩、电磁功率和效率。

解：（1）发电机额定运行时

额定电流 $$I_N = \frac{P_N}{U_N} = \frac{20\times 10^3}{220}\text{A} = 90.9091\text{A}$$

并励电流 $$I_f = \frac{U_N}{R_f} = \frac{220}{73.3}\text{A} = 3.0014\text{A}$$

电枢电流 $$I_a = I_N + I_f = (90.9091 + 3.0014)\text{A} = 93.9105\text{A}$$

串励电流 $$I_s = I_a = 93.9105\text{A}$$

并励铜耗 $$p_f = R_f I_f^2 = 73.3\times 3.0014^2\text{W} = 660.3001\text{W}$$

电枢铜耗 $$p_a = R_a I_a^2 = 0.156\times 93.9105^2\text{W} = 1375.8\text{W}$$

电刷接触电阻铜耗 $$p_b = 2\Delta u_s I_a = 2\times 93.9105\text{W} = 187.8209\text{W}$$

串励铜耗 $$p_s = R_s I_s^2 = 0.00714\times 93.9105^2\text{W} = 62.9689\text{W}$$

电枢电势 $$E_a = U_N + (R_a + R_s)I_a + 2\Delta u_s = [220 + (0.156 + 0.00714)\times 93.9105 + 2]\text{V} = 237.3206\text{V}$$

电磁功率 $$P_M = E_a I_a = 237.3206\times 93.9105\text{W} = 22287\text{W}$$

或者电磁功率

$$P_M = P_N + p_a + p_b + p_s + p_f = (20000 + 1375.8 + 187.8209 + 62.9689 + 660.3001)\text{W} = 22287\text{W}$$

角速度 $$\Omega=\frac{2n_N\pi}{60}=\frac{2\times1000\pi}{60}\text{rad/s}=104.7198\text{rad/s}$$

电磁转矩 $$T=\frac{P_M}{\Omega}=\frac{22287}{104.7198}\text{N}\cdot\text{m}=212.8240\text{N}\cdot\text{m}$$

输入功率 $$P_1=p_m+p_{Fe}+p_\Delta+P_M=(1000+22287)\text{W}=23287\text{W}$$

发电机效率 $$\eta=\frac{P_N}{P_1}=\frac{20000}{23287}=85.89\%$$

(2) 电动运行时

电压 $$U=U_N=220\text{V}$$

电枢电流 $$I_a=93.9105\text{A}$$

并励电流 $$I_f=\frac{U}{R_f}=\frac{220}{73.3}\text{A}=3.0014\text{A}$$

输入电流 $$I_1=I_a+I_f=(93.9105+3.0014)\text{A}=96.9118\text{A}$$

输入功率 $$P_1=UI_1=220\times96.9118\text{W}=21321\text{W}$$

串励电流 $$I_s=I_a=93.9105\text{A}$$

电枢铜耗 $$p_a=R_aI_a^2=0.156\times93.9105^2\text{W}=1375.8\text{W}$$

电刷接触电阻铜耗 $$p_b=2\Delta u_sI_a=2\times93.9105\text{W}=187.8209\text{W}$$

串励铜耗 $$p_s=R_sI_s^2=0.00714\times93.9105^2\text{W}=62.9689\text{W}$$

并励铜耗 $$p_f=R_fI_f^2=73.3\times3.0014^2\text{W}=660.3001\text{W}$$

电枢电势 $$E_{a1}=U-(R_a+R_s)I_a-2\Delta u_s=[220-(0.156+0.00714)\times93.9105-2]\text{V}=202.6794\text{V}$$

转速 $$n=\frac{E_{a1}}{E_a}n_N=\frac{202.6794}{237.3206}\times1000\text{r/min}=854.0324\text{r/min}$$

角速度 $$\Omega=\frac{2n\pi}{60}=\frac{2\times854.0324\pi}{60}=89.4341\text{rad/s}$$

电磁功率 $$P_M=E_{a1}I_a=202.6794\times93.9105\text{W}=19034\text{W}$$

或者电磁功率

$$P_M=P_1-(p_a+p_b+p_s+p_f)=[21321-(1375.8+187.8209+62.9689+660.3001)]\text{W}=19034\text{W}$$

电磁转矩 $$T=\frac{P_M}{\Omega}=\frac{19034}{89.4341}\text{N}\cdot\text{m}=212.8240\text{N}\cdot\text{m}$$

输出功率 $$P_2=P_M-(p_m+p_{Fe}+p_\Delta)=(19034-1000)\text{W}=18034\text{W}$$

效率 $$\eta=\frac{P_2}{P_1}\times100\%=\frac{18034}{21321}\times100\%=84.58\%$$

4.4 直流发电机

直流发电机和直流电动机有相似的基本理论，但它们的运行特性截然不同。直流发电机作为负载的供电电源，其主要特性是输出电压随负载的变化关系；而直流电动机作为驱动负载的原动机，其主要特性是电机转速随负载的变化关系。直流电机又有他励、并励、串励和复励四种励磁方式，不同的励磁方式导致电机特性的变化趋势不同，从而使它们适用于不同的应用场合。

4.4.1 他励发电机

他励发电机的实验接线图如图 4-21 所示，定子励磁电流是由单独的外加直流电源供给，发电机由原动机驱动旋转，在测量和分析发电机特性时，发电机的转速保持不变。直流发电机外部可测量的量有 3 个——输出电压 U、输出电流 I 和励磁电流 I_f，保持 3 个量中的一个不变，另外两个之间的函数关系称为发电机的运行特性。常用的运行特性有空载特性 $U=f(I_f)$、外特性 $U=f(I)$ 以及调节特性 $I_f=f(I)$。

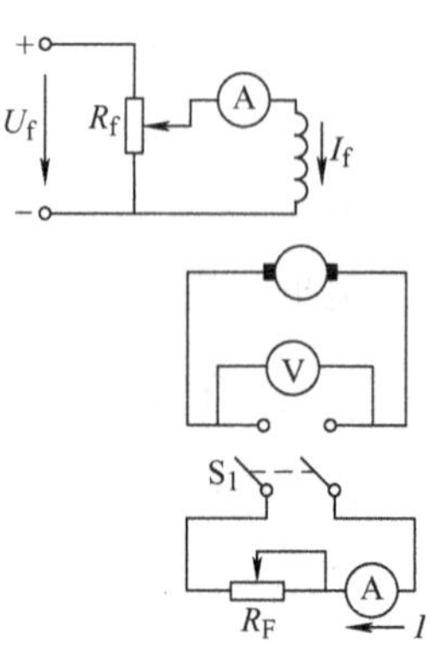

图 4-21　他励发电机实验接线图

(1) 空载特性

空载特性是指发电机在转速 $n=n_N$ 和输出电流 $I=0$ 的条件下，端电压 U_0 随励磁电流的 I_f 的变化曲线 $U=f(I_f)$。此时的端电压 U_0 被称为空载电压。

他励发电机空载时，电枢电流 $I_a=I=0$，电枢回路的电阻压降和电刷接触电阻压降均为 0，由电势平衡方程式(4-19) 可知，空载电压

$$U_0=E_a=C_e\Phi n \tag{4-49}$$

因为转速恒定，E_a 正比于每极气隙磁通 Φ，而励磁电流 I_f 又正比于励磁磁势 F_f，所以发电机的空载特性 $U_0=f(I_f)$ 本质上就是电机的磁化曲线 $\Phi=f(F_f)$，其形状取决于主磁路磁阻的大小。从这个意义上不难理解，对于并励、串励和复励发电机，它们的空载特性都可以接成他励的形式来测量。

参看图 4-21，在空载实验中，开关 S_1 处于打开状态，保持发电机的转速 $n=n_N$，通过调节励磁回路电阻 R_f 来改变励磁电流 I_f 的大小，通过读取输出电压和励磁电流，来绘制空载特性曲线。完整的空载特性如图 4-22 中的虚线所示，它是一条闭合的磁滞回线，实际应用时一般取第一象限的两条曲线的平均值作为空载特性曲线。空载特性曲线是一条非线性曲线，具有铁磁材料的饱和特性。

空载特性在纵坐标轴上的电压 U_r 称为剩磁电压，是由铁心中的剩磁磁通感应产生的，约为额定电压的 2%～4%。根据额定电压 U_N 在空载特性曲线上的位置可以判断电机主磁路设计的合理性。一台设计合理的电机其额定电压应位于空载特性曲线的微饱和处，也称为膝点。如果额定电压位于空载特性曲线的直线部分，即磁路设计不饱和，则铁心没有被充分利用，会导致电机的体积偏大，同时励磁电流的变化会引起端电压较大的变化。而如果磁路设计过饱和，则额定电压下的主磁路磁阻会大大增加，产生一定的磁通量所需的励磁磁势增大，在这种情况下，要么需增大励磁电流而导致励磁损耗增加，要么需增大励磁绕组匝数而导致用铜量增加。可见电机空载工作点的选择直接关系到电机的成本和运行性能的好坏。

(2) 外特性

外特性是指发电机在转速 $n=n_N$，励磁电流 $I_f=I_{fN}$的条件下，端电压 U 随输出电流 I 的变化曲线 $U=f(I)$。不同励磁方式的直流发电机有不同的外特性，因此也决定了它们的应用

场合不同。

他励发电机负载运行时，调节原动机的转速以及发电机励磁回路的电阻和负载电阻，使发电机的转速、端电压和输出电流均达到额定值，即 $n=n_N$，$U=U_N$，$I=I_N$，则发电机处于额定运行状态，此时的励磁电流称为额定励磁电流 I_{fN}。保持转速 $n=n_N$ 和励磁电流 $I_f=I_{fN}$ 不变，逐步增加负载电阻直至开路，可以得到端电压 U 随输出电流 I 的变化关系，即外特性。如图 4-23 所示，他励发电机的端电压从空载到满载略微下降。

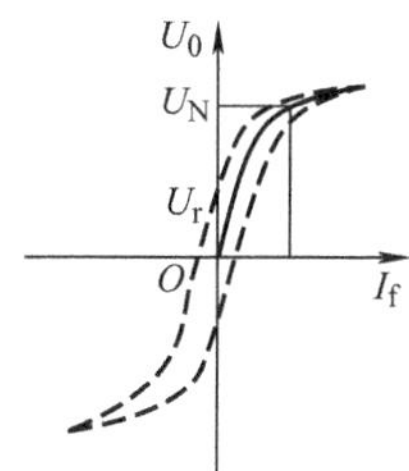

图 4-22　他励发电机空载特性

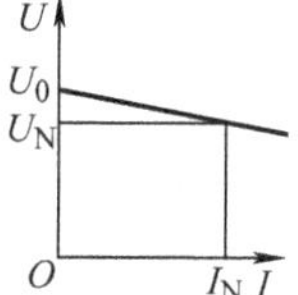

图 4-23　他励发电机外特性

在他励发电机中，电枢电流 I_a 与输出电流 I 相等，从式(4-19) 可得

$$U=E_a-R_aI=C_e\Phi n-R_aI \tag{4-50}$$

不难看出，随着 I 的增加，电阻压降 R_aI 增大，从而引起 U 下降。在装有补偿绕组的直流发电机中，电枢反应对气隙磁通 Φ 的影响可以不计，又因为 n 和 I_f 保持恒定，所以 $E_a=C_e\Phi n$ 恒定，发电机的外特性是一条下降的直线，如图 4-23 所示；在没有补偿绕组的发电机中，随着电枢电流的增加，电枢反应的去磁作用使每极磁通 Φ 略微减小，引起感应电势 E_a 下降，导致端电压进一步下降，使外特性呈现出非线性。

发电机从空载到满载的端电压变化程度可以用**电压调整率**来表示，电压调整率的定义为

$$\Delta U=\frac{U_0-U_N}{U_N}\times100\% \tag{4-51}$$

他励发电机的电压调整率一般为 (5～10)%。

当端电压随着负载电流的增大而下降时，可以根据调节特性 $I_f=f(I)$ 适当增大励磁电流，以维持端电压不变。

4.4.2　并励发电机

并励发电机的实验接线图如图 4-24 所示。与他励发电机不同的是，并励发电机的励磁电流是由发电机本身的端电压供给的，因此称为自励。串励发电机和复励发电机也是自励发电机。自励发电机的特性也分为空载特性和外特性。对于一台自励发电机来讲，其空载特性本质上就是主磁路的磁化曲线，可以接成他励的形式来测量，因此对自励发电机的空载特性就不再讨论了。直流发电机从他励到自励是一个进步，自励发电机不再需要一个额外的直流电源给励磁绕组供电，但是自励发电机存在一个所谓的自励建压问题，必须满足一定的建压条件，自励发电机才能建立起端电压。

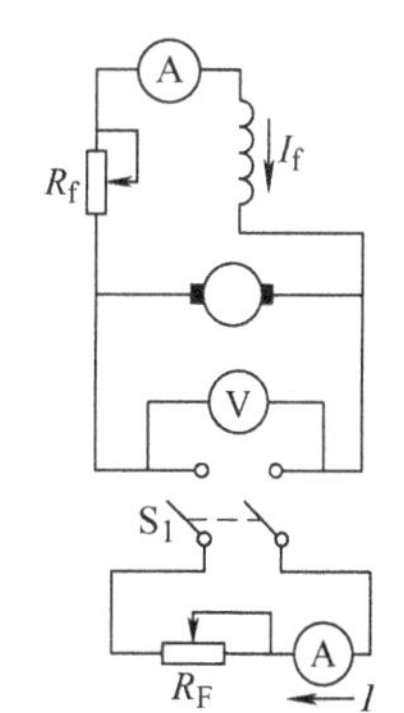

图 4-24　并励发电机实验接线图

(1) **自励建压条件**

当原动机驱动并励发电机空载运行时，发电机的端电压 U 等于电枢绕组的感应电势 E_a，E_a 是切割气隙磁通 Φ 感应产生的。在并励发电机中，最初的气隙磁通是定子铁心中的剩磁通 Φ_r。电枢绕组切割 Φ_r 感应出最初的微小剩磁电势 E_r，从而在定子绕组中产生最初的微小励磁电流。如果励磁电流所激励的主磁通方向与铁心中剩磁通方向相同，那么两者相互加强使气隙中磁通增大，从而使电枢绕组的感应电势增大。感应电势的增大又促使励磁电流增大，如此循环下去，最终端电压 U 上升到一个稳定值，建压过程结束。

图 4-25 所示为并励发电机空载建压过程的示意图。曲线 1 是发电机的空载特性 $u_0=f(i_f)$，这里的空载电压 u_0 和励磁电流 i_f 都用小写字母，表示建压的动态过程。直线 2 称为发电机的**场阻线**，表示励磁回路的端电压随励磁电流的变化关系，即 $u_0=R_f i_f$。可见，由于主磁路具有饱和特性，因此空载特性曲线与场阻线会相交，交点就是空载建压的稳定运行点。建压过程可用图中带箭头的折线来形象地表示，如果满足励磁电流所激励的主磁通与铁心中剩磁通方向相同的条件，那么，随着端电压的增加，励磁电流逐渐增大，二者相互激励，最终上升到两条曲线交点处的稳定值。

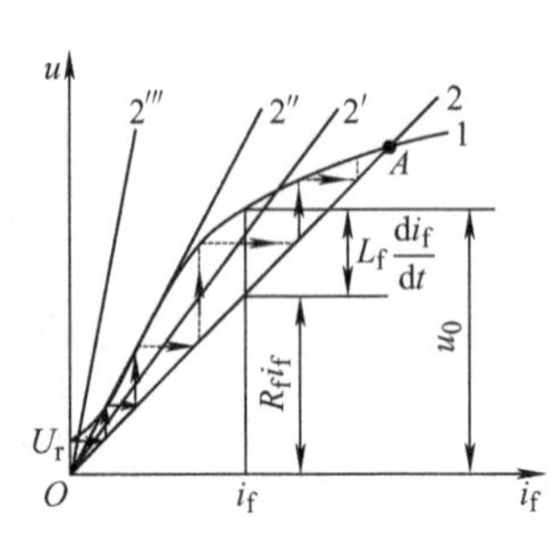

图 4-25 并励（自励）发电机建压过程示意图

在实际的建压过程中，端电压和励磁电流是同时动态变化的，励磁回路的电压平衡方程式为

$$u_0=R_f i_f+L_f\frac{di_f}{dt} \tag{4-52}$$

参看图 4-25，空载特性 1 与场阻线 2 之差为 $L_f di_f/dt$，在建压过程达到稳定值之前，$di_f/dt>0$，励磁电流 i_f 持续上升，到达空载特性与场阻线的交点时，$di_f/dt=0$，i_f 不再上升，建压过程结束，交点 A 便是发电机的空载稳态运行点。

交点 A 的位置取决于场阻线 $u_0=R_f i_f$ 的斜率即励磁回路电阻 R_f 的大小。当励磁回路的外串电阻增加时，场阻线的斜率增大（图 4-25 中直线 2′），则所建立的稳定电压值略为减小。当外串电阻继续增大时（图 4-25 中直线 2″），场阻线与空载特性曲线相切，没有固定的交点，此时励磁电流 i_f 的微小变化会引起空载电压的大幅度变化，也就意味着不能建立稳定的空载电压。直线 2″的斜率即励磁回路的总电阻称为**建压临界电阻**。当励磁回路的电阻大于临界电阻时（图 4-25 中直线 2‴），建立的稳定电压与剩磁电压大小相当，这意味着不能建压。

从上面的分析可以得到自励发电机建压必须满足的三个条件：

1）定子铁心中有剩磁。

2）励磁电流产生的磁通与剩磁磁通方向一致。

3）励磁回路的总电阻小于建压临界电阻。

当自励发电机空载运行时，逐步减小励磁回路的外串电阻 R_f，如果无法建压，则可能是励磁电流产生的磁通方向与剩磁磁通方向相反而相互抵消，此时可通过改变发电机的转向或对调励磁绕组的两端接线，使其满足建压条件 2）。如果仍然不能建压，则说明定子铁心中没有剩磁，这就需要将励磁绕组直接接到外部直流电源上，利用外部电源供给的励磁电流在主磁极内激励磁通从而产生剩磁。

（2）外特性

并励发电机的外特性与他励发电机的外特性变化趋势相同，从空载到满载也是一条下降的曲线，但下降程度大一些，如图4-26中的曲线2所示。在他励发电机中，随着输出电流的增加引起端电压下降的原因有两个：①电枢回路的电阻压降直接导致端电压的下降；②电枢反应的去磁作用使每极磁通减小，从而引起感应电势的减小，导致端电压下降。显然，这两个原因也存在于并励发电机中。那么，为什么并励发电机的端电压下降程度会更大呢？这是因为，在并励发电机中，随着端电压 U 的下降，励磁电流 I_f 减小，引起主磁通减小，从而使感应电势减小，导致端电压 U 进一步下降，这也就是引起并励发电机端电压下降的第③个原因。可见，与他励发电机相比，由于并励发电机的励磁电流会随着端电压的下降而减小，所以并励发电机的外特性下降程度更大一些，也就是说，一台发电机连接成并励运行时的电压调整率比连接成他励运行时要大。

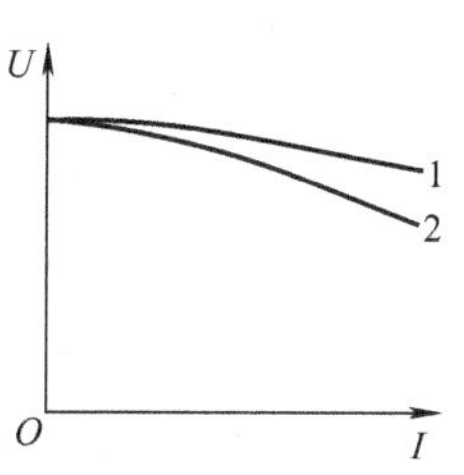

图4-26　他励与并例发电机外特性比较
1—他励　2—并励

4.4.3　串励发电机

串励发电机的实验接线图如图4-27所示。串励电机的励磁电流就是电枢电流，由于电枢电流比并励和他励发电机中的励磁电流大很多，因此串励绕组只需几匝就能产生与并励绕组同样的磁势。同时，串励绕组的导线较粗，所以串励绕组的电阻较小，即使流过满载电枢电流也不会产生较大的铜耗。

串励发电机的外特性具有怎样的变化趋势呢？随着输出电流的增加，引起他励和并励发电机端电压下降的两个原因——电枢回路的电阻压降和电枢反应的去磁作用，在串励发电机中也同样存在。与他励和并励发电机不同的是，串励发电机当负载电流增大时，励磁电流随之增大，主磁通和感应电势也会相应增大，使得端电压有上升趋势。从空载增加负载电流的初始阶段，串励励磁电流的增大导致的端电压上升趋势起主导作用；当负载电流增大较多时，磁路逐渐饱和，感应电势趋于稳定，这时电枢回路的电阻压降和电枢反应的去磁作用起主导作用，使端电压开始下降。串励发电机的外特性如图4-28所示，从图中可见，串励发电机的电压调整率很大，而且是负的，这点与他励和并励发电机完全不同。

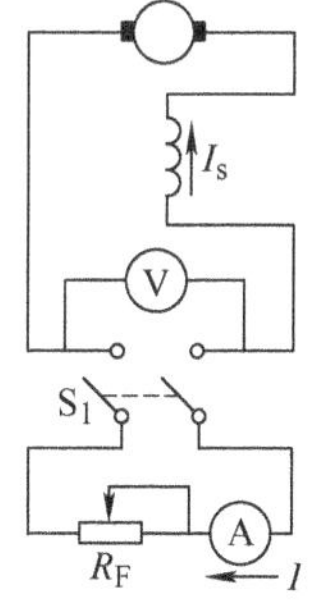

图4-27　串励发电机实验接线图

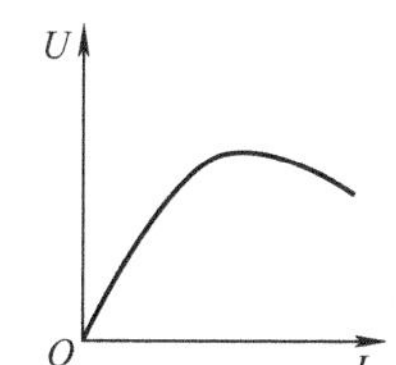

图4-28　串励发电机外特性

显然，串励发电机是性能很差的恒压源，对于大部分需要稳定电压的负载来说，串励发电机的这种外特性不适合。但在某些特殊场合，如电弧焊，正是利用串励发电机当电流增加时电压急剧上升的外特性，来维持焊极间的焊弧。

4.4.4 复励发电机

复励发电机的定子上有两套励磁绕组，即串励绕组和并励绕组，复励发电机的一种接线图如图 4-29 所示。图中的接法是并励绕组先与电枢绕组并联再与串励绕组串联，称为**短复励接法**；若电枢绕组与串励绕组串联后再与并励绕组并联，则称为**长复励接法**。在复励发电机中，如果两套励磁绕组产生的磁势相互增强，则称为**积复励**；反之，如果两套绕组的磁势相互抵消，则称为**差复励**。

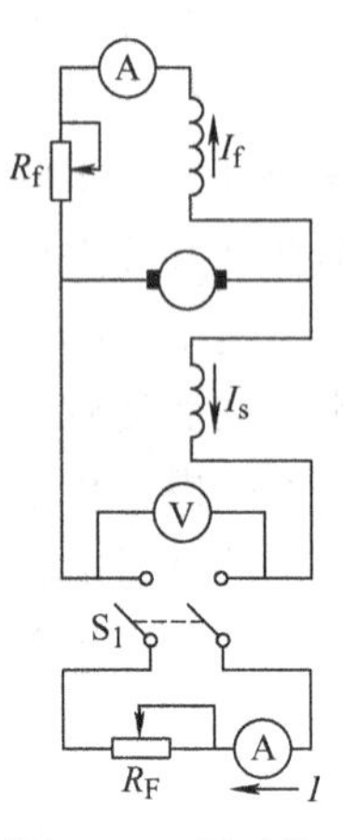

图 4-29 复励发电机接线图

复励发电机中同时存在并励和串励绕组，其外特性兼有并励发电机和串励发电机的特点。随着输出电流 I 的增加，电枢回路的电阻压降以及电枢反应的去磁作用在复励发电机中同样存在，会导致其端电压 U 下降。同时，随着端电压的下降，并励绕组中的励磁电流减小，导致端电压 U 的进一步下降。在复励发电机中，并励绕组的磁势较强，起主导作用，以保证空载时能产生额定电压；而串励绕组的磁势较弱，起辅助调节作用。对积复励发电机来说，随着负载电流的增加，串励磁势的增大将使气隙磁通增大，产生更大的感应电势，对前述三个原因引起的端电压的下降起补偿作用。根据串励绕组磁势补偿作用的强弱不同，积复励发电机可以有三种不同的外特性，分别称为过复励、平复励和欠复励，如图 4-30 所示。

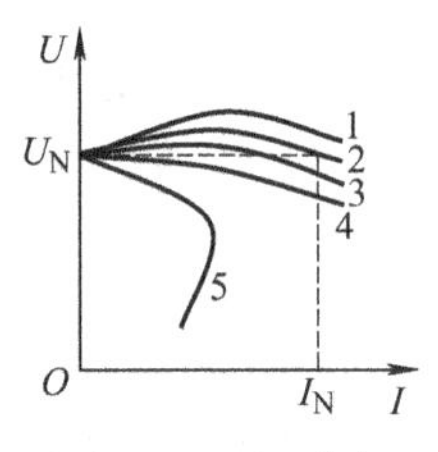

图 4-30 复励发电机外特性

如果串励绕组的匝数较少，补偿作用较弱，不足以弥补电阻压降和电枢反应导致的端电压下降，则相应的外特性呈下降趋势，但端电压下降的幅度小于并励发电机，此种情况下，满载电压小于空载电压，称为**欠复励**，其外特性如图 4-30 中的曲线 3 所示（曲线 4 为并励发电机外特性）。增加串励绕组的匝数，使串励绕组磁势的补偿作用增强，如果满载时串励绕组磁势的补偿效应正好补足了电阻压降和电枢反应导致的端电压下降，使满载电压等于空载电压，则称为**平复励**，其外特性如图 4-30 中曲线 2 所示；以此类推，如果串励绕组有更多匝数，使串励绕组磁势的补偿作用更强，将使满载电压大于空载电压，称为**过复励**，其外特性如图 4-30 中曲线 1 所示。

差复励发电机的串励磁势与并励磁势方向相反，随着负载电流的增加，串励磁势的作用增强，对气隙磁场的去磁作用增强，导致气隙磁通减小，感应电势减小。所以，在差复励发电机中，串励磁势对端电压的下降不再起补偿作用，而是促使端电压急剧下降，其外特性如图 4-30 中曲线 5 所示。差复励发电机只在特殊情况下采用。

4.4.5 直流发电机端电压的调节

直流发电机的端电压会随着负载电流的变化而变化，在一定负载下，端电压 U 的大小可以通过改变电枢绕组感应电势 E_a 的大小来调节。根据公式 $E_a = C_e\Phi n$ 可知，有两种方式能改变端电压的大小；改变电机的转速；改变磁通量，即调节励磁电流。

通过调节原动机的转速可以改变发电机的转速，但在许多应用场合，原动机的转速不易调节或调节范围有限，因此通过改变发电机的励磁电流来调节端电压的大小是常用的简便易行的方法。在他励和并励发电机中，通常采用改变励磁回路中外接电阻的大小来调节端电压。在复励发电机中也可以采用同样的方法，即使对于从恒压源角度来看外特性很差的差复励发电机，其端电压也是可以调节的。

例 4-2 一台并励直流发电机，额定电枢电流 $I_{aN}=51.5A$，额定电压 $U_N=230V$，电枢回路电阻 $R_a=0.22\Omega$，电刷接触电阻压降 $2\Delta u_s=2V$。在额定转速 $n_N=1000r/min$ 时测得空载特性见表 4-1。

表 4-1 空载特性测试结果

I_f/A	0	0.326	0.456	0.703	1.05	1.40	1.74	2.33
U_0/V	5	70	100	150	200	230	250	280

（1）满载电压为 230V 时，问励磁回路的电阻是多少？

（2）保持（1）中励磁回路电阻值不变，而将发电机的转速升高到 1200r/min，问空载电压为多少？

解：

（1）电枢电势 $E_a=U_N+I_aR_a+2\Delta u_s=(230+51.5\times0.22+2)V=243.33V$

根据表 4-1 绘出空载特性曲线（图 4-31 中的曲线 1）

查空载特性曲线可得 $I_f=1.6266A$

则励磁回路的电阻 $R_f=\dfrac{U_N}{I_f}=\dfrac{230}{1.6266}\Omega=141.3984\Omega$

（2）由于电枢电势与转速成正比，可以计算出 $n=1200r/min$ 时的空载特性即 $1.2U_0=f(I_f)$，如图 4-31 中曲线 2 所示；再绘制励磁回路场阻线 $U_f=R_fI_f=141.3984I_f$，两条线的交点纵坐标即为空载电压。用插值法求得 $I_f=2.4114A, U=340.9658V$，因此所建立的空载端电压约为 341V。

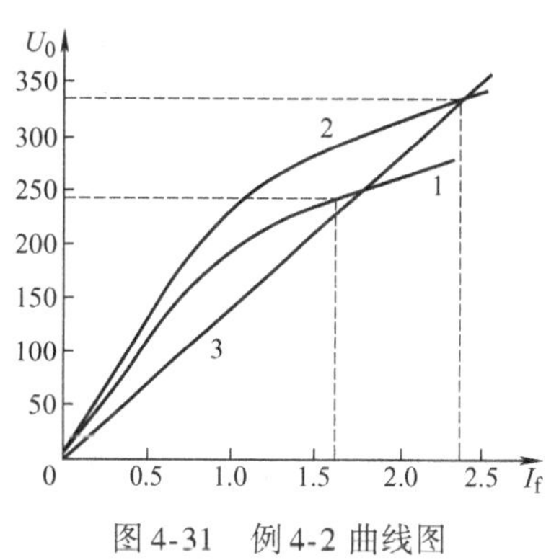

图 4-31 例 4-2 曲线图

4.5 直流电动机

从 4.4 节对直流发电机运行特性的分析可以看到，采用不同的励磁方式，直流发电机会呈现出不同的外特性。同样地，在直流电动机中，采用不同的励磁方式其运行特性也有很大的差别，这为根据不同负载需求选配合适的直流电动机提供了可能性。直流电动机的特性有**起动特性**、**工作特性**、**机械特性**、**调速特性**和**制动特性**等。

4.5.1 起动特性

衡量直流电动机起动性能好坏的两个指标是起动转矩和起动电流，对直流电动机起动性能的要求是，要有足够大的起动转矩，同时起动电流被限制在允许范围内。

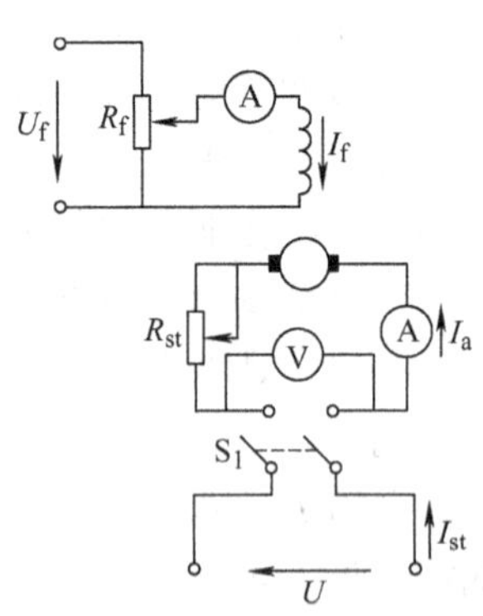

图 4-32　他励直流电动机接线图

他励直流电动机的接线图如图 4-32 所示，定子励磁电流是由单独的外加直流电源供给。起动时，先接通励磁电源，建立起气隙主磁通，再闭合电枢电源开关 S_1，使电枢绕组内流过电枢电流 I_a。电枢电流与主磁通相互作用产生电磁转矩，使直流电动机起动。最初合闸瞬间的电磁转矩称为**起动转矩**T_{st}，最初起动瞬间电源供给的电流称为**起动电流**I_{st}。

如果不采取任何措施而在额定电压下直接起动，那么在闭合 S_1 的起动瞬间，由于机械惯性的作用，电动机还来不及旋转，即 $n=0$，根据电势平衡方程式(4-20) 可以得到起动电流

$$I_{st}=\frac{U-E_a}{R_a}=\frac{U-C_e\Phi n}{R_a}=\frac{U}{R_a} \tag{4-53}$$

可见，由于起动瞬间电枢回路的反电势 $E_a=0$，所以外加电压全部降落在电枢绕组上，导致起动电流很大，可以达到额定电流的 10 ~ 20 倍。虽然起动电流持续的时间很短，但是这么大的起动电流也可能损坏电动机，同时在线路上产生很大的电压降，危及电源和其他用电设备安全。

为了限制过大的起动电流，一个简单而有效的方法是在电枢回路中串入起动电阻 R_{st}，如图 4-32 所示，则起动电流变为

$$I_{st}=\frac{U}{R_a+R_{st}} \tag{4-54}$$

可见起动电阻 R_{st}越大，起动电流 I_{st}越小。由于起动转矩正比于起动电流，因此在限制起动电流的同时会引起起动转矩的减小。随着转速的上升，反电势 E_a 不再等于零，可以起到限流的作用，因此，为了在起动过程中保持足够大的起动转矩，起动电阻 R_{st}应随着转速的上升被逐步切除。

专供直流电动机起动用的变阻器被称为起动变阻器，它是按短时运行设计的，在起动过程结束后必须将它全部切除，以免变阻器因长时间流过较大电流而过热损坏。老式的起动变阻器是多级变阻器，电动机起动时随着转速的上升，通过人工移动手柄将变阻器逐级切除。如果人工操作不当，变阻器被切除得太快，会引起起动电流过大；而如果切除得太慢，又可能使变阻器过热损坏，因此靠人工操作来移除起动变阻器存在安全隐患。新式的起动变阻器为自动起动器，采用继电器等控制元件在电动机起动过程中实现起动电阻的自动逐级切除。电枢回路串联自动起动变阻器的原理图如图 4-33 所示。当电动机起动时，电枢回路接通电源，起动变阻器的全部电阻串联在电枢回路里。延迟一定的时间，继电器 1TD 触头闭合，切除第 1 级起动电阻；又延迟一定的时间，继电器 2TD 触头闭合，切除第 2 级起动电阻。随着转速的升高，持续这一过程，直到起动电阻被全部切除，起动过程结束。合理地选择起动变阻器级数、每级阻值以及延迟时间，就可以将电动机的起动电流限制在设计值内。

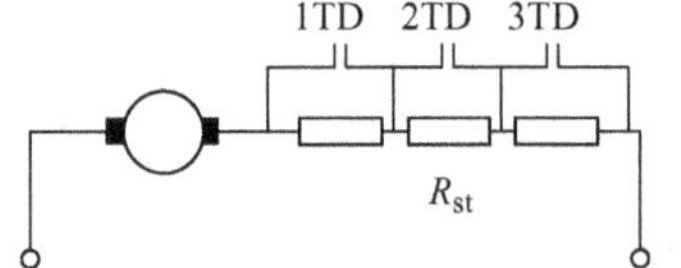

图 4-33　自动起动变阻器原理示意图

并励、串励和复励电动机的起动方法与他励电动机基本相同，也是采用在电枢回路串电阻来限制起动电流，因此对它们的起动特性不再作单独分析。需要提醒读者注意的是，串励电动机绝对不允许在空载下起动，因为会达到

危险的高速而损坏电动机，关于这一点在后面的分析中详述。

由于他励直流电动机的电枢电压可以单独调节，因此他励电动机起动时还可以采用专门的电源设备，通过降低电枢电压来限制起动电流，这种起动方法被称为降压起动。降压起动的优点是在起动过程中避免了起动电阻上的能量损耗，但需要专用电源设备，因此成本较高。

4.5.2 工作特性

直流电动机的工作特性是指：在外加电源电压 $U=U_N$，励磁回路电流 $I_f=I_{fN}$ 的条件下，电动机的效率 η、转速 n 和转矩 T 随输出功率 P_2 的变化关系，即曲线 $n=f(P_2)$、$\eta=f(P_2)$ 和 $T=f(P_2)$。

（1）效率特性

各种电机包括变压器的效率计算公式都是相同的，即

$$\eta=\frac{P_2}{P_1}\times 100\%=\frac{P_1-\sum p}{P_1}\times 100\% \tag{4-55}$$

直流电动机的损耗 $\sum p$ 包括铜耗、铁耗、机械损耗和杂散损耗，其中，铁耗、机械损耗、杂散损耗和并励绕组的铜耗又被称为不变损耗，其余的铜耗与负载电流的大小相关，被称为可变损耗。各种电动机的效率曲线有相似的形状，如图 4-34 所示，当不变损耗与可变损耗相等时，效率达到最大值 η_m。与交流电动机相比，由于直流电动机中存在电刷接触电阻损耗，所以效率较低，额定运行时的效率在 75% ~95% 之间。

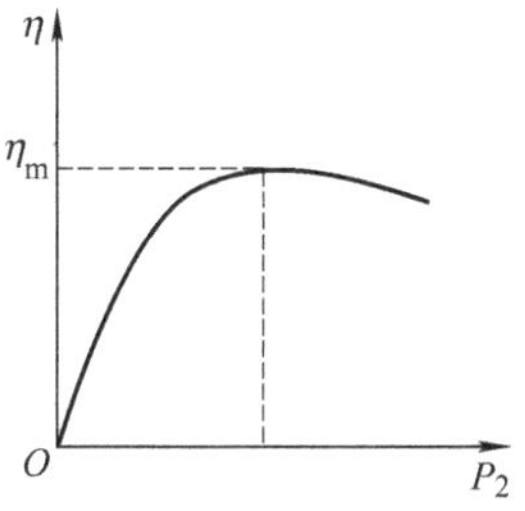

图 4-34　直流电动机的效率特性

（2）转速特性

根据直流电动机的电势平衡方程式［式(4-20)］，并结合感应电势的计算公式［式(4-18)］，可以得到转速的计算公式

$$n=\frac{U-I_aR_a-2\Delta u_s}{C_e\Phi} \tag{4-56}$$

当电动机的外加电压 U 保持不变时，随着输出功率 P_2 的增加，电枢电流 I_a 会随之增大，电枢回路的电阻压降 I_aR_a 增大，使电动机的转速 n 有下降的趋势。对于他励和并励直流电动机，当励磁电流 $I_f=I_{fN}$ 保持不变时，如果不考虑电枢反应的影响，那么主磁通 Φ 是恒定的。但是如果铁心饱和，电枢反应具有去磁效应，那么随着电枢电流的增大，主磁通 Φ 会略微减小，转速又有上升的趋势。由于电枢回路电阻压降的影响较大，所以在他励和并励电动机中，随着输出功率 P_2 的增加，转速的变化趋势是略微下降的，如图 4-35 所示。

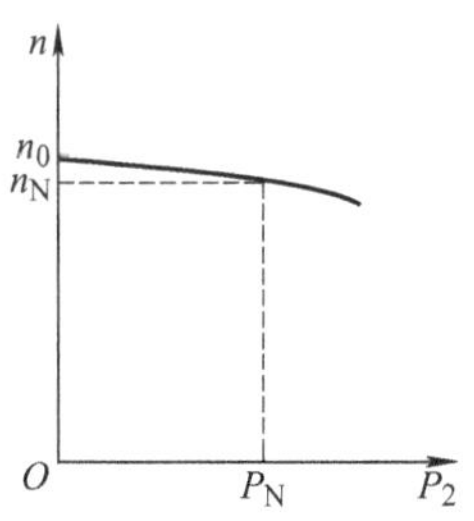

图 4-35　他励直流电动机的转速特性

对于串励和复励直流电动机，随着电枢电流的增加，其中的串励绕组流过的电流会随之增大，因此主磁通 Φ 不再仅仅受电枢反应去磁作用的影响。关于这两种电机转速曲线的变化留给读者参考 4.5.3 节的讨论自行分析。

(3) 转矩特性

将直流电动机输出转矩的表达式［式(4-45)］代入转矩平衡方程式［式(4-44)］，得到转矩曲线的表达式

$$T = \frac{P_2}{\Omega} + T_0 \tag{4-57}$$

其中的 T_0 为空载阻力转矩，简称**空载转矩**，是由电机本身的轴承摩擦和风阻力产生的，由于他励和并励电动机的转速在运行过程中随输出功率的变化很小，因此可以近似认为 T_0 是常数。由于 $\Omega = 2\pi n/60$，若假设转速 n 不变，则 Ω 不变，那么转矩曲线就是一条直线。但是如前所述，随着输出功率 P_2 的增加，他励和并励电动机的转速 n 会略微下降，所以实际的转矩特性 $T = f(P_2)$ 是一条略微上翘的曲线，如图 4-36 所示。

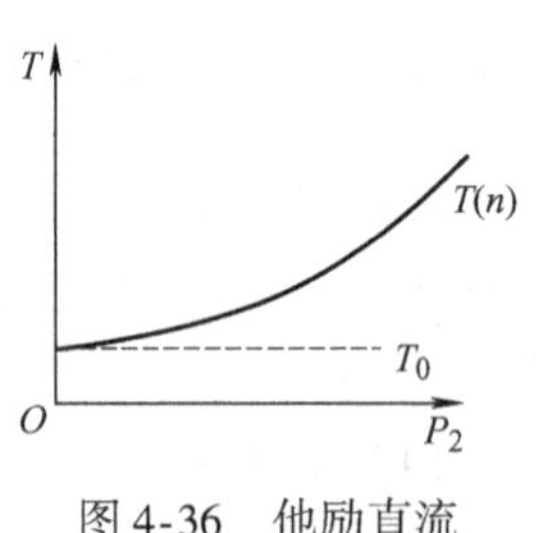

图 4-36　他励直流电动机的转矩特性

对于串励和复励电动机的转矩特性，读者可以根据其转速曲线的变化分析得出。

4.5.3　机械特性

直流电动机的机械特性是指：在外加电源电压 U = 常数，励磁回路电阻 R_f = 常数的条件下，电动机转速 n 随电磁转矩 T 的变化关系，即曲线 $n = f(T)$。机械特性是电动机最重要的特性，也是选配电动机的主要依据。

(1) 他励和并励电动机

由电磁转矩计算公式［式(4-36)］可得，电枢电流 $I_a = \frac{T}{C_T\Phi}$，代入转速计算式［式(4-56)］，可得到他励和并励电动机的机械特性表达式

$$n = \frac{U - 2\Delta u_s}{C_e\Phi} - \frac{R_a}{C_e C_T \Phi^2}T = n_0 - \beta T \tag{4-58}$$

如果不考虑电枢反应的影响，主磁通 Φ 保持恒定，那么他励和并励电动机的机械特性近似为一条具有负斜率的直线，如图 4-37 中曲线 1 所示。理想空载时，$2\Delta u_s = 0$，$T = 0$，$n = n_0 = \frac{U}{C_e\Phi}$ 称为理想空载转速；$\beta = \frac{R_a}{C_e C_T \Phi^2}$ 为机械特性下降的斜率。

如果忽略电枢反应的影响，根据电磁转矩的计算公式 $T = C_T\Phi I_a$ 可知，电磁转矩与电枢电流成正比例变化，因此，机械特性与转速特性有相似的变化趋势。由于 R_a 很小，当转矩增加时，转速下降很少，所以他励和并励电动机的机械特性是一条略微下降的曲线，这种机械特性被称为“**硬特性**”。

(2) 串励电动机

在串励电动机中，励磁电流 I_s、电枢电流 I_a 和输入电流 I 三者相等，因此与他励和并励电动机不同的是，串励电动机中的主磁通 Φ 随电枢电流 I_a 的变化而变化，不考虑铁心饱和时，有

$$\Phi = kI_a \tag{4-59}$$

电磁转矩为

$$T = C_{\mathrm{T}}\Phi I_{\mathrm{a}} = C_{\mathrm{T}}kI_{\mathrm{a}}^{2} \tag{4-60}$$

可见，不计铁心饱和时，串励电动机的电磁转矩与电枢电流的二次方成正比，这使得串励电动机具有独特的机械特性。在相同的电枢电流 I_{a} 下，串励电动机能够提供更大的电磁转矩 T，对于需要大转矩的应用场合具有优越性。同时，串励电动机也具有更大的起动转矩，适用于重载起动的场合，可作为汽车用起动电动机、电梯电动机和电力机车牵引电动机。将式(4-59) 和式(4-60) 代入式(4-58)，可得串励电动机的机械特性表达式为

$$n = \sqrt{\frac{C_{\mathrm{T}}}{k}}\frac{U}{C_{\mathrm{e}}\sqrt{T}} - \frac{R_{\mathrm{a}}}{C_{\mathrm{e}}k} \tag{4-61}$$

式中忽略了电刷接触电阻压降 $2\Delta u_{\mathrm{s}}$。可以看出，当电源电压 U 不变时，转速 n 与$\sqrt{T}$成反比，随着负载转矩的增加，串励电动机的转速 n 迅速下降，其机械特性如图 4-37 中曲线 4 所示。这种机械特性被称为“**软特性**”，它使串励电动机在负载转矩增加时可以保持输出功率基本不变，因此具有较强的过载能力，可以用于电车或起重机等负载转矩变化较大的场合。

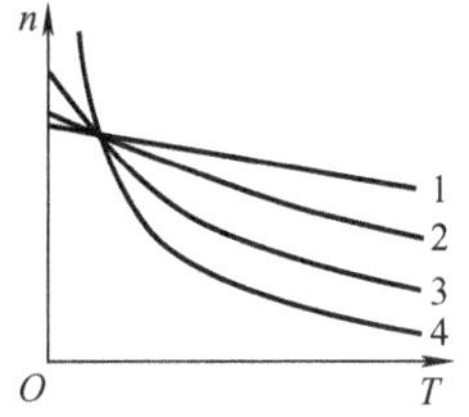

图 4-37　直流电动机的机械特性
1—他励和并励
2，3—积复励　4—串励

串励电动机的这种“软”的机械特性会随着负载转矩的进一步增大而逐渐变“硬”。这是因为，随着负载转矩的增加，电枢电流逐渐增大，励磁电流也随之增大，当铁心饱和时，磁通的增大开始变缓，意味着 k 变小，转速的下降程度会变小，机械特性逐渐变“硬”。

进一步观察式(4-61) 和图 4-37 曲线 4 可以看出，当负载转矩很小时，串励电动机的转速可以上升到危险的高值，这是由于此时电枢电流很小，导致主磁通很小造成的。所以，串励电动机存在一个固有的缺点，即绝对不允许在空载和轻载的情况下起动和运行，最小负载应大于额定负载的 1/4，否则，可能会因为转速过高使电动机承受很大的离心力，损坏电动机的机械结构。因此，串励电动机不允许连接到传送带等可能断开的负载上运行。

(3) 复励电动机

复励电动机有两套励磁绕组——并励绕组和串励绕组。与复励发电机相同，这两套绕组产生的磁势可以相互加强也可以相互削弱，当并励磁势与串励磁势方向一致相互加强时，构成**积复励电动机**（也称加复励电动机），反之，构成**差复励电动机**。

积复励电动机的机械特性介于并励电动机和串励电动机之间，如图 4-37 中曲线 2 和 3 所示。如果积复励电动机中的并励磁势较强，则机械特性较“硬”，与并励电动机接近。如果串励磁势较强，则机械特性较“软”，偏向于串励电动机。但是，由于并励绕组的存在，积复励电动机在空载时仍能保持足够的磁通量，因此它可以在空载和轻载下起动和运行，克服了串励电动机的缺点。同时，由于串励磁势的存在，使它具有比并励电动机更大的起动转矩。当电枢反应的去磁作用过强时，串励磁势的存在可用于补偿电枢反应，使机械特性始终具有下降趋势，克服了并励电动机由于电枢反应过强可能导致机械特性上翘的缺点，保证电动机驱动系统运行的稳定性。

对于差复励电动机，当负载转矩增加时，电枢电流增大，串励磁势增强，对并励磁势的

抵消作用增强，导致主磁通减小，使电动机的转速增大。因此，差复励电动机的机械特性是一条上翘的不稳定运行特性，比并励电动机中由于电枢反应的去磁作用引起的运行不稳定要严重得多，使得差复励电动机没有应用场合。事实上，差复励电动机本身是无法起动的，读者可参考上述讨论自行分析。

4.5.4 调速特性

将直流电动机的转速公式［式(4-56)］重写如下：

$$n=\frac{U-I_a(R_a+R_p)-2\Delta u_s}{C_e\Phi} \tag{4-62}$$

式中，R_p 为串联在电枢回路中的调速电阻。可以看出，有三种方法可以用来调节直流电动机的转速：①改变电枢回路的串联电阻 R_p；②改变磁通量 Φ（通过调节励磁回路的串联电阻 R_f 或者直接调节励磁电压）；③改变电枢端电压 U。

下面以他励和并励电动机为例，分析直流电动机的调速过程。为简单起见，假设在调速过程中负载转矩保持不变。分析时着重关注电动机的两个状态——调速瞬间和调速稳定后。在调速瞬间，由于电动机存在机械惯性，转速来不及改变，可以认为电动机的转速 n 保持不变；调速过程结束达到新的稳定状态后，转速改变了，但由于转矩平衡的原因，电磁转矩 T 会恢复到调速前的值。

（1）改变电枢回路的串联电阻 R_p 调速

当保持电枢端电压 U 和励磁回路电阻 R_f 不变时，他励和并励电动机的磁通量 Φ 保持不变，此时通过改变电枢回路的串联电阻 R_p 可以调节电动机的转速。由电枢电势平衡方程式可知

$$I_a=\frac{U-E_a-2\Delta u_s}{R_a+R_p}\approx\frac{U-E_a}{R_a+R_p} \tag{4-63}$$

下面以他励电动机驱动恒转矩负载为例来分析增大 R_p 时电动机内部所经历的物理过程。假设增大 R_p 前，电磁转矩 T 与总负载转矩 T_L 平衡，即 $T=T_L$，系统稳定运行在转速 n_1，感应电势 $E_{a1}=C_e\Phi n_1$，电枢电流 $I_{a1}=(U-E_{a1})/(R_a+R_p)=T_L/(C_T\Phi)$；将 R_p 增大到 R_{p1} 的瞬间，转速来不及改变仍为 n_1，感应电势来不及改变仍为 E_{a1}，而电枢电流会突变为 $I'_a=(U-E_{a1})/(R_a+R_{p1})$，显然 $I'_a<I_{a1}$，电磁转矩也会突变为 $T'=C_T\Phi I'_a$；由于负载转矩 $T_L>T'$，所以系统进入减速过程，转速及感应电势减小，电枢电流及电磁转矩回升；当电磁转矩回升到重新与 T_L 平衡时，系统达到新的稳态——以与调速前相同的电枢电流 $I_{a2}=T_L/(C_T\Phi)=I_{a1}$ 和较低的转速 n_2 稳定运行。可见，他励或并励电动机驱动恒转矩负载运行，采用电枢回路的串联电阻 R_p 调速时，转速随着 R_p 的增大而降低，降速过程中电枢电流逐渐增大，而稳定后的电枢电流与调速前相等。

电枢回路串电阻调速的缺点是，电枢电流会在调速电阻 R_p 上产生很大的铜耗，降低电机的效率，所以是一种不经济的调速方法。

（2）改变励磁回路的串联电阻 R_f 调速

当保持电枢的端电压 U 和电枢回路的电阻不变时，通过改变励磁回路的串联电阻 R_f 可以改变主磁通 Φ 的大小，进而改变电动机转速的大小。

下面以他励电动机驱动恒转矩负载为例来分析增大 R_f 时电动机内部所经历的物理过程。

假设增大 R_f 前，电磁转矩 T 与总负载转矩 T_L 平衡，即 $T=T_L$，系统稳定运行在转速 n_1，感应电势 $E_{a1}=C_e\Phi n_1$，电枢电流为 $I_{a1}=(U-E_{a1})/R_a=T_L/(C_e\Phi)$；将 R_f 增大到 R_{f1} 的瞬间，转速来不及改变仍为 n_1，励磁电流由 I_f 突减为 I_{f1}，磁通由 $\Phi=f(I_f)$ 突减为 $\Phi'=f(I_{f1})$，感应电势也突减为 $E'_a=C_e\Phi' n_1$，电枢电流突变为 $I'_a=(U-E'_a)/R_a$，显然 $I'_a>I_{a1}$，电磁转矩也突变为 $T'=C_T\Phi' I'_a$；一般情况下，电枢电流增大的倍数大于磁通减小的倍数，所以电磁转矩会增大，即 $T'>T_L$，系统进入加速过程，转速及感应电势增大，电枢电流和电磁转矩回落；当电磁转矩回落到重新与 T_L 平衡时，系统达到新的稳态——以较大的电枢电流 $I_{a2}=T_L/(C_T\Phi')>I_{a1}$ 和较高的转速 n_2 稳定运行。可见，他励或并励电动机驱动恒转矩负载运行，采用励磁回路的串联电阻 R_f 调速时，转速随着 R_f 的增大而升高，升速过程中电枢电流逐渐降低，但稳定后的电枢电流仍大于调速前。这里需要注意的是，如果负载为恒功率负载，可以证明，用 R_f 调速时，调速前后的电枢电流相等。这种调速方法是通过减弱磁通来提高转速的，所以常称为**弱磁调速**或**弱磁增速**。

由于励磁电流只有额定电流的1%～3%，所以在励磁回路串电阻调速不会引起很大的铜耗，是一种经济而简便的调速方法。需要注意的是，当励磁回路所串电阻很大时，会导致磁通过小，从而使电动机的转速过高，引起电动机换向困难或损坏电动机的机械结构。特别地，当励磁回路断开时，磁通会下降到很小的剩磁，此时伴随着电枢电流的急剧增大，转速也上升到危险的高值，若没有采取保护措施使电枢回路及时断电，则电动机会遭到损坏。因此，直流电动机运行时不能使励磁电流过小，特别是励磁回路要可靠连接，绝对不允许开路。

（3）改变电枢端电压调速

当保持电枢回路和励磁回路的电阻不变时，通过改变电枢端电压 U 可以调节电动机的转速。采用这种方法时，对于他励电动机而言，主磁通仍然保持不变。但是，对于并励电动机来讲，并励绕组的励磁电流会随着端电压 U 的变化而改变，从而导致主磁通 Φ 的变化。

先分析他励电动机驱动恒转矩负载运行、采用降低电枢端电压调速时电动机内部所经历的物理过程。假设降低电枢端电压 U 前，电磁转矩 T 与总负载转矩 T_L 平衡，即 $T=T_L$，系统稳定运行在转速 n_1，感应电势 $E_{a1}=C_e\Phi n_1$，电枢电流为 $I_{a1}=(U-E_{a1})/R_a=T/(C_T\Phi)$；将 U 降低到 U_1 的瞬间，转速来不及改变，仍为 n_1，感应电势也维持在 E_{a1}来不及改变，电枢电流突变为 $I'_a=(U_1-E_{a1})/R_a$，显然 $I'_a<I_{a1}$，电磁转矩也突减为 $T'=C_T\Phi I'_a$；由于 $T'<T_L$，系统进入减速过程，转速及感应电势减小，电枢电流和电磁转矩回升；当电磁转矩回升到重新与 T_L 平衡时，系统达到新的稳态——以与调速前相同的电枢电流 $I_{a2}=T_L/(C_T\Phi)=I_{a1}$ 和较低的转速 n_2 稳定运行。可见，他励电动机驱动恒转矩负载运行，采用改变电枢电压调速时，转速随着 U 的降低而降低，减速过程中电枢电流逐渐增大，稳定后的电枢电流与调速前相等。

再来分析并励电动机驱动恒转矩负载运行、采用降低电枢电压调速时电动机内部所经历的物理过程。假设降低电枢电压 U 前，电磁转矩 T 与总负载转矩 T_L 平衡，即 $T=T_L$，系统稳定运行在转速 n_1，感应电势 $E_{a1}=C_e\Phi n_1$，电枢电流为 $I_{a1}=(U-E_{a1})/R_a=T/(C_T\Phi)$；将 U 降低到 U_1 的瞬间，转速来不及改变，仍为 n_1，磁通 Φ 突减为 Φ'，感应电势也突减为 $E'_a=C_e\Phi' n_1$，电枢电流突变为 $I'_a=(U_1-E'_a)/R_a$，显然 $I'_a<I_{a1}$，加之 $\Phi'<\Phi$，使得电磁转矩突减为 $T'=C_T\Phi' I'_a$；由于 $T'<T_L$，因此系统进入减速过程，转速及感应电势减小，电枢

电流和电磁转矩回升；当电磁转矩回升到重新与 T_L 平衡时，系统达到新的稳态——以较大的电枢电流 $I_{a2}=T_L/(C_T\Phi')>I_{a1}$ 和较低的转速 n_2 稳定运行。可见，并励电动机驱动恒转矩负载运行，采用改变电枢电压调速时，转速随着 U 的降低而降低，减速过程中电枢电流逐渐增大，但需要注意的是，稳定后的电枢电流大于调速前，这点与他励电动机不同。

改变电枢端电压 U 调速的关键是要获得电压可调的直流电源，传统的方法是采用所谓的发电机-电动机组。采用他励直流发电机给直流电动机供电，通过调节发电机励磁回路的电阻，改变励磁电流的大小，使发电机的输出端电压可调。这种方法的优点是转速调节范围广，调速过程中能量消耗小，缺点是需要一台专门的直流发电机，设备费用高，因此一般用于大型直流电动机或要求转速调节范围广的场合。近年来随着电力电子技术的发展，采用晶闸管搭建的两象限或四象限调速器构成的整流器-电动机系统，已成为直流电动机调压调速的主流趋势，这种调速系统不仅成本低于发电机-电动机系统，而且可集成直流电动机的保护和起停功能。

例 4-3 一台并励直流电动机，额定功率 $P_N=10\text{kW}$，额定电压 $U_N=220\text{V}$，额定电流 $I_N=54.8\text{A}$，额定转速 $n_N=1000\text{r/min}$，电枢回路总电阻（包括电刷接触电阻）$R_a=0.393\Omega$，励磁回路电阻 $R_f=137.5\Omega$。电动机驱动恒转矩负载运行在额定状态时，给电枢回路串入一个 $R_p=1.5\Omega$ 的电阻进行调速。试求：

（1）串入电阻的瞬间，电动机的电枢电流和转速；

（2）调速稳定后，电动机的电枢电流和转速。

解：额定运行时

励磁电流 $I_f=U_N/R_f=220/137.5\Omega=1.6\Omega$

电枢电流 $I_{aN}=I_N-I_f=(54.8-1.6)\text{A}=53.2\text{A}$

电枢电势 $E_{aN}=U_N-R_aI_{aN}=(220-0.393\times53.2)\text{V}=199.0924\text{V}$

（1）串入电阻的瞬间，转速来不及改变，仍为 $n=1000\text{r/min}$。

励磁电流和转速均为原值，所以电枢电势也为原值 E_{aN} 未变。

电枢电流 $I_{ap}=\dfrac{U_N-E_{aN}}{R_a+R_p}=\dfrac{220-199.0924}{0.393+1.5}\text{A}=11.0447\text{A}$

（2）调速稳定后，根据恒转矩负载运行条件，电磁转矩恢复到调速前的值，所以

电枢电流恢复到调速前的值，即 $I_{a1}=I_{aN}=53.2\text{A}$

电枢电势 $E_{a1}=U_N-(R_a+R_p)I_{a1}=[220-(0.393+1.5)\times53.2]\text{V}=119.2924\text{V}$

转速 $n=\dfrac{E_{a1}}{E_{aN}}n_N=\dfrac{119.2949}{199.0924}\times1000\text{r/min}=599.1811\text{r/min}$

例 4-4 一台并励直流电动机，额定功率 $P_N=7.5\text{kW}$，额定电压 $U_N=220\text{V}$，额定电流 $I_N=40\text{A}$，额定转速 $n_N=1000\text{r/min}$，电枢回路的总电阻 $R_a=0.5\Omega$（包括电刷接触电阻），励磁回路的总电阻 $R_f=183\Omega$。电动机拖动恒转矩负载运行在额定状态，若电源电压下降到 200V，试求：

（1）电源电压下降瞬间的电枢电流和转速各为多少？

（2）调速稳定后的电枢电流和转速各为多少？

解：

励磁电流 $$I_f = \frac{U_N}{R_f} = \frac{220}{183}\text{A} = 1.2022\text{A}$$

电枢电流 $$I_{aN} = I_N - I_f = (40 - 1.2022)\text{A} = 38.7978\text{A}$$

电枢电势 $$E_{aN} = U_N - R_a I_{aN} = (220 - 0.5 \times 38.7978)\text{V} = 200.6011\text{V}$$

（1）降压瞬间，转速来不及改变，仍为 $n = 1000\text{r/min}$。

励磁电流随电枢电压下降为原来的200V/220V，所以电枢电势也降为额定值的200V/220V。

电枢电流 $$I_{ap} = \frac{(U_N - E_{aN})\frac{U}{U_N}}{R_a} = \frac{(220 - 200.6011)\frac{200}{220}}{0.5}\text{A} = 35.2707\text{A}$$

（2）调速稳定后

电磁转矩恢复到与负载转矩重新平衡，但此时磁通降为原来的200V/220V，所以电枢电流应增大为 $$I_{a1} = I_{aN}\frac{220}{200} = 38.7978 \times \frac{220}{200}\text{A} = 42.6776\text{A}$$

电枢电势 $$E_a = U - R_a I_{a1} = (200 - 0.5 \times 42.6776)\text{V} = 178.6612\text{V}$$

转速 $$n = \frac{E_a}{E_{aN}}\frac{U_N}{U}n_N = \frac{178.6612}{200.6011} \times \frac{220}{200} \times 1000\text{r/min} = 979.6921\text{r/min}$$

4.5.5 制动特性

在直流电动机的实际应用中，经常需要使运行中的电动机从高速迅速地降到低速，或快速地停转，这时就需要对电动机进行制动。制动可以采用**机械制动**方法，也可以采用**电气制动**方法。电气制动就是使电动机产生一个与转速方向相反的电磁转矩，促使电动机迅速减速，这种方法具有制动力矩大和操作控制方便的优点。直流电动机的电气制动分为**能耗制动**、**反接制动**和**回馈制动**三种形式。

（1）能耗制动

能耗制动的接线如图4-38所示，将一台他励或并励直流电动机的励磁回路可靠地接在电源上，当闸刀 S_1 合向电源时，电枢回路通电，直流电动机起动并进入电动机运行状态，此时电动机的电磁转矩为驱动力矩，与转速的方向相同。设电动机驱动恒转矩负载运行，在图4-39所示的机械特性图中，$n=f(T_L)$ 表示恒转矩负载的机械特性，$n=f(T)$ 为电动机的机械特性，交点 A 为电机在电动运行状态下的稳定运行点，位于第一象限，电磁转矩与转速均为正，此时的电枢电流为

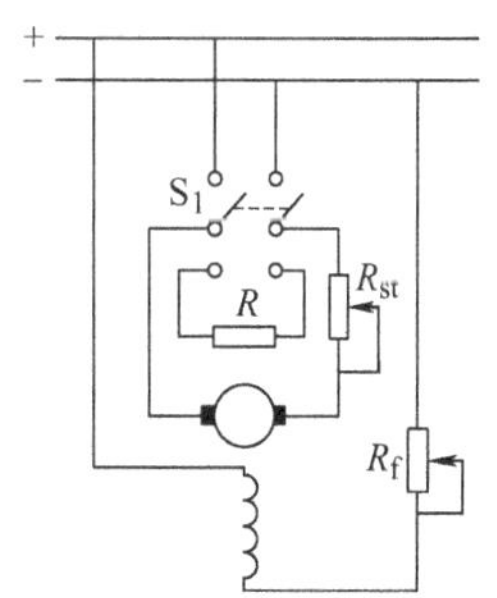

图4-38 直流电动机的能耗制动接线

$$I_a = \frac{U - E_a}{R_a} \tag{4-64}$$

采用能耗制动时，将刀开关 S_1 从电网断开并迅速合向外置电阻 R（图4-38），由于机械惯性的作用，电动机将继续旋转，这时电枢绕组的感应电势给外置电阻供电，直流电动机从电动运行状态变为发电制动运行状态，电枢电流为

$$I_a' = \frac{-E_a}{R_a + R} \tag{4-65}$$

由于电枢电流反向，导致电磁转矩反向，从驱动力矩变为制动力矩。这种状态本质上是电枢绕组依靠转子动能运动切割气隙磁场，产生电枢电流，并在外置电阻 R 和电枢电阻 R_a 上消耗电能，所以这种制动称为能耗制动。显然，外置电阻 R 的阻值越小，电枢电流越大，产生的制动转矩越大，制动所用的时间就越短。

根据式(4-58)，采用能耗制动时电动机机械特性的表达式为

$$n = -\frac{R_a + R}{C_e C_T \Phi^2} T \tag{4-66}$$

正如图 4-39 中的 $n=f(T_B)$ 所示，是一条过原点、斜率较大的直线。当刀开关 S_1 合向电阻 R 的瞬间，由于电动机转速不能突变，则电动机的运行点从 A 点变为 B 点，然后沿着机械特性 $n=f(T_B)$ 向下移动使转速下降到 0。可见，采用能耗制动时，电动机运行在第二象限，电动机仍然正向旋转，但是电磁转矩是负的，与转速方向相反。

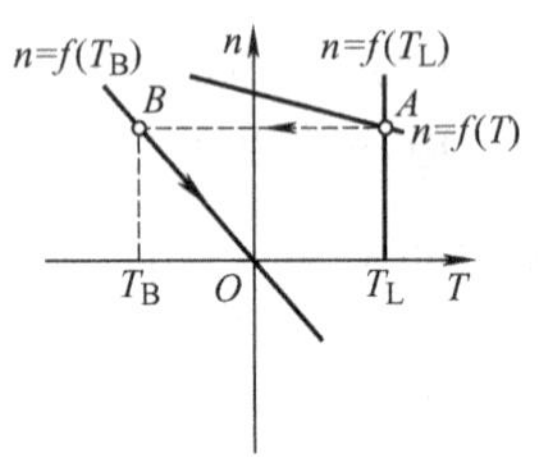

图 4-39　能耗制动过程分析

值得注意的是，在能耗制动中，随着转速的下降，感应电势变小，使电枢电流变小，导致制动转矩变小，因此在低速时常需配合机械制动来维持较强的制动作用。

（2）反接制动

反接制动的接线如图 4-40 所示，与能耗制动相同，电动机的励磁回路也是可靠地接在电源上。当刀开关 S_1 合向上方时，电枢绕组直接接到电网，直流电动机以电动机状态运行。假设电动机仍然驱动恒转矩负载，那么其运行点为图 4-41 所示的 A 点，位于第一象限，电枢电流的计算公式如式(4-64) 所示。

采用反接制动时，将刀开关从上方断开并迅速合向下方，使电枢回路串联电阻 R 后通过开关反接到电网上，这时的电枢电流为

$$I_a' = \frac{-U - E_a}{R_a + R} \tag{4-67}$$

可见，电枢电流反向，电磁转矩变为制动力矩。由于 U 反向与感应电势 E_a 直接相加，因此反接制动时必须在电枢回路中串入足够大的限流电阻 R。

根据式(4-58) 并忽略电刷接触电阻压降，可以得到反接制动时电动机的机械特性表达式为

$$n = \frac{-U}{C_e \Phi} - \frac{R_a + R}{C_e C_T \Phi^2} T \tag{4-68}$$

图 4-41 中的 $n=f(T_B)$ 为反接制动时电动机的机械特性。当采用反接制动的瞬间，由于电动机转速不能突变，运行点从 A 点变为 B 点，然后沿着机械特性 $n=f(T_B)$ 向下移动使转速降到零。可见，采用反接制动时，电动机同样运行在第二象限，电动机正向旋转，电磁转矩为负，是制动转矩。

反接制动的优点是电动机始终具有较大的电枢电流，在低速下也能获得较大的制动转矩，因此制动效果比能耗制动好。值得注意的是，当转速下降到零时（图 4-41 中的 C 点），

若电动机的电磁转矩大于负载转矩，将导致电动机反向旋转，此时在电动机转速下降到零的瞬间应将开关拉开。

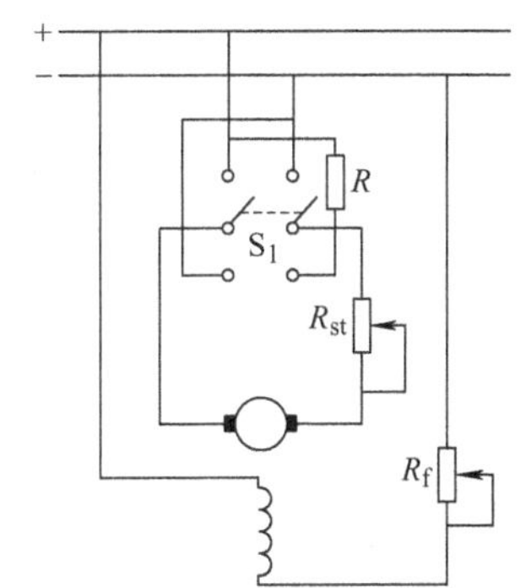

图 4-40　直流电动机的反接制动接线

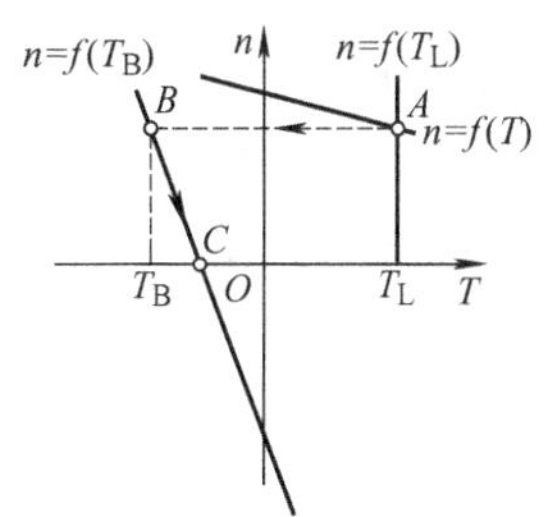

图 4-41　反接制动过程分析

（3）回馈制动

与能耗制动和反接制动不同，回馈制动是一种限速制动方法。采用串励直流电动机驱动的电力机车运行在下坡路段时，由于重力的作用，速度会越来越高，可能达到危险的高速，这时可将电动机改接为他励，利用回馈制动来限速。

当电力机车下坡时，原来的负载转矩 T_L 反向，成了与电磁转矩 T 同向作用的动力转矩，使得电动机加速；在加速的过程中，感应电势 E_a 逐渐增大，电枢电流 I_a 逐渐减小，电磁转矩 T 也逐渐减小；当 E_a 大于电压 U 时，根据式(4-64) 可知，I_a 反向，T 也会反向，电动机从电动运行状态变为发电运行状态，将重力势能转换为电能回馈到电网；当“负的电磁转矩”与“负的负载转矩”平衡时（工作点位于第二象限)，电动机在较高的转速下以发电方式稳定运行。如果坡度开始变小，则负载转矩的绝对值也减小，使得电动机减速，E_a 减小；当下坡结束或接近结束时，总负载转矩会重新变正，E_a 会减小到小于 U，I_a 和 T 都会恢复到原来的方向，工作点会重回第一象限，电动机又重新恢复到电动状态。可见，回馈制动是一种限速制动方式。

采用降压调速时，若电源电压 U 小于感应电势 E_a，则电枢电流反向，电动机也将进入到回馈制动状态。随着电动机转速的下降，感应电势逐步减小，当 U 重新大于 E_a 时，直流电动机又恢复到电动机运行状态。图 4-42 中的 BC 段为降压调速当 U 小于 E_a 时的回馈制动运行，此时，电动机运行在第二象限。图中的 D 点为降压调速最终的稳态运行点，直流电动机处于第一象限的电动机运行状态。

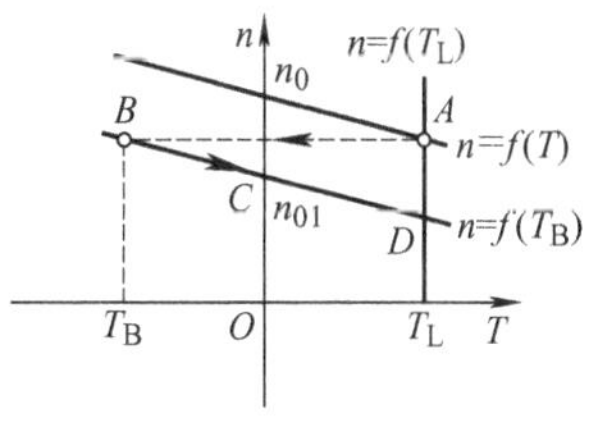

图 4-42　回馈制动过程分析

回馈制动的优点是没有电能损耗，而且无需转换开关，是一种经济、简便的制动方法，适用于需要限速的场合。

（4）起重设备下放重物时的制动运行

起重设备驱动的是由重力作用产生的势能性恒转矩负载，与摩擦力产生的反抗性恒转矩负载不同，势能性负载转矩的方向是固定不变的。当一台起重机采用他励直流电动机匀速提升和下放重物时，电动机的电磁转矩与重力产生的转矩相平衡。由于势能性负载转矩的方向恒定，所以，当匀速提升和下放重物时电动机的转向相反，电磁转矩的方向始终不变。

图 4-43 中的 $n=f(T_L)$ 表示势能性负载的机械特性，$n=f(T)$ 为他励电动机的机械特性。当起重机匀速提升重物时，他励电动机处于电动机运行状态，电磁转矩与转速的方向相同，电动机运行于第一象限中的 A 点，此时，电磁转矩和转速都为正。

在提升重物过程中，采用能耗制动来降低起重机的提升速度。在采用能耗制动的瞬间，由于机械惯性电动机的转速不能突变，运行点从 A 点变到 B 点（图 4-43），处于第二象限。此后在整个制动过程中，电动机的转向不变，转速仍为正，但电磁转矩变为负，起制动作用，电动机在第二象限沿 BO 段减速到 0。

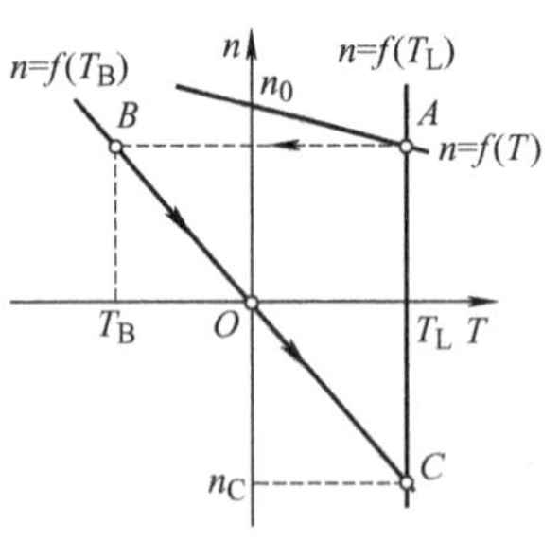

图 4-43　能耗制动运行分析

当电动机的转速下降到 0 时，若不采取其他措施，电动机将在负载转矩作用下反转并下放重物，此时电动机运行于第四象限的 OC 段（图 4-43），电动机的转速变为负。由于转向改变，使得感应电势的方向也改变，导致电枢电流反向，使电磁转矩改变方向，从第二象限的负转矩变为第四象限的正转矩。这里需要注意的是，由于此时电磁转矩与转速方向相反，所以仍为制动转矩。为了区别于第二象限的制动过程，电动机在第四象限的状态称为电动机的反向制动运行。在负载重力转矩作用下，电动机反转使重物加速下降，感应电势随之增大，从而使电枢电流增加，电磁转矩也增加。当电磁转矩与负载转矩重新平衡时（图 4-43 中的 C 点），电动机开始匀速下放重物。

4.5.6　电动机稳定运行条件

在实际应用中，直流电动机通过联轴器与机械负载相连，构成电动机–负载机组。当为负载选配驱动电机时，除了要考虑功率匹配，还要满足稳定运行条件。机组能否稳定运行取决于电动机和负载的机械特性。

三类典型的负载机械特性如图 4-44 所示，曲线 1 是恒转矩负载机械特性，如起重机、卷扬机、电梯等势能性负载；曲线 2 是转矩近似与转速的二次方成正比的负载机械特性，如风扇、水泵等负载；曲线 3 是转矩近似与转速成反比的负载机械特性，也称为恒功率负载机械特性，如机械加工用车床的粗、精加工过程，粗加工切削阻力大，采用低速，精加工切削阻力小，采用高速。

当一台他励电动机驱动一个恒转矩负载运行时，电动机的机械特性与负载的机械特性相交于 A 点，如图 4-45 所示。机组在运行中不可避免地会受到某些扰动，如电网电压的波动或负载转矩的变化，这些扰动会引起电动机转速的变化。当电动机在运行中受到某种干扰，使转速发生了变化，在这些扰动消失后，如果电动机能够恢复到原来的运行状态，那么就称电动机的运行是稳定的。反之，当电动机一旦受到干扰，转速就出现持续性的上升或持续性的下降直至零，那么就称电动机的运行是不稳定的。

采用图 4-45 可以定性地分析电动机运行点的稳定性。在图 4-45a 中的 A 点处，电动机的电磁转矩与负载的转矩相等（忽略电动机的空载阻力转矩），设此时机组的转速为 n_A。假设由于某种瞬间扰动使电动机的转速升高到 n_A'，那么电动机的电磁转矩减小，而负载转矩不变，电磁转矩小于负载转矩，导致电动机减速直到恢复到原来的转速 n_A。反之，如果因为某种瞬间扰动使电动机的转速下降到 n_A''，那么电动机的电磁转矩增大，电磁转矩大于负载转矩，导致电动机加速，直到恢复到原来的转速 n_A。可见，图 4-45a 中的 A 点为电动机的稳定运行点。

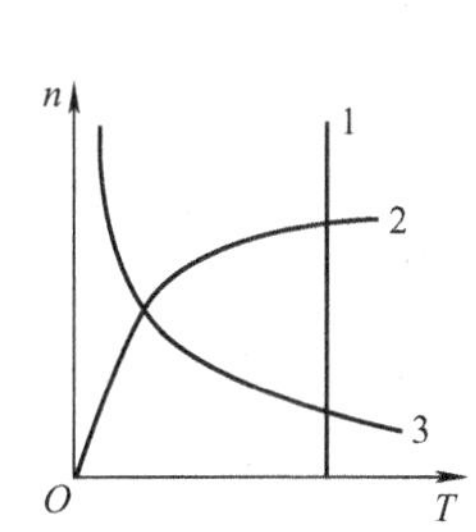

图 4-44　典型负载机械特性

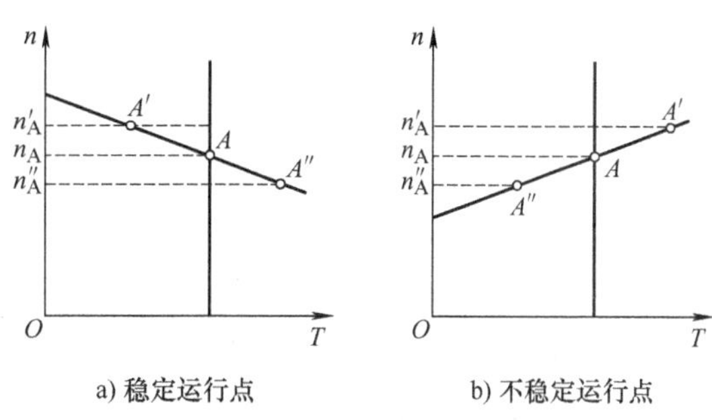

图 4-45　运行点稳定性分析

对于图 4-45b 中的运行点 A，假设由于某种瞬间扰动使电动机的转速升高到 n'_A，与图 4-45a 中不同的是，此时电动机的电磁转矩增大，而负载转矩不变，电磁转矩大于负载转矩，因此电动机的转速会升高，达到难以控制的危险高速。反之，如果因为某种瞬间扰动使电动机的转速下降到 n''_A，则电动机的电磁转矩减小，电磁转矩小于负载转矩，因此电动机的转速会下降直至零。可见，图 4-45b 中的 A 点为电动机的不稳定运行点。

从上述的定性分析可以看出，对于恒转矩负载来说，如果驱动它的电动机具有下降的机械特性，那么它们的机械特性的交点为稳定运行点；反之，如果电动机的机械特性是上翘的，那么它们的机械特性的交点为不稳定运行点。判断电动机-负载机组能否稳定运行的一般化条件是

$$\frac{\mathrm{d}T}{\mathrm{d}n} < \frac{\mathrm{d}T_L}{\mathrm{d}n} \quad \text{机组能够稳定运行} \tag{4-69}$$

$$\frac{\mathrm{d}T}{\mathrm{d}n} > \frac{\mathrm{d}T_L}{\mathrm{d}n} \quad \text{机组不能够稳定运行} \tag{4-70}$$

对于大部分负载来说，当电动机具有下降机械特性时，机组能够稳定运行。那么，直流电动机在什么情况下会出现如图 4-45b 所示的上翘的机械特性呢？这个问题留给读者自行分析。

例 4-5　一台用在起重设备上的并励直流电动机，已知额定电压 $U_N = 220\text{V}$，电枢回路总电阻 $R_a = 0.032\Omega$（包括电刷接触电阻）。当提升重物时，$U = U_N$，$I_a = 350\text{A}$，$n = 795\text{r/min}$。而将同一重物以 300r/min 的转速下放时，若电压及励磁电流不变，问电枢回路应串入多大的电阻？（计算时不计起重设备自身的阻力转矩及电动机的空载阻力转矩）。

解：提升重物时

电枢电势　$E_a = U_N - R_a I_a = (220 - 0.032 \times 350)\text{V} = 208.8\text{V}$

下放重物时，由题设励磁电流不变，所以磁通量未变，又已知负载转矩未变，所以电枢电流也不变。

此时转速变为 -300r/min，相应的电枢电势变为 $E_{ap} = \dfrac{n_2}{n_1}E_a = \dfrac{-300}{795} \times 208.8\text{V} = -78.7925\text{V}$

应串入的电阻　$R_p = \dfrac{U_N - E_{ap}}{I_a} - R_a = \left[\dfrac{220 - (-78.7925)}{350} - 0.032\right]\Omega = 0.8217\Omega$

4.6 直流电机的换向

4.6.1 换向过程

直流电机中的电枢绕组是一个闭合绕组，绕组中的线圈连接在换向器的换向片上，电刷与换向器滑动接触，将电枢绕组分成不同的并联支路。以单叠绕组为例，相邻磁极下的线圈被电刷分成两条并联支路，这两条并联支路中的电流方向是相反的。当电机运行时，一条支路中的线圈要经过电刷进入到另一条支路中，线圈电流将改变方向，这一过程称为**换向**。当线圈被电刷短接时，称此线圈处于换向状态。

图 4-46 描述了一个线圈的换向过程。在图 4-46a 中，电刷左右两边并联支路中电流的方向相反，线圈 1 处于右边的支路中，其电流 i 方向与右边支路中电流的相同，为从右向左，即 $i=i_{右}$，此时线圈 1 所连接的两个换向片 1 和 2 即将同时与电刷接触，或者说线圈 1 即将被电刷短路，所以线圈 1 即将开启换向过程；随着电枢的旋转，线圈 1 的两个引线所连接的换向片 1 和 2 同时与电刷接触，线圈 1 处于短路状态，换向正在进行中，线圈 1 中的电流 i 正在经历大小和方向的改变过程，如图 4-46b 所示；当线圈 1 转到图 4-46c 的位置时，线圈 1 已经被连接到电刷左边的支路中，其电流 i 的方向与左边支路中电流的相同，变为从左向右，即 $i=i_{左}$，线圈 1 的换向过程完成。

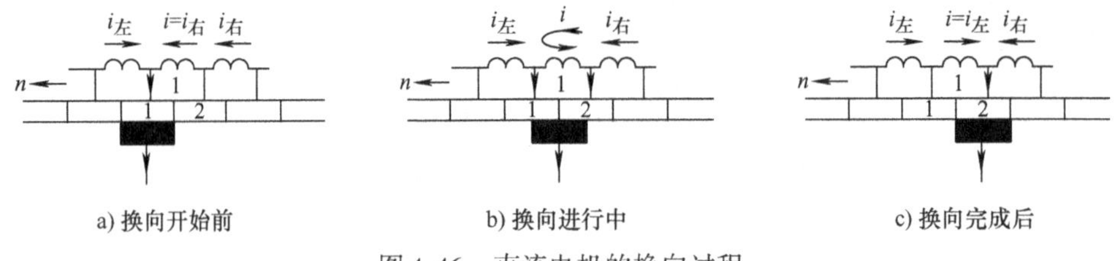

a) 换向开始前　　b) 换向进行中　　c) 换向完成后

图 4-46　直流电机的换向过程

假设一台直流电机的转速为 1500r/min，则每转一圈需要的时间是 0.04s，如果电机有 50 片换向片，那么每个线圈的换向过程为 0.8ms，可见换向过程非常短。一个线圈换向过程所需的时间称为**换向周期**，直流电机的换向周期一般为 0.5～2ms。

正在经历换向过程的线圈中的电流变化率很大，即使线圈的电感很小，也会产生很大的感应电势，即电抗电势 e_L，根据楞次定律，这种由电流变化产生的感应电势是阻碍电流变化的，也就是阻碍换向的。电抗电势通常会造成延迟换向，使电刷上的电流分布不均匀。如果换向器进入电刷的一边称为前刷边，离开电刷的一边称为后刷边，那么延迟换向会造成后刷边的电流密度比前刷边大。如果电抗电势过大，会在后刷边与换向片间产生火花。

引起换向困难的另一个原因是电枢反应。当电机负载运行时，由于电枢反应的影响，使气隙磁通密度的过零点偏离几何中性线并使得几何中性线处出现非 0 的电枢反应磁场，处于换向状态的线圈将切割该磁场并产生所谓的**速度电势** e_s，这个感应电势也是阻碍线圈电流换向的，会进一步增大线圈换向的延迟效应，引起更严重的换向火花。

4.6.2 改善换向的方法

（1）安装换向极

要克服电抗电势和速度电势引起的换向困难，最有效的方法是安装**换向极**。如图4-47所示，换向极安装在几何中性线上，换向极绕组与电枢绕组串联，其电流方向要保证换向极所产生的磁场与电枢反应磁场极性相反，二者互相抵消。通常情况下，换向极磁场在抵消了几何中性线上的电枢磁场后，还要产生一定的帮助线圈换向的换向极磁通。在图4-47中，当电机作为发电机运行时，观察被电刷A短接的正在经历换向的导体1，在前一时刻该导体处于N极域，电流方向为流出纸面，下一时刻该导体将进入S极域，电流被换向，变为流入纸面。图示的时刻，该导体处于换向状态，切割换向极S极下的磁通并产生速度电势e_v，e_v的方向指向纸面之内，帮助导体1中的电流改变方向。当电机作为电动机运行时，可以得出同样的结论。

若电枢线圈切割换向极磁通产生的帮助换向的速度电势e_v，可以正好抵消换向线圈中的电抗电势e_L，那么就可以使得换向线圈中的电流随时间线性变化，形成所谓的**直线换向**，使电刷下的电流密度均匀分布。如果线圈切割换向极磁通产生的帮助换向的速度电势e_v过大，又会形成所谓的**加速换向**，使线圈电流过快改变方向，这种情况与延迟换向相反，会造成前刷边的电流密度比后刷边大，可能导致前刷边出现换向火花。

（2）移动电刷位置

在小容量串励电动机中，可以采用移动电刷位置的方法来改善换向。如图4-48所示，将电刷顺着发电机或逆着电动机的旋转方向转过一个小角度。作为发电机运行时，被电刷A短接的处于换向状态的导体1，在前一时刻其电流方向为流出纸面，下一时刻其电流方向将变为流入纸内。由于电刷的偏离使该导体处于主磁极S下，根据右手定则可以判断，该导体切割主磁极磁通产生的速度电势e_v的方向是指向纸面之内，与下一时刻该导体将被串入的S极下的支路电流的方向相同，因此e_v可以帮助导体换向。当电机作为电动机运行时，可以得出同样的结论。

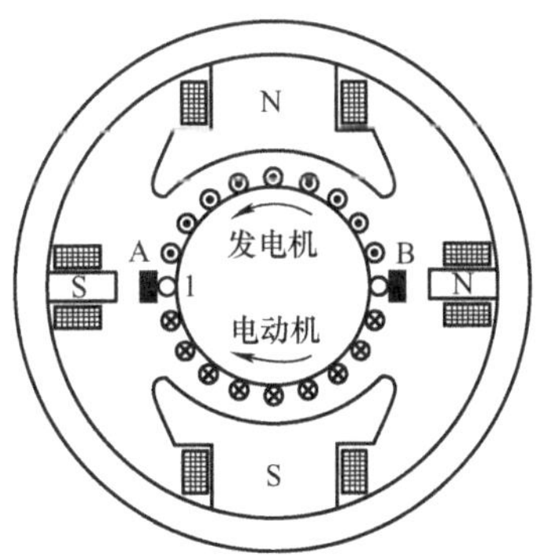

图4-47　安装换向极帮助换向

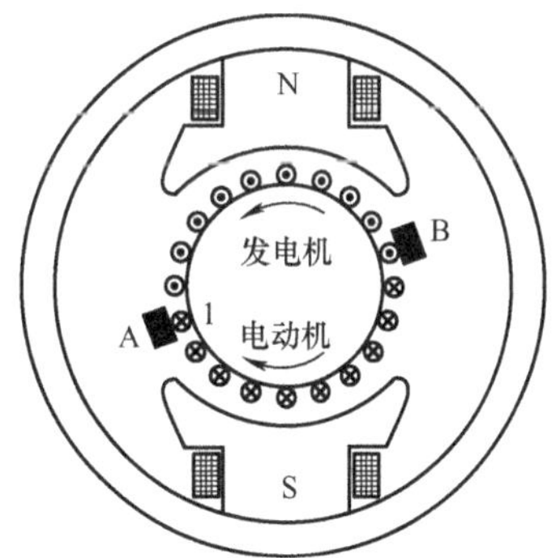

图4-48　移动电刷位置帮助换向

通过移动电刷的位置来改善换向的方法其缺点也是显而易见的。当电刷偏离几何中性线时，电枢磁势不仅产生交轴电枢反应，而且还会产生直轴电枢反应，从图4-48可以看出，为了改善换向而移动电刷位置后，所引起的直轴电枢反应对主磁极磁场起去磁作用，可能导致发电机电压下降或电动机转速上升，使电机运行出现不稳定。对于他励或并励电动机，由于主磁极磁场是恒定的，因此通过移动电刷使处于换向状态的导体切割主磁极磁场，在导体中产生的速度电势也是恒定的，不能在任何负载下都刚好抵消电抗电势，所以这种方法在并励电动机中的应用存在缺陷。

4.6.3 换向火花

在换向过程中，如果出现延迟换向或加速换向，在电刷的后刷边或前刷边会产生换向火花。换向火花会使电刷附近的空气被电离，严重时可能形成电弧，发生环火，使两个电刷沿换向器圆周被电弧短路，烧熔换向器表面，造成电机短路故障。

换向火花的产生，除了上述电磁方面的原因外，还受到机械、化学、电刷用材料以及工作环境等其他因素的影响。由于电枢反应使气隙磁场发生畸变，造成某些换向片间的电压升高，当超过一定数值时，会在两个换向片间引起电位差火花。同时，在电刷与换向器长期滑动接触的相互摩擦作用下，会产生一些铜屑和碳粉屑掉落在两个相邻换向片的槽中，也会造成电位差火花。由于换向器偏心、换向片有毛刺、电刷安装不好或电机振动等原因，在电机运行中会使电刷产生跳动，造成机械性火花。换向器表面的化学性质也直接影响换向状态，长期运行的电机在换向器表面会形成一层氧化层，提高换向器表面的硬度，并增加接触电阻，可使换向过程更理想。如果电机出现短路、接地等故障，还会引起故障性火花。

总之，换向火花的成因和影响因素是复杂的和多方面的，火花的大小也不是判断换向好坏的唯一标准。在实际应用中，有时电机的无火花运行反而会造成换向器的严重损伤，而有一定火花运行的电机，在换向器表面会形成均匀、光滑的薄膜层，使电刷和换向器的使用寿命更长。

本章小结

直流电机分为直流发电机和直流电动机，直流发电机是将输入到转子上的机械能转换成电枢绕组中的电能输出，而直流电动机是将输入到电枢绕组中的电能转换成转子上的机械能输出。直流电机的基本结构包括定子、转子和气隙。定子上装主磁极，励磁方式分为他励、并励、串励和复励四种。转子上的电枢绕组构成闭合回路，电枢绕组中的电流是交变的，通过换向器和电刷的作用才能在电刷端得到直流电。

直流电机的气隙磁场由主磁极磁势和电枢磁势共同激励，电枢磁势对主磁极激励的空载磁场的影响称为电枢反应。电枢反应使气隙磁场发生畸变，对电机的换向产生影响。当铁心饱和时，电枢反应产生去磁效应，使每极主磁通减小，直接影响电机的运行性能。安装补偿绕组可以有效地抵消电枢反应。

直流电机感应电势 $E_a = C_e \Phi n$，即感应电势正比于电机的转速和每极磁通。发电机中的感应电势产生电枢电流，被称为正电势，并且 $E_a > U$，电势平衡方程式为 $E_a = U + I_a R_a + 2\Delta u_s$。电动机中的感应电势反抗电流流入电枢绕组，因此被称为反电势，并且 $E_a < U$，电势平衡方程式为 $U = E_a + I_a R_a + 2\Delta u_s$。

直流电机的损耗分为铜耗、铁耗、机械损耗和杂散损耗，这些损耗也同样存在于其他电机中，因此本章针对损耗和效率的分析具有普遍意义。功率流程图是表征电机内部功率传递关系的有用工具，借助功率流程图更便于列写直流电机的功率平衡方程式，值得注意的是，发电机和电动机的功率流向正好相反。

直流电机电磁转矩 $T = C_T \Phi I_a$，即电磁转矩正比于电机的每极磁通和电枢电流。发电机中的电磁转矩是阻碍转子旋转的，被称为反力矩；而电动机中的电磁转矩是驱动转子旋转的，被称为正力矩。直流电机的电磁功率 $P_M = T\Omega = E_a I_a$，它显示了电机中机械能与电能之间的相互转换。

直流发电机的主要特性是空载特性和外特性。空载特性本质上是表征电机的磁化曲线，因此不同励磁方式的电机都可以接成他励来测量空载特性。外特性是发电机端电压随输出电流的变化关系，不同励磁方式的直流发电机具有不同的外特性。自励发电机的建压需要满足三个条件：主磁极铁心有剩磁、励磁绕组接法正确以及励磁回路电阻小于建压临界电阻。

直流电动机的特性有起动特性、工作特性、机械特性、调速特性和制动特性。对起动性能的要求是，起动转矩足够大而起动电流在允许范围内。起动方法有全压起动、减压起动和在电枢回路串联电阻起动。机械特性是电机转速随电磁转矩的变化关系，不同的励磁方式具有不同的机械特性。直流电动机的调速方法包括电枢回路串电阻、励磁回路串电阻以及改变电枢电压，三种方法简单易行，因此调速性能好是直流电动机的优点。制动运行就是要使电动机产生与转速方向相反的电磁转矩，直流电动机的电气制动有能耗制动、反接制动和回馈制动三种形式。

直流电机的换向是线圈电流改变方向的过程，影响换向的因素包括电磁、机械、化学、工作环境、电刷材料等多个方面，因此换向是一个复杂的过程。安装换向极可以改善换向，对于小容量串励电动机，可以采用移动电刷位置的方法来帮助换向。

思　考　题

4-1　直流电机的原理模型由哪几部分构成？各部分的作用是什么？

4-2　正常运行时，直流电机的电枢导体中的感应电势和电流是直流的还是交流的？电刷间引出的电势和电流是交流的还是直流的？

4-3　简述电刷和换向器在直流发电机和直流电动机中所起的作用。

4-4　为什么直流电机的电刷必须与位于几何中性线处的导体相接触？

4-5　直流电机的电枢电路是由电枢线圈按一定规律连接而成的闭合回路，各线圈在磁场中运动时都要产生感应电势，为什么电枢闭合回路中没有环流产生？

4-6　简述直流电机的主要构成部件及其功用。

4-7　直流电机的主磁路由哪几段构成？哪些磁路段消耗的磁势大？哪些磁路段产生的铁耗比较大？为什么？

4-8　为什么直流电机的电枢铁心必须采用硅钢片，而磁极铁心却可以用普通钢片？

4-9　为什么近现代直流电机都采用鼓形电枢绕组而不采用环形电枢绕组？

4-10　单叠绕组、双叠绕组、单波绕组、双波绕组的支路数分别如何确定？

4-11　一台 6 极的直流电机，电枢分别采用单叠绕组和单波绕组时，电枢电路的电阻有何不同？

4-12　一台 4 极单叠绕组直流发电机，若运行过程中一个磁极失去励磁，则会产生什么后果？

4-13　一台6极单叠绕组直流发电机，如果故意去掉一对正负电刷，则端电压有何变化？其带负载能力如何变化？

4-14　一台4极单叠绕组直流发电机，如果故意去掉一个电刷，则端电压如何变化？其带负载能力如何变化？

4-15　直流电机的电枢回路是闭合的，若有一处断线，则对其电枢电路有什么影响？对电机的运行有什么影响？

4-16　直流电机空载时，气隙中的磁通密度按怎样的波形分布？带负载后，气隙中的磁通密度波形会发生怎样的变化？

4-17　直流电机负载运行时，电枢磁势沿气隙圆周呈怎样的分布波形？电枢磁势产生的电枢磁场呈怎样的分布波形？

4-18　什么是直流电机的电枢反应？电刷处于正常位置时的电枢反应对气隙磁场的分布波形和每极磁通的大小有什么影响？

4-19　直流电动机的电刷顺着转子转向偏离正常位置一个小角度，负载运行时会产生什么样的电枢反应？

4-20　直流电机的补偿绕组起什么作用？它与电枢绕组怎样连接？

4-21　直流电机电枢感应电势的大小与哪些因素有关？试推导其计算公式。

4-22　直流电机电磁转矩的大小与哪些因素有关？试推导其计算公式。

4-23　直流电机的电势常数和转矩常数之间有什么关系？试推导之。

4-24　试证明等式 $E_aI_a = T\Omega$。

4-25　直流电机作为发电机运行与作为电动机运行时，电枢回路的电势平衡方程有何不同？在这两种不同的运行方式中，电枢感应电势所起的作用有何不同？

4-26　直流电机作为发电机运行和作为电动机运行时，其转矩平衡方程有何不同？在这两种不同的运行方式中，电磁转矩所起的作用有何不同？

4-27　直流电机空载运行时有哪些损耗？什么情况下空载损耗可以认为基本不变？

4-28　直流电机的负载损耗包括哪些？有什么特点？

4-29　直流发电机和直流电动机的功率流程有什么不同？

4-30　什么是电磁功率？对直流电动机和直流发电机来说，电磁功率的性质有何不同？

4-31　并励直流发电机建立稳定端电压的条件有哪些？

4-32　原动机的转向对并励直流发电机的自励建压有何影响？

4-33　原动机的转速对并励直流发电机的自励建压有何影响？

4-34　采取什么方法可使得下述发电机电刷间的正负极性互换？

（1）他励发电机；（2）并励发电机；（3）积复励发电机。

4-35　直流发电机的电势既然与转速成正比，为什么不把发电机的转速尽可能提高，以增加其感应电势？

4-36　若把直流发电机的转速升高20%，问下述哪一种运行方式下空载电压升高较多？

（1）他励运行方式；（2）并励运行方式。

4-37　如果并励直流发电机在正转时能够自励建压，则反转时还能自励建压吗？为什么？

4-38　他励或并励直流发电机负载运行时，为什么端电压会随着负载的增加而下降？

4-39　为什么并励直流发电机外特性曲线下降的斜率大于他励直流发电机？

4-40　为什么直流电机的开路特性曲线与其磁化曲线的形状相似？

4-41　他励、并励和复励发电机的外特性曲线有何区别？为什么？

4-42　原动机转速的变化对他励直流发电机的端电压影响大，还是对并励直流发电机的端电压影响大？为什么？

4-43　一台积复励直流发电机，如果要求它改变转向后，仍能按照积复励直流发电机运行，应如何改接电路连线？为什么？

4-44　直流电动机的起动电流取决于什么？起动瞬间，空载起动和满载起动的电流是否不同？为什么？

4-45　直流电机正常负载运行时的工作电流又取决于什么？

4-46　为什么要限制直流电动机的起动电流？如何限制？

4-47　图4-49a 和 b 分别给出了起动直流电动机的两种不同接线，哪一种接法正确？为什么？

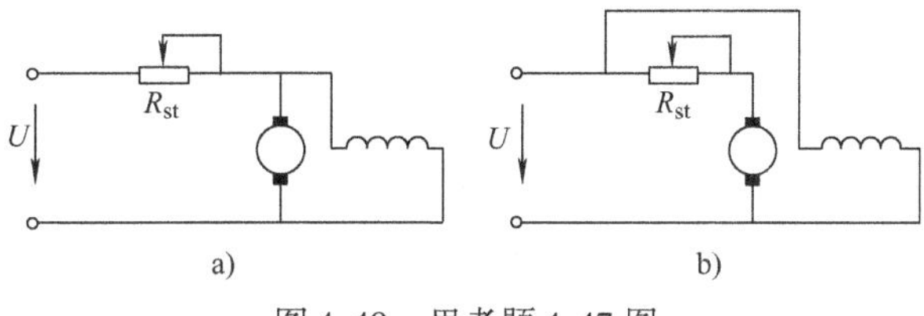

图4-49　思考题4-47图

4-48　起动直流电动机之前，电枢回路的外串电阻器和励磁回路的外串电阻器应分别置于怎样的阻值位置？为什么？

4-49　并励直流电动机（或他励电动机）在起动或运行过程中，励磁回路突然断线，会发生什么现象？为什么？如果是串励电动机，又会怎样？

4-50　在起动直流电动机后，如果把起动电阻的一部分仍置留在电枢回路中，对电动机的运行和起动电阻器本身有什么影响？

4-51　什么是电动机的机械特性？如何改变他励直流电动机的机械特性？

4-52　串励电动机和并励电动机的机械特性有何不同？为什么并励电动机能够空载运行而串励电动机不允许空载和轻载运行？

4-53　什么是负载的机械特性？负载按其机械特性如何分类？

4-54　如何根据机械特性图判断电动机拖动系统运行点的稳定性？

4-55　他励直流电动机有哪几种调速方法？简述各种调速方法的优缺点。

4-56　他励直流电动机负载运行时，发现电枢电流超过了额定电流，能否通过给电枢回路串电阻的方法限制电枢电流？为什么？

4-57　一台并励直流电动机在拆装时不小心动了电刷位置，之后在运行过程中增加负载时，电动机的转速越来越高，不能稳定运行。试分析这是什么原因引起的。

习　题

4-1　一台直流发电机的额定值如下：$P_N=300\text{kW}$，$U_N=330\text{V}$，$n_N=1000\text{r/min}$，$\eta_N=90\%$。求额定电流 I_N 和输入功率 P_1。

4-2　一台直流电动机的额定值如下：$P_N=150\text{kW}$，$U_N=220\text{V}$，$n_N=1200\text{r/min}$，$\eta_N=$

90%。求额定电流 I_N、输入功率 P_1 及额定输出转矩 T_{2N}。

4-3　一台直流电机，电枢绕组为单叠绕组，极数 $2p=4$，电枢槽数 $Z=24$。

（1）画出电枢绕组展开图，并标明电刷和磁极的位置；

（2）自设一个电枢旋转方向和磁通方向，然后标出导体电势方向和电刷的极性；

（3）电枢电路的支路数为多少？

4-4　一台单叠绕组的直流发电机，槽数 $Z=70$，每槽导体数 $N_c=10$，极数 $2p=4$，电枢直径 $D=0.2\text{m}$，轴向长度 $l=0.4\text{m}$，每极气隙平均磁通密度 $B=0.4\text{T}$，当转速为 1000r/min 时，空载端电压为多少？

4-5　一台单波绕组的直流电动机，极数 $2p=4$，电枢绕组总导体数 $N=700$，每极气隙磁通 $\Phi=6\times10^{-3}\text{Wb}$，试求：

（1）电枢电流 $I_a=40\text{A}$ 时的电磁转矩；

（2）电动机输出机械功率为 7.5kW，转速为 1440r/min 时，输出转矩为多少？

4-6　一台直流并励发电机，额定功率 $P_N=45\text{kW}$，额定电压 $U_N=440\text{V}$，额定转速 $n_N=1500\text{r/min}$，电枢回路总电阻（包括电刷接触电阻）$R_a=0.22\Omega$，励磁回路总电阻 $R_f=126\Omega$，试求额定运行时的电磁功率和电磁转矩。

4-7　一台并励直流电动机，额定功率 $P_N=5.9\text{kW}$，额定电压 $U_N=220\text{V}$，额定电流 $I_N=32\text{A}$，电枢回路总电阻（包括电刷接触电阻）$R_a=0.328\Omega$，励磁回路总电阻 $R_f=147\Omega$，额定转速 $n_N=1250\text{r/min}$。不计电枢反应的去磁作用。试计算：

（1）理想空载转速；

（2）额定电磁转矩；

（3）保持励磁电流不变，若总负载转矩降为（2）中的一半，稳定后的转速为多少？

4-8　一台直流并励电机，接在 220V 直流电源上运行，已知：并联支路对数 $a=1$，极对数 $p=2$，总导体数 $N=322$，转速 $n=1500\text{r/min}$，每极磁通 $\Phi=0.0125\text{Wb}$，电枢回路总电阻（包括电刷接触电阻）$R_a=0.21\Omega$，铁耗 $p_{Fe}=360\text{W}$，机械损耗 $p_m=200\text{W}$。不计电枢反应的影响，求：

（1）该电机是电动机还是发电机？

（2）电磁转矩为多少？

（3）输出功率为多少？

4-9　一台并励直流发电机，额定功率 $P_N=27\text{kW}$，额定电压 $U_N=115\text{V}$，额定转速 $n_N=1460\text{r/min}$，额定运行时电枢回路的铜耗 $p_a=0.6\text{kW}$，励磁回路的铜耗 $p_f=0.3\text{kW}$。试求：额定运行时的励磁电流 I_f、输出电流 I_N、电枢电流 I_a、电枢回路的总电阻 R_a、励磁回路的总电阻 R_f、电磁功率 P_M 以及电磁转矩 T。

4-10　一台并励直流发电机，额定功率 $P_N=27\text{kW}$，额定电压 $U_N=115\text{V}$，额定转速 $n_N=1450\text{r/min}$，额定效率 $\eta_N=86\%$，电枢回路的总电阻（包括电刷接触电阻）$R_a=0.02\Omega$，励磁电路的总电阻 $R_f=23\Omega$。今将此发电机作为电动机，接在 120V 电源上运行，且保持电机的铁心饱和程度、效率不变，若输出功率为 25kW，问电动机的转速为多少？

4-11　一台并励直流电动机，额定功率 $P_N=9.5\text{kW}$，额定电压 $U_N=220\text{V}$，额定电流 $I_N=49.7\text{A}$，额定转速 $n_N=850\text{r/min}$，额定效率 $\eta_N=86\%$。电枢回路的总电阻（包括电刷接触电阻）$R_a=0.226\Omega$，励磁电路的总电阻 $R_f=110\Omega$。今将此电动机作为并励发电机运行，转

速为1000r/min，负载电阻为$R_L=5\Omega$，且保持电机的铁心饱和程度不变，问发电机的输出电压为多少？

4-12　一台直流发电机，额定电压$U_N=115V$，额定转速下空载特性数据见表4-2，试计算：

表4-2　空载特性数据

U_0/V	4.6	30	73	94	105	115	120	127
I_f/A	0	0.53	1.05	1.57	2.09	2.61	3.14	3.66

（1）在额定转速下他励空载运行，建立110V的端电压，励磁电流应为多少安？

（2）在额定转速下并励空载运行，建立115V的端电压，励磁回路的总电阻应为多少欧姆？

（3）将（2）中励磁回路总电阻减少10%，并励空载运行能建立多少伏的端电压？

4-13　一台并励直流发电机，额定功率$P_N=300kW$，额定电压$U_N=330V$，并励绕组的匝数为470。设发电机的转速保持额定值不变，空载运行建立额定端电压需要将励磁电流调节到20A，满载运行建立额定端电压需要将励磁电流调节到28A。今欲通过增装串励绕组将此发电机改造成平复励发电机（长复励接法），使得在不调节励磁电流的情况下，满载端电压等于空载端电压。试求串励绕组的匝数应为多少？

4-14　一台并励直流发电机的外特性数据见表4-3。

表4-3　外特性数据

端电压/V	300	285	270	253	238	230
负载电流/A	0	200	400	600	800	900

如果负载电阻为$R_L=5\Omega$，问负载电流I和端电压U各为多少？

4-15　一台直流他励电动机，额定功率$P_N=7.5kW$，额定电压$U_N=220V$，额定效率$\eta_N=85\%$，电枢回路固有总电阻（包括电刷接触电阻）$R_a=0.5\Omega$。试求：

（1）直接全压起动时的起动电流；

（2）采用电枢串电阻起动，将起动电流限制为$I_{st}=2.5I_N$，应串入的电阻值为多少？

（3）采用降低电枢电压起动，将起动电流限制为$I_{st}=3.0I_N$，电枢电压应降为多少？

4-16　一台他励直流电动机，额定功率$P_N=22.5kW$，额定电压$U_N=240V$，额定转速$n_N=900r/min$，额定效率$\eta_N=88\%$，电枢回路总电阻（包括电刷接触电阻）$R_a=0.087\Omega$。驱动恒转矩负载额定运行时，突然将电枢电压降低为200V。试求：

（1）电源电压降低瞬间的电枢电流和转速；

（2）稳定后的电枢电流和转速。

4-17　一台并励直流电动机，额定功率$P_N=82kW$，额定电压$U_N=230V$，额定转速$n_N=970r/min$，额定效率$\eta_N=89\%$。电枢回路总电阻（包括电刷接触电阻）$R_a=0.032\Omega$，励磁回路总电阻$R_f=30\Omega$。驱动恒转矩负载额定运行时，欲通过降低电枢电压将转速降低为$n=900r/min$，求电枢电压应降为多少伏？

4-18　一台并励直流电动机，额定功率$P_N=7.5kW$，额定电压$U_N=220V$，额定转速$n_N=1000r/min$，额定电流$I_N=40A$，电枢回路总电阻（包括电刷接触电阻）$R_a=0.5\Omega$，励磁回

路总电阻 $R_f=183\Omega$。不计电枢反应的影响，试求：

（1）额定运行时的输出转矩、电磁转矩和效率；

（2）保持电磁转矩和励磁电流为额定值不变，欲通过给电枢串电阻的方法将转速调低到750r/min，问应串入的电阻 R_p 为多少？稳定运行后的效率变为多少？

4-19　一台并励直流电动机，额定功率 $P_N=10\text{kW}$，额定电压 $U_N=220\text{V}$，额定电流 $I_N=54.8\text{A}$，额定转速 $n_N=1000\text{r/min}$，电枢回路总电阻（包括电刷接触电阻）$R_a=0.393\Omega$，励磁回路电阻 $R_f=137.5\Omega$。电动机驱动恒转矩负载运行。

（1）求电枢电流 $I_a=40\text{A}$ 时的转速；

（2）在（1）的运行状态时，调节励磁电流，使得主磁通降低20%，求稳定运行后的电枢电流和转速。

4-20　一台串励电动机，额定功率 $P_N=4.4\text{kW}$，额定电压 $U_N=220\text{V}$，额定电流 $I_N=24\text{A}$，额定转速 $n_N=1380\text{r/min}$，串励绕组与电枢绕组的电阻之和为 0.72Ω，假定电动机的磁路不饱和。

（1）当 $I_a=0.8I_N$ 时，转速为多少？

（2）如果电磁转矩为额定值不变，当 $U=0.8U_N$ 时，转速为多少？

4-21　一台他励直流电动机，额定功率 $P_N=11\text{kW}$，额定电压 $U_N=440\text{V}$，额定电流 $I_N=29.5\text{A}$，额定转速 $n_N=730\text{r/min}$，电枢回路总电阻 $R_a=1.05\Omega$。用此电动机驱动起重机吊放某重物，已知起重机构连同重物对电动机的负载转矩为额定输出转矩的80%。试求（计算时假设空载转矩不变）：

（1）额定电磁转矩、额定输出转矩和空载阻力转矩。

（2）若以150r/min的速度提升该重物，问电枢回路应串入多大电阻？

（3）若用倒拉反转以 -300r/min 的速度下放重物，问电枢回路应串入多大电阻？

（4）若用能耗制动以 -300r/min 的速度下放重物，问电枢回路应串入多大电阻？

4-22　两台串励电动机A和B的参数见表4-4（表中电枢电阻值包括串励绕组的电阻值）。

表4-4　串励电动机参数

电动机	额定电压/V	额定电流/A	电枢电阻/Ω	电刷接触电阻压降/V	额定转速/(r/min)
A	220	40	0.5	2	1000
B	220	50	0.4	2	900

今将两台电动机的转轴用联轴器连接，将电路串联后接到330V电源上。问：

（1）电枢电流为40A时，机组的转速为多少？

（2）此时两台电动机上所加的电压各为多少？

（3）机组所产生的总电磁转矩为多少？

第 5 章 交流电机的共同问题

第 4 章学习了直流电机，它是旋转电机的一种基本形式，用来实现机械能与直流电能之间的转换。从本章开始将学习旋转电机的另一种基本形式，即交流电机，它可以实现机械能与交流电能之间的转换。与直流电机类似，交流电机也有发电机和电动机两种运行方式。交流电机分为同步电机和感应电机两种基本类型，它们的结构形式、工作原理和运行性能有很大差别，但是这两类电机的定子部分却是相同的。在具体分析两种交流电机之前，先就交流电机的定子绕组、定子绕组感应电势以及定子绕组磁势作一综合分析，这三个问题被称之为交流电机的共同问题。

5.1 交流绕组

5.1.1 交流绕组的基本概念

对于三相交流电机而言，在它们的定子绕组中要产生三相对称的感应电势，这是对交流绕组的基本要求。能产生三相对称感应电势的交流绕组被称为三相对称绕组，若无特别说明，通常所说的交流绕组是指三相对称交流绕组。

图 5-1a 是一台三相同步发电机的原理示意图，由定子和转子两部分组成，图中的 A、B、C 三根导体表示三相定子绕组，直流激励的主磁极表示转子。当转子旋转时，定子绕组切割转子磁场产生感应电势。根据右手定则，当导体切割 N 极磁场时，感应电势的方向为进纸里，而当导体切割 S 极磁场时，感应电势的方向为出纸面，因此三相定子绕组中的感应电势为交流电势。图中的 A、B、C 三根导体在空间依次相距 120°（或 $2\pi/3$），按照图示的转子旋转方向，转子 N 极磁场先扫过 A 相导体，转过 120°后再扫过 B 相导体，所以 A 相导体感应电势超前 B 相导体感应电势 120°，同理，B 相导体感应电势超前 C 相导体感应电势 120°。三相导体的感应电势大小相等，相位依次相差 120°，所以是三相对称的感应电势，如图 5-1b 所示。

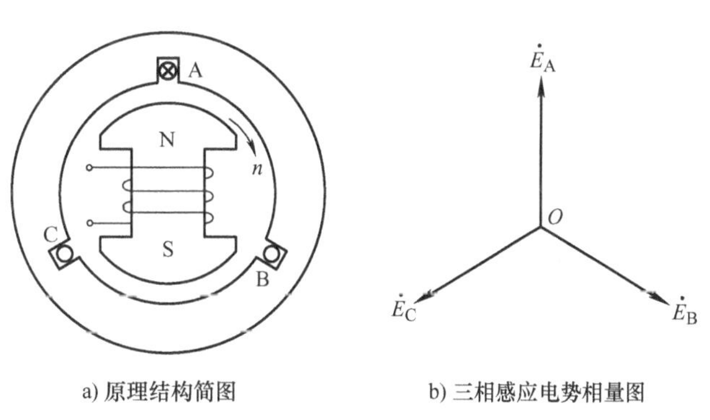

a) 原理结构简图　　b) 三相感应电势相量图

图 5-1　三相同步发电机原理示意图

在实际交流电机中，定子铁心内表面均匀分布着许多**齿**和**槽**，槽中放置导体。按照上面的分析，要将这些导体组成A、B、C三相对称绕组，必须将全部导体平均分到三相，同时要保证A、B、C三相对应导体感应电势的相位依次相差120°。

在具体分析交流绕组的连接方法之前，先介绍关于交流绕组的几个基本概念。

（1）电角度

通过第3章的讲述，我们对电角度的概念已有所了解，这里将对电角度的概念作进一步阐述。一个圆周对应的空间角度为360°，在交流电机中称之为**机械角度**。图5-2是一台2对极（4极）同步发电机示意图，观察定子上的一根导体，当转子旋转时，每一对磁极掠过这根导体，导体中的感应电势就交变1个周期。转子上有2对磁极，因此转子转1圈，定子上导体的感应电势就交变2个周期。参看图5-2b，在交流电机中将1对磁极对应的圆周空间角度定义为360°电角度，如果电机的极对数为p，那么同一扇形区域对应的电角度与机械角度之间的关系为

$$\text{电角度} = p \times \text{机械角度} \tag{5-1}$$

一般地，对于有p对磁极的交流电机来说，转子转1圈转过的电角度为$p \times 360°$，定子导体的感应电势交变p个周期，即感应电势相位变化$p \times 360°$。

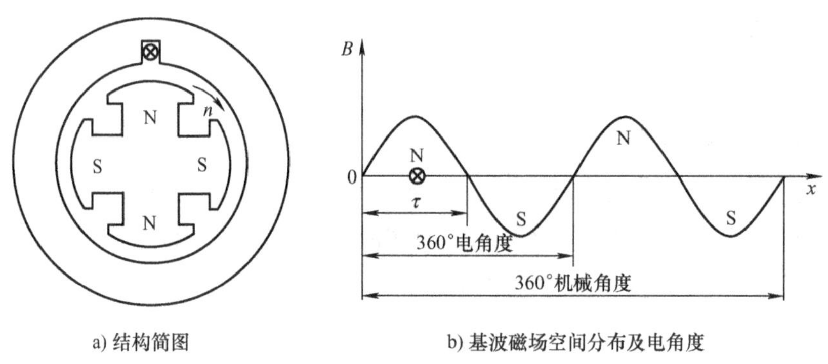

a) 结构简图　　b) 基波磁场空间分布及电角度

图5-2　4极同步发电机

（2）槽距角α

定子铁心内表面相邻两个槽的中心线之间的夹角用电角度表示，称为**槽距角**α，设定子总槽数为Z_1，槽距角α的计算公式为

$$\alpha = \frac{p \times 360°}{Z_1} \tag{5-2}$$

根据电角度的定义可知，相邻2个槽中的导体在空间相距α电角度，那么当转子旋转时，在这2根导体中产生的感应电势相位差为α度。这种对应关系为分析三相对称绕组中感应电势的相位关系提供了方便，这也是在分析交流绕组中引入电角度的原因。

（3）每极每相槽数q

将定子Z_1个槽平均分配到每个极域，再将每个极域的槽平均分配给m相（对三相绕组$m=3$），则每个极域每相分得的槽数称为**每极每相槽数**q。q的计算公式为

$$q = \frac{Z_1}{2pm} \tag{5-3}$$

（4）相带

采用q可以将每个极下的槽数平均分配到三相，而1个极域对应的电角度为180°，将它

平均分到三相，则每相占有的空间区域为60°电角度，称为60°相带，相应的三相绕组称为60°**相带绕组**。

在大型同步发电机中，会出现q为分数的情况，此时采用将1对极对应的360°电角度平均分配到三相，则每相占有的空间区域为120°电角度，这样的三相绕组被称为120°**相带绕组**。

5.1.2 三相单层绕组

以一台定子槽数$Z_1=24$、极对数$p=2$、相数$m=3$的交流电机为例，分析三相单层绕组的具体排列和连接方法。

三相单层绕组的每个槽中只有1个线圈边，24个槽有24个线圈边，即24根导体（对于多匝线圈，为了叙述方便仍将一个线圈边称为一根导体），将这些导体按所在槽的位置编号1，2，3，…，24。根据式(5-2)和式(5-3)计算出这台电机的槽距角$\alpha=\dfrac{p\times360°}{Z_1}=\dfrac{2\times360°}{24}=30°$，每极每相槽数$q=\dfrac{Z_1}{2pm}=\dfrac{24}{2\times2\times3}=2$。

1. 导体电势星形图

假设气隙磁场在空间正弦分布，当气隙磁场旋转被定子三相绕组的各导体依次切割时，在导体中会感应出正弦电势，可以用相量表示这些电势的大小和相位。当槽距角α为30°电角度时，导体1的电势在相位上超前导体2电势30°，导体2电势的相位又超前导体3电势30°，依次类推，可以画出全部24根导体的电势相量图，如图5-3所示，称之为交流绕组的导体**电势星形图**。

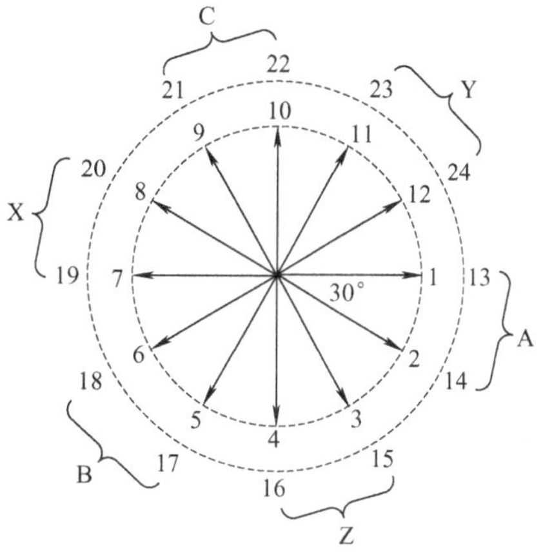

图5-3 4极24槽单层绕组导体电势星形图

定子绕组在第1对极下的12根导体的感应电势相量构成电势星形图的第1圈。导体13的电势与导体1电势的相位差为$(13-1)\times30°=360°$，所以导体13与导体1电势相量重合，因此，第2对极下的12根导体的电势相量构成导体电势星形图的第2圈。以此类推，如果电机还有第3对极，那么将构成导体电势星形图的第3圈。

绕制三相对称绕组时，需要将全部导体平均分到A、B、C三相，同时要使A、B、C三相绕组中对应导体感应电势的相位依次相差120°，这里，借助电势星形图可以很方便地实现导体的正确分配。对于第1对极下的12根导体，根据每极每相槽数$q=2$，将相邻槽1和槽2中的导体1和导体2分配给A相，而B相中对应的导体应该分别与导体1和导体2的感应电势具有120°的相位差，所以应该是导体5和导体6。同理，C相中对应的导体为导体9和导体10。

第1对极下剩余的6根导体按照组成**整距线圈**的原则来分配。在本例中，整距线圈的节距$y=\tau=\dfrac{Z_1}{2p}=\dfrac{24}{2\times2}=6$槽，所以，A相中的导体1应该与导体7组成A相绕组的第1个整距线圈，导体2与导体8组成A相绕组的第2个线圈。同理，与B相中的导体5和导体6组成整距线圈的应该是导体11和导体12，而与C相中的导体9和导体10组成整距线圈的是导体3和导体4。

在导体电势星形图5-3中，A相中的导体1和导体2称为线圈的首边，所在的区域（即相带）标为A，A相中的导体7和导体8称为线圈的末边，所在的区域标为X。同样地，B相中的导体5和导体6为首边，所在的区域标为B，B相中的导体11和导体12为末边，所在的区域标为Y；C相中的导体9和导体10为首边，所在的区域标为C，C相中的导体3和导体4为末边，所在的区域标为Z。这样，在第1对极下，属于A－X相的4根导体为1、2、7、8，属于B－Y相的4根导体为5、6、11、12，属于C－Z相的4根导体为9、10、3、4。

借助导体电势星形图，第2对极下的12根导体也自动被分配到了A、B、C三相。最终，属于A－X相的全部导体为1、2、7、8和13、14、19、20，属于B－Y相的全部导体为5、6、11、12和17、18、23、24，属于C－Z相的全部导体为9、10、3、4和21、22、15、16。可见，根据导体电势星形图将24根导体平均分配到三相的同时，保证了A、B、C三相中对应导体的感应电势的相位依次相差120°，为绕制三相对称绕组提供了保证。

2. *单层绕组展开图*

各相绕组中线圈的连接采用绕组展开图表示。在图5-4中，24根实线竖线段代表24个槽及槽内导体，设N极下导体的感应电势方向为自下而上，那么S极下导体的感应电势方向为自上而下。以A相为例，将属于A相的8根导体分别连接成4个整距线圈，即线圈1－7、2－8、13－19、14－20，如图5-4所示。可以看到，4个线圈被自然分成了两组，每对极下的2个线圈为1组，如线圈1－7和线圈2－8组成了1组，将每组中的线圈串联就构成1个**线圈组**。可以看出，每对极下属于A相的线圈串联成1个线圈组，所以A相绕组共有$p=2$个线圈组。最后，将这2个线圈组串联或并联组成A**相绕组**。如果2个线圈组并联构成A相绕组，则说A相的**并联支路数**$a=2$；如果2个线圈组串联构成A相绕组，则说A相的并联支路数$a=1$。需要注意的是，线圈之间的串联要顺着感应电势的方向进行，线圈组之间的串联也要顺着感应电势的方向进行，使串联线圈的感应电势同向相加。另外，在直流电机中，电枢绕组的并联支路数必须为双数，所以用a表示并联支路对数；而交流电机的相绕组由线圈组串并联而成，可以为双数或单数，所以用a表示每相并联支路数。显然，图5-4中属于A相的两个线圈组按电势相加的原则串联构成了A相绕组AX，所以并联支路数$a=1$。

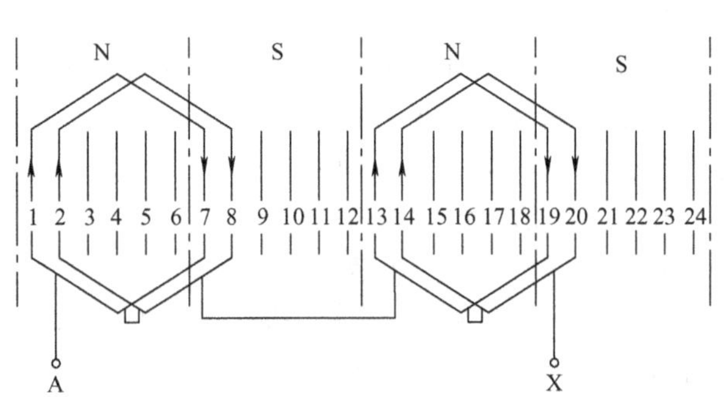

图5-4　单层等元件式绕组展开图（A相）

图5-4中所示的A相绕组中四个线圈的节距相等，由这种连接方式所构成的绕组称为单层等元件绕组或整距叠绕组。进一步观察可以看出，当2对极下的线圈组被串联组成A相绕组时，实际上就是将属于A相的8根导体顺着感应电势的方向全部串联在一起，导体串联的先后次序并不会影响A相绕组感应电势的大小和相位。因此，通过改变线圈或导体串联次序，可以得到单层绕组的另外两种连接方式，图5-5称为单层同心式绕组，图5-6称为单层交叉链式绕组。

在该例中，对于三相单层绕组的三种连接方式，虽然线圈的节距和连接次序不同，但本质上都是由属于A相的8根导体串联而成，因此它们在电气性能上没有差别，三种连接方式下的感应电势完全相同。等元件式绕组各线圈的大小相同，制作容易，但端部有交叠，嵌线较困难，一般用于 $q=2$ 的交流电机中。同心式绕组的线圈端部无交叠，线圈两边可以同时嵌入槽中，因此嵌线容易，但是线圈的尺寸不同，制作较复杂，一般用于 q 为偶数的两极交流电机中。交叉链式绕组的线圈是短距线圈，可以节省线圈端部接线，一般用于 q 为奇数的电机中。

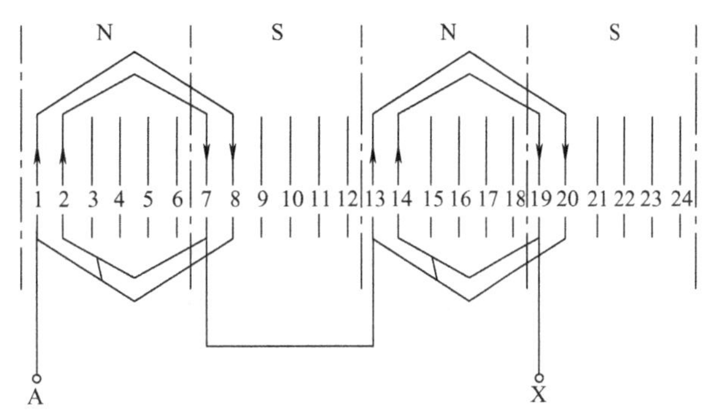

图5-5　单层同心式绕组展开图（A相）

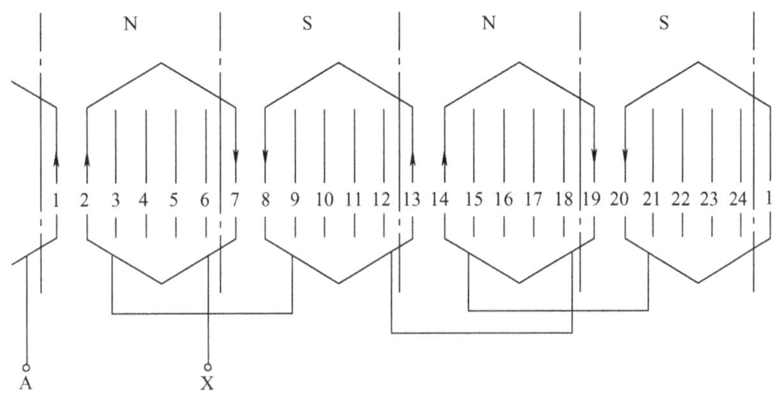

图5-6　单层交叉链式绕组展开图（A相）

与双层绕组相比，单层绕组的优点是，制作工艺简单，槽内无层间绝缘，槽的利用率高；缺点是，当电机导线较粗时，由于工艺上的原因，导致绕组的嵌放和线圈端部的整形都比较困难，而且无法通过线圈的短距改善电势和磁势波形，所以只用在小容量电机中。当电机容量较大时，一般采用三相双层绕组，所有线圈尺寸相同，具有整齐的端部排列，易于下线，并且可以通过线圈的短距改善交流绕组电势和磁势的波形。

5.1.3　三相双层绕组

双层绕组是每个槽中放置两个线圈边。仍以上节中给出的定子槽数 $Z_1=24$、极对数 $p=2$、相数 $m=3$ 的交流电机为例，分析三相双层绕组的具体绕制方法。

1. 上层边导体电势星形图

对于三相双层绕组，24个槽有48根导体，要组成三相对称绕组，需要将它们平均分配到A、B、C三相，而且三相中对应导体感应电势的相位要依次相差120°。单层绕组是利用导体电势星形图来分配三相的导体，对于双层绕组而言，导体的分配仍然可以借助导体电势星形图。定子的槽距角和每极每相槽数与单层绕组实例中的相同，因此画出的导体电势星形图仍然如图 5-3 所示，但是在双层绕组中，此时图中的 24 个电势相量代表 24 个槽中上层边导体的电势相量，也就是说，图 5-3 所示的是双层绕组上层边的导体电势星形图。24 根上层边导体的分配原则与单层绕组相同，三相所占的区域仍如图 5-3 所示。

接下来需要将 24 个槽中的下层边导体平均分配到三相，这时就需要根据线圈的节距 y 来完成。在双层绕组中，每个线圈的首边放在一个槽的上层，而末边放在另一个槽的下层，每个线圈是由一个槽中的上层边导体和另一个槽中的下层边导体串联而成。各相绕组中线圈的连接仍然采用绕组展开图表示。双层绕组中的所有线圈节距相同，端部排列整齐，连接方式有**叠绕组**和**波绕组**两种。

2. 双层叠绕组

图 5-7 给出了 24 个槽中的全部导体，实线代表双层绕组线圈的上层边，虚线代表下层边，仍然设 N 极下导体的感应电势方向为自下而上，S 极下导体的感应电势方向为自上而下。以 A 相为例，根据导体电势星形图（图 5-3），属于 A－X 相绕组的上层边为 1、2、7、8 和 13、14、19、20。假设双层叠绕组为短距绕组，且 $y=\frac{5}{6}\tau=\frac{5}{6}\times 6=5$ 槽，那么槽 1 的上层边将与 $1+y=6$ 号槽的下层边串联组成 A 相绕组的线圈 1；同理，槽 2 的上层边将与槽 7 的下层边串联组成 A 相绕组的线圈 2。以此类推，A 相绕组的 8 个上层边分别与对应的下层边组成 8 个线圈，这 8 个线圈分别以上层边所在槽号作为线圈编号，依次为线圈 1、线圈 2……线圈 8。

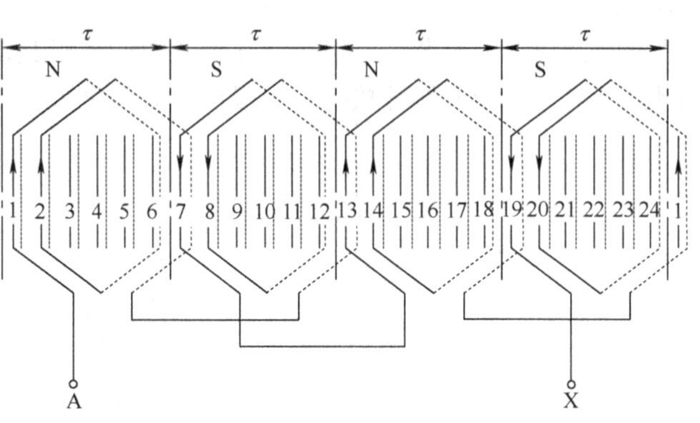

图 5-7　双层叠绕组展开图（A 相）

A 相中的 8 个线圈被自然分成 4 组，如图 5-7 所示，上层边位于同一极下的 2 个线圈串联组成一个线圈组，如线圈 1 与线圈 2 串联组成线圈组 1－2，线圈 7 与线圈 8 串联组成线圈组 7－8，同理可以得到线圈组 13－14 和 19－20。4 个线圈组通过串联或并联组成 A 相绕组，图 5-7 中是将 4 个线圈组串联组成 A 相绕组。值得注意的是，为了避免感应电势相互抵消，线圈组之间的串联要顺着电势的方向进行，使得线圈组电势沿同方向相加。

在这种双层绕组的连接方式中，相邻槽中的线圈端部依次叠压，所以称为叠绕组。采用同样的方法可以得到 B 相和 C 相绕组，再将 3 个单相绕组按Y或△联结方式连接就构成完整的三相绕组。

由于双层绕组线圈的下层边可以放在任意一个槽的下层，所以可以设计成具有不同线圈节距 y 的绕组。双层短距绕组可以利用短距来改善电势和磁势的波形，同时又可以节省线圈端部用铜量，因此绝大部分交流电机采用双层短距绕组。

3. 双层波绕组

在双层叠绕组中，上层边位于同一极下的线圈串联组成一个线圈组，所以 p 对极的电机就有 $2p$ 个线圈组，而线圈组之间的连接需要另外的导线。极数越多，线圈组就越多，线圈组之间所需要的连接导线就越多，所以多极电机采用双层叠绕组是不经济的。

为了解决这个问题，可以采用波绕组的连接方式，如图5-8所示，相邻连接的两个线圈不再位于同一极对下，而是位于相邻的极对下。对比图5-7与图5-8可以看出，在A相中，组成波绕组的8个线圈与组成叠绕组的8个线圈的导体编号完全相同，但是线圈之间的串联次序发生了变化。在叠绕组中，线圈1与线圈2串联组成线圈组1－2。而在波绕组中，是将线圈1、13、2、14依次串联组成一个线圈组 A_1-X_1；再将线圈20、8、19、7依次串联组成另一个线圈组 A_2-X_2，然后将这两个线圈组顺着电势的方向串联（或者并联）得到A相绕组。

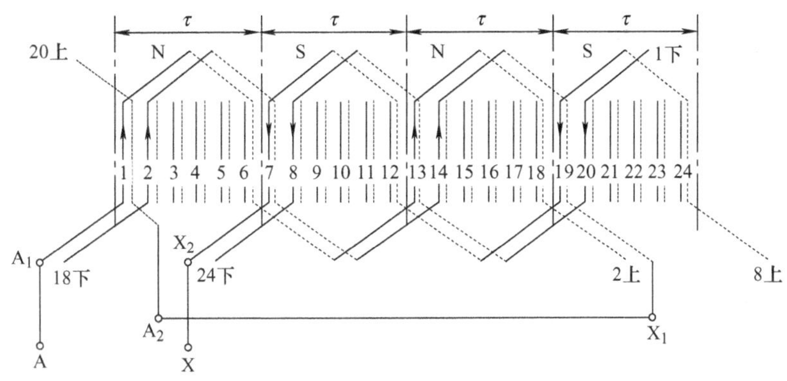

图5-8　双层波绕组展开图（A相）

由于波绕组是将上层边位于N极下的所有线圈串联组成一个线圈组，再将上层边位于S极下的所有线圈串联组成另一个线圈组，所以无论电机的极对数 p 是多少，波绕组每相只有两个线圈组，只需一根组间的连接导线就可以构成1相绕组，因此多极电机采用波绕组可以节省材料。

5.2　交流绕组的感应电势

5.2.1　导体电势及交流电势三要素

在讨论交流绕组的感应电势时，按照交流绕组的构成方法，先分析导体电势，再依次分析线圈电势、线圈组电势和每相绕组的电势。

参看图5-1所示的三相同步发电机原理示意图，图中的A、B、C三根导体表示三相定子绕组，转子连同主磁极以转速 n_1 旋转。根据右手定则可知，在图示状态下，N极磁场扫过导体A，导体A中感应电势的方向为进入纸里；当转子主磁极转过180°时，S极磁场将扫过导体A，那么导体A中感应电势的方向将反转，为出纸面。当同步发电机的转子连续旋转时，N极和S极磁场交替地扫过定子导体，在定子导体中感应出交流电势。交流电机感应电势的频率、波形和大小并称为交流电势三要素。

1. 感应电势的频率

观察图5-1中的导体A，当转子的1对磁极扫过导体A时，导体中感应电势的方向交变2次完成1个周期。如果转子上有 p 对主磁极，则转子旋转1圈，定子中每根导体的感应电

势将交变 $2p$ 次完成 p 个周期。导体感应电势每秒交变的周期数为感应电势的频率，设主磁极的旋转速度为 n_1（单位为 r/min），那么定子导体感应电势的频率为

$$f=\frac{pn_1}{60} \tag{5-4}$$

我国电网的标准频率 $f=50\text{Hz}$，所以对于工频交流电机来讲，其极对数 p 和电机中旋转磁场的转速之间有固定的关系，如 $p=1$ 的电机，旋转磁场的转速 $n_1=3000\text{r/min}$，而 $p=2$ 的电机，旋转磁场的转速 $n_1=1500\text{r/min}$。可见，在交流发电机的定子绕组中，感应产生工频电势的磁场转速必须是固定的，被称为**同步转速**。

2. 感应电势的波形

根据电磁感应定律，当同步发电机的转子旋转时，定子导体切割旋转磁场产生的感应电势瞬时值为

$$e=Blv \tag{5-5}$$

式中，l 为导体的有效长度；v 为导体与磁场之间的相对速率。对于一台制造好的电机，l 为常数，当转子转速不变时，v 也为常数，则导体中的感应电势 e 与导体所切割的磁通密度 B 成正比，因此导体感应电势 e 随时间变化的波形取决于气隙磁场磁通密度 B 在空间的分布波形。在理想情况下，若气隙中磁通密度的分布为正弦波 $B(x)$，那么导体中感应电势的波形也为正弦波 $e(t)$，如图 5-9 所示。一般情况下，若磁通密度为非正弦分布，那么导体中的感应电势存在谐波分量。当只考虑基波分量时，气隙磁通密度波形和导体感应电势波形均为图 5-9 所示的正弦波。

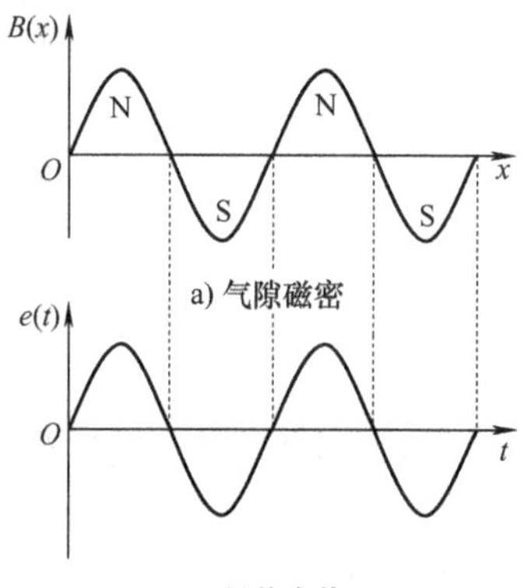

图 5-9　导体电势与气隙磁密基波波形

3. 感应电势的大小

导体感应电势瞬时值的大小可以按照式(5-5) 来计算，当只考虑气隙磁通密度的基波分量时，假设基波磁通密度的幅值为 B_m，那么导体基波感应电势的最大值为

$$E_m=B_m lv \tag{5-6}$$

导体与磁场之间的相对速率 v 可以用转速 n_1 表示为

$$v=\frac{\pi Dn_1}{60}=2\frac{\pi D}{2p}\frac{pn_1}{60}=2\tau f \tag{5-7}$$

式中，D 为定子内径；n_1 为转子转速；f 为感应电势的频率；$\tau=\dfrac{\pi D}{2p}$ 为以长度单位表示的极距。对于在空间正弦分布的基波磁通密度波，其最大值 B_m 与平均值 B_{av} 之间的关系为

$$B_m=\frac{\pi}{2}B_{av}=\frac{\pi}{2}\frac{\Phi}{\tau l} \tag{5-8}$$

式中，$\Phi=B_{av}\tau l$ 为每极基波磁通。

将式(5-7) 和式(5-8) 代入式(5-6) 中，化简后得到

$$E_m=\frac{\pi}{2}\frac{\Phi}{\tau l}l\cdot 2\tau f=\pi f\Phi \tag{5-9}$$

因此每根导体感应电势基波分量的有效值为

$$E_{\mathrm{d}}=\frac{E_{\mathrm{m}}}{\sqrt{2}}=\frac{\pi}{\sqrt{2}}f\Phi=2.22f\Phi \tag{5-10}$$

5.2.2 线圈电势与短距系数

1. 整距线圈的电势

整距线圈的两个圈边（导体）在位置上错开一个极距 τ，其节距 $y=\tau$，两个边间距 π 电弧度或180°电角度，当一个边ab位于N极的中心时，另一个边cd正好位于相邻S极的中心，如图5-10a中实线线圈所示，此时组成整距线圈的边或导体中的感应电势方向相反，相位差为180°。

用 $\dot{E}_{\mathrm{d1}}$ 和 $\dot{E}_{\mathrm{d2}}$ 分别表示整距线圈2个导体的电势相量，规定导体电势的参考方向是自下而上，线圈电势的参考方向是自左而右，如图5-10a所示，那么整距线圈abcd的电势为

$$\dot{E}_{\mathrm{y}(y=\tau)}=\dot{E}_{\mathrm{d1}}-\dot{E}_{\mathrm{d2}}=\dot{E}_{\mathrm{d1}}+(-\dot{E}_{\mathrm{d2}})=2\dot{E}_{\mathrm{d1}} \tag{5-11}$$

对应的电势相量图如图5-10b所示。将式(5-10)代入式(5-11)，得到一匝整距线圈基波电势有效值为

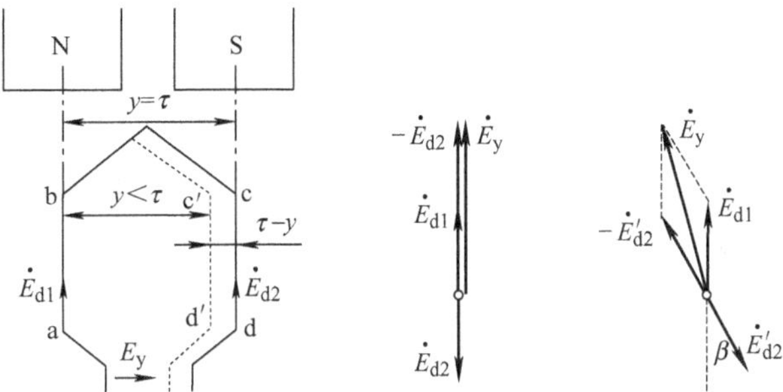

图5-10 一个线圈产生的感应电势分析

$$E_{\mathrm{y}(y=\tau)}=2E_{\mathrm{d1}}=4.44f\Phi \tag{5-12}$$

2. 短距线圈的电势

当线圈的节距 y 小于极距 τ 时，称为**短距线圈**。短距线圈的两个边相距小于180°电角度或 π 电弧度，那么当线圈的一个边ab位于N极的中心时，另一个边c′d′将不再位于相邻S极的中心，如图5-10a中的虚线所示，此时线圈两个边感应电势的相位差也不再等于180°，而是小于180°。

通常用**短距角**β 来描述线圈两个边相距的电角度与一个极距 τ 对应的电角度之差，一个 τ 对应的电角度为180°，那么短距角的计算公式为

$$\beta=\frac{\tau-y}{\tau}\times180^{\circ}\quad 或\quad \beta=\frac{\tau-y}{\tau}\pi \tag{5-13}$$

短距线圈两个边的电势相量分别为 $\dot{E}_{\mathrm{d1}}$ 和 $\dot{E}'_{\mathrm{d2}}$，参考方向的规定与整距线圈相同，那么短距线圈abc′d′的电势为

$$\dot{E}_{\mathrm{y}(y<\tau)}=\dot{E}_{\mathrm{d1}}-\dot{E}'_{\mathrm{d2}}=\dot{E}_{\mathrm{d1}}+(-\dot{E}'_{\mathrm{d2}}) \tag{5-14}$$

对应的电势相量图如图5-10c所示，两个边的电势 $\dot{E}_{\mathrm{d1}}$ 与 $\dot{E}'_{\mathrm{d2}}$ 之间存在 $(180^{\circ}-\beta)$ 的相位差，根据相量图的几何关系和式(5-10)，可以得到短距线圈基波电势的有效值为

$$E_{\mathrm{y}(y<\tau)}=2E_{\mathrm{d1}}\cos\frac{\beta}{2}=E_{\mathrm{y}(y=\tau)}\cos\frac{\beta}{2} \tag{5-15}$$

3. 短距系数与线圈电势的一般表达式

从式(5-15) 可见，短距线圈电势的有效值与整距线圈电势的有效值之间相差一个系数 $\cos\dfrac{\beta}{2}$，定义它为线圈的**短距系数**k_y，即

$$k_y=\cos\frac{\beta}{2}=\frac{E_{y(y<\tau)}}{E_{y(y=\tau)}}=\frac{\text{短距线圈电势}}{\text{整距线圈电势}} \tag{5-16}$$

可见，短距系数 $k_y<1$，说明短距线圈电势小于整距线圈电势。

一般情况下，线圈不止一匝，设线圈的匝数为 N_y，那么 N_y 匝线圈的电势为单匝线圈的 N_y 倍。将式(5-12) 和式(5-16) 代入式(5-15)，并考虑到线圈匝数为 N_y，则线圈基波电势有效值的一般表达式为

$$E_y=4.44fN_y\Phi k_y \tag{5-17}$$

当线圈为整距时，$\beta=0$，则 $k_y=1$，因此式(5-17) 也适用于整距线圈。

5.2.3 分布线圈组电势与分布系数

无论是单层还是双层绕组，其线圈组都是由 q 个线圈串联组成。图 5-11a 示出了 $q=3$ 的单层绕组的一个线圈组，相邻线圈在空间依次相距 α 电角度。如果只考虑气隙磁场的基波分量，当气隙基波磁场扫过线圈时，q 个线圈中的感应电势均为正弦波。1 个线圈组中 q 个线圈感应电势在相位上依次相差 α，对应的感应电势相量图如图 5-11b 所示，线圈组的电势为这 q 个线圈电势的相量和。

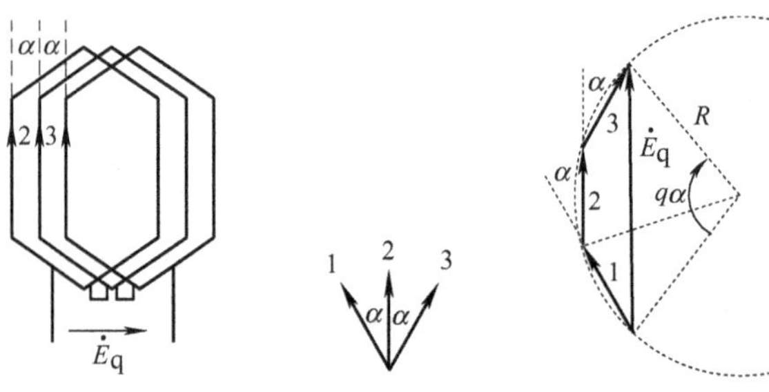

a) 线圈组　b) 各线圈电势相量　c) 求线圈组电势的多边形加法

图 5-11　线圈组产生的感应电势分析

如图 5-11c 所示，将线圈组中 q 个线圈的电势相量按多边形加法求和，就可以通过几何关系求得线圈组的电势 $\dot{E}_q$。为此，作出多边形（$q=3$ 时为梯形）的外接圆，设 R 为外接圆半径，根据几何关系，线圈组电势的有效值为

$$E_q=2R\sin\frac{q\alpha}{2} \tag{5-18}$$

而单个线圈的电势 E_y 与半径 R 之间的关系为

$$E_y=2R\sin\frac{\alpha}{2} \tag{5-19}$$

从式(5-18) 和式(5-19) 中消去半径 R 得到

$$E_q=E_y\frac{\sin\dfrac{q\alpha}{2}}{\sin\dfrac{\alpha}{2}}=qE_y\frac{\sin\dfrac{q\alpha}{2}}{q\sin\dfrac{\alpha}{2}} \tag{5-20}$$

式中，qE_y 可以看成线圈组中 q 个线圈电势的代数和，相当于集中线圈组的电势，因此，分布线圈组中各线圈电势的相量和与代数和之间有一个比值，这个比值称为**分布系数**，用 k_q 表示，即

$$k_q = \frac{E_q}{qE_y} = \frac{\sin\frac{q\alpha}{2}}{q\sin\frac{\alpha}{2}} = \frac{\text{分布线圈组电势}}{\text{集中线圈组电势}} \tag{5-21}$$

可见，分布系数 $k_q < 1$。

将线圈电势的表达式(5-17) 和式(5-21) 代入式(5-20)，得到分布线圈组电势基波分量的有效值

$$E_q = 4.44f(qN_y)\Phi k_y k_q \tag{5-22}$$

5.2.4 每相绕组电势与绕组系数

单层绕组每相有 p 个线圈组，双层绕组（以叠绕组为例）每相有 $2p$ 个线圈组，线圈组之间通过串联或并联构成相绕组。虽然不同的线圈组位于不同的极对（极）下，但是它们在气隙磁场中所处的电磁位置相同（相反），这就是说，不同线圈组感应电势的大小相等，相位相同或相反。电磁位置相反的线圈组在串联时要注意“反串”，即一定要顺着电势方向串联。

设 a 为每相绕组的并联支路数，那么单层绕组每条支路有 p/a 个线圈组，每条支路的电势为$\frac{p}{a}E_q$，这也就是每相的电势；双层绕组每条支路有 $2p/a$ 个线圈组，每条支路电势也即每相电势为$\frac{2p}{a}E_q$。如果令 N 表示每条支路的匝数（通常称为**每相串联匝数**），那么对于单层绕组

$$N = \frac{p}{a}qN_y \tag{5-23}$$

而对于双层绕组

$$N = \frac{2p}{a}qN_y \tag{5-24}$$

结合线圈组电势的表达式(5-22)，并引入每相串联匝数 N，就可得到每相绕组感应电势的统一表达式

$$E = 4.44fN\Phi k_y k_q \tag{5-25}$$

可见，单层绕组与双层绕组的每相感应电势的表达式相同。定义**绕组系数**k_w 为

$$k_w = k_y k_q \tag{5-26}$$

那么每相绕组电势基波分量的有效值可以简写成

$$E = 4.44fN\Phi k_w \tag{5-27}$$

5.2.5 高次谐波电势及其削弱方法

交流电机的气隙磁场一般为非正弦分布，除基波磁通外，还存在一系列高次空间谐波磁通。由于磁场分布关于磁极中心对称，所以谐波磁通中只有奇次谐波分量，如图 5-12 所示。

当交流绕组切割非正弦分布的气隙磁场时，交流绕组中的感应电势除基波分量外，还存在高次谐波分量。

1. 高次谐波电势

令ν表示气隙磁场的基波和谐波次数，则$\nu=1, 3, 5, \cdots$。如图5-12所示，ν次谐波磁场的极距τ_ν是基波磁场极距τ的$1/\nu$，所以ν次谐波磁场的极对数是基波的ν倍，即$p_\nu=\nu p$。在同步发电机中，由于基波磁通和高次谐波磁通都是由转子主磁极产生的，所以它们在空间的转速都是转子转速，即$n_\nu=n_1$。令f_1表示基波感应电势频率，参看式(5-4)，可以得到ν次谐波感应电势的频率为

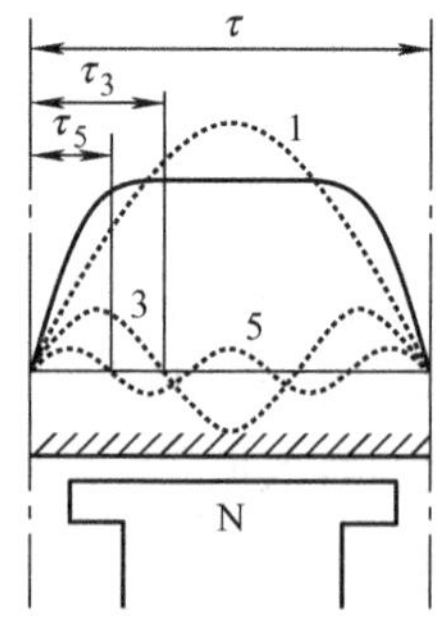

图5-12　气隙磁场的基波和空间谐波

$$f_\nu=\frac{p_\nu n_\nu}{60}=\frac{\nu p n_1}{60}=\nu f_1 \tag{5-28}$$

可见，ν次谐波感应电势的频率是基波的ν倍。仿照式(5-25)基波感应电势的推导过程，可以得出ν次谐波感应电势的有效值为

$$E_\nu=4.44 f_\nu N\Phi_\nu k_{y\nu}k_{q\nu} \tag{5-29}$$

式中，Φ_ν为ν次谐波每极磁通；$k_{y\nu}$、$k_{q\nu}$分别为ν次谐波短距系数和分布系数。

计算ν次谐波磁通Φ_ν时，需要采用ν次谐波磁场对应的磁通密度和极距。同样地，计算ν次谐波磁场对应的绕组短距系数$k_{y\nu}$和分布系数$k_{q\nu}$时，也需要将基波磁场对应的短距角β与槽距角α换算成ν次谐波磁场对应的β_ν与α_ν。由于短距角和槽距角都是用电角度表示的，而电角度与磁场的极对数成正比，因此$\beta_\nu=\nu\beta$，$\alpha_\nu=\nu\alpha$。

2. 高次谐波电势的削弱方法

交流电机中的高次谐波电势是有害的，会增加电机的损耗，使输电线路对周围的通信线路产生干扰，并导致用电设备性能变差。因此，尽可能地削弱电机的谐波电势，是电机设计中必须要考虑的问题。三相交流发电机的线电势中不存在3次谐波分量，各次谐波的幅值又随着谐波次数的增加逐步衰减，所以在电机设计中主要设法削弱的是5次和7次谐波。削弱谐波电势有以下几种方法。

(1) 使气隙磁场分布更接近正弦波

参看图5-13，当极面下气隙基本均匀时，极面下的磁通密度也分布均匀，极面下的气隙磁场分布呈平顶波（图中实线所示）。采用傅里叶级数分解后可知，除基波分量外，还含有高次谐波分量。谐波磁场的存在导致交流绕组中产生谐波电势。所以，要使感应电势更接近正弦波，就要设法减小磁场中的谐波分量，使气隙磁场的分布更接近正弦。

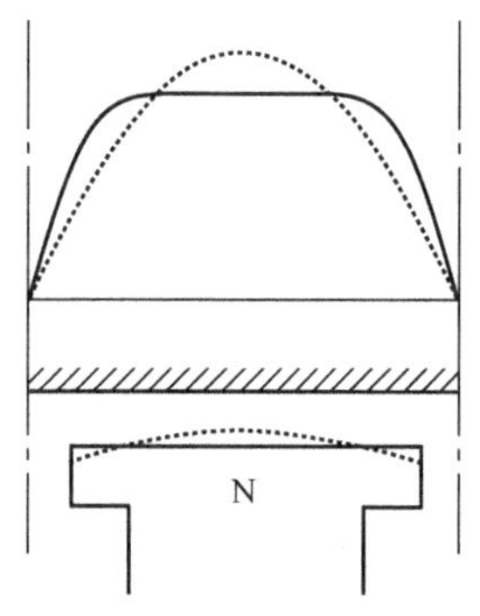

图5-13　采用非均匀气隙改善磁场波形

在凸极电机中，可以采用将气隙设计得不均匀的方法来产生更接近于正弦分布的气隙磁场。在图5-13中，实线表示气隙均匀的主磁极设计，对应的磁场分布是平顶波，含有较大谐波分量。若采用图中虚线所示的不均匀气隙，将使磁极中心线处的气隙最小，从中心向两边气隙逐渐增大，在磁极的边缘处气隙达到最大。这种不均匀的气隙设计，使磁极中心线处的磁阻最小，磁通密度最大；靠近磁极的边缘处，由于气隙逐渐增大，磁阻随之增大，所以磁通密度逐渐减小，从而获得虚线所示的接近正弦

的磁场分布。

（2）利用线圈的短距

从产生基波电势的大小来讲，绕组的线圈采用整距可以获得更大的基波电势，但是利用线圈的短距可以削弱谐波电势，获得更好的电势波形。

根据前面的分析，ν 次谐波磁场对应的线圈短距角 $\beta_\nu=\nu\beta$，那么 ν 次谐波的短距系数为

$$k_{y\nu}=\cos\frac{\nu\beta}{2} \tag{5-30}$$

如果令 $k_{y\nu}=0$，则 ν 次谐波电势 $E_\nu=0$，就可以消除电势中的 ν 次谐波分量。$k_{y\nu}=0$ 的条件是 $\nu\beta/2=\pi/2$，即 $\beta=\pi/\nu$，因此要消除 ν 次谐波电势，线圈的短距角应取 $\beta=\pi/\nu$，也就是短矩线圈比整距线圈缩短 τ/ν，短距线圈的节距取

$$y=\left(1-\frac{1}{\nu}\right)\tau \tag{5-31}$$

所以，要消除 5 次谐波，短距角可取 $\pi/5$；要消除 7 次谐波，短距角可取 $\pi/7$。一般情况下，为了能同时削弱 5 次和 7 次谐波，取短距角 $\beta=\pi/6$ 左右，线圈节距取 $y=5\tau/6$ 左右。

图 5-14 从物理概念上解释了利用线圈短距消除谐波电势的原理。对于气隙磁场中的 5 次谐波分量，实线表示的整距线圈的两个边分别切割其正半波和负半波，因此两个线圈边中感应的 5 次谐波电势的相位正好相反，在线圈回路中直接相加。如果将线圈的节距缩短 $\tau/5$ 变为短距线圈（图 5-14 中的虚线），那么短距线圈的两个边同时切割 5 次谐波磁场的正半波，感应的 5 次谐波电势的相位相同，在线圈回路中相互抵消，使线圈电势中不再含有 5 次谐波分量。

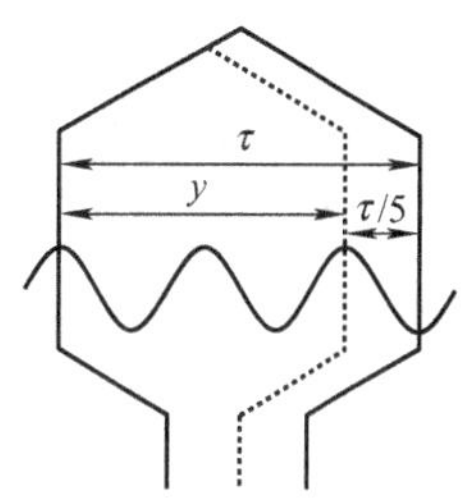

图 5-14　短距线圈消除高次谐波电势举例

可见，采用短距线圈虽然会使基波电势略为减小，但可以有效地削弱谐波电势，同时还可以节省线圈端部的用铜量，所以短距线圈在交流电机中被广泛应用。

（3）利用线圈的分布

与集中绕组相比，采用分布绕组时由于相邻线圈的感应电势间存在相位差，因此会减小线圈电势的基波分量，但是利用线圈的分布同样可以削弱谐波电势，获得更好的电势波形。

参看图 5-15，如果两个相邻的整距线圈相距的槽距角 $\alpha=\pi/5$，那么对于气隙磁场中的 5 次谐波分量来讲，两个整距线圈对应边所感应的 5 次谐波电势的相位正好相反，串联时相互抵消，使 5 次谐波电势为零。

根据前面的分析，ν 次谐波磁场对应的槽距角 $\alpha_\nu=\nu\alpha$，那么 ν 次谐波电势的分布系数为

$$k_{q\nu}=\frac{\sin q\dfrac{\nu\alpha}{2}}{q\sin\dfrac{\nu\alpha}{2}} \tag{5-32}$$

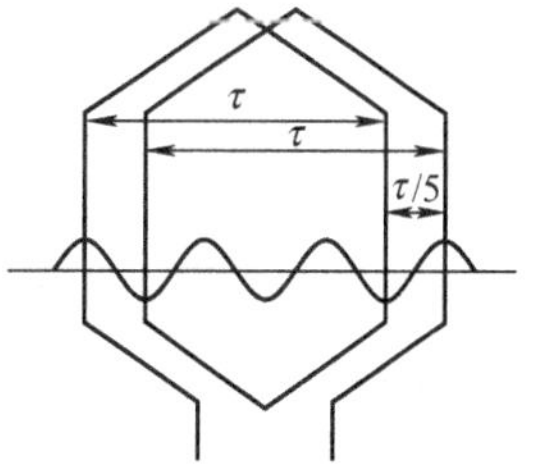

图 5-15　分布绕组消除高次谐波电势举例

假设交流绕组的 $q=3$，$\alpha=30°$，计算可得 $k_{q1}=0.960$，$k_{q3}=0.667$，$k_{q5}=0.217$，可见谐波电势的分布系数小于基波电势的分布系数。所以采用分布绕组时，虽然基波电势略为减小，

但是谐波电势减小得更多，因此可以使交流绕组的电势波形更接近正弦波。

5.3 交流绕组的磁势

5.3.1 整距集中线圈的磁势

当定子绕组中流过交流电流时会产生交流磁势，它是决定电机中感应电势和电磁转矩的一个重要因素。与讨论交流绕组电势的思路略有不同，这里先分析整距线圈的磁势，再依次分析整距分布绕组的磁势和双层短距分布绕组的磁势，最后得出单相绕组的磁势和三相绕组的合成磁势。

图 5-16 是一台两极隐极交流电机的示意图，不考虑定、转子齿槽效应时，可以假设定子和转子之间的气隙均匀。定子上放置一个整距集中线圈，设线圈中的电流为

$$i_y = \sqrt{2} I_y \cos\omega t \quad (5\text{-}33)$$

若线圈匝数为 N_y，则线圈磁势为 $N_y i_y$。该磁势在电机内激励一个 2 极磁场，磁场方向按照右手定则确定，如图 5-16a 中箭头所示。根据安培环路定律，作用在每条闭合磁力线路径上的磁势大小相同，都等于线圈磁势 $N_y i_y$。每条闭合磁力线经过定子铁心、转子铁心和两个气隙，考虑到铁磁材料的磁导率远大于气隙磁导率，忽略铁心磁阻，认为 $N_y i_y$ 全部降落在两个气隙上，则气隙圆周各点上的磁势均为

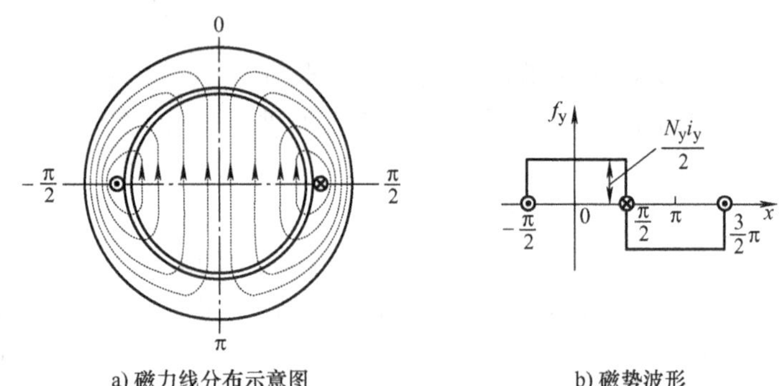

图 5-16 整距线圈产生的磁势分析

$$f_y = \frac{1}{2} N_y i_y = \frac{\sqrt{2}}{2} N_y I_y \cos\omega t = F_y \cos\omega t \tag{5-34}$$

式中

$$F_y = \frac{\sqrt{2}}{2} N_y I_y \tag{5-35}$$

为气隙磁势的幅值。可见，沿气隙圆周，磁势均匀分布，但各点磁势的大小随着电流的变化而变化，变化频率同电流频率。以线圈轴线所在处为气隙圆周空间的坐标原点，则气隙圆周空间任意位置 x（单位为电弧度）的磁势大小都相等，在 $-\pi/2 < x < \pi/2$ 区间，磁力线方向从转子指向定子，磁势取正值；而在 $\pi/2 < x < 3\pi/2$ 区间，磁力线从定子指向转子，磁势取负值，这样就可得到整距线圈磁势的空间分布波形，如图 5-16b 所示，它是一个矩形分布的脉振磁势。

通过谐波分析法可以将矩形波磁势分解成基波和一系列奇次谐波，如图 5-17 所示，按照傅里叶级数的运算方法，矩形波分解得到的基波磁势的幅值为

$$F_{y1}=\frac{4}{\pi}F_y=\frac{4}{\pi}\cdot\frac{\sqrt{2}}{2}I_yN_y\approx 0.9I_yN_y \tag{5-36}$$

式中，下标“1”表示基波。在分解得到的一系列奇次谐波中，3次谐波磁势（图5-17中波形3）的幅值为基波磁势幅值的1/3，5次谐波磁势（图5-17中波形5）的幅值为基波磁势幅值的1/5，依次类推。

基波磁势的空间分布曲线如图5-17中曲线1所示，是正弦分布磁势，幅值位置在坐标原点处，幅值大小与矩形波磁势一样随线圈电流正弦变化，其表达式为

$$f_{y1}(x,t)=F_{y1}\cos\omega t\cos x \tag{5-37}$$

式中，x为气隙圆周空间任意点的坐标。可见，整距线圈通过正弦交流电流时，所产生的基波磁势在气隙圆周空间正弦分布，磁势幅值的位置（通常称为磁势轴线）固定不变，空间各点磁势大小随时间正弦变化，这样的磁势称为**正弦脉振磁势**。

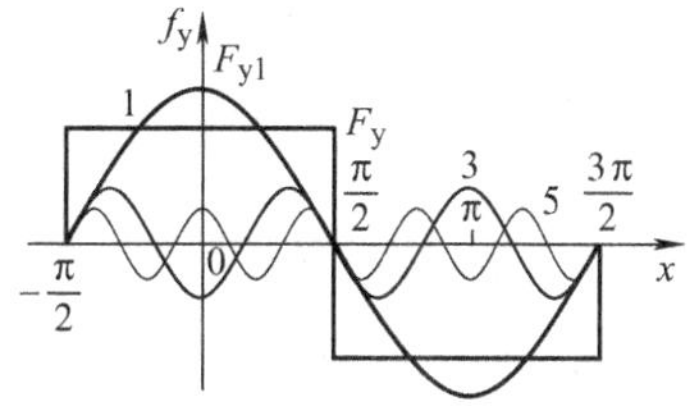

图5-17　矩形分布磁势分解成基波和谐波

5.3.2　单层绕组的磁势

单层绕组的每相由p个线圈组通过串并联而构成，每个线圈组由q个线圈串联构成。由于单层绕组本质上都是整距绕组，所以我们先来计算一个整距分布线圈组的磁势。图5-18a示出的是一个$q=3$的整距分布线圈组，其中每个线圈产生的磁势是矩形波，由于相邻线圈在空间依次相距一个槽距角α，因此相邻线圈产生的矩形波磁势在空间也依次错开α。将3个线圈的矩形磁势波逐点相加，便得到一个阶梯形分布的合成磁势波，如图5-18b所示。所以一个整距线圈组产生的磁势是阶梯形的脉振磁势。

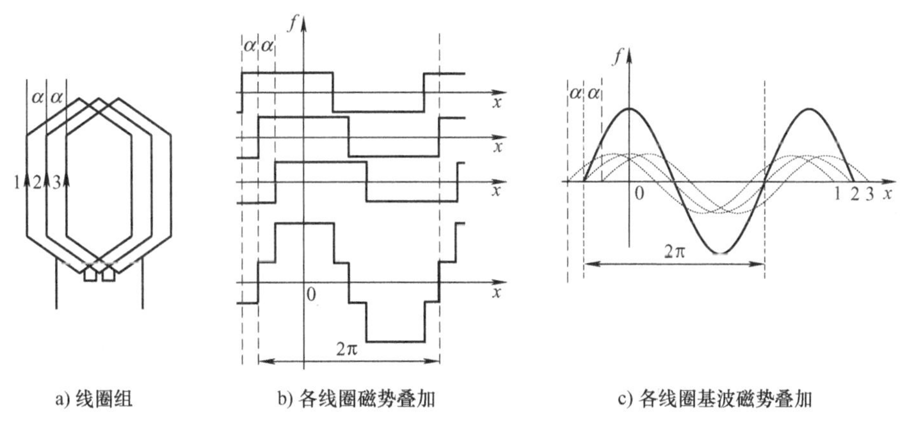

图5-18　一个线圈组产生的磁势分析

如果只考虑基波，则每个线圈都产生正弦脉振磁势，由于同一线圈组中的线圈是串联的，所以通过的是同一电流，所以3个线圈产生的正弦脉振磁势的振幅是同步变化的，如图5-18c中虚线所示。但由于3个线圈在空间位置上依次错开一个槽距角α，所产生的基波磁势在空间同样依次错开α。由于3个线圈的基波磁势是同周期且同步变化的正弦脉振磁势，所以它们的合成磁势也是同周期的正弦脉振磁势，如图5-18c中实线所示。

由于基波磁势在空间按正弦分布，可用空间相量来表示（如用相量 $\dot{F}_{y1}$ 表示第 1 个线圈的基波磁势），q 个线圈的基波磁势相量和即为线圈组磁势相量，可以仿照 5.2.3 节所介绍的 q 个线圈基波电势合成为线圈组电势的方法，通过相量的多边形加法来计算。

图 5-19a 是线圈组中 3 个线圈基波磁势的空间相量，空间相位依次相差 α。将 3 个空间基波相量以图 5-19b 所示的方法进行几何相加，可以看出，这与图 5-11c 中线圈组电势的相量相加有着完全相同的形式，可以通过作多边形外接圆，利用几何关系来计算磁势相量和。

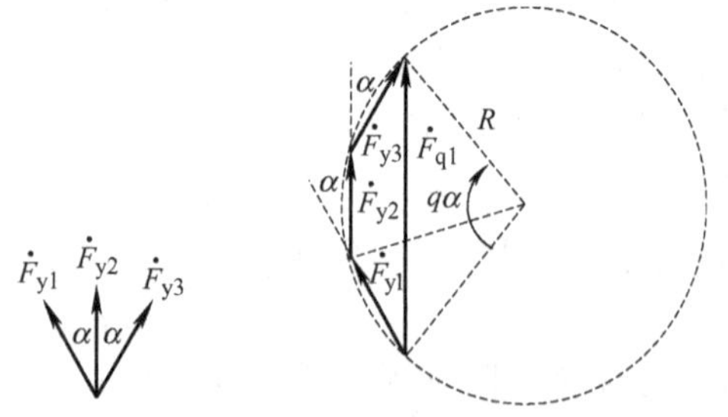

a) 各线圈磁势相量　　b) 求线圈组磁势的多边形法

图 5-19　线圈组中各线圈磁势相量求和

按照式(5-20) 中线圈组电势的推导方法，可得到由 q 个线圈所组成的线圈组基波磁势幅值为

$$F_{q1} = qF_{y1}\frac{\sin q\dfrac{\alpha}{2}}{q\sin\dfrac{\alpha}{2}} \tag{5-38}$$

显然，计算整距分布线圈组的合成磁势时同样可以定义绕组的分布系数，它与计算线圈组电势时采用的分布系数具有完全相同的形式，但二者所表示的物理意义不同。分布线圈组基波磁势的分布系数为

$$k_q = \frac{F_{q1}}{qF_{y1}} = \frac{\sin q\dfrac{\alpha}{2}}{q\sin\dfrac{\alpha}{2}} = \frac{\text{分布绕组磁势}}{\text{集中绕组磁势}} \tag{5-39}$$

将式(5-36) 和式(5-39) 代入式(5-38)，得到整距分布线圈组基波合成磁势的幅值为

$$F_{q1} = 0.9I_y(qN_y)k_q \tag{5-40}$$

整距分布线圈组的基波磁势与每个整距线圈所产生的基波磁势的性质一样，仍然是正弦脉振磁势，其表达式为

$$f_{q1}(x,t) = F_{q1}\cos\omega t\cos x \tag{5-41}$$

一个整距线圈组占据气隙圆周的 2π 电弧度，所产生的基波磁势也占据 2π 电弧度，即一个周期。一个整距线圈组在空间产生正弦脉振磁势的一个完整周期。

如果一个完整的单层绕组有 p 对极，则一相有 p 个线圈组，这 p 个线圈组依次占据 2π 电弧度的圆周空间，形成 p 个周期的基波磁势。结论是：p 对极的单层绕组在电机的气隙圆周空间产生 p 个周期的基波脉振磁势，但磁势波的幅值仍然等同于 1 个线圈组的磁势幅值，或者说，在计算基波磁势幅值时，单层 1 相绕组和 1 个线圈组没有区别。单层绕组的每相基波磁势的幅值为

$$F_{p1} = F_{q1} = 0.9I_y(qN_y)k_q \tag{5-42}$$

式中，(qN_y) 可以看成是单层绕组一对极下一相的匝数。基波磁势的表达式为

$$f_{p1}(x,t) = F_{p1}\cos\omega t\cos x \tag{5-43}$$

5.3.3 双层短距绕组的磁势

图5-20a所示为一个 $q=3$ 的双层短距分布绕组的一对极下的导体分布图，属于A相的12个导体构成2个 $y=8<\tau$ 的短距线圈组；这2个短距线圈组在空间位置上错开一个极距 τ 或者 π 弧度，图中的短距角 $\beta=(\tau-y)\alpha=\alpha$。图5-20b则假想将属于A相的6个上层导体构成一个 $y=\tau=9$ 的整距线圈组，将属于A相的6个下层导体连接成另一个整距线圈组，这2个整距线圈组在空间位置上错开 β 电角度。

想象将一对极扩展为 p 对极，则双层短距绕组可以看成是由两个单层整距绕组构成，上下单层绕组各有 p 个线圈组。由于磁势的大小和分布只取决于导体电流的大小和空间分布，而与导体之间的连接次序无关，所以计算双层短距绕组总磁势时可以先分别计算上下两个单层整距绕组的磁势，再将其合成为总磁势。不难想象，上下两个单层整距绕组在空间位置上错开 β，所产生的基波磁势 $f_{p上}$ 和 $f_{p下}$ 的空间相位差也是 β，如图5-20b中的虚线所示。将这两个基波磁势逐点相加，便得到它们的合成磁势，也就是双层短距绕组的基波磁势 f_{p1}，如图5-20b中的实线所示。

采用空间相量表示两个等效单层整距绕组的磁势（如用相量 $\dot{F}_{p上}$ 表示等效的上层单层整距绕组的基波磁势），由于所分析的上下层等效单层绕组属于同一相，其电流也是同步变化的，所以 $\dot{F}_{p上}$ 和 $\dot{F}_{p下}$ 的幅值同步变化，只在空间上有一个短距角 β 的位置差。这与5.2.2节所介绍的短距线圈的两个边电势在时间上有 β 相位差类似，通过相量三角形加法就可以求出双层短距绕组的基波磁势 $\dot{F}_{p1}$，如图5-20c所示。

比较图5-20c与计算短距线圈电势的相量图5-10c，可以看出，两个等效单层绕组的基波磁势空间相量 $\dot{F}_{p上}$ 和 $\dot{F}_{p下}$ 的合成与两个线圈边基波电势时间相量的合成在形式上完全相同，因此，可以按照计算短距线圈电势的方法，通过引入短距系数来计算双层短距绕组的基波磁势。从图5-20c的几何关系可以得到双层短距绕组基波磁势的幅值为

$$F_{p1}=2F_{p上}\cos\frac{\beta}{2} \tag{5-44}$$

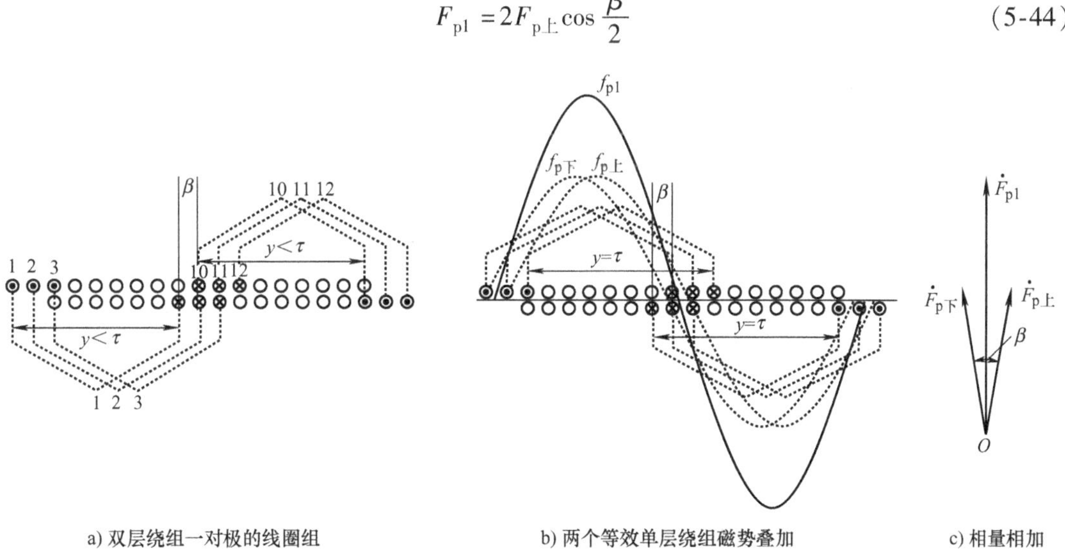

a) 双层绕组一对极的线圈组　b) 两个等效单层绕组磁势叠加　c) 相量相加

图5-20　双层短距绕组基波磁势

定义双层短距分布绕组基波磁势的短距系数

$$k_y = \frac{F_{p1}}{2F_{p上}} = \cos\frac{\beta}{2} = \frac{短距绕组磁势}{整距绕组磁势} \tag{5-45}$$

可见，它与计算短距线圈电势时采用的短距系数具有完全相同的形式，但是二者的物理意义不同。将式(5-45）和式(5-42）代入式(5-44)，可以得到双层短距分布绕组的基波合成磁势的幅值为

$$F_{p1} = 0.9I_y(2qN_y)k_yk_q \tag{5-46}$$

式中，$(2qN_y)$ 可以看成是一对极一相的匝数。基波磁势的表达式同式(5-43)，仍然是正弦脉振磁势。

5.3.4 单相绕组的基波脉振磁势

一个单相绕组是通过 p（单层）或 $2p$（双层）个线圈组的串联或并联构成的，单相绕组基波磁势的幅值等同于一对极下线圈组所产生的基波磁势幅值。单层绕组一对极下只有一个线圈组，所以基波相磁势就等于一个线圈组的基波磁势；双层绕组一对极下有2 个线圈组，所以基波相磁势就等于两个线圈组基波磁势的相量和。表达式(5-42）中的 qN_y 实质上是单层绕组一对极下的匝数；而表达式(5-46）中的 $2qN_y$ 则是双层绕组一对极下的匝数。

如果知道了单相绕组的每一条支路的匝数 N（即每相串联匝数）和并联支路数 a，就可以知道总匝数 aN，而每对极下的匝数可以不分单层与双层而统一表示成

$$\left.\begin{aligned} qN_y &= \frac{aN}{p}, \quad 单层绕组 \\ 2qN_y &= \frac{aN}{p}, \quad 双层绕组 \end{aligned}\right\} \tag{5-47}$$

单层与双层绕组的每相串联匝数分别为

$$\left.\begin{aligned} N &= \frac{pqN_y}{a}, \quad 单层绕组 \\ N &= \frac{2pqN_y}{a}, \quad 双层绕组 \end{aligned}\right\} \tag{5-48}$$

所以式(5-42）和式(5-46）可以统一表示成

$$F_{p1} = 0.9I_y\left(\frac{aN}{p}\right)k_qk_y = 0.9\frac{N}{p}aI_yk_w = 0.9\frac{NI}{p}k_w \tag{5-49}$$

式中，$I = aI_y$ 为各支路电流的总和，即相电流；$k_w = k_qk_y$ 则为绕组系数，对单层绕组来说，$k_w = k_q$ 或者 $k_y = 1$。

可见，无论是单层整距分布绕组还是双层整距或短距分布绕组，其单相绕组基波磁势的幅值具有统一的表达形式。需要注意的是，单层绕组和双层绕组的每相串联匝数的计算公式略有不同，同时对于整距绕组来说其绕组系数就是分布系数。

单相绕组产生的基波磁势仍然是一个正弦脉振磁势，它在空间按正弦波分布，幅值位置与绕组的轴线重合，各点磁势的大小按绕组中电流的交变频率变化。如果设绕组的轴线为坐标原点，绕组中的电流按余弦变化，且初始相位角为零，那么单相绕组基波磁势的表达式为

$$f_{p1}(x,t) = F_{p1}\cos\omega t\cos x \tag{5-50}$$

可见，单相绕组基波磁势既是时间函数也是空间的函数，磁势轴线（幅值的位置）在空间固定不动，而各点磁势的大小随时间变化。如果将式(5-50) 中的 $F_{p1}\cos\omega t$ 看作 $\cos x$ 的幅值，则有时也称正弦脉振磁势的幅值随时间作正弦变化。

5.3.5 单相绕组脉振磁势的分解

采用三角函数中的积化和差恒等式，将单相绕组脉振磁势的表达式(5-50) 分解为

$$f_{p1}=F_{p1}\cos\omega t\cos x=\frac{1}{2}F_{p1}\cos(x-\omega t)+\frac{1}{2}F_{p1}\cos(x+\omega t)=f_{+}+f_{-} \tag{5-51}$$

式中

$$\left.\begin{aligned}f_{+}&=\frac{1}{2}F_{p1}\cos(x-\omega t)\\f_{-}&=\frac{1}{2}F_{p1}\cos(x+\omega t)\end{aligned}\right\} \tag{5-52}$$

显然，这两个磁势分量的幅值恒等于 $F_{p1}/2$。f_{+} 的轴线（正幅值）位于 $x-\omega t=0$ 即 $x=\omega t$ 处。例如，当 $t=0$ 时，$\omega t=0$，$f_{+}=\frac{1}{2}F_{p1}\cos x$ 是一个幅值固定、轴线位于原点即 $x=0$ 的正弦分布磁势；当 $t=\frac{\pi}{3\omega}$时，$\omega t=\frac{\pi}{3}$，$f_{+}=\frac{1}{2}F_{p1}\cos\left(x-\frac{\pi}{3}\right)$是一个幅值固定，轴线位于 $x=\frac{\pi}{3}$ 的正弦分布磁势。不难看出，随着时间的增大，f_{+} 的幅值不变而轴线向 x 的正方向移动，或者说，f_{+} 是一个在电机气隙中沿 x 正方向旋转的旋转磁势，其旋转的电角速度为

$$\omega_1=\frac{\mathrm{d}x}{\mathrm{d}t}=\omega=2\pi f \tag{5-53}$$

式中，f 为电流的频率。转速为

$$n_1=\frac{60\omega_1}{p\times2\pi}=\frac{60\times2\pi f}{p\times2\pi}=\frac{60f}{p} \tag{5-54}$$

称为同步转速，也就是交流绕组基波旋转磁势的转速。

可见，f_{+} 是一个幅值固定为 $F_{p1}/2$、以转速 n_1 沿 x 正方向旋转的旋转磁势。同理可以证明，f_{-} 是一个幅值固定为 $F_{p1}/2$、以转速 n_1 沿 x 负方向旋转的旋转磁势。所以得出结论：**单相绕组产生的正弦脉振磁势可以分解为两个幅值相等、转速相同而转向相反的旋转磁势**。

f_{p1}、f_{+} 和 f_{-} 都是正弦分布磁势，分别用空间相量表示为 $\dot{F}_{p1}$、$\dot{F}_{+}$ 和 $\dot{F}_{-}$，那么

$$\dot{F}_{p1}=\dot{F}_{+}+\dot{F}_{-} \tag{5-55}$$

$\dot{F}_{p1}$ 的幅值随时间按余弦变化，轴线在 $x=0$ 处固定不动；$\dot{F}_{+}$ 和 $\dot{F}_{-}$ 幅值固定为 $F_{p1}/2$，轴线分别在 $x=\omega t$ 和 $x=-\omega t$ 处，跟随时间以角速度 ω 移动。取 $\dot{F}_{p1}$ 为参考相量，空间相位角为 0，则 $\dot{F}_{+}$ 和 $\dot{F}_{-}$ 的空间相位角分别为 $x=\omega t$ 和 $x=-\omega t$。图 5-21 给出了不同瞬间，$\dot{F}_{p1}$、$\dot{F}_{+}$ 和 $\dot{F}_{-}$ 这 3 个空间相量的相位和幅值关系。当 $t=0$ 时，$\dot{F}_{+}$ 和 $\dot{F}_{-}$ 在空间同相位，$\dot{F}_{p1}$ 幅值最大（图 5-21a）；当 $\dot{F}_{+}$ 和 $\dot{F}_{-}$ 旋转到图 5-21b 的位置时，$\dot{F}_{p1}$ 为 $\dot{F}_{+}$ 和 $\dot{F}_{-}$ 两个相量和，幅值便减小了；当 $\dot{F}_{+}$ 和 $\dot{F}_{-}$ 旋转到图 5-21c 的位置时，$\dot{F}_{+}$ 和 $\dot{F}_{-}$ 反相，$\dot{F}_{p1}$ 幅值为 0；此后当 $\dot{F}_{+}$ 和 $\dot{F}_{-}$ 继续旋转超过

$\pi/2$ 时（图 5-21d），$\dot{F}_{p1}$ 的幅值从零又开始增大，但变为负值；当 $\dot{F}_+$ 和 $\dot{F}_-$ 各自旋转 π 电弧度而到达图 5-21e 所示位置时，$\dot{F}_{p1}$ 的幅值也达到负最大值。

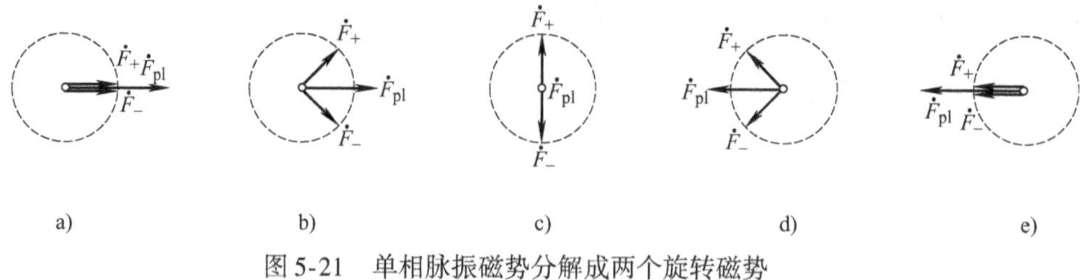

图 5-21　单相脉振磁势分解成两个旋转磁势

观察图 5-21 中两个旋转磁势 $\dot{F}_+$ 和 $\dot{F}_-$ 可以看出，由于它们的幅值不变，两个旋转磁势的顶点轨迹各自形成了一个圆，因此将它们称为**圆形旋转磁势**。其中，$\dot{F}_+$ 被称为正向圆形旋转磁势，$\dot{F}_-$ 被称为反向圆形旋转磁势。正向和反向两个圆形旋转磁势的表达式如式(5-52) 所示，需要注意它们与脉振磁势表达式(5-50) 的区别。

综上所述可以得出一个重要的结论：**一个在空间按余弦分布且幅值随时间按余弦变化的脉振磁势，可以分解为两个转速相同但转向相反的圆形旋转磁势，每个圆形旋转磁势的幅值为脉振磁势幅值的一半**。

5.3.6　三相绕组的基波合成磁势

图 5-22a 为三相对称绕组的示意图，A、B、C 三相绕组的轴线在空间依次相距 120°电角度（或 $2\pi/3$ 电弧度），三相绕组产生的 3 个正弦脉振磁势的轴线在空间也依次相距 $2\pi/3$ 电弧度。在三相对称绕组中通入在时间相位上依次相差 $2\pi/3$ 的三相对称电流（以 A 相电流的相位角为参考零相位，图 5-22b 为三相电流相量图），即

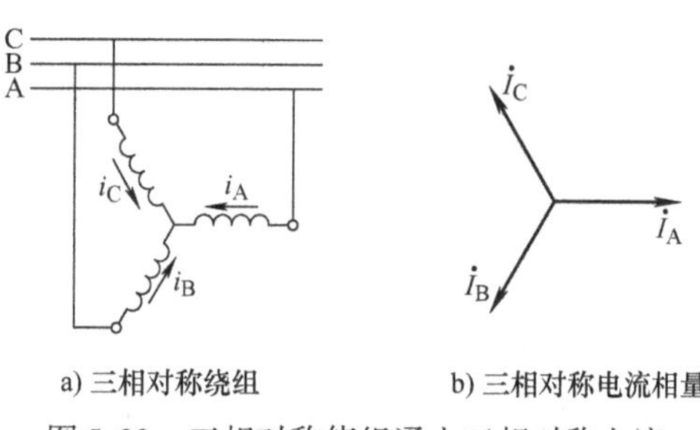

a) 三相对称绕组　　b) 三相对称电流相量

图 5-22　三相对称绕组通入三相对称电流

$$\left.\begin{aligned} i_A &= \sqrt{2}I\cos\omega t \\ i_B &= \sqrt{2}I\cos(\omega t - 2\pi/3) \\ i_C &= \sqrt{2}I\cos(\omega t + 2\pi/3) \end{aligned}\right\} \tag{5-56}$$

以 A 相绕组的轴线为空间坐标原点，根据脉振磁势的表达式(5-50) 可知，A、B、C 三相绕组产生的基波脉振磁势表达式为

$$\left.\begin{aligned} f_A &= F_{p1}\cos x\cos\omega t \\ f_B &= F_{p1}\cos(x - 2\pi/3)\cos(\omega t - 2\pi/3) \\ f_C &= F_{p1}\cos(x + 2\pi/3)\cos(\omega t + 2\pi/3) \end{aligned}\right\} \tag{5-57}$$

应用三角恒等式，将各相绕组的基波脉振磁势分解为正向和反向两个圆形旋转磁势

$$
\left.\begin{aligned}
f_A &= F_{p1}\cos x\cos\omega t = \frac{1}{2}F_{p1}\cos(x-\omega t) + \frac{1}{2}F_{p1}\cos(x+\omega t) \\
f_B &= F_{p1}\cos(x-2\pi/3)\cos(\omega t-2\pi/3) = \frac{1}{2}F_{p1}\cos(x-\omega t) + \frac{1}{2}F_{p1}\cos(x+\omega t-4\pi/3) \\
f_C &= F_{p1}\cos(x+2\pi/3)\cos(\omega t+2\pi/3) = \frac{1}{2}F_{p1}\cos(x-\omega t) + \frac{1}{2}F_{p1}\cos(x+\omega t+4\pi/3)
\end{aligned}\right\} \tag{5-58}
$$

不难看出，各相绕组所产生的正向圆形旋转磁势具有相同的幅值和空间相位，可以直接相加，但是，各相绕组所产生的反向圆形旋转磁势的大小相等而空间相位依次相差 $4\pi/3$，互相抵消为0，所以三相绕组的合成磁势为

$$
f = f_A + f_B + f_C = \frac{3}{2}F_{p1}\cos(x-\omega t) \tag{5-59}
$$

根据式(5-59) 可得出三相绕组合成磁势的如下结论：

1）当三相对称绕组流过三相对称电流时，产生的基波合成磁势是一个圆形旋转磁势，合成磁势的幅值为每相脉振磁势幅值的3/2 倍。用 F_1 表示三相绕组基波合成磁势的幅值，那么

$$
F_1 = \frac{3}{2}F_{p1} = \frac{3}{2}\times 0.9\frac{NI}{p}k_w = 1.35\frac{NI}{p}k_w \tag{5-60}
$$

2）三相绕组基波合成磁势的转速为同步转速，即

$$
n_1 = \frac{60f}{p} \tag{5-61}
$$

三相绕组基波合成磁势的轴线（幅值位置）和旋转方向，可以借助图5-23 来分析。图中的 A－X、B－Y、C－Z 表示交流电机定子上的三相对称绕组，绕组中通入三相对称电流。假设正值电流是从绕组的末端流入而从首端流出，负值电流是从绕组的首端流入而从末端流出。

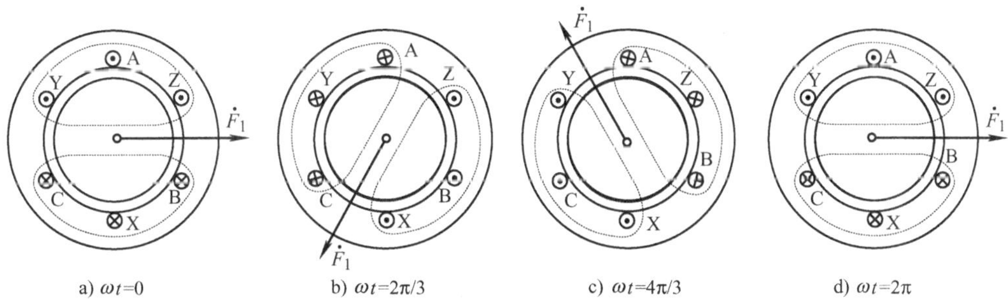

图5-23 三相合成磁势幅值位置和转向图解分析

当 $\omega t=0$ 时，$i_A=\sqrt{2}I$ 为正最大值，从末端 X 流入，用⊗表示，从首端 A 流出，用⊙表示；此时，B 相和 C 相绕组的电流 $i_B=i_C=-\sqrt{2}I/2$ 为负值，分别从首端 B 和 C 流入，用⊗表示，从末端 Y 和 Z 流出，用⊙表示，如图5-23a 所示。此时三相绕组合成磁势 $\dot{F}_1$ 的幅值位置或轴线正好与 A 相绕组的轴线相重合。

当 $\omega t=2\pi/3$ 时，$i_B=\sqrt{2}I$ 为正最大值，从 Y 流入，从 B 流出；A 相和 C 相电流 $i_A=i_C=$

$-\sqrt{2}I/2$ 为负值，分别从 A 和 C 流入，从 X 和 Z 流出，如图 5-23b 所示。此时三相绕组合成磁势 $\dot{F}_1$ 的幅值位置正好与 B 相绕组的轴线相重合。

当 $\omega t=4\pi/3$ 时，$i_C=\sqrt{2}I$ 为正最大值，从 Z 流入，从 C 流出；A 相和 B 相电流 $i_A=i_B=-\sqrt{2}I/2$ 为负值，分别从 A 和 B 流入，从 X 和 Y 流出，如图 5-23c 所示。此时三相绕组合成磁势 $\dot{F}_1$ 的幅值位置正好与 C 相绕组的轴线相重合。

当 $\omega t=2\pi$ 时，$i_A=\sqrt{2}I$ 又变为正的最大值，此时三相绕组合成磁势的幅值位置又重新与 A 相绕组的轴线相重合，如图 5-23d 所示。

由图 5-23 的分析可以得出三相绕组合成磁势的另外两个结论：

3）当某相绕组电流达到最大值时，三相绕组基波合成磁势轴线与该相绕组轴线重合。在图 5-23 中，A、B、C 三相的电流依次达到最大值，合成磁势轴线依次与 A、B、C 三相绕组的轴线重合。

4）三相绕组基波合成磁势的旋转方向为从具有超前电流的相转向具有滞后电流的相。在图 5-23 中，电流的相序为 ABC，即 $\dot{I}_A$ 超前于 $\dot{I}_B$，$\dot{I}_B$ 又超前于 $\dot{I}_C$，所以合成磁势相量 $\dot{F}_1$ 从 A 相轴线转到 B 相轴线再转到 C 相轴线位置。可见，如果要改变旋转磁势的转向，只要改变三相绕组中电流的相序，也就是将三相绕组连接到电源的任意两个出线端对调即可。

采用同样的分析方法可以得出，在一个 m（$m\geqslant 2$）相对称绕组中通入 m 相对称电流时，产生的基波合成磁势是一个圆形旋转磁势，合成磁势的幅值为每相脉振磁势幅值的 $m/2$ 倍。

5.3.7 三相绕组合成磁势中的高次谐波磁势

在三相对称绕组中通入三相对称电流时，每相绕组产生的脉振磁势中除了基波磁势外，也含有一系列空间奇次谐波磁势。令 μ 表示奇次谐波磁势的次数，则 $\mu=3, 5, 7, \cdots$。将三相绕组中每相脉振磁势的 μ 次谐波分量相加，得到三相合成磁势的 μ 次谐波分量

$$\begin{aligned} f_\mu &= f_{A\mu}+f_{B\mu}+f_{C\mu} \\ &= F_{p\mu}\cos\mu x\cos\omega t+F_{p\mu}\cos\mu(x-2\pi/3)\cos(\omega t-2\pi/3)+ \\ &\quad F_{p\mu}\cos\mu(x+2\pi/3)\cos(\omega t+2\pi/3) \end{aligned} \tag{5-62}$$

1）当 $\mu=3k(k=1, 3, 5, \cdots)$，即 $\mu=3, 9, 15, \cdots$时，三相合成磁势 $f_\mu=0$，这意味着三相合成磁势中不存在 3 次及 3 的倍数次谐波磁势。

2）当 $\mu=6k+1$（$k=1, 3, 5, \cdots$），即 $\mu=7, 13, 19, \cdots$时，三相合成磁势为

$$f_\mu=\frac{3}{2}F_{p\mu}\cos(\mu x-\omega t) \tag{5-63}$$

它是一个正向圆形旋转磁势，幅值为每相 μ 次谐波分量脉振磁势幅值的 3/2 倍，极对数是基波的 μ 倍，即 $p_\mu=\mu p$，而转速是基波转速的 μ 分之一，即 $n_\mu=n_1/\mu$。

3）当 $\mu=6k-1(k=1, 3, 5, \cdots)$，即 $\mu=5,11,17,\cdots$时，三相合成磁势为

$$f_\mu=\frac{3}{2}F_{p\mu}\cos(\mu x+\omega t) \tag{5-64}$$

它是一个反向圆形旋转磁势，幅值为每相 μ 次谐波分量脉振磁势幅值的 3/2 倍，极对数是基波的 μ 倍，即 $p_\mu=\mu p$，而转速是基波转速的 μ 分之一，即 $n_\mu=n_1/\mu$。

在交流电机中，三相绕组合成磁势中的谐波分量在气隙中产生谐波磁场，谐波磁场作用于电机会产生谐波转矩，影响电机的起动性能，并使电机产生振动和噪声。此外，谐波磁场还会在电机中产生附加损耗，降低电机的效率，并使电机发热。为了削弱三相绕组合成磁势中的谐波分量，可以利用线圈的短距和分布，在某些场合，也可以采用分数槽绕组或正弦绕组等方法。

5.3.8 交流电机中的主磁通和漏磁通

交流绕组磁势在交流电机中激励磁场，电机中的磁场分为主磁场和漏磁场，对应的磁通称为主磁通和漏磁通。主磁通和漏磁通经过的路径和性质不同，在电机中所起的作用也不同。

在电机中穿过气隙、同时匝链定子绕组和转子绕组的磁通被称为主磁通，由于主磁通穿过气隙，所以又被称为气隙磁通。主磁通是由交流绕组的基波磁势所产生的，如果电机的定子和转子上都有磁势，那么主磁通就是由定、转子基波磁势所共同产生的，电机中定、转子间的能量传递以及机电能量转换都是依靠主磁通来实现的。

只匝链定子绕组或者只匝链转子绕组的磁通，分别被称为定子漏磁通或转子漏磁通，是由定子磁势或转子磁势所单独激励的。交流绕组产生的漏磁通分为槽漏磁通、端部漏磁通和谐波漏磁通三类。槽漏磁通为横跨两边槽壁并通过铁心闭合的磁通，如图5-24a中虚线所示；端部漏磁通顾名思义为匝链绕组端部的磁通，如图5-24b中虚线所示；而谐波漏磁通是由高次谐波磁势所产生的磁通。谐波漏磁通虽然同主磁通一样也同时匝链定、转子绕组，但却不能产生有用的转矩（分析略），所以被归类于漏磁通中。漏磁通不参与电机中定、转子间的能量传递以及机电能量转换，但漏磁通的大小会影响电机的运行性能。

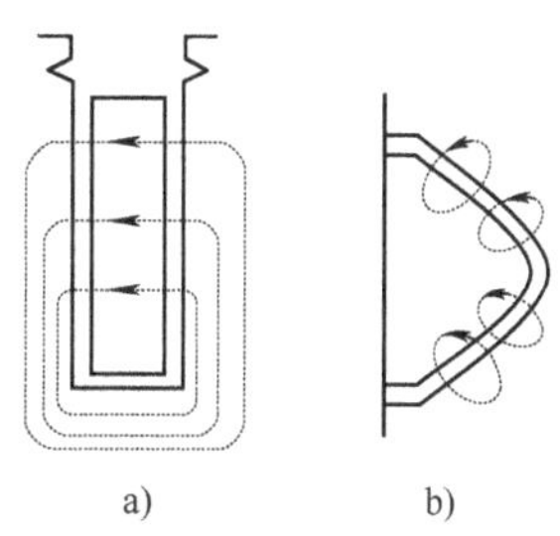

图5-24 槽漏磁通和端部漏磁通

在计算交流电机的运行性能时，主磁通和漏磁通产生的感应电势有时用电抗压降表示，主磁通对应的电抗称为主电抗，漏磁通对应的电抗称为漏电抗。在感应电机中，主电抗习惯上被称为励磁电抗；而在同步电机中，主电抗则被称为电枢反应电抗。下面以集中绕组为例分析影响电抗的因素，所得到的结论可以应用于交流电机的主电抗和漏电抗。

绕组电抗的表达式为

$$X = 2\pi fL \tag{5-65}$$

式中，f是绕组中电流的交变频率；L是绕组的电感。假设磁路的磁导率与磁场强度大小无关，那么匝链绕组的磁链ψ随电流i正比变化，电感可以表示为

$$L = \frac{\psi}{i} = \frac{N\phi}{i} \tag{5-66}$$

式中，N是绕组的匝数；ϕ是电流i产生的磁通，根据磁路的欧姆定律可得

$$\phi = \frac{F}{R_{\mathrm{m}}} = \frac{Ni}{R_{\mathrm{m}}} \tag{5-67}$$

式中，F是电流i产生的磁势；R_{m}是磁路的磁阻。将式(5-66)和式(5-67)代入式(5-65)可以得到

$$X = 2\pi fL = 2\pi f\frac{N\phi}{i} = 2\pi f\frac{N^2}{R_m} \tag{5-68}$$

式(5-68)表明，在一定的频率下，绕组的电抗与绕组匝数的二次方成正比，与磁通路径上的磁阻成反比。因此，当主磁路饱和导致磁阻增大时，主电抗变小。

本章小结

交流绕组一般为三相对称绕组，有单层绕组和双层绕组两种结构形式。单层绕组制造工艺简单，但不能利用短距来削弱电势和磁势谐波，而且当导线较粗时端部排列困难，所以只用在小容量电机中。双层绕组可以设计成任意的短距，利用短距来削弱谐波，改善电势和磁势的波形，同时又可以节省端部材料，因此应用更广泛。

导体电势星形图是分析交流绕组的有用工具，当槽距角 α 的大小用电角度表示时，相邻两槽导体的感应电势相位差等于槽距角。利用每极每相槽数 q 将定子的全部导体平均分配到三相，构成60°相带绕组。三种类型单层绕组的差别，仅在于它们的连接次序不同，而组成绕组的导体并未改变，所以它们的电磁特性是相同的。双层绕组分叠绕组和波绕组两种形式，不论极数多少，单波绕组每相只有两条并联支路，而单叠绕组每相最大支路数等于极数。

交流绕组感应电势的三要素是频率、波形和大小。感应电势的频率 $f = pn/60$，对于工频供电的交流电机，f 是一个定值，所以气隙磁场的极对数和转速之间有固定的关系。感应电势的波形取决于气隙中磁通密度在空间的分布波形，只考虑基波分量时，感应电势为正弦波。每相绕组基波感应电势的有效值 $E_1 = 4.44fN\Phi_m k_w$，其中的绕组系数 $k_w = k_q k_y$。分布系数 k_q 是由于线圈组中 q 个线圈的感应电势不同相而引入的，与集中线圈组相比，分布线圈组的感应电势会减小，所以 $k_q < 1$。短距系数的引入是由于短距线圈两个边的感应电势相位差小于180°，所以短距线圈的感应电势不再像整距线圈那样等于导体电势的2倍，而是略为减小，因此短距系数 $k_y < 1$。

高次谐波电势是由于气隙磁场中存在一系列高次空间谐波而感应产生的，它是有害的，在电机设计中需要尽可能地削弱谐波电势。利用线圈的分布和短距可以有效地削弱谐波电势，此外，采用不均匀气隙，使气隙磁场更接近正弦也是削弱谐波的有效方法。

在单相绕组中通入正弦交变电流产生脉振磁势，脉振磁势的特点是：磁势的轴线（磁势幅值的位置）在空间固定不动，而磁势的幅值随时间变化。采用谐波分析法可以将单相脉振磁势分解为基波和一系列高次谐波，基波磁势的幅值为 $F_{p1} = 0.9\dfrac{NI}{p}k_w$，表达式为 $f_{p1}(x,t) = F_{p1}\cos\omega t\cos x$。

一个在空间正弦分布且幅值随时间正弦变化的脉振磁势，采用三角恒等式可以分解为两个转速相同但转向相反的圆形旋转磁势，每个圆形旋转磁势的幅值为脉振磁势幅值的一半。圆形旋转磁势的特点是：在空间正弦分布，磁势的轴线（磁势幅值的位置）随时间变化，而磁势幅值固定不变。

在三相对称绕组中通入三相对称电流，产生的基波合成磁势是一个圆形旋转磁势，表达式为 $f(x,t) = \dfrac{3}{2}F_{p1}\cos(x - \omega t)$。合成磁势的幅值为每相脉振磁势幅值的3/2倍；转速为同

步转速 $n_1 = 60f/p$；转向为从超前电流相转到滞后电流相；当某相电流达到最大值时，合成磁势的幅值正好位于该相绕组的轴线处。

思 考 题

5-1 简述同步发电机产生三相对称交流电势的原理。

5-2 相对于直流电机的电枢绕组和励磁绕组，交流绕组有什么特点？

5-3 什么是电角度？6 极交流电机中，30°的机械角度对应的电角度数是多少？

5-4 线圈如何按照节距进行分类？

5-5 什么是交流绕组的相带？60°相带和 120°相带分别如何给三相分配槽？

5-6 构成交流绕组的基本原则是什么？

5-7 什么是导体电势星形图？如何根据导体电势星形图对槽及槽中的导体或线圈进行分相？

5-8 单层绕组和双层绕组相比较，各有什么优缺点？

5-9 单层绕组和双层绕组分别有哪些构造方法？为什么不同类型的单层绕组从电磁效果上看都属于整距绕组？

5-10 什么是线圈组？每个线圈组由几个线圈构成？槽数和极对数分别相同的单层和双层绕组每相的线圈组数目有何不同？

5-11 构成线圈组的各个线圈为什么必须是串联的？

5-12 交流绕组所产生的感应电势的频率如何计算？一个 8 极、同步转速为 750r/min 的同步发电机定子绕组感应电势的频率为多少？

5-13 导体、整距线圈、短距线圈、线圈组、一相绕组的感应电势有效值分别如何计算？

5-14 交流绕组相电势的计算公式 $E_1 = 4.44Nf\Phi_1 k_w$ 中 N 指的是什么？对于单层和双层绕组来说 N 的计算式有何不同？

5-15 为什么直流电机的电枢绕组的支路数必定为偶数而交流绕组每相的支路数却可以为奇数？

5-16 什么是短距角？什么是短距系数？短距系数与短距角之间是什么关系？

5-17 为什么有的单层绕组的线圈组中包含短距线圈，但绕组的短距系数却等于 1？

5-18 什么是分布系数？其计算式是如何推导的？

5-19 为什么一相绕组的分布系数和一个线圈组的分布系数是相等的？

5-20 整距集中绕组所产生的感应电势或磁势的幅值要大于相应的短距分布绕组，为什么交流绕组通常还要采用短距分布绕组？

5-21 写出交流绕组分布系数的计算公式，并指明公式中各个物理量的含义。

5-22 试证明：槽数相等时，三相 60°相带的分布系数 k_{q60} 与 120°相带的分布系数 k_{q120} 存在如下关系：$k_{q60} = 1.16k_{q120}$。

5-23 由磁场非正弦所产生的 ν 次谐波磁势的转速、极对数各为多少？ν 次谐波磁势在绕组中所产生的 ν 次谐波电势的频率、幅值如何计算？

5-24 如何计算 ν 次谐波的短距系数？为什么采用短距绕组能够消灭或者削弱感应电势

中的高次谐波?

5-25 要采用短距绕组消灭 5 次或 7 次谐波，短距线圈的短距角应为多少电角度?线圈的节距应比极距短多少?要同时削弱 5 次和 7 次谐波，又该如何选择节距?

5-26 如何计算 ν 次谐波的分布系数?为什么采用分布绕组能够消灭或者削弱感应电势中的高次谐波?

5-27 单个整距线圈分别通入直流电流和交流电流时，在电机的气隙圆周空间所产生的磁势波有何不同?

5-28 分布线圈组通入交流电流所产生的磁势波与单个线圈所产生的有何不同?线圈组磁势波中的谐波含量与单个线圈磁势波中的谐波含量相比较哪个大?为什么?

5-29 分布线圈组的磁势幅值如何计算?为什么单层绕组每相的磁势幅值就等于一个线圈组的磁势幅值?

5-30 计算磁势时，为什么一个双层短距绕组可以等效为在空间位置上错开一个短距角的两个单层整距绕组?

5-31 双层绕组磁势幅值的计算与单层绕组有何不同?

5-32 写出单相交流绕组所产生的磁势幅值的计算式，说明式中各物理量符号的含义。

5-33 为什么说交流绕组的磁势既是时间函数又是空间函数?

5-34 什么是正弦脉振磁势?它的幅值大小和位置如何变化?

5-35 什么是圆形旋转磁势?它的幅值大小和位置如何变化?

5-36 如何将正弦脉振磁势分解成两个圆形旋转磁势?旋转磁势的幅值大小和转速如何计算?

5-37 三相对称绕组通入三相对称正弦电流时，为什么能产生一个圆形旋转磁势?其幅值大小及位置、转速、转向分别如何确定?

5-38 如果给三相对称绕组的各相同时通入相同的正弦电流，能产生什么样的磁势?为什么?

5-39 如果给轴线重合的 3 个相同绕组通入三相对称正弦电流，能产生什么样的磁势?为什么?

5-40 如何改变三相交流绕组所产生的旋转磁势的转向?

5-41 两相绕组通入两相正弦电流产生什么样的合成磁势?试推导其表达式。

5-42 三相Y联结的绕组接在三相电源上，如果有一相断路，则合成磁势具有怎样的性质?

5-43 三相△联结的绕组接在三相电源上，如果一相绕组断路，则合成磁势具有怎样的性质?如果是一相电源线断路，情况又会怎样?

5-44 在图 5-25 中，上图的线圈组全由整距线圈构成，下图的线圈组则包含短距线圈和长距线圈，试利用分布系数和短距系数的概念，计算其绕组系数，并比较其数值上的差别。

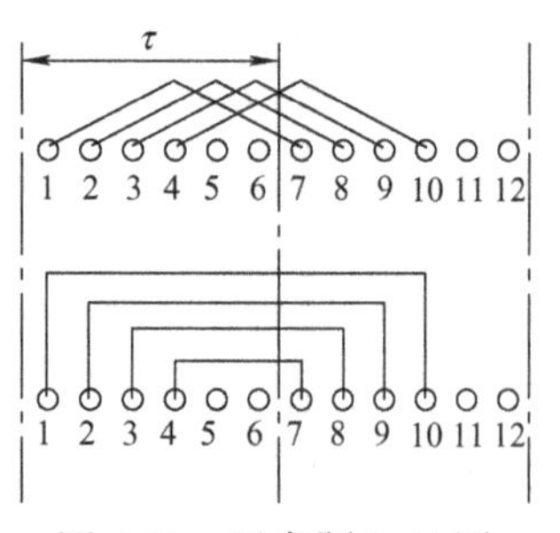

图 5-25 思考题 5-44 图

5-45 单相绕组通入单相正弦电流时，所产生的脉振磁势中是否含有 3 次谐波分量?三相对称绕组通入三相对称电流时，所产生的合成磁势中是否含有3次谐波分量?

5-46 三相对称绕组通入三相对称电流时，所产生的5次谐波磁势为什么与基波转向相反？7次谐波磁势为什么与基波转向相同？若基波旋转磁势的转速为1500r/min，则5、7次谐波磁势的转速分别为多少?

习 题

5-1 有一单层三相绕组，定子槽数 $Z_1=36$，极数 $2p=4$，试求：

（1）槽距角 α；（2）画出导体电势星形图；（3）画出A相等元件式整距叠绕组展开图。

5-2 有一单层三相绕组，定子槽数 $Z_1=24$，极数 $2p=4$，试求：

（1）槽距角 α；（2）画出支路数 $a=2$ 的A同心式绕组展开图。

5-3 有一单层三相绕组，定子槽数 $Z_1=18$，极数 $2p=2$，试求：

（1）槽距角 α；（2）画出A交叉链式绕组展开图。

5-4 有一双层三相绕组，$Z_1=36$，$2p=2$，$y=14$，画出支路数 $a=1$ 的A相叠绕组展开图。

5-5 有一双层三相绕组，定子槽数 $Z_1=24$，极数 $2p=4$，线圈节距 $y=\frac{5}{6}\tau$，试求：

（1）画出上层边导体电势星形图并对线圈按60°相带进行分相；（2）画出支路数 $a=2$ 的A相叠绕组展开图。

5-6 有一双层三相绕组，$Z_1=36$，极数 $2p=6$，线圈节距 $y=\frac{5}{6}\tau$，并联支路数 $a=1$。试求：

（1）画出A相波绕组展开图；（2）画出上层边导体电势星形图。

5-7 有一台交流电机，定子绕组为三相双层短距叠绕组，△联结，定子槽数 $Z_1=48$，极数 $2p=8$，每个线圈的匝数 $N_y=30$，线圈节距 $y=5$，每相并联支路数 $a=1$。定子接在三相对称电源上运行时，测得每相感应电势的有效值 $E_p=350V$，频率 $f=50Hz$，求每极磁通量 Φ。

5-8 一台三相交流电机，定子绕组为三相对称双层交流绕组。已知：定子槽数 $Z_1=72$、极数 $2p=8$，线圈节距 $y=8$ 槽，每个线圈匝数 $N_y=11$，每相并联支路数 $a=2$，定子铁心长度 $l=22.5cm$，定子铁心内径 $D=28.61cm$。接于频率 $f=50Hz$ 上运行时，气隙磁密的表达式 $B=0.71\sin x$（T）。试求：（1）绕组系数；（2）每相感应电势的有效值。

5-9 有一台三相同步发电机，额定功率 $P_N=6000kW$，额定电压 $U_N=6.3kV$，额定功率因数 $\cos\varphi_N=0.8$，极数 $2p=2$，定子绕组为Y联结，每相串联匝数 $N=72$，每极每相槽数 $q=6$，节距 $y=15$ 槽，频率 $f=50Hz$，三相对称电流的有效值 $I=I_N$。试求：

（1）一相绕组所产生的基波磁势幅值；

（2）三相绕组所产生的合成基波磁势的幅值和转速。

5-10 有一台三相交流电机，定子绕组为双层叠绕组，极数 $2p=4$，槽数 $Z=36$，节距 $y=\frac{7}{9}\tau$，每相串联匝数 $N=96$，今在绕组中通入频率为50Hz、有效值为35A的对称三相电流，计算合成基波磁势的幅值。

5-11　有一台三相交流电机，定子绕组为双层绕组，极数 $2p=6$，槽数 $Z=54$，节距 $y=7$，Y联结，每一个线圈的匝数是 10，并联支路数 $a=1$。今在绕组中通入频率为 50Hz、有效值为 10A 的对称三相电流。试计算：(1) 基波旋转磁势的幅值；(2) 基波旋转磁势的转速。

5-12　有一个空间相隔 90°电角度的两相绕组，每相串联匝数均为 N，绕组系数为 k_w，极对数为 p，通入的电流为 $i_A=I_m\cos\omega t, i_B=I_m\cos(\omega t-90°)$。试计算两相绕组合成磁势的幅值、转速，并说明磁势的旋转方向。

5-13　以下两式是三相对称交流绕组通入三相对称交流电流时产生的两种合成磁势的表达式：

①$f_\alpha=F_{5\alpha}\cos(x+5\omega t)$；②$f_\beta=F_{5\beta}\cos(5x-\omega t)$。试问：

(1) 这两种磁势的极数、极距、空间转速各为多少？转向如何？

(2) 这两种磁势是否可能同时存在于一台电机的气隙里？为什么？

5-14　有一台三相交流电机，定子绕组为三相对称单层绕组，Y联结，极数 $2p=2$，槽数 $Z=48$，每相串联匝数 $N=48$，并联支路 $a=1$。今将一相绕组开路，而使另外两相的串联电路中流过如下电流，求两种情况下合成基波磁势的幅值。(1) $i=10\sqrt{2}\sin\omega t$A；(2) $i=10$A 直流电。

5-15　一台两极电机的定子上有两个绕组 a 和 b，其有效匝数分别为 N_a 和 N_b，b 绕组在空间滞后 a 绕组 θ 电角度。现给两绕组分别通入电流 $i_a=I_{am}\cos\omega t$ 和 $i_b=I_{bm}\cos(\omega t-\beta)$。

(1) 分析推导合成基波磁势的表达式；

(2) 设 $N_aI_{am}=N_bI_{bm}$，$\theta=90°$，$\beta=60°$，求当 $t=0$ 时，基波合成磁势的轴线位置。

第 6 章 感应电机

在第 5 章中，已经研究了交流绕组的构成、交流绕组感应电势的计算以及交流绕组磁势的性质和计算方法，这些理论具有普遍意义，适用于各种类型的交流电机。在本章中，将在这些理论的基础上分析感应电机的工作原理和基本性能。

由于在绝大多数情况下，感应电机是作为电动机运行的，因此在本章中，主要以电动运行状态来研究感应电机的各种电磁过程。由电动运行分析所得到的一些结论，也适用于发电及制动运行状态，只要考虑到这三种运行方式有着不同范围的转差率数值即可。

感应电机的方程式、等效电路及相量图与变压器的极为类似，由此，可用与变压器对比的方法来学习这些内容。

电磁转矩是电动机中进行机电能量转换的基础，所以电磁转矩的大小及性质也是感应电机理论中的重要内容之一。

6.1 感应电机的工作原理和基本结构

6.1.1 感应电机的工作原理

1. *感应电机的电动运行*

在第 3 章分别从耦合电路模型和磁场观点分析了感应电动机的工作原理。本节将结合感应电机的实际结构，更加深入地学习理解感应电机的工作机理。

如图 6-1a 所示，感应电机定子上装有三相对称交流绕组 ABC，接三相对称交流电源；转子上有多相对称绕组，正常运行时处于短路或闭合状态。当定子绕组流过三相对称电流时，将产生一圆形旋转磁场，在气隙空间以固定转速 n_1 旋转，同时匝链定子和转子绕组，称为**气隙磁场**。为直观起见，在图 6-1b 中将该旋转磁场用一对旋转的磁极 N、S 来表示。当气隙磁场扫过转子导体时，将在转子导体中产生感应电势，电势的方向用右手定则来判断。假设气隙磁场沿逆时针方向旋转，则处于 N 极下的转子导体的感应电势方向为进入纸面，用⊗表示；处于 S 极下的转子导体中电势方向为穿出纸面，用⊙表示。由于转子绕组短路，转子导体中便有感应电流流过，电流方向与电势方向相同。根据电磁力定律可知，载流的转子导体与气隙磁场相互作用会产生电磁力，电磁力对转轴会形成转矩，称为**电磁转矩**。电磁转矩的方向可用左手定则来判断，它与旋转磁场同方向。在电磁转矩的作用下，转子拖动机械负载以转速 n 沿气隙磁场旋转的方向旋转，从而把电能转换成机械能，作为电动机运行，称为**感应电动机**。

当感应电机作为电动机运行时，为了克服负载的阻力转矩，转子转速 n 总是略低于同步转速 n_1，以使气隙磁场能够扫过转子导体而在其中感应出电势并产生感应电流，从而使转

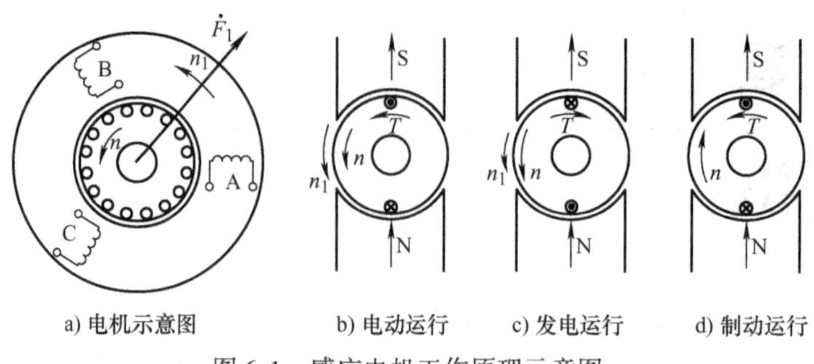

图 6-1 感应电机工作原理示意图

子能产生足够的电磁转矩。如果转子转速 n 与气隙磁场的转速 n_1 相等，转向又相同，则气隙磁场与转子导体之间将无相对运动，在转子导体中就不会产生感应电势和感应电流，电机的电磁转矩也将为0。可见 $n \neq n_1$ 是感应电机产生电磁转矩的必要条件。

2. 感应电机的发电运行

如果在感应电机的转轴上不是接机械负载，而是用一个原动机拖动转子以大于 n_1 的转速 n 顺着气隙磁场方向旋转，如图 6-1c 所示，那么转子导体相对于旋转磁场运动的方向与图 6-1b 中相反，转子导体中的感应电势及感应电流也将与图 6-1b 中相反。由左手定则可知，转子导体产生的电磁转矩与转子转向相反，起到阻碍转子旋转的作用。为了克服电磁转矩的阻碍作用，使转子能够保持 $n > n_1$ 持续旋转，原动机就必须不断向感应电机输入机械功率，而感应电机则将输入的机械功率转换为电功率从定子绕组输出到电源或电负载。此时，感应电机将机械能转变为电能，作为发电机运行，故称为**感应发电机**。

3. 感应电机的制动运行

如果在外力作用下，迫使转子逆着旋转磁场方向转动，如图 6-1d 所示，与图 6-1b 比较可以清楚地看到，这时转子导体相对于磁场的运动方向与电动机运行状态一样，故转子导体中的电势和电流方向与电动机状态相同，作用在转子上的电磁转矩方向与旋转磁场的方向一致，但却与转子转向相反，起到阻碍转子旋转的作用。这种情况下，由于电磁转矩有阻碍转子逆着旋转磁场方向转动的作用，故称为感应电机的**制动运行**。这时，电机一方面由外力作用从转轴输入机械功率，另一方面又从电网吸收电功率，这两部分功率均变为电动机内部的损耗消耗了。

在需要从电动运行状态下快速停机的场合，也可以利用感应电机的转子产生制动作用的电磁转矩，这时仅需要换接三相电机接到电源的三根接线中的两根——改变电源**相序**即可，因为相序的改变意味着磁场旋转方向的改变。这一停机方法也称为感应电机的**反接制动**。

以上简单分析了感应电机的三种运行状态。实际上，感应电机绝大多数都是作为电动机运行。由于结构简单、价格便宜、效率较高且运行可靠，中小型的感应电动机在工业中应用最为广泛。与同样产生交流电的同步发电机相比，感应发电机的性能要稍逊一些，目前主要用在风力发电和应急发电等场合。制动运行则是起重机等设备中的一种特殊运行状态。

由于这种电机只是在定子接电源，而转子绕组中的电势和电流，以及转子的电磁转矩，是由定子激励的磁场通过电磁感应所感应得到的，所以称为**感应电机**。又由于在三种运行状态下，这种电机的转子转速 n 总是与旋转磁场转速（称为**同步转速**）n_1 不等，转子转速与同步转速相异，所以也称为**异步电机**。

6.1.2 感应电机的基本结构

感应电机的类别和规格很多，但结构基本相同，主要由**定子**和**转子**这两大部分构成，在定子和转子之间有一个必须存在的很小间隙称为**气隙**。定、转子的结构形式以及气隙的大小对电机性能有重大影响，结合图6-2中所示的感应电机剖视图分述如下。

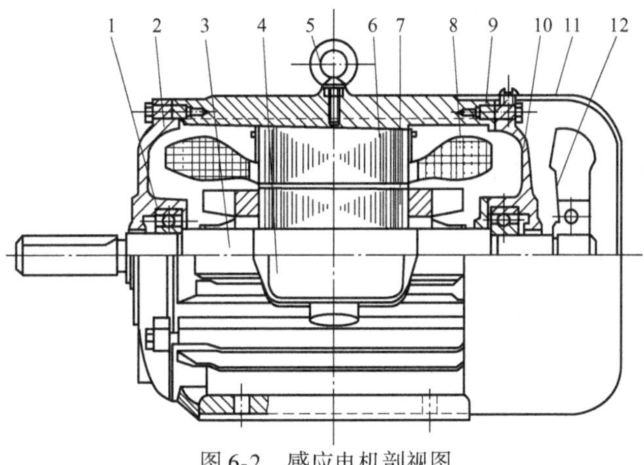

图6-2 感应电机剖视图

1—轴承 2、10—前、后端盖 3—转轴 4—接线盒
5—吊环 6—定子铁心 7—转子铁心和绕组
8—定子绕组线圈端部 9—机座 11—风扇罩 12—风扇

1. 定子

感应电机定子包括定子铁心、定子绕组及机座等主要部分，还有端盖、轴承、接线盒等附件，有时也有电刷和电刷架等部件。

定子铁心是感应电机主磁路的一部分。在电机中总希望有一个较强的旋转磁场，因此铁心通常采用导磁性能较好的铁磁材料。为了减少旋转磁场在铁心中所产生的涡流损耗和磁滞损耗，铁心一般是用厚度为0.35～0.5mm的薄硅钢片叠压而成，叠片表面涂绝缘漆或者氧化处理生成氧化膜，使得片与片之间相互绝缘。叠片内圆上有冲制的齿和槽，故又称为**冲片**。定子铁心及冲片的形状如图6-3所示。中小型电机采用整圆的硅钢片，中型和大型电机往往用扇形冲片拼成。为了冷却铁心，在容量较大的电机中，往往把定子铁心沿轴向分成数段，每两段之间留有**径向风槽**，作为冷却空气的通道。

定子铁心内圆有均匀分布的槽，用来嵌放定子绕组。当定子线圈为圆漆包线绕制的散嵌线圈时，定子多采用梨形槽（图6-3c）；当定子线圈为矩形导线或者成型线圈时，则采用矩形槽（图6-3d）。

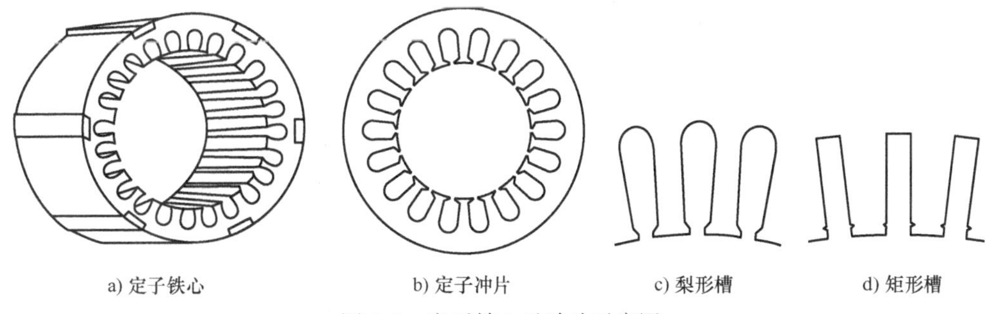

a) 定子铁心　b) 定子冲片　c) 梨形槽　d) 矩形槽

图6-3 定子铁心及冲片示意图

定子绕组是感应电机定子的电路部分，三相电机有三相对称绕组，流过三相对称电流时，就会产生圆形旋转磁场。定子绕组分为单层绕组和双层绕组，较小容量感应电机常采用

单层绕组，容量较大的感应电机大都采用双层短距绕组。中小型电机定子绕组的线圈多采用圆绝缘漆包线绕制，大中型电机的定子线圈则用较大截面的绝缘扁铜线绕制并成型后，再按一定规律嵌入定子铁心槽内。

定子三相绕组的6个出线端引至接线盒，分别用U_1、V_1、W_1标注各相首端，用U_2、V_2、W_2标注各相末端，类似于变压器绕组的接法，可以接成Y或△。

中小型感应电机的机座一般用铸铁制造，部分中型和大型感应电机的机座用钢板焊接而成。机座的作用是保护和固定电机的定子绕组，绕组嵌入铁心的槽内，铁心则压装在机座之中。通常要求机座的外表有良好的散热性能，所以中小型封闭式电机的机座外一般都装有散热片。端盖固定在机座的两端，端盖内装有轴承以支撑转子旋转。

2. 转子

感应电机的转子主要包括转子铁心、转子绕组及转轴等部件，有些感应电机转子上还有**集电环**(旧称**滑环**)。

转子铁心也是电机主磁路的一部分，用厚度为0.35～0.5mm的硅钢片冲片叠压而成，中小型电机的转子铁心直接套装在转轴上，中大型电机的转子铁心压装固定在支架上。

铁心冲片外圆上均匀分布有齿和槽，用来放置转子绕组，图6-4示出了转子冲片及典型的转子槽形，转子槽形能严重影响感应电机的起动及运行性能。定、转子槽数的配合也要选取恰当，以避免引起有害的附加转矩，导致电机振动及噪声增大。

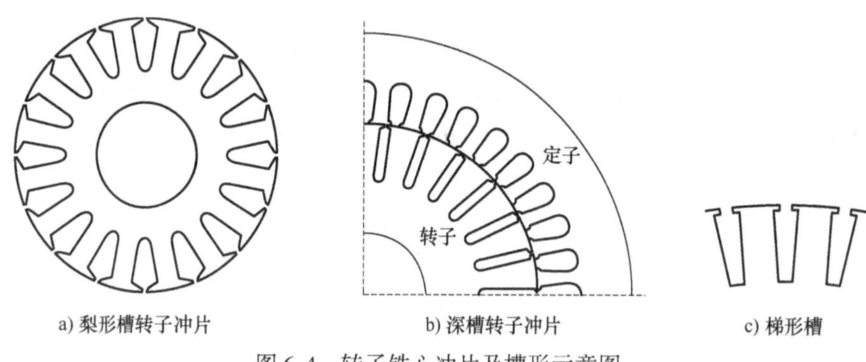

a) 梨形槽转子冲片　　b) 深槽转子冲片　　c) 梯形槽

图6-4　转子铁心冲片及槽形示意图

转子绕组是感应电机的转子电路，有**笼型**和**绕线式**两种型式。根据转子绕组型式的不同，将感应电机分为**笼型感应电机**与**绕线转子感应电机**。

(1) 笼型转子绕组

在转子铁心的每个槽中都有一根导条，在导条两端各用一个**端环**连接在一起形成短路状态。由于这种转子绕组的外形像一个“笼子”，如图6-5a所示，通常称为**笼型绕组**，旧称**鼠笼绕组**。

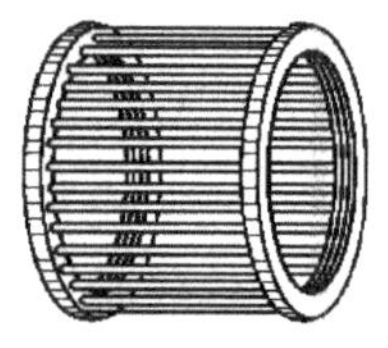
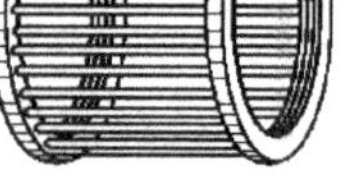
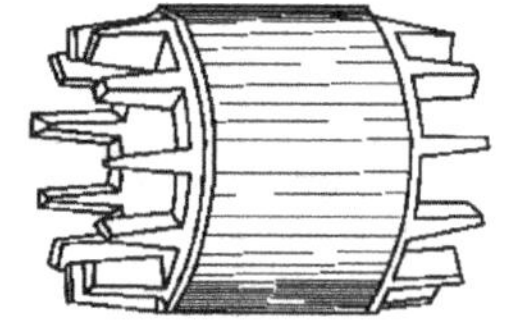

a) 笼型绕组　　b) 铸铝笼型转子

图6-5　笼型转子

在此，首先说明一下笼型绕组的**极数**、**相数**、**每相串联匝数**和**绕组系数**。从电路角度看，所有导条在两端被端环短路，所以它们都是并联的，各导条都经过端环与其他导条形成自身的电流回路。

极数：转子导条电流的分布形成磁场，由于转子导条电流是由气隙磁场感应产生的，而气隙磁场的极数决定于定子绕组的极数且等于定子绕组的极数，所以笼型转子的极数恒与定子绕组的极数相等，与转子槽数（导条数目）无关。

相数：设转子铁心槽数（即转子总导条数）为 Z_2，气隙磁场的极对数为 p，则相邻转子导条中的电势在相位上差一个槽距角 $\alpha_2 = 2\pi p/Z_2$，相邻导条电流的相位差也为 α_2，构成了对称的 $m_2 = Z_2$ 相系统，即笼型转子的相数等于转子槽数（转子导条数），每相并联支路数 $a = 1$。如果转子槽数 Z_2 能够被极对数 p 整除，即 Z_2/p = 整数，则每对极相同位置处的导条电流同相位，可视作同相导体，每相有 p 个导体并联，其并联支路数为 $a = p$，相数为 Z_2/p。

每相串联匝数：每相只有一根导体或者 p 根导条并联，相当于每相只串联半匝，所以每相串联匝数 $N_2 = 1/2$。

绕组系数：属于同一相的只有一个导体或者依次相距360°电角度的 p 根导体，其绕组系数 $k_{w2} = 1$。

由于笼型绕组的各相均由单根导条构成，感应电势不大，而导条和铁心叠片间的接触电阻相对较大，所以导条与铁心之间不需要绝缘。笼型转子绕组常用铝和铜两种材料，并采用不同的制作工艺。一种是**铸铝转子**，如图 6-5b 所示，是采用离心浇铸工艺或压力铸造工艺，把转子导条、端环及风扇叶片用铝液一次浇铸而成。另一种是**铜条转子**，是在转子铁心的每一个槽中插入铜条，再采用工业钎焊工艺，在铜条两端各焊接一个铜环（端环），把导条短路。铸铝转子材料成本相对于铜条转子要低，且工艺简便，生产效率较高；但当电机容量较大时，铸铝转子的质量不易保证，而且运行效率比铜条转子的低。

笼型感应电机转子结构简单，既无集电环又无绝缘，既省材料又制造方便，是一种既经济又耐用的电机，在工业上应用范围十分广泛。

（2）绕线转子绕组

如果采用与定子绕组类似的设计制作方法，在转子槽中也放置以线圈为基本单元的对称多相绕组，则这种转子便称为绕线转子。

绕线转子的对称多相绕组有明确相数和极数。转子极数必须设计成等于定子极数，否则不能产生平均电磁转矩，电机无法正常工作。转子相数不一定要求与定子相同，而实际中常取为与定子相数相同，即 $m_2 = m_1$，故绕线转子感应电机定、转子通常均采用三相，定、转子上各有一套完整的对称三相绕组。转子绕组每相串联匝数 N_2 和基波绕组系数 k_{w2} 要根据电机性能指标要求，按照对称多相绕组来设计和计算。

绕线转子的三相绕组一般都接成星形，3 个引线端分别接到 3 个固定在转轴、与转轴绝缘且相互绝缘的集电环上，再经过一套电刷装置将转子绕组短路或者与外电路相连，如图 6-6 所示。因此，绕线转子感应电机可以从电刷引线上获取并观察转子电流，也可以经由电刷和集电环在转子电路中引入外部电阻或电势，以改善电机的运行性能和工作状态。

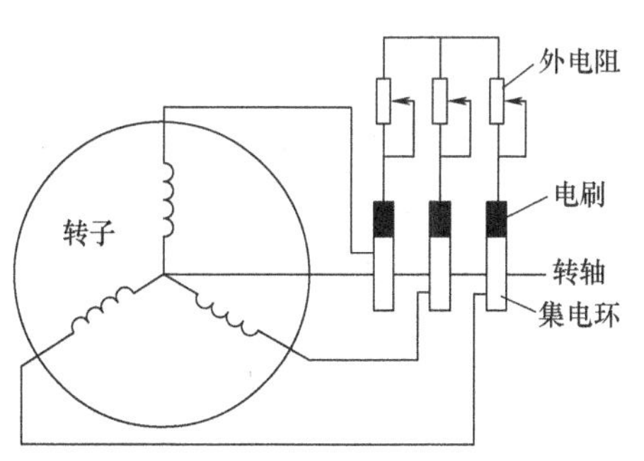

图 6-6　绕线转子与外部电阻的连接

与笼型感应电动机相比，绕线转子感应电动机的缺点是转子绕组结构复杂、成本较高、运行可靠性较差，因有电刷和集电环的磨损而需要更多的维护；优点是可以通过集电环及电刷在转子回路中引入外加电阻或者电势，改善电动机的起动和调速性能。因此绕线转子感应电动机仅用在要求起动电流小、起动转矩大，或需要调节转速的场合。在正常运行时，如果外加电阻已全部切除，转子绕组便直接短路，此时可用提刷短路装置把电刷举起，减少电刷、集电环的磨损及摩擦损耗，从而延长维护周期和提高运行效率。

近年来，绕线转子感应发电机在风力发电中得到了很好的应用，常称为**双馈发电机**，是MW（兆瓦）级风电机组的一种主要机型。

3. 气隙

气隙不仅用来隔离定、转子，而且是能量转换的场所。由于定子与转子之间气隙的存在，感应电机主磁路的磁阻远比变压器中的大，因而感应电机的励磁电流也比变压器中大得多。变压器励磁电流为额定电流的2%～5%，而感应电机中励磁电流常达额定电流的20%～50%。励磁电流中的大部分是无功的磁化电流，因此励磁电流大是感应电机功率因数较低的主要原因。为了提高感应电机的功率因数，就必须减少其励磁电流，而减小励磁电流最有效的方法就是缩短气隙的长度。所以，感应电机的气隙长度往往为机械条件所能容许达到的最小数值，一般仅为0.2～1.5mm。气隙太大，电动机运行时功率因数低；气隙太小，又会导致装配困难、运行不可靠、高次谐波磁场增强，使附加损耗增加以及使起动性能变差。

6.1.3 感应电机的额定值

感应电机的额定值主要有以下几个。

额定电压U_N：对电动机，指在额定运行时，规定加在定子绕组上的线电压；对发电机，指在额定运行时，定子绕组输出的线电压。以V、kV为计量单位。

额定电流I_N：对电动机，指在额定运行时，输入定子绕组的线电流；对发电机，指在额定运行时，定子绕组输出的线电流。以A、kA为计量单位。

额定功率P_N：指在额定运行时，电机的输出功率，以W、kW、MW为计量单位。对三相感应电动机来说，指额定运行时转轴上输出的机械功率

$$P_N=\sqrt{3}U_NI_N\cos\varphi_N\eta_N \tag{6-1}$$

式中，$\cos\varphi_N$ 和 η_N 分别表示在额定运行时的功率因数和效率。

对三相感应发电机来说，额定功率指额定运行时定子绕组输出的电功率

$$P_N=\sqrt{3}U_NI_N\cos\varphi_N \tag{6-2}$$

式中，$\cos\varphi_N$ 表示在额定运行时的功率因数。

额定频率f_N：指额定运行时，定子绕组所加电源或者输出电压的频率，单位为Hz。

额定转速n_N：指在额定工况运行时的转子转速，单位为r/min。

以上重要的额定值数据连同电机型号、接线方式、绝缘等级、温升、工作制、防护等级等，都明确标注在电机的铭牌上。此外，一些数据虽不在铭牌上标注，但可以通过查看产品技术资料或者根据已知额定值计算获得。例如，已知感应电动机的额定功率及额定转速，可以求得其额定输出转矩

$$T_N = \frac{P_N}{\Omega_N} = \frac{60P_N}{2\pi n_N} = 9.55\frac{P_N}{n_N} \tag{6-3}$$

式中，P_N的单位为W；n_N的单位为r/min；T_N的单位为N·m。

6.2 感应电机的基本理论

6.2.1 转差率和转子频率

1. 转差和转差率

从6.1节中对感应电机工作原理的分析可知，感应电机的工作状态取决于转子电势和电流，而转子电势取决于转子相对于磁场运动的速度，$n \neq n_1$ 是感应电机工作的必要条件。一般用两个术语来定义转子和磁场的相对运动，一是**转差**，另一是**转差率**。

取气隙磁场的旋转方向为转速和电磁转矩的参考方向（正方向）。把气隙磁场的同步转速 n_1 与转子转速 n 之差称为转差，用 Δn 表示，则

$$\Delta n = n_1 - n \tag{6-4}$$

如果用同步转速 n_1 作为基值，转差 Δn 的相对值就称作感应电机的转差率，即

$$s = \frac{\Delta n}{n_1} = \frac{n_1 - n}{n_1} \tag{6-5}$$

也可以用机械角速度 Ω 或者电角速度 ω 表示为

$$s = \frac{\Delta\Omega}{\Omega_1} = \frac{\Omega_1 - \Omega}{\Omega_1} \text{或者 } s = \frac{\Delta\omega}{\omega_1} = \frac{\omega_1 - \omega}{\omega_1} \tag{6-6}$$

反过来，如果已知同步转速和转差率，也可以求出感应电机的转速，由式(6-5）或式(6-6）可知

$$n = (1-s)n_1 \text{ 或者 } \omega = (1-s)\omega_1 \tag{6-7}$$

转差率是感应电机的一个基本变量，其大小正负体现了感应电机的各种不同运行情况。

1）当感应电机作为电动机运行时，如果电机堵转，即转子静止不动，转速 $n=0$，则转差率 $s=1$；在电动机刚刚起动最初，转速 $n=0$，所以起动瞬间的转差率 $s=1$；如果电动机所产生的电磁转矩足以克服机械负载的阻力转矩，则转子开始旋转，转速不断上升，转差率逐渐减小；假如所有阻力转矩（包括电机本身轴承摩擦、风阻等）全部为0，则称电动机**理想空载**。在理想空载时，负载转矩为0，维持旋转所需要的电磁转矩就为0，转子导体无须感应电势及电流，转子便以同步转速旋转，即 $n=n_1$，所以理想空载时转差率 $s=0$。

由此可见，当感应电机作为电动机运行时，不考虑绕线转子感应电动机超同步串级调速的特殊情况（将在本章后续章节中介绍），转子转向与气隙磁场转向相同，转速 n 在0到同步转速 n_1 范围内变化，即 $0 \leqslant n \leqslant n_1$，而转差率在1~0范围内变化，即 $0 \leqslant s \leqslant 1$。感应电动机正常运行时，转差率的数值通常都很小，满载时转子转速与同步转速相差并不很大，转差率在0.01~0.05。空载时，可以认为转子转速等于同步转速。

2）当感应电机作为发电机运行时，不考虑绕线转子感应电机的双馈发电运行（将在本章后续章节中介绍），转子转向与气隙磁场转向相同，转速恒在同步转速以上，即 $n > n_1$，由式(6-5）可知，发电机运行的转差率为负值，即 $s<0$。

3）当感应电机作制动运行时，转子转向与气隙磁场转向相反，逆着磁场方向旋转，n 为负值，即 $n<0$，因此制动运行时的转差率 $s>1$。

综上所述，通常情况下，感应电机的转速与转差率的不同数值，标志着电机在不同的状态下运行。感应电机在电动机、发电机和制动三种运行状态时，转速及转差率的变化范围如图 6-7 所示。

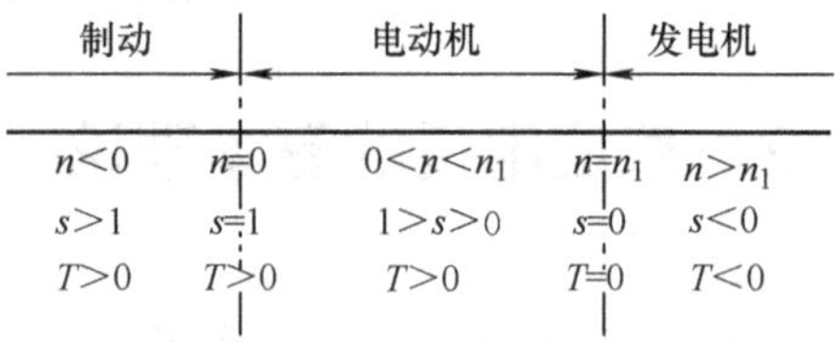

制动		电动机		发电机
$n<0$	$n=0$	$0<n<n_1$	$n=n_1$	$n>n_1$
$s>1$	$s=1$	$1>s>0$	$s=0$	$s<0$
$T>0$	$T>0$	$T>0$	$T=0$	$T<0$

图 6-7　感应电机不同运行状态下的转速及转差率范围

2. 转子频率

旋转磁场扫过导体，在导体中产生电势。电势的大小和频率与导体相对于磁场的运动速度有关。

感应电机稳态运行时，定子磁场以同步转速 n_1 旋转，转子以 n 旋转，所以定子磁场扫过转子导体的相对速度一般不等于 n_1，因而转子绕组电势频率一般不等于与 n_1 对应的定子电势频率 f_1，电势大小也与转子转速 n 或转差率 s 有关。一般来说，定子磁场与转子的相对速度即转差率 s 越大，所引起的转子电势和转子频率就越大。最大相对运动速度出现在转子静止或者起动最初时，因而堵转时转子感应电势和频率均达到最大值。最小电势（0V）和最低频率（0Hz）出现在转子转速 n 达到同步转速 n_1，即转子导体与定子磁场没有相对运动即 $s=0$ 的情况下。正常运行时，转子速度介于这两个极端情况之间，转子中感应电势的大小和频率正比于转差率 s。

穿过气隙的主磁场（每极磁通 Φ_1），以同步转速 $n_1=60f_1/p$ 相对于定子旋转，但以转差 $\Delta n=n_1-n$ 速度扫过转子导体，因而转子绕组中电势的频率为

$$f_2=\frac{p\Delta n}{60}=\frac{p(n_1-n)}{60}=\frac{(n_1-n)}{n_1}\frac{pn_1}{60}=sf_1 \tag{6-8}$$

式中，$f_1=pn_1/60$ 为定子绕组电势的频率，即电源频率；p 为极对数。

从式(6-8)可见，当电源频率 f_1 一定时，转子频率 f_2 与转差率 s 成正比，所以有时也称 f_2 为**转差频率**，并标记为 f_s。一般用途的感应电机，在额定负载运行时，转差率 s_N 较小，通常在 0.01～0.05 之间，所以转子电势的频率很低。例如在定子施加 50Hz 工频电源供电时，转子频率一般只有 0.5～2.5Hz。如果转子静止不转，即 $n=0$、$s=1$，则 $f_2=f_1$，即转子频率等于定子频率。

例 6-1　一台 380V、10kW、4 极、50Hz、△联结的三相感应电动机，额定负载运行时转差率为 0.015。试求：(1) 同步转速；(2) 额定转速；(3) 额定运行时的转子频率；(4) 额定输出转矩。

解：(1) 电动机同步转速为　$n_1=\frac{60f_1}{p}=\frac{60\times50}{2}\text{r/min}=1500\text{r/min}$

(2) 额定转速为　$n=(1-s)n_1=(1-0.015)\times1500\text{r/min}=1477.5\text{r/min}$

(3) 额定运行时的转子侧频率为　$f_2=sf_1=0.015\times50\text{Hz}=0.75\text{Hz}$

或者

$$f_2=\frac{p\Delta n}{60}=\frac{2\times(1500-1477.5)}{60}\text{Hz}=0.75\text{Hz}$$

(4) 额定输出转矩为　$T_N=\frac{P_N}{\Omega_N}=\frac{60P_N}{2\pi n_N}=\frac{60\times10\times10^3}{2\pi\times1477.5}\text{N}\cdot\text{m}=64.63\text{N}\cdot\text{m}$

6.2.2 感应电机的电势平衡

感应电机的定子和转子类似于双绕组变压器的一次侧和二次侧。与变压器类似，感应电机的电势平衡就有定子电势平衡和转子电势平衡。

1. 定子电势平衡方程式

当感应电机运行时，在定子三相对称绕组接三相对称交流电源，产生**主磁通**和**漏磁通**，主磁通和漏磁通分别在定子绕组中产生**主电势** $\dot{E}_1$ 和**漏电势** $\dot{E}_{1\sigma}$。所谓定子电势平衡，就是所加电源相电压 $\dot{U}_1$ 与相电势 $\dot{E}_1$、$\dot{E}_{1\sigma}$ 以及定子电阻压降的平衡。

首先，穿过气隙的主磁场以同步转速 n_1 扫过定子绕组，在其中产生感应电势（反电势）$\dot{E}_1$，有效值为

$$E_1 = 4.44 f_1 N_1 k_{w1} \Phi_1 \tag{6-9}$$

式中，N_1 为每相串联匝数；k_{w1} 为基波绕组系数；Φ_1 为基波每极磁通。

其次，定子绕组中流过电流 $\dot{I}_1$ 时，还产生定子漏磁通 $\dot{\Phi}_{1\sigma}$，在定子绕组中产生漏电势 $\dot{E}_{1\sigma}$，类似于变压器，可将漏电势表示成漏抗压降的形式，即

$$\dot{E}_{1\sigma} = -\mathrm{j}X_{1\sigma}\dot{I}_1 \tag{6-10}$$

式中，$X_{1\sigma}$ 为定子绕组的每相**漏抗**。

此外，定子绕组还有电阻 R_1，电流 $\dot{I}_1$ 将在 R_1 上产生电阻压降 $R_1\dot{I}_1$。

根据基尔霍夫定律，可以写出定子绕组的相电势平衡方程式为

$$\dot{U}_1 = -\dot{E}_1 - \dot{E}_{1\sigma} + R_1\dot{I}_1 = -\dot{E}_1 + (R_1 + \mathrm{j}X_{1\sigma})\dot{I}_1 = -\dot{E}_1 + Z_{1\sigma}\dot{I}_1 \tag{6-11}$$

式中，$Z_{1\sigma} = R_1 + \mathrm{j}X_{1\sigma}$ 称为定子每相**漏阻抗**。

2. 转子电势平衡方程式

（1）转子绕组的电势

如6.2.1节所述，当感应电机转子以转速 n 旋转时，定子磁场以转差速度 $\Delta n = n_1 - n$ 扫过转子导体，产生频率为 $f_2 = sf_1$ 的电势。转子绕组感应电势的大小也与转差率有关，为体现转子电势与转差率的相关性，将转子相电势有效值标记为 E_{2s}，有

$$E_{2s} = 4.44 f_2 N_2 k_{w2} \Phi_1 \tag{6-12}$$

式中，N_2 为转子绕组每相串联匝数；k_{w2} 为转子绕组的基波绕组系数；Φ_1 为基波每极磁通。

如果转子静止即 $s=1$，则转子电势 $E_2 = 4.44 f_1 N_2 k_{w2} \Phi_1$，式(6-12) 可改写成

$$E_{2s} = 4.44(sf_1) N_2 k_{w2} \Phi_1 = sE_2 \tag{6-13}$$

此式说明，当转子转动时，转子感应电势也是一个变数，与转差率 s 成正比。

（2）转子绕组的阻抗

转子绕组中流过电流 $\dot{I}_2$ 时，也产生转子漏磁通 $\dot{\Phi}_{2\sigma}$，在转子绕组中产生漏电势，该漏电势也可以用漏抗压降的形式表示。由于转子频率 $f_2 = sf_1$，所以转子漏电势和漏电抗与转差率有关，为体现转子漏电势和漏电抗与转差率的相关性，将其分别标记为 $E_{2\sigma s}$ 和 $X_{2\sigma s}$，得到

$$\dot{E}_{2\sigma s}=-\mathrm{j}X_{2\sigma s}\dot{I}_2=-\mathrm{j}2\pi f_2L_{2\sigma}\dot{I}_2=-\mathrm{j}2\pi sf_1L_{2\sigma}\dot{I}_2=-\mathrm{j}sX_{2\sigma}\dot{I}_2 \tag{6-14}$$

式中，$L_{2\sigma}$为转子每相漏电感；$X_{2\sigma}=2\pi f_1L_{2\sigma}$为转子静止时的漏电抗。

可见，转子转动时的漏电抗

$$X_{2\sigma s}=sX_{2\sigma} \tag{6-15}$$

也是一个变数，它与转差率 s 成正比。若转子每相电阻为 R_2，则每相漏阻抗为

$$Z_{2\sigma s}=R_2+\mathrm{j}X_{2\sigma s}=R_2+\mathrm{j}sX_{2\sigma} \tag{6-16}$$

（3）转子电势平衡方程式

将转子绕组看成类似于变压器的二次侧，根据基尔霍夫定律，可写出转子绕组的电势平衡方程为

$$\dot{E}_{2s}=\dot{U}_2+(R_2+\mathrm{j}X_{2\sigma s})\dot{I}_2 \tag{6-17}$$

由于感应电机的转子绕组自成闭合回路，处于短路状态，此时端电压 $U_2=0$，因此有

$$\dot{E}_{2s}=(R_2+\mathrm{j}X_{2\sigma s})\dot{I}_2 \tag{6-18}$$

（4）转子电流及转子功率因数

根据转子电势平衡方程式［式(6-18)］，很容易得出转子电流为

$$\dot{I}_2=\frac{\dot{E}_{2s}}{R_2+\mathrm{j}X_{2\sigma s}} \tag{6-19}$$

其有效值为

$$I_2=\frac{E_{2s}}{\sqrt{R_2^2+X_{2\sigma s}^2}}=\frac{sE_2}{\sqrt{R_2^2+s^2X_{2\sigma}^2}}=\frac{E_2}{\sqrt{(R_2/s)^2+X_{2\sigma}^2}} \tag{6-20}$$

很明显，转子电路的功率因数为

$$\cos\varphi_2=\frac{R_2}{\sqrt{R_2^2+X_{2\sigma s}^2}}=\frac{R_2}{\sqrt{R_2^2+(sX_{2\sigma})^2}}=\frac{R_2/s}{\sqrt{(R_2/s)^2+X_{2\sigma}^2}} \tag{6-21}$$

感应电机正常运行时，转差率 s 很小，由式(6-21) 可知转子功率因数较高；起动及堵转时，$s=1$，转子功率因数则很低。

6.2.3 感应电机的磁势平衡

感应电机工作时，定、转子上的多相对称绕组均流过多相对称电流，各自产生圆形旋转磁势。定、转子磁势作用在共同的磁路上，其合成磁势产生气隙旋转磁场。所谓感应电机的磁势平衡，是指定、转子磁势的合成及平衡。

1. 定子磁势 $\dot{F}_1$

假设定子绕组相数为 m_1，每相串联匝数为 N_1，基波绕组系数为 k_{w1}，极对数为 p，相电流有效值为 I_1，电流频率为 f_1，根据第 5 章的介绍可知定子绕组合成磁势的幅值为

$$F_1=\frac{m_1}{2}\times0.9\times\frac{N_1k_{w1}}{p}I_1 \tag{6-22}$$

转向是从超前电流相转向滞后电流相。如图 6-8a 所示，A、B、C 为定子三相绕组，假设按照 A→B→C 相序通电，则三相合成磁势 $\dot{F}_1$ 沿逆时针方向旋转，转速为同步转速 $n_1=$

$60f_1/p$。

2. 转子磁势 $\dot{F}_2$

转子绕组也是多相对称绕组，设相数为 m_2，相电流有效值为 I_2，每相串联匝数为 N_2，基波绕组系数为 k_{w2}，则转子合成磁势的幅值为

$$F_2=\frac{m_2}{2}\times0.9\times\frac{N_2k_{w2}}{p}I_2 \qquad (6\text{-}23)$$

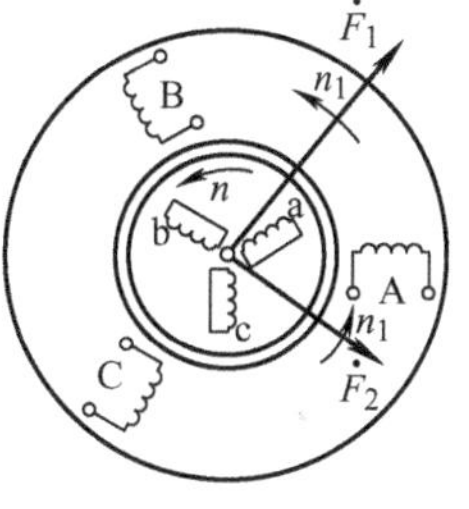

a) 定、转子绕组及其磁势

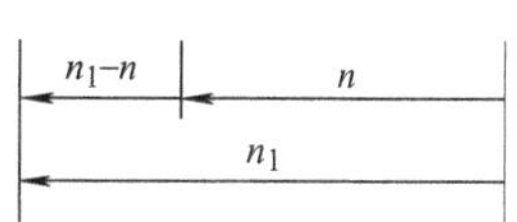

b) 定、转子磁势转速关系

图6-8　定、转子磁势的转向与转速

下面以电动运行状态来分析转子磁势的转向。结合图6-8a，图中a、b、c为转子绕组（等效为三相）。由于定子绕组按照A→B→C相序通电，其产生的圆形旋转磁场沿逆时针方向旋转，电动运行时在转子绕组感应电势的相序必为a→b→c，转子电流的相序也为a→b→c。由于旋转磁场是从超前电流的相转向滞后电流的相，故转子磁势的转向也是逆时针方向，即转子磁势 $\dot{F}_2$ 与定子磁势 $\dot{F}_1$ 沿同方向旋转。

由于转子频率 $f_2=sf_1$，因此转子电流产生的基波磁势相对于转子本身的转速为

$$n_2=\frac{60f_2}{p}=\frac{60sf_1}{p}=sn_1 \qquad (6\text{-}24)$$

由于转子本身又以转速 n 在同向旋转，故转子磁势相对于定子的转速为

$$n_2+n=sn_1+n=sn_1+(1-s)n_1=n_1$$

也是同步转速。定子磁势 $\dot{F}_1$ 的转速 n_1、转子本身转速 n、转子磁势 $\dot{F}_2$ 相对于转子的转速 (n_1-n) 之间的关系如图6-8b所示。因此，无论感应电机转子转速 n 如何变化，转子电流产生的磁势 $\dot{F}_2$ 在空间永远以同步转速 n_1 在旋转。也就是说，转子磁势 $\dot{F}_2$ 与定子磁势 $\dot{F}_1$ 之间没有相对运动，它们是相对静止的。

3. 磁势平衡方程式

当感应电动机带负载后，转子边有电流流过，所产生的转子磁势 $\dot{F}_2$ 也作用于电机主磁路，它倾向于改变主磁通 Φ_1 及感应电势 $\dot{E}_1$，破坏定子边的电势平衡关系。从定子电势平衡方程式可以看出，在电源电压 $\dot{U}_1$ 不变的情况下，随着感应电势 $\dot{E}_1$ 的改变，定子电流必然发生变化。此时定子边会自动增加一个电流分量 $\dot{I}_{1L}$，用以产生磁势来抵消转子磁势的作用，使定子边的电势关系重新得到平衡。这就是当转子有了电流以后，定子电流会自动增加的原因。定子电流分量 $\dot{I}_{1L}$ 产生磁势 $\dot{F}_{1L}$，其作用是抵消转子电流 $\dot{I}_2$ 产生的磁势 $\dot{F}_2$，使得 $\dot{F}_{1L}+\dot{F}_2=0$，即

$$\frac{m_1}{2}\times0.9\times\frac{N_1k_{w1}}{p}\dot{I}_{1L}+\frac{m_2}{2}\times0.9\times\frac{N_2k_{w2}}{p}\dot{I}_2=0 \qquad (6\text{-}25)$$

或者

$$\dot{I}_{1L} = -\frac{m_2}{m_1}\frac{N_2 k_{w2}}{N_1 k_{w1}}\dot{I}_2 = -\frac{1}{k_i}\dot{I}_2 \tag{6-26}$$

式中，$k_i = \frac{m_1}{m_2}\frac{N_1 k_{w1}}{N_2 k_{w2}}$为定、转子绕组的**电流变比**。

因此，当转子绕组有了电流以后，定子电流将变为

$$\dot{I}_1 = \dot{I}_{1L} + \dot{I}_m \tag{6-27}$$

式中，$\dot{I}_m$ 为定子电流中的**励磁分量**；$\dot{I}_{1L}$为定子电流中的**负载分量**。

把式(6-26) 代入式(6-27) 得

$$\dot{I}_1 = \dot{I}_m + \left(-\frac{m_2}{m_1}\frac{N_2 k_{w2}}{N_1 k_{w1}}\dot{I}_2\right) \tag{6-28}$$

写成磁势形式为

$$\frac{m_1}{2}\times 0.9\times\frac{N_1 k_{w1}}{p}\dot{I}_1 + \frac{m_2}{2}\times 0.9\times\frac{N_2 k_{w2}}{p}\dot{I}_2 = \frac{m_1}{2}\times 0.9\times\frac{N_1 k_{w1}}{p}\dot{I}_m \tag{6-29}$$

或者

$$\dot{F}_1 + \dot{F}_2 = \dot{F}_m \tag{6-30}$$

式中，$\dot{F}_1$ 为定子绕组产生的磁势；$\dot{F}_2$ 为转子绕组产生的磁势；$\dot{F}_m$ 为**励磁磁势**。

式(6-29) 或式(6-30) 就是感应电机的**磁势平衡**方程式，可以描述为：定、转子磁势 $\dot{F}_1$ 和 $\dot{F}_2$ 同速旋转、相对静止，作用在共同的磁路上，合成磁势 $\dot{F}_m$ 产生气隙旋转磁场。

需要说明的是，在从式(6-25) 到式(6-29) 关于磁势关系的讨论中，都涉及定、转子电流，甚至给出了它们之间的关系式。但是，由于感应电机定子电路和转子电路的频率不同，因此不能直接根据 $\dot{I}_1$ 和 $\dot{I}_2$ 的关系式做计算，此处仅用于说明电流所产生磁势的关系。

6.2.4 感应电机的等效电路

感应电机依靠定子电路流过交变电流，通过电磁感应在转子电路中产生感应电势和电流而工作。因为通过电磁感应在转子电路产生电势和电流本质上是变压器作用原理，所以感应电动机的等效电路就与变压器的等效电路非常相似。

类似于变压器等效电路的推导，从感应电机电势及磁势平衡方程式出发，也可以推导出感应电机的等效电路。对应于式(6-11) 和式(6-18)，感应电机定、转子分离的电路图如图 6-9 所示。图中，由于定、转子电路中电势的大小及频率均不相等，故定、转子电路之间不能直接连接起来而得到整体等效电路。如同变压器中情况一样，为建立感应电机最终的整体等效电路，需要将转子侧**归算**到定子侧。

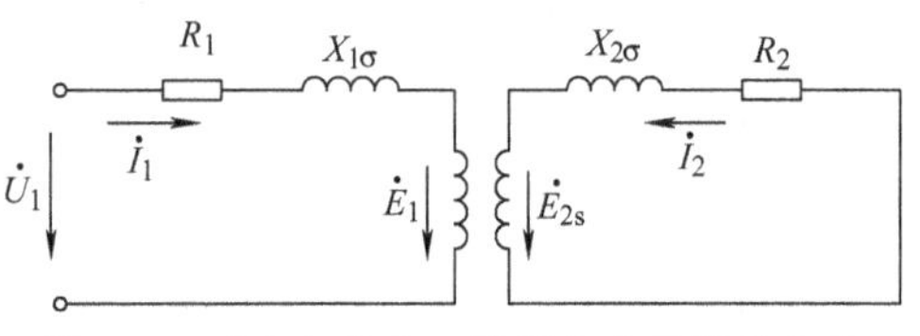

图 6-9 感应电机定、转子分离的等效电路

但是，应该注意到，由于变压器的二次侧和一次侧，频率相同、相数相同，所以仅仅需要做绕组归算，即用与一次侧具有相同匝数的等效绕组代替原来的二次侧绕组，并保持电磁关系和功率传递不变。

而在感应电机中，定子和转子的相数不同，每相串联匝数不同，绕组系数不同，一般运行情况下定、转子边频率不同，要得到感应电机的等效电路，需要做两个归算。为了使转子频率与定子频率相等，必须进行**频率归算**；为了使转子电势与定子电势相等，必须进行**绕组归算**。

1. 转子的频率归算

从转子电势平衡方程式［式(6-18)］可知，感应电机的转子电流为

$$\dot{I}_2=\frac{\dot{E}_{2s}}{R_2+jX_{2\sigma s}} \tag{6-31}$$

也可以写为

$$\dot{I}_2=\frac{\dot{E}_2}{R_2/s+jX_{2\sigma}} \tag{6-32}$$

显然，式(6-31）和式(6-32）所表示的转子电流具有同样的大小和相位，但是，它们所代表的物理意义却完全不同。在式(6-31）中，转子电势及漏电抗均与转差率 s 成正比，对应于转子转动时的情况，具有频率 $f_2=sf_1$；而在式(6-32）中，转子电势及漏电抗与转差率 s 无关，对应于转子静止时的情况，具有频率 $f_2=f_1$。比较式(6-31）和式(6-32）可以看出，一台以转差率 s 旋转的感应电动机，可以用一台静止的感应电机来等效代替，所要做的是，在静止的等效转子绕组中串入**附加电阻** $\frac{1-s}{s}R_2$，使转子绕组的每相总电阻变为 $R_2+\frac{1-s}{s}R_2=\frac{R_2}{s}$，则等效静止电机转子电流的大小及相位便与原来旋转时相同。用静止转子代替旋转转子后的等效电路如图6-10所示。

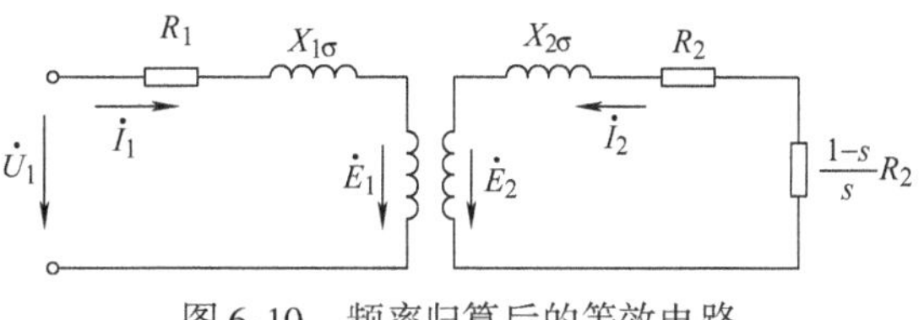

图6-10 频率归算后的等效电路

从原来转动时的电路变换成静止电路，由于转子电流的大小及相位均没有改变，因此转子磁势大小及相位也不会改变。而且从6.2.3节中对转子磁势的分析可知，无论转子静止不动还是以任何转速转动，转子电流产生的磁势 $\dot{F}_2$ 总是与定子磁势 $\dot{F}_1$ 相对静止，它们在空间都是以同步转速 n_1 旋转。所以，用一个等效静止转子来代替原来的旋转转子，转子磁势无论是大小、相位，还是空间转速，都均未改变，其对定子磁势的作用也就不会改变，定子电流和磁势均必然保持原来的数值。换言之，从定子方面看，就无从区别它是串联附加电阻 $\frac{1-s}{s}R_2$ 的等效静止转子，还是以转差率 s 在旋转的实际转子。用一个等效静止转子代替实际的旋转转子后，转子频率总是与定子频率相等，因而使分析大为简化。

简短来说，感应电机的所谓频率归算，就是用等效静止转子来代替实际的旋转转子，具体方法是给实际旋转转子的转子绕组每相串入附加电阻 $\frac{1-s}{s}R_2$，使其每相总电阻变为 $R_2+\frac{1-s}{s}R_2=\frac{R_2}{s}$，这样原来的旋转转子就可以看成是等效静止转子了。

2. 转子的绕组归算

所谓转子绕组归算，就是用一个和定子绕组具有同样相数 m_1、匝数 N_1 和绕组系数 k_{w1} 的等效绕组，代替原来具有相数 m_2、匝数 N_2 和绕组系数 k_{w2} 的实际转子绕组。归算的目的仅仅是为了简化感应电机的分析方法，因此，归算前后，不能改变电机内部电磁过程和功率传递关系。仿照在变压器中的标记方法，在这里用 E_2、I_2、R_2、$X_{2\sigma}$ 和 F_2 等分别表示绕组归算前转子边的参量，用 E_2'、I_2'、R_2'、$X_{2\sigma}'$ 和 F_2' 等分别表示绕组归算后转子边的对应参量，如同变压器中的归算过程一样，这两组对应参量之间应该遵循一定的关系。

（1）电流的归算

归算前后，为不影响定子边的电磁过程，定子绕组的感应电势 E_1 不能改变，即气隙磁场不能变，每极磁通 Φ_1 不能变，因此转子绕组的磁势也不能变，即必须有 $F_2' = F_2$。根据转子磁势的计算式，可得

$$F_2' = \frac{m_1}{2} \times 0.9 \times \frac{N_1 k_{w1}}{p} I_2' = \frac{m_2}{2} \times 0.9 \times \frac{N_2 k_{w2}}{p} I_2 = F_2$$

所以

$$I_2' = \frac{m_2 N_2 k_{w2}}{m_1 N_1 k_{w1}} I_2 = \frac{1}{k_i} I_2 \tag{6-33}$$

式中，$k_i = \dfrac{m_1 N_1 k_{w1}}{m_2 N_2 k_{w2}}$为定、转子绕组的**电流变比**。将式(6-33）的电流关系式应用于 6.2.3 节中的磁势平衡关系式，可得

$$\dot{I}_1 + \dot{I}_2' = \dot{I}_m \tag{6-34}$$

式(6-34）与式(6-30）相对应，它是用电流形式表示的磁势平衡方程式。

（2）电势的归算

既然要求定、转子的磁势不变，则必然要求气隙中的主磁通即每极磁通 Φ_1 不变。因此，绕组归算前、后的转子感应电势分别为

$$E_2 = 4.44 f_1 N_2 k_{w2} \Phi_1 \quad 和 \quad E_2' = 4.44 f_1 N_1 k_{w1} \Phi_1 = E_1$$

所以

$$E_2' = \frac{N_1 k_{w1}}{N_2 k_{w2}} E_2 = k_e E_2 = E_1 \tag{6-35}$$

式中，$k_e = \dfrac{E_2'}{E_2} = \dfrac{N_1 k_{w1}}{N_2 k_{w2}}$为定、转子绕组的电势变比或**电压变比**。

（3）归算前、后转子边视在功率的校验

为验证绕组归算是否影响感应电机从定子传递到转子的功率，分别计算归算前、后转子边的视在功率。

归算前转子边的视在功率为

$$S_R = m_2 E_2 I_2$$

归算后转子边的视在功率为

$$S_R' = m_1 E_2' I_2' = m_1 \left(\frac{N_1 k_{w1}}{N_2 k_{w2}} E_2\right)\left(\frac{m_2 N_2 k_{w2}}{m_1 N_1 k_{w1}} I_2\right) = m_2 E_2 I_2$$

很明显，归算前、后转子边的视在功率相等，即 $S_R' = S_R$，因此，按上述方法进行电流

和电势的归算，不会改变电机内部的功率传递关系。

(4) 电阻和漏抗的归算

由于归算前后定、转子之间的功率传递关系不能改变，因此要求归算后转子边的有功功率和无功功率应该与归算前相等，即

$$\left.\begin{aligned}m_1 I_2'^2 R_2' &= m_2 I_2^2 R_2\\ m_1 I_2'^2 X_{2\sigma}' &= m_2 I_2^2 X_{2\sigma}\end{aligned}\right\}\tag{6-36}$$

所以

$$R_2' = \frac{m_2}{m_1}\left(\frac{I_2}{I_2'}\right)^2 R_2 = \frac{m_2}{m_1}k_i^2 R_2 = k_i k_e R_2 = k_z R_2$$

即

$$\begin{cases}R_2' = k_z R_2\\ X_{2\sigma}' = k_z X_{2\sigma}\end{cases}\tag{6-37}$$

式中，$k_z = \frac{m_2}{m_1}k_i^2 = k_i k_e$ 为定、转子**阻抗变比**。

按照上述关系对转子各量进行归算，并未改变定、转子之间的能量传递关系，从定子方面看，所有电磁关系均严格维持，完全具有等值的效果。但将转子绕组归算到定子侧后，却可以简化感应电机的研究方法，如同变压器一样，可以得到一个只有电联系的等效电路。

3. 感应电机的等效电路

经过频率归算后，定、转子边便具有相同的频率，即$f_2 = f_1$。经过绕组归算后，定、转子边的感应电势也具有同样的大小，即 $E_2' = E_1$。由于经过归算以后，定、转子边感应电势的大小以及频率都相等，而归算又不影响相位关系，因此把图 6-11 中的等电位点 a 与 a′、b 与 b′连接起来，不会改变定、转子边的运行情况。

如果再把这两个并联在一起的绕组 ab 及 a′b′合并成一个绕组，便得到图 6-12，显然这个绕组中流过的是励磁电流 $\dot{I}_m = \dot{I}_1 + \dot{I}_2'$，它用来产生主磁通 Φ_1 及电势 $\dot{E}_1 = \dot{E}_2'$，这个绕组的电抗 X_m 称为**励磁电抗**。考虑到感应电机中存在铁心损耗，如同变压器中情况一样，在励磁支路中还应该串入一个等效**铁耗电阻**R_m。将电势 $\dot{E}_1 = \dot{E}_2'$ 用由励磁电流在**励磁阻抗**$Z_m = R_m + jX_m$ 上产生的压降来表示，即 $\dot{E}_1 = \dot{E}_2' = -(R_m + jX_m)\dot{I}_m = -Z_m\dot{I}_m$，于是便得到如图 6-12 所示的感应电机等效电路，称为感应电机的**T 形等效电路**。

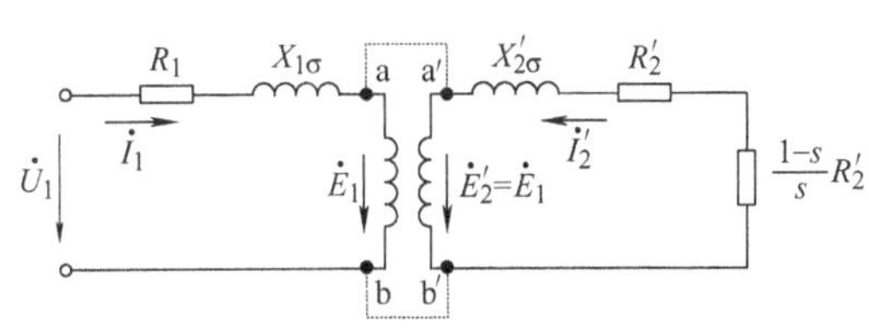

图 6-11 频率及绕组归算后定、转子等效电路

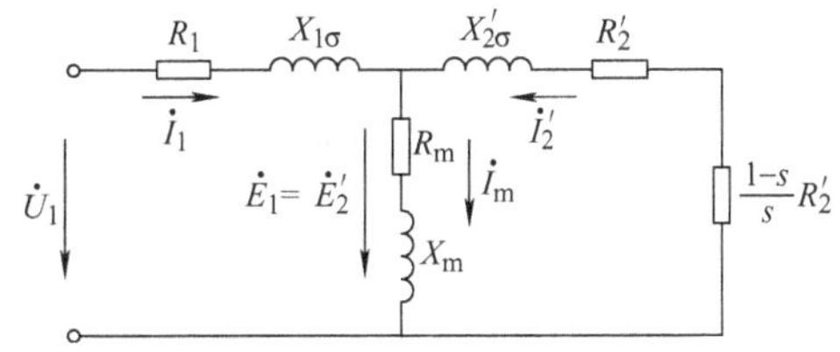

图 6-12 感应电机的 T 形等效电路

将图 6-12 所示感应电机的 T 形等效电路与变压器的 T 形等效电路作对照，可以看出，一台以转差率 s 运转的感应电机，类似于一台二次侧接有纯电阻负载$\frac{1-s}{s}R_2'$ 的变压器。当感

应电机以同步转速旋转时 $s=0$，等效电路的转子侧开路，相当于变压器的空载运行；当感应电机转子堵转不动时 $s=1$，等效电路的转子侧短路，便相当于变压器的短路运行。

和变压器一样，等效电路中的各个参数可用试验的方法（见 6.10 节）求得，从而可以很方便地利用求解电路的方法，从等效电路计算出感应电机的各种运行特性，因此等效电路是分析和计算感应电机性能的有力工具。

对应于 T 形等效电路的基本方程及关系式为

$$\left.\begin{aligned}\dot{U}_1 &= -\dot{E}_1 + \dot{I}_1(R_1 + jX_{1\sigma})\\ \dot{E}_2' &= \dot{E}_1 = \dot{I}_2'(R_2'/s + jX_{2\sigma}')\\ \dot{I}_m &= \dot{I}_1 + \dot{I}_2'\\ \dot{E}_2' &= \dot{E}_1 = -(R_m + jX_m)\dot{I}_m = -Z_m\dot{I}_m\end{aligned}\right\}\tag{6-38}$$

T 形等效电路是一个复阻抗串、并联电路，计算起来比较繁琐。在变压器中，为了使利用等效电路的计算变得简便，在分析满载附近的工作性能时，往往把励磁电流忽略而得到简化等效电路。在感应电机中，由于主磁通需要穿过定、转子之间的气隙，所以励磁电流相对来说较大，假如像变压器一样完全忽略励磁电流将会带来较大误差。此时，为了简化计算工作，可以把励磁支路移到等效电路的输入端点上而得到**Γ 形等效电路**，如图 6-13 所示，使电路演变成一个简单的并联电路。当然，利用Γ 形等效电路计算得到的性能会有一定的误差，求出的 $\dot{I}_m$ 并不是真正的实际励磁电流，但对于一般容量不太小的感应电机而言，这种误差是不大的，能够满足工程上所要求的准确程度。

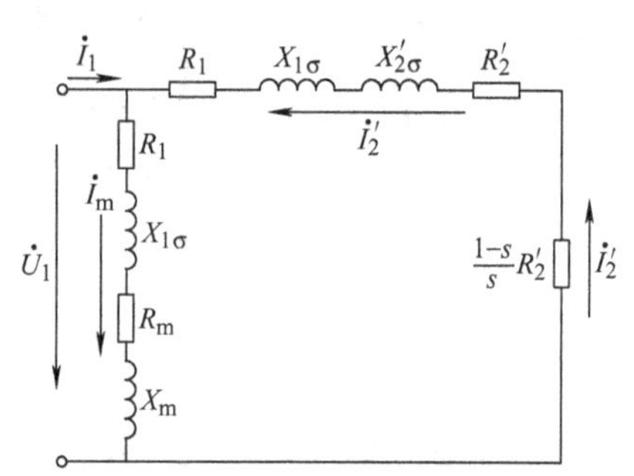

图 6-13　感应电机的 Γ 形等效电路

6.2.5　感应电动机的相量图

根据式(6-38) 或者 T 形等效电路，可以画出感应电动机的相量图，如图 6-14 所示。

作图的具体步骤是：

1）选择每极磁通 $\dot{\Phi}_1$ 为参考相量，绘制在沿水平方向。

2）绘制电势相量 $\dot{E}_2'(\dot{E}_1)$，它（们）滞后于磁通 $\dot{\Phi}_1$ 相位角 90°。

3）根据 $\dot{E}_2' = \dot{I}_2'(R_2'/s + jX_{2\sigma}')$，绘制转子电流 $\dot{I}_2'$，它滞后于 $\dot{E}_2'$，滞后角为转子的功率因数角 $\varphi_2 = \arccos\dfrac{R_2'/s}{\sqrt{(R_2'/s)^2 + X_{2\sigma}'^2}}$。

4）绘制 $R_2'\dot{I}_2'/s$ 及 $jX_{2\sigma}'\dot{I}_2'$，合成得到 $\dot{E}_2'$。

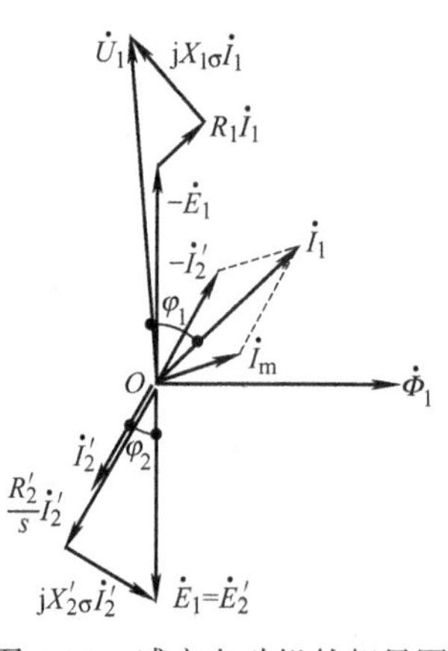

图 6-14　感应电动机的相量图

5）绘制励磁电流 $\dot{I}_m = -\dot{E}_1/(R_m + jX_m)$，它超前于 $\dot{\Phi}_1$ 一个不大的角度。

6）根据电流关系式 $\dot{I}_1 = -\dot{I}'_2 + \dot{I}_m$ 绘制 $\dot{I}_1$。

7）根据 $\dot{U}_1 = -\dot{E}_1 + R_1\dot{I}_1 + jX_{1\sigma}\dot{I}_1$，在相量 $-\dot{E}_1$ 上加上平行于定子电流 $\dot{I}_1$ 的相量 $R_1\dot{I}_1$，再加上超前于 $\dot{I}_1 90°$的相量 $jX_{1\sigma}\dot{I}_1$；绘制从 $-\dot{E}_1$ 始端到 $jX_{1\sigma}\dot{I}_1$ 末端的相量，即为定子电压 $\dot{U}_1$。电压 $\dot{U}_1$ 与电流 $\dot{I}_1$ 的夹角 φ_1 为感应电动机的**功率因数角**。

可以看出，感应电动机的相量图与变压器接有纯电阻性负载时的相量图在形式上完全相同。必须指出的是，在对称运行时，感应电动机的多相（例如三相）是对称的，其中任何一相都可代表整个电机的运行情况，图6-12 和图6-14 所示的等效电路和相量图以及式(6-38)，都是对应于一相的数值。

需要注意，利用式(6-38) 或者由等效电路计算出的所有定子边的量，均为电机中的实际值，但算出的转子电势和电流则为归算值而不是实际值。如要得到转子边的实际值，必须利用式(6-33) 和式(6-35) 反归算回去。由于归算时保证了功率不变，所以用归算值计算出的转子功率、损耗和转矩均与实际值相同。

例 6-2 一台三相 4 极感应电动机，接到频率为 50Hz 的电源上运行，若转子转差率为 0.0387，试求：(1) 转子电流的频率；(2) 转子磁势相对于转子的转速；(3) 转子磁势在空间的转速；(4) 转子磁势相对于定子磁势的转速。

解：(1) 转子电流的频率 $f_2 = sf_1 = 0.0387 \times 50\text{Hz} = 1.935\text{Hz}$

(2) 转子磁势相对于转子的转速 $n_2 = \dfrac{60f_2}{p} = \dfrac{60 \times 1.935}{2}\text{r/min} = 58.05\text{r/min}$

(3) 转子的转速 $n = (1-s)n_1 = (1-s)\dfrac{60f_1}{p} = (1-0.0387) \times \dfrac{60 \times 50}{2}\text{r/min} = 1441.95\text{r/min}$

转子磁势在空间的转速 $n + n_2 = (58.05 + 1441.95)\text{r/min} = 1500\text{r/min}$

即为同步转速 n_1。

(4) 定子磁势在空间的转速为同步转速 n_1，转子磁势在空间的转速也为同步转速 n_1，转子磁势与定子磁势转速相等，转向相同，相对静止，相对速度为 0。

例 6-3 一台三相感应电动机，额定功率 $P_N = 4\text{kW}$，额定电压 $U_N = 380\text{V}$，△联结，额定频率 $f_1 = 50\text{Hz}$，额定转速 $n_N = 1442\text{r/min}$。定、转子侧的参数如下：

$$R_1 = 4.47\Omega \qquad R'_2 = 3.18\Omega \qquad R_m = 11.9\Omega$$

$$X_{1\sigma} = 6.7\Omega \qquad X'_{2\sigma} = 9.85\Omega \qquad X_m = 188\Omega$$

试分别利用 T 形和 Γ 形等效电路，求额定运行时的定子输入电流 I_N、功率因数 $\cos\varphi_1$、转子侧电流 I'_2 以及励磁电流 I_m，并对比两种结果。

解：由于普通感应电动机额定运行时，转子转速非常接近于旋转磁场的同步转速 n_1，因此根据所给电源频率可以推定，此电机为 4 极。

同步转速 $$n_1 = \frac{60f_1}{p} = \frac{60 \times 50}{2}\text{r/min} = 1500\text{r/min}$$

转差率 $$s = \frac{n_1 - n}{n_1} = \frac{1500 - 1442}{1500} = 0.0387$$

定子阻抗 $Z_{1\sigma}=R_1+\mathrm{j}X_{1\sigma}=4.47+\mathrm{j}6.7\Omega$

转子阻抗 $Z'_{2\sigma}=\dfrac{R'_2}{s}+\mathrm{j}X'_{2\sigma}=\dfrac{3.18}{0.0387}+\mathrm{j}9.85\Omega=82.17+\mathrm{j}9.85\Omega$

励磁阻抗 $Z_m=R_m+\mathrm{j}X_m=11.9+\mathrm{j}188\Omega$

首先用T形等效电路来求解：

根据T形等效电路，定子绕组相电流为

$$\dot{I}_1=\frac{\dot{U}_1}{Z_{1\sigma}+\dfrac{Z_mZ'_{2\sigma}}{Z_m+Z'_{2\sigma}}}=\frac{380\angle 0°}{(4.47+\mathrm{j}6.7)+\dfrac{(11.9+\mathrm{j}188)(82.17+\mathrm{j}9.85)}{(11.9+\mathrm{j}188)+(82.17+\mathrm{j}9.85)}}\mathrm{A}=4.85\angle-31.49°\mathrm{A}$$

定子输入（线）电流 $I_N=\sqrt{3}I_1=\sqrt{3}\times4.85\mathrm{A}=8.4\mathrm{A}$

功率因数 $\cos\varphi_1=\cos31.49°=0.853$（滞后性）

转子电流 $$-\dot{I}'_2=\frac{Z_m}{Z_m+Z'_{2\sigma}}\dot{I}_1=\frac{11.9+\mathrm{j}188}{(11.9+\mathrm{j}188)+(82.17+\mathrm{j}9.85)}4.85\angle-31.49°\mathrm{A}$$
$$=4.17\angle-9.58°\mathrm{A}$$
$$I'_2=4.17\mathrm{A}$$

励磁电流 $$\dot{I}_m=\frac{Z'_{2\sigma}}{Z_m+Z'_{2\sigma}}\dot{I}_1=\frac{82.17+\mathrm{j}9.85}{(11.9+\mathrm{j}188)+(82.17+\mathrm{j}9.85)}4.85\angle-31.49°\mathrm{A}$$
$$=1.83\angle-89.13°\mathrm{A}$$
$$I_m=1.83\mathrm{A}$$

再根据Γ形等效电路来求解：

转子回路电流 $$-\dot{I}'_2=\frac{\dot{U}_1}{Z_{1\sigma}+Z'_{2\sigma}}=\frac{380\angle 0°}{(4.47+\mathrm{j}6.7)+(82.17+\mathrm{j}9.85)}\mathrm{A}$$
$$=4.32\angle-10.17°\mathrm{A}$$

励磁支路电流 $$\dot{I}_m=\frac{\dot{U}_1}{Z_{1\sigma}+Z_m}=\frac{380\angle 0°}{(4.47+\mathrm{j}6.7)+(11.9+\mathrm{j}188)}\mathrm{A}$$
$$=1.945\angle-85.19°\mathrm{A}$$

定子绕组相电流 $$\dot{I}_1=(-\dot{I}'_2)+\dot{I}_m=(4.32\angle-10.17°+1.945\angle-85.19°)\mathrm{A}$$
$$=5.17\angle-31.47°\mathrm{A}$$

定子输入电流 $I_N=\sqrt{3}I_1=\sqrt{3}\times5.17\mathrm{A}=8.955\mathrm{A}$

功率因数 $\cos\varphi_1=\cos31.47°=0.853$

如果以T形等效电路的结果为基准，比较从Γ形等效电路和T形等效电路计算所求得的结果，Γ形等效电路求得的电流稍大一些，其中励磁电流大6.3%，转子电流大3.6%，定子电流大6.6%，这些差别在工程上是可以接受的，但Γ形等效电路的演算过程却简单得多。

6.3 感应电动机的损耗及功率平衡

感应电动机在电路上可以等效为特殊运行的“变压器”，从一次侧（定子）输入三相电功率。对于常规变压器，输出为二次绕组的电功率；感应电动机的二次侧（转子）是短路的，正常情况下不存在电功率输出，取而代之的是其轴上输出机械功率。本节将结合T形等效电路，分析感应电动机输入电功率与输出机械功率之间的关系，并给出其功率流程图。

电网供给感应电动机的输入功率 P_1 用多相电压和电流的形式给出

$$P_1 = m_1 U_1 I_1 \cos\varphi_1 \tag{6-39}$$

式中，U_1、I_1 分别为定子相电压和相电流；$\cos\varphi_1$ 为定子功率因数；m_1 为相数，通常为3。

对三相感应电动机，若以输入线电压 U_{1L}和线电流 I_{1L}的形式给出输入功率 P_1，则

$$P_1 = \sqrt{3} U_{1L} I_{1L} \cos\varphi_1 \tag{6-40}$$

输入功率中首先消耗掉的是定子绕组电阻上的欧姆损耗，称为**定子铜耗**，即

$$p_{Cu1} = m_1 I_1^2 R_1 \tag{6-41}$$

然后，一些功率由于定子铁心中的磁滞和涡流损耗被消耗掉了，称为**铁耗**p_{Fe}，在等效电路中用电阻 R_m 上消耗的电功率来体现，即

$$p_{Fe} = m_1 I_m^2 R_m \tag{6-42}$$

感应电动机的铁心损耗来自于定子和转子铁心。由于在正常运行时转子转速接近于同步转速，转差率很小，旋转磁场扫过转子的相对运动速度很低，转子铁心中磁通变化的频率很低，转子铁心损耗相比于定子铁心损耗就非常微小，可以忽略不计，所以铁耗的绝大部分在定子铁心中发生。

输入功率中扣除定子铜耗和铁耗后，剩余的功率通过电磁感应传递到了转子侧。这部分借助电磁感应作用、经定子和转子之间的气隙传递到转子的功率，称作**电磁功率**P_M，即

$$P_M = P_1 - p_{Cu1} - p_{Fe} \tag{6-43}$$

从等效电路看，电磁功率 P_M 是转子侧电路的入端功率，即转子侧的总功率，也就等于转子等效电路中总电阻上消耗的功率，即

$$P_M = m_1 E_2' I_2' \cos\varphi_2 = m_1 I_2'^2 \frac{R_2'}{s} \tag{6-44}$$

式中，$\cos\varphi_2$ 为转子侧功率因数。

实际旋转的电机中，穿过气隙传递到转子的电磁功率，一部分以**转子铜耗**p_{Cu2}的形式消耗了，其余部分才转换成驱动电机转动的**总机械功率**P_Ω，即

$$P_M = p_{Cu2} + P_\Omega \quad 或者 \quad P_\Omega = P_M - p_{Cu2} \tag{6-45}$$

电磁功率转换成机械功率 P_Ω 的这一部分，在等效电路中是用电阻上消耗的电功率来体现的。将式(6-44) 改写为

$$P_M = m_1 I_2'^2 R_2' + m_1 I_2'^2 \frac{1-s}{s} R_2' \tag{6-46}$$

式中，第1项为转子铜耗，即

$$p_{Cu2} = m_1 I_2'^2 R_2' \tag{6-47}$$

第2项为消耗在附加电阻$\frac{1-s}{s}R_2'$ 上的功率，其值为 $m_1 I_2'^2 \frac{1-s}{s} R_2'$。

既然等效电路可以实际反映电机内部的电磁过程和能量传递关系，因此式(6-45) 与式(6-46) 应该恒等，所以

$$P_{\Omega}=m_1 I_2'^2 \frac{1-s}{s} R_2' \tag{6-48}$$

即**消耗在附加电阻$\frac{1-s}{s}R_2'$上的电功率就是电动机所产生的机械功率**P_{Ω}，式(6-48) 也说明了附加电阻所代表的物理意义。

结合式(6-44)、式(6-47) 和式(6-48)，还可以得到感应电动机转子铜耗、电磁功率及总机械功率之间的关系

$$\begin{cases} p_{Cu2}=sP_M \\ P_{\Omega}=(1-s)P_M \end{cases} \tag{6-49}$$

可见，感应电动机的转子铜耗等于电磁功率乘以转差率，因而有时也称为**转差功率**。可以看出，在同样的转子电流下，转子电阻越大，转子的铜耗便越大，因此转差率也越大，转速便越低。反过来，在同样的电磁功率下，转速越低，转差率越大，转子铜耗就越大，总的机械功率越小。

感应电动机所产生的总机械功率 P_{Ω}，并不能全部输送出去，因为转子转动时还存在着轴承摩擦及风阻摩擦（风摩）等引起的**机械损耗**p_m。

此外，在感应电动机中还存在**杂散损耗**p_{Δ}，杂散损耗分为基频杂散损耗和高频杂散损耗，产生的原因很复杂。一般认为，感应电动机定子及转子绕组中流过电流，也产生高次谐波磁通及漏磁通，这些磁通穿过导线、定子及转子铁心、机座、端盖等金属部件，会在其中产生感应电势和电流并引起损耗。笼型转子相邻导条间有横向电流流过，也产生额外的损耗。所有这些，统称为杂散损耗或者附加损耗，很难准确计算，国内和国际标准中虽有推荐的测取方法，但也不易准确测定。通常，杂散损耗按经验数据选取。感应电动机满载运行时，导条为铜条的笼型转子电机，杂散损耗取为

$$p_{\Delta}=0.5\% P_N \tag{6-50}$$

对于铸铝转子笼型电机

$$p_{\Delta}=(1\sim3)\% P_N \tag{6-51}$$

式中，P_N 为额定功率。

由于杂散损耗中的绝大部分是由机械功率供给的，所以从总机械功率 P_{Ω} 中减去机械损耗 p_m 和杂散损耗 p_{Δ} 后，所余功率才是轴上输出的机械功率 P_2，即

$$P_2=P_{\Omega}-p_m-p_{\Delta} \tag{6-52}$$

综合以上分析，可以得到感应电动机的功率平衡方程式

$$P_2=P_1-p_{Cu1}-p_{Fe}-p_{Cu2}-p_m-p_{\Delta}=P_1-\sum p \tag{6-53}$$

式中，$\sum p=p_{Cu1}+p_{Fe}+p_{Cu2}+p_m+p_{\Delta}$ 为电机的总损耗。

按照以上对感应电动机中损耗以及功率传递过程的分析，可以得到感应电动机的功率流程如图 6-15 所示。图中除反映出感应电动机从输入电功率到输出机械功率的功率分流及传递过程，也体现了内部的功率关系。电磁功率 $P_M=P_1-p_{Cu1}-p_{Fe}=p_{Cu2}+p_m+p_{\Delta}+P_2$；总机械功率 $P_{\Omega}=P_M-p_{Cu2}=p_m+p_{\Delta}+P_2$。

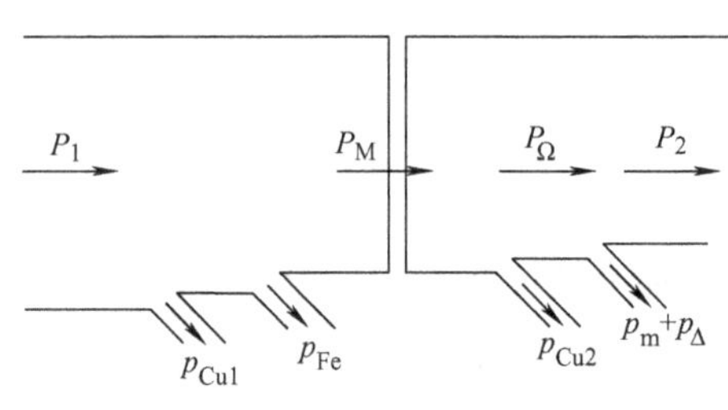

图 6-15　感应电动机功率流程图

最后，给出感应电动机**效率**η的计算，它等于输出功率与输入功率之比，即

$$\eta = \frac{P_2}{P_1} \times 100\% = \frac{P_1 - \sum p}{P_1} \times 100\% = \left(1 - \frac{\sum p}{P_1}\right) \times 100\% \tag{6-54}$$

感应电动机满载时的效率与额定功率和极数有关，电机额定功率越大，则效率越高；同样功率下，极数越少，则转速越高，效率就越高。国内 Y2 系列 kW 级以上的 2、4、6 极感应电动机，效率在 72% ~95%之间。电机的实际运行效率，与其负载率或输出功率的大小有关，效率随输出功率（或者负载率）变化的关系，即为**效率特性**。

6.4 感应电机的电磁转矩及机械特性

6.4.1 感应电动机的转矩平衡方程式

感应电动机从定子输入的电能转换成从转子输出的机械能是通过转子上产生电磁力而实现的，由电磁力产生**电磁转矩**，因此电磁转矩是电机中能量形态变换的基础。

式(6-52）是感应电动机转子上机械功率的平衡方程式，把该式的两边都除以转子的机械角速度Ω，便得到与各项机械功率相对应的转矩及转矩平衡方程式，即

$$\frac{P_2}{\Omega} = \frac{P_\Omega}{\Omega} - \frac{p_m + p_\Delta}{\Omega} \tag{6-55}$$

显然，$P_2/\Omega = T_2$ 为电动机的**输出转矩**；$(p_m + p_\Delta)/\Omega = T_0$ 为电动机本身的**阻力转矩**；而 $P_\Omega/\Omega = T$ 为与总机械功率对应、由电磁作用而来、试图驱动电动机旋转的转矩，称为**电磁转矩**。于是，便得到转矩平衡方程

$$T = T_2 + T_0 \tag{6-56}$$

可见，稳态运行时，电动机所产生的电磁转矩 T，与其本身的阻力转矩 T_0 及输出的机械转矩 T_2 相平衡。同时，电动机的输出转矩 T_2 与它所拖动的**负载转矩**T_L 相平衡，即

$$T_2 = T_L \tag{6-57}$$

6.4.2 电磁转矩

前述中引入了感应电动机的电磁转矩 T，从其与总机械功率的关系式出发，可以推出电磁转矩的几种表达式。

1. 功率表达式

将 $T = P_\Omega/\Omega$ 改写，可以得到

$$T = \frac{P_\Omega}{\Omega} = \frac{(1-s)P_M}{(1-s)\Omega_1} = \frac{P_M}{\Omega_1} \tag{6-58}$$

式中，T 为电磁转矩；P_Ω 为总机械功率；$\Omega = 2\pi n/60$ 为转子机械角速度；P_M 为电磁功率；$\Omega_1 = 2\pi n_1/60$ 为同步机械角速度。

式(6-58）表明，在频率固定即同步转速恒定时，电磁转矩正比于电磁功率。这是电磁转矩最基本的表达式。

2. 电磁表达式

如果把电磁功率的计算式(6-44）代入式(6-58）中，可以得到

$$T=\frac{P_{\mathrm{M}}}{\Omega_1}=\frac{m_1E_2'I_2'\cos\varphi_2}{\Omega_1}=\frac{m_1 4.44f_1N_1k_{\mathrm{w1}}\Phi_1I_2'\cos\varphi_2}{2\pi f_1/p}=C_{\mathrm{T}}\Phi_1I_2'\cos\varphi_2 \tag{6-59}$$

式中，$C_{\mathrm{T}}=4.44pm_1N_1k_{\mathrm{w1}}/(2\pi)$是与电机结构有关的系数，称为**转矩常数**。

式(6-59) 表明，电磁转矩 T 的大小与每极磁通 Φ_1 成正比，与转子电流的有功分量 $I_2'\cos\varphi_2$ 成正比。此式恰恰反映了电磁转矩是电、磁作用所产生的这一物理本质。

3. 参数表达式

再次将电磁功率的计算式(6-44) 代入式(6-58) 中，得到

$$T=\frac{P_{\mathrm{M}}}{\Omega_1}=\frac{m_1I_2'^2\dfrac{R_2'}{s}}{\Omega_1} \tag{6-60}$$

由感应电动机的 Γ 形等效电路可以求得

$$-\dot{I}_2'=\frac{\dot{U}_1}{\left(R_1+\dfrac{R_2'}{s}\right)+\mathrm{j}(X_{1\sigma}+X_{2\sigma}')}\quad 或\quad I_2'=\frac{U_1}{\sqrt{\left(R_1+\dfrac{R_2'}{s}\right)^2+(X_{1\sigma}+X_{2\sigma}')^2}} \tag{6-61}$$

将式(6-61) 代入式(6-60)，可得到用等效电路参数表达的转矩计算式为

$$T=\frac{1}{\Omega_1}\frac{m_1U_1^2\dfrac{R_2'}{s}}{\left(R_1+\dfrac{R_2'}{s}\right)^2+(X_{1\sigma}+X_{2\sigma}')^2} \tag{6-62}$$

式(6-62) 表明，电磁转矩正比于所施加电源电压的二次方，与电机等效电路参数有关，随转差率而变化。此式是感应电机电磁转矩最常用的计算式，适用于感应电机的发电、电动及制动三种运行状态。

感应电机电磁转矩的以上三种表达式，虽形式不同但实质相通，相互补充各有用途。功率表达式(6-58) 是基础，常用于直接从电磁功率求电磁转矩；电磁表达式(6-59) 说明电磁转矩的物理本质，常用来做定性分析；参数表达式(6-62) 借助 Γ 形等效电路得出，常用于分析讨论电压、转差率以及电路参数等因素对电磁转矩的影响。

当感应电机稳态运行时，对发生在电机内部的电磁过程以及基本方程式、等效电路、相量图和电磁转矩等，前文已作了介绍，这些内容都是深入研究感应电机各种性能的理论基础。在本节及下几节中，将应用这些理论进一步研究感应电机的一些基本特性，这些包括**机械特性**、**工作特性**、**起动特性**和**调速特性**。

6.4.3　感应电机的机械特性

1. 机械特性曲线

6.4.2 节中分析得出了感应电机电磁转矩的参数表达式［式(6-62)］。对已制造好的电机来说，当外加电压及频率不变时，它的同步角速度 Ω_1 以及电路参数都是常数，所以电磁转矩只是转差率 s 的函数。保持电源电压和频率不变，取不同的转差率 s（转速）值，根据式(6-62) 计算相应的电磁转矩 T，就可作出电磁转矩随转差率 s 变化的曲线，即 $T=f(s)$ 曲线，称为感应电机的 $T-s$ 曲线，即**机械特性**，如图 6-16 所示。

图 6-16 给出的机械特性曲线，提供了有关感应电机运行的重要信息，归纳如下：

1）图6-16涵盖了感应电机制动、电动以及发电这三个可能的运行状态区间。当电机转速在 $0<n<n_1$ 范围时，$1>s>0$、$T>0$，电磁转矩方向与旋转磁场及转子转向相同，为动力转矩，电机转轴上带机械负载作电动机运行。如果将感应电机的转子驱动到超过同步转速，即转速在 $n>n_1$ 范围时，$s<0$、$T<0$，电磁转矩方向与旋转磁场及转子转向相反，为阻力转矩，原动机驱动电机超过同步转速作发电机运行。如果电机相对于磁场方向反向旋转，即电机转速在 $n<0$ 范围时，$s>1$、$T>0$，电磁转矩方向与旋转磁场转向相同，与转子转向相反，为阻力转矩，电机作制动运行。

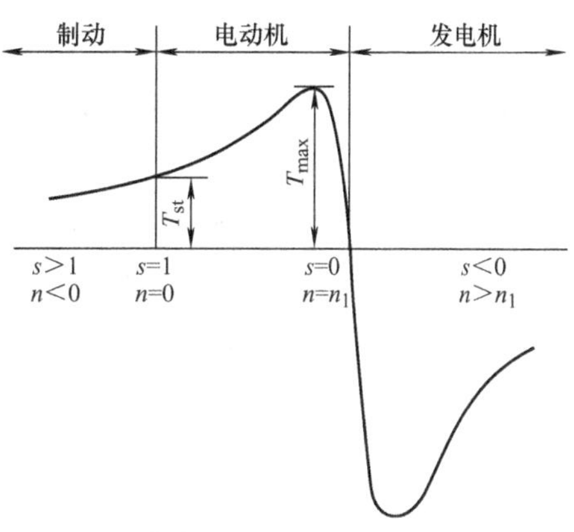

图6-16　感应电机机械特性（$T-s$）曲线

2）$n=0$、$s=1$ 为电机的最初起动状态（或堵转状态），对应的转矩称为最初**起动（堵转）转矩** T_{st}，一般电机的最初起动转矩希望大于**额定转矩**，以使电机能带载起动。

3）机械特性上有转矩的最大值，称为**最大转矩** T_{max}，通常为2倍左右的满载转矩，对应的转差率 s_m 称为**临界转差率**，最大转矩决定电机的**过载能力**。

4）同步转速即 $n=n_1$、$s=0$ 时，电磁转矩 $T=0$。

5）感应电动机的**稳定运行区**为 $0<s<s_m$，额定转速 n_N 位于此区间。在此区间，转子电路的总电阻比转子电抗大得多，因而转子电流、转子磁场和电磁转矩都随转差率增大而接近线性地增大，从空载到满载之间的机械特性几乎是线性的。

2. 最大转矩及过载能力

最大转矩点就是机械特性上的极值点，在求最大转矩 T_{max}时，可应用数学上求极值的方法，将式(6-62) 对 s 求导，并令 $dT/ds=0$，解出最大转矩出现时的转差率即临界转差率为

$$s_m=\pm\frac{R_2'}{\sqrt{R_1^2+(X_{1\sigma}+X_{2\sigma}')^2}} \tag{6-63}$$

式中，s_m 取负值时对应发电机运行，这里不做讨论。一般感应电动机 $s_m=0.08\sim0.2$。将式(6-63) 代入式(6-62)，可求得最大转矩为

$$T_{max}=\frac{1}{\Omega_1}\frac{m_1U_1^2}{2\left[R_1+\sqrt{R_1^2+(X_{1\sigma}+X_{2\sigma}')^2}\right]} \tag{6-64}$$

式(6-63) 和式(6-64) 表明：

1）最大转矩 T_{max}正比于电压 U_1 的二次方，电压降低时，最大转矩按二次方比例减小。

2）最大转矩 T_{max}的数值与转子电阻 R_2' 的数值无关。

3）临界转差率 s_m 与转子电阻 R_2' 成正比，R_2' 越大，s_m 也越大。

4）一般感应电机中，$R_1\ll X_{1\sigma}+X_{2\sigma}'$，若忽略 R_1，则 T_{max} 近似与定、转子漏抗之和成反比。

最大转矩是电机所能产生的转矩极限值，选用电机时要留出裕量，使 $T_{max}>T_N$，保证电机不至于因短时过载而停机。最大转矩 T_{max}与额定转矩 T_N 之比即最大转矩倍数，称为电机的**过载倍数**或**过载能力**，用 k_M 表示，即

$$k_M = \frac{T_{max}}{T_N} \tag{6-65}$$

一般感应电动机的过载能力 $k_M = 1.8 \sim 2.3$。

3. 最初起动转矩

感应电动机接至电网，在刚刚起动时，$n=0$、$s=1$，此时的电流和电磁转矩称为**最初起动电流**I_{st}和**最初起动转矩**T_{st}。因为 $s=1$ 时，励磁电流 I_m 远小于转子电流 I_2'，将 I_m 忽略，认为 $I_{st} \approx I_2'$，因此，将 $s=1$ 分别代入式(6-61）和式(6-62)，便可求得最初起动电流和最初起动转矩，即

$$I_{st} \approx I_2' = \frac{U_1}{\sqrt{(R_1+R_2')^2+(X_{1\sigma}+X_{2\sigma}')^2}} \tag{6-66}$$

$$T_{st} = \frac{1}{\Omega_1} \frac{m_1 U_1^2 R_2'}{(R_1+R_2')^2+(X_{1\sigma}+X_{2\sigma}')^2} \tag{6-67}$$

式(6-67）表明，感应电动机的最初起动转矩 T_{st}与电网电压 U_1 的二次方成正比。当电网电压降低时，最初起动转矩按二次方比例而减小。

最初起动电流与额定电流之比称为**起动电流倍数**，一般笼型电机的起动电流倍数是 4 ~ 7 倍。最初起动转矩 T_{st}与额定转矩 T_N 之比称为**起动转矩倍数**，用 k_{st}表示，即

$$k_{st} = \frac{T_{st}}{T_N} \tag{6-68}$$

例 6-4　一台 4 极三相笼型感应电动机数据为：额定电压 $U_N = 380V$，$n_N = 1480r/min$，$f_N = 50Hz$，定子绕组为△联结，$R_1 = 0.088\Omega$，$R_2' = 0.073\Omega$，$X_{1\sigma} = 0.404\Omega$，$X_{2\sigma}' = 0.77\Omega$。用电磁转矩的参数公式计算（忽略空载转矩 T_0）：

（1）额定电磁转矩；（2）最大电磁转矩；（3）临界转差率；（4）过载能力。

解：相电压　$U = U_N = 380V$

同步转速　$$n_1 = \frac{60 f_N}{p} = \frac{60 \times 50}{2} r/min = 1500 r/min$$

额定转差率　$$s = \frac{n_1 - n_N}{n_1} = \frac{1500-1480}{1500} = 0.0133$$

同步角速度　$$\Omega_1 = \frac{2 n_1 \pi}{60} = \frac{2 \times 1500\pi}{60} rad/s = 157.0796 rad/s$$

（1）额定电磁转矩

$$T = \frac{3U^2}{\Omega_1} \frac{\frac{R_2'}{s}}{\left(R_1+\frac{R_2'}{s}\right)^2+(X_{1\sigma}+X_{2\sigma}')^2}$$

$$= \frac{3 \times 380^2}{157.0796} \times \frac{\frac{0.073}{0.0133}}{\left(0.088+\frac{0.073}{0.0133}\right)^2+(0.404+0.77)^2} N \cdot m = 467.1011 N \cdot m$$

（2）最大电磁转矩

$$T_{max}=\frac{3U^2}{\Omega_1}\frac{1}{2[R_1+\sqrt{R_1^2+(X_{1\sigma}^2+X_{2\sigma}'^2)}]}$$

$$=\frac{3\times380^2}{157.0796}\times\frac{1}{2[0.088+\sqrt{0.088^2+(0.404^2+0.77^2)}]}\text{N}\cdot\text{m}=1089.8012\text{N}\cdot\text{m}$$

（3）临界转差率 $s_m=\frac{R_2'}{\sqrt{R_1^2+(X_{1\sigma}+X_{2\sigma}')^2}}=\frac{0.073}{\sqrt{0.088^2+(0.404+0.77)^2}}=0.0620$

（4）忽略空载转矩时，额定输出转矩 $T_N=T=467.1011\text{N}\cdot\text{m}$，则

过载能力 $k_M=\frac{T_{max}}{T_N}=\frac{1089.8012}{467.1011}=2.3331$

6.5 感应电动机的工作特性

在额定电压及额定频率条件下，转差率 s（转速 n）、输出转矩 T_2、定子电流 I_1、效率 η 和功率因数 $\cos\varphi_1$ 等，随输出功率 P_2变化的关系曲线，称为感应电动机的工作特性。图6-17中绘出的各个特性曲线具有典型性，下面分别讨论其变化规律和特征。

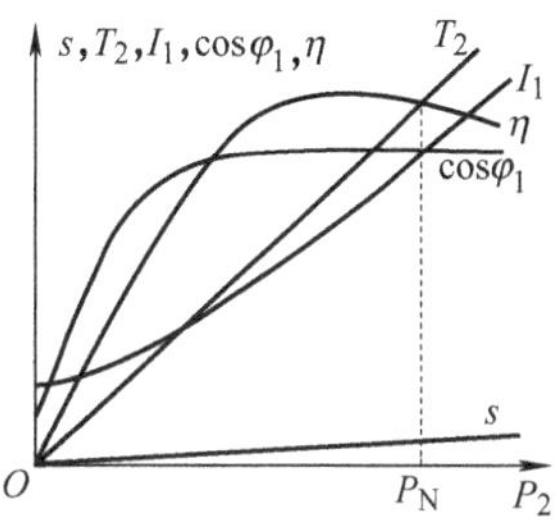

图6-17 感应电动机的工作特性

（1）转差率特性$s=f(P_2)$

输出功率增大意味着机械负载增加，感应电动机的转速略微下降、转差率略微变大，这样旋转磁场便以较大的转差速度切割转子导体，使得转子电势及电流增加，产生较大的电磁转矩，与机械负载转矩相平衡。因此，转差率特性 $s=f(P_2)$ 是一条微微上升的曲线。

由式(6-49)可知，转差率 $s=p_{Cu2}/P_M$。对一般的感应电动机而言，为保证电机有较高的效率，转子铜耗 p_{Cu2}不能过大，所以转差率都很小。在额定负载时的转差率为 $s_N=0.01\sim0.05$，表明额定转速仅比同步转速低1%～5%。

（2）转矩特性$T_2=f(P_2)$

感应电动机输出的机械转矩为 $T_2=P_2/\Omega$。假如输出功率 P_2 增大时转速 n 能保持不变，则 T_2 正比于 P_2，即 $T_2=f(P_2)$ 便是一条通过原点的直线；但随着 P_2 的增加，转速 n 会略有下降，因而转矩特性 $T_2=f(P_2)$ 是一条微微上翘的曲线。

（3）效率特性$\eta=f(P_2)$

对各种电机效率的定义及计算方法都是一样的，各种对应损耗的性质也基本相同，所以感应电动机效率曲线的形状与变压器及直流电机的大致相同。由于感应电动机是旋转的，存在机械损耗，所以与同容量的变压器相比较，感应电动机的效率要低一些。感应电动机的额定效率 $\eta=(72\sim95)\%$，功率越大，效率也越高。

在不同输出功率 P_2 下，电机实际运行效率的高低决定于损耗的大小。如前所述，感应电动机的损耗有：机械损耗、定子铁耗、定子铜耗、转子铜耗以及杂散损耗等。由于随输出功率 P_2 的增加，感应电动机的转速及气隙磁通近似不变，故机械损耗与定子铁耗之和基本上不变，称为**不变损耗**；定子和转子铜耗随电流的二次方正比变化，称为**可变损耗**，有时也

将杂散损耗归入可变损耗。如同变压器及直流电机中的情况一样，当可变损耗等于不变损耗时，出现最高效率。最高效率一般在$(0.7\sim1.1)P_N$范围内出现。

(4) 定子电流$I_1=f(P_2)$

感应电动机的定子电流为$\dot{I}_1=\dot{I}_m+(-\dot{I}'_2)$。当输出功率$P_2=0$即电动机空载时，转子只需极小的电流以产生电磁转矩来平衡空载阻力转矩T_0，即$I'_2\approx0$，所以$\dot{I}_1=\dot{I}_0=\dot{I}_m+(-\dot{I}'_{20})\approx\dot{I}_m$，即空载时定子电流$I_1$几乎全部为励磁电流$I_m$，为额定电流的20%～50%。随着输出功率的增加，转子转速下降，转子电流和磁势增加，为了抵消转子磁势的增加以维持磁势平衡，定子电流中负载分量I_{1L}随之增加，定子$\dot{I}_1=\dot{I}_m+\dot{I}_{1L}$也随之增加，所以$I_1=f(P_2)$的变化规律具有图6-17中所示的形状。

(5) 定子功率因数$\cos\varphi_1=f(P_2)$

空载运行时，感应电动机定子电流中的大部分是无功的磁化电流，小部分是提供铁耗和产生空载转矩的有功电流，由于功率因数等于有功电流与视在电流的比值，所以空载时的功率因数$\cos\varphi_0$很低，通常在0.1～0.2。负载后，随着输出机械功率的增加，定子电流中的有功分量增加，功率因数$\cos\varphi_1$逐渐提高。一般电动机在额定功率附近，功率因数$\cos\varphi_1$将达到最大值，额定功率因数为$\cos\varphi_N=0.7\sim0.9$。输出功率达到一定值后，如果还继续增大，电动机的转速n会显著下降，转差率s则显著增大，使得转子侧功率因数$\cos\varphi_2$减小，导致电动机功率因数即定子端功率因数$\cos\varphi_1$降低。所以$\cos\varphi_1=f(P_2)$曲线具有如图6-17中所示的先升后降的变化规律。

由于满载附近的功率因数$\cos\varphi_1$和效率η都比较高，因此总希望电动机在满载附近运行。如果电动机长时间在低负荷下运行，η和$\cos\varphi_1$都会很低，很不经济，因此选用电动机时应使电动机的容量与机械负载相匹配。

为保证电动机运行可靠、经济，更好地满足生产机械的需要，国内和国际标准都对电动机的主要性能指标做了具体规定。主要性能指标有：额定效率η_N、额定功率因数$\cos\varphi_N$、最大转矩倍数T_{max}/T_N、最初起动转矩倍数T_{st}/T_N、最初起动电流倍数I_{st}/I_N、温升θ_N等。其中η_N和$\cos\varphi_N$属于力能指标，T_{max}/T_N表示电动机的过载能力，T_{st}/T_N及I_{st}/I_N表征电动机的最初起动性能。

6.6 感应电动机的起动

6.6.1 感应电动机的起动性能

衡量感应电动机最初起动性能的两个主要指标是**最初起动转矩倍数**T_{st}/T_N和**最初起动电流倍数**I_{st}/I_N。对起动性能的要求是：①起动转矩T_{st}要大，以便加快起动过程，且能在负载下起动；②起动电流I_{st}要小，以免引起电网电压的较大降落，影响到电网所连接的其他电气设备的正常工作。但实际情况是，感应电动机的最初起动电流I_{st}较大，而最初起动转矩T_{st}并不大。一般笼型感应电动机的最初起动电流倍数$I_{st}/I_N=4\sim7$，最初起动转矩倍数$T_{st}/T_N=1.3\sim2.2$。

为什么最初起动电流 I_{st} 较大？这可以从两个角度来理解。①从转子导体电势和电流看，在刚起动时，转子处于静止状态，旋转磁场以同步转速 n_1 扫过转子导体，在转子中产生较大的电势，因而产生较大的电流；②从等效电路角度看，最初起动瞬间转差率 $s=1$，与满载运行转差率 s_N 很小时相比，转子回路总的等效阻抗显著减小，转子电流较大。由于磁势平衡关系，定子绕组中也将流过较大的电流。

为什么最初起动电流 I_{st} 较大而起动转矩 T_{st} 并不大？这可以根据电磁转矩的电磁表达式 $T=C_T\Phi_1 I_2'\cos\varphi_2$ 从两个方面来解释。①是在起动瞬间，转速 $n=0$，$s=1$，转子频率 $f_2=sf_1$ 较高，转子回路电抗值 $X_{2\sigma s}'=sX_{2\sigma}'$ 相对于电阻 R_2' 较大，转子电路功率因数 $\cos\varphi_2$ 很低，虽然转子侧最初起动电流 I_{2st} 也很大，但其有功分量 $I_{2st}\cos\varphi_2$ 并不大；②是最初起动电流较大，定子绕组的阻抗压降较大，平衡电源电压 U_1 所需的电势 E_1 减小，导致每极磁通 Φ_1 减小。显然，这两个因素导致电磁转矩不能随电流的增大而正比增大。

6.6.2 感应电动机的主要起动方法

采取何种方法起动感应电动机，需要考虑的首先是应用场合也就是负载对起动转矩及起动过程的要求；其次是电动机功率与电网容量的相对大小，同时还有电动机本身以及起动装置或者设备的类型。

在需要带载起动的场合，笼型电动机可用变频器**变频起动**；如果电网容量允许，可采用加额定电压的**直接起动**；绕线转子电动机可采用在转子回路中串入电阻器即**转子串电阻起动**。在空载或者轻载起动的应用场合，可以采用**减压起动**，例如传统的**定子串电抗器**（或者电阻）起动、**星-三角**（Y-△）转换起动、**自耦变压器起动**，以及**软起动器起动**。从笼型感应电动机本身来说，也有为能获得较大起动转矩而设计的**深槽式**或者**双笼型**电动机。以下分别简单介绍各种起动方法的原理。

1. 绕线转子感应电动机转子串电阻起动

绕线转子感应电动机转子串电阻起动的原理电路及起动过程如图6-18所示，三相起动电阻接成星形，经电刷和集电环引入绕线转子回路中。显然，增加转子回路电阻值，一方面能限制过大的起动电流，另一方面还能提高转子功率因数，从而增大有功电流和起动转矩。这是改善感应电动机起动性能的一个可取方法，也是绕线转子感应电动机的一个显著优点。

图6-18b 中的3条曲线表明，当 $s_m<1$ 时，随着转子电阻的增加，起动转矩增大；但如果转子电阻过大，使得 $s_m>1$，则最初起动转矩反而下降。

假如希望在最初起动时，感应电动机的转矩恰好是最大转矩值 T_{max}，即对应图中转子总电阻为 R_{23}' 的电动机机械特性，可在转子回路中串入起动电阻 R_{st}，使得 $s_m=1$，即令

$$s_m=\frac{R_{23}'}{\sqrt{R_1^2+(X_{1\sigma}+X_{2\sigma}')^2}}=\frac{R_2'+R_{st}'}{\sqrt{R_1^2+(X_{1\sigma}+X_{2\sigma}')^2}}=1$$

由此可求出最初需要串入的电阻值（归算值）为

$$R_{st}'=\sqrt{R_1^2+(X_{1\sigma}+X_{2\sigma}')^2}-R_2' \tag{6-69}$$

式中，R_2' 为转子绕组本身的相电阻的归算值。

为使在整个起动过程中，电动机的转矩一直维持较大的值，以加快起动过程，缩短起动

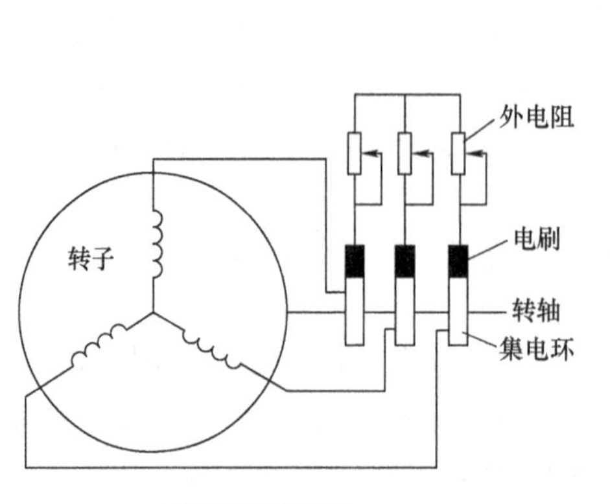

a) 绕线转子串电阻

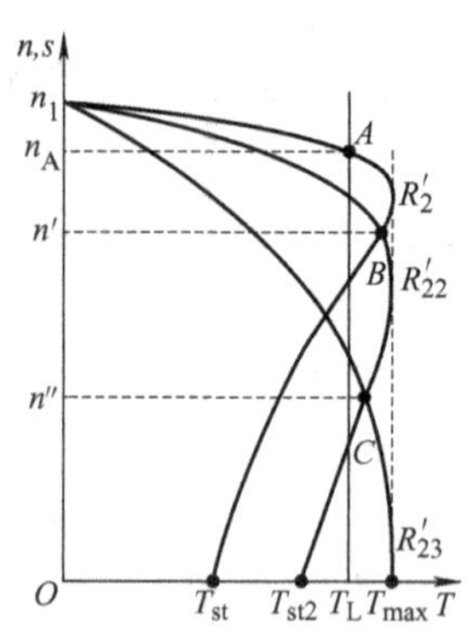

b) 起动过程中切除转子起动电阻

图 6-18　绕线转子串电阻起动示意图

时间，可以采用多级电阻逐级切除的方法，即随着转速的上升，适时逐级切除起动电阻。例如，最初在转子侧总电阻为 R'_{23} 下开始起动，随着转速升高转矩减小，当转速 $n=n''$（图 6-18b 中 C 点）时，切除一部分电阻，使转子总电阻减小到 R'_{22}，电动机的转矩便又上升到最大值；之后当转速升高到 $n=n'$（图 6-18b 中 B 点）时，完全切除串入的电阻，相当于把转子绕组直接短路，转子侧仅有本身的电阻 R'_2，按自然机械特性起动到运行转速 n_A（图 6-18b 中 A 点）。

由于绕线转子感应电动机可以得到较大的起动转矩，同时起动电流较小，因此对于起动困难的机械，如起重机、卷扬机、铲土机等，大多采用绕线转子感应电动机。

较小容量绕线转子感应电动机起动用的变阻器由金属电阻丝绕成，将电阻丝浸在油内以助散热。中大容量电动机的起动电阻有的用铸铁电阻片，有的用水电阻。一般来讲，起动电阻都是按照短时运行方式设计，如果长时间流过较大电流，则会因过热而损坏。

绕线转子感应电动机的起动电阻也可采用**频敏变阻器**。频敏变阻器的结构如图 6-19a 所示，它的铁心是由较厚的钢板或铁板制成，3 个铁心柱上绕有三相线圈，相当于没有二次绕组的变压器。当频敏变阻器线圈中通过交流电流时，在铁心中便产生交变的磁通，并由此产生涡流和磁滞损耗。图 6-19b 表示其等效电路，其中 R_1 为线圈自身的电阻，X_m 对应于线圈匝链的磁通所引起的电抗，R_m 是反映铁耗的等效电阻。铁耗越大，R_m 越大。当电动机刚起动时，转子电流的频率 $f_2=f_1$，频率高，频敏变阻器铁耗及等效电阻 R_m 都较大，相当于串接在转子回路里的电阻较大，可以限制电动机的最初起动电流并增大最初起动转矩。起动后，随着转子转速的逐渐上升，转子绕组中的电流频率 $f_2=sf_1$ 逐渐降低，于是频敏变阻器铁耗也逐渐减小，R_m 也随之减小，正好满足绕线转子电动机起动时随着转速的提高，应逐渐减小转子回路中所串入电阻值的要求。频敏变阻器是一种静止的无触点式平滑变阻器，因而起动过程中电磁转矩平滑变化，并且结构简单、寿

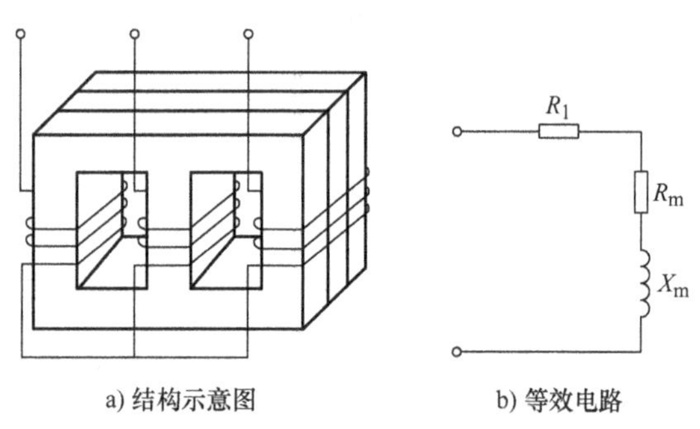

a) 结构示意图　　b) 等效电路

图 6-19　频敏变阻器

命长、使用维修方便。

2. 笼型感应电动机的全压直接起动

笼型电动机转子在内部直接短路，没有引出线，无法像绕线转子电动机那样采用转子串电阻起动，只能采用其他方法。起动方法之一，就是在额定电压下**直接起动（全压起动）**。此时，仅利用刀开关或接触器，直接把电动机投接到有额定电压的电网。这种方法的优点是简单易行，缺点是起动电流很大。一般笼型感应电动机的设计，都允许采用全压起动。只是，过大的起动电流将在输电线路上产生大的阻抗压降，从而使电网电压降低，会影响到电网上其他电气设备的正常工作。起动电流对电网电压的影响程度视电网容量的大小而定，对大电网而言，即使电动机起动电流很大，也不致引起显著的电压波动。所以随着电力系统容量的不断增大，这种方法也被广泛采用，几百千瓦的感应电动机也常采用全压起动。

但是，如果电源容量不够大，则要限制起动电流。由于起动电流近似正比于电压，此时就必须降低电源电压以减少起动电流，即采用**减压起动法**。

3. 笼型感应电动机的减压起动

(1) 定子回路串电抗（或电阻）起动

这种方法是在电源与电动机定子绕组接线端之间串接入三相电抗（或电阻）器，使得起动时一部分电压降落在电抗（或电阻）上，从而降低加在电动机上的电压，减小最初起动电流。当电动机起动到接近额定转速时，将电抗（或电阻）器短接，使电动机在额定电压下正常运行。这种方法的实质，是通过增大电动机到电网回路中的总阻抗，减小电流。起动电路如图6-20所示，图中，X为电抗器，S_1为电源主开关，S_2为双掷换接开关。起动时，先将S_2合向起动位置，此时起动电抗（或电阻）器便串入定子回路中，电动机开始起动；待电动机接近额定转速时，再迅速将S_2合向运行位置，此时电网电压全部施加于定子绕组，起动过程便告完成。

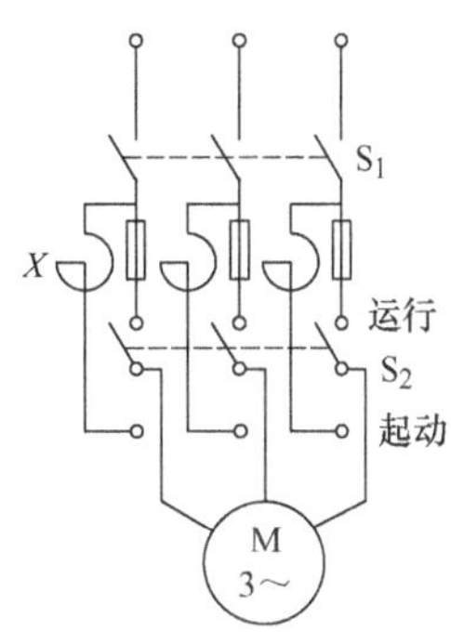

图6-20 感应电动机定子串电抗器起动电路

假设直接起动时电网供给电动机的起动电流是I_{stN}，起动转矩是T_{stN}，经电抗（或电阻）器降压后，电动机定子端电压降低到额定电压的$1/k$，则电动机的最初起动电流I_{st}将减小到I_{stN}/k，由电网所供给的最初起动电流也减小到I_{stN}/k。由于最初起动转矩正比于电压的二次方，所以起动转矩T_{st}便减小到T_{stN}/k^2。

此方法通常用于高压电动机，且不需要大的起动转矩的场合。所串入的电抗器，可以是固定值的电抗器，也可以是可调电抗器。例如，磁控饱和式可调电抗器，是利用铁心磁导率随饱和程度变化的原理，在电抗器铁心上同时绕制有交流工作绕组和直流控制绕组，用直流控制电流的大小来改变磁路的饱和程度，从而改变交流绕组的等效电抗值。

(2) 定子绕组星-三角（Y-Δ）换接起动

这种方法只适用于定子绕组在正常工作时是△联结的电动机，其起动电路如图6-21a所示。起动时换接开关S_2合在起动位置，此时定子绕组接成星形，定子相电压为$U_N/\sqrt{3}$，其中U_N为电网的额定线电压。待电动机起动到接近额定转速时，再迅速把S_2合向运行位置，这时定子绕组被改接成三角形，定子相电压便为U_N，于是起动过程结束。

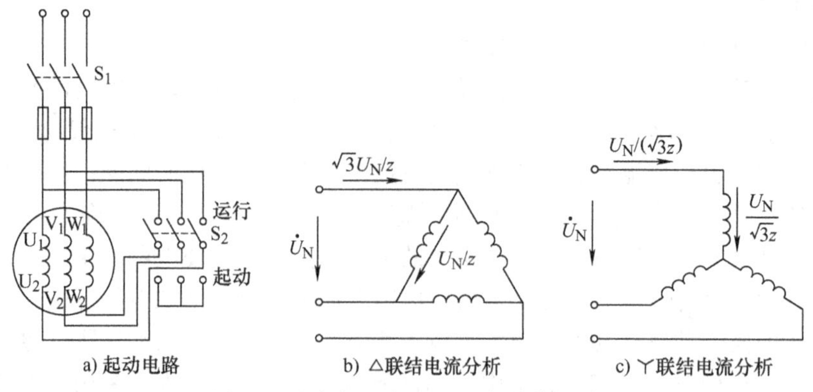

图 6-21　感应电动机星-三角换接起动

与接成三角形直接起动相比，把定子三相绕组换接成星形起动时，电动机的最初起动转矩和电网供给电动机的最初起动电流，都将降低到直接起动时的 1/3。

参照图 6-21b，假设起动时电动机的每相阻抗为 z，如用△联结直接起动，每相的最初起动电流为 U_N/z，于是起动时的线电流即电网供给的电流为

$$I_{st\triangle}=\sqrt{3}\frac{U_N}{z} \tag{6-70}$$

参照图 6-21c，如果把电动机的定子绕组改成ㄚ联结起动，相电压为 $U_N/\sqrt{3}$，由于ㄚ联结的线电流等于相电流，因此电动机最初起动电流即电网供给的电流为

$$I_{st\curlyvee}=\frac{U_N}{\sqrt{3}z} \tag{6-71}$$

比较式(6-70) 和式(6-71) 得

$$\frac{I_{st\curlyvee}}{I_{st\triangle}}=\frac{\dfrac{U_N}{\sqrt{3}z}}{\sqrt{3}\dfrac{U_N}{z}}=\frac{1}{3} \tag{6-72}$$

可见，按ㄚ联结起动时，每相最初起动电流为△联结时的 $1/\sqrt{3}$，而由电网供给的最初起动电流（线电流）仅为△联结时的 1/3。所以在起动时，把定子绕组换接成星形可显著减小电动机本身及电网供给的起动电流。但由于最初起动转矩正比于相电压的二次方，在ㄚ联结起动时，电动机相电压减小到直接起动时的 $1/\sqrt{3}$，所以最初起动转矩会减小到 1/3。因此，星-三角（ㄚ-△）换接起动方法不适合用于要求具有高起动转矩的场合，但由于需要的设备比较简单，所以在轻载或空载起动的情况下常采用此法。

(3) 自耦变压器减压起动

自耦变压器减压起动是一种常用的起动方法，其原理电路和实际起动电路如图 6-22 所示。起动时，换接开关 S 合在起动位置，将自耦变压器的高压侧接到电网，低压侧接到电动机输入端。起动完毕后，换接开关 S 合在运行位置，电动机直接与电网相接，同时将自耦变压器切除。

设自耦变压器的电压比为 k_a，经自耦变压器降压后，加在电动机输入端的电压便为 U_N/k_a。

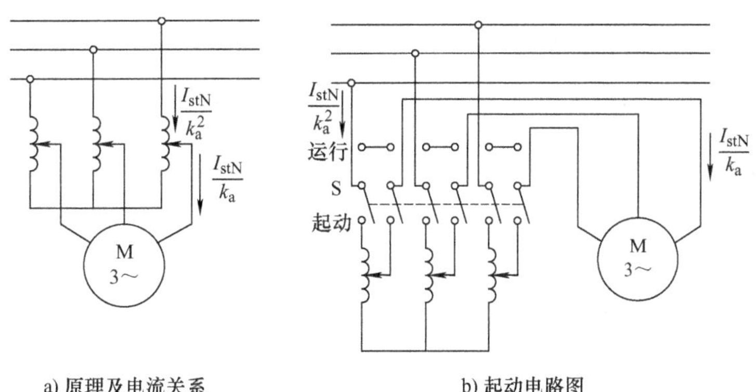

a) 原理及电流关系　　b) 起动电路图

图 6-22　自耦变压器减压起动

此时，电动机的最初起动电流 I_{sta} 便与电压成比例地减小，为额定电压下直接起动时电流 I_{stN} 的 $1/k_a$，即

$$I_{sta}=\frac{1}{k_a}I_{stN} \tag{6-73}$$

由于电动机接在自耦变压器的二次（低压）侧，I_{sta} 即为自耦变压器的二次电流 I_{2sta}。自耦变压器的一次（高压）侧接在电网，故电网所供给的最初起动电流 I_{1sta} 为二次电流 I_{2sta} 的 $1/k_a$，即

$$I_{1sta}=\frac{1}{k_a}I_{2sta}=\frac{1}{k_a}I_{sta}=\frac{1}{k_a^2}I_{stN} \tag{6-74}$$

由此可见，利用自耦变压器减压起动时，电动机本身的最初起动电流减小到全压直接起动的 $1/k_a$，由电网所供给的最初起动电流减小到 $1/k_a^2$。由于最初起动转矩正比于电压二次方，因此自耦变压器减压起动的最初起动转矩 T_{sta}，也减小到直接起动时转矩 T_{stN} 的 $1/k_a^2$，即

$$T_{sta}=\frac{1}{k_a^2}T_{stN} \tag{6-75}$$

所以，在起动转矩要求高的场合，这一方法也不适用。

自耦变压器上都备有几个抽头，将每个抽头对应的输出电压与输入电压的比值（电压比的倒数）定义为抽头比，可以按容许的最初起动电流和所需要的最初起动转矩倍数来选择。

（4）软起动器减压起动

感应电动机的软起动器是一种晶闸管电力电子交流调压装置，可完全取代自耦变压器或磁控饱和电抗器这类比较笨重的电磁装置。

晶闸管软起动器主电路原理示意如图 6-23a 所示，它一般是用 3 对晶闸管反并联或 3 个双向晶闸管，分别串接在三相电路中，利用晶闸管器件的相位控制特性，通过控制晶闸管触发脉冲的相位，控制加在感应电动机定子电压有效值的大小，实现减压起动。

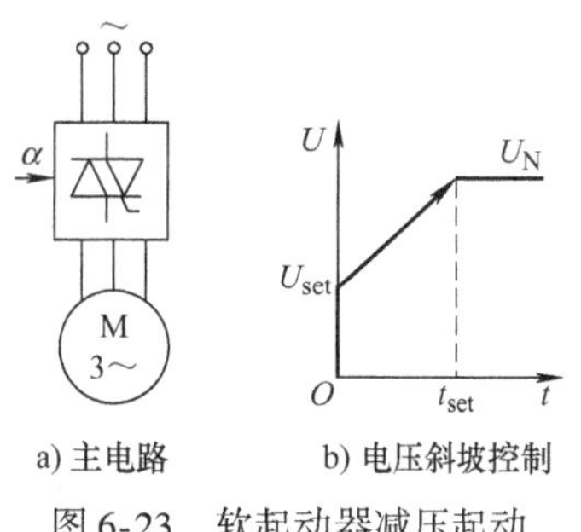

a) 主电路　　b) 电压斜坡控制

图 6-23　软起动器减压起动

最基本的一种减压起动方式被称为电压斜坡软起动，参见图 6-23b。起动前，先根据电动机参数以及对起动电流、起动转矩和起动过程长短的要求，预设初始触发延迟角及电压上升时间 t_{set}；然后，随着电动机升速，逐渐减小触发延迟角，在设定的电压上升时间内，按照线性规律将电压从 U_{set} 升高到额定值 U_N，基本维持恒电流；最后，电动机在额定电压下升速到期望的转速。

4. 变频起动

感应电动机直接起动时最初起动电流较大而起动转矩并不大，主要是由于在起动最初阶段，转子静止或者转速很低，额定频率电源产生的定子磁场转速高，扫过转子导体的速度很大，导致转子电流大、转子频率高、漏抗大，使转子功率因数低。随着变频器的日益广泛应用，很多场合都具备了可连续变频的供电电源，完全可以利用变频电源的频率与电压同步调节功能，实现低频低压、升频升压的大转矩带载起动，起动过程如图 6-24 所示。

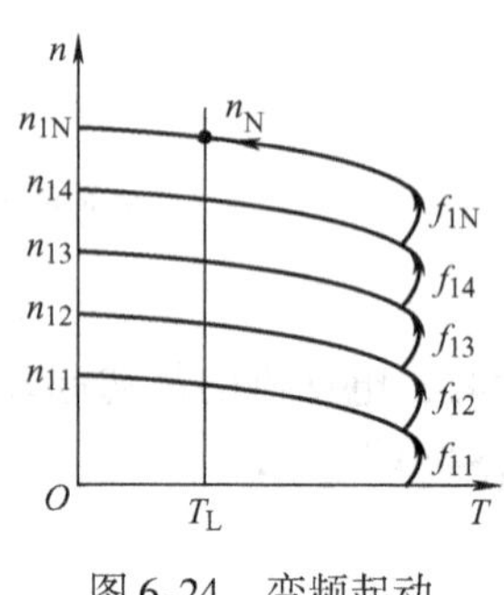

图 6-24　变频起动过程示意图

起动时，根据电动机参数来确定，预设最低起跳频率 f_{11} 和相应的电压 U_{11}，目的是使气隙每极磁通与额定频率、额定电压下运行时相同，定子电流的励磁分量 I_m 基本维持不变。由于起动时定子磁场的同步转速降低，所以，虽然转子电流比直接起动时小很多，但转子功率因数高，转子电流的有功分量并未减小，能确保电动机产生足够的电磁转矩带载起动。随着转速上升，协调控制变频电源的频率和电压，使频率和电压按照一定规律同步提高，以确保气隙磁通恒定，整个起动过程中转子转差频率都较小，转子侧功率因数高，可实现恒最大转矩起动。图 6-24 所示的起动过程中，电动机沿着 f_{11} 到 f_{14} 不同频率、电压下机械特性的包络线升速，最后沿 f_{1N} 频率的机械特性趋向稳定运行点。

5. 深槽式和双笼型转子感应电动机

普通结构形式的笼型感应电动机，虽然可以用减压起动的方法来减少它的最初起动电流，但在减少最初起动电流的同时，最初起动转矩也显著地降低，因此要求具有高起动转矩的笼型电动机往往采用特殊的转子槽形结构，即所谓**深槽式转子感应电动机**和**双笼型转子感应电动机**。由于转子槽形的改进，这种类型的感应电动机起动时转子电阻较大，因而如同绕线转子电动机转子回路串入电阻起动一样，在减少最初起动电流的同时，增大了最初起动转矩。但在正常工作时，转子电阻仍然很小，转子铜耗不大，故不致影响运行时的效率。由于它们保持了笼型感应电动机结构简单的优点，同时又改善了它的起动性能，因而得到广泛的采用。

（1）深槽式转子感应电动机

深槽式转子感应电动机定子结构和普通感应电动机完全相同，但转子槽形状如图 6-25a 所示，槽又深又窄。转子导条或者是铜质的，或者是铸铝的。

如果设想沿着槽高把导体分为若干并联层，这些并联层两端均被端环短路，所以它们的电压相等，因此各层的电流按阻抗反比例分配。在起动最初，$s=1$，$f_2=f_1$，转子频率较高，转子槽漏抗较大，成为漏阻抗中的主要成分，因此各层的电流近似地按槽漏抗的反比例来分配。在图 6-25a 中，槽底部分的漏磁链最大，对应的漏电抗也最大，流过的电流最少；而槽口部分的漏磁链最少，对应的漏电抗也最小，流过的电流最多。于是大部分电流聚集到槽导体上部，这就是电流的**趋肤效应**、**挤流效应**，旧称集肤效应。电流密度 J 沿槽高 h 的分布如图 6-25b 所示，它是自下向上逐渐增大。由于电流密度沿槽高的不均匀分布，使靠近槽底部的导体层在传导电流时所起的作用很小，相当于槽内导体的有效高度及截面积缩小，等效于图 6-25c 的效果。因而在起动时，转子导体的电阻显著增加，起动性能得到改善。当转速达到额定值后，转子电流频率很低，仅为 0.5 ~ 2Hz，转子漏电抗很小，因此各层的电流将按照它们电阻的反比例来分配，而各层的电阻大小相同，因此电流密度便沿槽高均匀分布，此时转子导体的截面积全部得到利用，因而转子电阻便恢复到较低的正常数值。由此可见，深槽式转子感应电动机起动时具有较大的转子电阻，可以改善起动性能；正常运行时，转子电阻又恢复到正常的较小值，故不致影响电动机的运行效率。

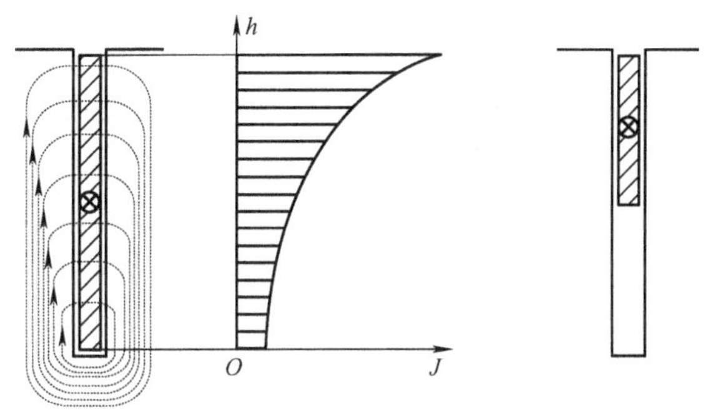

a) 槽漏磁场分布　b) 导条电流密度沿槽高的变化　c) 等效槽导体

图 6-25　转子深槽导条中电流的趋肤效应

由于深槽式转子的槽形较深，转子槽漏磁通较多，转子槽漏抗要比普通笼型转子大一些，因此深槽式转子感应电动机的功率因数和最大转矩都比普通笼型转子电动机稍低。

（2）双笼型转子感应电动机

双笼型转子感应电动机的定子结构和普通笼型电动机完全相同，但转子槽形则如图 6-26 所示。转子上有两层分开的短路笼。上层笼（靠近槽口）通常用黄铜等电阻率较大的材料制成，下层笼用电阻率较小的纯铜制成，因而上笼比下笼具有较大的电阻，即 $R_{上} > R_{下}$。如果是铸铝转子，如图 6-26b 所示，上、下笼是用同一种材料制成，则两层导体的截面积必须选择适当，以保证 $R_{上} > R_{下}$。此外，从图 6-26a 可以看出，由于下笼导体匝链的漏磁通比上笼多，因而，下笼比上笼具有较大的电抗，即 $X_{下} > X_{上}$。双笼型转子的特点是，上笼具有较大的电阻、较小的电抗；下笼则具有较小的电阻、较大的电抗。

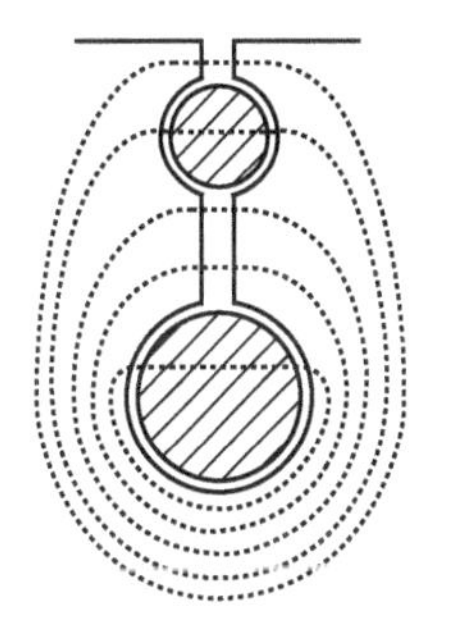

a) 铜条双笼及其漏磁场分布　　b) 铸铝双笼

图 6-26　双笼型转子槽形

两套短路笼中的电流应该按照它们阻抗的反比例来分配。在最初起动时，$s = 1$，$f_2 = f_1$，转子频率较高，转子漏电抗较大，成为漏阻抗中的主要成分，因此上、下两笼中的电流分布基本上反比于漏电抗。由于下笼的电抗大于上笼，故电流大多挤集于上笼。而上笼的电阻较大，功率因数较高，因此能产生较大的最初起动转矩。由于最初起动时上笼起着主要作用，故称其为**起动笼**。

当转速达到额定值后，转子电流频率较低，与电阻相比，漏抗很小，故电阻成为阻抗中的主要成分。上、下笼中的电流近似地按照它们电阻的反比例来分配，而下笼的电阻要比上笼小，故下笼的电流显著增大，产生较大的工作转矩。由于正常工作时下笼起着主要作用，故称其为**工作笼**。由于工作笼的电阻小，铜耗较小，故能保证正常运行时有较高的效率。

图6-27所示为双笼型转子感应电动机的机械特性曲线。其中，$T_{上}$是起动笼所产生的转矩，$T_{下}$是工作笼所产生的转矩，这两个转矩的合成，便是双笼型转子感应电动机所产生的总转矩。从图中曲线可以看到，由于起动笼的存在，使最初起动转矩大为提高；同时，由于工作笼的存在，在额定负载下运行时，不致因为过大的转差率而产生大量的转子铜耗，因此仍能保证正常的运行效率。

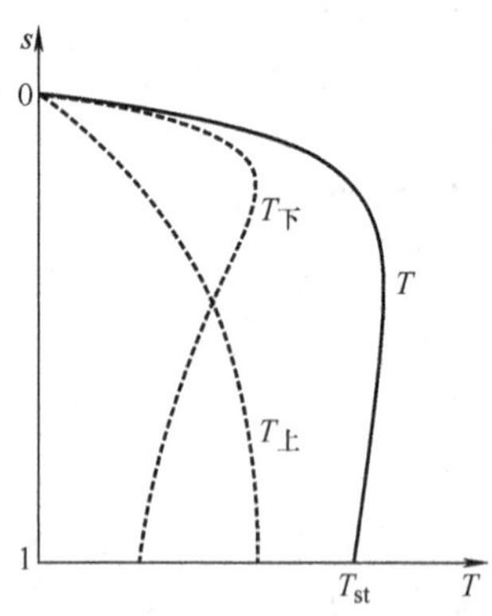

图6-27 双笼型转子感应电动机的机械特性

双笼型转子感应电动机的转子槽漏抗也比普通笼型转子大一些，所以功率因数和最大转矩也稍低。通过改变上笼和下笼的几何尺寸或所用材料，可以比较灵活地获得所需要的机械特性曲线，这方面优于深槽式转子感应电动机。

例6-5 有一台50Hz的三相绕线转子感应电动机，定子绕组为Y联结。已知 $U_N=380V$，$2p=4$，$n_N=1444r/min$；参数 $R_1=R_2'=0.4\Omega$，$X_{1\sigma}=X_{2\sigma}'=1.0\Omega$。试求：

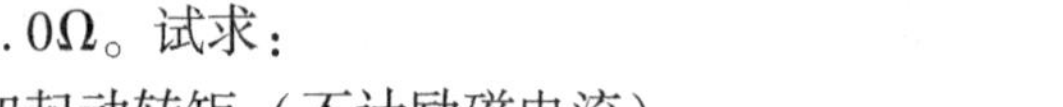

（1）最初起动电流和最初起动转矩（不计励磁电流）；

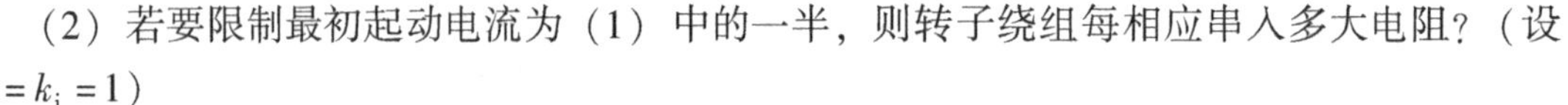

（2）若要限制最初起动电流为（1）中的一半，则转子绕组每相应串入多大电阻？（设 $k_e=k_i=1$）

解：相电压 $U=U_N/\sqrt{3}=380/\sqrt{3}V=219.3931V$

同步转速 $$n_1=\frac{60f}{p}=\frac{60\times 50}{2}r/min=1500r/min$$

同步角速度 $$\Omega_1=\frac{2n_1\pi}{60}=\frac{2\times 1500\pi}{60}rad/s=157.0796rad/s$$

（1）最初起动电流

$$I_{st}=\frac{U}{\sqrt{(R_1+R_2')^2+(X_{1\sigma}+X_{2\sigma}')^2}}=\frac{219.3931}{\sqrt{(0.4+0.4)^2+(1+1)^2}}A=101.8507A$$

最初起动转矩

$$T_{st}=\frac{3U^2}{\Omega_1}\frac{R_2'}{(R_1+R_2')^2+(X_{1\sigma}+X_{2\sigma}')^2}$$
$$=\frac{3\times 219.3931^2}{157.0796}\times\frac{0.4}{(0.4+0.4)^2+(1+1)^2}N\cdot m=79.2482N\cdot m$$

（2）令 $$\frac{U}{\sqrt{(R_1+R_2'+R_p')^2+(X_{1\sigma}+X_{2\sigma}')^2}}=0.5I_{st}$$

即 $$\frac{219.3931}{\sqrt{(0.4+0.4+R_p')^2+(1+1)^2}}=0.5\times 101.8507$$

解得 $$R_p'=3.0158\Omega$$

所以应串入的实际电阻 $$R_p=\frac{R_p'}{k_ik_e}=3.0158\Omega$$

6.7 感应电动机的调速

感应电动机尤其是笼型感应电动机，因结构简单、坚固耐用、维修方便等优点被应用在各个方面。由恒定频率供电的感应电动机，能很好地满足基本恒速驱动的需求，因为其正常运行时转差率随负载的变化很小。但在很多应用场合，例如电动汽车、电力机车、风机和水泵等，需要数个不同速度运行，或者转速在宽广范围内连续平滑地调节。电气工程领域的工作者一直致力于感应电动机调速技术的研究与开发，随着新型电力电子器件、电力电子装置新拓扑结构以及交流电动机新控制策略的出现，感应电动机作为动力源的电力传动系统，已经可以达到与直流传动系统相媲美的调速效果。本节仅仅介绍感应电动机本身可以实现的几种调速方法及其特征，有关感应电动机控制的更多细节，请参见第9章。

根据感应电动机转速计算式 $n=(1-s)n_1$，要改变转速，可以从两个方面考虑：

1）保持旋转磁场的同步转速 n_1 恒定，改变转差率 s 调速。

2）改变电动机旋转磁场的同步转速 n_1 调速。在一定的负载下，改变旋转磁场的同步转速 n_1，就可以改变电动机转速。

感应电动机的同步转速 n_1 可以通过两种方法来改变：改变极数和改变电源频率，分别称为**变极调速**和**变频调速**。转差率 s 可以采用三种方法来改变：改变定子电压、改变绕线转子电机转子电阻、在绕线转子中引入转差频率的电势，分别称为**调压调速**、**转子串电阻调速**和**串级调速**或**双馈调速**。上述五种调速方法中，有两种方法仅能够在绕线转子感应电动机上实现，由此可见，由于转子绕组可以通过集电环及电刷与外部进行电的联系，使得其调速方式要比笼型感应电动机更加灵活。

6.7.1 变极调速

1. 变极调速原理

变极调速是一种传统的改变同步转速的调速方法。在感应电动机中，通过对定子绕组中各线圈组之间连接关系的简单切换，可以实现绕组极数的改变，通常极数翻倍或者减半较为容易，从而实现同步转速及转速的改变。例如当 $f=50\text{Hz}$ 时，把极对数从 $p=1$ 变到 $p=2$，就可将同步转速从 $n_1=3000\text{r/min}$ 切换到 $n_1=1500\text{r/min}$，从而实现电动机转速的改变。

可以对照图6-28和图6-29来了解如何通过改变定子绕组线圈组之间的连接来实现极数改变。在图6-28和图6-29中，用 A_1X_1 和 A_2X_2 代表A相的两个线圈组。当按照图6-28a或b来连接这2个线圈组时，定子内圆的电流分布情况如图6-28c所示，显然产生4极磁场。当改用按图6-29a或b来连接这2个线圈组时，定子内圆的电流分布情况如图6-29c所示，显然产生的是2极磁场。

可见，可以通过将定子绕组中一半线圈组反接来实现极数的翻倍或减半，从而改变感应电动机的同步转速和转子转速。

2. 变极调速的特征

结合图6-28和图6-29，接下来分析总结变极调速的特征。

1）变极调速是在电机的外部把定子绕组的接法改变，得到不同的极对数，从而得到不

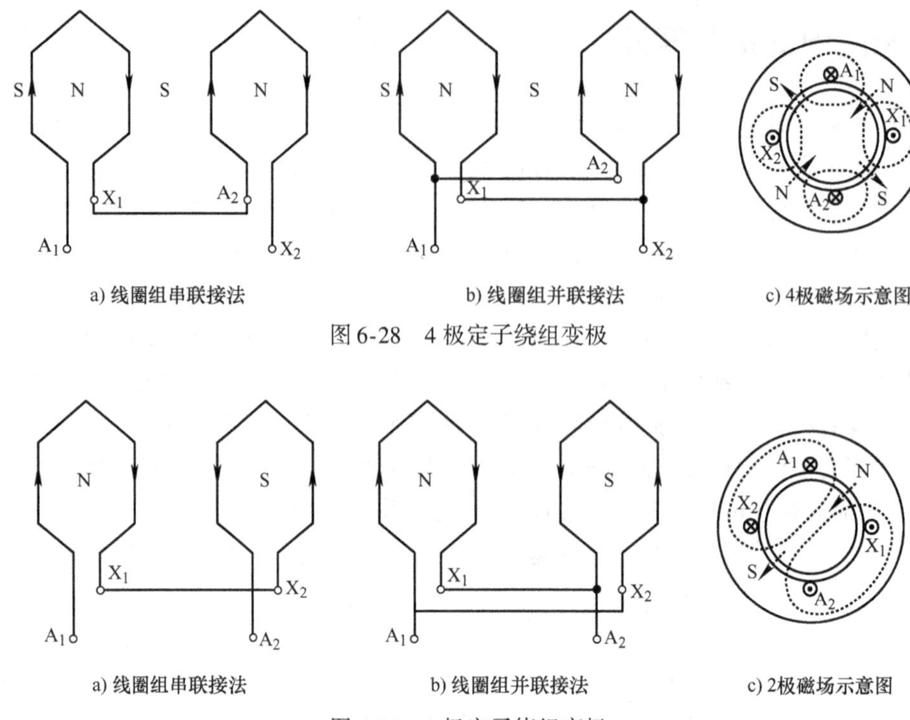

a) 线圈组串联接法　b) 线圈组并联接法　c) 4极磁场示意图

图 6-28　4 极定子绕组变极

a) 线圈组串联接法　b) 线圈组并联接法　c) 2极磁场示意图

图 6-29　2 极定子绕组变极

同的转速。只用一套绕组经过外部改接后得到两种不同转速的变极调速电机，称为单绕组多速电动机。也有采用两套可变极绕组，得到四种同步转速的变极调速电机。显然，变极调速不是平滑而是有级的调速。

2）转向问题。当从 2 极变 4 极或者从 4 极变 2 极时，电机圆周固定区域对应的电角度数会翻倍或者减半。这种改变会引起三相绕组空间排列相序的改变，若要保持转向不变，必须改变三相绕组接到电源的相序。以 2 极改到 4 极为例，用合成磁势来分析。假设 A、B、C 三相绕组在空间沿顺时针放置，2 极时，A 相绕组轴线位于 0°处，B 和 C 相绕组轴线分别位于 −120°和 +120°处。若电源相序为 A、B、C，则各相基波磁势及合成基波磁势分别为

$$\begin{cases} f_{A1}(x,t) = F_{p1}\cos x\cos\omega t \\ f_{B1}(x,t) = F_{p1}\cos(x-120°)\cos(\omega t-120°) \\ f_{C1}(x,t) = F_{p1}\cos(x-240°)\cos(\omega t-240°) \end{cases} \tag{6-76}$$

$$f_1(x,t) = \frac{3}{2}F_{p1}\cos(x-\omega t) \tag{6-77}$$

当改接为 4 极时，A 相绕组轴线位于 0°处，B 和 C 相绕组轴线分别位于 −240°和 +240°处。若电源相序仍为 A、B、C，则各相基波磁势及合成基波磁势分别为

$$\begin{cases} f_{A1}(x,t) = F_{p1}\cos 2x\cos\omega t \\ f_{B1}(x,t) = F_{p1}\cos(2x-240°)\cos(\omega t-120°) \\ f_{C1}(x,t) = F_{p1}\cos(2x-480°)\cos(\omega t-240°) \end{cases} \tag{6-78}$$

$$f_1(x,t)=\frac{3}{2}F_{\mathrm{p1}}\cos(2x+\omega t) \tag{6-79}$$

比较式(6-77)和式(6-79)可见，如果保持各相通电相序不变，那么变极前后合成磁势的转向将变反。换句话说，变极后，若要保持电机转向不变，必须改变定子绕组的通电相序。

3）变极时三相的接法。变极的基本方法就是通过合理的换接，将每相绕组的一半绕组中的电流方向变反，使电动机圆周空间的电流分布周期翻倍或减半，从而达到改变磁场极数的目的。变极电动机三相绕组中每一相都由两个相同的半绕组构成，记为半绕组Ⅰ和半绕组Ⅱ。半绕组Ⅰ和Ⅱ可串联也可并联、可顺串也可反串。若是顺串构成一相，再将三相连成Y或△，仍称为Y联结或△联结；若是并联构成一相，再将三相连成Y，相当于两个Y并联，称为YY联结。从多极到少极的换接一般采用Y/YY或者△/YY方式。还要注意，在换接变极时，为了保持原转向，应该同时改变通电相序。

6.7.2 调压调速

1. 调压调速原理

调压调速是感应电动机调速方法中比较简便的一种。根据感应电动机电磁转矩的参数表达式(6-62)可知，在参数不变的条件下，保持频率不变（即同步角速度 Ω_1 不变）而仅改变电压大小时，机械特性的形状会发生改变，从自然特性变成**人工特性**。机械特性曲线上各点的电磁转矩包括 $T_{\max}$ 和 T_{st} 都按电压二次方正比例变化，即 $T\propto U_1^2$，但临界转差 s_{m} 维持不变。可见，调节电压就能改变感应电动机的机械特性，改变它与负载机械特性的交点，从而实现调速，如图6-30所示，其中 $U_1>U_2>U_3$。

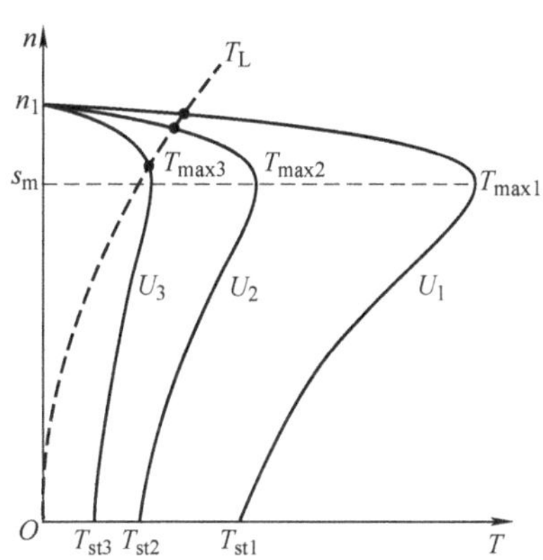

图6-30 感应电动机的调压调速原理

2. 调压调速的特征

关于调压调速，可以从下述几个方面来了解它的特征。

1）从图6-30可以看出，当定子电压降低时，对应其机械特性上运行点的转差率增大，转速降低。

2）调压调速用于转子电阻大的电动机效果较好。为减小正常运行时的转子损耗，普通笼型感应电动机的转子电阻小、机械特性硬，调压时，稳定工作点转差率 s 的变化范围有限，调速效果不明显。如果转子电阻大，则临界转差率大、机械特性软、调压调速的范围增大，调压时转速变化明显，调速效果较好。

3）现今的调压调速一般采用图6-23所示的晶闸管调压电路，通过改变晶闸管的触发延迟角 α 来改变输出电压波形，从而改变电压有效值以实现调速。此法输出电压中存在高次谐波，在电动机中产生谐波电流和附加损耗，同时产生脉动转矩，噪声增大；由于感应电动机相当于感性负载，当 α 大于电动机功率因数角 φ 时，改变 α 才能改变电压，若 $\alpha<\varphi$，电流导通时间为180°，控制将不起作用。

6.7.3 绕线转子感应电动机的转子串电阻调速

1. 转子串电阻调速原理

感应电动机的临界转差率 s_m 与转子电阻成正比，相应的最大转矩 T_{max} 的大小却与转子电阻无关。在转子回路接入三相电阻后，机械特性曲线的形状也会发生改变，从自然特性变为人工特性。转子串电阻后，最大转矩 T_{max} 保持不变，对应的临界转差率 s_m 增大，机械特性上的最大转矩点随着外串电阻的增大而向起动点方向移动，电动机机械特性与负载机械特性的交点即系统工作点会发生变化，对应的转差率也发生变化，从而实现调速。

图 6-31 给出了与不同转子电阻相对应的机械特性曲线。假设电动机拖动恒转矩负载 T_L，电动机机械特性与负载转矩的交点即为稳态运行点。例如，当转子不串电阻即转子总电阻为 R_2' 时，系统稳定运行在 A 点，转速为 n_A；随着转子电阻的增加，稳定运行点逐渐向起动点方向移动；当转子回路总电阻达到 R_{23}' 时，系统稳定运行在 C 点，转速为 n_C。图中 $R_2' < R_{22}' < R_{23}'$，显然串入电阻值越大，稳定转速越低。

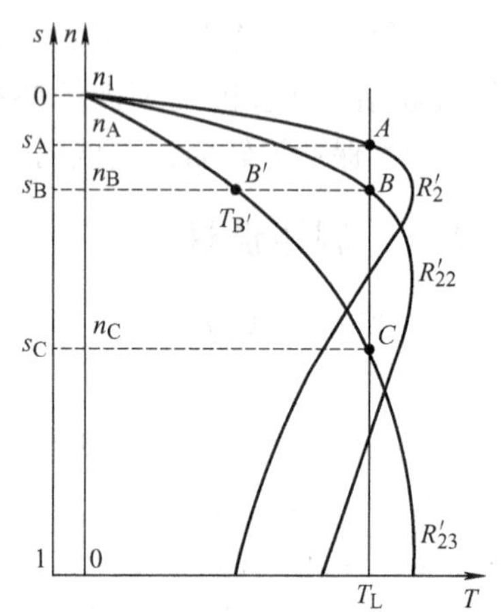

图 6-31 绕线转子电动机转子串电阻调速

2. 转子串电阻调速的特征

结合图 6-31，总结感应电动机转子串电阻调速的特征如下：

1）随着转子电阻的增加，稳定运行时的转差率 s 变大，转速 n 降低。

2）电磁功率 P_M 经过气隙传送到转子后，一部分作为机械功率 P_2 从轴上输出，剩余部分消耗在转子绕组电阻 R_2 及外接电阻 R_p 上。当电动机拖动恒转矩负载运行时，电磁功率 P_M 为恒值，此时若要降低转速，就要增大转差率 s，也即意味着增大转子铜耗 $p_{Cu2} = sP_M$，调速范围越宽，p_{Cu2} 越大。因此，采用转子串电阻调速时，在外接电阻上要消耗相当多的能量，很不经济。

3）结合图 6-31 中的 B、B'、C 三点，说明转子串电阻调速的物理过程。假设电动机最初运行在与 R_{22}' 相对应的机械特性上的 B 点处，转差率为 s_B。设想将转子电阻增大到 R_{23}'，在增大电阻的最初瞬间，由于机械惯性的存在，转速来不及改变，转子频率及感应电势仍维持原来的数值。因此，转子电流将随着转子电阻的增加而突然减少，电磁转矩亦将下降到 B' 点的值 $T_{B'}$，$T_{B'}$ 小于负载转矩 T_L，于是电动机开始减速。随着转速的下降，转差率变大，转子电势及电流也逐渐增大，从而使电动机的电磁转矩增大，直到 R_{23}' 对应机械特性上的 C 点，电磁转矩与负载转矩重新达到平衡，转差率稳定在 s_C，电动机以低转速 n_C 稳定运行在 C 点。

4）如果用 R_p' 表示已归算到定子侧的转子外串电阻即 $R_{22}' = R_2' + R_p'$，电动机拖动恒转矩负载运行，转子串入电阻前、后稳定运行的转差率分别为 s_A 和 s_B，则根据电磁转矩的参数表达式(6-62) 可知

$$\frac{R_{22}'}{s_B} = \frac{R_2' + R_p'}{s_B} = \frac{R_2'}{s_A} \tag{6-80}$$

此式给出了电动机转速与所串电阻之间的对应关系，用来求解恒转矩负载运行时转子串电阻调速问题非常方便。

例 6-6 有一台 4 极 50Hz 绕线转子三相感应电动机拖动恒转矩负载运行，已知其转子每相电阻 $R_2 = 0.08\Omega$，转速 $n = 1450\text{r/min}$。欲将转速调低至 $n' = 1250\text{r/min}$，应在转子每相中串入多大的电阻？

解：同步转速 $$n_1 = \frac{60f}{p} = \frac{60 \times 50}{2}\text{r/min} = 1500\text{r/min}$$

调速前的转差率 $$s = \frac{n_1 - n}{n_1} = \frac{1500 - 1450}{1500} = 0.0333$$

调速后的转差率 $$s' = \frac{n_1 - n'}{n_1} = \frac{1500 - 1250}{1500} = 0.1667$$

应串入到转子的每相电阻 $$R_p = \frac{s'}{s}R_2 - R_2 = \left(\frac{0.1667}{0.0333} \times 0.08 - 0.08\right)\Omega = 0.32\Omega$$

6.7.4 绕线转子感应电动机的串级调速

1. 串级调速原理

串级调速就是在绕线转子电路串入一个与转子频率相同的三相交流可调附加电势 $\dot{E}_{ad}$，取代转子外接电阻，如图 6-32 所示。改变附加电势的大小和相位，即可改变电动机的转速。

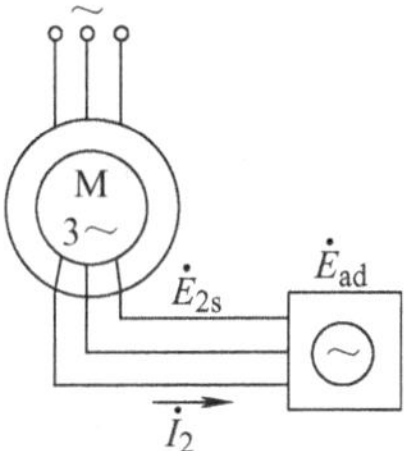

图 6-32 串级调速原理图

设转子绕组产生的电势为 $\dot{E}_{2s}$，转子附加电势为 $\dot{E}_{ad}$，则转子电流可以表示为

$$\dot{I}_2 = \frac{\dot{E}_{2s} \pm \dot{E}_{ad}}{R_2 + jX_{2\sigma s}} \tag{6-81}$$

当 $\dot{E}_{ad} = 0$ 时，感应电动机运行在自然机械特性。

当 $\dot{E}_{ad} \neq 0$ 且与转子本身电势 $\dot{E}_{2s}$ 反相时，转子电流变为

$$I_2 = \frac{sE_2 - E_{ad}}{\sqrt{R_2^2 + (sX_{2\sigma})^2}} = \frac{E_2 - E_{ad}/s}{\sqrt{(R_2/s)^2 + X_{2\sigma}^2}} \tag{6-82}$$

式中，E_2 表示转子不动时的相电势。若 E_{ad} 增大，则转子电流减小，电磁转矩减小，小于负载转矩，电动机减速，s 增大，转子电流和电磁转矩都增大，直到电磁转矩与负载转矩重新平衡。此种情况下，电动机转速 n 总是小于同步转速 n_1，称为**亚同步串级调速**。

当 $\dot{E}_{ad} \neq 0$ 且与转子本身电势 $\dot{E}_{2s}$ 同相时，转子电流变为

$$I_2 = \frac{sE_2 + E_{ad}}{\sqrt{R_2^2 + (sX_{2\sigma})^2}} = \frac{E_2 + E_{ad}/s}{\sqrt{(R_2/s)^2 + X_{2\sigma}^2}} \tag{6-83}$$

若 $\dot{E}_{ad}$ 增大，则转子电流增大，电磁转矩增大，大于负载转矩，电动机升速，s 减小，$\dot{E}_{2s}$ 减小，当 s 减小到 0 时，$n = n_1$，电动机运行在同步转速。如果继续增大 $\dot{E}_{ad}$，则 $\dot{I}_2$ 继续增大，电动机继续加速到 $n > n_1$，转差率由正变负即 $s < 0$，$\dot{E}_{2s}$ 变负。随着 $\dot{E}_{ad}$ 继续增大，电动机继

续加速，$|s|$增大，反向$\dot{E}_{2s}$增大，电流和电磁转矩回落，当电磁转矩重新与负载转矩平衡时，电动机总会在高于n_1的转速下稳定运行，称为**超同步串级调速**。重新稳定后，在超同步下，$s<0$，则$\dot{E}_{2s}$与$\dot{E}_{ad}$反相。

如果$\dot{E}_{ad}$增大到使电动机正好在同步转速稳态运行，则$s=0$，转子绕组电势$\dot{E}_{2s}$的大小和频率均为0，转子绕组中流过的是直流电流，这类似于第7章介绍的同步电机。

2. 串级调速的功率传递

亚同步和超同步串级调速方式下感应电动机的功率传递流程如图6-33所示。

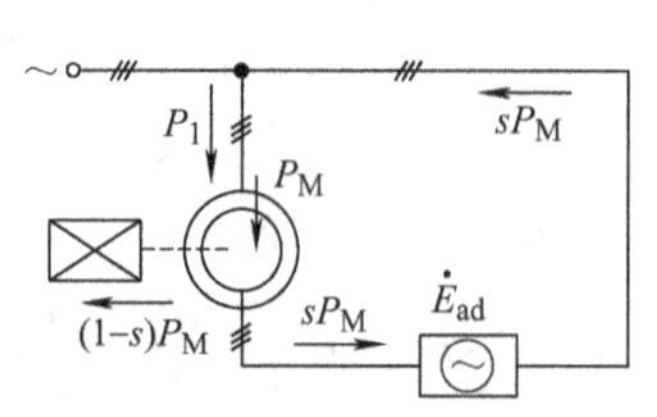

a) 亚同步串级调速

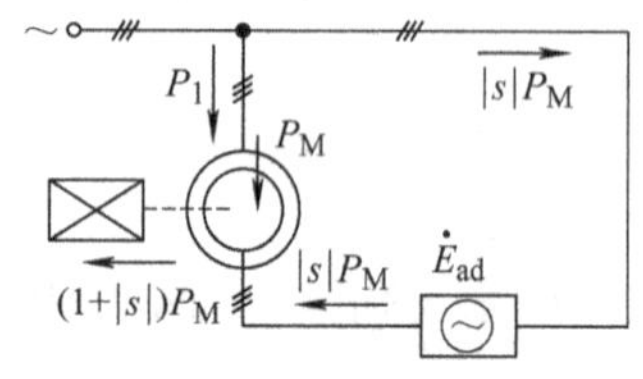

b) 超同步串级调速

图6-33　亚同步和超同步方式功率传递图

（1）亚同步串级调速

电网输入到定子的电功率P_1中的大部分通过电磁感应传递到了转子边，转子边的总功率即为电磁功率P_M。电磁功率P_M分成两部分，一部分转化为机械功率$(1-s)P_M$，被机械负载吸收；另一部分为转差功率sP_M。在转子串电阻调速时，转差功率中的大部分被外串电阻消耗掉，小部分被转子自身的电阻消耗掉了。在亚同步串级调速中，转差功率大部分被附加电势$\dot{E}_{ad}$吸收，并回馈给电网。图6-33a给出了亚同步运行方式下，感应电动机的功率传递流程，其中忽略了转子铜耗。

（2）超同步串级调速

当转速大于同步转速即$s<0$时，电网通过$\dot{E}_{ad}$向电动机转子输入转差功率$|s|P_M$并转化成机械功率；通过电磁感应由定子向转子传递电磁功率P_M并全部转化为机械功率，总机械功率$(1+|s|)P_M$全部被机械负载吸收。因为电网通过定子和转子双通道与电动机交换功率，所以称为“双馈”调速。图6-33b给出了超同步运行方式下，感应电动机的功率传递流程，其中也忽略了转子铜耗。

3. 串级调速转子主回路

串级调速时，除了定子侧与交流电网直接连接外，转子侧也要与交流电网或外接电势源相连，向转子绕组引入附加电势$\dot{E}_{ad}$。从电路拓扑看，转子附加电势由静止变流器引入。由于转子电势与电流的频率随转速变化，即$f_2=sf_1$，因此必须通过静止变流器即功率变换单元（Power Converter Unit，PCU）对不同频率的电功率进行电能变换。对于双馈系统来说，PCU应该由双向变流器构成，以实现功率的双向传递。实际上，现今的转子变流器均采用功率开关器件，设计成双向PWM控制形式的拓扑结构。图6-34仅用于说明原理。亚同步串级调速系统中，静止变流器的作用是回收利用转子绕组中的部分功率，即进行有功功率的传递，可采用交直交变流器，如图6-34a所示。超同步串级调速系统中，静止变流器能双向传递有功功率，可采用交-交变流器实现双馈，如图6-34b所示。

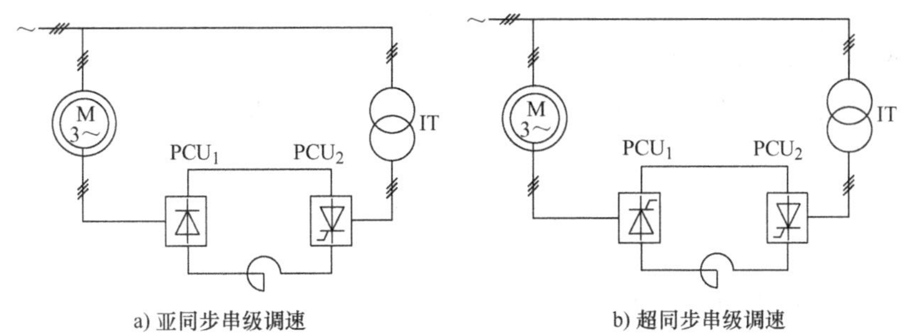

图6-34　串级调速系统转子变流器

6.7.5　感应电动机的变频调速

感应电动机采用变频调速时，调速范围宽，而且无论是高速还是低速时效率都较高；在采取一定的技术措施后能实现高动态性能，可与直流调速系统媲美，因此变频调速的应用越来越广，是感应电动机调速发展的主要方向。

1. 变频调速的基本控制方式

一台电动机，若希望获得良好的运行性能和力能指标，必须保持其磁路工作点稳定不变，即保持每极磁通 Φ_1 为额定值不变。因为如果 Φ_1 太小，电动机出力不够，铁心也未充分利用，是一种浪费；但若过分增大 Φ_1，会使电动机磁路过饱和，导致励磁电流和励磁损耗增大，发热严重时甚至会烧毁电动机，同时功率因数及效率都会下降。因此，变频调速时需考虑的一个重要问题就是怎样保持电动机中每极磁通量不变。

感应电动机中由气隙磁通产生的定子每相基波电势的有效值为

$$E_1 = 4.44 f_1 N_1 k_{w1} \Phi_1 \tag{6-84}$$

式中，f_1 为定子基波频率；N_1 为定子每相串联匝数；k_{w1} 为基波绕组系数；Φ_1 为每极气隙磁通。

由式(6-84) 可知，当电动机结构参数确定后，$\Phi_1 \propto E_1/f_1$，只要以一定的方式控制 E_1 及 f_1，便可达到控制气隙磁通 Φ_1 的目的。根据控制过程中磁通的变化，可采取以下不同的控制方式：

(1) 基频以下调速

当频率 f_1 从额定值 f_{1N} 向下调节时，同时降低 E_1，使 E_1/f_1 = 常数，便能保证恒磁通运行。此时，在相同的负载转矩下有相同的电流，电流与频率无关。此方式称为**恒电势频率比**或**恒磁通控制**。

由于绕组中的感应电势无法直接控制，当电势值较高时，可以忽略定子绕组的漏阻抗压降，而认为定子相电压 $U_1 \approx E_1$，则可使得 U_1/f_1 = 常数，即得到**恒压频比控制**方式。但是，在频率很低时，U_1 和 E_1 都比较小，定子漏阻抗压降所占的份量就比较显著，不能忽略。这时，需要人为地把电压 U_1 抬高一些，以补偿定子漏阻抗压降。

(2) 基频以上调速

当频率 f_1 升高到大于 f_{1N} 时，由于定子电压 U_1 不允许超过额定电压 U_{1N}，通常只能保持 $U_1 = U_{1N}$。此时 $\Phi_1 \propto 1/f_1$，随着 f_1 的增加，磁通 Φ_1 与频率反比例地降低，称为**恒电压**或**弱**

磁控制。

基频以下变频调速时，采取恒磁通（恒电势频率比）控制方式，转矩也恒定，属“**恒转矩调速**”性质；而基频以上变频调速时，采取恒电压（弱磁）控制方式，转速升高转矩降低，属于“**恒功率调速**”。把基频以下和基频以上两种情况的运行特征画在一起，如图 6-35 所示。

2. 电压与频率协调控制时感应电动机的调速

以下以正弦波电压源供电进行分析。

(1) 基频以下恒压频比控制

在恒压频比控制下，U_1/f_1 = 常数，取不同的同步角速度 $\omega_1=2\pi f_1$ 可得到感应电动机的频率变化时的机械特性簇，如图 6-36 所示。

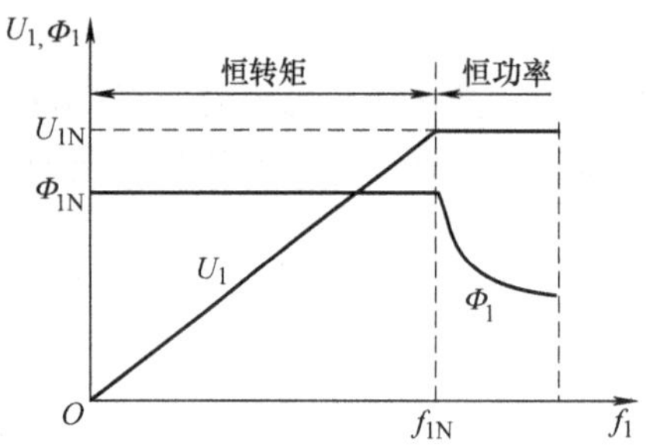

图 6-35　感应电动机的变频调速运行特征

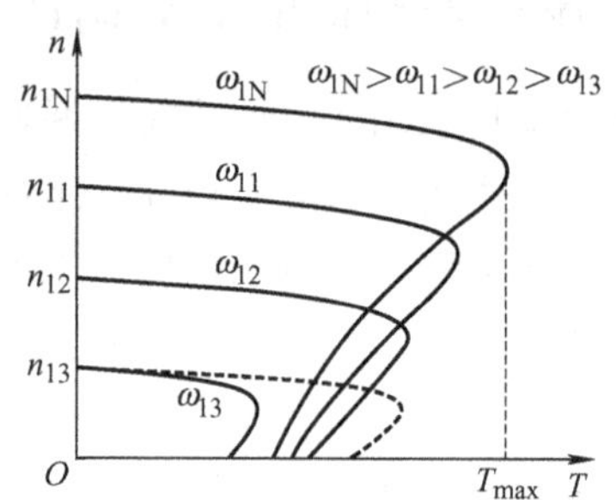

图 6-36　恒压频比控制变频调速的调速特性

图 6-36 中特性曲线间的关系如下：

1）同步转速随运行频率 f_1 或 ω_1 正比变化

$$n_1=\frac{60f_1}{p}=\frac{60}{p}\left(\frac{\omega_1}{2\pi}\right)\propto\omega_1 \tag{6-85}$$

图中，$\omega_{1N}>\omega_{11}>\omega_{12}>\omega_{13}$，即 $f_{1N}>f_{11}>f_{12}>f_{13}$，$n_{1N}>n_{11}>n_{12}>n_{13}$。

2）在稳定运行段，s 很小，不同频率的机械特性为一组平行直线。因为，从理想空载到某一负载时，转速降落（即转差）为

$$\Delta n=sn_1=s\frac{60\omega_1}{2p\pi}=\frac{60}{2p\pi}s\omega_1 \tag{6-86}$$

在 s 很小时，机械特性可以简化为

$$T=\frac{1}{\Omega_1}\frac{m_1U_1^2\dfrac{R_2'}{s}}{\left(R_1+\dfrac{R_2'}{s}\right)^2+(X_{1\sigma}+X_{2\sigma}')^2}\approx\frac{m_1}{\Omega_1}\frac{sU_1^2}{R_2'}=\frac{pm_1}{\omega_1}\frac{sU_1^2}{R_2'}=s\omega_1\frac{pm_1}{R_2'}\left(\frac{U_1}{\omega_1}\right)^2$$

所以，

$$s\omega_1=\frac{R_2'T}{pm_1}\left(\frac{\omega_1}{U_1}\right)^2 \tag{6-87}$$

当采用恒压频比控制时，ω_1/U_1 = 常数，则在同一转矩 T 下，$s\omega_1$ 基本不变，不同频率下转差 Δn 基本相同，说明不同频率对应的机械特性基本上是平行的。

3）最大转矩 T_{max} 随着频率的降低而减小。在恒压频比控制下，有

$$T_{\max}=\frac{1}{\Omega_1}\frac{m_1U_1^2}{2[R_1+\sqrt{R_1^2+(X_{1\sigma}+X'_{2\sigma})^2}]}=\frac{1}{\frac{\omega_1}{p}}\frac{m_1U_1^2}{2[R_1+\sqrt{R_1^2+(\omega_1L_{1\sigma}+\omega_1L'_{2\sigma})^2}]}$$

$$=\frac{\frac{pm_1}{2}\left(\frac{U_1}{\omega_1}\right)^2}{\frac{R_1}{\omega_1}+\sqrt{\left(\frac{R_1}{\omega_1}\right)^2+(L_{1\sigma}+L'_{2\sigma})^2}} \tag{6-88}$$

式中，$L_{1\sigma}$、$L'_{2\sigma}$分别为定、转子绕组的漏电抗，为常数。因为 ω_1/U_1 = 常数，当 ω_1 减小时，R_1/ω_1 增大，使 $T_{\max}$减小，即最大转矩减小。频率很低时，$T_{\max}$太小将限制电动机的带载能力，需要采用定子压降补偿，适当地提高电压 U_1，以增强带载能力。图6-36中 ω_{13}对应的机械特性未采取定子电压补偿时如实线所示，最大转矩很小；采取补偿措施后，机械特性变成如图中虚线所示，最大转矩明显提高。

（2）基频以下恒电势频率比控制

如果在基频以下电压频率协调控制中，恰当地提高定子电压以补偿定子阻抗压降，维持电势频率比 E_1/ω_1 = 常数，则无论频率高低，每极磁通 Φ_1 均能真正保持恒定。

根据感应电机T形等效电路，转子电流为

$$I'_2=\frac{E'_2}{\sqrt{\left(\frac{R'_2}{s}\right)^2+X'^2_{2\sigma}}}=\frac{E_1}{\sqrt{\left(\frac{R'_2}{s}\right)^2+\omega_1^2L'^2_{2\sigma}}} \tag{6-89}$$

电磁功率为

$$P_M=m_1I'^2_2\frac{R'_2}{s}=m_1\frac{E_1^2\frac{R'_2}{s}}{\left(\frac{R'_2}{s}\right)^2+\omega_1^2L'^2_{2\sigma}} \tag{6-90}$$

则电磁转矩为

$$T=\frac{P_M}{\Omega_1}=\frac{p}{\omega_1}P_M=m_1p\left(\frac{E_1}{\omega_1}\right)^2\frac{\omega_1sR'_2}{R'^2_2+s^2\omega_1^2L'^2_{2\sigma}} \tag{6-91}$$

在恒电势频率比控制下，取不同 ω_1 得到机械特性簇，如图6-37所示。

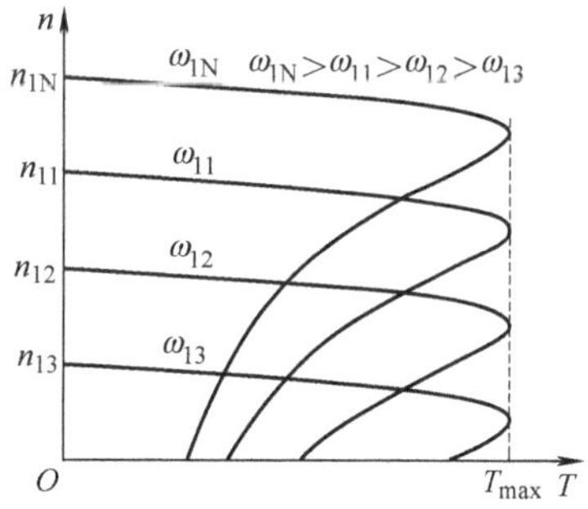

图6-37　恒电势频率比控制的调速特性

图6-37中特性曲线间的关系如下：

1）同步转速随运行频率 ω_1 正比变化。

2）最大转矩 $T_{\max}$保持不变。式(6-91）对 s 求导并令其为零，可求得临界转差率 s_m 和最大转矩 $T_{\max}$为

$$s_m=\frac{R'_2}{\omega_1L'_{2\sigma}} \tag{6-92}$$

$$T_{\max}=\frac{mp_1}{2}\left(\frac{E_1}{\omega_1}\right)^2\frac{1}{L'_{2\sigma}}=\text{常数} \tag{6-93}$$

可见，在 E_1/ω_1 = 常数控制时，任何运行频率下的最大转矩 $T_{\max}$恒定不变，所以其稳态性能优于 U_1/ω_1 = 常数控制的性能，这正是 E_1/ω_1 = 常数控制

中补偿定子压降的原因所在。

3）在稳定运行段，s 很小，不同频率的机械特性为一组平行直线。

当 s 很小时，可忽略式(6-91) 分母中含 s 项，则

$$T\approx mp\left(\frac{E_1}{\omega_1}\right)^2\frac{s\omega_1}{R_2'}\propto s \tag{6-94}$$

说明若 s 很小，则转矩与 s 近似成正比，机械特性 $T=f(s)$ 近似为一条直线。最大转矩 $T_{\max}$ 处的转速降为

$$\Delta n_{\mathrm{m}}=s_{\mathrm{m}}n_1=\frac{R_2'}{\omega_1 L_{2\sigma}'}\frac{60f_1}{p}=\frac{60R_2'}{2\pi L_{2\sigma}'p}=\text{常数} \tag{6-95}$$

可见，$E_1/\omega_1=$常数的变频调速，任何运行频率下的最大转矩恒定不变，并且有相同的转速差，所以不同频率 ω_1 的一组调速特性是互相平行的曲线。

（3）基频以上恒压变频调速

感应电动机在基频以上调速时，由于电压 $U_1=U_{1\mathrm{N}}$ 保持不变，频率升高，气隙磁通减弱，即为**弱磁控制**。此时，电动机的机械特性参数表达式可以写为

$$T=m_1pU_{1\mathrm{N}}^2\frac{sR_2'}{\omega_1[(sR_1+R_2')^2+s^2\omega_1^2(L_{1\sigma}+L_{2\sigma}')^2]} \tag{6-96}$$

$$T_{\max}=m_1pU_{1\mathrm{N}}^2\frac{1}{2\omega_1[R_1+\sqrt{R_1^2+\omega_1^2(L_{1\sigma}+L_{2\sigma}')^2}]} \tag{6-97}$$

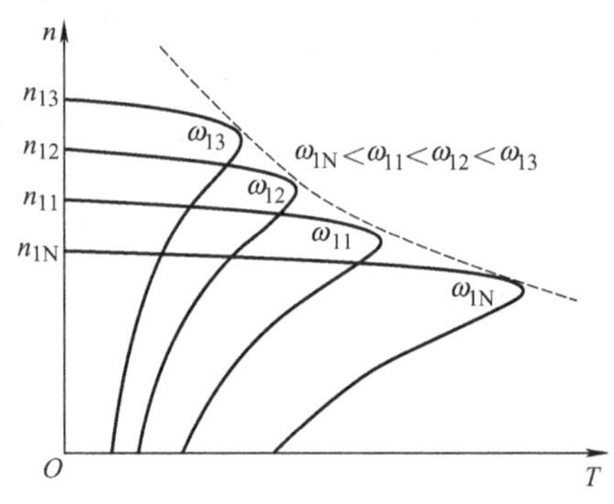

图 6-38　基频以上恒压变频调速

由此可见，如果保持电压 U_1 不变，增高频率 f_1 时，同步转速（$n_1\propto\omega_1$）将随之提高，机械特性上移，而形状基本不变，但最大转矩减小，图 6-38 画出了频率增高时的机械特性簇。采用恒压变频控制时，转速升高的同时转矩下降，输出功率基本不变，属于恒功率运行。

6.8　三相感应发电机

风力发电

感应电机和其他电机一样具有可逆性，既可作为电动机运行，也能作为发电机运行。虽然交流发电机绝大多数采用同步发电机，但是由于感应发电机具有一定的特点，在某些领域具有实用意义。

6.8.1　并网运行的感应发电机

在第 3 章我们从磁场的观点分析了各种电机的运行原理。参照图 6-39，我们从定、转子磁势相互作用的角度来分析理解并网运行的感应电机怎样从电动运行状态过渡到发电运行状态。

1）设想一台感应电动机正接在频率 f_1 和电压 U_{N} 都恒定的交流电网上运行，其定子旋转磁势 $\dot{F}_1$ 以恒定的同步转速 $n_1=60f_1/p$ 旋转，转子以略低于 n_1 的转速 n 同向旋

转，$\dot{F}_1$扫过转子绕组的相对转速$\Delta n>0$，转子感应电流产生转子旋转磁势$\dot{F}_2$，$\dot{F}_2$以转差速度Δn相对于转子正向旋转，刚好补足了转子与$\dot{F}_1$之间的转速差，使得$\dot{F}_2$与$\dot{F}_1$同速同向旋转，$\dot{F}_2$滞后于$\dot{F}_1$一定的空间相位差δ_{sr}，如图6-39a所示。$\dot{F}_1$与$\dot{F}_2$有对齐轴线的趋势，由于$\dot{F}_1$的转速固定，所以$\dot{F}_2$试图向$\dot{F}_1$对齐，从而形成了驱动转子旋转的电磁转矩，当负载转矩不变时，δ_{sr}将维持一定的值，感应电机稳定运行在电动状态。

2）想象减少转子上的机械负载，转子电流和转子磁势$\dot{F}_2$的大小都将减小，$\dot{F}_1$与$\dot{F}_2$之间的对齐趋势会使得δ_{sr}减小，当完全撤掉机械负载，并假设电机内部不存在任何阻力转矩，$\dot{F}_2$减为0，此时仅有定子磁势$\dot{F}_1$存在，如图6-39b所示。此时$\Delta n=0$，$n=n_1$，$T=0$，感应电机运行在理想空载状态。

3）再想象给电机轴上装上原动机，原动机拖动转子以高于n_1的转速与$\dot{F}_1$同向旋转，此时$\dot{F}_1$扫过转子绕组的相对转速$\Delta n<0$，转子感应电流相对于1）中已经反向，产生的转子旋转磁势$\dot{F}_2$以转差速度$|\Delta n|$相对于转子反向旋转，刚好抵消了转子超过$\dot{F}_1$的转速，使得$\dot{F}_2$与$\dot{F}_1$仍然同速同向旋转，但$\dot{F}_2$超前于$\dot{F}_1$一定的空间相位差δ_{sr}，如图6-39c所示。此时$\dot{F}_2$试图向$\dot{F}_1$对齐，从而形成了阻碍转子旋转的电磁转矩。为了维持一定的δ_{sr}，原动机必须给电机轴上施加一定的动力转矩，即持续地输入机械功率，并从定子绕组输出电功率到电网，使感应电机运行在发电状态。

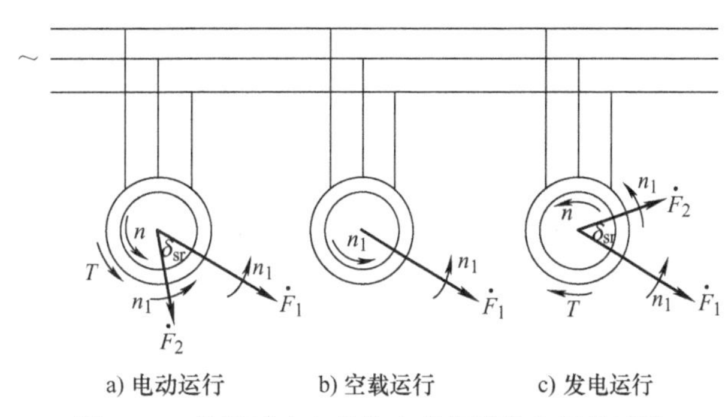

图6-39　并网感应电机从电动机到发电机的过渡

如前所述，感应电机的电磁转矩有一个最大限值T_{max}，在发电机中称为**颠覆转矩**。如果原动机施加的转矩达到或大于颠覆转矩，则发电机将超速运行而发生飞车，这是必须避免的。

感应发电机没有独立的励磁电路，自身无法提供产生旋转磁场所需的励磁电流或无功功率。事实上，感应电机的励磁电流$I_m\approx(20\sim50)\%I_N$，发电运行时要维持定子旋转磁场，需要的无功功率会达到额定容量的20%～50%。这些无功功率要由电网额外提供，导致电网功率因数下降，这正是感应发电机被诟病的主要原因。尽管如此，由于感应发电机不需要单独的励磁电路，也不必以固定速度运转，只要$n>n_1$，感应电机就将作为发电机运行；原动机的转矩越大（小于颠覆转矩），发电机的输出功率就越大。这些特点使得感应发电机投入电网时无须整步，运行中也不会发生振荡与失步，且运行时定子电压和频率与转子转速无关，因而成了风力发电、余热发电回收利用等场合的首选。在这种应用场合，可以用电容器来补偿功率因数。

6.8.2　独立运行的感应发电机

如果电容足够提供感应发电机和负载所需要的无功功率，则感应发电机也能脱离电网而独立发电，这种运行方式称为**自励发电**，所用的电容称为**励磁电容**。其自励过程类似于并励直流发电机，下面借助于图6-40来分析之。

首先，感应发电机**转子铁心中要有剩磁**。原动机带动转子旋转后，微小的剩磁通$\dot{\Phi}_0$扫过定子绕组，在定子绕组中感应微小的感应电势$\dot{E}_0$，$\dot{E}_0$滞后于磁通$\dot{\Phi}_0$ 90°，如图6-40c所示。$\dot{E}_0$加在电容C上，产生超前于$\dot{E}_0$ 90°的电流$\dot{I}_0$，如图6-40b所示。$\dot{I}_0$与$\dot{\Phi}_0$同相，相互加强，逐步达到正常发电所需的励磁电流I_0和气隙磁通Φ_0，如图6-40c和d所示。

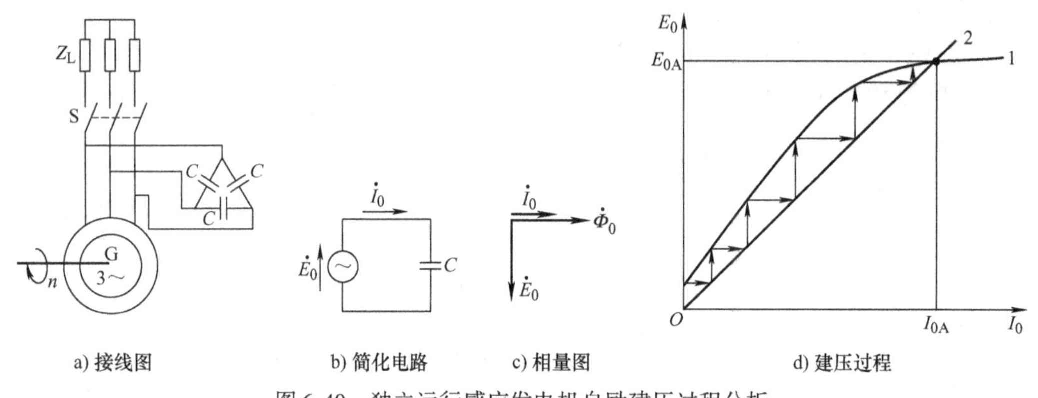

图6-40　独立运行感应发电机自励建压过程分析

在图6-40d中，曲线1 $E_0=f(I_0)$为感应发电机的**空载特性曲线**。通过将电机作为电动机空载运行，测取其每相空载电流I_0随每相空载端电压E_0变化的关系，就能得到空载特性$E_0=f(I_0)$。直线2为电容C两端的电压与电流I_0的关系曲线，称为**电容线**。频率一定时，电容两端的电压为

$$E_0=X_cI_0=\frac{1}{\omega_1 C}I_0 \quad \text{或者} \quad C=\frac{I_0}{\omega_1 E_0} \tag{6-98}$$

式中，$X_c=1/(\omega_1 C)$为励磁电容的容抗；ω_1为定子角频率，空载时约等于转子角频率。

当三相电容按Y联结时，要建立空载额定端电压U_N，每相电容值应为

$$C_Y=\frac{I_0}{\omega_1\dfrac{U_N}{\sqrt{3}}}=\frac{\sqrt{3}I_0}{\omega_1 U_N} \tag{6-99}$$

当三相电容按△联结时，要建立空载额定端电压U_N，每相电容值应为

$$C_{\triangle}=\frac{I_0/\sqrt{3}}{\omega_1 U_N}=\frac{I_0}{\sqrt{3}\omega_1 U_N} \tag{6-100}$$

由于$C_Y/C_{\triangle}=3$，所以Y联结所需的每相电容的容量是△联结时的3倍，但所要求的耐压是△联结的$1/\sqrt{3}$。

电容线的斜率为电容容抗$X_c=1/(\omega_1 C)$，如果电容容量值增大，则电容线的斜率减小，

图6-40d中电容线与空载特性交点处的电压就越高，即电容越大，所建立的空载电压就越高。如果电容容量值太小，则无法建立起足够大的端电压。所以，感应发电机自励的又一个条件是**励磁电容要足够大**。空载时建立额定端电压所需电容称为**主电容**，每相主电容可由式(6-99) 和式(6-100) 求得。

自励发电机的定子电路的频率和角频率为

$$f_1 = \frac{pn}{60(1-s)}, \quad \omega_1 = 2\pi f_1 \tag{6-101}$$

空载时，$s \approx 0$, $f_1 = pn/60$ 取决于转子转速 n。负载增大时，转差率$|s|$将增大。要保持发电机输出电压的频率不变，就必须相应地提高转子转速 n，否则频率和端电压将下降，这会导致起励磁作用的电容电流减小，进一步使端电压下降，因此自励发电机负载增大时端电压下降很快。为了保持端电压不变，必须在负载增加的同时增加电容，以增大励磁电流。增加的这部分电容称为**辅助电容**。

由上面的分析可知，自励感应发电机在负载变化时，其端电压和频率的变化是难免的。为了保持端电压和频率不变，在调节转速的同时，还需要根据负载的大小和性质调节电容的量值，这种调节除非有自动装置，否则难以保证电压和频率不变。

感应发电机的转子是笼型的，结构简单，运行可靠。但由于电容价格较贵，运行时电压和频率又不稳定，这使得自励感应发电机的应用受到局限。

6.8.3 感应发电机运行分析

可以参照感应电动机的分析方法来分析感应发电机。感应发电机与感应电动机本质上属于同一电机的两种不同的运行方式，其等效电路和方程式在形式上与电动机的一样，唯一区别就是发电机的转差率 $s<0$，使得转子电路中的总电阻 R_2'/s 变成了负值，这一特点在利用方程式或等效电路进行计算时应注意到。另外负值 R_2'/s 会对相量图中一些量的相位关系产生影响，绘制感应发电机相量图时要注意到。仍采用分析感应电动机时的参考方向，则发电机的方程式为

$$\left.\begin{aligned}
\dot{E}_2' &= \dot{I}_2'(R_2'/s + \mathrm{j}X_{2\sigma}') \\
\dot{U}_1 &= -\dot{E}_1 + \dot{I}_1(R_1 + \mathrm{j}X_{1\sigma}) \\
\dot{E}_1 &= \dot{E}_2' \\
\dot{I}_1 &= \dot{I}_\mathrm{m} - \dot{I}_2'
\end{aligned}\right\} \tag{6-102}$$

感应发电机的等效电路如图6-41所示。

参看图6-42，可以按下述步骤绘制感应发电机的相量图：

1）绘制转子电流相量 $\dot{I}_2'$（绘制在任意方向上）。

2）绘制电阻压降 $\dot{I}_2'R_2'/s$，它在 $-\dot{I}_2'$ 方向上（因为 $s<0$）。

3）绘制电抗压降 $\mathrm{j}\dot{I}_2'X_{2\sigma}'$，它在 $\dot{I}_2'$ 逆时针旋转90°的方向上。

4）按相量加法绘制电势相量 $\dot{E}_1 = \dot{E}_2' = \dot{I}_2'R_2'/s + \mathrm{j}\dot{I}_2'X_{2\sigma}'$。

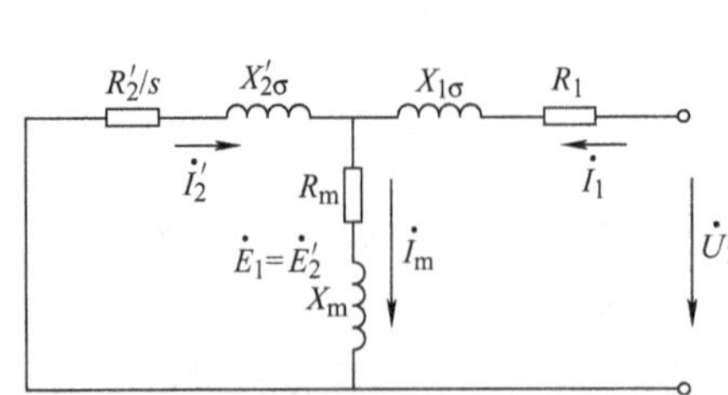

图 6-41　感应发电机等效电路

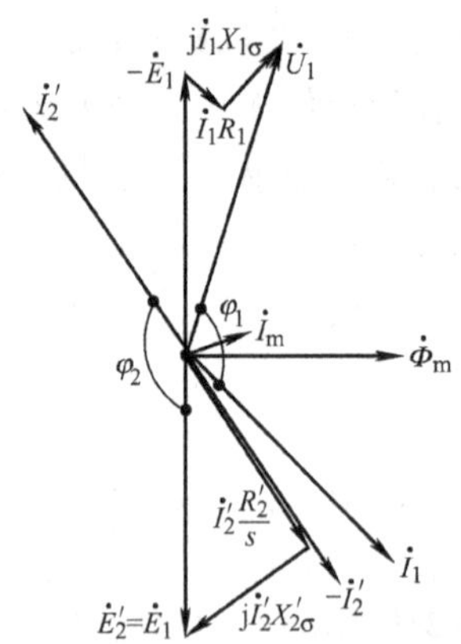

图 6-42　感应发电机相量图

5）超前 $\dot{E}_1$ 90°绘制主磁通 $\dot{\Phi}_m$。

6）超前 $\dot{\Phi}_m$ 一个铁耗角 α 绘制励磁电流相量 $\dot{I}_m$。

7）按相量加法绘制电流相量 $\dot{I}_1=\dot{I}_m+(-\dot{I}_2')$。

8）按相量加法绘制电压相量 $\dot{U}_1=-\dot{E}_1+\dot{I}_1R_1+\mathrm{j}\dot{I}_1X_{1\sigma}$

从相量图可以看出，作为发电机运行时，定子电流 $\dot{I}_1$ 滞后于端电压 $\dot{U}_1$ 的相位角即发电机的功率因数角 $\varphi_1>90°$，此时输入到发电机的有功功率和无功功率为

$$\left.\begin{aligned}P_1&=m_1U_1I_1\cos\varphi_1<0\\Q_1&=m_1U_1I_1\sin\varphi_1>0\end{aligned}\right\}\qquad(6\text{-}103)$$

这说明发电机向电网或负载输出有功电流 $I_1\cos\varphi_1$，从电网或电容吸收无功电流 $I_1\sin\varphi_1$。

6.8.4　双馈感应发电机

双馈感应发电机(Doubly Fed Induction Generator，DFIG）的本体是绕线转子感应电机，其定子绕组接电网，转子绕组通过**变流器**接电网，发电机可以通过定子和转子绕组双通道与电网交换电功率，如图 6-43 所示。

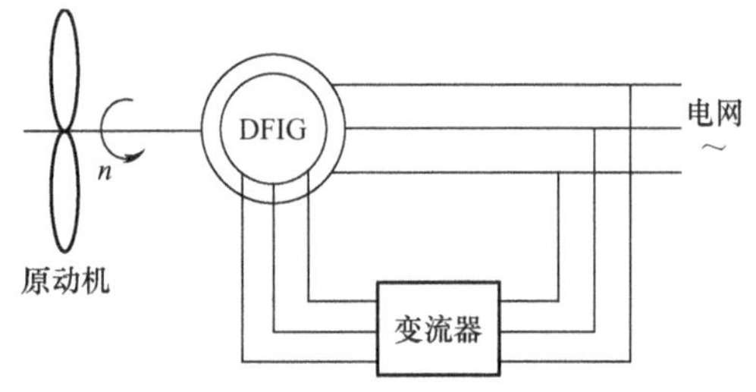

图 6-43　双馈感应发电系统原理框图

电网通过变流器连接到转子绕组，变流器向转子绕组提供幅值、频率和相位均可调的电流，产生相对于转子来说转速可调的转子旋转磁势 $\dot{F}_2$，$\dot{F}_2$ 扫过定子绕组的相对速度等于 $\dot{F}_2$ 的转速与发电机转速 n 的叠加。当原动机转速的变化引起发电机转速 n 变化时，可通过调节转子电流的频率来调节转子旋转磁场的转速，以维持转子旋转磁场扫过定子绕组的绝对转速始终为电网频率所决定的同步转速 n_1，从而实现**变速恒频**发电。

1. 基本原理

当给绕线转子感应发电机转子三相绕组输入频率为 f_2 的三相对称的交流励磁电流时，

将在电机气隙空间产生转子旋转磁场，其相对于转子的转速为

$$n_2 = \frac{60f_2}{p} \tag{6-104}$$

通过改变转子电流的相序和频率f_2，就可改变转子磁场的转向和转速n_2。假设电网所要求的稳定频率为f_1，则要求感应发电机的同步转速n_1为

$$n_1 = \frac{60f_1}{p} \tag{6-105}$$

转子自身的转速为n，那么只需保证$n_2 + n = n_1$，即$n_2 = n_1 - n = \Delta n$，就能使定子绕组的电势频率保持在f_1。为此，可得到转子励磁电流的频率应为

$$f_2 = \frac{pn_2}{60} = \frac{p(n_1 - n)}{60} = \frac{pn_1}{60} \cdot \frac{n_1 - n}{n_1} = sf_1 \tag{6-106}$$

可见，在发电机转速n变化时，通过变流器向转子三相绕组输入转差频率$f_2 = sf_1$的电流，即可确保电机的定子三相绕组中电功率以恒频f_1输出。

双馈感应发电机具有如图6-44所示的三种运行状态：

（1）亚同步运行

变流器向转子绕组通入转差频率sf_1的电流，产生与转子自身同转向、转速为Δn（正值）的转子旋转磁场，此时转子转速$n = n_1 - \Delta n < n_1$，变流器向转子电路提供转差功率。

（2）超同步运行

变流器向转子绕组通入转差频率sf_1的电流，相序与（1）中相反，产生与转子自身反转向、转速为Δn（负值）的转子旋转磁场，此时转子转速$n = n_1 - \Delta n > n_1$，转子通过变流器向电网馈送转差功率。

（3）同步运行

变流器向转子绕组通入直流电，即$f_2 = sf_1 = 0$，$s = 0$，此时转子转速$n = n_1 - sn_1 = n_1$，变流器向转子绕组提供直流励磁电流和励磁功率，感应发电机相当于同步发电机。

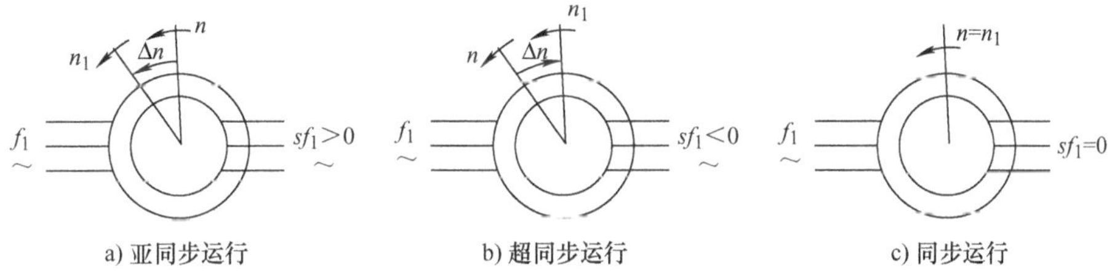

图6-44　双馈感应发电机的三种运行状态

2. 等效电路、方程式和相量图

双馈感应发电机也只是感应电机的一种运行方式，属于双边激励旋转电机。其等效电路、方程式和相量图类似于感应电动机。考虑到双馈感应发电机定子端为主馈电端，我们将其作为输出端并采用发电机惯例确定定子电压和电流的参考方向。假设已经完成了从转子向定子的频率归算和绕组归算，所得到的T形等效电路如图6-45所示。参考此等效电路，可以写出双馈感应发电机的主要方程式如下：

$$
\left.\begin{aligned}
\dot{E}_1 &= \dot{U}_1 + \dot{I}_1 R_1 + \mathrm{j}\dot{I}_1 X_{1\sigma} \\
\dot{E}_2' &= \dot{E}_1 \\
\dot{U}_2' &= -\dot{E}_2' + \dot{I}_2' \frac{R_2'}{s} + \mathrm{j}\dot{I}_2' X_{2\sigma}' \\
\dot{I}_\mathrm{m} &= \dot{I}_1 + \dot{I}_2'
\end{aligned}\right\} \quad (6\text{-}107)
$$

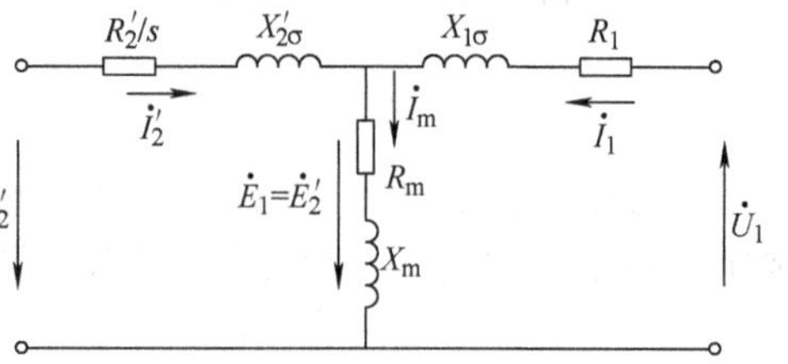

图 6-45　双馈感应发电机等效电路

参看式(6-107) 和等效电路，可以按下述步骤绘制双馈感应发电机的相量图：

1）绘制电网电压相量 $\dot{U}_1$（绘制在任意方向上）。

2）绘制定子电流相量 $\dot{I}_1$（假设 $\dot{I}_1$ 滞后于 $\dot{U}_1$ 相位角 φ_1）。

3）绘制电势相量 $\dot{E}_1 = \dot{U}_1 + \dot{I}_1 R_1 + \mathrm{j}\dot{I}_1 X_{1\sigma} = \dot{E}_2'$。

4）超前 $\dot{E}_1$ 90°绘制主磁通 $\dot{\Phi}_\mathrm{m}$。

5）超前 $\dot{\Phi}_\mathrm{m}$ 一个铁耗角 α 绘制励磁电流相量 $\dot{I}_\mathrm{m}$。

6）按相量加法绘制转子电流相量 $\dot{I}_2' = \dot{I}_\mathrm{m} + (-\dot{I}_1)$。

7）作相量 $-\dot{E}_2'$。

8）作电阻压降 $\dot{I}_2' R_2'/s$，亚同步运行时与 $\dot{I}_2'$ 指向相同，超同步运行时与 $\dot{I}_2'$ 指向相反。

9）按相量加法绘制电压相量 $\dot{U}_2' = -\dot{E}_2' + \dot{I}_2' R_2'/s + \mathrm{j}\dot{I}_2' X_{2\sigma}'$。

所绘制的相量图如图 6-46 所示。其中图 a 为亚同步运行时的相量图，图 b 为超同步运行时的相量图。可以看出，在亚同步运行时，转子电路输入功率 $P_2 = 3U_2' I_2' \cos\varphi_2 > 0$，即由

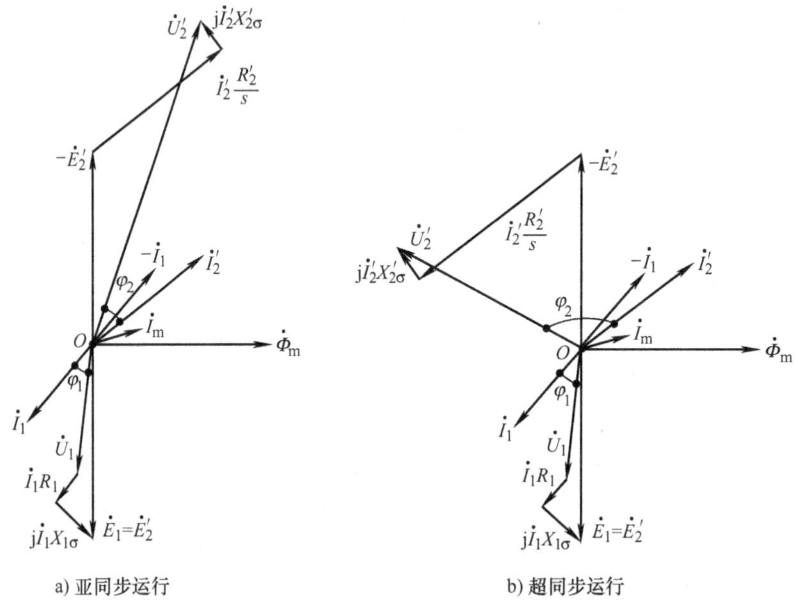

图 6-46　双馈感应发电机相量图

电网经变流器向转子输送电功率；在超同步运行时，转子电路输入功率 $P_2=3U_2'I_2'\cos\varphi_2<0$，即转子经变流器向电网输送电功率。双馈感应发电机的功率传递关系如图6-47所示，图中 P_M 为发电机的电磁功率，$|s|P_M$ 为转差功率，P_1 为原动机输入到发电机的机械功率。

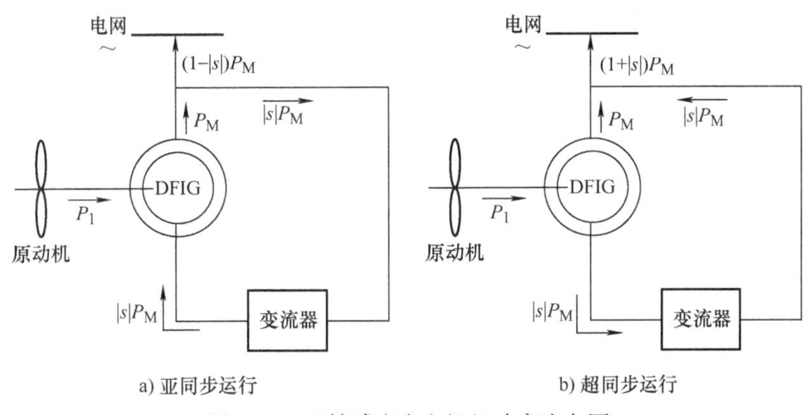

图6-47　双馈感应发电机组功率流向图

6.9　单相感应电动机

6.9.1　用途和结构

单相感应电动机是用单相电源供电的感应电动机，与工矿企业广泛应用的三相感应电动机的区别在于它必须能在单相电源条件下工作。由于能直接使用民用单相电源，加之结构简单、成本低廉、运行可靠，所以单相感应电动机被广泛应用于家用电器、电动工具、医疗器械等驱动中。与同容量的三相电动机相比较，单相电动机体积大、运行性能较差，多用于小功率驱动场合。

一般来说，单相感应电动机转子仍然采用简单可靠的笼型转子，而定子绕组必须要能适合接单相电源工作。通常将定子绕组分裂为两个绕组，一个称为**主绕组** m（main），另一个称为**辅（副）绕组** a（auxiliary），两个绕组的轴线正交（相距90°电角度），如图6-48所示。定子绕组通常采用单层交流绕组，主绕组从单相电源输入电功率并产生主磁场；辅绕组又称为**起动绕组**，在起动过程中与主绕组并联，使电动机实质上运行在两相不对称状态，从而产生椭圆形旋转磁场和电磁转矩，辅助电动机起动。图中S通常为离心式开关，起动后，依靠离心力断开。

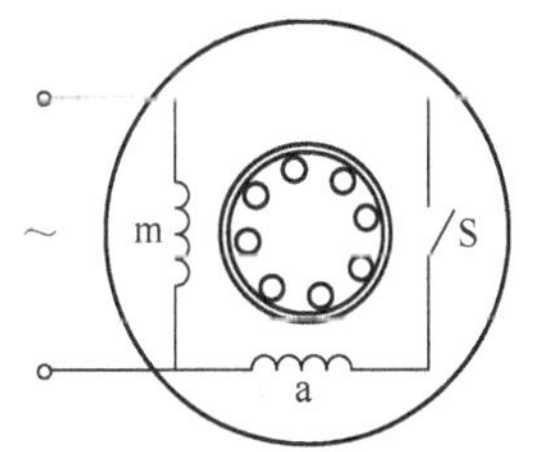

图6-48　单相感应电动机原理结构

被分裂开的主、辅绕组在单相电源下必须能够产生不同相位的电流，**阻抗角**决定电流相位，所以应采用不同的结构设计使得主、辅绕组阻抗角不相等，这称为**分相**或**裂相**。不同的分相方法对应不同类型的单相感应电动机，常见的有**电阻分相起动单相感应电动机**、**电容分相起动单相感应电动机**、**电容运转单相感应电动机**、**电容起动与运转单相感应电动机**、**罩极单相感应电动机**等。

6.9.2 工作原理

1. 主绕组单独作用

单相感应电动机的主绕组 m 为单相绕组。设 m 绕组单独通过频率为 f_1、角频率为 $\omega_1 = 2\pi f_1$ 的单相电流 $i_m = \sqrt{2} I_m \cos\omega_1 t$，如图 6-49a 所示。所产生的基波脉振磁势为

$$f_m = F_m \cos\omega_1 t \cos x = \frac{1}{2} F_m [\cos(x - \omega_1 t) + \cos(x + \omega_1 t)] = f_m^+ + f_m^- \quad (6\text{-}108)$$

式中

$$F_m = 0.9 \frac{N_m k_{wm}}{p} I_m \quad (6\text{-}109)$$

为主绕组磁势幅值。其中，N_m 为主绕组串联匝数；k_{wm} 为主绕组的绕组系数；p 为极对数。

$$\left.\begin{aligned} f_m^+ &= \frac{1}{2} F_m \cos(x - \omega_1 t) \\ f_m^- &= \frac{1}{2} F_m \cos(x + \omega_1 t) \end{aligned}\right\} \quad (6\text{-}110)$$

为 f_m 分解出的幅值恒定、转速为同步转速 $n_1 = 60 f_1 / p$ 的正、反两个旋转磁势，可以用相量表示为 $\dot{F}_m^+$ 和 $\dot{F}_m^-$。

可见，m 绕组通过单相正弦电流时，会产生两个圆形旋转磁势 $\dot{F}_m^+$ 和 $\dot{F}_m^-$。$\dot{F}_m^+$ 单独作用于电动机时，所产生的转矩 T^+ 与转差率 s 的关系曲线 $T^+(s)$ 类似于三相感应电动机的 $T-s$ 曲线，如图 6-49b 中的虚线 1 所示。$\dot{F}_m^-$ 单独作用于电动机时，所产生的转矩 T^- 与转差率 s 的关系曲线也类似于三相感应电动机的 $T-s$ 曲线。但要注意，当转子对 $\dot{F}_m^+$ 的转差率为 s 时，对 $\dot{F}_m^-$ 的转差率为

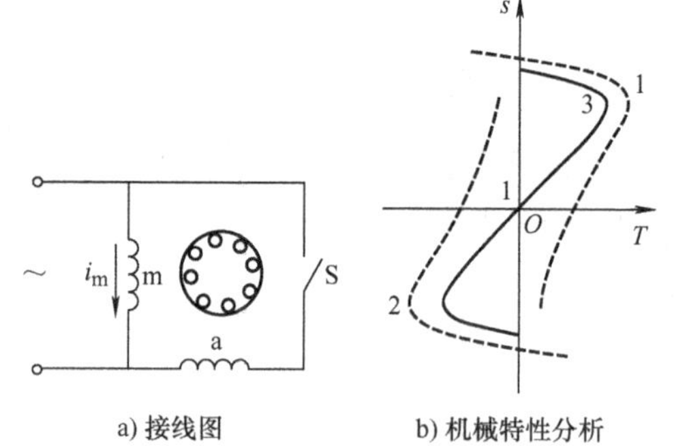

图 6-49 主绕组单独作用时单相感应电动机分析

$$s' = \frac{n_1 - (-n)}{n_1} = \frac{2n_1 - (n_1 - n)}{n_1} = 2 - s \quad (6\text{-}111)$$

相应的曲线 $T^-(s) = -T^+(2-s)$，与曲线 $T^+(s)$ 关于原点 $s=1$ 对称，如图 6-49b 中的虚线 2 所示。

主绕组 m 单独作用时所产生的合成转矩为

$$T = T^+(s) + T^-(s) = T^+(s) - T^+(2-s) \quad (6\text{-}112)$$

显然，起动瞬间即 $s=1$ 时，$T = T^+(1) - T^+(2-1) = 0$，合成转矩 $T(s)$ 曲线如图中实线 3 所示。所以**主绕组单独通单相电流时无法产生起动转矩**，而且理想空载转速要低于同步转速 n_1。欲产生起动转矩，通常要借助辅绕组的作用。

2. 主绕组与辅绕组同时作用

假设主辅绕组同时通电，如图 6-50a 所示。设流过的电流为

$$\left.\begin{aligned} i_{\mathrm{m}} &= \sqrt{2} I_{\mathrm{m}} \cos \omega_1 t \\ i_{\mathrm{a}} &= \sqrt{2} I_{\mathrm{a}} \cos(\omega_1 t + \alpha) \end{aligned}\right\} \tag{6-113}$$

m 绕组产生的正、反磁势分量如式(6-110) 所示，a 绕组也产生类似的正、反磁势分量

$$\left.\begin{aligned} f_{\mathrm{a}}^{+} &= \frac{1}{2} F_{\mathrm{a}} \cos\left(x - \omega_1 t + \frac{\pi}{2} - \alpha\right) = \frac{1}{2} F_{\mathrm{a}} \cos(x - \omega_1 t + \beta_1) \\ f_{\mathrm{a}}^{-} &= \frac{1}{2} F_{\mathrm{a}} \cos\left(x + \omega_1 t + \frac{\pi}{2} + \alpha\right) = \frac{1}{2} F_{\mathrm{a}} \cos(x + \omega_1 t + \beta_2) \end{aligned}\right\} \tag{6-114}$$

式中，$\beta_1 = \pi/2 - \alpha$ 为 f_{a}^{+} 超前于 f_{m}^{+} 的相位角；$\beta_2 = \pi/2 + \alpha$ 为 f_{a}^{-} 超前于 f_{m}^{-} 的相位角；α 为电流 i_{a} 超前于 i_{m} 的时间相位角。相应的磁势相量分别为 $\dot{F}_{\mathrm{a}}^{+}$ 和 $\dot{F}_{\mathrm{a}}^{-}$。

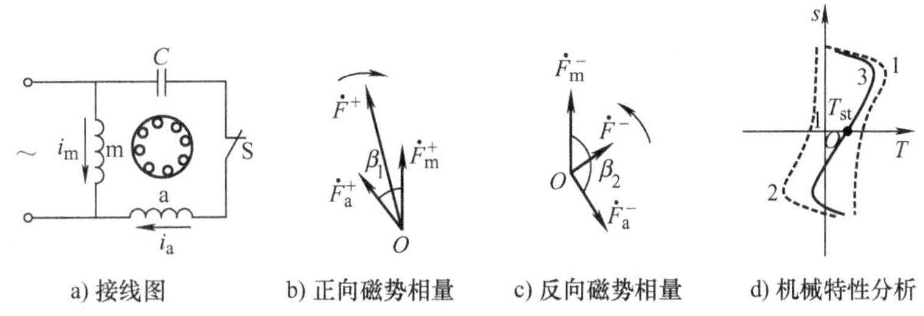

图 6-50　主、辅绕组共同作用时单相感应电动机分析

由于 $\dot{F}_{\mathrm{a}}^{+}$ 与 $\dot{F}_{\mathrm{m}}^{+}$ 同向同速旋转、$\dot{F}_{\mathrm{a}}^{-}$ 与 $\dot{F}_{\mathrm{m}}^{-}$ 同向同速旋转，相应的合成磁势（参看图 6-50b 和 c）分别为

$$\left.\begin{aligned} \dot{F}^{+} &= \dot{F}_{\mathrm{m}}^{+} + \dot{F}_{\mathrm{a}}^{+} \\ \dot{F}^{-} &= \dot{F}_{\mathrm{m}}^{-} + \dot{F}_{\mathrm{a}}^{-} \end{aligned}\right\} \tag{6-115}$$

由于 $\dot{F}^{+}$ 与 $\dot{F}^{-}$ 转速相同、转向相反，若 $F^{+} = F^{-}$，则总的合成磁势

$$\dot{F} = \dot{F}^{+} + \dot{F}^{-} \tag{6-116}$$

为**正弦脉振磁势**，这与单相绕组通过单相电流的情况类似。若 $F^{+} > F^{-}$，则合成磁势 $\dot{F}$ 为沿 $\dot{F}^{+}$ 的旋转方向旋转的**椭圆形旋转磁势**；若 $F^{-} > F^{+}$，则合成磁势 $\dot{F}$ 为沿 $\dot{F}^{-}$ 的旋转方向旋转的椭圆形旋转磁势。通常情况下 i_{a} 超前于 i_{m}，$F^{+} > F^{-}$，所以 $\dot{F}$ 以同步转速沿 F^{+} 的旋转方向旋转。

图 6-50d 给出了 $\dot{F}^{+}$ 和 $\dot{F}^{-}$ 单独作用时所产生的 $T-s$ 曲线，图中虚线 1 为 $T^{+}(s)$，虚线 2 为 $T^{-}(s)$，$T^{+}(s)$ 和 $T^{-}(s)$ 不再对称，其合成转矩 $T(s)$ 在 $s=0$ 时不再为 0，所以**当主辅绕组同时作用时，单相感应电动机有一定的起动转矩**。

6.9.3　单相感应电动机分类

1. 电阻分相感应电动机

最简单低廉的分相方法就是**电阻分相**，可以在辅绕组中串入电阻（图 6-51a）或者设计

时增大辅绕组本身电阻。通过电阻来改变主辅绕组的阻抗角，从而使主辅绕组电流 $\dot{I}_{m}$ 和 $\dot{I}_{a}$ 产生相位差。图 6-51b 是电压 $\dot{U}$ 和主辅绕组电流之间的相位关系示意图，由于辅绕组电阻较大，其电流滞后于电压的相位角较小；主绕组的电阻较小，其电流滞后于电压的相位角就较大，使得 $\dot{I}_{a}$ 超前于 $\dot{I}_{m}$，出现了一定的相位差 α，达到了分相的目的。为了增大辅绕组的电阻，通常用细铜线或铝线制作辅绕组，而且按短时方式设计，所以在辅绕组电路中还要串接一个离心开关 S，当电动机转速达到同步转速的 80% 左右时，依靠离心力断开辅绕组。所以这种单相感应电动机采用的是主辅绕组共同作用起动、主绕组单独作用运行的方式来工作的。

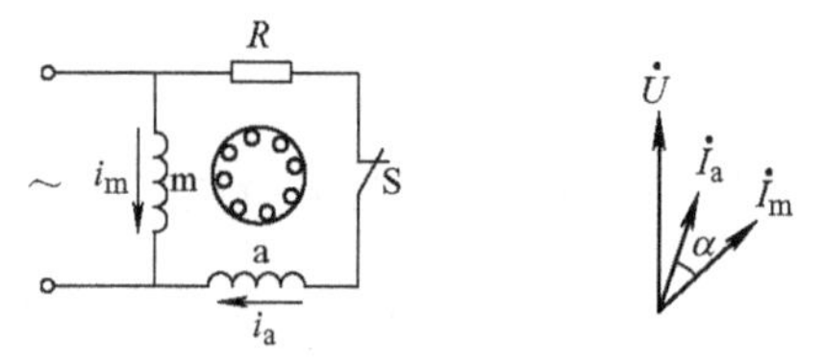

图 6-51　电阻分相起动单相感应电动机

2. 电容分相单相感应电动机

通过给辅绕组串电容（图 6-52）来改变其阻抗角，从而使主辅绕组电流 $\dot{I}_{m}$ 和 $\dot{I}_{a}$ 产生相位差。由于辅绕组串联了电容，使得 $\dot{I}_{a}$ 超前于 $\dot{U}$，而 $\dot{I}_{m}$ 总是滞后于 $\dot{U}$，所以可以使 $\dot{I}_{m}$ 和 $\dot{I}_{a}$ 间产生较大相位差，如果设计得当，可以达到对称两相电机的起动或运行效果，如图 6-52d 所示。电容分相单相感应电动机又可以分为电容起动单相感应电动机（图 6-52a）、电容运转单相感应电动机（图 6-52b）和电容起动与运转单相感应电动机（图 6-52c）等。

电容起动单相感应电动机辅绕组中串有离心开关，辅绕组只参与起动，起动后辅绕组脱离电源，由主绕组单独作用。电容运转单相感应电动机则将辅绕组和电容按长时运行方式设计，在起动和运行过程中都参与运行，本质上是单相电源供电电容分相的两相运行电动机。分析计算表明，对于同一台电动机，提高起动性能所需的电容容量要大于提高运行性能所需的电容容量，为了兼顾起动和运行性能，应在起动和运行时接入不同容量的电容。这时就要采用图 6-52c 所示的电路，起动时两个电容并联接入辅绕组，起动完毕后，通过离心开关切除一个电容。

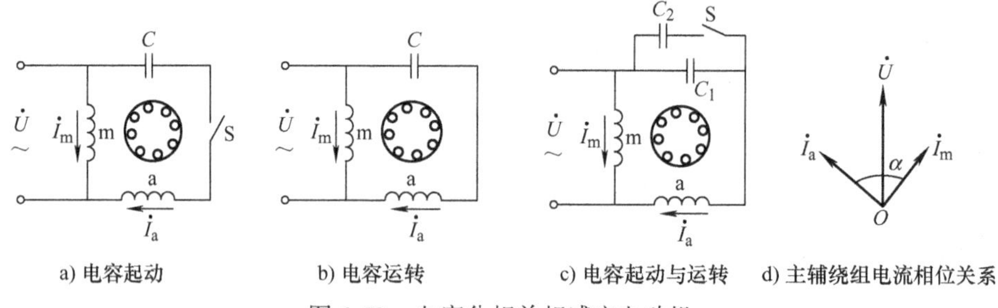

图 6-52　电容分相单相感应电动机

3. 三相感应电动机的单相运行

将三相感应电动机的定子绕组经过简单的改接，就可以在单相电源下运行。典型的接法如图6-53所示。其中图6-53a为Y联结，绕组1与绕组3串联充当主绕组m，绕组1与绕组2串联充当辅绕组a，分相电容C与绕组2串联；图6-53b为△联结，绕组1充当主绕组m，绕组2与绕组3串联充当辅绕组a，分相电容与绕组3并联。也可以按其他方法连接；图6-53c给出的例子是将绕组1充当辅绕组a，与分相电容串联，绕组2与绕组3串联充当主绕组m。一般而言，一台三相感应电动机改接成单相电容运转感应电动机后，输出功率能达到原来的65%~75%，而改接成电容起动或电阻起动单相感应电动机后，输出功率只有原来的35%~45%。

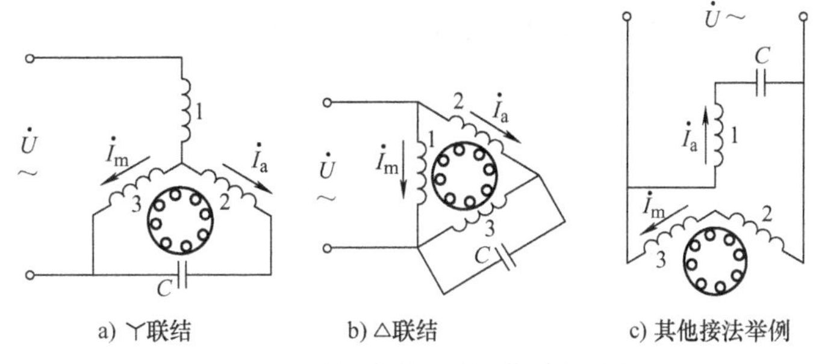

图6-53 三相感应电动机作单相运行

4. 罩极式单相感应电动机

罩极式单相感应电动机是结构最简单的一种单相感应电动机，定子采用凸极或隐极式，转子仍然采用简单的笼型转子。图6-54a给出的是4极凸极式罩极电机简图。定子有两套绕组——主绕组和辅绕组，主绕组集中绕制在凸极上，主极一侧约1/3处开有一个小槽，槽内嵌放一个短路铜环把部分磁极罩住，称为**罩极线圈**，用来充当辅绕组。

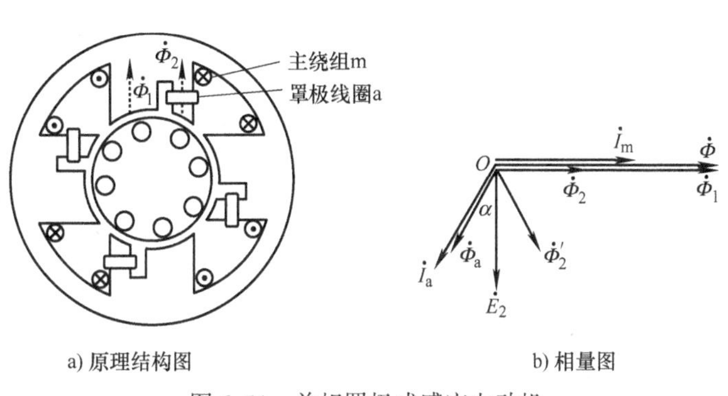

图6-54 单相罩极式感应电动机

主绕组通过单相交变电流$\dot{I}_m$时，产生的交变磁通$\dot{\Phi}$被分成两部分——不穿过短路环的$\dot{\Phi}_1$和穿过短路环的$\dot{\Phi}_2$。$\dot{\Phi}_2$在短路环中产生感应电势$\dot{E}_2$，$\dot{E}_2$滞后于$\dot{\Phi}_2$ 90°，$\dot{E}_2$在短路环中产生感应电流$\dot{I}_a$，$\dot{I}_a$滞后于$\dot{E}_2$一个角度α，$\dot{I}_a$产生磁通$\dot{\Phi}_a$，$\dot{\Phi}_a$与$\dot{\Phi}_2$合成为$\dot{\Phi}_2'$，各个量的相位关系如图6-54b所示。

可见，罩极电机中有两个正弦脉振磁通$\dot{\Phi}_1$和$\dot{\Phi}_2'$，对应两个正弦脉振磁势$\dot{F}_1$和$\dot{F}_2'$。$\dot{F}_1$和$\dot{F}_2'$在空间错开了一定的角位移，在时间上也有一个相位差，最终的合成磁势$\dot{F}$为一个椭圆形的旋转磁势。由于$\dot{F}_2'$总是滞后于$\dot{F}_1$，所以$\dot{F}$的旋转方向为由主磁极的未罩部分转向被罩部分，在图6-54a中表现为顺时针转向。

罩极电动机结构简单，但起动转矩小，可用于小型风扇、电动模型及各种轻载起动的小功率设备中。对已制成的罩极电动机来说，其转向是固定的。

6.10 等效电路模型参数的确定

等效电路是确定电动机对负载响应的得力工具。与变压器类似，通过空载试验和堵转试验（类似于变压器的短路试验）可以确定感应电动机等效电路的参数值。

1. 空载试验

空载试验的目的是确定感应电动机的励磁参数 R_m、X_m 以及铁耗 p_{Fe} 和机械损耗 p_m。试验时，转子空载，定子通过调压器接到额定频率 $f=f_N$ 的三相对称电源，其电路如图 6-55 所示。起动电动机后，通过调压器，使定子电压从约 $1.2U_N$ 下降到约 $0.3U_N$，记录端电压 U_0、空载电流 I_0 和空载功率 p_0，得到试验曲线 $I_0=f(U_1)$ 和 $p_0=f(U_1)$。

输入到电动机的功率 p_0 是空载运行时输入的总功率，包括 p_{Cu1}、p_{Fe}、p_{Cu2}、p_m 等，由于空载时的转差率 s_0 非常小（可能小到 0.001 或者更小），转子电流极小，转子铜耗可以忽略不计，所以

$$p_0=p_{Fe}+p_{Cu1}+p_m \quad 或者 \quad p_{Fem}=p_0-p_{Cu1}=p_0-3R_1I_0^2=f(U_0^2) \tag{6-117}$$

式中，$\boldsymbol{p_{Fem}=p_{Fe}+p_m}$表示铁耗和机械损耗之和。式中的功率和损耗为三相总值，其他量为每相值。

根据式(6-117) 可以绘制$\boldsymbol{p_{Fem}}$随 U_0^2 变化的关系曲线，基本上为一条直线，如图 6-56 所示。由于铁耗 p_{Fe}基本上与 U_0^2 成正比，而 p_m 在空载时基本上不变，将曲线 $p_{Fem}=f(U_0^2)$ 延长到 $U_0=0$ 处即 $p_{Fe}=0$ 处，与纵轴交点的数值即为机械损耗 p_m。

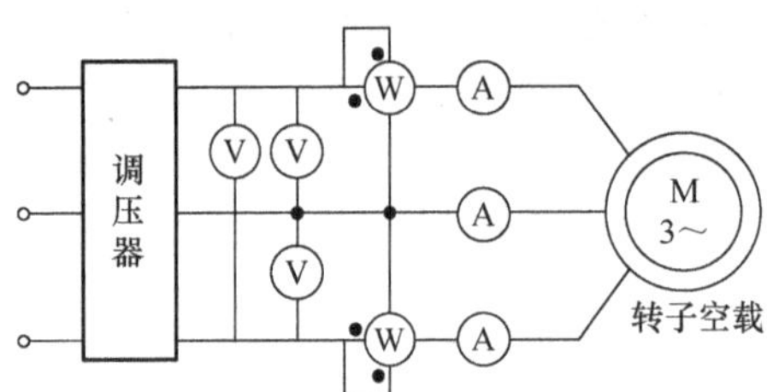

图 6-55　三相感应电动机空载试验接线图

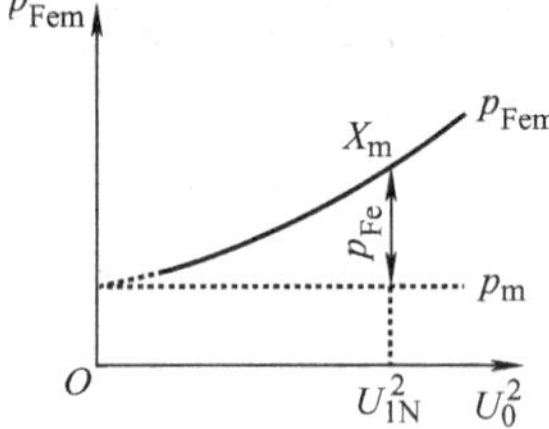

图 6-56　分离铁耗与机械损耗

在额定电压处的铁耗为

$$p_{Fe}=p_{Fem}(U_{1N}^2)-p_m \tag{6-118}$$

空载运行时，$s\approx0$，可以认为转子开路，等效电路变为如图 6-57 所示。从 p_0 中扣除掉 p_m，所余功率 $p_0-p_m=p_{Fe}+p_{Cu1}$消耗在电路中，该电路的参数为

$$\left.\begin{aligned} z_0&=U_0/I_0\\ R_0&=(p_{Fe}+p_{Cu1})/(m_1I_0^2)=R_m+R_1\\ X_0&=\sqrt{z_0^2-R_0^2}=X_m+X_{1\sigma}\end{aligned}\right\} \tag{6-119}$$

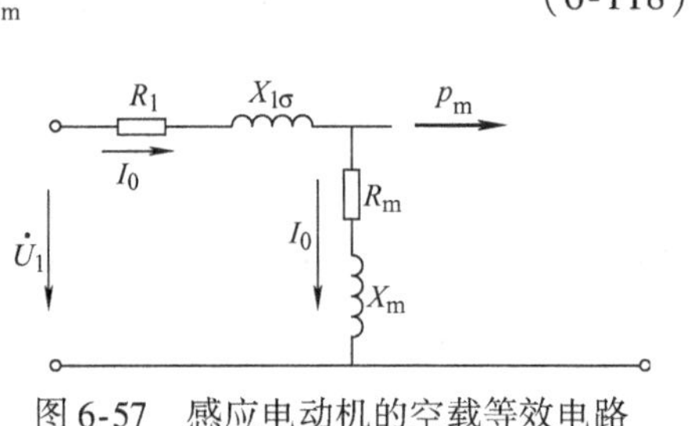

图 6-57　感应电动机的空载等效电路

据此式，可以求得等效电路中的励磁电阻和励磁电抗分别为

$$
\left.\begin{aligned}
R_m &= \frac{p_{Fe}}{m_1 I_0^2} = R_0 - R_1 \\
X_m &= X_0 - X_{1\sigma}
\end{aligned}\right\} \tag{6-120}
$$

式中，R_1 为定子每相电阻，可以通过直流试验测出；$X_{1\sigma}$为定子每相漏电抗，可以通过下面介绍的堵转试验近似测出。

2. 堵转试验

堵转试验的目的是确定感应电动机的短路阻抗，与变压器的短路试验相对应，试验接线如图6-58所示。做堵转试验时，转子被堵住不能转动，施加适当的电压，使得定子电流 $I_1 = I_{1N}$，此时对应的电压 $U_1 \approx 0.4U_{1N}$，然后逐步降低电压，记录定子电压 U_k、定子电流 I_k 和堵转功率 p_k，得到试验曲线 $I_k(U_k)$ 和 $p_k(U_k)$。

利用堵转试验数据，可以求得感应电动机堵转时的阻抗、电阻和电抗，即

$$
\left.\begin{aligned}
z_k &= U_k / I_k \\
R_k &= \frac{p_k}{m_1 I_k^2} \\
X_k &= \sqrt{z_k^2 - R_k^2}
\end{aligned}\right\} \tag{6-121}
$$

由于堵转时 $s=1$，等效电路中转子侧的附加电阻为0，相当于短路，因此其等效电路变为如图6-59所示。通常假设 $R_m = 0$，$X'_{2\sigma} = X_{1\sigma}$，基于此，由等效电路可求得

$$
\begin{aligned}
Z_k &= Z_{1\sigma} + \frac{Z_m Z'_{2\sigma}}{Z_m + Z'_{2\sigma}} = R_1 + jX_{1\sigma} + \frac{jX_m(R'_2 + jX_{1\sigma})}{jX_m + R'_2 + jX_{1\sigma}} \\
&= R_1 + jX_{1\sigma} + \frac{[R'_2 X_m^2 + jX_m(R'^2_2 + X_{1\sigma}^2 + X_m X_{1\sigma})]}{R'^2_2 + (X_{1\sigma} + X_m)^2}
\end{aligned} \tag{6-122}
$$

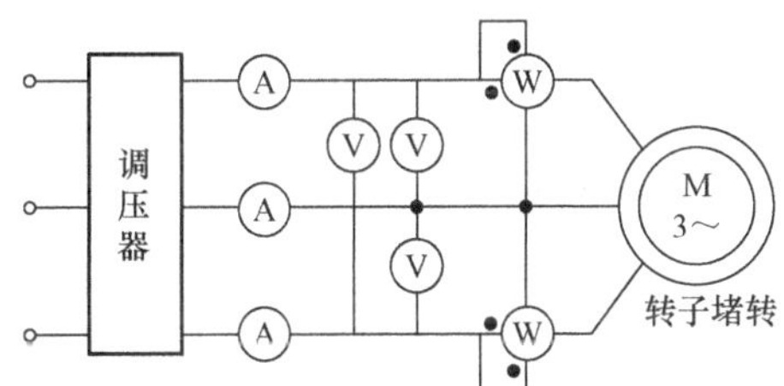

图6-58 三相感应电动机堵转试验接线图

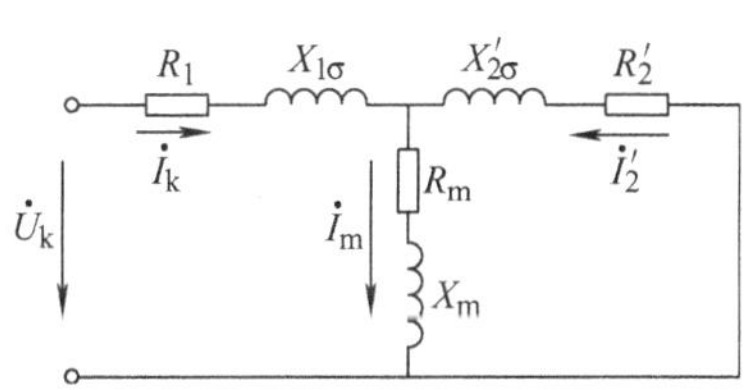

图6-59 感应电动机的堵转等效电路

所以

$$
\left.\begin{aligned}
R_k &= R_1 + \frac{R'_2 X_m^2}{R'^2_2 + (X_{1\sigma} + X_m)^2} \\
X_k &= X_{1\sigma} + \frac{X_m(R'^2_2 + X_{1\sigma}^2 + X_m X_{1\sigma})}{R'^2_2 + (X_{1\sigma} + X_m)^2}
\end{aligned}\right\} \tag{6-123}
$$

利用 $X_0 = X_m + X_{1\sigma}$，将式(6-123) 改写为

$$
\left.\begin{aligned}
R_k &= R_1 + \frac{R'_2(X_0 - X_{1\sigma})^2}{R'^2_2 + X_0^2} \\
X_k &= X_{1\sigma} + \frac{(X_0 - X_{1\sigma})(R'^2_2 + X_{1\sigma}X_0)}{R'^2_2 + X_0^2}
\end{aligned}\right\} \tag{6-124}
$$

进一步改写式(6-124) 的第 2 式为

$$X_0 - X_k = X_0 - X_{1\sigma} - \frac{(X_0 - X_{1\sigma})\ (R_2'^2 + X_{1\sigma}X_0)}{R_2'^2 + X_0^2} = \frac{X_0(X_0 - X_{1\sigma})^2}{R_2'^2 + X_0^2}$$

即

$$\frac{X_0 - X_k}{X_0} = \frac{(X_0 - X_{1\sigma})^2}{R_2'^2 + X_0^2} \tag{6-125}$$

将此式代入式(6-124) 第 1 式，可解得

$$R_2' = \frac{X_0}{X_0 - X_k}(R_k - R_1) \tag{6-126}$$

这样，根据堵转试验测出的 R_k、X_k 以及空载试验测出的 X_0，就可以利用式(6-126) 确定转子电阻的折算值 R_2'。再根据式(6-125) 可解得

$$X_{1\sigma} = X_{2\sigma}' = X_0 - \sqrt{\frac{X_0 - X_k}{X_0}(R_2'^2 + X_0^2)} \tag{6-127}$$

或者再将式(6-126) 代入式(6-127) 并化简得

$$X_{1\sigma} = X_{2\sigma}' = X_0 - \sqrt{\frac{X_0}{X_0 - X_k}[(R_k - R_1)^2 + (X_0 - X_k)^2]} \tag{6-128}$$

这样，根据实验数据 X_0、X_k、R_k、R_1，利用式(6-127) 或式(6-128) 就可以解算出定、转子漏抗值。

对于大型感应电动机，一般由于$|Z_m| \gg |Z_{2\sigma}'|$，近似计算时，可以略去励磁电流 I_m，认为整个电路由 R_1、$X_{1\sigma}$、R_2'、$X'_{2\sigma}$串联而成，于是有

$$\left.\begin{aligned} z_k &= U_k/I_k \\ R_k &= \frac{p_k}{m_1 I_k^2} = R_1 + R_2' \\ X_k &= \sqrt{z_k^2 - R_k^2} = X_{1\sigma} + X_{2\sigma}' \end{aligned}\right\} \tag{6-129}$$

假设 $X_{1\sigma} \approx X_{2\sigma}'$，则可求得

$$R_2' = R_k - R_1 \text{ 和 } X_{1\sigma} \approx X_{2\sigma}' = X_k/2 \tag{6-130}$$

例 6-7 一台三相笼型感应电动机，定子绕组为Y联结。空载试验和堵转试验数据如下：

空载试验：$U_0 = U_N = 380\text{V}$（线电压），$I_0 = 12.4\text{A}$，$p_0 = 950\text{W}$，$p_m = 150\text{W}$；

堵转试验：$U_k = 78\text{V}$（线电压），$I_k = I_N = 46\text{A}$，$p_k = 2450\text{W}$；定子每相电阻 $R_1 = 0.19\Omega$。

试求 T 形等效电路参数。

解： 堵转相电压 $U_k = U_k/\sqrt{3} = 78/\sqrt{3}\text{V} = 45.0333\text{V}$

堵转阻抗 $z_k = U_k/I_k = 45.0333/46\Omega = 0.9790\Omega$

堵转电阻 $R_k = \dfrac{p_k}{3I_k^2} = \dfrac{2450}{3 \times 46^2}\Omega = 0.3859\Omega$

堵转电抗 $X_k = \sqrt{z_k^2 - R_k^2} = \sqrt{0.9790^2 - 0.3859^2}\Omega = 0.8997\Omega$

空载相电压 $U_{01} = U_0/\sqrt{3} = 380/\sqrt{3}\text{V} = 219.3931\text{V}$

空载阻抗 $z_0 = U_{01}/I_0 = 219.3931/12.4\Omega = 17.6930\Omega$

铁耗　$p_{Fe}=p_0-3R_1I_0^2-p_m=(272-3\times0.19\times12.4^2-150)W=712.3568W$

励磁电阻　$R_m=p_{Fe}/3/I_0^2=712.3568/3/12.4^2\Omega=1.5443\Omega$

空载电抗　$X_0=\sqrt{z_0^2-(R_m+R_1)^2}=\sqrt{17.6930^2-(1.5443+0.19)^2}\Omega=17.6078\Omega$

转子电阻折算值　$R_2'=\frac{X_0}{X_0-X_k}(R_k-R_1)=\frac{17.6078}{17.6078-0.8997}(0.3859-0.19)\Omega$
$=0.2065\Omega$

定、转子漏抗　$X_{1\sigma}=X_{2\sigma}'=X_0-\sqrt{\frac{X_0-X_k}{X_0}(R_2'^2+X_0^2)}$

$$=\left[17.6078-\sqrt{\frac{17.6078-0.8997}{17.6078}(0.2065^2+17.6078^2)}\right]\Omega=0.4546\Omega$$

励磁电抗　$X_m=X_0-X_{1\sigma}=(17.6078-0.4546)\Omega=17.1532\Omega$

本章小结

三相感应电机是交流电机的一个大类，本质上属于双边激励隐极式旋转机电装置。定子上有三相对称交流绕组，接三相电源；转子上有多相对称绕组，可做成直接短路的笼型转子或有三相引出线的绕线转子。笼型转子电机结构简单、成本低、运行可靠，应用最为广泛；绕线转子电机可以通过给转子电路串入电阻或电势改善其起动和调速性能，常用在对起动和调速要求较高的场合。

作为电动机运行时，定子绕组接频率为f_1的三相电源，产生以同步转速$n_1=60f_1/p$旋转的定子磁场；转子绕组短路；机械端——转轴空载或接机械负载。定子磁场扫过转子绕组，在其中产生转子电势和电流，转子电流与定子磁场相互作用产生电磁转矩T，T为动力转矩，拖动转子以低于n_1的转速n与n_1同方向旋转，此时T与n同方向。作为发电机运行时，定子绕组接频率为f_1的三相电源；转轴上接原动机。原动机拖动转子以高于n_1的转速旋转、切割定子磁场并在转子绕组中产生电势和电流，转子电流与定子磁场相互作用产生电磁转矩T，T为阻力转矩，原动机克服T的阻碍拖动转子以高于n_1的转速与n_1同向旋转，此状态下n与n_1同向，T与n反向。作制动运行时，改变电源相序，使n_1与n反向，转子绕组逆着n_1切割定子磁场，产生很大的转子电势和电流，转子电流与定子磁场相互作用产生阻止转子旋转的电磁转矩，此时T为阻力转矩，T与n_1同向，与n反向。

感应电机一个重要的变量是转差率$s=(n_1-n)/n_1$。根据s可以计算n，并推断感应电机的运行状态。当$0<s<1$时，为电动机状态；当$s<0$时，为发电机状态；当$s>1$时为制动状态。感应电机正常运行时，转子边的一些量的值与s成正比，如$f_2=sf_1$，$X_{2\sigma s}=2\pi f_2L_{2\sigma}=s2\pi f_1L_{2\sigma}=sX_{2\sigma}$，$E_{2s}=4.44N_2f_2\Phi_1=sE_2$等。

感应电机在额定值所规定的状态下运行时，应能保证长期可靠工作，且具有良好的性能。感应电机的主要额定值有P_N、U_N、I_N、n_N、η_N、$\cos\varphi_N$、T_N等。

感应电动机定子绕组接到电源$\dot{U}_1$后，气隙空间将产生两个磁势——由定子绕组产生的以n_1旋转的定子磁势$\dot{F}_1$和由转子感应电流产生的相对于转子以转差速度Δn旋转的转子磁

势 $\dot{F}_2$。$\dot{F}_2$ 追随 $\dot{F}_1$ 同向同速旋转，产生合成磁势 $\dot{F}_m = \dot{F}_1 + \dot{F}_2$。$\dot{F}_m$ 在电机内产生主磁通 $\dot{\Phi}_1$ 和定子漏磁通 $\dot{\Phi}_{1\sigma}$，$\dot{\Phi}_1$ 和 $\dot{\Phi}_{1\sigma}$ 在定子绕组中产生主电势 $\dot{E}_1$ 和漏电势 $\dot{E}_{1\sigma} = -j\dot{I}_1 X_{1\sigma}$，再加上定子电阻压降 $\dot{I}_1 R_1$，共同平衡电源电压即 $\dot{U}_1 = -E_1 + j\dot{I}_1 X_{1\sigma} + \dot{I}_1 R_1$。主磁通 $\dot{\Phi}_1$ 同样在转子绕组中产生感应电势 $\dot{E}_{2s}$ 和转子电流 $\dot{I}_2$，$\dot{I}_2$ 流过短路的转子绕组，产生漏电势 $-j\dot{I}_2 X_{2\sigma s}$ 和电阻压降 $\dot{I}_2 R_2$ 来平衡 $\dot{E}_{2s}$ 即 $\dot{E}_{2s} = j\dot{I}_2 X_{2\sigma s} + \dot{I}_2 R_2$。转子电流 $\dot{I}_2 = \dfrac{\dot{E}_{2s}}{R_2 + jX_{2\sigma s}}$。

为了简化方程式、等效电路和相量图，通常要在保持磁势不变的原则下对转子进行频率归算和绕组归算。频率归算就是用一个静止不动的转子来等效代替实际的旋转转子，其方法是给转子电路串联一个值为 $(1-s)R_2/s$ 的附加电阻，使转子的总电阻变为 R_2/s。频率归算不改变转子电流大小以及转子绕组的结构参数，所以不影响磁势平衡和功率关系。附加电阻上消耗的电功率等于实际旋转转子所产生的总机械功率。绕组归算就是用一个与定子绕组参数$(m_1, N_1 k_{w1})$相同的绕组代替实际的转子绕组$(m_2, N_2 k_{w2})$，归算前后各物理量的关系为：$\dot{I}'_2 = \dot{I}_2/k_i$，$\dot{U}'_2 = k_e \dot{U}_2$，$\dot{E}'_2 = k_e \dot{E}_2$，$Z'_2 = k_i k_e Z_2$。经过归算，就可以写出归算后的方程式并画出感应电机的 T 形等效电路和 Γ 形等效电路。等效电路的参数可以用空载试验和短路试验测出。

感应电机属于旋转设备，功率消耗主要有铁耗、铜耗和机械损耗。铁耗主要发生在定子铁心中，其大小由磁通决定，而磁通由电源电压决定，正常运行的感应电机电源电压基本不变，所以铁耗基本不变；机械损耗受转速影响较大，感应电机正常运行时，转速变化很小，所以机械损耗也基本不变；铜耗包括定子铜耗和转子铜耗，随负载变化而变化，与电流的二次方成正比，属于可变损耗。从电源输入的电功率 P_1 扣除掉定子铜耗 p_{Cu1} 和 p_{Fe} 后，其余功率通过电磁感应传递到转子侧，称为电磁功率 $P_M = P_1 - p_{Cu1} - p_{Fe}$；$P_M$ 的一部分被转子电路以铜耗 $p_{Cu2} = sP_M$ 的形式消耗了，另一部分 $P_\Omega = (1-s)P_M$ 便是由电功率转化而来的总机械功率；P_Ω 又分成两部分，一部分为内部机械损耗 p_m（包括附加损耗 p_Δ），其余部分作为输出功率 $P_2 = P_\Omega - (p_m + p_\Delta)$ 驱动机械负载做功。在等效电路中，$P_M = m_1 I'^2_2 R_2/s$，$p_{Cu2} = m_1 I'^2_2 R_2$，$p_\Omega = m_1 I'^2_2 R_2(1-s)/s$，三者的比例为 $1:s:(1-s)$。

感应电动机的电磁转矩表达式包括功率表达式 $T = P_\Omega/\Omega = P_M/\Omega_1$、电磁表达式 $T = C_T \Phi_1 I'_2 \cos\varphi_2$ 和参数表达式 $T = \dfrac{1}{\Omega_1} \dfrac{m_1 U_1^2 \dfrac{R'_2}{s}}{\left(R_1 + \dfrac{R'_2}{s}\right)^2 + (X_{1\sigma} + X'_{2\sigma})^2}$。三种表达式相互补充，各有用途。感应电动机的机械特性以 $n = f(T)$ 或 $T-s$ 曲线的形式来表示。

分析 $T-s$ 曲线可以得到，三相感应电动机起动转矩

$$T_{st} = \frac{m_1 U_1^2}{\Omega_1} \frac{m_1 U_1^2 R'_2}{(R_1 + R'_2)^2 + (X_{1\sigma} + X'_{2\sigma})^2}$$

最大转矩

$$T_{max} = \frac{m_1 U_1^2}{\Omega_1} \frac{1}{2[R_1 + \sqrt{R_1^2 + (X_{1\sigma} + X'_{2\sigma})^2}]}$$

临界转差率
$$s_m = \frac{R_2'}{\sqrt{R_1^2 + (X_{1\sigma} + X_{2\sigma}')^2}}$$

通过 $T-s$ 曲线还可以确定电动机稳定运行的区间为 $0 < s < s_m$。还可以看出，最大转矩的值与转子电阻无关，但对应的 s_m 与转子电阻阻值成正比。据此可以得到使起动转矩最大化的方法，增大转子电阻，使 $s_m = 1$，即给转子每相串入电阻 $R_p' = \sqrt{R_1^2 + (X_{1\sigma} + X_{2\sigma}')^2} - R_2'$。另外电磁转矩与电压的二次方成比例，这为调压调速和判断能否采用减压起动提供了依据。

感应电动机的主要工作特性包括 $s = f(P_2)$，$T_2 = f(P_2)$，$\eta = f(P_2)$，$I_1 = f(P_2)$，$\cos\varphi_1 = f(P_2)$ 等，要分析理解各个曲线的形状和意义。

通常情况下，感应电动机直接起动时起动电流大而起动转矩并不大。由于转矩与电压的二次方成正比，所以在对起动转矩要求不大的场合可对笼型转子感应电动机采用减压起动，包括定子串电阻（电抗）、Y-△换接开关、自耦变压器减压和软起动等方法。要注意分析各种减压起动时起动电流和起动转矩的变化。绕线转子感应电动机可采用转子串电阻起动，包括多级金属电阻起动器和频敏变阻器等。还可以设计深槽式和双笼型感应电动机以提高起动性能。要理解各种起动方法的工作原理。

可以有多种方法改变感应电动机的转速。如笼型感应电动机的变极调速、调压调速、变频调速；绕线转子感应电动机的转子串电阻调速、串级调速等，要分析理解各种调速方法的特点、工作原理等。

感应电机有两种发电运行方式——并网发电和独立发电。并网发电的特点是并网手续简单，缺点是要从电网吸收无功电流，降低了电网功率因数。独立发电也称自励发电，必须借助于励磁电容维持励磁电流，要理解自励感应发电机的自励条件和自励过程。

以绕线转子感应电机为本体，可以构建双馈感应发电系统。其定子直接与电网连接，转子通过变流器与电网连接。变流器可以向转子提供频率、相位、大小均可调的电流，可以使系统运行在亚同步或超同步状态，实现定子和转子双通道与电网交换能量。

单相感应电动机能在单相电源下运行。其定子绕组分裂成主、辅两个绕组，起动时，主辅绕组共同作用，运行时主绕组单独或与辅绕组共同作用。可以采用电阻或电容分相，构成所谓的单相电阻分相起动、电容分相起动、电容运转、电容起动与运转感应电动机；也可以采用罩极的方法分相，构成所谓的单相罩极感应电动机。

思 考 题

6-1　感应电机有哪几种运行状态？各运行状态下同步转速 n_1、转子转速 n 以及电磁转矩 T 三者的关系是怎样的？

6-2　为什么感应电动机的转速一定低于同步转速，而感应发电机的转速必须高于同步转速？如果转轴上不施加外力，感应电机的转速能够达到或超过同步转速吗？

6-3　简述三相感应电动机基本结构。

6-4　感应电动机按转子结构分为哪两类？各有什么优点？

6-5　笼型转子导体与铁心槽之间是否有绝缘？为什么？

6-6　笼型转子绕组的极数、相数、绕组系数、每相串联匝数、每相并联支路数分别应如何确定?

6-7　气隙的长度对感应电动机的励磁电流和功率因数有何影响?

6-8　为什么感应电动机励磁电流与额定电流的比值远大于变压器的这一值?

6-9　什么是感应电机的转差率?如何根据转差率推断感应电动机的运行状态?

6-10　通常情况下，感应电动机额定转差率在什么范围?如果已知电源频率为 50Hz，怎样根据额定转速推断同步转速和电机的极对数?

6-11　什么是转差频率?感应电动机的转子频率为什么等于转差频率?

6-12　试证明：稳定运行时，感应电机定子绕组产生的旋转磁势与转子绕组产生的旋转磁势相对静止。

6-13　转子转速对感应电动机的转子频率、转子电势、转子漏电抗有什么影响?

6-14　转子转速对感应电动机的转子电流和转子功率因数有什么影响?

6-15　为什么空载和堵转时，感应电动机的功率因数都很小?

6-16　写出感应电动机的定子和转子电势平衡方程式。

6-17　写出感应电动机转子电流和转子功率因数的计算式。

6-18　怎样理解感应电动机的磁势平衡?什么是定子电流中的负载分量和励磁分量?

6-19　感应电动机定、转子绕组之间没有电路连接，为什么转子电流的变化会影响到定子电流?如何影响?

6-20　什么是感应电动机的频率归算和绕组归算?归算时必须遵循什么原则?

6-21　感应电机绕组归算与变压器的绕组归算有何不同?

6-22　感应电动机等效电路中的附加电阻 $(1-s)R_2'/s$ 的物理意义是什么?

6-23　感应电动机在额定电压运行，从空载到满载再到短路，主磁通和漏磁通是否变化?等效电路参数 $X_{1\sigma}$、$X_{2\sigma}'$、R_{m}、X_{m}是否变化?如何变化?

6-24　试定性绘制感应电动机的相量图。

6-25　简述感应电动机的功率流程。

6-26　通过电磁感应传递到转子侧的电磁功率 P_{M}与转子铜耗 P_{Cu2}及总机械功率 P_{Ω}三者有什么样的比例关系?

6-27　感应电动机的电磁转矩有哪些计算式?各有什么特点?

6-28　什么是感应电机的机械特性?试绘制之，并标出制动、电动、发电运行对应的区间。

6-29　给出感应电动机稳定运行对应的转差率区间。

6-30　如何求感应电动机的最大转矩和临界转差率?如何求起动转矩?

6-31　什么电抗对感应电动机的最大转矩及起动转矩起主要影响?

6-32　为什么感应电动机的起动电流很大而起动转矩并不大?

6-33　电压降低对感应电动机的机械特性曲线的形状有何影响?试画图说明。

6-34　什么是感应电动机的过载能力、起动电流倍数、起动转矩倍数?

6-35　转子电阻、定子电阻、定子漏抗、转子漏抗分别增加时，感应电动机的起动电流、起动转矩、最大转矩、临界转差率分别如何变化?

6-36　一台 50Hz 的感应电动机接到相同电压 60Hz 的电源上运行，其起动电流、起动转矩以及最大转矩分别如何变化？

6-37 什么是感应电动机的功率因数？功率因数特性有怎样的变化规律？试解释之。

6-38 为什么空载运行时，感应电动机转子边的功率因数很高而从定子边看进去的功率因数却很低？

6-39 感应电动机的主要性能指标有哪些？

6-40 简述感应电动机的主要起动方法。

6-41 欲使绕线转子感应电动机的起动转矩达到最大值，每相转子电路应串入多大电阻？

6-42 解释绕线转子感应电动机转子串频敏变阻器起动的工作原理。

6-43 起动电流指的是什么电流？试分析笼型感应电动机采用各种减压起动法时，起动电流对全压起动电流的比值，以及起动转矩对全压起动转矩的比值。

6-44 为什么笼型转子感应电动机的减压起动只适合于对起动转矩要求不高的场合？

6-45 在绕线转子感应电动机转子电路中串电阻起动，既可以提高最初起动转矩，又能够减少最初起动电流，这是什么原因？串电抗或电容起动，是否也有同样效果？起动电阻不加在转子电路，而串联在定子电路中，是否也可以达到同样的效果？

6-46 两台相同的感应电动机，转轴机械耦合在一起，如果起动时将它们的定子绕组串联以后接在电网上，起动完毕后再改接成并联，试问这种起动方式对最初起动电流和转矩有怎样的影响？

6-47 某一笼型感应电动机的转子，绕组的材料原来为铜条，今因转子损坏而改用一结构形状及尺寸相同的铸铝转子，试问这种改变对电机的工作和起动性能有何影响？

6-48 简述深槽式感应电动机和双笼型感应电动机改善起动性能的原理。

6-49 感应电动机有哪些调速方法？

6-50 变极调速时为什么要求在变极的同时要改变三相电源的相序？

6-51 为什么调压调速不大适合于恒转矩负载而比较适合于泵类负载？

6-52 驱动恒转矩负载的绕线转子感应电动机转子串电阻调速时，转速与转子电阻有什么样的对应关系？

6-53 一台绕线转子感应电动机，如果将定子三相绕组短接，并且通过集电环向转子三相绕组通入三相对称电流，转子旋转磁场若为顺时针方向，这时电动机能否转动？转向如何？

6-54 一台绕线转子感应电动机，如果在它的定子绕组上接50Hz三相电源，转子绕组上接20Hz三相电源，定、转子均产生旋转磁场，假定：（1）定、转子磁场旋转方向相同；（2）定、转子磁场旋转方向相反，问转子是否会旋转？如果转子能旋转，转速及转向怎样确定？

6-55 简述绕线转子感应电动机串级调速的原理。

6-56 绕线转子感应电动机串级调速与转子串电阻调速相比较，功率流向有何不同？

6-57 变频调速在基频以下调速时有哪些控制方式？相应的机械特性变化规律有什么不同？

6-58 变频调速采用恒压频比控制，当频率较低时为什么要采取定子电压补偿措施？

6-59 基频以上采取恒压变频调速时，感应电动机的机械特性如何变化？

6-60　并网运行三相感应发电机有什么特点?

6-61　独立运行的感应发电机是怎样自励的?

6-62　什么是双馈感应发电机? 它有哪几种运行方式?

6-63　单相感应电动机有哪些分相方法?

6-64　从物理概念上说明单相感应电动机主绕组单独作用时没有起动转矩的理由。

6-65　如何改变单相电容感应电动机的旋转方向?

6-66　如何通过实验测定三相感应电动机等效电路的参数?

6-67　画出空载和堵转运行时，三相感应电动机的等效电路。

6-68　在负载转矩不变的条件下，如果把外施电压略微提高或降低，电动机的运行情况（$P_1, P_2, n, \eta, \cos\varphi_1$）会发生怎样的变化?

6-69　某感应电动机带动一鼓风机运行，当鼓风机的机械特性为图6-60中曲线1时，工作点A是否能稳定运行? 如果鼓风机的机械特性为曲线2，工作点B是否能稳定运行?

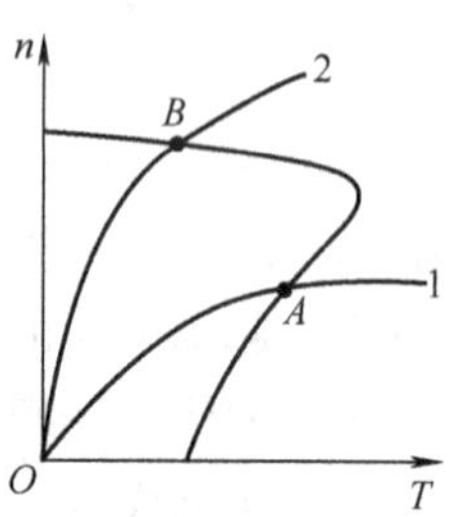

图6-60　思考题6-69图

习　　题

6-1　一台三相50Hz感应电动机，已知额定数据有$P_N = 300\text{kW}$，$n_N = 982\text{r/min}$，$U_N = 2000\text{V}$，$I_N = 107\text{A}$，$\cos\varphi_N = 0.87$。试求:

（1）电动机同步转速和极数是多少?

（2）起动瞬间、理想空载和额定负载下的转差率分别是多少?

（3）额定负载下的效率是多少?

6-2　有一台三相4极笼型转子感应电动机，定子绕组为Y联结。已知额定数据：$P_N = 10\text{kW}$，$U_N = 380\text{V}$，$I_N = 19.7\text{A}$；定子参数$R_1 = 0.488\Omega$，$X_{1\sigma} = 1.2\Omega$，$N_1 = 114$匝，$k_{w1} = 0.902$；转子参数$R_2 = 0.135 \times 10^{-3}\Omega$，$X_{2\sigma} = 0.44 \times 10^{-3}\Omega$，$Z_2 = 42$；励磁参数$R_m = 3.72\Omega$，$X_m = 39.5\Omega$；机械损耗$p_m = 140\text{W}$，转差率$s = 0.358$。

（1）求定、转子之间的阻抗变比；（2）绘出T形等效电路；（3）求输入功率、输出功率和效率。

6-3　一台三相感应电动机，定子绕组为△联结，已知数据有$U_N = 380\text{V}$，$f_1 = 50\text{Hz}$，$n_N = 1455\text{r/min}$。每相参数：$R_1 = 1.375\Omega$，$R_2' = 1.047\Omega$，$R_m = 8.34\Omega$，$X_{1\sigma} = 2.43\Omega$，$X_{2\sigma}' = 4.4\Omega$，$X_m = 82.6\Omega$。额定负载时机械损耗和附加损耗之和$p_m + p_\Delta = 205\text{W}$。

（1）绘出Γ形等效电路;

（2）用Γ形等效电路求额定负载时的定子电流、功率因数、输入功率和效率。

6-4　一台三相6极绕线转子感应电动机，定、转子绕组均为三相Y接法。已知额定数据有$P_N = 150\text{kW}$，$U_N = 500\text{V}$，$f_N = 50\text{Hz}$，$n_N = 979\text{r/min}$；定子参数$R_1 = 0.0302\Omega$，$X_{1\sigma} = 0.123\Omega$，$N_1 = 40$，$k_{w1} = 0.926$；转子参数$R_2 = 0.091\Omega$，$X_{2\sigma} = 0.090\Omega$，$N_1 = 30$，$k_{w1} = 0.957$；励磁参数$R_m = 0.365\Omega$，$X_m = 5.3\Omega$。试求:

（1）求满载时的转差率；（2）用Γ形等效电路求定、转子电流和励磁电流;

（3）求出满载时转子每相电势E_{2s}的有效值和频率；（4）求出总机械功率。

6-5　一台6极60Hz三相感应电动机，定子绕组为Y联结。已知数据有$P_N=20kW$，$U_N=460V$；等效电路参数$R_1=0.271\Omega$，$R_2=0.188\Omega$，$X_{1\sigma}=1.12\Omega$，$X'_{2\sigma}=1.91\Omega$，$X_m=23.10\Omega$，假设$p_m+p_\Delta=320W$且保持不变。当电机的转差率$s=0.025$时，不计铁耗。试求：（1）转速；（2）定子电流、功率因数和输入功率；（3）输出功率、输出转矩及效率。

6-6　一台4极三相感应电动机，额定功率$P_N=5.5kW$。已知在某状态运行时，$P_1=6.32kW$，$p_{Cu1}=341W$，$p_{Cu2}=237.5W$，$p_{Fe}=167.5W$，$p_m=45W$，$p_\Delta=29W$。试计算：（1）电磁功率、总机械功率和输出功率；（2）转速；（3）电磁转矩、空载转矩和输出转矩。

6-7　一台4极三相感应电动机，定子绕组为△联结。已知数据有$P_N=10kW$，$U_N=380V$，$n_N=1455r/min$，$R_1=1.375\Omega$，$R'_2=1.047\Omega$，$X_{1\sigma}=2.43\Omega$，$X'_{2\sigma}=4.4\Omega$，$R_m=8.34\Omega$，$X_m=82.6\Omega$。试求：（1）额定电磁转矩；（2）最大电磁转矩；（3）临界转差率及对应的转速；（4）过载能力。

6-8　一台4极60Hz三相绕线转子感应电动机，定子绕组为Y联结，已知数据有$U_N=460V$，$R_1=0.641\Omega$，$R'_2=0.332\Omega$，$X_{1\sigma}=1.106\Omega$，$X'_{2\sigma}=0.464\Omega$。试求：（1）起动转矩、最大转矩及临界转差率；（2）转子电阻加到原电阻的多少倍时，才能使起动转矩等于最大转矩？

6-9　一台4极三相绕线转子感应电动机，定子绕组为△联结，已知数据有$P_N=50kW$，$U_N=380V$，$f_N=50Hz$。如果转子短路，则驱动额定负载转矩时的转速$n_N=1447r/min$；如果转子电路每相串入$R_p=0.9\Omega$的纯电阻，则驱动额定负载转矩时的转速$n=1415r/min$。计算电动机本身的转子每相电阻值。

6-10　一台8极绕线转子三相感应电动机，定子绕组为Y联结，已知数据有$U_N=380V$，$f_1=50Hz$，$n_N=700r/min$；等效电路的参数$R_1=R'_2=0.08\Omega$，$X_{1\sigma}=X'_{2\sigma}=0.35\Omega$。试求：

（1）最初起动电流和最初起动转矩（不计励磁电流）；

（2）若要限制最初起动电流为（1）中的一半，则转子绕组中每相应串入多大电阻？（设$k_e=k_i=1$）

6-11　一台4极三相感应电动机，定子绕组为△联结。已知数据有$P_N=28kW$，$U_N=380V$，$\eta_N=90\%$，$\cos\varphi_N=0.88$；全压起动时，电网供给的线电流为额定电流的5.6倍。今改用Y-△起动，求电网所供给的线电流。

6-12　一台三相4极感应电动机，定子绕组为△联结。已知数据有$U_N=380V$，$R_m=1\Omega$，$X_m=6\Omega$，$R_1=R'_2=0.075\Omega$，$X_{1\sigma}=X'_{2\sigma}=0.3\Omega$，$n_N=1480r/min$。现采用自耦变压器减压起动，自耦变压器的电压比为$k_a=\sqrt{3}$，试求：（1）电动机本身的每相起动电流；（2）电网供给的线电流；（3）起动转矩。

6-13　一台4极绕线转子三相感应电动机，已知数据有$f=50Hz$，$n_N=1450r/min$，转子电阻$R_2=0.02\Omega$。若维持负载转矩为额定转矩不变，今给转子每相串联一个$R_p=10R_2$的电阻。试求：（1）稳定后的转速为多少？（2）此时转子电流与原转子电流的比值为多少？

6-14　一台6极绕线转子三相感应电动机，已知有数据$P_N=100kW$，$f=50Hz$，$n_N=980r/min$。假设空载转矩为额定输出转矩的1%且不变。保持负载转矩不变，在转子电路中接入电阻，将转速下调至750r/min，求消耗在接入电阻上的功率。

6-15　一台4极绕线转子三相感应电动机，$P_N=155kW$，转子每相电阻$R_2=0.012\Omega$。

已知在额定负载下转子铜耗为 $p_{Cu2}=2210W$，机械损耗为 $p_m=2640W$，附加损耗 $p_\Delta=310W$，试求：（1）额定转速及电磁转矩；（2）若保持电磁转矩为额定值不变，而将转速降到 1260r/min，应该在转子每相中串入多大的电阻？此时转子铜耗是多少？

6-16　一台三相笼型感应电动机，定子绕组为Y联结。空载试验和堵转试验数据如下：
空载试验：$U_0=U_N=380V$（线电压），$I_0=3.38A$，$p_0=272W$，$p_m=60W$；
堵转试验：$U_k=95V$（线电压），$I_k=I_N=6.7A$，$p_k=357W$；定子每相电阻 $R_1=1.73\Omega$。
试求 T 形等效电路参数。

第7章 同步电机

同步电机是一种应用极为广泛的交流旋转电机，现代电网中流动的巨量电能绝大部分由同步发电机提供。同步电机有三种主要的运行方式，即作为**发电机**、**电动机**和**调相机**运行。作为发电机运行是同步电机最主要的运行方式，另外作为电动机和调相机运行的同步电机在工矿企业和电力系统中也得到了较为广泛的应用。

同步发电机与供给其机械能的**原动机**共同构成同步发电机组。不同型式的原动机要求不同型式的发电机与其相配套。最典型的原动机有**汽轮机**、**水轮机**和**风力机**等，与之相配套的发电机分别称为**汽轮发电机**、**水轮发电机**和**风力发电机**等。

对于某些有恒速要求的生产机械，可采用同步电动机作为动力。同步调相机可以向电网发出无功功率，改善电网的功率因数或调整电网电压。

本章以同步发电机为主线展开讨论，重点阐述同步电机的结构、性能、分析方法、试验和操作方法等。

7.1 同步电机的结构和励磁方式

乌东德水电站

7.1.1 同步电机的两种磁极结构

同步电机和其他类型的旋转电机一样，由定子和转子两大部分组成。其最基本的部件有两个：①用来产生磁场的**磁极**；②用来切割磁力线、实现机电能量转换的**电枢绕组**。这两个基本部件之间应该具有相对运动，才能通过电枢绕组切割磁力线来实现机电能量转换。如果磁极位于转子上，电枢绕组位于定子上，就构成所谓**转场式同步电机**；反过来，如果磁极装在定子上而电枢绕组位于转子上，就称为**转枢式同步电机**。

最常见的是转场式同步电机，其定子绕组嵌装在圆筒形定子铁心内圆的槽内，铁心连同绕组合称**电枢**。成对的磁极位于转子上，通过给**励磁绕组**加励磁电流来激励磁场或直接采用永磁体来产生磁场。励磁电流采用直流电，在电机的气隙圆周空间产生极性交替的分布磁场，称为**励磁磁场**（也称为主磁场、转子磁场、空载磁场等）。励磁绕组装在转子上能大大减轻**电刷**和**集电环**的负荷，从而改善电机的工作条件，因此，中大型同步电机绝大多数采用转场式结构；转枢式结构只在小容量或特殊用途的同步电机中采用。图7-1给出了转场式2极同步电机的模型结构，图中用AX、BY、CZ三个在空间相互错开120°（电角度）分布的三个等效线圈代表**三相对称交流绕组**。

如第3章所述，从外观上看，同步电机的磁极分为两种型式，即**凸极**和**隐极**。以最常见的转场式同步电机为例，如果转子铁心上有明显伸出的磁极（参看图7-1a），则该转子就是**凸极转子**，相应的采用凸极转子的同步电机就称为**凸极同步电机**；如果从外观上看，转子铁心上没有凸出的磁极，整个转子铁心是圆柱体，则该转子就是**隐极转子**，相应的采用隐极转子的同步电机就称为**隐极同步电机**。凸极转子结构工艺简单，其磁极形式与直流电机的主磁极类似，适合于极数较多（$p \geqslant 2$）的同步电机。隐极转子一般都用整块合金钢锻造而成，在转子圆柱外圆的每个极距内，约2/3部分铣出凹槽，将励磁绕组嵌放在这些槽中，另有约1/3不开槽的部分形成所谓的“大齿”，充当主磁极即N、S极，如图7-1b所示。

隐极电机通常被看作**均匀气隙电机**，分析起来比较简单；而凸极电机则由于沿电枢圆周气隙长度不均匀而形成所谓的**凸极效应**，分析起来稍显复杂。

两种磁极结构都可以产生沿气隙圆周极性交替的分布磁场，当磁极与电枢绕组之间有相对运动时，都会在电枢每相绕组中感应出交流电势，电势的频率为

$$f_1 = \frac{pn_1}{60} \tag{7-1}$$

式中，p 为极对数；n_1 为磁极与电枢绕组之间的相对转度。基波相电势的有效值为

$$E_0 = 4.44 N_1 f_1 k_{w1} \Phi_f \tag{7-2}$$

式中，N_1 为电枢绕组每相串联匝数；k_{w1} 为电枢绕组的分布系数；Φ_f 为每个磁极所产生的穿过气隙的基波主磁通。

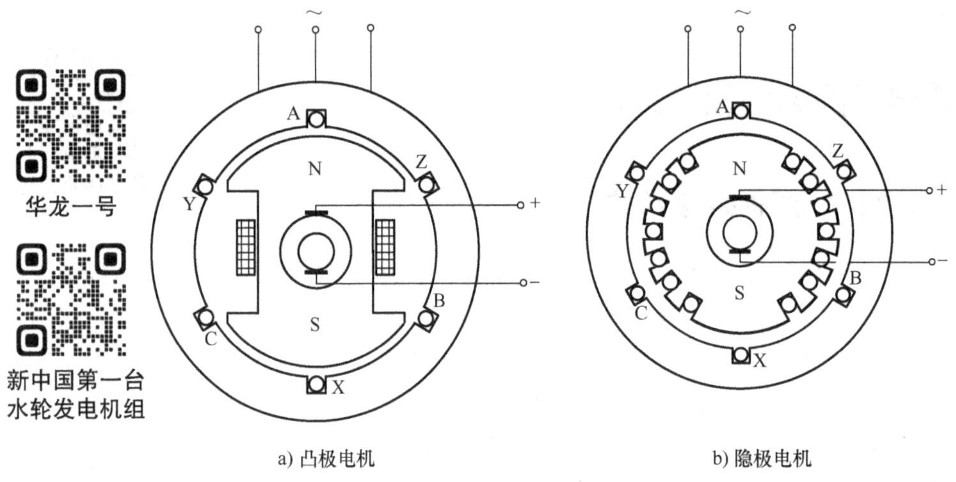

a) 凸极电机　　b) 隐极电机

图7-1　转场式同步电机原理图

感应电势随时间变化的波形相似于磁通密度沿气隙圆周的分布波形，做一般分析时只考虑基波磁通密度，所以可以认为感应电势的波形是正弦波。

7.1.2　同步发电机的结构特点

最常见的转场式同步电机是由**定子**（机座、铁心、电枢绕组等）和**转子**（铁心、励磁绕组、阻尼绕组、护环、中心环、风扇、集电环等）以及端盖、轴承、刷架和底板等部件组成。以下对最常用的汽轮发电机和水轮发电机的结构特点做简单介绍。

1. 汽轮发电机

定子铁心用硅钢片叠压而成，小型电机定子冲片采用整块圆冲片，而中大型（外径大

于1m）电机定子冲片由若干扇形冲片拼合而成。沿轴向每叠一定厚度（3~6cm）就留出一段空隙（0.8~1cm），作为**径向通风槽**。整个定子铁心用**非磁性压板**压紧，并固定在**机座**内。**定子绕组**为三相对称交流绕组，可以是单层或者双层。为了便于下线，定子槽一般采用开口槽。定子绕组嵌放到槽内后，要用**槽楔**封住槽口。定子绕组通常采用等元件绕组，其端接部分向后弯曲20°~30°，整个绕组伸出槽外的部分形成喇叭状圆锥形。圆锥形外表面套上几个**箍环**，箍环再用**托架**支撑，并利用**垫块**、**黏结剂**等使整个端接部分形成坚固的整体。图7-2为汽轮发电机定子照片，从中可以看出定子绕组端部形状以及紧固情况。

汽轮发电机与**汽轮机**相配套，通常运行在高速状态，是火电厂和核电站的主发电设备。为了配合汽轮机的高转速，汽轮发电机通常采用2极隐极转子结构。大容量50Hz汽轮发电机的同步转速为3000r/min，转子线速度可高达150~180m/s，会产生巨大的离心力，限制了转子外径尺寸（约为1m）。为了增加单机容量，只能加长转子，所以大型汽轮发电机的转子从外观上看属于“细长”形，转子铁心的**长径比**(长度与直径的比值）为2~6。从工艺和运行考虑，这种细长转子的汽轮发电机制成隐极并按**卧式**安装运行比较有利。所以火电厂的汽轮发电机通常是2极的卧式隐极同步电机；核电站的汽轮发电机通常为2极（称为**全速机**）或4极（称为**半速机**）的卧式隐极同步电机。图7-3为正在加工中的汽轮发电机转子照片；图7-4所示为汽轮发电机转子外观示意图；图7-5所示为2极汽轮发电机转子铁心横截面示意图。

图7-2　汽轮发电机定子照片

图7-3　汽轮发电机转子照片

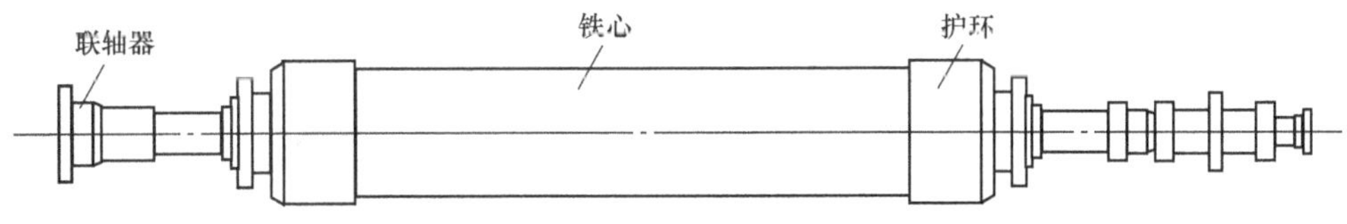

图7-4　汽轮发电机转子外观示意图

转子中段较粗的部分称为**转子本体**，其表面有铣出的凹槽，励磁绕组被固定在这些槽中，槽口用槽楔封住，大齿的中线即为转子磁极的中心线。在槽楔与导体之间，放有一细长的**铜片**，各槽内的铜片都连接到转子两端的**短路环**上，形成一个类似于“笼型绕组”的短路绕组，称为**阻尼绕组**。当电机发生机械振荡时，阻尼绕组会产生感应电流并形成阻尼转矩，使振荡减弱。由于转子铁心为整块钢，所产生的涡流也能起到阻尼作用，所以现代汽轮发电机已很少另外装设阻尼绕组了。

转子本体两端伸出的部分就是**转轴**，与汽轮机相连的一端称为**汽机端**，与励磁机相连的一端称为**励磁端**。转轴两端通常装有供内部通风用的**风扇**。

转子励磁端装有**集电环**，励磁绕组的两个出线端通过集电环与**电刷**之间的滑动接触连接到**励磁电源**。

轴承是支撑整个转子的部件，通常采用滑动轴承，并用高压油进行润滑和冷却。

由于汽轮发电机的机身细长，电机中段通风困难，所以汽轮发电机的通风和**冷却系统**比较复杂。

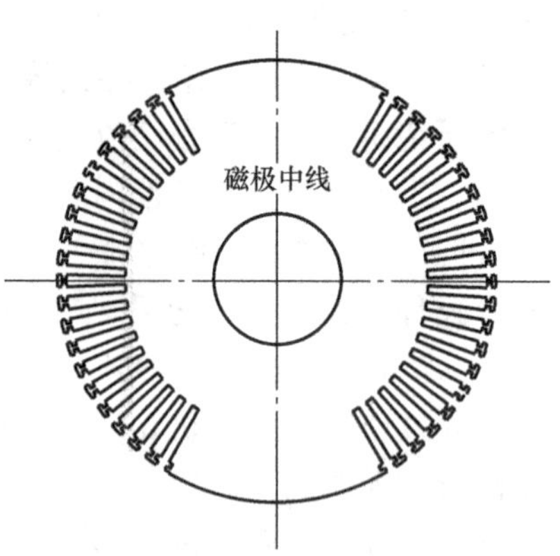

图 7-5 汽轮发电机转子铁心横截面示意图

2. 水轮发电机

水轮发电机是由**水轮机**驱动的，为了适应水轮机低转速和磁极制造工艺的要求，水轮发电机必须采用多极的凸极转子结构。凸极电机在结构和安装形式上有**卧式**和**立式**之分，内燃机或冲击式水轮机拖动的发电机以及大多数同步电动机和调相机采用卧式结构；最常见的低速大容量水轮发电机则采用立式结构。

大型立式水轮发电机的特点是直径大、长度短，定子铁心的外径和长度之比可达 5 ~7 或更大，如图 7-6 给出的照片所示。定子冲片一般采用扇形冲片，当铁心外径大于 3m 时，先做成**分瓣**定子，再装配成整体定子。

磁极通常由厚度为 1 ~2mm 的钢片叠成，在极身上绕有集中的励磁绕组。凸极转子的**极靴**上有槽，在槽中插入圆形的**阻尼铜条**，两端与铜质**阻尼端环**连接，形成**阻尼绕组**（或**起动绕组**），发电运行时阻尼绕组能抑制电磁和机械振荡；电动或调相运行时，阻尼绕组作为起动绕组，产生起动转矩。图 7-7 为凸极转子局部示意图，图中主磁极与**磁轭**之间采用 T 形连接。

图 7-6 水轮发电机转子照片

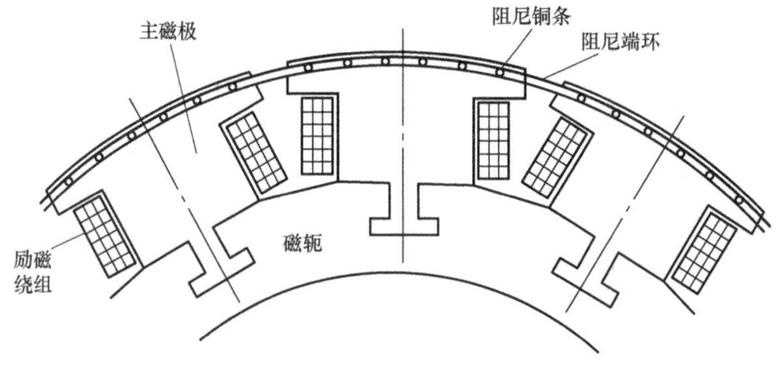

图 7-7 水轮发电机主磁极和阻尼绕组示意图

按照**推力轴承**的放置位置，立式水轮发电机组又分为**悬吊式**和**伞式**两种基本型式。悬吊式的推力轴承放在上机架的上部或中部，机组的转子重量全部悬吊在上部，通过推力轴承和上机架传递到机座和地基上，如图7-8a所示。伞式结构的推力轴承则放在下机架或水轮机顶盖上，通常把转子轴辐做成伞状，以降低重心，增加稳定性，如图7-8b所示。悬吊式的优点为：当转速较高及长径比较小时，运行稳定。伞式的优点为：负重机架的尺寸较小，可降低厂房高度，但机械稳定性稍差，故主要用于低速水轮发电机中。当转速较高时，从减小振动和增加稳定性考虑，宜采用悬吊式。

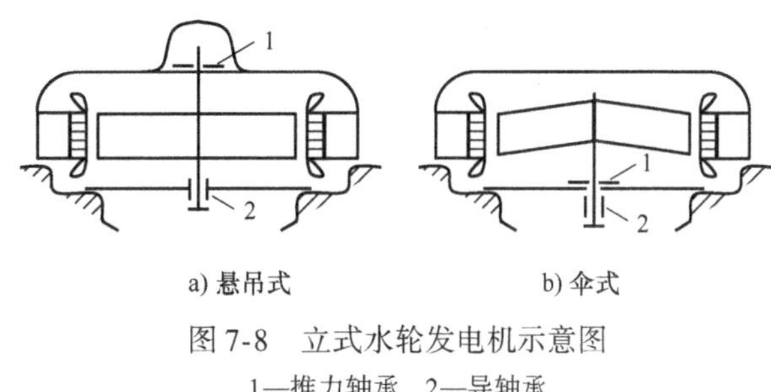

图7-8　立式水轮发电机示意图
1—推力轴承　2—导轴承

推力轴承必须承受整个机组转动部分（包括发电机转子和水轮机转子）的全部重量以及水流的冲压，所以载重极大，是水轮发电机组中的核心部件之一。

另外，由于水轮发电机形似扁盘，通风并不困难，一般不需要密封系统，冷风可以从下面送入，从上面排出。

7.1.3　同步发电机的励磁方式

励磁方式是指为同步发电机提供励磁电源的方法。用直流发电机为同步电机提供励磁电源，就称为**直流励磁机励磁方式**；用交流发电机为同步电机提供励磁电源，则称为**交流励磁机励磁方式**；不用励磁机而用发电机本身的输出电能经过变换后作为励磁电源，则称为**自励式静止励磁方式**。励磁方式的演进与整个机组以及电力系统的技术水平紧密相关。早期的发电机容量小，半导体整流技术尚未出现，所以绝大多数机组采用直流励磁机励磁方式。由于高速直流励磁机的容量受到换向器换流能力和离心力的限制，达到500kW时已接近上限，于是就出现了齿轮减速式低速直流励磁机励磁方式。20世纪60年代以来出现了大功率半导体整流器件，加之发电机组容量的扩大，交流励磁机励磁方式在中大型同步发电机中得到了迅速应用。近年来，随着电力系统容量的进一步扩大，自励式静止励磁方式又异军突起，成了现代励磁系统的主流。

1. *直流励磁机励磁方式*

直流励磁机通常与主发电机同轴，采用自励（并励）或者他励接法。如图7-9所示，采用并励接法时，励磁机是一台并励直流发电机，它与同步发电机同轴旋转。励磁机的电枢输出电压通过电刷和集电环加在主发电机励磁绕组两端。励磁机的励磁电路中通常还串接调节电阻，用来调节励磁和发电机输出电压。为了获得较好的调节效果，励磁系统通常还带有**自动励磁调节器**。主发电机的电枢端电压和电流通过互感器输入到自动励磁调节器，再经过硅整流器整流后反馈到励磁机的励磁绕组，从而实现自动调节。如图7-10所示，采用他励接法时，励磁机的励磁电流由另一台被称为**副励磁机**的直流发电机供给。通过调节励磁机的励磁电流，来改变主发电机的励磁电压和电流，以达到调节发电机输出电压和无功功率的目的。

由于直流励磁机的容量受限于换向器，加上励磁调节的速度慢、可靠性低，随着发电机单机容量的增大，对励磁机功率的要求不断提高，这种励磁方式已无法适应大容量发电机组对励磁的要求，电力系统中的新增机组已很少采用直流励磁机励磁方式了。

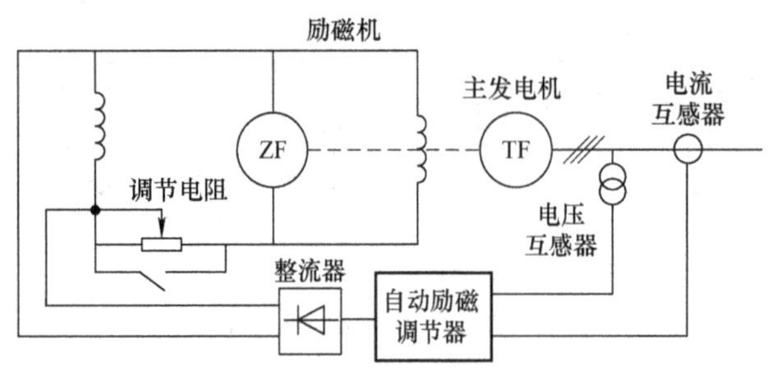

图 7-9 带自动励磁调节器的自励直流励磁机励磁系统

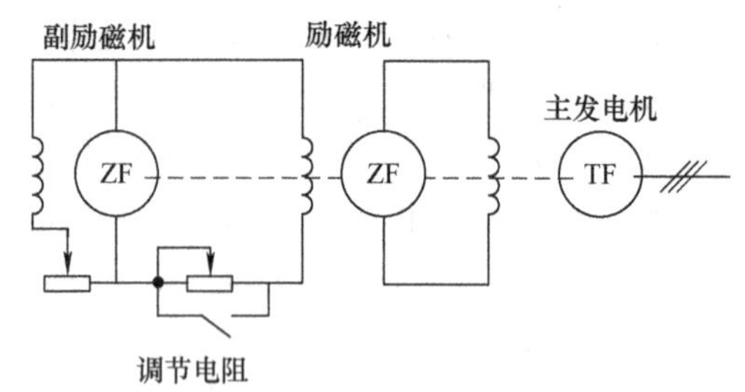

图 7-10 带副励磁机的直流励磁机励磁系统

2. *交流励磁机励磁方式*

采用没有换向器的交流发电机作为励磁机，可以突破换向器对励磁容量的限制，从而提升发电机组的容量。交流励磁机产生的是交流电，需要通过**整流装置**变换成直流电，才能作为主发电机的励磁电源，所以这种励磁方式又称为**整流器励磁方式**。通常采用三机（主发电机、励磁机和副励磁机）同轴方式。按照整流装置是否随轴旋转，又可以分为**静止整流器励磁方式**和**旋转整流器励磁方式**两类。

静止整流器励磁方式的原理如图 7-11 所示，整流器装在定子上，励磁机是转场式交流发电机，副励磁机可以是带自励恒压器的转场式发电机或者永磁发电机。副励磁机电枢端输出的三相交流电经过静止的晶闸管整流器整流后供给交流励磁机励磁，励磁机电枢端输出 100 ~ 150Hz 三相交流电，经过静止整流装置整流后供给主发电机的励磁。在这种励磁方式中，整流器输出的直流电流必须经过**电刷**和**集电环**接入转子励磁绕组，增加了系统的故障率。

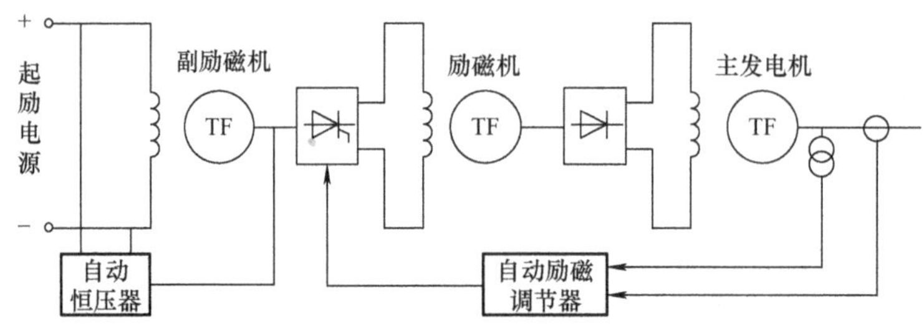

图 7-11 静止整流器励磁系统

将上述系统中的励磁机换成**转枢式发电机**，将**主整流器**安装在转轴上，就可以省掉电刷和集电环，从而构成所谓的“**无刷励磁系统**”或者旋转整流器励磁系统，如图 7-12 所示。励磁机通常采用100Hz 的转枢式同步发电机，从其旋转的电枢端输出交流电，经转子上的旋转整流装置整流后直接进入主发电机的励磁绕组。副励磁机采用转场式**永磁发电机**，其电枢端输出的交流电经静止整流器整流后直接进入到励磁机的励磁绕组（位于定子上）。这种无刷励磁系统结构简单、便于维护、可靠性高，特别适合要求防燃、防爆的场合，大多用于中大型汽轮发电机、调相机以及某些特殊要求的电动机中。

3. *自并励静止励磁方式*

自励方式的特点是励磁电能取自发电机本身，经过**励磁变压器**（或励磁变流器）、静止整流装置后供给励磁绕组。整个励磁系统不存在旋转部分，所以称为静止励磁方式。自励系统中最简单且最常用的是**自并励方式**，其原理如图7-13所示。只用一台接在发电机电枢端的励磁变压器作为励磁电源，通过可控整流装置整流后接发电机的励磁绕组，可控整流装置受励磁调节器控制。自并励方式具有可靠性高、稳定性好、投资小等优点，目前已在国内外大型发电机组中得到较多的应用。

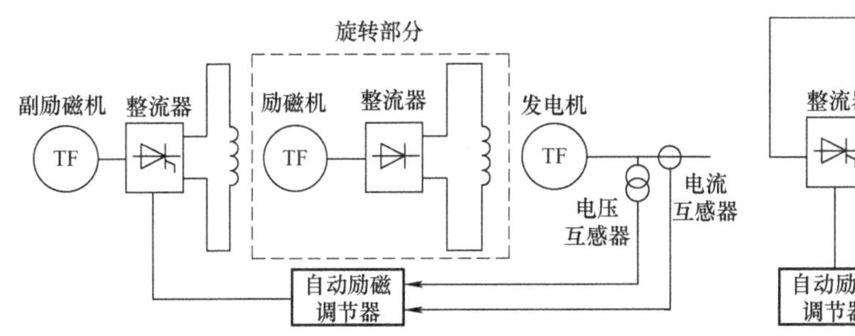

图7-12　旋转整流器励磁系统（无刷励磁系统）

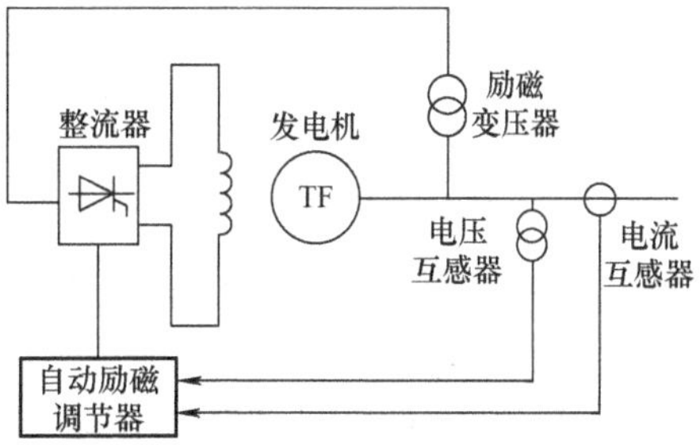

图7-13　自并励静止励磁系统

7.1.4　同步电机的额定数据和型号

同步电机的主要额定数据有：

额定容量S_N(VA, kVA, MVA)或**额定功率**P_N(W, kW, MW)：指的是额定运行时同步电机输出视在功率或有功功率的保证值。发电机的额定容量可以用视在功率或有功功率表示；电动机用有功功率P_N(W, kW, MW)表示；调相机则用无功功率Q_N(var, kvar, Mvar)表示。

额定电压U_N(V, kV)：指额定运行时电枢线电压。

额定电流I_N(A, kA)：指额定运行时电枢线电流。

额定功率因数$\cos\varphi_N$：指额定运行时电机的功率因数。

额定效率η_N：指额定运行时同步电机输出有功功率与输入有功功率的比值。

对于三相同步发电机，有

$$P_N = S_N\cos\varphi_N = \sqrt{3}U_N I_N\cos\varphi_N \tag{7-3}$$

对于三相同步电动机，有

$$P_N = \sqrt{3}U_N I_N \eta_N\cos\varphi_N \tag{7-4}$$

额定频率f_N（Hz）：指额定运行时的电枢频率。我国标准工业频率规定为50Hz。

额定转速n_N（r/min）：指额定运行时电机的转速，即同步转速。

除了上述额定值外，铭牌上还会列出一些其他的运行数据，如额定负载时的**温升τ_N**、**励磁容量P_{fN}**和**励磁电压U_{fN}**等。

国产大型汽轮发电机有QFQS、QFSS、QFS等系列。第1和第2个字母QF表示汽轮发电机；第3个字母表示转子绕组冷却方式，第4个字母表示定子绕组冷却方式，Q表示氢内冷，S表示水内冷；QFS表示双水内冷汽轮发电机。例如QFQS－200－2表示的是200MW、2极汽轮发电机，转子绕组采用氢内冷，定子绕组采用水内冷。

国产水轮发电机有SF（立式空冷水轮发电机）、SFS（立式双水内冷水轮发电机）、SFW（卧式水轮发电机）、SFG（贯流式水轮发电机）等系列。例如SF225－48/1264表示48极、225MW空冷立式水轮发电机，定子铁心外径为1264cm。

同步电动机有 TD、TDL、TDG 等系列，TD（有些厂家用 T 表示）表示同步电动机，后面的字母表示主要用途。如 TDG 表示拖动鼓风机的高速同步电动机，TDL 表示立式同步电动机。同步调相机的系列为 TT。

7.2 同步电机的电枢反应

1. 电枢反应的概念

同步电机中有两套基本绕组——位于转子上的励磁绕组 f 和位于定子上的电枢三相绕组 abc。我们把由励磁绕组通过直流励磁电流 I_f 时所形成的沿电机气隙圆周分布的磁势称为**励磁磁势 F_f**；而把电枢三相绕组通过三相交流电流（$\dot{I}_a$，$\dot{I}_b$，$\dot{I}_c$）时所形成的沿气隙圆周分布的磁势称为**电枢磁势 F_a**。当同步发电机空载运行时，电枢电流为 0 而励磁电流$I_f \neq 0$，电机内只存在励磁磁势 F_f 而不存在电枢磁势 F_a，所以 F_f 又称为**空载磁势**；当电机负载运行时，电枢电流和励磁电流同时存在，相应的电枢磁势 F_a 和励磁磁势 F_f 同时存在。我们把**电机在负载运行时电枢磁势 F_a 对励磁磁势 F_f 的影响**称为**电枢反应**。电枢反应对同步电机的性能有着重大影响，电枢反应分析是同步电机的基本理论之一。

2. 励磁磁势的特点

励磁绕组通过励磁电流时将产生沿气隙圆周分布的极性交替、幅值恒定、周期数不变的磁势和磁密。如果转子不动，这一分布磁势（或磁密）也将在气隙空间恒定不变；如果转子以同步转速 n_1 旋转，则该分布磁势整体上也随转子同步旋转。我们把这种依赖于转子机械旋转而形成的旋转磁势定性为**机械旋转磁势**，相应的磁场定性为**机械旋转磁场**。可见，同步电机正常运行时，励磁绕组产生的磁势为一个机械旋转磁势，其周期数等于电机极对数 p，转速为同步转速 n_1。励磁磁势 $F_f(x)$ 半个周期内的分布波形如图 7-14 所示。简化分析时可以只考虑磁势基波 $F_{f1}(x)$，即认为励磁磁势沿气隙圆周的分布为正弦分布，即 $F_f(x)=F_{f1}(x)$。

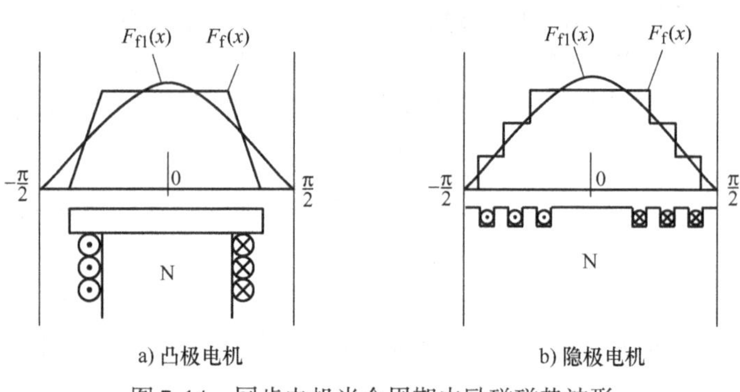

a) 凸极电机　　b) 隐极电机

图 7-14　同步电机半个周期内励磁磁势波形

以磁极中线为坐标原点即0°线，可以写出以电角位移 x（电弧度）为自变量的励磁磁势 $F_f(x)$ 的表达式，即

$$F_f(x)=F_{fm}\cos(x-\omega_1 t) \tag{7-5}$$

式中，F_{fm}为励磁磁势的幅值；x 为气隙圆周空间某点的电角位移；$\omega_1=60f_1/p$ 为同步角速度。

式(7-5) 表明：**励磁磁势是一个幅值和周期固定不变、正弦分布、以恒定角速度 ω_1 旋转的圆形旋转磁势**。圆形旋转磁势 $F_f(x)$ 通常用空间相量 $\dot{F}_f$ 来表示，在分析同步电机时，

就认为 $\dot{F}_f$ 的位置和指向与 N 极的位置和指向重合。

3. 电枢磁势的特点

空载运行时，同步电机中只有一个圆形旋转磁势 $\dot{F}_f$，它在电枢绕组中感应出三相对称的交变电势，每相电势可以用时间相量 $\dot{E}_0$ 来表示，称为**励磁电势**或**空载电势**，对于发电机也直接称 $\dot{E}_0$ 为**电动势**。空载时电枢绕组的每相端电压 $\dot{U}=\dot{E}_0$。

如图 7-15 所示，当发电机的电枢端接通三相对称负载后，电枢绕组与负载构成了闭合电路，电路中流过的是三相对称的电枢电流（$\dot{I}_a$，$\dot{I}_b$，$\dot{I}_c$），电流的频率 $f=\frac{pn_1}{60}=f_1$。当（$\dot{I}_a$，$\dot{I}_b$，$\dot{I}_c$）流过电枢三相对称绕组时，会在气隙圆周上形成一个圆形电枢旋转磁势 $\dot{F}_a$，其转速为

$$n=\frac{60f}{p}=\frac{60}{p}\frac{pn_1}{60}=n_1 \tag{7-6}$$

由第 5 章的分析可知，只考虑基波时，$\dot{F}_a$ 的分布波形亦可视为正弦波，其沿电枢圆周的周期数等于电枢绕组的极对数 p（等于转子磁极对数），且幅值固定不变，为

$$F_a=1.35\frac{N_1k_{w1}}{p}I_a \tag{7-7}$$

可见：**电枢磁势 $\dot{F}_a$ 也是一个幅值和周期固定不变、正弦分布、以同步转速 n_1 旋转的圆形旋转磁势**。我们把像电枢磁势这样由于三相电流有规律地变化而形成的旋转磁势定性为**电气旋转磁势**。不难得出结论：**当同步电机带对称负载运行时，电机的气隙圆周空间存在两个圆形旋转磁势，一个机械旋转磁势 $\dot{F}_f$ 和一个电气旋转磁势 $\dot{F}_a$，二者同向同速旋转，相对静止**。由第 3 章的分析可知，正是由于两个相对静止的旋转磁势具有相互对齐的趋势，才形成了稳定的电磁转矩，从而使同步电机稳定运行成为可能。两个相对静止的空间相量 $\dot{F}_f$ 和 $\dot{F}_a$ 可以合成为一个空间相量，称为**气隙合成磁势 $\dot{F}$**，简称为**合成磁势**或者**气隙磁势**。合成磁势也是以同步转速 n_1 旋转的圆形旋转磁势。正是由于负载后电枢磁势 $\dot{F}_a$ 对原来励磁磁势 $\dot{F}_f$ 的影响，使得电机内的总磁势由空载时的 $\dot{F}_f$ 变成了负载后的 $\dot{F}$（参看图 7-15）。

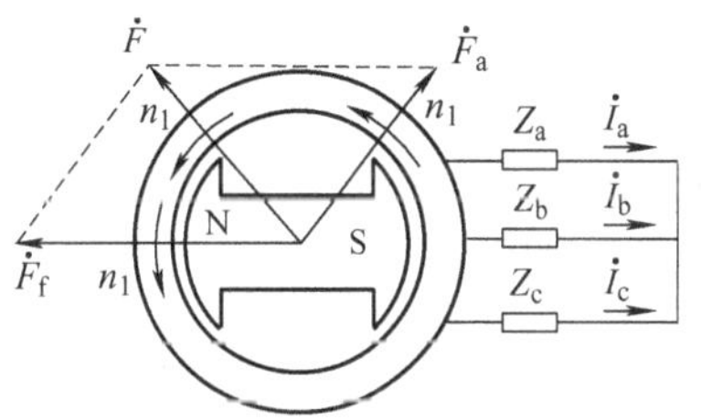

图 7-15　负载运行时同步发电机中旋转磁势示意

4. 电枢反应分析

（1）内功率因数角

负载后电枢磁势的出现，将使得电机气隙磁势的大小和轴线位置发生变化，这便是电枢反应的结果。电枢反应会对电机性能产生重大影响。电枢反应的结果取决于空间磁势相量 $\dot{F}_a$ 和 $\dot{F}_f$ 之间的夹角（称为**空间相位差**）。分析表明，$\dot{F}_a$ 和 $\dot{F}_f$ 之间的空间相位差与

电枢电流 $\dot{I}_a$ 和励磁电势 $\dot{E}_0$ 之间的**时间相位差**紧密关联。**把电枢电流 $\dot{I}_a$ 滞后于励磁电势 $\dot{E}_0$ 的时间相位差定义为同步发电机的内功率因数角，并用 ψ 表示。** ψ 是分析同步电机电枢反应的一个重要物理量。如图 7-16 所示，ψ 角本质上是同步电机一相电路的阻抗角，计及了电机内部阻抗 Z 和外接负载阻抗 Z_L。由于特定发电机在特定的运行状态下，内部阻抗 Z 基本不变，所以阻抗角即内功率因数角 ψ 的正负和大小就取决于负载阻抗 Z_L 的性质，简单地说，就是取决于负载的性质。

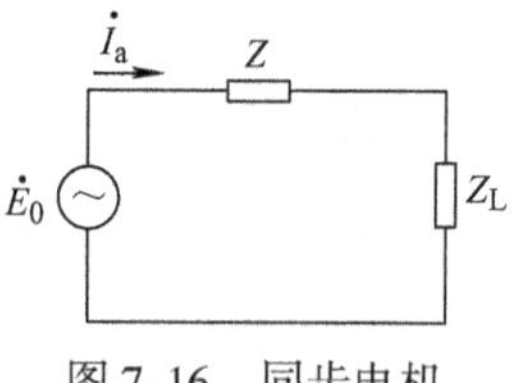

图 7-16　同步电机一相电路图

(2) 不同负载下的电枢反应

不同负载对应不同的内功率因数角 ψ，ψ 不同时，同步电机的电枢反应有怎样的表现呢？下面从几种特殊情况入手，分析 ψ 与电枢反应之间的关系，并找出一般规律。

1) $\psi=0°$，即 $\dot{I}_a$ 与 $\dot{E}_0$ 同相位。

由于空间磁势相量旋转的**角速度**与各时间相量的**角频率**是同步的，所以，可以将其绘制在同一张相量图上，以寻找它们之间的内在联系。这种将空间磁势相量与其他时间相量画在一起所形成的相量图称为**时空统一相量图**。在时空统一相量图上，如图 7-17 所示，一般将励磁磁势 $\dot{F}_f$ 作为**空间参考相量**，它与 N 极指向相同；将时间相量励磁磁通 $\dot{\Phi}_f$（$\dot{F}_f$ 在电枢某相绕组的每极所产生的磁通）作为**时间参考相量**，它也沿 N 极指向。在图 7-17 所示的瞬间，A 相绕组正在垂直切割励磁磁通 $\dot{\Phi}_f$，产生最大的励磁磁势 $\dot{E}_0$，即在此瞬间 $\dot{E}_0$ 达到最大值。由于 $\dot{I}_a$ 与 $\dot{E}_0$ 同相位，所以在此瞬间 $\dot{I}_a$ 也达到最大值。根据第 5 章可知，A 相电流 $\dot{I}_a$ 达到最大值时，三相电流（$\dot{I}_a$，$\dot{I}_b$，$\dot{I}_c$）（参考正方向为流出绕组首端）所产生的电枢磁势 $\dot{F}_a$ 的正幅值位置正好与 A 相绕组轴线重合，所以在此瞬间，$\dot{F}_a$ 位于线圈 AX 的轴线上。不难看出，在这一刻，$\dot{F}_a$ 滞后于 $\dot{F}_f$ 90°，即 $\dot{F}_a$ 与 $\dot{F}_f$ 正交，我们称相应的电枢反应为**交轴电枢反应**或者**交磁作用**。交磁作用会使得合成磁势的大小和方向均发生变化。需要注意的是，以上结论尽管是在图 7-17 所示的特定瞬间得到的，但是，由于 $\dot{F}_a$ 与 $\dot{F}_f$ 始终相对静止，所以这一结论适合于任意时刻。另外，$\dot{E}_0$ 始终滞后于 $\dot{\Phi}_f$ 90°，而 $\dot{\Phi}_f$ 始终指向 N 极（直轴）方向，所以 $\dot{E}_0$ 始终在交轴的位置上。

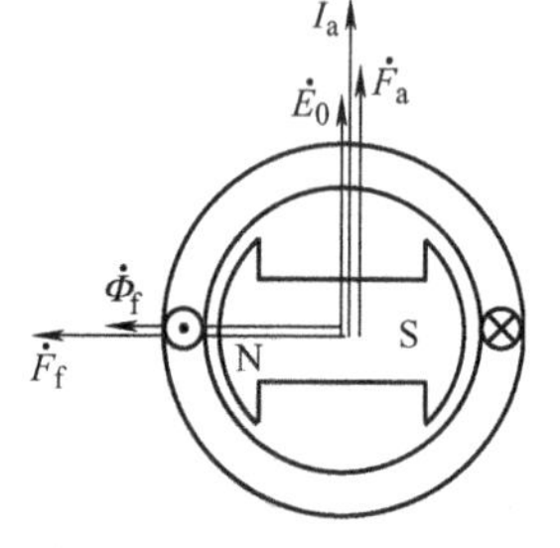

图 7-17　$\psi=0°$ 的电枢反应分析

2) $\psi=90°$，即 $\dot{I}_a$ 滞后于 $\dot{E}_0$ 90°。

在图 7-18a 所示的瞬间，$\dot{E}_0$ 达到其正最大值，由于 $\dot{I}_a$ 滞后于 $\dot{E}_0$ 90°，所以此瞬间 $\dot{I}_a=0$（上升过 0）；在图 7-18b 所示的瞬间（即转子再转 90°之后的瞬间），$\dot{E}_0$ 已经过了正最大值位置 90°，$\dot{I}_a$ 刚好达到其正最大值，此瞬间电枢磁势 $\dot{F}_a$ 的正幅值位置与 A 相线圈轴线重合。不难看出，在这一刻，$\dot{F}_a$ 与 $\dot{F}_f$ 反相，我们称相应的电枢反应为**直轴去磁作用**。去磁作用会使得合成磁势幅值减小。同样，尽管此种情况下的电枢反应结论是在图7-18b所示的瞬间得到的，但由于 $\dot{F}_a$ 与 $\dot{F}_f$ 相对静止，所以也适合于任意时刻。

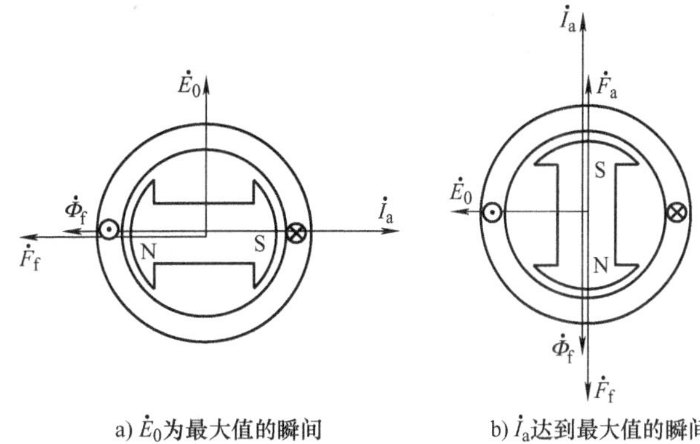

图7-18　$\psi=90°$的电枢反应分析

3）$\psi=-90°$，即 $\dot{I}_a$ 超前于 $\dot{E}_0$ 90°。

在图7-19a所示的瞬间，$\dot{E}_0$ 达到其正最大值，由于 $\dot{I}_a$ 超前于 $\dot{E}_0$ 90°，所以此瞬间 $\dot{I}_a=0$（下降过0）；在图7-19b所示的瞬间（即转子倒转到90°之前的瞬间），$\dot{E}_0$ 处于正最大值之前90°，其值为0；而 $\dot{I}_a$ 处于下降过0值之前90°，刚好达到其正最大值，所以在图7-19b所示的瞬间，电枢磁势 $\dot{F}_a$ 与A相线圈轴线重合。不难看出，在这一刻，$\dot{F}_a$ 与 $\dot{F}_f$ 同相，我们称相应的电枢反应为**直轴增磁作用**。增磁作用会使得合成磁势幅值增大。同样，此种情况下的电枢反应结论也适合于任意时刻。

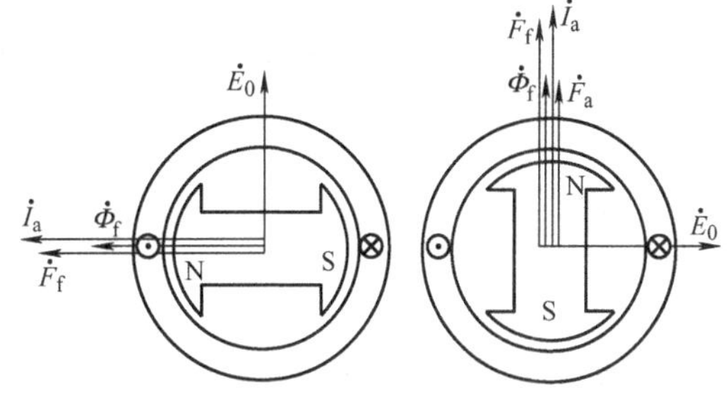

图7-19　$\psi=-90°$的电枢反应分析

4）ψ 为任意角度的情况。

通过前面的3种特殊情况分析，不难看出，电枢磁势 $\dot{F}_a$ 与励磁磁势 $\dot{F}_f$ 之间的空间相位差等于 $\psi+90°$，由于 $\dot{F}_a$ 与 $\dot{F}_f$ 相对静止，其相位差保持不变，所以这一规律对任意时刻都适用，或者说，$\dot{F}_a$ 与 $\dot{F}_f$ 之间的夹角与时间无关，仅由内功率因数角 ψ 决定，而 ψ 角的正负和大小取决于负载的性质，**所以同步电机的电枢反应是由负载的性质决定的**。

如图7-20所示，在相量图上，$\dot{E}_0$ 总是位于交轴，当 ψ 角为任意值时，可以将 $\dot{I}_a$ 分解为**交轴电流**分量 $\dot{I}_q$ 和**直轴电流**分量 $\dot{I}_d$，单独分析 $\dot{I}_q$ 和 $\dot{I}_d$ 所产生的电枢反应。由于 $\dot{I}_q$ 位于交轴，所以 $\dot{I}_q$ 与 $\dot{E}_0$ 同相，产生**交轴电枢磁势 $\dot{F}_{aq}$**，其电枢

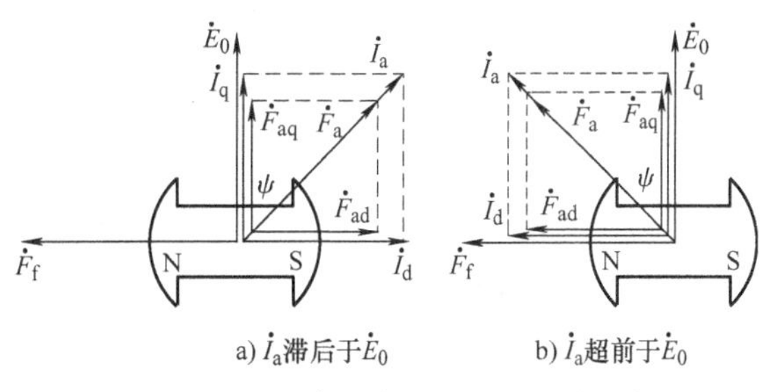

图7-20　ψ 为任意角度时电枢反应分析

反应为交磁作用；而 $\dot{I}_d$ 位于直轴，与 $\dot{E}_0$ 的夹角为90°或者 -90°，产生**直轴电枢磁势** $\dot{F}_{ad}$，其电枢反应为直轴去磁或增磁电枢反应。根据正交分解原理有

$$\left.\begin{aligned}\dot{I}_a &= \dot{I}_d + \dot{I}_q\\ I_d &= I_a\sin\psi\\ I_d &= I_a\cos\psi\end{aligned}\right\}\tag{7-8}$$

$$\left.\begin{aligned}\dot{F}_a &= \dot{F}_{ad} + \dot{F}_{aq}\\ F_{ad} &= F_a\sin\psi\\ F_{aq} &= F_a\cos\psi\end{aligned}\right\}\tag{7-9}$$

综上所述，对同步发电机来说，当 $0<\psi<90°$，即电枢电流 $\dot{I}_a$ 滞后于励磁电势 $\dot{E}_0$ 时，电枢磁势除了产生交磁作用外，还产生直轴去磁作用；当 $-90°<\psi<0$，即电枢电流 $\dot{I}_a$ 超前于励磁电势 $\dot{E}_0$ 时，电枢磁势除了产生交磁作用外，还产生直轴增磁作用。电枢反应会对同步发电机的性能产生重大影响，理解并掌握分析电枢反应的方法，能为深入学习同步电机打下基础。

7.3 同步发电机的电势方程及相量图

7.3.1 电枢反应电抗、漏电抗和同步电抗

稳态对称运行时，同步发电机中的两套基本电路都处于工作状态，即通过直流电流的励磁电路和通过交流电流的电枢电路。根据基尔霍夫定律就可以写出这两个电路的电势平衡方程。励磁电路的电势方程很简单，即

$$U_f = R_f I_f \tag{7-10}$$

式中，U_f 为励磁电压；R_f 为励磁电路的总电阻。

按照发电机惯例，可写出电枢回路的相量方程式

$$\dot{E}_0 = \dot{U} + Z\dot{I}_a \tag{7-11}$$

式中，$\dot{E}_0$ 为励磁电势，即励磁磁通在电枢一相绕组中所产生的电势；$\dot{U}$ 为端电压（每相值），单机运行时就是负载上的电压降，并网运行时，就是电网电压；$Z = R_a + jX$ 为一相电枢绕组的总阻抗。对于中大型的同步发电机来说，电枢电阻 R_a 的值很小，可以忽略不计。所以，电枢电路的电势方程通常可以简写为

$$\dot{E}_0 = \dot{U} + j\dot{I}_a X \tag{7-12}$$

为了理解电抗 X 的物理意义和特点，下面分析一下同步发电机负载运行时电机内部所发生的电磁物理过程。电枢三相绕组切割励磁磁通 $\dot{\Phi}_f$ 时，将产生三相对称励磁电势（$\dot{E}_{A0}$，$\dot{E}_{B0}$，$\dot{E}_{C0}$），在电枢电路接对称负载闭合的情况下，形成三相对称电流（$\dot{I}_a$，$\dot{I}_b$，$\dot{I}_c$），进而产生圆形旋转磁势 $\dot{F}_a$。$\dot{F}_a$在电机内部会激励出两种交变磁通 $\dot{\Phi}_a$

和$\dot{\Phi}_\sigma$，$\dot{\Phi}_a$穿过气隙，经过主磁路而闭合，称为**电枢主磁通**或**电枢反应磁通**；$\dot{\Phi}_\sigma$未能穿过气隙，而是经过电枢绕组周围的空间或结构件即漏磁路闭合，称为**电枢漏磁通**。$\dot{\Phi}_a$和$\dot{\Phi}_\sigma$会在电枢绕组中感应出反电势$\dot{E}_a$和$\dot{E}_\sigma$，分别称为**电枢反应电势**和电枢**漏电势**，其有效值为

$$\left.\begin{aligned} E_a &= 4.44 N_1 f k_{w1} \Phi_{am} \\ E_\sigma &= 4.44 N_1 f k_{w1} \Phi_{\sigma m} \end{aligned}\right\} \tag{7-13}$$

式中，Φ_{am}和$\Phi_{\sigma m}$分别为电枢反应磁通幅值和漏磁通幅值，根据磁路欧姆定律可得

$$\left.\begin{aligned} \Phi_{am} &= \frac{F_{am}}{R_{ma}} = \frac{1}{R_{ma}} 1.35 \frac{N_1 I_a}{p} k_{w1} \\ \Phi_{\sigma m} &= \frac{F_{am}}{R_{m\sigma}} = \frac{1}{R_{m\sigma}} 1.35 \frac{N_1 I_a}{p} k_{w1} \end{aligned}\right\} \tag{7-14}$$

式中，F_{am}为电枢反应磁势的幅值；R_{ma}和$R_{m\sigma}$分别为**电枢主磁路**和**电枢漏磁路**的磁阻。

结合式(7-13)和式(7-14)可得

$$\left.\begin{aligned} E_a &= \frac{6f}{p} \frac{(N_1 k_{w1})^2}{R_{am}} I_a = X_a I_a \\ E_\sigma &= \frac{6f}{p} \frac{(N_1 k_{w1})^2}{R_{\sigma m}} I_a = X_\sigma I_a \end{aligned}\right\} \tag{7-15}$$

式中，$X_a = \frac{6f}{p} \frac{(N_1 k_{w1})^2}{R_{am}}$和$X_\sigma = \frac{6f}{p} \frac{(N_1 k_{w1})^2}{R_{\sigma m}}$分别称为**电枢反应电抗**和电枢**漏电抗**。

由于电流与磁通同相位，而感应电势滞后于磁通90°，所以将式(7-15)写成相量形式为

$$\left.\begin{aligned} \dot{E}_a &= -j \dot{I}_a X_a \\ \dot{E}_\sigma &= -j \dot{I}_a X_\sigma \end{aligned}\right\} \tag{7-16}$$

由于漏磁路的磁阻$R_{m\sigma}$为常数，所以漏电抗X_σ亦为常数。

对于气隙不均匀的凸极电机来说，电枢主磁路的磁阻R_{ma}除了与饱和程度有关外，还与电枢磁势$\dot{F}_a$的方向有关。因为励磁磁势$\dot{F}_f$恒指向N极方向即直轴方向，而$\dot{F}_a$与$\dot{F}_f$之间的夹角为$\psi+90°$，如果$\psi=0°$，则$\dot{F}_a$与$\dot{F}_f$正交，$\dot{F}_a$与交轴平行，电枢反应磁通$\dot{\Phi}_a$经**交轴磁路**流通，如图7-21a所示。由于交轴磁路的气隙段较长，磁阻R_{ma}较大，而X_a与R_{ma}成反比，所以在这种情况下X_a就比较小。如果$\psi=90°$，则$\dot{F}_a$与$\dot{F}_f$反向，$\dot{F}_a$与直轴平行，$\dot{\Phi}_a$经**直轴磁路**流通，如图7-21b所示。由于直轴磁路的气隙段较短，因此R_{ma}较小，对应的X_a就比

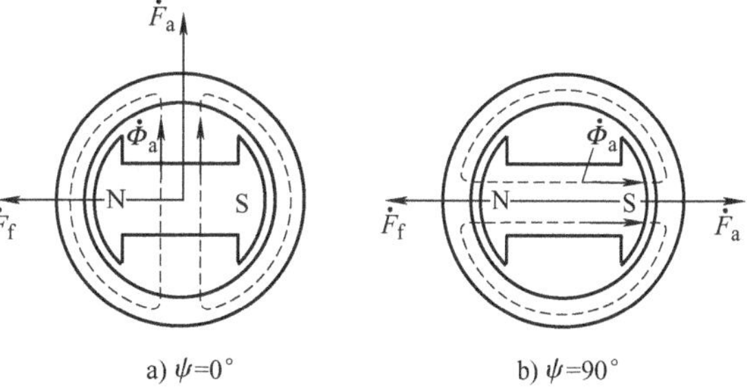

图7-21　不同负载时电枢磁通的流通路径

较大。可见凸极同步电机的电枢反应电抗随着内功率因数角 ψ 的变化而变化，而 ψ 角又是由负载性质决定的，所以**凸极电机的电枢反应电抗随着负载性质的改变而改变**。这一结论要求我们在建立凸极电机方程或数学模型时，必须考虑负载的性质，这会给分析带来诸多不便。为了解决这一问题，一般采用基于叠加原理的**双轴反应理论**，即将任意指向的电枢反应磁势 $\dot{F}_a$ 分解成直轴和交轴分量——**直轴电枢磁势 $\dot{F}_{ad}$** 和**交轴电枢磁势 $\dot{F}_{aq}$**，并且认为 $\dot{F}_{ad}$ 由直轴电流 $\dot{I}_d$ 单独产生，作用于直轴磁路，产生**直轴电枢反应磁通 $\dot{\Phi}_{ad}$**，在电枢绕组中感应出**直轴电枢反应电势 $\dot{E}_{ad}$**，相应的电抗即为直轴磁路所对应的电抗，称为**直轴电枢反应电抗 X_{ad}**。同理，$\dot{F}_{aq}$ 由 $\dot{I}_q$ 产生，作用于交轴磁路，产生**交轴电枢反应磁通 $\dot{\Phi}_{aq}$**，在电枢绕组中感应**交轴电枢反应电势 $\dot{E}_{aq}$**，相应的电抗即为交轴磁路所对应的电抗，称之为**交轴电枢反应电抗 X_{aq}**。

由以上分析可知，对凸极同步电机，式(7-16) 应改写为

$$\left.\begin{aligned}\dot{E}_a &= \dot{E}_{ad} + \dot{E}_{aq}\\ \dot{E}_{ad} &= -\mathrm{j}\dot{I}_d X_{ad}\\ \dot{E}_{aq} &= -\mathrm{j}\dot{I}_q X_{aq}\\ \dot{E}_\sigma &= -\mathrm{j}\dot{I}_a X_\sigma\end{aligned}\right\} \tag{7-17}$$

所以凸极同步发电机稳态运行时，电枢电路将产生 3 个压降性质的反电势，其相量和就是电枢绕组所产生的总反电势或压降，即

$$\begin{aligned}\dot{E}_{ad} + \dot{E}_{aq} + \dot{E}_\sigma &= -\mathrm{j}\dot{I}_d X_{ad} - \mathrm{j}\dot{I}_q X_{aq} - \mathrm{j}\dot{I}_a X_\sigma\\ &= -\mathrm{j}\dot{I}_d(X_{ad} + X_\sigma) - \mathrm{j}\dot{I}_q(X_{aq} + X_\sigma) = -\mathrm{j}\dot{I}_d X_d - \mathrm{j}\dot{I}_q X_q\end{aligned} \tag{7-18}$$

式中

$$\left.\begin{aligned}X_d &= X_{ad} + X_\sigma\\ X_q &= X_{aq} + X_\sigma\end{aligned}\right\} \tag{7-19}$$

分别称为凸极同步电机的**直轴同步电抗**和**交轴同步电抗**。

对于隐极电机，由于气隙均匀，主磁路的磁阻 R_{ma} 与 $\dot{F}_a$ 的指向无关，所以无须采用双轴反应理论。稳态运行时电枢绕组产生 2 个压降性质的反电势，其相量和为电枢绕组所产生的总反电势或压降，即

$$\dot{E}_a + \dot{E}_\sigma = -\mathrm{j}\dot{I}_a X_a - \mathrm{j}\dot{I}_a X_\sigma = -\mathrm{j}\dot{I}_a(X_a + X_\sigma) = -\mathrm{j}\dot{I}_a X_s \tag{7-20}$$

式中

$$X_s = X_a + X_\sigma \tag{7-21}$$

称为隐极同步电机的**同步电抗**。

由同步电抗的定义可知，同步电抗包括两部分：电枢反应电抗和电枢漏电抗。在实用上，将二者合为一个整体参数来处理，便于分析和测量。

7.3.2 电势平衡方程式

由前面的分析可知，负载以后，同步发电机的电枢绕组中存在以下电势：①由励磁磁通 $\dot{\Phi}_f$ 产生的励磁电势 $\dot{E}_0$（电动势）；②由电枢主磁通 $\dot{\Phi}_a$ 产生的电枢反应电势 $\dot{E}_a$（压降性质的反电势）；③由电枢漏磁通 $\dot{\Phi}_\sigma$ 产生的漏电势 $\dot{E}_\sigma$（压降性质的反电势）。由于电枢绕组的电阻值很小，如果忽略电阻压降，则每相电枢绕组中电势的相量和便是发电机输出端的相电压 $\dot{U}$，用方程式表示为

$$\dot{E}_0 + \dot{E}_a + \dot{E}_\sigma = \dot{U} \tag{7-22}$$

对于凸极电机来说，$\dot{E}_a + \dot{E}_\sigma = -j\dot{I}_d X_d - j\dot{I}_q X_q$，其方程式可以表示为

$$\dot{E}_0 = \dot{U} + j\dot{I}_d X_d + j\dot{I}_q X_q \tag{7-23}$$

对于隐极电机来说，$\dot{E}_a + \dot{E}_\sigma = -j\dot{I}_a X_s$，其方程式可以表示为

$$\dot{E}_0 = \dot{U} + j\dot{I}_a X_s \tag{7-24}$$

式(7-23) 和式(7-24) 便是同步发电机的电势平衡方程式。可见，由旋转的励磁磁势 $\dot{F}_f$ 在电枢绕组中所激励的励磁电势 $\dot{E}_0$（电动势），扣除掉电枢绕组内部的电抗压降（即同步电抗上的压降）后，其余部分将成为输出端电压 $\dot{U}$。

7.3.3 电势相量图

用电势相量图可以直观地显示同步电机电枢电路各个物理量之间的大小和相位关系。利用相量图上的几何关系，可以方便地分析或求解同步电机一些重要物理量，所以相量图分析法在同步电机理论中有着十分重要的地位。忽略掉电枢电阻后，同步电机方程式和相量图更为简洁。在作相量图时，我们认为发电机的端电压 $\dot{U}$、电枢电流 $\dot{I}_a$、功率因数角 φ（即 $\dot{I}_a$ 滞后于 $\dot{U}$ 的相位差）以及同步电抗 X_s（或者 X_d、X_q）为已知量，根据电势方程式就可画出相量图，并能求得到励磁电势 $\dot{E}_0$ 以及内功率因数角 ψ 等重要物理量。

1. 隐极同步发电机

根据式(7-24)，参看图 7-22a，以 $\dot{I}_a$ 滞后于 $\dot{U}$ 为例，可以按以下步骤画出隐极同步发电机的相量图：

1）作出参考相量 $\dot{U}$（相位角为 0，一般画在水平位置上）。

2）根据 φ 找出 $\dot{I}_a$ 的方向并作出相量 $\dot{I}_a$。

3）在 $\dot{U}$ 的尾端，加上电抗压降相量 $j\dot{I}_a X_s$，它超前于 $\dot{I}_a$ 90°。

4）作出由 $\dot{U}$ 的首端指向 $j\dot{I}_a X_s$ 尾端的相量，该相量便是励磁电势 $\dot{E}_0$。

参看图 7-22b，添加适当的辅助线，根据几何关系，不难得到 $\dot{E}_0$ 和 ψ 的求解式

$$E_0=\sqrt{(U\cos\varphi)^2+(U\sin\varphi+I_aX_s)^2} \tag{7-25}$$

$$\psi=\arctan\frac{U\sin\varphi+I_aX_s}{U\cos\varphi} \tag{7-26}$$

$\dot{E}_0$ 的相位角（即 $\dot{E}_0$ 超前于 $\dot{U}$ 的相位差）为

$$\delta=\psi-\varphi \tag{7-27}$$

δ 被定义为**功角**，是分析同步电机功率关系的重要物理量，将在本章后续节中详述。

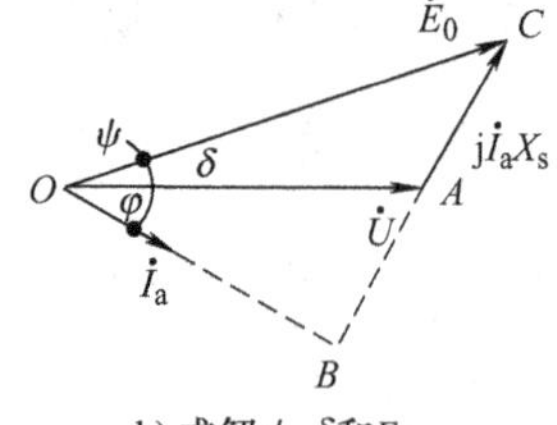

a) 相量图　　b) 求解 ψ、δ 和 E_0

图 7-22　隐极电机电流滞后时的相量图

2. 凸极同步发电机

对于凸极同步发电机来说，为了根据式(7-23）画出相量图，需要首先从 $\dot{I}_a$ 分解出 $\dot{I}_d$ 和 $\dot{I}_q$。我们知道 $\dot{E}_0$ 位于交轴，所以 $\dot{I}_q$ 与 $\dot{E}_0$ 平行，$\dot{I}_d$ 与 $\dot{E}_0$ 正交。只要找出 $\dot{E}_0$ 相量所在的方位，就可以方便地从 $\dot{I}_a$ 分解出 $\dot{I}_d$ 和 $\dot{I}_q$。为此，可以在方程式(7-23）的两端分别加上一个辅助相量 $-\mathrm{j}\dot{I}_d(X_d-X_q)$，即

$$\begin{aligned}\dot{E}_0-\mathrm{j}\dot{I}_d(X_d-X_q)&=\dot{U}+\mathrm{j}\dot{I}_dX_d+\mathrm{j}\dot{I}_qX_q-\mathrm{j}\dot{I}_d(X_d-X_q)\\&=\dot{U}+\mathrm{j}(\dot{I}_q+\dot{I}_d)X_q=\dot{U}+\mathrm{j}\dot{I}_aX_q\end{aligned} \tag{7-28}$$

式(7-28）的左边相量 $\dot{E}_0-\mathrm{j}\dot{I}_d(X_d-X_q)$ 显然处于交轴方位上，右边相量 $\dot{U}+\mathrm{j}\dot{I}_aX_q$ 根据已知条件很容易作出。由于两边相等，所以作出 $\dot{U}+\mathrm{j}\dot{I}_aX_q$ 就能找到交轴的方位。参看图 7-23a，以 $\dot{I}_a$ 滞后于 $\dot{U}$ 为例，可以按以下步骤画出凸极发电机的相量图：

1）作出参考相量 $\dot{U}$（相位角为0°，一般画在水平位置上)。

2）根据 φ 找出 $\dot{I}_a$ 的方向并作出相量 $\dot{I}_a$。

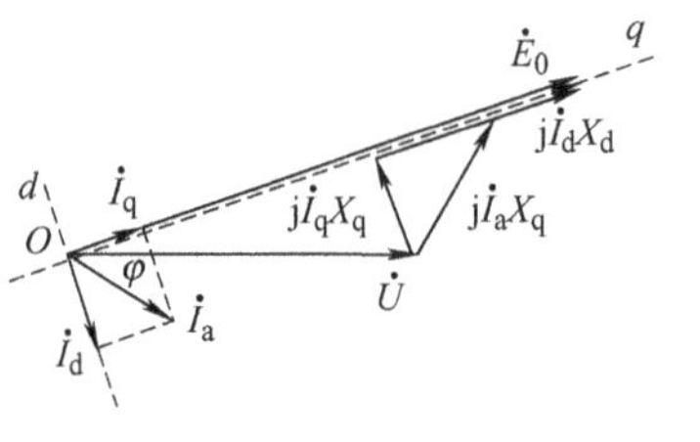

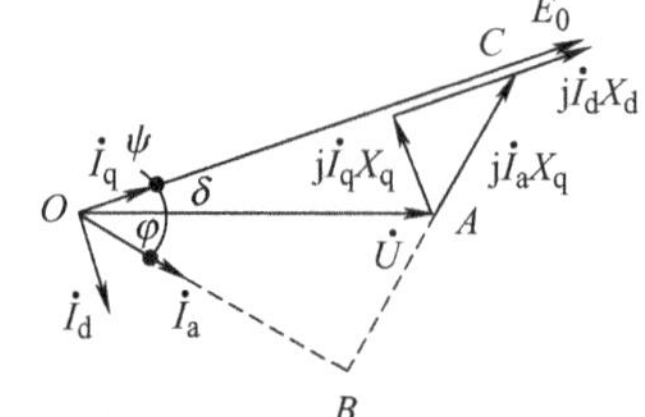

a) 相量图　　b) 求解 ψ、δ 和 E_0

图 7-23　凸极电机电流滞后时的相量图

3）在 $\dot{U}$ 的尾端，加上电抗压降相量 $\mathrm{j}\dot{I}_aX_q$，它超前于 $\dot{I}_a$ 90°；

4）经过 $\dot{U}$ 首端和 $\mathrm{j}\dot{I}_aX_q$ 尾端作一条虚线，代表交轴方位。

5）经过 $\dot{U}$ 首端作一条垂直于交轴的虚线，代表直轴方位。

6）从 $\dot{I}_a$ 正交分解出 $\dot{I}_d$ 和 $\dot{I}_q$。

7）在 $\dot{U}$ 尾端加上相量 $\mathrm{j}\dot{I}_qX_q$（其尾端必然落在交轴上)。

8）在 $\mathrm{j}\dot{I}_{\mathrm{q}}X_{\mathrm{q}}$ 的尾端加上相量 $\mathrm{j}\dot{I}_{\mathrm{d}}X_{\mathrm{d}}$。

9）作出由 $\dot{U}$ 的首端指向 $\mathrm{j}\dot{I}_{\mathrm{d}}X_{\mathrm{d}}$ 尾端的相量，该相量便是励磁电势 $\dot{E}_0$。

参看图 7-23b，添加适当的辅助线，根据几何关系，不难得到 ψ、δ 和 $\dot{E}_0$ 的求解式

$$\psi = \arctan\frac{U\sin\varphi + I_{\mathrm{a}}X_{\mathrm{q}}}{U\cos\varphi} \tag{7-29}$$

$$\delta = \psi - \varphi \tag{7-30}$$

$$E_0 = U\cos\delta + I_{\mathrm{d}}X_{\mathrm{d}} \tag{7-31}$$

例 7-1 一台隐极同步发电机，带三相对称负载运行，负载的功率因数 $\cos\varphi = 0.8$（滞后），电枢端电压 $U = U_{\mathrm{N}}$，电枢电流 $I = I_{\mathrm{N}}$。已知该电机的电枢漏电抗 $X_{\sigma}^* = 0.15$，电枢反应电抗 $X_{\mathrm{a}}^* = 0.85$，不计电枢绕组电阻。试求励磁电势 E_0^*、功角 δ 及内功率因数角 ψ。

解：

（1）方法 1——用相量方程求解

以电压 $\dot{U}^*$ 作为参考相量，即令

$$\dot{U}^* = 1\angle 0° = 1$$

则电流的相位角为

$$-\varphi = -\arccos(0.8) = -36.87°$$

所以电流相量为

$$\dot{I}^* = 1\angle -36.87° = 0.8 - \mathrm{j}0.6$$

励磁电势相量为

$$\begin{aligned}\dot{E}_0^* &= \dot{U}^* + \mathrm{j}\dot{I}^*(X_{\sigma}^* + X_{\mathrm{a}}^*) = 1 + \mathrm{j}(0.8 - \mathrm{j}0.6)(0.15 + 0.85)\\ &= 1.6 + \mathrm{j}0.8 = 1.79\angle 26.57°\end{aligned}$$

所以，$E_0^* = 1.79, \delta = 26.57°$

内功率因数角为

$$\psi = \delta + \varphi = 26.57° + 36.87° = 63.43°$$

（2）方法 2——用相量图或者直接用公式求解

内功率因数角为

$$\psi = \arctan\frac{U^*\sin\varphi + I^*X_{\mathrm{s}}^*}{U^*\cos\varphi} = \arctan\frac{1\times 0.6 + 1\times(0.15 + 0.85)}{1\times 0.8} = 63.43°$$

功角为

$$\delta = \psi - \varphi = 63.43° - 36.87° = 26.56°$$

励磁电势为

$$\begin{aligned}E_0^* &= \sqrt{(U^*\cos\varphi)^2 + (U^*\sin\varphi + I^*X_{\mathrm{s}}^*)^2}\\ &= \sqrt{(1\times 0.8)^2 + [1\times 0.6 + 1\times(0.15 + 0.85)]^2} = 1.79\end{aligned}$$

例 7-2 一台凸极同步发电机带电容性负载单机运行，负载功率因数 $\cos\varphi_{\mathrm{N}} = 0.8$（超前），输出功率 $P_2 = 1500\mathrm{kW}$，端电压为额定电压 $U_{\mathrm{N}} = 6300\mathrm{V}$，定子绕组Y联结。已知 $X_{\mathrm{d}} = 21.2\Omega$，$X_{\mathrm{q}} = 13.7\Omega$，不计电枢电阻。试求励磁电势 E_0、功角 δ 及内功率因数角 ψ。

解:

(1) 方法1——用相量方程求解

以电压 $\dot{U}_N$ 作为参考相量，即令

$$\dot{U}=\frac{U_N}{\sqrt{3}}\angle 0°=\frac{6300}{\sqrt{3}}\text{V}=3637.31\text{V}$$

则 $\dot{I}$ 的相位角为

$$\varphi=\arccos(0.8)=36.87°$$

$\dot{I}$ 的有效值为

$$I=\frac{P_2}{\sqrt{3}U_N\cos\varphi}=\frac{1500\times 10^3}{\sqrt{3}\times 6300\times 0.8}\text{A}=171.83\text{A}$$

所以

$$\dot{I}=171.83\angle 36.87°\text{A}=171.83(0.8+\text{j}0.6)\text{A}=137.46+\text{j}103.10\text{A}$$

相量

$$\begin{aligned}\dot{U}+\text{j}\dot{I}X_q&=3637.31+\text{j}(137.46+\text{j}103.10)\times 13.7\text{V}\\&=2224.84+\text{j}1883.26\text{V}=2914.91\angle 40.25°\text{V}\end{aligned}$$

因为，$\dot{U}+\text{j}\dot{I}X_q$ 与 $\dot{E}_0$ 同相位，所以

$$\delta=40.25°$$

内功率因数角为

$$\psi=\delta+\varphi=40.25°-36.87°=3.38°$$

直轴电流的有效值为

$$I_d=I\sin\psi=171.83\sin 3.38°\text{A}=10.12\text{A}$$

直轴电流相位角为

$$-(90°-\delta)=-(90°-40.25°)=-49.75°$$

相量 $$\dot{I}_d=10.12\angle -49.75°\text{A}=6.53-\text{j}7.72\text{A}$$

交轴电流的有效值为

$$I_q=I\cos\psi=171.83\cos 3.38°\text{A}=171.53\text{A}$$

交轴电流的相位角为 $$\delta=40.25°$$

相量 $$\dot{I}_q=171.53\angle 40.25°\text{A}=130.92+\text{j}110.83\text{A}$$

励磁电势相量为

$$\begin{aligned}\dot{E}_0&=\dot{U}+\text{j}\dot{I}_dX_d+\text{j}\dot{I}_qX_q\\&=[3637.31+\text{j}(6.53-\text{j}7.72)\times 21.2+\text{j}(130.92+\text{j}110.83)\times 13.7]\text{V}\\&=2990.49\angle 40.25°\text{V}\end{aligned}$$

所以，$E_0=2990.49\text{V}$，$\delta=40.25°$

(2) 方法2——用相量图或者直接用公式

内功率因数角为

$$\psi=\arctan\frac{U\sin\varphi+IX_q}{U\cos\varphi}=\arctan\frac{3637.31\times(-0.6)+171.83\times 13.7}{3637.31\times 0.8}=3.38°$$

功角为

$$\delta=\psi-\varphi=3.38^\circ-(-36.87^\circ)=40.25^\circ$$

直轴电流为

$$I_d=I\sin\psi=171.83\sin3.38^\circ A=10.12A$$

励磁电势为

$$E_0=U\cos\delta+I_dX_d=(3637.31\cos40.25^\circ+10.12\times21.2)V=2990.66V$$

由以上例题可见，在进行同步发电机稳态计算时，可以应用方程式或者相量图。一般来说，隐极电机两者都比较简单；凸极电机采用相量图较为简单。

7.4 同步发电机的单机运行特性

同步发电机在转速保持为同步转速 n_1、负载功率因数 $\cos\varphi$ 不变的条件下，有3个主要变量：电枢端电压 U、负载电流 I 和励磁电流 I_f，3个量之中保持1个量为常数，其他2个量之间的函数关系就统称为同步发电机的**基本特性**。单机运行时，通常要研究以下5种基本特性：

1）**空载特性**：当 $I=0$，即发电机空载时，励磁电势 E_0（等于电枢端电压 U）与励磁电流 I_f 之间的函数关系 $E_0=f(I_f)$。

2）**短路特性**：当 $U=0$，即发电机电枢端三相对称短路时，短路电流 I_k 与励磁电流 I_f 之间的函数关系 $I_k=f(I_f)$。

3）**零功率因数负载特性**：当 $I=I_N$，$\cos\varphi=0$ 时，端电压 U 和励磁电流 I_f 之间的函数关系 $U=f(I_f)$。

4）**外特性**：当 $I_f=$ 常数（一般取 $I_f=I_{fN}$），$\cos\varphi=$ 常数（例如 $\cos\varphi=\cos\varphi_N$）时，端电压 U 和负载电流 I 之间的函数关系 $U=f(I)$。

5）**调整特性**：当 $U=$ 常数（例如 $U=U_N$），$\cos\varphi=$ 常数（例如 $\cos\varphi=\cos\varphi_N$）时，励磁电流 I_f 与负载电流 I 的函数关系 $I_f=f(I)$。

上述5个基本特性之中，前3个特性描述3种简单而特殊的运行情况，其特性曲线用来确定发电机稳态模型参数和磁路饱和情况。后2个再加上**效率特性 $\eta=f(P_2)$**，描述正常稳态对称运行情况，用来确定发电机的电压调整率、额定励磁电流和效率等性能数据。下面分别予以介绍。

1. 空载特性

在电枢端开路（$I=0$）的情况下，将发电机拖动到同步转速 n_1，调节励磁电流 I_f 的大小，励磁电势 E_0（也就是端电压 U）也随之变化。测量并记录二者的数值，就能作出**空载特性**曲线 $E_0=f(I_f)$。测量时，E_0 的取值范围为 $0\sim1.2U_N$，可作出 I_f 单方向增加和单方向减小所对应的上升和下降两条略有差异的曲线，如图7-24a所示。一般取下降曲线作为空载特性曲线，并且将曲线向右平移至坐

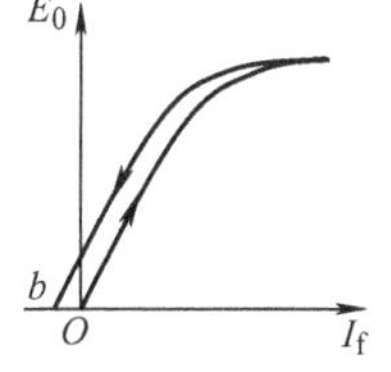

a) 试验曲线

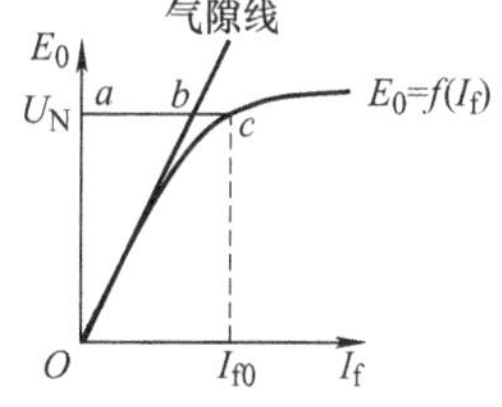

b) 利用空载特性求饱和系数

图7-24 同步电机的空载特性

标原点位置，如图 7-24b 所示。

由于 $E_0=4.44N_1f_1k_{w1}\Phi_f$，即 E_0 正比于 Φ_f，而 I_f 又与励磁磁势 F_f 成正比，所以**空载特性 $E_0=f(I_f)$ 与同步电机主磁路（直轴磁路）的磁化曲线 $\Phi_f=f(F_f)$ 具有类似的变化规律**。所以除了用试验方法外，也可以通过磁路计算求得空载特性。由图 7-24 可见，当 I_f 较小时，磁路未饱和，主磁路的磁势几乎全部消耗在气隙上，所以空载特性呈直线，将直线部分延长所形成的射线称为**气隙线**（相当于不饱和状态下的空载特性）。随着 I_f 的增大，空载特性逐渐偏离气隙线，说明主磁路开始饱和。通过合理地权衡电机成本和性能，一般将额定电压设计在空载特性开始弯曲的区段。沿额定电压 U_N 画一条水平线，与纵坐标轴、气隙线、空载特性的交点分别为 a、b、c，则比值 $\overline{ac}/\overline{ab}$ 就表示了在额定电压处，总励磁磁势与气隙上所消耗磁势的比值，称之为**饱和系数** k_s（一般在 1.2 左右），即

$$k_s=\frac{\overline{ac}}{\overline{ab}} \tag{7-32}$$

空载特性既可以用实际值表示成 $E_0=f(I_f)$，也可以用标幺值表示成 $E_0^*=f(I_f^*)$。如果采用标幺值，则用额定端电压 U_N 作 E_0 的基值，用 U_N 所对应的励磁电流 I_{f0} 作 I_f 的基值。空载特性是同步发电机的基本特性之一，虽然简单，但用处很大。通过测量空载特性，可以检查励磁系统的工作状态、电枢绕组的对称性和磁路的饱和程度，还可以借助空载特性计算电机的参数。

2. 短路特性

将同步发电机电枢出线端短路（$U=0$），拖动电机到同步转速 n_1，接通励磁电流 I_f，则电枢绕组中会产生励磁电势 E_0 和短路电流 I_k，调节 I_f，使 I_k 从 0 上升到约 $1.2I_N$ 为止，记录各测量点的 I_k 和 I_f 数值，就可得到**短路特性** $I_k=f(I_f)$。试验表明，短路特性是一条直线，如图 7-25c 所示。下面说明短路特性为直线的原因。

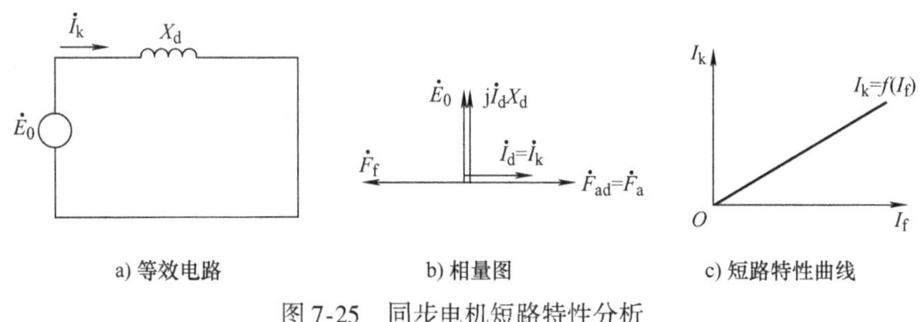

图 7-25　同步电机短路特性分析

短路运行时，$\dot{I}_k$ 和 $\dot{E}_0$ 之间的相位差 ψ 就是同步电抗和绕组本身电阻 R_a 合成的阻抗角，由于 R_a 极小，可以忽略不计，因此电枢回路成了纯电感回路，如图 7-25a 所示。ψ 近似为 90°，即 $\dot{I}_k$ 滞后于 $\dot{E}_0$ 90°，其直轴分量 $\dot{I}_d=\dot{I}_k\sin\psi=\dot{I}_k$，产生起去磁作用的直轴电枢反应磁势 $\dot{F}_{ad}$，交轴分量 $\dot{I}_q=\dot{I}_k\cos\psi=0$，所以 $\dot{F}_{aq}=0$。可见短路运行时，只有纯去磁的直轴电枢反应（图 7-25b），大大减弱了合成磁势，使电机处于**不饱和状态**，所以稳态短路运行时，E_0 与 I_f 呈线性关系。由于端电压 $\dot{U}=0$，所以

$$\dot{E}_0 = \dot{U} + j\dot{I}_d X_d + j\dot{I}_q X_q = j\dot{I}_k X_d \tag{7-33}$$

E_0 与 I_k 的数值关系为

$$I_k = \frac{E_0}{X_d} \tag{7-34}$$

不饱和状态时，X_d（或隐极电机的 X_s）为常数，所以 I_k 正比于 E_0，前已说明 E_0 与 I_f 呈线性关系，所以**短路特性 $I_k = f(I_f)$ 必然为一条通过原点的直线**。

3. 零功率因数负载特性

零功率因数负载特性中最具实用价值的一个就是在 $n = n_1$、$I = I_N$、$\cos\varphi = 0$ 的条件下，发电机端电压 U 随励磁电流 I_f 变化的函数关系 $U = f(I_f)$，可以通过三相纯电感负载试验测出。试验时，把发电机拖到同步转速 n_1，电枢输出端接三相对称纯电感负载（$\cos\varphi \approx 0$），调节 I_f 和负载，使负载电流 I 始终保持为常值 I_N，记录各测量点的 I_f 和 U，即可绘制出 $U = f(I_f)$，如图 7-26c 所示。图中同时给出了空载特性 $E_0 = f(I_f)$，可以看出，零功率因数曲线 $U = f(I_f)$ 在空载曲线 $E_0 = f(I_f)$ 的右边，而且二者形状相似，其中必有某种联系，下面就来分析之。

如图 7-26a 所示，由于负载为纯电感，因此电枢回路接近纯电感回路，内功率因数角 $\psi \approx 90°$，电枢反应为直轴纯去磁作用。从图 7-26b 所示的相量图可见，此种运行状态下的励磁磁势 $\dot{F}_f$、电枢磁势 $\dot{F}_a$（等于 $\dot{F}_{ad}$）和合成磁势 $\dot{F}$ 都在一条直线上（水平方向），励磁电势 $\dot{E}_0$、电抗压降 $j\dot{I}_N X_d$ 和端电压 $\dot{U}$ 也都在一条直线上（垂直方向），于是相量加减关系均可简化为代数加减关系，即

$$\begin{aligned} E_0 &= U + I_N X_d = U + I_N X_{ad} + I_N X_\sigma \\ F &= F_f - F_{ad} \end{aligned} \tag{7-35}$$

在图 7-26c 中，若经 U_N 处作一水平线，与纵轴交于 A 点，与空载曲线交于 B 点，与零功率因数曲线交于 E 点。则 $\overline{AB}$ 表示空载时产生额定电压 U_N 所需的 I_f 值即 I_{f0}；而 $\overline{AE}$ 表示在零功率因数负载时产生额定电压 U_N 所需的 I_f 值。之所以 $\overline{AE} > \overline{AB}$，是因为零功率因数负载时，$I_f$ 除了要维持 U_N 外，还要克服漏抗压降 $I_N X_\sigma$ 和电枢反应电抗压降 $I_N X_{ad}$（相当于要补偿 $\dot{F}_{ad}$ 的去磁效应）。所以 $\overline{BE}$ 可以分成两部分 $\overline{BC}$ 和 $\overline{CE}$。$\overline{BC}$ 用来产生漏抗压降 $I_N X_\sigma$（与电枢电流成正比），$\overline{CE}$ 用来补偿 $\dot{F}_{ad}$（也与电枢电流成正比）的去磁效应。过 C 点作竖线与空载曲线交于 D 点，则 $\overline{DC} = I_N X_\sigma$。由于电流始终保持为 I_N 不变，所以 $\overline{DC}$ 和 $\overline{CE}$ 同时正比于 I_N 且固定不变，所以△DCE 就是一个固定的三角形，称其为同步发电机的**特性三角形**。

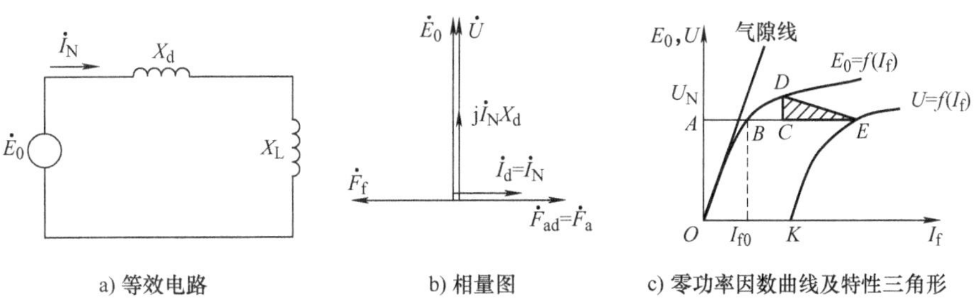

a) 等效电路　b) 相量图　c) 零功率因数曲线及特性三角形

图 7-26　零功率因数特性分析

可见，零功率因数曲线和空载曲线之间相差一个特性三角形$\triangle DCE$。如果已知空载曲线$E_0=f(I_f)$和$\triangle DCE$，则将顶点D置于空载曲线上，使$\triangle DCE$上下平行移动，顶点E的轨迹即为零功率因数曲线$U=f(I_f)$。当E移动到横坐标轴上时，端电压U变为0，实质上就是短路点K。反之，若已知$U=f(I_f)$和$\triangle DCE$，则按照类似的移动方法可以得到$E_0=f(I_f)$。如果已知$E_0=f(I_f)$和$U=f(I_f)$，就可以按照一定的方法画出特性三角形，进而求得漏电抗、电枢反应电抗和同步电抗。

参看图7-27，在已知空载曲线和零功率因数曲线的条件下，可以按以下步骤作出同步发电机的特性三角形：

1）在同一坐标系中画出空载曲线、气隙线和零功率因数曲线。

2）在额定电压处作一条水平线，交零功率因数曲线于E点。

3）在该水平线上寻找B点，使$\overline{EB}=\overline{KO}$。

4）过B点作气隙线的平行线BD，交空载曲线于D点。

5）过D点作竖线DC交BE于C点，$\triangle DCE$即为特性三角形。

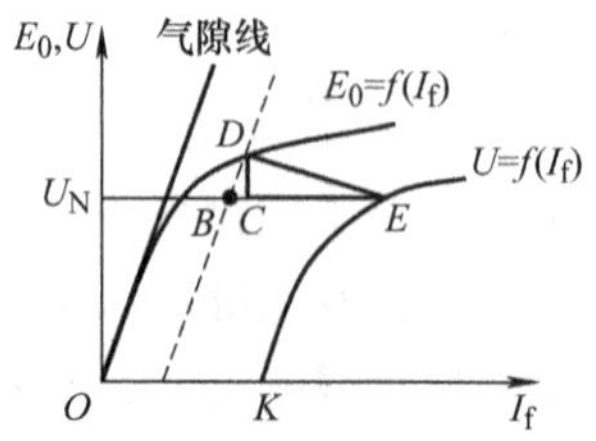

图7-27 特性三角形的画法

4. 外特性和调整特性

外特性指的是发电机在$n=n_1$、$I_f=$常值以及$\cos\varphi=$常值的情况下，端电压U与负载电流I之间的函数关系$U=f(I)$。外特性既可以用直接负载试验法测出，也可以用作图法求出。图7-28示出了不同$\cos\varphi$时同步发电机的外特性。

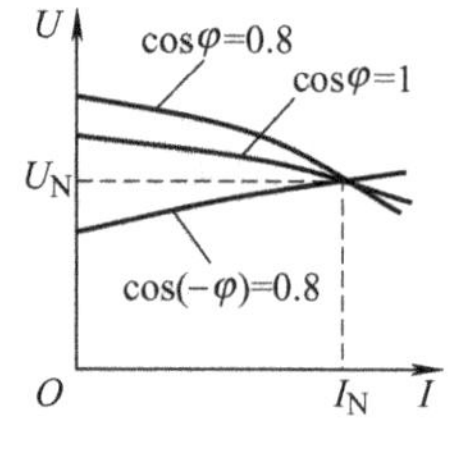

图7-28 同步发电机外特性

如图7-29所示，可以用相量图来分析同步电机外特性曲线的走向，由于$I_f=$常数，所以相量图中$\dot{E}_0$的长度将保持不变。

图7-29a示出的是$\cos\varphi=0.8$滞后性负载时的相量图，设想图中的电流从I递减到0时，由于E_0不变，为了满足相量三角形加法法则，端电压将从U渐变到空载电势E_0，显然$E_0>U$，所以U随着I的减小而增大，反过来说，就是U随着I的增大而减小，所以感性负载（滞后）负载的外特性是下降曲线。

图7-29b示出的是$\cos\varphi=1$的纯电阻负载时的相量图，当电流从I递减到0时，端电压从U渐变到空载电势E_0，显然$E_0>U$，所以纯电阻负载的外特性也是下降曲线。

图7-29c示出的是$\cos\varphi=0.8$超前性负载时的相量图，显然空载电势$E_0<U$，所以电容性负载的外特性是上升曲线。

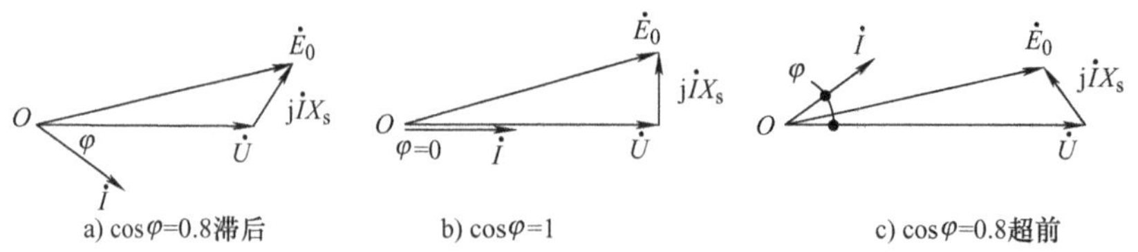

a) $\cos\varphi=0.8$滞后　b) $\cos\varphi=1$　c) $\cos\varphi=0.8$超前

图7-29 用相量图分析同步发电机外特性

也可以用电枢反应来解释外特性曲线的走向。感性或者纯电阻性负载产生去磁性质的电枢反应，促使端电压下降，同时滞后电流产生的漏抗压降也会引起端电压下降，此2因素共同造成了感性或电阻性负载外特性的下降趋势。容性负载一般产生增磁性质的电枢反应，促使端电压上升，加上超前性电流产生的漏抗压降也会引起电压上升，此2因素共同造成了容性负载外特性的上升趋势。

还有一种可能就是，发电机虽然带容性负载，但由于容抗较小，而发电机本身的同步电抗是滞后性的，使得内功率因数角 ψ 仍然大于0或十分接近0，此种容性负载情况下外特性曲线仍然是略微下降的。

可见，负载大小或性质的变化会引起发电机端电压的波动。通常用**电压调整率**来描述单机运行时同步发电机端电压的变化情况。

电压调整率一般是在**额定励磁电流**I_{fN}下求取的。I_{fN}可以这样来确定：让发电机单机运行在同步转速即 $n=n_1$，调节 I_f 和负载，使得额定负载（$I=I_N$、$\cos\varphi=\cos\varphi_N$）时的端电压为额定电压，即 $U=U_N$，则此时的 I_f 即为 I_{fN}。

在额定状态时，如果保持 $I_f=I_{fN}$ 和 $n=n_1$，逐渐卸去负载直至空载，则端电压 U 将由 U_N 递变为空载端电压 E_0，变化幅度的百分数即为电压调整率 ΔU，即

$$\Delta U=\left.\frac{E_0-U_N}{U_N}\right|_{I_f=I_{fN}}\times 100\% \tag{7-36}$$

影响电压调整率的主要因素是负载的大小、性质以及发电机的同步电抗。

电压调整率是表征同步发电机运行性能的重要数据之一。实际操作中，为防止卸载时电压剧烈上升，以致击穿绕组绝缘，ΔU 最好小于50%。当负载为 $\cos\varphi=0.8$ 滞后时，现代水轮发电机的 ΔU 为18%～30%，汽轮发电机的 ΔU 为30%～48%。

发电机的负载发生变化时，为了保持端电压 U 不变，必须同时调节励磁电流 I_f。在保持 $n=n_1$、$U=U_N$、$\cos\varphi=\cos\varphi_N$ 的情况下，负载电流 I 变化时，励磁电流 I_f 随之调整而形成的曲线 $I_f=f(I)$，就是发电机的**调整特性**曲线。

发电机带感性或纯电阻负载运行时，若 I 增大，则端电压 U 会下降，为保持 $U=U_N$ 不变，就必须加大对电枢反应去磁作用和漏抗压降 IX_σ 减压作用的补偿力度，即必须相应地增大励磁电流 I_f，此种情况下调整特性 $I_f=f(I)$ 是上升的；反之，在容性负载时，容性负载电流会产生增磁作用，漏抗压降 IX_σ 也变为增压作用，随着 I 的增大，I_f 必须相应地减小，以维持 $U=U_N$，此种情况下调整特性便是下降曲线。图7-30示出了不同性质的负载对应的调整特性曲线簇。

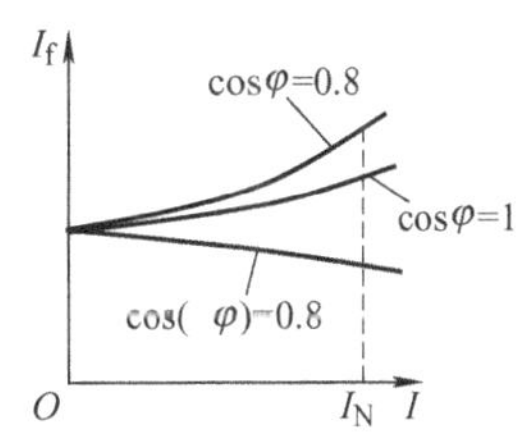

图7-30 同步发电机调整特性

5. 效率特性

在完成机械能向电能转换的过程中，同步发电机内部会产生各种损耗，损耗大小直接影响发电机的运行效率。对于大容量的发电机，效率降低或提高1%，意味着会损失或节约数千kW的功率，所以分析**效率特性**意义重大。

（1）损耗

同步发电机的损耗可分为**铜耗**、**铁耗**和**机械损耗**三大类，可以将其细分为多种具体损耗，现简述如下：

基本铜耗：指电枢绕组通过电流时产生的欧姆损耗，其大小取决于绕组的电流密度、导线用铜重量以及环境温度等因素。

基本铁耗：指电枢铁心在交变磁场中所产生的磁滞和涡流损耗，其大小取决于磁密、频率、铁重、硅钢片性能以及加工工艺等因素。转场式同步电机正常运行时，转子铁心处于恒定磁场中，不产生转子基本铁耗。

励磁损耗：指励磁回路的损耗，包括励磁电阻、电刷与集电环接触电阻、调节用变阻器电阻的损耗。若有同轴励磁机，还应计入励磁机的损耗。

附加铜耗：主要指**槽漏磁通**引起的趋肤效应使得导体中电流密度分布不均匀引起的额外铜耗。

附加铁耗：主要有：定子齿槽导致气隙波动而引发的转子或磁极表面的发热损耗；定转子齿槽相对位置的变化导致的磁通脉动在定转子铁心中引发的涡流损耗；定转子高次谐波和齿谐波在铁心表面所引发的高频涡流损耗；绕组**端部漏磁通**在附近金属件中引发的附加损耗等。

附加损耗占比不大，但有时在不利条件下会使某项损耗特别大，进而引发局部过热。在电机设计和制造中可采取多种措施来减小附加损耗。如电枢绕组多股并联并按一定规律进行换位，能减少趋肤效应引起的附加铜耗；合理布置金属构件，采用非磁性材料做护环、压圈和绑线，能减少端部漏磁引发的附加铁耗；采用短距、分布绕组，能减少高次谐波的影响等。

机械损耗：包括在机轴上装冷却风扇所引发的通风损耗；转子旋转时冷却气体与转子外表的摩擦损耗；电刷与集电环的摩擦损耗；轴与轴承的摩擦损耗等。高速电机的机械损耗较大，可占到总损耗的25%以上，而通风及风摩损耗又能占到机械损耗的70%～80%。

（2）效率

同步发电机的效率特性是指 $n=n_1$、$U=U_N$、$\cos\varphi=\cos\varphi_N$ 时，发电机的效率 η 与输出功率 P_2 之间的函数关系 $\eta=f(P_2)$。大型同步发电机的效率一般不采用实测法求取，而是通过损耗和输出功率求取，即

$$\eta=\frac{P_2}{P_1}=\left(1-\frac{\sum p}{P_2+\sum p}\right)\times 100\% \tag{7-37}$$

效率是同步发电机重要运行指标之一。一般小容量同步发电机 $\eta=82\%\sim92\%$，中大容量同步发电机可达 $\eta=95\%\sim98\%$，例如国产 QFQS－200－2 型汽轮发电机的额定效率 $\eta_N=98.45\%$。

7.5 同步电机的参数测定

1. 用空载特性和短路特性确定同步电抗和短路比

凸极同步发电机短路运行时，$\dot{I}_d=\dot{I}_k$，$\dot{I}_q=0$，$\dot{U}=0$，代入其电势方程式［式(7-23)］可得

$$X_d=\left|\frac{\dot{E}_0}{j\dot{I}_k}\right|=\frac{E_0}{I_k} \tag{7-38}$$

式中，E_0 和 I_k 分别为短路状态下同一励磁电流 I_f 所对应的短路电流和励磁电势。

显然 I_k 可以根据 I_f 从短路特性上得到，而 E_0 可以根据 I_f 从空载特性上得到（E_0 由励

磁电流 I_f 和电机的饱和状态决定，与短路还是空载无关）。由于短路运行时电机处于不饱和状态，因此 E_0 必须根据 I_f 从气隙线上求取，如图7-31a所示。由图7-31a和式(7-38) 求得的 X_d 是**不饱和值**。

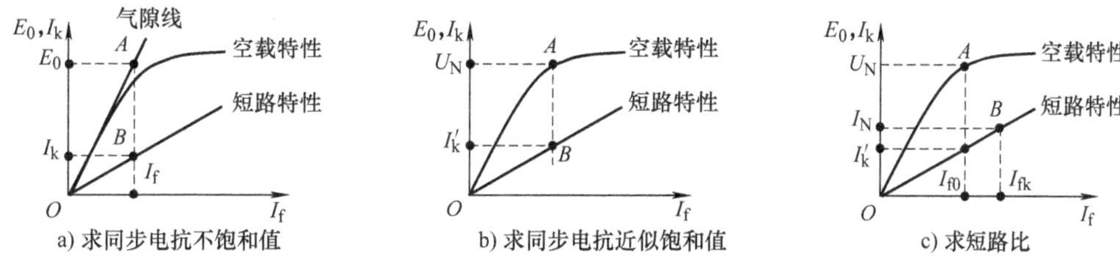

图7-31 利用短路特性和空载特性求同步电抗和短路比

X_d 与直轴磁路的磁阻 R_{md} 成反比，而饱和情况下，R_{md} 与饱和程度有关。与感应电机和变压器类似，同步电机主磁路的饱和程度也取决于端电压，所以 X_d 的大小也与电压大小有关。一般取额定电压对应的 X_d 作为 X_d 的饱和值。其近似求法（图7-31b）是：过额定电压 U_N 作水平线交空载特性于 A 点，过 A 点作竖直线交短路特性于 B 点，B 点对应的短路电流记为 I'_k，则 X_d 的近似**饱和值**为

$$X_{d(饱和)}=\frac{U_N}{I'_k} \tag{7-39}$$

参考图7-31c和图7-24b，不难证明

$$X_{d(不饱和)}=k_s X_{d(饱和)} \tag{7-40}$$

可以用经验公式近似求取交轴同步电抗为

$$X_q \approx 0.65X_d \tag{7-41}$$

对于隐极电机，按上述方法求得的 X_d 就是其同步电抗 X_s。

短路比是设计同步电机时需要考虑的又一个重要数据，其定义为：**空载时产生额定电压 U_N 所需的励磁电流 I_{f0} 与短路时产生额定电流 I_N 所需的励磁电流 I_{fk} 之比**。即

$$K_c=\frac{I_{f0}}{I_{fk}} \tag{7-42}$$

从图7-31c可见，短路比又可以改写成

$$K_c=\frac{I'_k}{I_N}=\frac{U_N}{U_N}\frac{I'_k}{I_N}=\frac{U_N/I_N}{U_N/I'_k}=\frac{z_b}{X_{d(饱和)}}=\frac{1}{X^*_{d(饱和)}} \tag{7-43}$$

式中，$z_b=U_N/I_N$ 为阻抗基值。可见短路比是一个计及饱和影响的参数。分析表明：短路比大的电机制造成本高，但运行稳定性也高；而短路比小的电机制造成本低，但运行稳定性也低。所以选择设计短路比时，应在成本和性能之间作出合理权衡。由于水电站输电线路较长，稳定性问题比较严重，所以水轮发电机选择较大的短路比，一般在1.0～1.4之间；而汽轮发电机一般在0.5～0.7之间。

2. 用空载特性和零功率因数特性确定同步电抗、漏电抗和电枢磁势

同步电机带纯电感负载额定运行时，$\dot{I}_d=\dot{I}_N$，$\dot{I}_q=0$，$\dot{U}=\dot{U}_N$，其电势方程式变为

$$\dot{E}_0=\dot{U}_N+j\dot{I}_N X_d \tag{7-44}$$

由相量图 7-26b 可知，$\dot{E}_0$、$\dot{U}_N$、$j\dot{I}_N X_d$ 这 3 个相量平行，所以

$$X_d = \frac{E_0 - U_N}{I_N} \tag{7-45}$$

式中，E_0 是纯电感负载额定运行时的励磁电流 I_{fN} 所对应的励磁电势。

如图 7-32 所示，先根据额定电压 U_N 在零功率因数曲线上找到对应的励磁电流 I_{f1}，再根据 I_{f1} 在空载曲线上找到 E_0，代入式(7-45) 就可求出同步电抗 X_d 的**饱和值**，对于隐极电机，求出的就是 X_s 的**饱和值**。

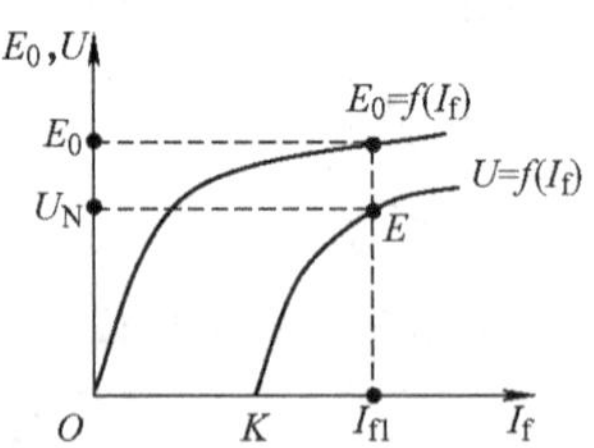

图 7-32　利用空载特性和零功率因数特性求同步电抗

同步电机的特性三角形△DCE 是一个直角三角形，每个具体发电机对应一个固定的特性三角形。按照 7.4 节介绍的方法，找到△DCE（参看图 7-27），其竖直边$\overline{DC}$代表额定电流时的定子漏抗压降；水平边$\overline{CE}$代表额定电流时的电枢磁势，所以**定子漏抗**为

$$X_\sigma = \frac{\overline{DC}}{I_N} \tag{7-46}$$

用此法求出的定子漏抗又称为**保梯电抗**，通常用 X_P 表示。

额定电流 I_N 产生的**电枢磁势**F_a 折算成的励磁电流值为

$$I_{fa} = \overline{CE} \tag{7-47}$$

3. 用转差法测定 X_d、X_q

前面已经介绍了 X_d 的确定方法，但对 X_q 的测定方法还未作介绍，下面介绍一种同时能测出 X_q 和 X_d 的方法——**转差法**。

将被试同步电机励磁绕组开路，不加励磁；用原动机拖动转子到接近同步转速（$s<0.01$）；然后在电枢端施加额定频率的三相对称低电压，为了避免转子被牵入同步，一般外施电压为$(0.02\sim0.15)U_N$，另外，还要确认外施电压的相序，保证它所产生的电枢旋转磁势 $\dot{F}_a$ 与转子转向相同。此时，$\dot{F}_a$ 以转差速度缓慢扫过转子，当 $\dot{F}_a$ 与直轴重合时，电抗达到其最大值即 X_d，电枢电流达到最小值 I_{min}。当 $\dot{F}_a$ 与交轴重合时，电抗达到其最小值即 X_q，电枢电流达到最大值 I_{max}。由于电源线路中的压降随着电流的波动而变化，所以电枢端电压 U 也会产生波动，显然，电流达到最小值 I_{min}时，电压会达到最大值 U_{max}；反之，当电流达到最大值 I_{max}时，电压会达到其最小值 U_{min}。电流和电压波动频率正比于转差率。可以直接读出每相 I_{max}、I_{min}、U_{max}和 U_{min}。

由于 $I_f=0$，所以 $E_0=0$，当 $\dot{F}_a$ 作用于 d 轴时，有 $\dot{I}_d=\dot{I}_{min}$，$\dot{I}_q=0$，$\dot{U}=\dot{U}_{max}$，所以电势平衡方程变为

$$0 = \dot{U}_{max} + j\dot{I}_{min} X_d \tag{7-48}$$

可以求得

$$X_d = \frac{U_{max}}{I_{min}} \tag{7-49}$$

当 $\dot{F}_a$ 作用于 q 轴时，$\dot{I}_d=0$，$\dot{I}_q=\dot{I}_{max}$，$\dot{U}=\dot{U}_{min}$，所以电势平衡方程变为

$$0=\dot{U}_{min}+j\dot{I}_{max}X_q \tag{7-50}$$

可以求得

$$X_q=\frac{U_{min}}{I_{max}} \tag{7-51}$$

用示波器拍摄得到的电枢电压、电枢电流波形如图7-33所示。需要说明的是，由于试验中所加电压很低，磁路不饱和，故转差法测得的 X_d 和 X_q 都是不饱和值。

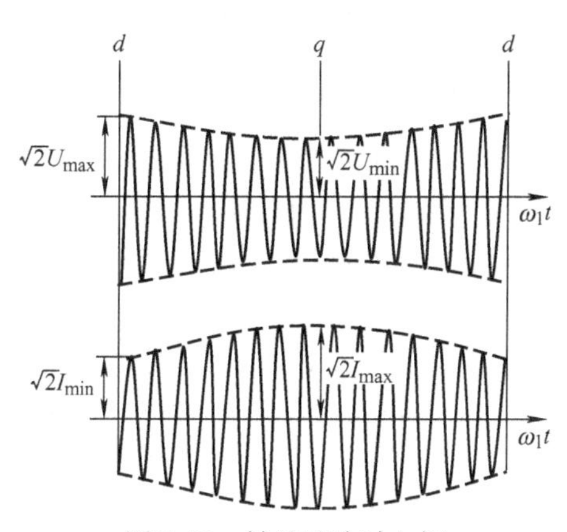

图7-33 转差试验时电枢电压和电流波形图

4. 用相量图求取额定励磁电流 I_{fN} 和电压调整率 ΔU *

额定励磁电流 I_{fN} 和电压调整率 ΔU 是同步发电机重要的运行和设计数据。

通过特性三角形求得保梯电抗 X_p、额定电流对应的电枢反应磁势 F_a（折合成励磁电流为 I_{fa}）后，在电机额定数据 U_N、I_N、$\cos\varphi_N$ 均已知的情况下，结合空载特性曲线 $E_0=f(F_f)$ 或 $E_0=f(I_f)$，就可以用作图法求出 I_{fN} 和 ΔU，这种方法称为**保梯电抗法**。

我们知道，额定状态下，同步发电机的电势方程可以写成

$$\dot{E}_0+\dot{E}_a=\dot{U}_N-\dot{E}_\sigma=\dot{U}_N+j\dot{I}_N X_p=\dot{E}_p \tag{7-52}$$

式中，$\dot{E}_p=\dot{U}_N+j\dot{I}_N X_p$ 为励磁电势与电枢反应电势的相量和，称为**气隙电势**或**合成电势**。

磁势方程可以写成

$$\dot{F}_f+\dot{F}_a=\dot{F} \tag{7-53}$$

比较式(7-52)和式(7-53)可知，合成电势 $\dot{E}_p$ 与合成磁势 $\dot{F}$ 相对应。只要求得了合成电势 $\dot{E}_p$ 就可以根据空载特性求出合成磁势 $\dot{F}$，进一步可求得励磁磁势 $\dot{F}_f=\dot{F}-\dot{F}_a$ 和相应的额定励磁电流 I_{fN} 以及励磁电势 E_0，再利用定义式求得电压调整率 ΔU。参看图7-34，用作图法求取 I_{fN} 和 ΔU 的具体步骤如下：

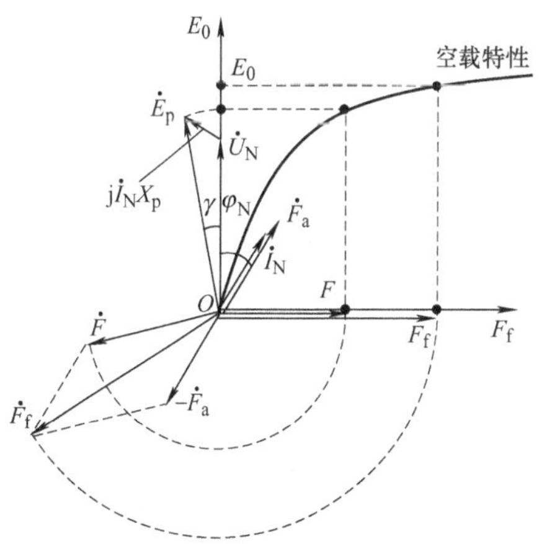

图7-34 用相量图和空载特性求取 I_{fN} 和 ΔU

1）在直角坐标纸上绘制空载特性曲线 $E_0=f(F_f)$，沿纵轴作额定相电压相量 $\dot{U}_N$。

2）自原点作额定电枢相电流相量 $\dot{I}_N$，与纵轴

成 φ_N 角（φ_N 额定功率因数角）。

3）从相量 $\dot{U}_N$ 尾端作保梯电抗压降相量 $j\dot{I}_N X_p$，从 $\dot{U}_N$ 首端指向 $j\dot{I}_N X_p$ 尾端即为合成电势 $\dot{E}_p$，设 $\dot{E}_p$ 超前于 $\dot{U}_N$ 的角度为 γ。

4）由 $\dot{E}_p$ 在空载特性上查取对应的励磁磁势 $\dot{F}$ 的数值，其相量超前于合成电势 $\dot{E}_p$ 90°。

5）沿 $\dot{I}_N$ 方向画出电枢磁势相量 $\dot{F}_a$（可通过特性三角形求得），将其反相得到 $-\dot{F}_a$。

6）按照相量加法，求得励磁磁势 $\dot{F}_f = \dot{F} + (-\dot{F}_a)$。

7）通过励磁磁势 $\dot{F}_f$ 可求得额定励磁电流 I_{fN}，并在空载特性上查取相应的励磁电势 E_0。

8）通过 E_0 和 U_N 求出 ΔU。

实用上，空载特性常以励磁电流 I_f 为横坐标，且电枢磁势 F_a 已经折合成相应的励磁电流 I_{fa}，参看图7-35，可以按如下较为简洁的步骤求出额定励磁电流 I_{fN} 和电压调整率 ΔU：

1）在直角坐标纸上绘制空载特性曲线 $E_0 = f(I_f)$，沿纵轴作额定相电压相量 $\dot{U}_N$。

2）自原点作额定电枢相电流相量 $\dot{I}_N$，与纵轴成 φ_N 角。

3）从相量 $\dot{U}_N$ 尾端作保梯电抗压降相量 $j\dot{I}_N X_p$，从 $\dot{U}_N$ 首端指向 $j\dot{I}_N X_p$ 尾端即为合成电势 $\dot{E}_p$，它超前于 $\dot{U}_N$ 的角度设为 γ。

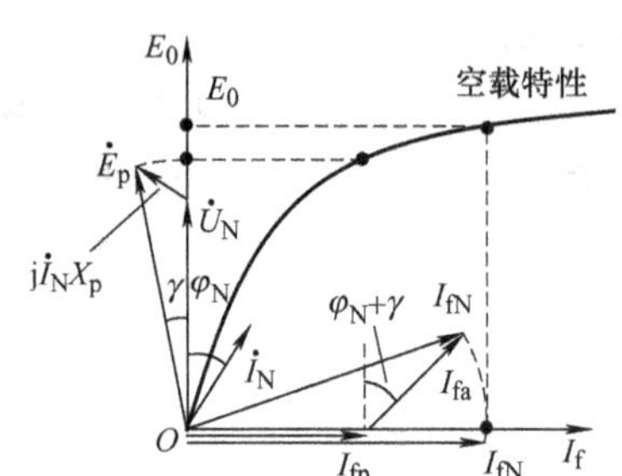

图7-35 用相量图和空载特性求取 I_{fN} 和 ΔU 的实用方法

4）由合成电势 $\dot{E}_p$ 在空载特性上查取相应的励磁电流 I_{fp}，直接标示在横坐标轴上。

5）从 I_{fp} 的尾端，沿与垂直方向夹 $\gamma + \varphi_N$ 角，画出电枢反应等效励磁电流 I_{fa}，将 I_{fp} 和 I_{fa} 按相量合成即得为额定励磁电流 I_{fN}。

6）由 I_{fN} 在空载特性上查取 E_0。

7）通过 E_0 和 U_N 求出 ΔU。

这种求取 I_{fN} 和 ΔU 的方法在电机制造厂普遍采用。其特点是直接考虑电枢反应磁势 F_a 的作用，而不是用电枢反应电抗来处理，因而可以把实际的磁路饱和情况考虑进去。但在应用这一方法时，并未把电枢磁势 F_a 分解为直轴分量和交轴分量，即不考虑隐极电机和凸极电机之间的差别。虽然如此，该方法仍可获得与实验结果相近的满意结果。

例7-3 一台隐极同步发电机，额定功率 $P_N = 12000\text{kW}$，额定电压 $U_N = 6300\text{V}$，定子绕组Y联结，额定功率因数 $\cos\varphi_N = 0.8$（滞后），短路特性为一条过原点的直线，额定电枢电流对应的励磁电流为158A。空载试验数据见表7-1。

表7-1 空载试验数据

线电压/V	0	4500	5500	6000	6300	6500	7000	7500	8000
励磁电流/A	0	60	80	92	102	111	130	190	292

试求：

（1）同步电抗 X_s 的不饱和值；

（2）额定负载运行时的励磁电流 I_{fN}；

（3）额定负载运行时的电压变化率 ΔU。

解：

（1）额定电流

$$I_N=\frac{P_N}{\sqrt{3}U_N\cos\varphi_N}=\frac{12000\times10^3}{\sqrt{3}\times6300\times0.8}\text{A}$$
$$=1374.64\text{A}$$

根据给出的试验数据画出空载特性、短路特性曲线以及气隙线，如图7-36所示。取励磁电流 $I_f=60\text{A}$，在短路特性上查得 $I=522\text{A}$，在气隙线上查得，$E_0=4500\text{V}$，所以同步电抗不饱和值为

$$X_s=\frac{E_0}{\sqrt{3}I_N}=\frac{4500}{\sqrt{3}\times522}\Omega=4.98\Omega$$

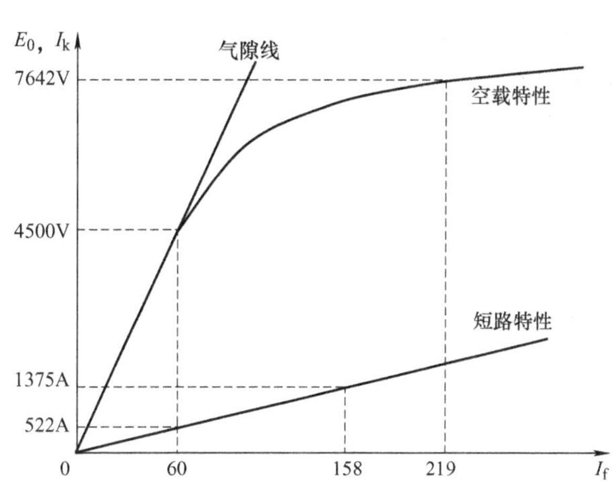

图7-36　用空载特性和短路特性求电机参数（例7-3图）

（2）假设发电机不饱和，则额定负载运行时的励磁电势

$$E_0=\sqrt{3}\sqrt{\left(\frac{U_N}{\sqrt{3}}\cos\varphi\right)^2+\left(\frac{U_N}{\sqrt{3}}\sin\varphi+IX_s\right)^2}$$
$$=\sqrt{3}\sqrt{\left(\frac{6300}{\sqrt{3}}0.8\right)^2+\left(\frac{6300}{\sqrt{3}}0.6+1374.64\times4.98\right)^2}\text{V}=16429.27\text{V}$$

在气隙线上查得相应的励磁电流即为额定励磁电流

$$I_{fN}=219.06\text{A}$$

（3）根据 $I_{fN}=219.06\text{A}$，在空载特性上查得实际的励磁电势为 $E_0=7642\text{V}$，故电压调整率为

$$\Delta U=\frac{E_0-U_N}{U_N}\times100\%=\frac{7642-6300}{6300}\times100\%=21.32\%$$

例7-4＊　有一水轮发电机，额定功率 $P_N=15\text{MW}$，额定电压 $U_N=13.8\text{kV}$，定子绕组Y联结，额定功率因数 $\cos\varphi_N=0.8$（滞后），额定转速 $n_N=100\text{r/min}$，保梯电抗 $X_p^*=0.24$，不计电枢电阻。发电机的短路特性为过原点的直线，短路电流为额定电流时对应的励磁电流 $I_{fk}=178\text{A}$。已知空载特性数据见表7-2。

表7-2　空载特性测试数据

E_0^*	0.25	0.45	0.79	1.00	1.14	1.20	1.25
I_f/A	45	85	150	205	250	300	350

试用保梯电抗法求该发电机的额定励磁电流 I_{fN} 和电压调整率 ΔU。

解：先画出空载特性曲线 $E_0^*=f(I_f)$，根据 $I_{fk}=178\text{A}$ 确定短路点 K，如图7-37所示。

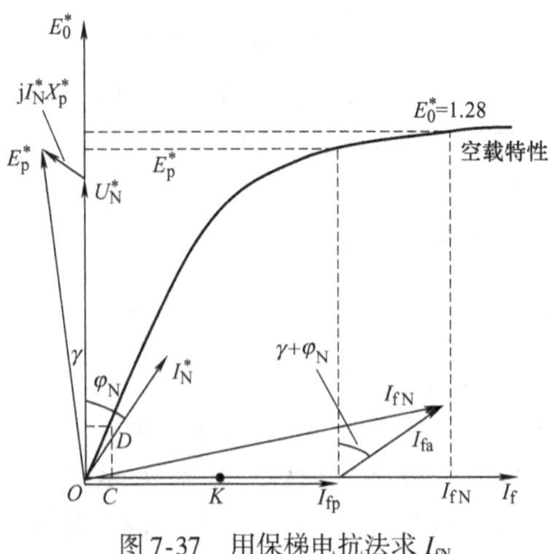

图 7-37 用保梯电抗法求 I_{fN} 和 ΔU（例 7-4 图）

根据漏抗压降 $I_N^* X_p^* = 0.24$ 在空载特性上寻找 D 点，使其纵坐标等于漏抗压降 0.24，过 D 点作竖直线交横坐标于 C 点，则 $\overline{OC} = 43\text{A}$ 即为克服漏抗压降所需的励磁电流，补偿电枢反应去磁磁势所需的励磁电流 $I_{fa} = \overline{OK} - \overline{OC} = (178 - 43)\text{A} = 135\text{A}$。

沿纵坐标轴作相量 $\dot{U}_N^* = 1$，漏抗压降为

$$j\dot{I}_N^* X_p^* = j(0.8 - j0.6)0.24 = 0.144 + j0.192$$

合成电势

$$\dot{E}_p^* = \dot{U}_N^* + j\dot{I}_N^* X_p^* = 1 + 0.144 + j0.192 = 1.144 + j0.192$$

$$E_p^* = \sqrt{1.144^2 + 0.192^2} = 1.16$$

在空载特性上查得 $E_p^* = 1.16$ 对应的励磁电流 $I_{fp} = 275\text{A}$。

根据相量图，不难看出

$$\varphi_N + \gamma = \arctan\left(\frac{U_N^* \sin\varphi + I_N^* X_p^*}{U_N^* \cos\varphi}\right) = \arctan\left(\frac{0.6 + 0.24}{0.8}\right) = 46.40°$$

$$I_{fN} = \sqrt{[I_{fp} + I_{fa}\sin(\varphi_N + \gamma)]^2 + [I_{fa}\cos(\varphi_N + \gamma)]^2}$$

$$= \sqrt{[275 + 135 \times \sin 46.4°]^2 + [135 \times \cos 46.4]^2}\,\text{A} = 384.21\text{A}$$

在空载特性上查得 $I_{fN} = 384.21\text{A}$ 对应的励磁电势 $E_0^* = 1.28$，所以 $\Delta U = 28\%$。

7.6 同步发电机并网运行

同步发电机单机供电的缺点是明显的：既不能保证供电质量（电压和频率的稳定性）和可靠性（发生故障就得停电），又无法实现供电的经济性和灵活性。这些缺点可以通过多机并联供电来改善。通过并联可以将几台电机或几个电站并成一个巨大的供电系统。现代发电厂中都是把几台同步发电机并联起来接在共同的**汇流排**上，一个地区总是把多个电厂并联起来组成一个强大的**电力系统**（简称**电网**或**电力网**），单个国家、多个国家或地区的电力系统都有进一步并接形成巨型电力互联网的趋势。

并网供电有许多优点：①抗干扰能力增强，提高了供电的可靠性，单个机组的偶发故障或定期检修不会引发严重停电事故。②提高了供电的经济性和灵活性，例如水电与火电并联后，在枯水期和旺水期两种电站可以调配发电，充分利用水资源。在用电高峰期和低谷期可以灵活地决定投入电网的发电机数量，提高发电机效率和供电灵活性。③提高供电质量，电网容量巨大（相对于单台发电机或个别负载可以视为无穷大，有时也将巨型电网称为无穷大电网），单台发电机的投入或停机、个别负载的变化，对电网影响甚微，衡量供电质量的重要指标电压和频率可以视为恒定不变的常数。

单台发电机相对于无穷大电网只是一个小分子，它无法有效地影响电网的电压和频率。

当一台发电机被成功地并入巨大互联电网后，其端电压、频率以及转速都将被电网“锁定”在恒定值。所以在研究“在线”的某台发电机的运行行为时，通常把电网的其余部分看成一个阻抗为 0 的恒频、恒压电源。

7.6.1 并网条件和方法

1. 并网运行的条件

把同步发电机并联到电网的操作过程称为**投入并联**，通常简称为**整步**、**并车**、**并列**等。并车时必须避免产生巨大的冲击电流，以防止损坏发电机和干扰电网正常运行。为此，并车前必须检查发电机和电网汇流排是否适合以下条件：

1）双方应有相同的相序。

2）双方应有相等的电压。

3）双方应有相等或接近于相等的频率。

4）双方应有相等或接近于相等的相位。

这些条件中第 1）必须严格满足，其他 3 个条件允许有微小偏差。

如图 7-38a 所示，电网被等效为巨型发电机 G_1，G 为待并车的发电机，若闭合开关 S，则 G_1 和 G 将构成闭合回路，并可能在闭合回路中形成冲击电流。例如回路（$A_1 \to A \to B \to B_1 \to A_1$）中净电压为 $\Delta\dot{U}_{AB} = \dot{U}_{A1B1} - \dot{U}_{AB}$，假设该回路的总阻抗为 Z_{AB}，则并网合闸时在该回路中所产生的电流为

$$\dot{I}'_A = \frac{\Delta\dot{U}_{AB}}{Z_{AB}} \tag{7-54}$$

式中，Z_{AB}属于暂态性质的阻抗，其数值很小，即便存在较小的 $\Delta\dot{U}_{AB}$，也会产生较大的冲击电流。

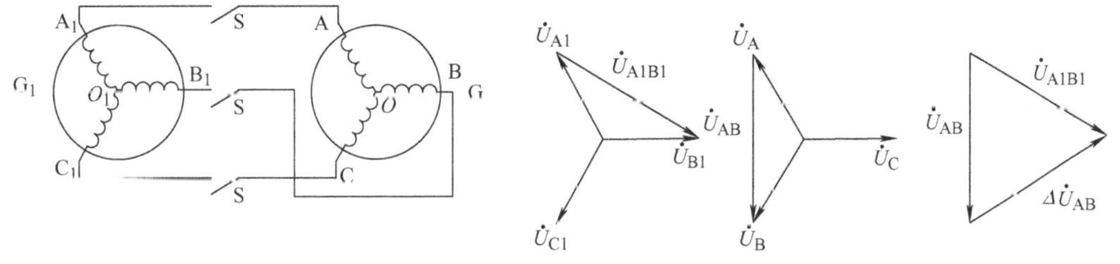

a) 投入并联示意图

b) 相序不同时电网与发电机电压相量图

图 7-38　同步发电机并网条件分析

如果 G 和 G_1 的相序不同，如图 7-38b 中的电压相量图所示，当 $\dot{U}_A$ 与 $\dot{U}_{A1}$ 同相位时，$\dot{U}_{AB}$与$\dot{U}_{A1B1}$之间有 60°的相位差，$|\Delta\dot{U}_{AB}| = U_{AB}$，将产生极大的冲击电流和转矩，危害电机和电网。所以绝不允许相序不同时并车，即第 1）个条件必须严格满足。发电厂在安装电机时都会测试并标记好相序以及原动机转向，所以一般不会出现相序错误。

如果 $\dot{U}_{AB}$和 $\dot{U}_{A1B1}$的有效值不相等，合闸时必然也会产生一定的瞬态冲击电流，所以并车时要求把电压差控制在允许范围内，实际操作时允许 ΔU_{AB}相对值不超过 10%。

如果$\dot{U}_{AB}$和$\dot{U}_{A1B1}$的频率不相等，则二者不能同步变化，即二者的瞬时值不相等，$|\Delta\dot{U}_{AB}|$将在$(0\sim2)U_{AB}$之间波动，并产生冲击电流，频率差过大时，除了环流会危害电机外，发电机还很难被拉入同步，所以并车时要求频率相等或十分接近，实际操作时允许频率偏差不超过0.5%。

如果$\dot{U}_{AB}$与$\dot{U}_{A1B1}$存在相位差φ，则不难证明$|\Delta\dot{U}_{AB}|=2U_{AB}\sin(\varphi/2)$，若$\varphi$的绝对值较大，并车时也会造成危害，实际操作时允许相位偏差不大于10%。

2. 投入并联的方法

发电机投入并联所进行的调节和操作过程称为**整步**。实际的整步方法分为两类，一类是**准整步法**，另一类是**自整步法**。

(1) 准整步法

准整步法是把发电机调整到完全满足并联条件后再投入电网。常常采用**同步指示器**来判断并联条件，最简单的同步指示器由3个指示灯组成，这种利用灯光效果检查并网条件的方法称为**灯光法**，根据接法不同又分为**灯光明暗法**和**灯光旋转法**两种。

接指示器前，先标注出电网母线相序（A_1，B_1，C_1）和发电机输出端的相序（A，B，C），在并网开关S未闭合前，起动发电机，根据同步指示器灯光的变化情况就可以判断所标出的相对相序是否正确。

明暗法的接线原理如图7-39a所示，把3个指示灯分别跨接在发电机和电网的对应相（如A_1对应A）之间，1、2、3号指示灯承受的电压分别为

$$\left.\begin{aligned}\Delta\dot{U}_1&=\dot{U}_{A1}-\dot{U}_A\\\Delta\dot{U}_2&=\dot{U}_{B1}-\dot{U}_B\\\Delta\dot{U}_3&=\dot{U}_{C1}-\dot{U}_C\end{aligned}\right\}\tag{7-55}$$

如果发电机和电网的相序一致，电压的相量图如图7-40a所示，相量组（$\dot{U}_{A1}$，$\dot{U}_{B1}$，$\dot{U}_{C1}$）旋转的角速度即为电网角频率ω_1，是恒定值；相量组（$\dot{U}_A$，$\dot{U}_B$，$\dot{U}_C$）旋转的角速度为发电机的角频率ω。两组电压相量转向一致，相对角速度为$\omega_1-\omega$。所以相量组（$\Delta\dot{U}_1$，$\Delta\dot{U}_2$，$\Delta\dot{U}_3$）变化的角频率为$\Delta\omega=\omega_1-\omega$，其有效值在$(U_{A1}-U_A)\sim(U_{A1}+U_A)$之间同步变化，指示灯的表现为交替明暗。由于一般白炽灯在低于1/3额定电压时就不亮了，为了通过调节发电机励磁使得$U_A\approx U_{A1}$，最好在A_1、A间接电压表V，观察其读数是否能达到0。调节原动机的转速，使$\omega\approx\omega_1$（灯光明暗交替十分缓慢）。在指示灯完全熄灭的时刻，闭合开关S，将发电机并入电网。

如果所标记发电机和电网的相序不一致，仍按明暗法接线并初调时，灯光的表现将非同亮同暗交替变化。此种现象发生时，必须重新标记或调整发电机出线端相序或电网相序，严格保证相序一致，并重新按明暗法整步。

旋转法的接线如图7-39b所示。其中，灯1仍接在A_1、A间，灯2交叉地接在B_1、C间，灯3交叉地接在C_1、B间。1、2、3号指示灯承受的电压分别为

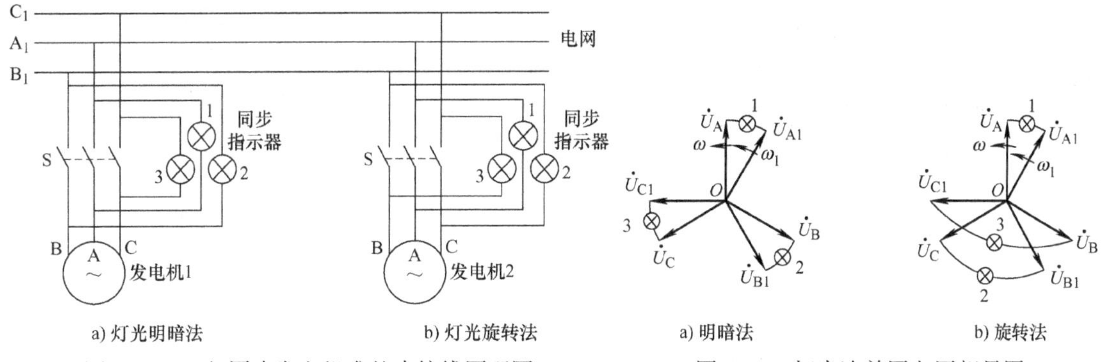

图7-39　三相同步发电机准整步接线原理图　　图7-40　灯光法并网电压相量图

$$\left.\begin{aligned}\Delta\dot{U}_1&=\dot{U}_{A1}-\dot{U}_A\\\Delta\dot{U}_2&=\dot{U}_{B1}-\dot{U}_C\\\Delta\dot{U}_3&=\dot{U}_{C1}-\dot{U}_B\end{aligned}\right\}\tag{7-56}$$

如果发电机和电网的相序一致，电压的相量图如图7-40b所示，相量组（$\dot{U}_{A1}$，$\dot{U}_{B1}$，$\dot{U}_{C1}$）旋转的角速度为电网角频率ω_1，是恒定值；相量组（$\dot{U}_A$，$\dot{U}_B$，$\dot{U}_C$）旋转的角速度为发电机的角频率ω。两组电压相量转向一致，相对角速度为$\omega_1-\omega$，相量组（$\Delta\dot{U}_1$，$\Delta\dot{U}_2$，$\Delta\dot{U}_3$）变化的角频率为$\Delta\omega=\omega_1-\omega$，但三相变化的步调不一致，例如，假设两边电压的有效值已经相等，在$\dot{U}_{A1}$和$\dot{U}_A$重合的瞬间，有

$$\left.\begin{aligned}\Delta U_1&=0\\\Delta U_2&=\sqrt{3}U_{A1}\\\Delta U_3&=\sqrt{3}U_{A1}\end{aligned}\right\}\tag{7-57}$$

在此时刻，灯1熄灭，灯2和灯3同亮。同样可以证明，当灯2熄灭时，灯3、灯1同亮；灯3熄灭时，灯1、灯2同亮。指示灯会表现出旋转效果。进一步调节发电机励磁，使得$U_A\approx U_{A1}$；调节原动机的转速，使$\omega\approx\omega_1$（灯光旋转非常缓慢）。在灯1熄灭的时刻，闭合开关S，将发电机并入电网。

如果所标记的相序不对，仍按旋转法接线并初调时，灯光的表现将非旋转效果而会呈现出明暗交替效果，必须重新标记或调整发电机出线端相序或电网相序，严格保证相序一致，并重新按旋转法整步。

准整步法的优点是在合闸投入的瞬间，电网和发电机基本上不遭受冲击电流；缺点是要逐一检查并网条件，手续烦琐，费时较多。要想把发电机快速并入电网，可采用**自整步法**。

（2）自整步法

自整步法的原理和接线如图7-41所示，将励磁绕组经灭磁电阻R（阻值约为励磁绕组阻值的10倍，主要起限流作用）短路，即将图中开关S_2合向电阻R；在确认相序一致的前提下，拖动发电机到接近同步转速（与同步转速相差2%～5%）；合上并车开关S_1（电枢接入电网，立即产生电气旋转磁场)，并将 S_2 合向励磁电源（接通励磁电流，形成机械旋转磁场)。此时依靠定、转子旋转磁场之间相互对齐的趋势所形成的电磁转矩，就可以把转子迅速牵入同步，并车过程即告完成。

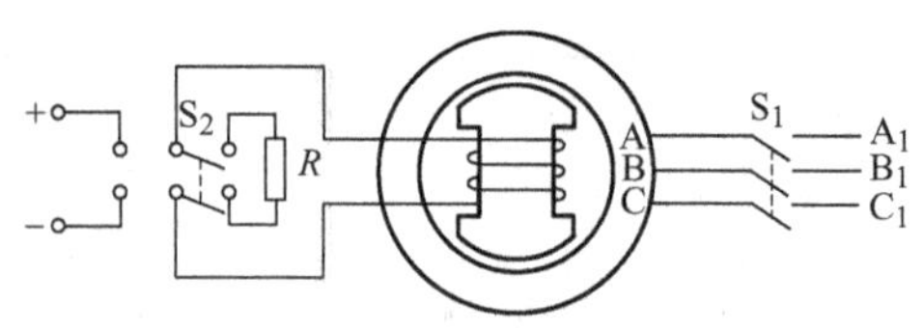

图 7-41　自整步法原理和接线图

整步手续完成后，接入电网的同步发电机往往尚处于空载状态，为了使它能提供一定量的有功功率和无功功率，还需要进行适当的调节。

7.6.2　有功功率调节和静态稳定

1. 功率流程和功角特性

同步发电机接入电网稳态运行时，其相电压 U、频率 f 和转速 n 将被电网锁定在电网相电压 U_1、电网频率 f_1 和同步转速 n_1。能够调节的物理量主要有两个：发电机的输入转矩 T_1 和励磁电流 I_f。原动机提供给发电机的输入功率为

$$P_1 = T_1 \Omega_1 \tag{7-58}$$

式中，$\Omega_1 = 2n_1\pi/60$ 为同步机械角速度，稳态时为常数。

可见发电机的输入功率正比于 T_1，通过调节原动机的出力就可以调节 T_1，从而调节输入功率 P_1，进而改变发电机输出的有功功率 P_2。

从 P_1 中减去机械损耗 p_m 和铁耗 p_{Fe}，其余有功功率通过电枢电流和气隙磁场的相互作用，形成电磁转矩 T 并转换成电磁功率 P_M，即

$$P_M = P_1 - (p_m + p_{Fe}) = T\Omega_1 \tag{7-59}$$

从电磁功率 P_M 中扣除电枢绕组的电阻损耗 p_{Cu1}，其余功率便是输出功率 P_2，即

$$P_2 = P_M - p_{Cu1} \tag{7-60}$$

并网运行时，P_2 将被送入电网，并被网上有功负载所消耗。图 7-42 给出了同步发电机的功率流程图。励磁回路的损耗一般由原动机或其他电源提供，不包括在流程图中。

对于并网运行的隐极同步发电机，如图 7-43 所示，P_2 可以写成

$$P_2 = m\dot{U} \cdot \dot{I} = m\dot{U} \cdot \frac{\dot{E}_0 - \dot{U}}{\mathrm{j}X_s} = m\frac{-\mathrm{j}\dot{U} \cdot \dot{E}_0 + \mathrm{j}\dot{U} \cdot \dot{U}}{X_s} = m\frac{UE_0}{X_s}\sin\delta \tag{7-61}$$

式中，δ 为 $\dot{E}_0$ 超前于 $\dot{U}$ 的相位角，被定义为**功角**。如果忽略定子绕组的铜耗 p_{Cu1}，则

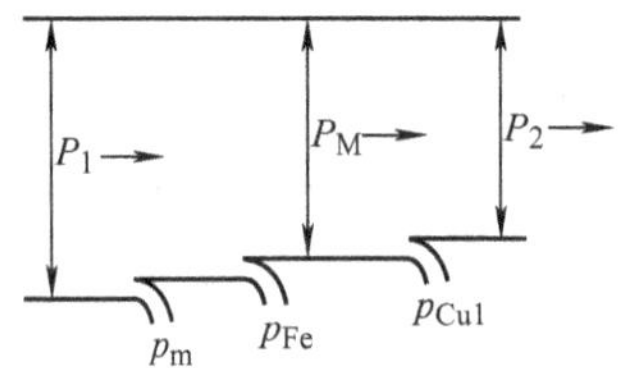

图 7-42　同步发电机功率流程图

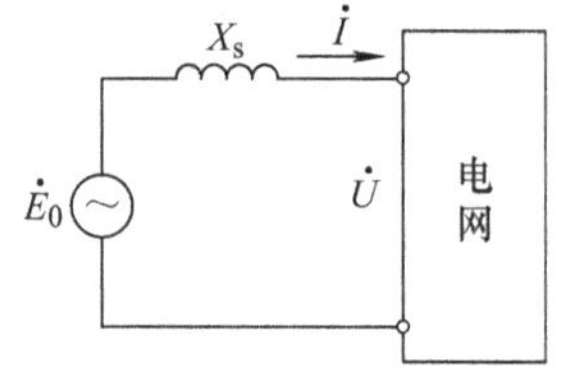

图 7-43　隐极发电机并网运行示意图

$$P_M \approx P_2 = m\frac{UE_0}{X_s}\sin\delta \tag{7-62}$$

此式被称为隐极同步发电机的**功角特性**函数，它表示的是电磁功率 P_M 或输出功率 P_2 随着功角 δ 变化的函数关系 $P_M=f(\delta)$，是同步电机非常重要的特性函数。正是由于 δ 与同步发电机的有功功率密切相关，所以才被称之为**功角**。

对于凸极电机

$$P_M \approx P_2 = m\dot{U}\cdot\dot{I} = m\dot{U}\cdot(\dot{I}_d+\dot{I}_q) = mUI_d\sin\delta + mUI_q\cos\delta \tag{7-63}$$

由相量图可知

$$I_d = \frac{E_0 - U\cos\delta}{X_d}, \quad I_q = \frac{U\sin\delta}{X_q} \tag{7-64}$$

所以

$$\begin{aligned} P_M &= mU\frac{E_0 - U\cos\delta}{X_d}\sin\delta + mU\frac{U\sin\delta}{X_q}\cos\delta \\ &= m\frac{UE_0}{X_d}\sin\delta + \frac{mU^2}{2}\left(\frac{1}{X_q}-\frac{1}{X_d}\right)\sin2\delta = P'_M + P''_M \end{aligned} \tag{7-65}$$

式中，$P'_M = m\dfrac{UE_0}{X_d}\sin\delta$ 称为**基本电磁功率**；$P''_M = \dfrac{mU^2}{2}\left(\dfrac{1}{X_q}-\dfrac{1}{X_d}\right)\sin2\delta$ 称为**附加电磁功率**。

式(7-65) 就是凸极同步发电机的**功角特性**函数。比较式(7-62) 和式(7-65) 不难看出，隐极电机相当于 $X_d=X_q=X_s$ 的凸极电机，可以看作凸极电机的一个特例。P''_M 是由于直、交轴磁阻不相等导致 $X_d \neq X_q$ 而引起的，所以又称为**磁阻功率**。与之相对应的转矩分量 $T''=P''_M/\Omega_1$ 称为**附加电磁转矩**或者**磁阻转矩**，可以理解为转子不加励磁（$E_0=0$）时的转矩。磁阻转矩趋向于将转子拉向磁阻最小的位置，或者说“磁阻趋小原理”促成了磁阻转矩的产生。

功角特性 $P_M=f(\delta)$ 表明，当励磁电流不变（即 E_0 不变）时，电磁功率 P_M 仅取决于功角 δ 的大小。图7-44 给出了 δ 在 0～180°区间的同步发电机的功角特性曲线。

对于隐极电机（图7-44a），最大电磁功率发生在 $\delta=\delta_m=90°$处，功率值为

$$P_{Mmax} = \frac{mE_0U}{X_s} \tag{7-66}$$

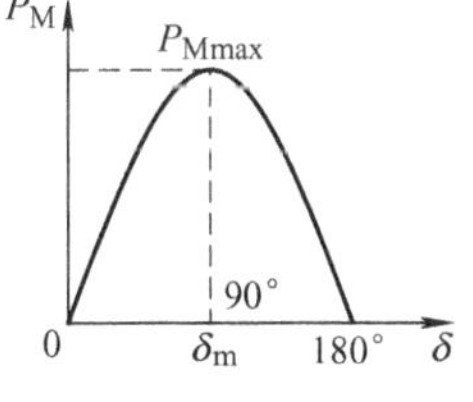

a) 隐极电机

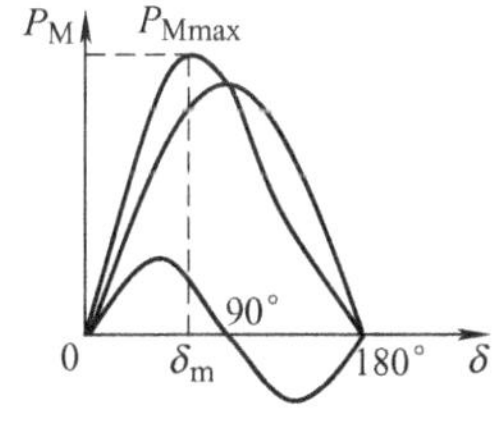

b) 凸极电机

图7-44　同步发电机的功角特性曲线

对于凸极电机（图7-44b），可以针对具体电机，令 $dP_M/d\delta=0$，求出 δ_m 和相应的最大电磁功率 P_{Mmax}，δ_m 一般在 45°～90°之间。

最大功率与额定功率的比值称为过载能力，即

$$K_M = \frac{P_{Mmax}}{P_N} \tag{7-67}$$

对于隐极电机来说

$$K_M = \frac{P_{Mmax}}{P_N} = \frac{1}{\sin\delta_N} \tag{7-68}$$

2. 功角的空间含义

由以上分析可知，在同步发电机的功率转换和传递过程中，功角 δ 是一个十分关键的

物理量，那么怎样从物理概念上理解 δ 呢？下面以隐极电机为例分析之。在隐极电机中，励磁磁势 $\dot{F}_f$ 产生励磁磁通 $\dot{\Phi}_f$，在电枢绕组中感应励磁电势 $\dot{E}_0$；电枢反应磁势 $\dot{F}_a$ 产生电枢反应磁通 $\dot{\Phi}_a$，在电枢绕组中感应电枢反应电势 $\dot{E}_a$。$\dot{F}_f$ 与 $\dot{F}_a$ 叠加为合成磁势 $\dot{F}$；$\dot{E}_0$ 与 $\dot{E}_a$（忽略掉电枢漏电势）叠加为电枢端电压 $\dot{U}$。如图 7-45 的相量图所示，$\dot{F}_f$ 与 $\dot{\Phi}_f$ 平行，$\dot{E}_0$ 滞后于 $\dot{\Phi}_f$ 90°；$\dot{F}_a$ 与 $\dot{\Phi}_a$ 平行，$\dot{E}_a$ 滞后于 $\dot{\Phi}_a$ 90°，磁势三角形与电势三角形相似，$\dot{U}$ 滞后于 $\dot{E}_0$ 的时间相位差 δ 就等于 $\dot{F}$ 滞后于 $\dot{F}_f$ 的空间相位差。

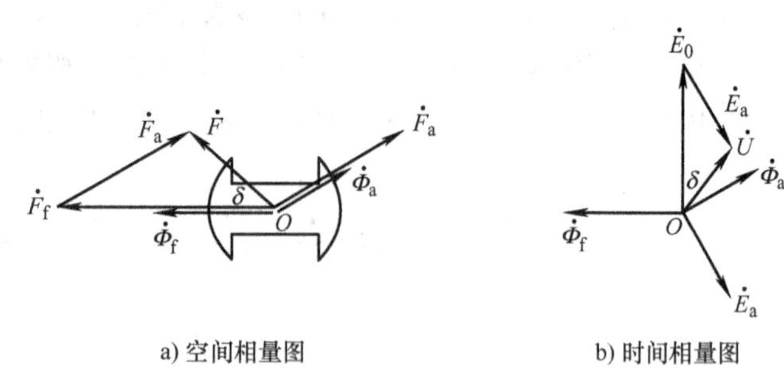

a) 空间相量图　　b) 时间相量图

图 7-45　功角的双重含义分析

可见，**功角 δ 具有时间和空间的双重含义，既表示电枢端电压 $\dot{U}$ 滞后于励磁电势 $\dot{E}_0$ 的时间相位差，又表示合成磁势 $\dot{F}$ 滞后于励磁磁势 $\dot{F}_f$ 的空间相位差。**

需要注意的是，并网运行时，由于电网电压大小和频率均稳定不变，因此与 $\dot{U}$ 相对应的**合成磁势 $\dot{F}$ 的幅值和转速也恒定不变**。

3. *有功功率的调节*

以隐极电机为例，发电机开始投入并联时，若 $\dot{E}_0=\dot{U}_1$，则功角 $\delta=0$，供给电网的有功功率 $P_2=m\dfrac{UE_0}{X_s}\sin\delta=0$，电磁转矩 $T=\dfrac{P_M}{\Omega_1}=0$，发电机处于空载状态；原动机提供的输入转矩 T_1 仅用来克服发电机的空载转矩 T_0。

如果加大 T_1，转子瞬间加速，$\dot{F}_f$ 同时加速，而 $\dot{F}$ 转速不变，功角 δ 被瞬间拉大，输出有功功率 $P_2\approx P_M$ 随之增大，电磁转矩（阻力转矩）T 也随之增大，转子又随着 T 的增大而减速，转速会出现小的波动，稳定后 $\dot{F}_f$ 的转速会被电网重新锁定在同步转速 n_1，但在新的平衡点上，δ 和 P_2 都增大了。

当增大 T_1 使得 δ 在 $0\sim\delta_m$ 之间增大时，电磁转矩 $T=P_M/\Omega_1$ 会随之增大，T_1 与阻力转矩 T_0+T 会达到新的平衡；减小 T_1 使得 δ 在 $0\sim\delta_m$ 之间减小时，T 会随之减小，T_1 与 T_0+T 也会达到新的平衡。所以 δ 在 $0\sim\delta_m$ 区间变化时，发电机能稳定运行。

当增大 T_1 使得 $\delta>\delta_m$ 时，P_M 反而会随着 δ 的增大而减小，相应的 T 也会减小，减小的阻力转矩 $T+T_0$ 无法平衡增大的动力转矩 T_1，发电机转速越来越高，就会失去同步。所以发电机在 $\delta>\delta_m$ 时无法稳定运行。失去同步后，应立即减小 T_1，否则将使转子达到极高转速，以致离心力过大而损坏电机。另外，失步后，发电机和电网频率不一致，电枢绕组中将出现很大的电流而可能烧坏绕组。因此，保持同步是十分重要的。

综上所述，**并网运行的同步发电机的有功功率可以通过调节原动机输入的机械转矩 T_1 来调节，有功功率的上限是 P_{Mmax}。当 $0<\delta<\delta_{\mathrm{m}}$ 时，发电机可以稳定运行；当 $\delta>\delta_{\mathrm{m}}$ 时，发电机不能稳定运行。**

另外，即使不调节励磁电流，当 δ 变化时，无功功率 Q 也会发生变化。Q 随 δ 变化的函数关系 $Q=f(\delta)$ 称为**无功功角特性**。按照与有功功角特性公式类似的推导，可得到凸极同步发电机的无功功角特性，即

$$Q=m\frac{E_0U}{X_{\mathrm{d}}}\cos\delta-\frac{mU^2}{2}\left(\frac{1}{X_{\mathrm{q}}}+\frac{1}{X_{\mathrm{d}}}\right)+\frac{mU^2}{2}\left(\frac{1}{X_{\mathrm{q}}}-\frac{1}{X_{\mathrm{d}}}\right)\cos2\delta \tag{7-69}$$

对隐极发电机，由于 $X_{\mathrm{s}}=X_{\mathrm{q}}=X_{\mathrm{d}}$，所以

$$Q=m\frac{E_0U}{X_{\mathrm{s}}}\cos\delta-\frac{mU^2}{X_{\mathrm{s}}} \tag{7-70}$$

可见，无功功率随着 δ 的增大而减小，甚至可能导致无功功率改变正负号，这是应当避免的。因此只要求改变有功功率时，应当在调节有功功率的同时适当调节发电机的无功功率。

4. 静态稳定的概念 *

同步发电机经常会因受到一些小干扰而使工作点发生偏移。例如作为原动机的水轮机的水流参数经常发生变化，不断扰动水轮发电机的输入功率 P_1，使其工作点发生变化。同步发电机能否在干扰消失后，依靠自身的“努力”再返回到原来的工作点继续稳定运行呢？如果能，就说原来的工作点是**静态稳定**的，否则原来的工作点就是**静态不稳定**的。

如图7-46a所示，假设发电机运行在 a 点，输入功率为 P_1，功角为 δ_{a}，功率平衡和转矩平衡均满足，即

$$\left.\begin{aligned}P_1&=P_{\mathrm{M}}(\delta_{\mathrm{a}})+p_0\\T_1&=T(\delta_{\mathrm{a}})+T_0\end{aligned}\right\} \tag{7-71}$$

如果发电机受到一个使 P_1 增大的扰动，则 $T_1=P_1/\Omega_1$ 也同时增大，功率平衡和转矩平衡瞬间被打破，即 $T_1>T+T_0$，转子瞬间加速，功角从 δ_{a} 增大到 $\delta_{\mathrm{b}}(\delta_{\mathrm{b}}=\delta_{\mathrm{a}}+\Delta\delta)$。由图7-46a可见，发电机的电磁功率也从 $P_{\mathrm{M}}(\delta_{\mathrm{a}})$ 增加到 $P_{\mathrm{M}}(\delta_{\mathrm{b}})$（$\Delta P_{\mathrm{M}}=P_{\mathrm{M}}(\delta_{\mathrm{b}})-P_{\mathrm{M}}(\delta_{\mathrm{a}})$），相应的阻力转矩 $T+T_0$ 也从 $T(\delta_{\mathrm{a}})+T_0$ 增加到 $T(\delta_{\mathrm{b}})+T_0$（$\Delta T=T(\delta_{\mathrm{b}})-T(\delta_{\mathrm{a}})$）。如果干扰消除，则发电机的输入功率 P_1 和输入转矩 T_1 将恢复到原来的数值，功率平衡和转矩平衡再度被打破，即有 $T_1<T+T_0$，转子将减速，功角从 δ_{b} 开始减小，直到功角为 δ_{a} 时，P_{M} 和 T 恢复到原来的数值 $P_{\mathrm{M}}(\delta_{\mathrm{a}})$ 和 $T(\delta_{\mathrm{a}})$，重新在 a 点达成功率平衡和转矩平衡，又稳定地运行在 a 点。

如果发电机在 a 点工作时，受到一个使 P_1 减小的扰动，使工作点暂时到达 c 点，同样可以推论出，在干扰消失后，发电机能从 c 点回到 a 点继续稳定运行，所以 a 点是静态稳定的。

进一步分析表明，如果原来的工作点在 d 点，当发电机受到小干扰后，它的工作点将无法回到 d 点。如果遇到的干扰使 P_1 增大，则会导致功角 δ 不断增大，转子不断加速而失步；如果遇到的干扰使 P_1 减小，则会导致功角 δ 不断减小，转子也会因不断减速而失步。因此

说 d 点是静态不稳定的。

综上所述，可以得出如下结论：**凡处于功角特性曲线上升区间的工作点，都是静态稳定的；处于下降区间的工作点都是静态不稳定的**。静态稳定的条件用数学式表示为

$$\frac{\mathrm{d}P_M}{\mathrm{d}\delta}>0 \tag{7-72}$$

称 $\mathrm{d}P_M/\mathrm{d}\delta$ 为**比整步功率**，用符号 P_{syn} 表示，可以通过对功角特性函数求导而得到。例如，对于隐极同步电机，有

$$P_{syn}=\frac{\mathrm{d}P_M}{\mathrm{d}\delta}=\frac{mE_0U}{X_s}\cos\delta \tag{7-73}$$

P_{syn} 可用来表示发电机运行的稳定度。如图 7-46b 所示，功角发生一个微变 $\mathrm{d}\delta$ 时，如果所引起的电磁功率的变化 $\mathrm{d}P_M$ 越大，也就是 P_{syn} 的数值越大，则发电机的运行也就越稳定。当 $\delta=0$ 时，P_{syn} 最大，故同步发电机在空载时最为稳定；当 $\delta=\pi/2$ 时，$P_{syn}=0$，这时，同步发电机保持稳定的能力已经不存在，发电机将由稳定状态进入不稳定状态；当 $\delta>\pi/2$ 时，$P_{syn}<0$，发电机便失去了稳定。

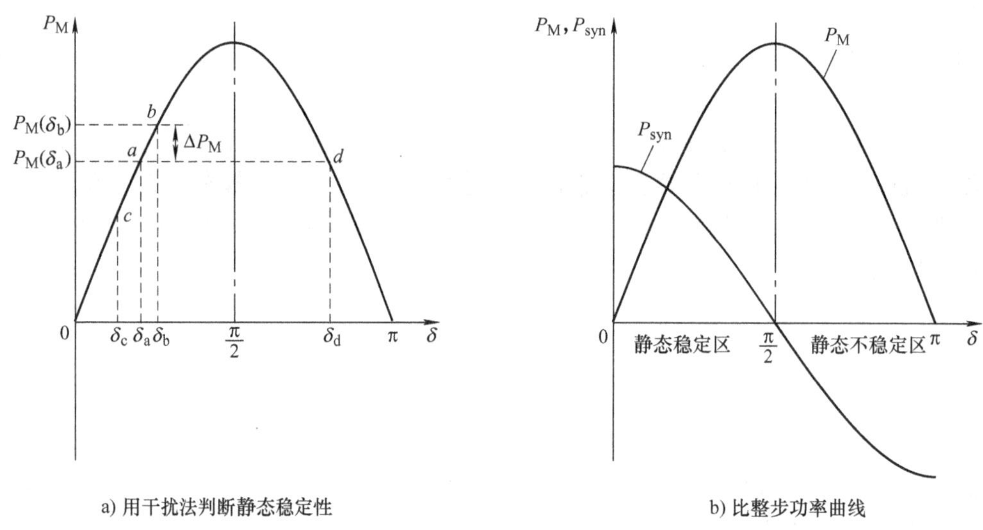

图 7-46 同步发电机静态稳定分析

7.6.3 并网运行无功功率调节

接在电网上运行的负载类型很多，多数负载除了消耗有功功率外，还要消耗感性无功功率，如变压器、异步电机、电抗器等。所以电网除了要供给有功功率外，还要供给大量滞后性（电流滞后于电压）无功功率。电网所供给的无功功率一般由并网运行的同步发电机分担。调节并网发电机的无功功率输出对于电力系统的正常运行有着重要意义。

电网的电压和频率不会因为一台发电机运行情况的改变而变化，即并网发电机的端电压和频率将维持常值。如果保持原动机的拖动转矩 T_1 不变，那么发电机输入和输出的有功功率亦将保持不变。此时，如果调节发电机励磁电流 I_f 的大小，发电机的运行状态会发生怎

样的改变呢？下面以隐极电机为例基于相量图进行分析。

在保持有功功率不变（即不调节 T_1）时，有

$$P_2 = mUI\cos\varphi = 常数 \tag{7-74}$$

$$P_2 = m\frac{E_0 U}{X_s}\sin\delta = 常数 \tag{7-75}$$

由于 m、U、X_s 均可视为常数，所以

$$I\cos\varphi = 常数 \tag{7-76}$$

$$E_0\sin\delta = 常数 \tag{7-77}$$

图7-47所示为有功功率保持不变而励磁电势 $E_0=f(I_f)$ 随着励磁电流 I_f 的调节而改变时隐极同步发电机的电势相量图。为了满足式(7-74)和式(7-75)或者式(7-76)和式(7-77)的约束，$\dot{I}_a$ 和 $\dot{E}_0$ 的尾端必然分别被约束在直线 CD 和 AB 上。由原点 O 到 CD 的垂直距离等于有功电流 $I_a\cos\varphi$，所以称 CD 为**有功电流线**；同样，从原点 O 到 AB 的垂直距离等于 $E_0\sin\delta$，该距离反映了有功功率的大小，所以称 AB 为**有功功率线**。励磁电势 E_0 的大小和励磁电流 I_f 通过空载特性 $E_0=f(I_f)$ 相关联，调节 I_f 时，励磁电势的大小 E_0 和相位 δ 会随之改变，从而引起电枢电流的大小 I_a 和相位 φ 的变化，最终使得输出无功功率的大小和性质发生变化。

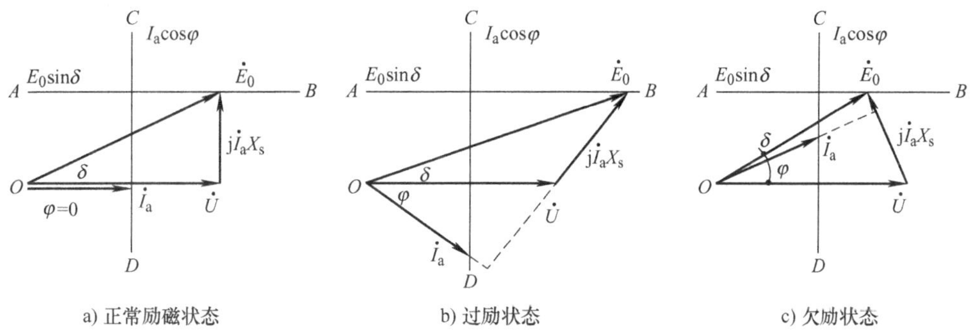

图7-47　调节励磁电流时，电枢电流变化情况分析

(1) 正常励磁状态

如图7-47a所示，如果在某一励磁电流 I_f 时，电枢电流 $\dot{I}_a$ 与端电压 $\dot{U}$ 同相位，即 $\varphi=0$，发电机只输出有功功率 $P_2=mUI_a$ 而没有无功功率输出，则称此时发电机的励磁状态为**正常励磁状态**。

(2) 过励状态

在正常励磁状态的基础上，增大 I_f，则 E_0 也会增大，由于 $\dot{E}_0$ 的尾端被约束在 AB 上，所以 $\dot{E}_0$ 的尾端只能沿 AB 右移，结果是 $\dot{E}_0$ 有效值增大而相位角 δ 缩小；为了使相量 $j\dot{I}_aX_s$ 与 $\dot{I}_a$ 保持垂直，$\dot{I}_a$ 必然沿 CD 下移，结果是 $\dot{I}_a$ 有效值增大而相位角 φ 滞后。此时，发电机

除了输出有功功率 $P_2 = mUI_a\cos\varphi$ 外，还输出滞后性（感性）的无功功率 $Q_2 = mUI_a\sin\varphi$。由于该状态的励磁电流大于正常励磁电流，所以称为**过励状态**。

(3) 欠励状态

在正常励磁状态的基础上，减小 I_f，则 E_0 也会减小，由于 $\dot{E}_0$ 的尾端被约束在 AB 上，所以 $\dot{E}_0$ 的尾端只能沿 AB 左移，结果是 $\dot{E}_0$ 有效值减小而相位角 δ 增大；为了使相量 $j\dot{I}_aX_s$ 与 $\dot{I}_a$ 保持垂直，$\dot{I}_a$ 必然沿 CD 上移，结果是 $\dot{I}_a$ 有效值增大而相位角 φ 超前。此时，发电机除了输出有功功率 $P_2 = mUI_a\cos\varphi$ 外，还输出超前性（容性）的无功功率 $Q_2 = mUI_a\sin\varphi$。由于该状态的励磁电流小于正常励磁电流，所以称为**欠励状态**。

在减小 I_f 时，$\dot{E}_0$ 的尾端沿 AB 左移，δ 增大，当 δ 接近或超过 δ_m 时，会导致发电机运行不稳定。所以发电机在欠励状态下，增加容性无功功率时，既要考虑电枢电流大小的限制，还要考虑机组稳定性的要求。

可见，通过调节励磁电流，可以达到调节同步发电机无功功率的目的。在某一有功功率下，当从欠励状态开始增加励磁电流时，电枢电流中超前性的无功分量开始减小，由于有功电流不变，所以电枢电流也开始减小；达到正常励磁状态时，无功电流减小到 0，$\cos\varphi = 1$，电枢电流中只剩下有功分量，电枢电流有效值达到其最小值；继续增大励磁电流，进入过励状态，滞后性无功电流开始出现并增大，有功电流维持不变，电枢电流开始上升。在励磁电流从欠励到过励的调节过程中，电枢电流先下降，到达最低点，又开始上升，其轨迹形同字母“V”。所以把在一定有功功率下，同步发电机并网运行时，电枢电流 I_a 随励磁电流 I_f 变化的关系曲线 $I_a = f(I_f)$ 称为**V 形曲线**。如图 7-48 所示，V 形曲线为一簇曲线，每一条 V 形曲线对应一定的有功功率。每条 V 形曲线上都有一个最低点，对应于 $\cos\varphi = 1$ 的情况。将所有 V 形曲线的最低点连接起来，将得到一条分界线，左边为欠励状态，输出超前性（容性）无功功率；右边为过励状态，输出滞后性（感性）无功功率。V 形曲线可以通过电势相量图及发电机的参数计算而得，也可以通过并网运行试验测得。

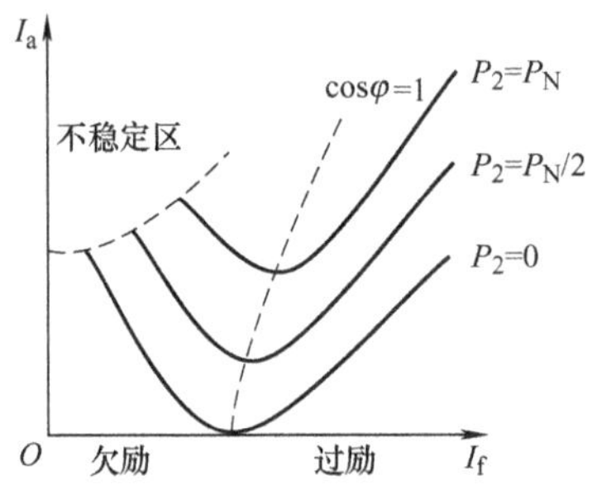

图 7-48　同步发电机 V 形曲线

例 7-5　有一台凸极同步发电机并联于电网运行，电枢绕组为Y联结，数据如下：$S_N = 8750\text{kVA}$，$\cos\varphi_N = 0.8$（滞后），$U_N = 11\text{kV}$，同步电抗 $X_d = 17\Omega$，$X_q = 9\Omega$，不计电枢电阻。试求：

(1) 该机在额定运行情况下的功角 δ_N 及励磁电势 E_0；

(2) 该机的最大电磁功率 $P_{M\max}$、相应的功角 δ_m 以及过载能力 K_M。

解:

(1) 电枢相电流 $I = I_{\mathrm{N}} = \dfrac{S_{\mathrm{N}}}{\sqrt{3}U_{\mathrm{N}}} = \dfrac{8750 \times 10^3}{\sqrt{3} \times 11 \times 10^3}\mathrm{A} = 459.26\mathrm{A}$

电枢相电压 $U = \dfrac{U_{\mathrm{N}}}{\sqrt{3}} = \dfrac{11 \times 10^3}{\sqrt{3}}\mathrm{V} = 6350.85\mathrm{V}$

内功率因数角
$$\psi = \arctan\left(\frac{U\sin\varphi_{\mathrm{N}} + IX_{\mathrm{q}}}{U\cos\varphi_{\mathrm{N}}}\right) = \arctan\left(\frac{6350.85 \times 0.6 + 459.26 \times 9}{6350.85 \times 0.8}\right) = 57.40°$$

功角 $\delta = \psi - \varphi_{\mathrm{N}} = 57.40° - 36.87° = 20.53°$

直轴电流 $I_{\mathrm{d}} = I\sin\psi = 459.2559 \times \sin57.3979°\mathrm{A} = 386.8924\mathrm{A}$

励磁电势 $E_0 = U\cos\delta + I_{\mathrm{d}}X_{\mathrm{d}} = (6350.85 \times \cos20.53° + 386.89 \times 17)\mathrm{V} = 12524.75\mathrm{V}$

(2) 功角特性为
$$P_{\mathrm{M}} = m\frac{UE_0}{X_{\mathrm{d}}}\sin\delta + \frac{mU^2}{2}\left(\frac{1}{X_{\mathrm{q}}} - \frac{1}{X_{\mathrm{d}}}\right)\sin2\delta$$
$$= \left[3 \times \frac{6350.85 \times 12524.75}{17}\sin\delta + \frac{3 \times 6350.85^2}{2}\left(\frac{1}{9} - \frac{1}{17}\right)\sin2\delta\right]\mathrm{W}$$
$$= (14036965.37\sin\delta + 3163395.74\sin2\delta)\mathrm{W}$$

令$\dfrac{\mathrm{d}P_{\mathrm{M}}}{\mathrm{d}\delta} = 0$，可求得 $\delta_{\mathrm{m}} = 69.9°$

$$P_{\mathrm{Mmax}} = 14036965.37\sin\delta_{\mathrm{m}} + 3163395.74\sin2\delta_{\mathrm{m}}$$
$$= [14036965.37\sin69.9° + 3163395.74\sin(2 \times 69.9°)]\mathrm{W} = 15223871.6\mathrm{W}$$

过载能力 $K_{\mathrm{M}} = \dfrac{P_{\mathrm{Mmax}}}{P_{\mathrm{N}}} = \dfrac{15223871.6}{8750 \times 10^3 \times 0.8} = 2.17$

例 7-6 有一台隐极同步发电机并联于电网运行，电枢绕组为Y联结，数据如下：$S_{\mathrm{N}} = 31250\mathrm{kVA}$，$\cos\varphi_{\mathrm{N}} = 0.8$（滞后），$U_{\mathrm{N}} = 10.5\mathrm{kV}$，同步电抗 $X_{\mathrm{s}} = 7\Omega$，不计电枢电阻。试求：

(1) 额定状态的功角 δ_{N}、电磁功率 P_{M} 和比整步功率 P_{syn}；

(2) 将励磁电流加大 10%，将有功功率减为原来的 2/3，求稳定后的功角 δ 和功率因数 $\cos\varphi$。

解:

(1) 相电压 $U = \dfrac{U_{\mathrm{N}}}{\sqrt{3}} = \dfrac{10.5 \times 10^3}{\sqrt{3}}\mathrm{V} = 6062.18\mathrm{V}$

相电流 $I = \dfrac{S_{\mathrm{N}}}{\sqrt{3}U_{\mathrm{N}}} = \dfrac{31250 \times 10^3}{\sqrt{3} \times 10.5 \times 10^3}\mathrm{A} = 1718.30\mathrm{A}$

励磁电势
$$\dot{E}_0 = \dot{U} + \mathrm{j}\dot{I}X_{\mathrm{s}} = [6062.18 + \mathrm{j} \times 1718.30(0.8 - \mathrm{j}0.6) \times 7]\mathrm{V} = 16398.93\angle35.93°\mathrm{V}$$

$E_0 = 16398.93\mathrm{V}$，$\delta_{\mathrm{N}} = 35.93°$

电磁功率 $P_{\mathrm{M}} = S_{\mathrm{N}}\cos\varphi_{\mathrm{N}} = 31250 \times 0.8\mathrm{kW} = 25000\mathrm{kW}$

比整步功率 $P_{syn}=3\dfrac{E_0U}{X_s}\cos\delta_N=3\times\dfrac{16398.93\times6062.18}{7}\cos35.93°\mathrm{W}=34499.29\mathrm{kW}$

（2）励磁电流增加10%，有功功率减小到原来的2/3，则

$$E_0'=1.1E_0=1.1\times16398.93\mathrm{V}=18038.83\mathrm{V}$$

$$P_M'=2P_M/3=2\times25000/3\mathrm{kW}=16666.67\mathrm{kW}$$

由功角特性 $P_M=3\dfrac{E_0U}{X_s}\sin\delta$ 可得

$$\sin\delta'=\frac{P_M'/P_M}{E_0'/E_0}\sin\delta_N=\frac{2/3}{1.1}\sin35.93°$$

$$\delta'=\arcsin\left(\frac{2/3}{1.1}\sin35.93\right)°=20.83°$$

无功功率 $Q'=3\dfrac{E_0'U}{X_s}\cos\delta'-\dfrac{3U^2}{X_s}=3\times\dfrac{18038.83\times6062.18}{7}\times\cos20.83°-\dfrac{3\times6062.18^2}{7}\mathrm{var}$
$=28052679.40\mathrm{var}$

功率因数 $\cos\varphi'=\dfrac{P_M'}{\sqrt{P_M'^2+Q'^2}}=\dfrac{16666.67\times1000}{\sqrt{(16666.67\times1000)^2+28052679.40^2}}=0.5018$

7.7 同步发电机的稳态不对称运行

一般情况下，三相电力负载基本上是对称的，即使有少许的不对称，一般仍可以按对称运行来分析。但是，如果在三相电网上使用大容量的单相负载，如冶金用的单相电炉、单相电气铁道干线等，就会使同步发电机处于不对称运行状态。此外，输电线中出现不对称断线、短路等故障时，也会使同步发电机处于不对称运行状态。

当负载不对称时，发电机的三相端电压和电流都不对称。由于流过电枢各相的电流不再对称，它们所产生的合成磁势不再是一个幅值不变的圆形旋转磁势，其电枢反应情况较对称运行时复杂得多，所以不能直接用对称运行时的分析方法来分析不对称运行。

1. 稳态不对称运行分析方法

分析稳态不对称运行的最简单方法就是**对称分量法**和**叠加法**。把一组不对称的三相电流（或电压）分解成三组对称的电流（或电压）分量，即**正序分量**、**负序分量**和**零序分量**。各序分量可视为相互独立，分别研究它们独立作用的效果，然后叠加起来得到最后结果。用这种方法分析时，假定磁路及电路是线性的，忽略了饱和的影响。

在分析不对称负载运行时，通常还假定电枢绕组本身以及励磁系统仍然是正常的。由于三相励磁电势（$\dot{E}_A$，$\dot{E}_B$，$\dot{E}_C$）只和励磁系统和绕组本身有关，不受负载不对称的影响，所以励磁电势只有正序分量，负序分量和零序分量均为0。

具体解算稳态不对称运行时，常常把实际负载端的不对称三相电压（和电流）（$\dot{U}_A$，$\dot{U}_B$，$\dot{U}_C$）分解成三组对称分量（$\dot{U}_{A+}$，$\dot{U}_{B+}$，$\dot{U}_{C+}$）、（$\dot{U}_{A-}$，$\dot{U}_{B-}$，$\dot{U}_{C-}$）和（$\dot{U}_{A0}$，$\dot{U}_{B0}$，$\dot{U}_{C0}$），如图7-49所示。各分量系统独立作用时，对三相来说都是对称的，故可以取一相进行稳态

分析。

按叠加原理，每相都可以写出**正序方程式**、**负序方程式**和**零序方程式**并画出相应的等效电路。各序电流流过电枢绕组时，有不同的电枢反应情况，反映在方程式或电路图中，就是各序的电抗不同，即有**正序电抗**X_+、**负序电抗**X_-和**零序电抗**X_0之别。以A相为例，各序的电势方程为

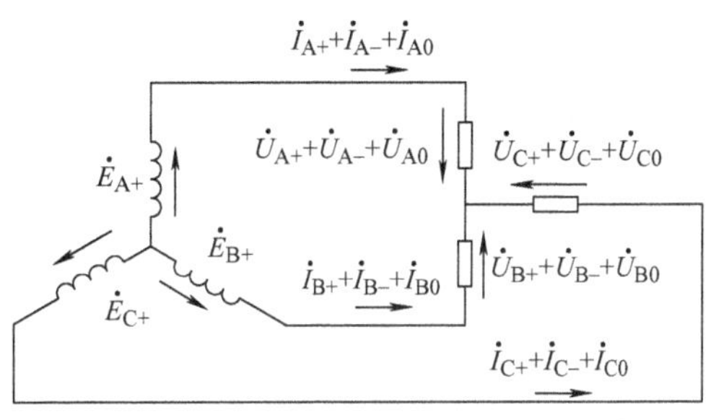

图7-49 用对称分量法分析不对称运行

$$\dot{E}_{A+} = \dot{E}_0 = \dot{U}_{A+} + j\dot{I}_{A+}X_+ \tag{7-78}$$

$$\dot{E}_{A-} = 0 = \dot{U}_{A-} + j\dot{I}_{A-}X_- \tag{7-79}$$

$$\dot{E}_{A0} = 0 = \dot{U}_{A0} + j\dot{I}_{A0}X_0 \tag{7-80}$$

以上方程式适合于各种不对称负载或短路情况。对于给定参数的电机，若知道了不对称电流，就能解算出电压，反之亦然。下面对各序电抗加以说明。

(1) 正序电抗X_+

在分析不对称运行时，通常假设发电机转子仍保持在同步转速，所以正序分量单独作用于发电机时，与发电机正常对称运行没有区别。所以，正序电抗X_+就是稳态运行的同步电抗。对隐极电机来说，$X_+ = X_s$。

(2) 负序电抗X_-

负序电抗X_-是指负序电流在电枢绕组中遇到的电抗。负序分量单独作用于发电机时，会产生负序旋转磁场。负序磁场的转速仍是同步转速，但转向与转子转向相反，使得转子与负序磁场之间有了转差率$s=2$。也就是说，仅对负序磁场来说，“同步电机”的转子处于异步运行状态。对此种情况，可以画出类似于感应电机的等效电路。同步电机的转子上一般有两种绕组，即励磁绕组F和阻尼绕组Z，励磁绕组只作用于直轴，而阻尼绕组可以等效为2相，即直轴阻尼绕组和交轴阻尼绕组。由于转子侧经过归算后的总电阻为$R_2'/s = R_2'/2$（参看感应电机等效电路），相对较小，可以忽略不计，所以图7-50给出的等效电路未画转子侧电阻。图7-50a和b分别是同步发电机负序分量的直轴和交轴等效电路，其中$X_{1\sigma}$为定子漏抗，$X_{F\sigma}$为励磁绕组漏抗，$X_{Zd\sigma}$、$X_{Zq\sigma}$分别为作用于直、交轴的阻尼绕组漏抗。

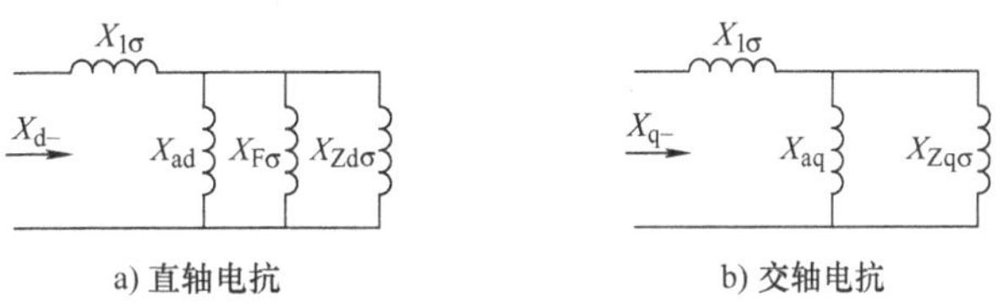

图7-50 同步发电机等效负序电抗

根据等效电路，可以写出直轴负序电抗X_{d-}和交轴负序电抗X_{q-}表达式

$$X_{d-} = X_{1\sigma} + \cfrac{1}{\cfrac{1}{X_{ad}} + \cfrac{1}{X_{F\sigma}} + \cfrac{1}{X_{Zd\sigma}}} \tag{7-81}$$

$$X_{q-} = X_{1\sigma} + \cfrac{1}{\cfrac{1}{X_{aq}} + \cfrac{1}{X_{Zq\sigma}}} \tag{7-82}$$

电抗大小与电枢磁势作用的方向有关，由于负序旋转磁势与转子之间有相对运动，其作用方向不断变化，所以负序电抗介于 X_{d-} 与 X_{q-} 之间，简化计算时可以取两个轴上同步电抗的平均值作为负序电抗近似值，即

$$X_{-} = \frac{X_{d-} + X_{q-}}{2} \tag{7-83}$$

(3) 零序电抗X_0

零序电抗是零序电流流过电枢绕组时所遇到的电抗。零序电流大小相等、相位相同，通过三相对称绕组时在主磁路上产生的三相合成磁通为0，即零序电流不产生主磁通。所以零序电流只产生漏磁通，零序电抗具有漏抗性质。

把三相电枢绕组首尾串联起来接到单相交流电源上，绕组中流过的便是零序电流。在测定零序电抗时，可以采用图7-51所示的接线，在端点上外施适当大小、额定频率的电压，使得流入的零序电流在数值上等于额定电流。电机转子由原动机拖动以同步转速旋转，转子励磁绕组短接。如果忽略电枢电阻，则零序电抗为

$$X_0 = \frac{U_0}{3I_0} \tag{7-84}$$

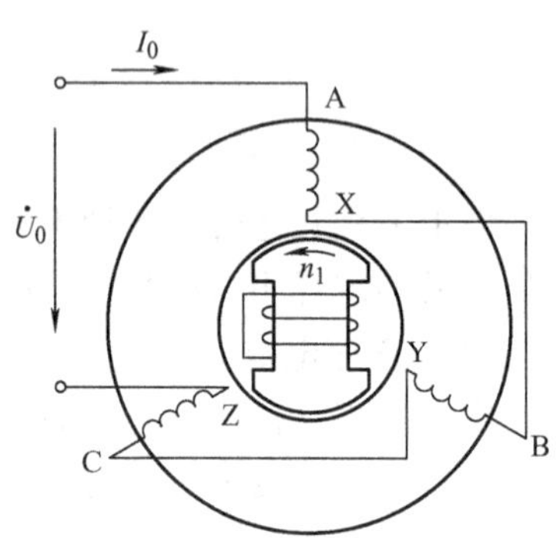

图7-51　测定零序电抗接线图

用对称分量法分析同步发电机稳态不对称短路运行是很方便的。不对称短路是不对称运行的特殊情况。电力系统遇到的故障短路通常是不对称短路，例如单线对中性点短路或双线短路。不对称短路瞬态过程中会产生很大的冲击电流，但持续时间很短，瞬变过程结束后，就进入稳态不对称短路运行。以下将通过实例介绍应用对称分量法分析同步发电机稳态不对称运行的方法。

2. 稳态不对称运行分析举例

(1) 单线对中性点短路

如图7-52所示，设空载运行的同步发电机发生了A相对中性点短路，现在考虑用对称分量法解算稳定后短路电流的大小。

端点的约束方程为

$$\dot{I}_A = \dot{I}_k,\ \dot{I}_B = \dot{I}_C = 0,\ \dot{U}_A = 0 \tag{7-85}$$

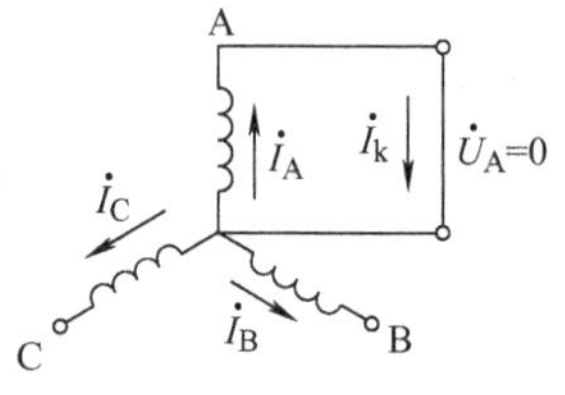

图7-52　单线对中性点短路

用对称分量法求A相电流的各分量（即用待求的短路电流$\dot{I}_k$表示各分量电流），即

$$\left.\begin{aligned}\dot{I}_{A+} &= \frac{1}{3}(\dot{I}_A + a\dot{I}_B + a^2\dot{I}_C) = \frac{1}{3}\dot{I}_k\\ \dot{I}_{A-} &= \frac{1}{3}(\dot{I}_A + a^2\dot{I}_B + a\dot{I}_C) = \frac{1}{3}\dot{I}_k\\ \dot{I}_{A0} &= \frac{1}{3}(\dot{I}_A + \dot{I}_B + \dot{I}_C) = \frac{1}{3}\dot{I}_k\end{aligned}\right\} \tag{7-86}$$

通过各序电势方程式，求出 A 相电压的各分量

$$\left.\begin{aligned}\dot{U}_{A+}&=\dot{E}_0-j\dot{I}_{A+}X_+=\dot{E}_0-\frac{1}{3}j\dot{I}_kX_+\\\dot{U}_{A-}&=0-j\dot{I}_{A-}X_-=-\frac{1}{3}j\dot{I}_kX_-\\\dot{U}_{A0}&=0-j\dot{I}_{A0}X_0=-\frac{1}{3}j\dot{I}_kX_0\end{aligned}\right\}\tag{7-87}$$

由于 A 相对中性点短路，即 $\dot{U}_A=0$，可见

$$\dot{U}_A=\dot{U}_{A+}+\dot{U}_{A-}+\dot{U}_{A0}=\dot{E}_0-\frac{1}{3}j\dot{I}_k(X_++X_-+X_0)=0\tag{7-88}$$

所以

$$I_k=\left|\frac{3\dot{E}_0}{j(X_++X_-+X_0)}\right|=\frac{3E_0}{X_s+X_-+X_0}\approx\frac{3E_0}{X_s}\tag{7-89}$$

式中，负序电抗 X_- 和零序电抗 X_0 相对于正序电抗 X_s 很小，所以忽略不计。可见单线对中性点短路达到稳态后，短路电流与三相稳态短路电流 E_0/X_s 的比值约为3，比如，某125MW汽轮发电机的各序电抗分别为 $X_+=X_s=1.867$，$X_-=0.22$，$X_0=0.069$，经计算，该比值为2.6。

(2) 两线短路

再来看两线短路运行，如图7-53所示，设 B、C 两相线对线短路，短路前空载。短路稳定后，其端点约束为

$$\dot{I}_A=0,\quad \dot{I}_B=\dot{I}_k=-\dot{I}_C,\quad \dot{U}_B=\dot{U}_C\tag{7-90}$$

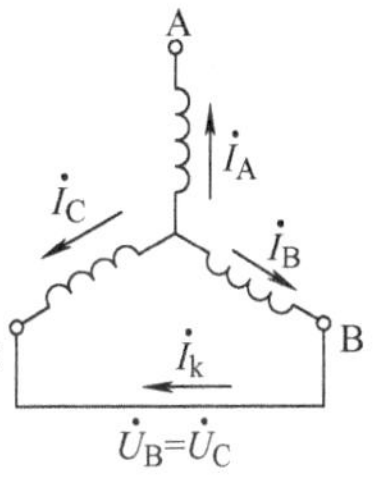

图7-53 两线短路

用对称分量法求 A 相电流的各分量

$$\left.\begin{aligned}\dot{I}_{A+}&=\frac{1}{3}(\dot{I}_A+a\dot{I}_B+a^2\dot{I}_C)=\frac{1}{3}(a\dot{I}_B-a^2\dot{I}_B)=j\frac{\sqrt{3}}{3}\dot{I}_k\\\dot{I}_{A-}&=\frac{1}{3}(\dot{I}_A+a^2\dot{I}_B+a\dot{I}_C)=\frac{1}{3}(a^2\dot{I}_B-a\dot{I}_B)=-j\frac{\sqrt{3}}{3}\dot{I}_k\\\dot{I}_{A0}&=\frac{1}{3}(\dot{I}_A+\dot{I}_B+\dot{I}_C)=0\end{aligned}\right\}\tag{7-91}$$

$$\left.\begin{aligned}\dot{U}_{A+}&=\frac{1}{3}(\dot{U}_A+a\dot{U}_B+a^2\dot{U}_C)=\frac{1}{3}(\dot{U}_A-\dot{U}_B)=\dot{E}_0-j\dot{I}_{A+}X_+=\dot{E}_0-j\frac{\sqrt{3}}{3}\dot{I}_kX_s\\\dot{U}_{A-}&=\frac{1}{3}(\dot{U}_A+a^2\dot{U}_B+a\dot{U}_C)=\frac{1}{3}(\dot{U}_A-\dot{U}_B)=0-j\dot{I}_{A-}X_-=j\frac{\sqrt{3}}{3}\dot{I}_kX_-\\\dot{U}_{A0}&=\frac{1}{3}(\dot{U}_A+\dot{U}_B+\dot{U}_C)=\frac{1}{3}(\dot{U}_A+2\dot{U}_B)=0-j\dot{I}_{A0}X_0=0\end{aligned}\right\}\tag{7-92}$$

将分量电压合成，求得各相电压

$$\dot{U}_A=\dot{U}_{A+}+\dot{U}_{A-}+\dot{U}_{A0}=\dot{E}_0-j\frac{\sqrt{3}}{3}\dot{I}_kX_s+j\frac{\sqrt{3}}{3}\dot{I}_kX_-=\dot{E}_0-j\frac{\sqrt{3}}{3}\dot{I}_k(X_s-X_-)$$

$$\dot{U}_B=a^2\dot{U}_{A+}+a\dot{U}_{A-}+\dot{U}_{A0}=a^2\dot{E}_0-j\frac{\sqrt{3}}{3}\dot{I}_k(a^2X_s-aX_-)$$

$$\dot{U}_{C}=a\dot{U}_{A+}+a^{2}\dot{U}_{A-}+\dot{U}_{A0}=a\dot{E}_{0}-j\frac{\sqrt{3}}{3}\dot{I}_{k}(aX_{s}-a^{2}X_{-})$$

由于 B、C 两相短路，所以 $\dot{U}_{B}=\dot{U}_{C}$，即

$$a^{2}\dot{E}_{0}-j\frac{\sqrt{3}}{3}\dot{I}_{k}(a^{2}X_{s}-aX_{-})=a\dot{E}_{0}-j\frac{\sqrt{3}}{3}\dot{I}_{k}(aX_{s}-a^{2}X_{-})$$

解得

$$I_{k}=|\dot{I}_{k}|=\left|\frac{\sqrt{3}\dot{E}_{0}}{j(X_{s}+X_{-})}\right|=\frac{\sqrt{3}E_{0}}{X_{s}+X_{-}}\approx\sqrt{3}\frac{E_{0}}{X_{s}} \tag{7-93}$$

可见，两线短路达到稳定后，短路电流与三相稳定短路电流的比值约为$\sqrt{3}$。根据前述125MW 发电机的各序电抗，可求得该比值为 1.55。

3. 不对称运行的影响

同步发电机不对称运行时，负序电流产生转速为 $-n_{1}$ 的旋转磁势 $\dot{F}_{a}^{-}$，会对电机及电力系统带来许多不利影响，主要体现在以下两个方面：

（1）引起转子附加损耗和温升增加

$\dot{F}_{a}^{-}$ 以 $2n_{1}$ 的转速扫过转子，在转子绕组（包括励磁绕组和阻尼绕组）和转子铁心表面感应出频率为 $2f_{1}$ 的电流或涡流，引起附加铜耗和铁耗，使转子发热。特别是汽轮发电机，转子本体表面感应的轴向倍频涡流经两端护环形成回路，在护环与本体的接触面上发热尤其严重，可能会产生局部高温，危及护环与转子本体连接的可靠性。另外，励磁绕组嵌装在转子槽中，散热条件差，发热问题也较严重。凸极的水轮发电机没有护环引起的上述问题，励磁绕组散热条件也较好，不对称运行引发的转子过热问题相对小一些。

（2）引起附加转矩和振动

$\dot{F}_{a}^{-}$ 与转子磁势 $\dot{F}_{f}$ 之间有 $2n_{1}$ 的相对转速，相互作用会产生频率为 $2f_{1}$ 的交变电磁转矩，这一倍频附加转矩同时作用于转轴和定子机座上，引发倍频振动和噪声。水轮发电机机座中有大量的焊接结构，容易被振动损坏，因此水轮发电机必须装设阻尼绕组以削弱负序磁场。

不对称运行除了对发电机本身产生危害外，还会对电网其他电气设备产生不良影响。例如，发电机不对称运行引起电网电压不对称，不对称电压会使运行中的感应电动机电磁转矩、输出功率和效率降低，并引起转子过热等。

由以上分析可知，负序电流建立的反转磁场是危害之源。因此，必须尽量削弱这个反转磁场。理论和实践证明，阻尼绕组在这方面有着良好效果。当 $\dot{F}_{a}^{-}$ 以 $2n_{1}$ 转速掠过阻尼绕组时，将产生较大的感应电流，以抵消负序磁场的影响。同时阻尼绕组在同步电机中还起着抑制振荡的作用。一般水轮发电机均装有阻尼绕组，汽轮发电机由于转子的整块钢具有阻尼作用，一般很少再另装阻尼绕组了。

7.8 同步发电机的突然短路

前面各节介绍的是同步电机的稳态运行，可以用相量方程或相量图分析之。然而，实际

设计或制造电机时，还希望知道电机的非稳态即暂态行为。暂态过程历时虽短，却对电机或系统影响巨大。以电机出线端突然短路为例，短路电流的峰值可能达到额定电流的 20 倍，产生巨大的电磁力，以致损坏定子绕组的端部绝缘，使转轴和机座发生危险的形变。

突然短路会产生如此巨大的冲击电流，是因为突然短路过程中发生的物理现象与稳态短路有很大区别。三相对称稳态短路时，电枢磁势是一个以同步转速旋转的、幅值恒定的磁势，不会在转子绕组中产生感应电势和电流。但三相突然短路时，电枢电流和相应的电枢磁势幅值会发生突变，通过定、转子绕组间的电磁感应作用，在转子绕组中感应出电势和电流，而此类电流反过来又会引起定子绕组电抗和电流的变化。这种定、转子绕组之间的相互影响，使得突然短路后的暂态过程变得有些复杂，分析起来较为困难。

突然短路暂态过程的精确分析，需要解算一组机、电、磁耦合的非线性微分方程，这可以借助相关软件完成。本节采用解析法分析三相突然短路暂态过程中同步电抗和电流的变化情况，重点在于帮助读者理解突然短路暂态过程的物理本质。

用解析法分析同步发电机三相突然短路暂态过程时，需要进行以下假设或简化：

1）短路前后发电机的转速始终维持在同步转速 n_1，即不考虑机械上的暂态过程。

2）磁路不饱和。

3）励磁电流保持不变。

4）短路发生在出线端，短路前发电机空载。

如此假设和简化之后，原来复杂的机、电、磁耦合问题就被简化成了比较简单的动态电路问题，并且可以应用叠加原理。突然短路暂态过程的解析就可以抽象成对动态电路的分析，问题的核心就成了确定短路电流的初值、终值以及时间常数，而重点则是确定初值。分析电流初值要用到一个基本原理——**超导回路磁链守恒原理**。

1. *超导回路磁链守恒原理*

由电路定律可知，对于任何一个交链着磁通的闭合线圈，都可以写出下面的方程式

$$Ri+\frac{\mathrm{d}\psi}{\mathrm{d}t}=0 \tag{7-94}$$

式中，ψ 为闭合线圈的总磁链，包括自磁链和互磁链。如果略去电阻 R，则

$$\psi=\text{常数} \tag{7-95}$$

可见，无电阻的闭合回路（超导回路）所匝链的磁链为常值。当超导闭合线圈所处的电磁环境发生突变时，超导线圈总能对自身的电流做出迅速调整，以维持总磁链不变。这就是**超导回路磁链守恒原理**。

如图 7-54a 所示，假设图中的线圈 a 为超导闭合线圈，在开关 S 闭合前，线圈 a 的磁链为 0。S 闭合后，线圈 f 产生的主磁链 ψ_f 试图穿过并交链超导线圈 a，线圈 a 就会迅速产生一个电流 i_a，并形成反磁链 $\psi_a+\psi_{a\sigma}$（如图 7-54b 所示），完全抵消 ψ_f，即 $\psi_a+\psi_{a\sigma}=-\psi_f$，以保持线圈 a 的磁链仍为 0。相当于 ψ_f 无法穿过线圈 a，相应的磁力线只能沿线圈 a 的漏磁路闭合，如图 7-54c 所示。

超导回路磁链守恒原理可以直观地理解为：**外部新产生的磁链无法穿过超导线圈**。

在分析同步发电机突然短路时，在短路瞬间，可以把电机内的电枢绕组、励磁绕组和阻尼绕组都视为超导线圈，利用超导闭合回路磁链守恒原理分析短路瞬间的磁路状态、电抗大小以及短路电流的初值。

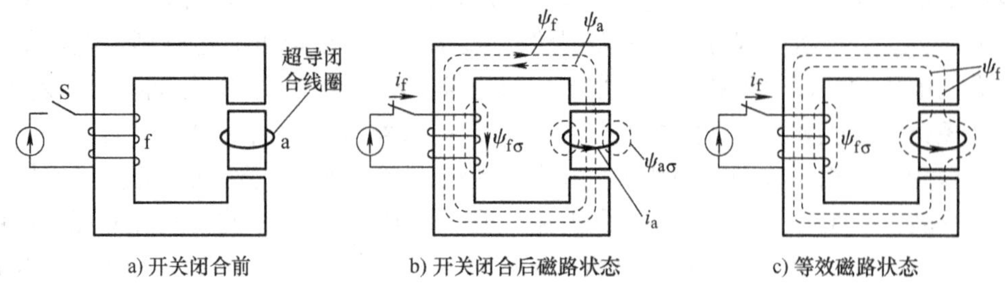

图 7-54 超导回路磁链守恒原理应用举例

实际电路总是存在电阻的，由磁链守恒原则确定的突然短路瞬间的电流初值最终会衰减为稳态短路电流，衰减的快慢由时间常数决定。

2. 三相突然短路的物理过程

应用超导闭合回路磁链不变原则，我们来分析同步发电机在发生三相突然短路时的物理现象。突然短路发生之前，仅存在励磁磁势 $\dot{F}_f$，$\dot{F}_f$ 随转子以同步转速 n_1 旋转。如图 7-55 所示，短路前 A 相电枢线圈所处的状态是：电流为 0，仅被励磁磁通 $\dot{\Phi}_f$ 所交链，磁链大小 ψ_A 是转子位置角 α（$\dot{F}_f$ 与 A 相绕组轴线的夹角）的函数，即

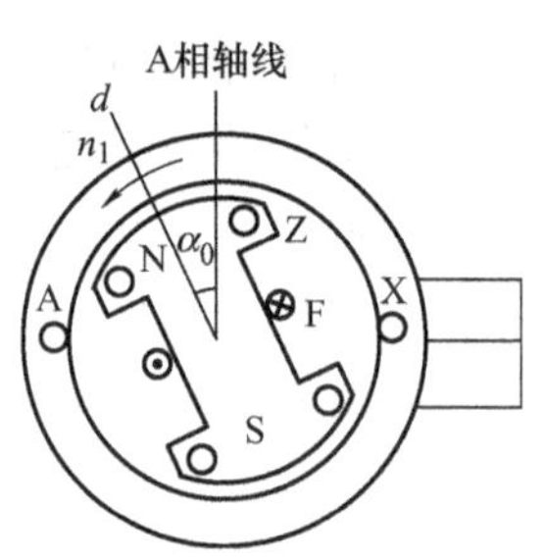

图 7-55 三相突然短路的瞬间示意图

$$\psi_A = \psi_m \cos\alpha = \psi_m \cos(\omega_1 t + \alpha_0) \tag{7-96}$$

式中，ψ_m 为 ψ_A 的幅值，即 $\alpha = 0°$时 $\dot{\Phi}_f$ 交链 A 相绕组的磁链；α_0 为初相角。

设在某一瞬间，发生三相突然短路，短路瞬间 $\alpha = \alpha_0$，A 相的磁链为

$$\psi_{A0} = \psi_m \cos\alpha_0 \tag{7-97}$$

短路后，励磁系统保持原状，转子仍以同步转速 n_1 旋转，即 $\dot{\Phi}_f$ 交链 A 相绕组的磁链仍试图按照原来的规律继续变化，即

$$\psi_A = \psi_m \cos(\omega_1 t + \alpha_0) \tag{7-98}$$

短路发生后，A 相绕组被视为超导线圈，按照磁链不变原则，A 相绕组必须产生维持 ψ_{A0} 并抵消 ψ_A 的磁链，即短路后 A 相绕组产生的磁链为

$$\psi_{Aa} = \psi_m \cos\alpha_0 - \psi_m \cos(\omega_1 t + \alpha_0) = \psi_{A=} + \psi_{A\sim} \tag{7-99}$$

式中，$\psi_{A=} = \psi_m \cos\alpha_0$ 为**直流分量**；$\psi_{A\sim} = -\psi_m \cos(\omega_1 t + \alpha_0)$ 为**交变分量**。

可见，突然短路发生后，电枢绕组为了维持短路瞬间的磁链 ψ_{A0} 不变，必须产生一个直流分量磁链 $\psi_{A=}$ 和一个交变分量磁链 $\psi_{A\sim}$，相应的短路电流中就包含了**直流分量电流** $i_{A=}$ 和**交变分量电流** $i_{A\sim}$，即

$$i_{Ak} = I''_m \cos\alpha_0 - I''_m \cos(\omega_1 t + \alpha_0) = i_{A=} + i_{A\sim} \tag{7-100}$$

式中，I''_m 为短路瞬间电枢电流的幅值。

电枢绕组三相电流的交变分量（$i_{A\sim}$，$i_{B\sim}$，$i_{C\sim}$）会产生一个与转子同步旋转的旋转磁势 $\dot{F}_{A\sim}$；而三相电流的直流分量电流（$i_{A=}$，$i_{B=}$，$i_{C=}$）将产生一个静止的恒定磁势 $F_{A=}$。

同步发电机转子上有励磁绕组 F 和阻尼绕组 Z，假定 F 和 Z 都是超导闭合回路，遵循磁链不变原则，以此为前提来分析 F 和 Z 对电枢短路电流的影响。

突然短路后，$\dot{F}_{A\sim}$ 和 $F_{A=}$ 突加在电枢磁路上，分别产生各自磁通量。位于主磁路上的线圈 F 和 Z 对于电枢 $\dot{F}_{A\sim}$ 和 $F_{A=}$ 的突然出现，必然会做出迅速反应。

1）对 $\dot{F}_{A\sim}$ 的反应：$\dot{F}_{A\sim}$ 与转子同步旋转，作用于直轴，对于 F 和 Z 来说，$\dot{F}_{A\sim}$ 是恒定不变的。当 $\dot{F}_{A\sim}$ 所产生的磁通试图沿直轴主磁路通过 F 和 Z 时，F 和 Z 将分别产生相应的恒定反磁势 $F_{F=}$ 和 $F_{Z=}$（对应形成直流电流 $i_{F=}$ 和 $i_{Z=}$）予以抵制，所以 $\dot{F}_{A\sim}$ 无法通过 F 和 Z，相应的磁力线只能沿 F 和 Z 周边的漏磁路通过，如图 7-56a 所示。可见由于超导线圈 F 和 Z 的存在，导致主磁路的磁阻增大，电枢反应电抗减小。由于励磁电势 E_0 与正常运行时相等，而此时的电抗 X''_{ad} 很小，所以短路电流交变分量($i_{A\sim}$，$i_{B\sim}$，$i_{C\sim}$)的幅值会很大。

2）对 $F_{A=}$ 的反应：$F_{A=}$ 在空间静止不动，保持短路瞬间的状态。它与转子绕组之间有相对运动，将在 F 和 Z 中感应出交变电流 $i_{F\sim}$ 和 $i_{Z\sim}$ 以及交变磁势 $\dot{F}_{F\sim}$ 和 $\dot{F}_{Z\sim}$ 来抵消 $F_{A=}$。所以 $F_{A=}$ 所产生的磁通在遇到具有超导性质的线圈 F 和 Z 时，同样只能绕道而行，经过漏磁路闭合，使得磁路磁阻大增，产生 $F_{A=}$ 所需的电流($i_{A=}$，$i_{B=}$，$i_{C=}$)也会很大。

可见，短路后，电枢绕组会产生很大的短路电流，其中包括直流分量和交变分量，对 A 相来说，短路电流 $i_{Ak}=i_{A=}+i_{A\sim}$；同样，励磁绕组和阻尼绕组也会产生较大的电流，包括相应的直流分量和交变分量。

以上结论是基于电机内的各绕组没有电阻这一假设而得出的。事实上，发电机各绕组均有一定的电阻存在，使得电流会逐渐衰减，最终达到稳态电流。分析表明，阻尼绕组的时间常数比励磁绕组的小得多，也就是说，阻尼绕组中所产生的阻止电枢磁力线穿过的电流会很快衰减，衰减完毕后，阻尼绕组不再阻止电枢磁力线的通过，此时的磁路状态如图 7-56b 所示。为了分析方便，通常把突然短路全过程人为地划分为三个阶段：第一阶段——**超瞬变阶段**，短路发生瞬间到阻尼绕组中的感应电流衰减完毕，在该阶段，励磁绕组和阻尼绕组均被视为超导线圈，对电枢磁势产生的磁力线均有阻止作用；第二阶段——**瞬变阶段**，超瞬变阶段结束到励磁绕组的感应电流衰减完毕，在该阶段，阻尼绕组不再是超导线圈，对电枢磁势产生的磁力线再无阻止作用；第三阶段——**稳态阶段**，励磁绕组的感应电流衰减完毕后就进入稳态，此时的磁路状态与三相稳态短路时的磁路状态相同，电枢短路电流也就等于稳态短路电流值，如图 7-56c 所示。

3. 超瞬变电抗和瞬变电抗

由图 7-56 可见，在超瞬变、瞬变和稳态三个阶段中，电枢反应磁通所经过的路径大不相同。电枢反应磁通由电枢短路电流产生，产生一定量的磁通究竟需要多大的电枢电流，要看磁通所经历磁路的状况。在超瞬变阶段，磁路曲折，气隙路段长，磁阻最大，相应的电枢电流就最大；在稳态阶段，磁路通畅，气隙路段最短，磁阻最小，所以稳态电枢电流最小；瞬变阶段的磁阻大小介于超瞬变和稳态之间，其电流大小也介于二者之间。

磁阻大小反映到电枢电路中，就是不同磁阻对应不同的电感或电抗，即

$$X=\omega_1 L=\omega_1 \frac{N^2}{R_m}=\omega_1 N^2 \Lambda \tag{7-101}$$

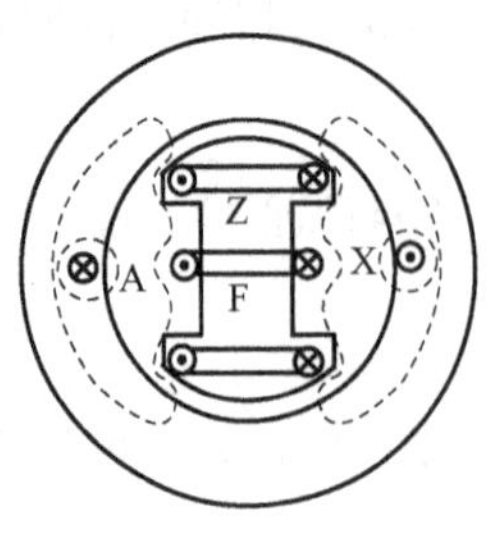

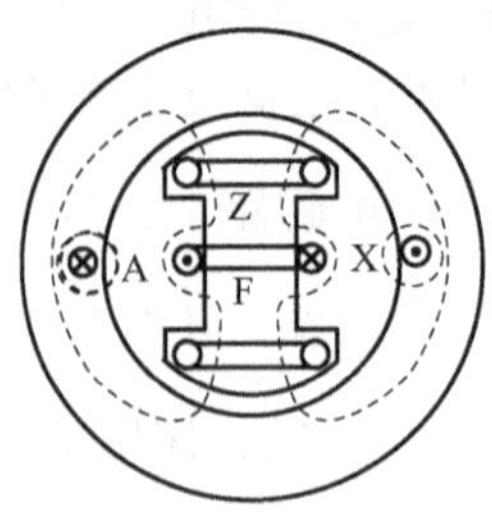

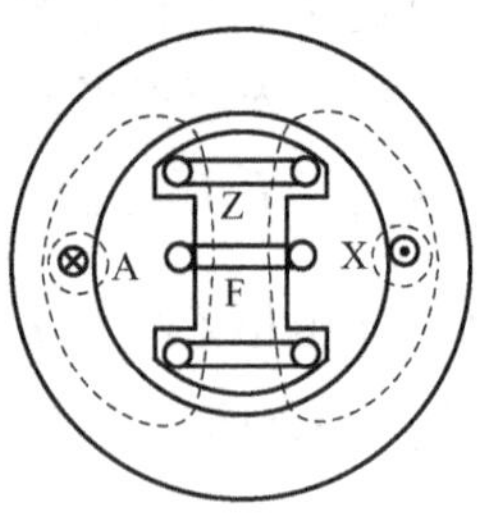

a) 超瞬变过程开始瞬间　　b) 瞬变过程开始瞬间　　c) 稳态阶段

图 7-56　瞬态短路各时段电枢磁通路径

式中，N 为等效匝数；R_{m} 为磁阻；Λ 为磁导。

在超瞬变阶段，不计铁心磁阻时，这条磁路（如图 7-56a 所示）的磁阻包括气隙磁阻 R_{ad}、直轴阻尼绕组漏磁路的磁阻 $R_{\mathrm{Zd}\sigma}$ 和励磁绕组漏磁路的磁阻 $R_{\mathrm{F}\sigma}$，总磁阻为

$$R''_{\mathrm{ad}} = R_{\mathrm{ad}} + R_{\mathrm{Zd}\sigma} + R_{\mathrm{F}\sigma} \tag{7-102}$$

相应的磁导为

$$\Lambda''_{\mathrm{ad}} = \frac{1}{\dfrac{1}{\Lambda_{\mathrm{ad}}} + \dfrac{1}{\Lambda_{\mathrm{Zd}\sigma}} + \dfrac{1}{\Lambda_{\mathrm{F}\sigma}}} \tag{7-103}$$

对应的电枢反应电抗称为**直轴超瞬变电枢反应电抗**，即

$$X''_{\mathrm{ad}} = \frac{1}{\dfrac{1}{X_{\mathrm{ad}}} + \dfrac{1}{X_{\mathrm{Zd}\sigma}} + \dfrac{1}{X_{\mathrm{F}\sigma}}} \tag{7-104}$$

式中，X_{ad} 就是稳态运行时的直轴电枢反应电抗；$X_{\mathrm{Zd}\sigma}$ 为直轴阻尼绕组的漏电抗；$X_{\mathrm{F}\sigma}$ 为励磁绕组的漏电抗。

再考虑到电枢绕组的漏电抗 X_σ，就可以得到**直轴超瞬变同步电抗**，简称**直轴超瞬变电抗**，即

$$X''_{\mathrm{d}} = X_\sigma + X''_{\mathrm{ad}} = X_\sigma + \frac{1}{\dfrac{1}{X_{\mathrm{ad}}} + \dfrac{1}{X_{\mathrm{Zd}\sigma}} + \dfrac{1}{X_{\mathrm{F}\sigma}}} \tag{7-105}$$

进入瞬变阶段后，阻尼绕组对电枢磁通的阻止作用消失，此时的磁路如图 7-56b 所示。同样可以写出相应的**直轴瞬变同步电抗**，简称**直轴瞬变电抗**，即

$$X'_{\mathrm{d}} = X_\sigma + \frac{1}{\dfrac{1}{X_{\mathrm{ad}}} + \dfrac{1}{X_{\mathrm{F}\sigma}}} \tag{7-106}$$

进入稳态后，电枢磁通路径已经恢复到正常的直轴磁路（如图 7-56c 所示），对应的电抗就是**直轴同步电抗**，即

$$X_{\mathrm{d}} = X_\sigma + X_{\mathrm{ad}} \tag{7-107}$$

如果是非直接短路，除了直轴电抗外，还会有交轴电抗。励磁绕组只作用于直轴，所以交轴电抗表达式中没有励磁绕组的漏电抗。

交轴超瞬变电抗为

$$X''_{q}=X_{\sigma}+X''_{aq}=X_{\sigma}+\frac{1}{\frac{1}{X_{aq}}+\frac{1}{X_{Zq\sigma}}} \tag{7-108}$$

式中，X''_{aq}为**交轴超瞬变电枢反应电抗**；$X_{Zq\sigma}$为交轴阻尼绕组漏电抗。

交轴瞬变电抗为

$$X'_{q}=X_{\sigma}+\frac{1}{\frac{1}{X_{aq}}}=X_{\sigma}+X_{aq}=X_{q} \tag{7-109}$$

可见交轴瞬变电抗就等于交轴同步电抗。

4. 突然短路电枢电流

在了解了突然短路的物理过程以及各阶段的电抗之后，就可以分析突然短路发生后，电枢电流的变化情况。以A相为例，短路发生的瞬间，电枢电流初值为

$$i_{Ak}=I''_{m}\cos\alpha_{0}-I''_{m}\cos(\alpha_{0}+\omega_{1}t)=i_{A=}+i_{A\sim} \tag{7-110}$$

式中，$i_{A=}=I''_{m}\cos\alpha_{0}$为直流分量；$i_{A\sim}=-I''_{m}\cos(\alpha_{0}+\omega_{1}t)$为交变分量。

根据短路时的电势平衡方程，有

$$I''_{m}=\sqrt{2}\frac{E_{0}}{X''_{d}} \tag{7-111}$$

式中，E_0为励磁电势有效值。

当超瞬变阶段结束后，交变分量的幅值将从I''_{m}衰减到$I'_{m}=\sqrt{2}\frac{E_{0}}{X'_{d}}$，这一过程电流的衰减量为（$I''_{m}-I'_{m}$），衰减的时间常数为$T''_{d}$，由阻尼绕组的等效电阻和电感决定。

当瞬变阶段结束时，交变分量幅值将从I'_{m}衰减到$I_{m}=\sqrt{2}\frac{E_{0}}{X_{d}}$，即稳态短路电流幅值。电流的衰减量为（$I'_{m}-I_{m}$），衰减的时间常数为$T'_{d}$，主要由励磁绕组的等效电阻和电感决定。

电枢电流的直流分量$i_{A=}=I''_{m}\cos\alpha_{0}$的衰减由电枢绕组本身的时间常数$T_{d}$决定。衰减结束后，直流分量将变成0。

根据以上分析，突然短路后，电枢A相短路电流可以写成

$$i_{Ak}=I''_{m}\cos\alpha_{0}e^{-\frac{t}{T_{d}}}-[(I''_{m}-I'_{m})e^{-\frac{t}{T''_{d}}}+(I'_{m}-I_{m})e^{-\frac{t}{T'_{d}}}+I_{m}]\cos(\alpha_{0}+\omega_{1}t) \tag{7-112}$$

若$\alpha_0=0$，则直流分量的初值为I''_{m}，交变分量的初值为$-I''_{m}$。在短路瞬间，短路电流的直流分量和交变分量抵消，经过半个周期后，交变分量与直流分量方向相同，相互叠加，形成短路电流的最高点，最高点电流大约是I''_{m}的1.8～1.9倍，此后，直流分量和交变分量将逐渐衰减，直流分量最终衰减为0，交变分量最终衰减为稳态短路电流I_{m}。图7-57给出了这种情况下短路电流变化的波形。例如一台汽轮发电机，$E_0^*=1.1$，$X''^*_{d}=0.145$，三相突然短路发生在$\alpha_0=0$时，最大冲击电流为

$$i^*_{kmax}=(1.8\sim1.9)\frac{\sqrt{2}E_0^*}{X''^*_{d}}=(1.8\sim1.9)\frac{\sqrt{2}\times1.1}{0.145}=19.3\sim20.4$$

。可见三相稳态短路电流最大可达额定电流的20倍，巨大的冲击电

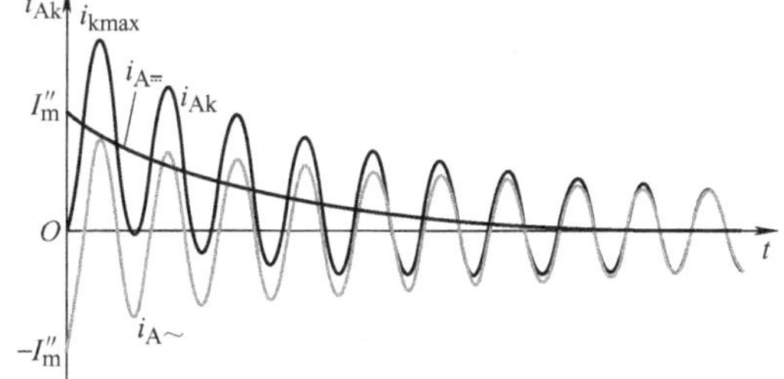

图7-57　$\alpha_0=0$时三相突然短路A相电流波形

流将对发电机产生严重甚至致命的负面影响。

若 $\alpha_0=90°$，则短路电流中无直流分量，交变分量的初值也为 0。经过半个周期后，交变分量达到最大值约为 I''_m，此后，逐渐衰减为稳态短路电流 I_m。

5. 突然短路的影响

(1) 冲击电流产生的电磁力

突然短路过程中，冲击电流的峰值可达 $20I_N$，意味着会产生巨大的电磁力，并有可能会损坏绕组端部。要准确计算电磁力大小和分布是很困难的。定性地看，突然短路时定、转子绕组端部之间作用力的情况如图 7-58 所示。主要作用力有：①定子绕组端部与转子绕组端部之间的电磁力 F_1：由于短路时定子电流产生的磁场起去磁作用，故定、转子绕组中的电流方向相反，F_1 趋向于使定子绕组端部向外张开，使转子绕组端部向内挤压；②定子绕组端部与定子铁心之间的引力 F_2：定子绕组端部电流产生的漏磁场沿铁心端面闭合，导致相互吸引；③定子绕组端部相邻导体之间的作用力 F_3：相邻导体中电流方向相反，则产生斥力，反之产生吸力。上述三种电磁力的作用均使定子绕组端部向外张开，危险的区域就在线棒伸出槽口的地方。

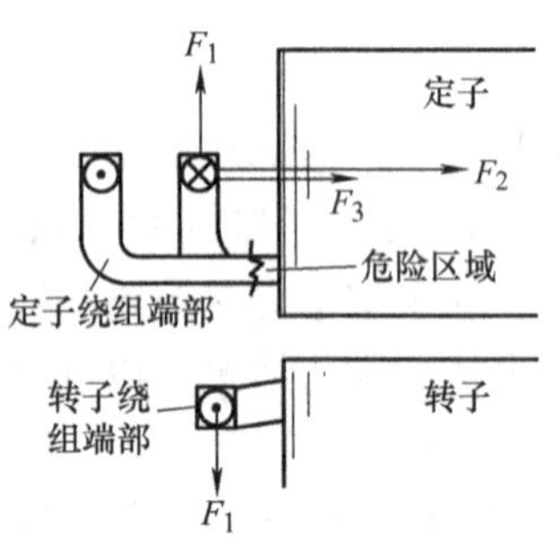

图 7-58 突然短路时的电磁力示意图

(2) 冲击电磁转矩

突然短路时，定子电流增大了许多倍，虽然气隙磁场变化不大，但电流与磁场相互作用所产生的电磁转矩却很大。定、转子绕组电流中都含有直流和交变分量，它们与磁场相互作用所产生的电磁转矩相当复杂。概括起来，一类是冲击单向转矩，对原动机起制动作用；另一类是幅值更大的冲击交变转矩，作用方向不断变化。在线对线不对称短路的初期，冲击电磁转矩可达 10 倍额定转矩。在设计同步电机的转轴、机座等结构件时，必须考虑到这个巨大转矩的影响。

(3) 绕组发热

巨大的短路电流使铜耗剧增，但由于电流衰减快，电机热容量大，加之过电流保护装置会产生保护动作，因此温升增长得并不多，不足以对电机构成实质性危害。

例 7-7 有一台三相汽轮发电机，已知 $X_d=1.10$，$X'_d=0.155$，$X''_d=0.09$（均为标幺值），时间常数 $T_d=0.09\text{s}$，$T''_d=0.035\text{s}$，$T'_d=0.6\text{s}$，设该机在励磁电势等于额定电压时发生三相突然短路，试求：

(1) 在最不利的情况下定子瞬态短路电流的表达式；

(2) 最大瞬时冲击电流；

(3) 分别求出在短路后 0.5s、2s、5s 时短路电流的瞬时值。

解： (1) 以 A 相为例，发生三相突然短路后，瞬态电流的表达式为

$$i_{Ak}=I''_m\cos\alpha_0 e^{-\frac{t}{T_d}}-\left[(I''_m-I'_m)e^{-\frac{t}{T''_d}}+(I'_m-I_m)e^{-\frac{t}{T'_d}}+I_m\right]\cos(\alpha_0+\omega_1 t)$$

对 A 相最不利的情况是在 $\alpha_0=0$，即直轴正方向与 A 相绕组轴线重合时的瞬间发生三相突然短路。该情况下

$$i_{Ak}=I''_m e^{-\frac{t}{T_d}}-\left[(I''_m-I'_m)e^{-\frac{t}{T''_d}}+(I'_m-I_m)e^{-\frac{t}{T'_d}}+I_m\right]\cos\omega_1 t$$

由于励磁电势等于额定电压，即 $E_0=1$，所以

$$I''_m=\frac{\sqrt{2}E_0}{X''_d}=\frac{\sqrt{2}\times1}{0.09}=15.7135$$

$$I'_m=\frac{\sqrt{2}E_0}{X'_d}=\frac{\sqrt{2}\times1}{0.155}=9.1240$$

$$I_m=\frac{\sqrt{2}E_0}{X_d}=\frac{\sqrt{2}\times1}{1.1}=1.2856$$

$$I''_m-I'_m=6.5895,\ I'_m-I_m=7.8383$$

$$\omega_1=2\pi f=100\pi$$

所以 $i_{Ak}(t)=15.7135e^{-\frac{t}{0.09}}-(6.5895e^{-\frac{t}{0.035}}+7.8383e^{-\frac{t}{0.6}}+1.2856)\cos100\pi t$

（2）最大冲击电流发生在 $\omega_1 t=\pi$ 即 $t=\frac{\pi}{\omega_1}=\frac{\pi}{100\pi}\text{s}=0.01\text{s}$ 的瞬间，此时

$$i_{Ak}(t)=15.7135e^{-\frac{0.01}{0.09}}-(6.5895e^{-\frac{0.01}{0.035}}+7.8383e^{-\frac{0.01}{0.6}}+1.2856)\cos(100\pi\times0.01)=28.0073$$

可见最大冲击电流达到额定电流的28倍。

（3）$i_{Ak}(0.5)=15.7135e^{-\frac{0.5}{0.09}}-(6.5895e^{-\frac{0.5}{0.035}}+7.8383e^{-\frac{0.5}{0.6}}+1.2856)\cos(100\pi\times0.5)$
$=-4.6314$

$$i_{Ak}(2)=15.7135e^{-\frac{2}{0.09}}-(6.5895e^{-\frac{2}{0.035}}+7.8383e^{-\frac{2}{0.6}}+1.2856)\cos(100\pi\times2)=-1.5653$$

$$i_{Ak}(5)=15.7135e^{-\frac{5}{0.09}}-(6.5895e^{-\frac{5}{0.035}}+7.8383e^{-\frac{5}{0.6}}+1.2856)\cos(100\pi\times5)=-1.2875$$

7.9 同步电动机和同步调相机

7.9.1 同步电动机的工作原理

作为电动机运行是同步电机的又一重要的运行方式。同步电机接在频率一定的电网上运行时，其转速恒定，不会随负载的变化而变化；另外同步电动机属于双边激励机电装置，可以通过调节励磁电流来改变其功率因数。

一些本身对调速要求不高的大型设备，如空气压缩机、粉碎机、鼓风机可优先考虑采用同步电动机作动力。原因在于，同步电动机功率因数可调，在运行时，不仅不会降低电网功率因数，相反地，还能改善电网功率因数，这是感应电动机做不到的。

同步电动机一般做成凸极式，在结构上与凸极式发电机类似。为了能够自起动，在转子磁极的极靴上一般装有**起动绕组**（相当于发电机的阻尼绕组）。

同步电机作为电动机，在接通三相交流电源后，从静止、加速到同步旋转，有一个起动过程，需要一定的起动方法，这一问题将在稍后分析。下面从同步电机运行状态的改变着手，阐述同步电动机正常运行时的工作原理。

同步电机接在电网上运行时，合成磁势 $\dot{F}$ 由电网电压 $\dot{U}$ 决定，由于 $\dot{U}$ 的大小和频率被电网锁定，所以 $\dot{F}$ 的幅值和转速也保持不变。

发电运行时，励磁磁势 $\dot{F}_f$ 在机械源动力转矩 T_1 的拖动下，超前于合成磁势 $\dot{F}$ 一个 δ 角，发电机产生有功功率 P_M 和阻力性质的电磁转矩 T，机械源克服 T 和电机本身的阻力转矩 T_0 而做功，从轴上给电机输入机械功率，电机从电枢端向电网输出正的有功电功率。稳定运行时，$T_1=T+T_0$，δ 成为固定的正值，同步电机持续地完成机械能向电能的转换，如图 7-59a 所示。

如果逐渐减少机械源的功率，即逐渐减小动力转矩 T_1，则 P_M 和 δ 逐渐缩小，当 δ 缩小到 0 时，P_M 也为 0，电机处于空载状态，既不向电网输送有功功率，也不从电网吸收有功功率，如图 7-59b 所示。

如果继续减少机械源的功率并使之变为负功率（将原动机变成机械负载），励磁磁势 $\dot{F}_f$ 在机械负载的阻碍下，将调整到滞后于合成磁势 $\dot{F}$ 一个 δ 角（按照发电机功角的定义，此时的功角为负值），此时发电机（你还认为它是发电机的话）只能产生负的有功功率 P_M（相当于从电网吸收正的有功功率）和动力性质的电磁转矩 T，克服机械负载和电机本身的阻力转矩 T_2+T_0 而做功，从转轴上输出机械功率 $P_2=T_2\Omega_1$。稳定运行时 $T=T_2+T_0$，δ 将成为固定值，同步电机持续地完成电能向机械能的转换，此时同步电机运行于电动机状态，如图 7-59c 所示。

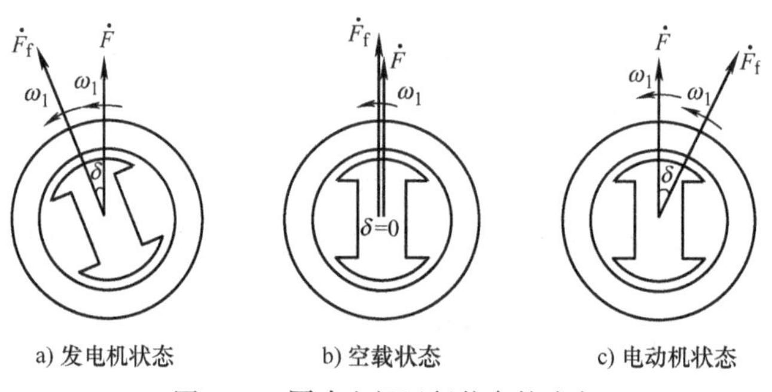

图 7-59　同步电机运行状态的改变

由以上分析可知，并网运行的同步电机可以从发电运行状态逐渐过渡到电动运行状态。产生这一过程的本质在于励磁磁势 $\dot{F}_f$（受制于机械源）和合成磁势 $\dot{F}$（受制于电网）之间主从关系的改变。当从机械源获得的是动力转矩 T_1 时，机械侧就是有功功率的提供者，$\dot{F}_f$ 超前于 $\dot{F}$，$\delta>0$，同步电机就处于发电机状态，有功功率流向电网；当从机械源获得的是阻力转矩 T_2 时，机械侧就是有功功率的消耗者，$\dot{F}$ 超前于 $\dot{F}_f$，$\delta<0$，同步电机就处于电动机状态，流向电网的有功功率为负，或者说有功功率从电网流向电机。

需要注意的是，以上对于同步电机运行状态的介绍，是基于发电机的观点，所以出现了负功角和负功率。用电动机观点重新定义功角，即**电动机功角 δ 在时间上表示电源电压 $\dot{U}$ 超前于励磁电势 $\dot{E}_0$ 的时间相位差；在空间上表示合成磁势 $\dot{F}$ 超前于励磁磁势 $\dot{F}_f$ 的空间相位差**。这样，从电动机观点看，正的 δ 所对应正的电磁功率，就是电网输入给电机的电功率（忽略定子铜耗）。

7.9.2　同步电动机稳态运行分析

研究同步电动机的方法和研究发电机的方法类似。原则上可以采用发电机惯例或者电动机惯例。下面以电动机惯例进行分析。图 7-60 给出了隐极同步电动机的等效电路和相量图。依据电路的基尔霍夫定律，可以直接写出电势平衡方程式，并画出电势相量图。在时空统一相量图中，值得注意的是，由于电动机电枢电流的参考正方向是电流进入电枢绕组（有别于发电机中电枢电流的参考正方向是电流离开绕组），所以，电枢磁势 $\dot{F}_a$ 不再与电枢电流同相，而是反相了。利用时空统一相量图，可以很方便地分析同步电动机的电枢反应情况，此时电枢磁势与励磁磁势之间的夹角为 $90° - \psi$。

隐极同步电动机电势平衡方程

$$\dot{U} = \dot{E}_0 + \mathrm{j}\dot{I}X_s \tag{7-113}$$

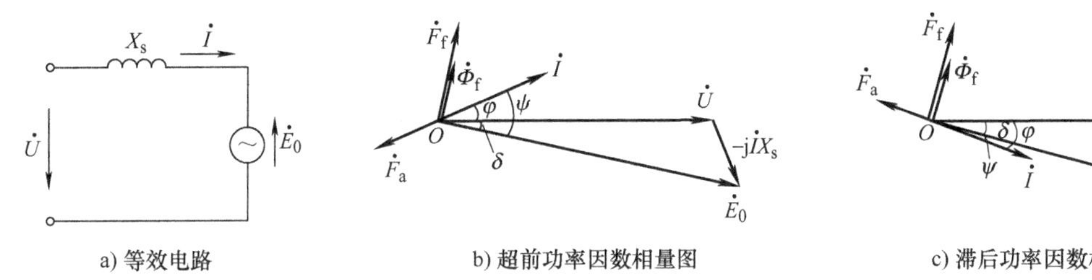

a) 等效电路　　b) 超前功率因数相量图　　c) 滞后功率因数相量图

图 7-60　隐极同步电动机的等效电路和相量图

如果将功角 δ 按照电动机观点来定义，即 $\dot{U}$ 超前于 $\dot{E}_0$ 时 δ 为正；ψ 和 φ 仍沿用发电机中的定义，即 $\dot{E}_0$ 超前于 $\dot{I}$ 时 ψ 为正，$\dot{I}$ 滞后于 $\dot{U}$ 时 φ 为正，则对同步电动机来说

$$\psi = \varphi - \delta \tag{7-114}$$

根据几何关系，有

$$\tan\psi = \frac{U\sin\varphi - X_s I}{U\cos\varphi} \tag{7-115}$$

$$E_0 = \sqrt{(U\sin\varphi - X_s I)^2 + (U\cos\varphi)^2} \tag{7-116}$$

凸极同步电动机的电势平衡方程为

$$\dot{U} = \dot{E}_0 + \mathrm{j}\dot{I}_d X_d + \mathrm{j}\dot{I}_q X_q \tag{7-117}$$

通过对式(7-117) 作恒等变换

$$\begin{aligned}\dot{U} &= \dot{E}_0 + \mathrm{j}\dot{I}_d(X_d - X_q) - \mathrm{j}\dot{I}_d(X_d - X_q) + \mathrm{j}\dot{I}_d X_d + \mathrm{j}\dot{I}_q X_q \\ &= \dot{E}_0 + \mathrm{j}\dot{I}_d(X_d - X_q) + \mathrm{j}\dot{I}_a X_q\end{aligned}$$

即

$$\dot{U} - \mathrm{j}\dot{I}_a X_q = \dot{E}_0 + \mathrm{j}\dot{I}_d(X_d - X_q) \tag{7-118}$$

根据式(7-118)，找到交轴位置后，按照与凸极同步发电机相量图类似的作图步骤，可以作出凸极同步电动机的电势相量图。图 7-61 分别给出了凸极同步电动机在电流超前或滞后于电压时的电势相量图。

从相量图可知，

$$\tan\psi = \frac{U\sin\varphi - X_q I}{U\cos\varphi} \tag{7-119}$$

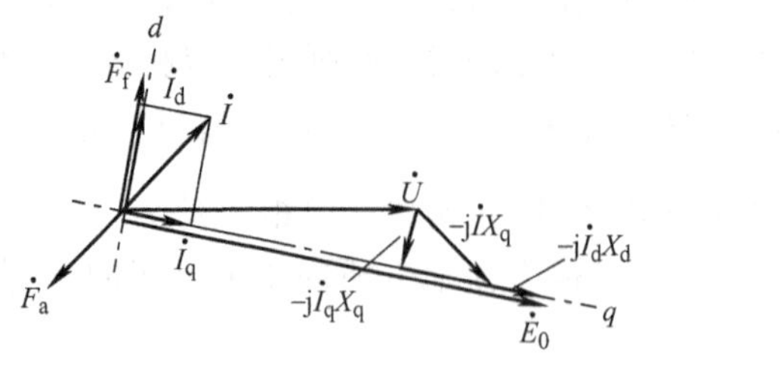

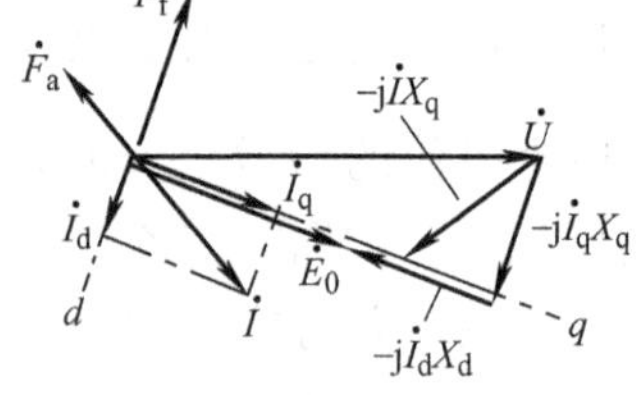

a) 电流超前于电压　　b) 电流滞后于电压

图 7-61　凸极同步电动机相量图

$$E_0 = U\cos\delta - X_d I_d \tag{7-120}$$

注意，当 $\psi < 0°$时，$I_d = I\sin\psi < 0$；当 $\psi > 0°$时，$I_d = I\sin\psi > 0$。

同步电动机的输入功率 $P_1 = mUI\cos\varphi$ 为电功率，扣除电枢电路的电损耗 p_{Cu1}后，就转换成电磁功率 $P_M = T\Omega_1$，再扣除空载损耗 p_0（主要包括定子铁耗 p_{Fe}和机械损耗 p_m），其余功率就是输出功率 $P_2 = T_2\Omega_1$。忽略 p_{Cu1}后，

$$P_M \approx P_1 = mUI\cos\varphi \tag{7-121}$$

$$P_M = P_2 + p_0 \tag{7-122}$$

若输出功率 $P_2 = T_2\Omega_1$ 保持不变，由于 p_0 也不变，所以 P_M 将保持不变，按照与发电机类似的推导方法，可以得到凸极同步电动机的功角特性

$$P_M = \frac{mE_0U}{X_d}\sin\delta + \frac{mU^2}{2}\left(\frac{1}{X_q} - \frac{1}{X_d}\right)\sin 2\delta \tag{7-123}$$

隐极同步电动机的功角特性为

$$P_M = \frac{mE_0U}{X_s}\sin\delta \tag{7-124}$$

凸极同步电动机的电磁转矩为

$$T = \frac{P_M}{\Omega_1} = \frac{mE_0U}{\Omega_1 X_d}\sin\delta + \frac{mU^2}{2\Omega_1}\left(\frac{1}{X_q} - \frac{1}{X_d}\right)\sin 2\delta = T' + T'' \tag{7-125}$$

可见凸极同步电动机的电磁转矩包括基本电磁转矩 T'和附加电磁转矩 T''两部分。T''只在 $X_q \neq X_d$ 的凸极同步电动机中才有，这是由于凸极电机直轴和交轴磁路的磁阻不相等引起的，所以 T''通常称为磁阻转矩。当励磁电流为 0 时，即 $E_0 = 0$ 时，仍然具有磁阻转矩 T''。利用此原理可以制成**磁阻同步电动机**。这种电动机的转子上没有励磁绕组，是凸极式的，常做成 10kW 以下的电动机，在变频、变压的电源下运行，而且转速均匀，多用于精密机床、人造纤维工业、电子计算机等领域。

与同步发电机类似，保持负载不变（即保持有功功率不变）时，调节同步电动机励磁电流时，其电枢电流的大小 I、相位角 φ 均会随之改变。

图 7-62 给出了有功功率保持不变而励磁电势 $E_0 = f(I_f)$ 随着 I_f 的调节而改变时隐极同步电动机的电势相量图。

正常励磁状态如图 7-62a 所示，$\dot{I}$ 与 $\dot{U}$ 同相位，即 $\varphi = 0$，电动机只吸收有功功率 $P_1 = mUI$，不吸收无功功率，电枢反应的性质为去磁兼交磁。

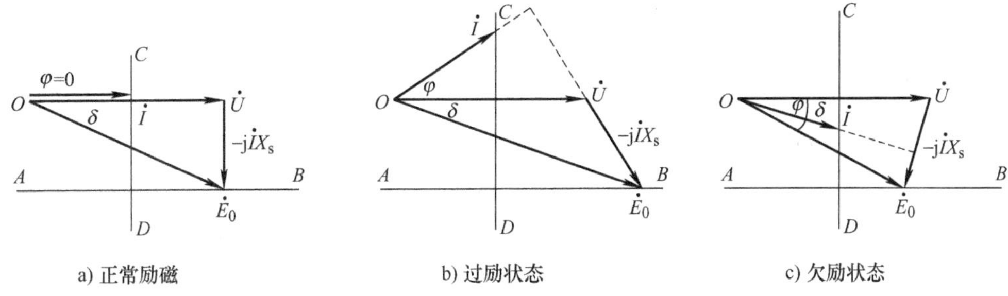

图 7-62 用相量图分析同步电动机功率因数的调节方法

在正常励磁状态基础上，增大 I_f，$\dot{E}_0$ 的尾端沿 AB 右移，其有效值增大而相位角 δ 缩小；电流相量 $\dot{I}$ 为了与相量 $-j\dot{I}X_s$ 保持垂直，$\dot{I}$ 的尾端沿 CD 上移，其有效值增大而相位角 φ 超前。此时，电动机除了吸收有功功率 $P_1 = mUI\cos\varphi$ 外，还吸收超前性（容性）无功功率 $Q_1 = mUI\sin\varphi$，电动机处于过励状态（参看图 7-62b），电枢反应的性质为去磁兼交磁。

在正常励磁状态基础上，减小 I_f，$\dot{E}_0$ 的尾端沿 AB 左移，其有效值减小而相位角 δ 增大；电流相量 $\dot{I}$ 为了与相量 $-j\dot{I}X_s$ 保持垂直，$\dot{I}$ 的尾端沿 CD 下移，其有效值增大而相位角 φ 滞后。此时，电动机除了吸收有功功率 $P_1 = mUI\cos\varphi$ 外，还吸收滞后性（感性）无功功率 $Q_1 = mUI\sin\varphi$，电动机处于欠励状态（参看图 7-62c）。当电枢电流滞后于励磁电势时，电枢反应的性质为增磁兼交磁，当电枢电流超前于励磁磁势时，电枢反应的性质为去磁兼交磁。

可见，通过调节励磁电流，可以达到调节同步电动机功率因数的目的。在负载不变的情况下，调节励磁电流到正常励磁状态时，$\cos\varphi = 1$；调节励磁电流到过励状态时，电枢电流增大且功率因数超前；调节励磁电流到欠励状态时，电枢电流增大且功率因数滞后。在正常励磁点的两边，电枢电流都会高出，电枢电流随着励磁电流变化的曲线也是 V 形曲线（参见图 7-63）。

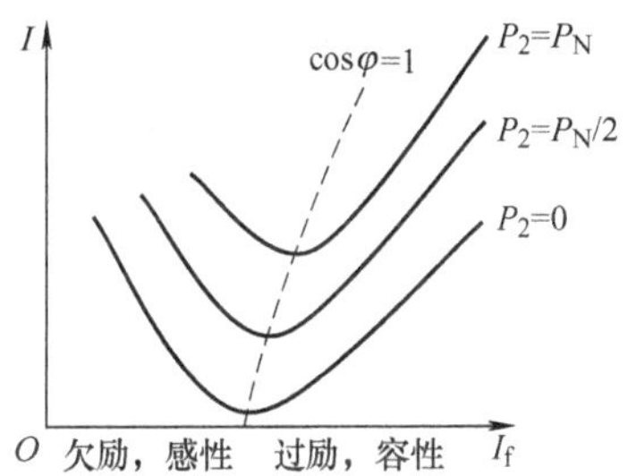

图 7-63 同步电动机 V 形曲线

V 形曲线上有一个最低点，对应于 $\cos\varphi = 1$ 的情况。将所有的最低点连接起来，将得到一条分界线，左边为欠励状态，吸收感性无功功率，功率因数为滞后性的（这种情况与感应电动机相同）；右边为过励状态，吸收容性无功功率（等同于输出感性无功功率），功率因数为超前性的。

接在电网上的负载绝大部分是感性负载（如变压器、电抗器等），需要吸收大量滞后性无功功率，导致输电网可供给的有功功率减小、损耗和压降增大。因此发电厂要求用户的功率因数限制在一定的数值以内。用同步电动机代替部分感应电动机，让同步电动机运行在过励状态，即作为容性负载就可以大大改善局域电网的功率因数。

例 7-8 一台三相凸极同步电动机，定子绕组为Y联结，额定频率 $f_N = 50\text{Hz}$，同步电抗 $X_d^* = 1.0\Omega$，$X_q^* = 0.7\Omega$，接在额定电压的电网上运行。不计电枢电阻。试求：

（1）当电枢电流 $I^* = 0.8$、$\cos\varphi = 1$ 时的功角 δ 和励磁电势 E_0^*；

（2）当电枢电流 $I^* = 1$、$\cos\varphi = 0.8$（滞后）时的功角 δ 和励磁电势 E_0^*；

(3) 当电枢电流 $I^* = 1$、$\cos\varphi = 0.8$(超前)时的功角 δ 和励磁电势 E_0^*。

解:

(1) 内功率因数角

$$\psi = \arctan\frac{U_N^*\sin\varphi - I^* X_q^*}{U_N^*\cos\varphi} = \arctan\frac{1\times0 - 0.8\times0.7}{1\times1} = -29.25^\circ$$

功角
$$\delta = \varphi - \psi = 0 - (-29.25^\circ) = 29.25^\circ$$

励磁电势
$$\begin{aligned}E_0^* &= U_N^*\cos\delta - I_d^* X_d^* = U_N^*\cos\delta - I^*\sin\psi X_d^*\\ &= 1\times\cos29.25^\circ - 0.8\times\sin(-29.25^\circ)\times1 = 1.26\end{aligned}$$

(2) 内功率因数角

$$\psi = \arctan\frac{U_N^*\sin\varphi - I^* X_q^*}{U_N^*\cos\varphi} = \arctan\frac{1\times0.6 - 1\times0.7}{1\times0.8} = -7.125^\circ$$

功角
$$\delta = \varphi - \psi = 36.87^\circ - (-7.125^\circ) = 44^\circ$$

励磁电势
$$\begin{aligned}E_0^* &= U_N^*\cos\delta - I_d^* X_d^* = U_N^*\cos\delta - I^*\sin\psi X_d^*\\ &= 1\times\cos44^\circ - 1\times\sin(-7.125^\circ)\times1 = 0.843\end{aligned}$$

(3) 内功率因数角

$$\psi = \arctan\frac{U_N^*\sin\varphi - I^* X_q^*}{U_N^*\cos\varphi} = \arctan\frac{1\times(-0.6) - 1\times0.7}{1\times0.8} = -58.39^\circ$$

功角
$$\delta = \varphi - \psi = -36.87^\circ - (-58.39^\circ) = 21.52^\circ$$

励磁电势
$$\begin{aligned}E_0^* &= U_N^*\cos\delta - I_d^* X_d^* = U_N^*\cos\delta - I^*\sin\psi X_d^*\\ &= 1\times\cos21.52^\circ - 1\times\sin(-58.39^\circ)\times1 = 1.78\end{aligned}$$

在该例题中,三种情况下的有功功率是相等的,但励磁电势不相等,即励磁电流不相等。假设励磁电流与励磁电势成正比,则欠励状态(2)的励磁电流对正常励磁状态(1)励磁电流的比值为 $0.843/1.26 = 67\%$,过励状态(3)时此比值为 $1.78/1.26 = 141\%$。

例 7-9 某厂工业用电总功率为 300kW,$\cos\varphi = 0.68$(滞后),其中包括一台输入功率为 100kW、功率因数为 0.8(滞后)的感应电动机。今欲将该感应电动机用同输入功率的同步电动机代替,并希望将工厂总的功率因数提升到 0.9(滞后),试求:

(1) 该同步电动机的输入容量;

(2) 该同步电动机的功率因数,说明应运行在过励还是欠励状态。

解:(1) 工厂总功率为 $P = 300\text{kW}$,功率因数 $\cos\varphi = 0.68$,所以该厂原来的总无功功率为

$$Q = P\tan\varphi = 300\times\tan[\arccos(0.68)]\text{kvar} = 323.48\text{kvar}$$

感应电动机输入功率 $P_1 = 100\text{kW}$,功率因数 $\cos\varphi_1 = 0.8$,其无功功率为

$$Q_1 = P_1\tan\varphi_1 = 100\times\tan[\arccos(0.8)]\text{kvar} = 75\text{kvar}$$

工厂除该感应电动机外,其余的无功功率为

$$Q_2 = Q - Q_1 = (323.48 - 75)\text{kvar} = 248.48\text{kvar}$$

用同步电动机代替该感应电动机后,工厂总的有功功率还是 $P = 300\text{kW}$;而无功功率将变为

$$Q' = P\tan\varphi_2 = 300\times\tan[\arccos(0.9)]\text{kvar} = 145.30\text{kvar}$$

同步电动机给该厂提供的无功功率为

$$Q_1' = Q_2 - Q' = (248.48 - 145.30)\text{kvar} = 103.18\text{kvar}$$

同步电动机的输入容量为

$$S=\sqrt{P_1^2+Q_1'^2}=\sqrt{100^2+103.18^2}\text{kVA}=143.69\text{kVA}$$

（2）同步电动机的功率因数为

$$\cos\varphi_1=\frac{P_1}{S}=\frac{100}{143.69}=0.696\text{（超前，过励状态）}$$

7.9.3 同步电动机的起动方法

1. 同步电动机的起动方法

如果一台三相同步电机的转子极靴上没有装设阻尼绕组（在电动机中也称**起动绕组**），将其三相定子绕组接到三相工频电源上，并且给转子上加上适当的励磁电流，那么它能不能转动起来呢？回答是否定的。因为定子绕组一接到工频电源，就会立即产生一电气旋转磁势 $\dot{F}_a$，其转速为 $n_1=60f_1/p$；当转子加上直流励磁电流后，产生的却是静止的恒定磁势 $\dot{F}_f$；$\dot{F}_a$ 与 $\dot{F}_f$ 之间虽有相互作用，但由于二者的夹角不固定，在一定的时间段内无法产生非0平均转矩，所以无法起动。但如果设法让转子的转速达到同步转速 n_1，则 $\dot{F}_a$ 与 $\dot{F}_f$ 之间便有了固定的夹角，就能产生非零的平均转矩，这种转矩称为**同步转矩**。在起动过程，不存在同步转矩；但同步电动机正常运行时，定、转子磁势同步旋转，就能产生恒定的同步转矩。为了使同步电动机的转子能达到或接近同步转速，必须采取一定的起动措施。

同步电动机通常采用的起动方法有以下几种：

（1）辅助电动机起动

通常选用与主同步电动机极数相同的感应电动机作为辅助电动机。先用辅助电动机将同步电动机拖动到接近同步转速，然后通过自整步法将电动机并入电网，再切断辅助电动机电源。因为辅助电动机的功率大约为主电动机的5%～15%，所以这种起动方法仅适合于主电动机空载起动，而且所需设备较多，操作稍显复杂。

（2）变频起动

通过变频设备降低电源频率，在开始起动时，使得定子绕组所产生的旋转磁势 $\dot{F}_a$ 的转速极低，转子加上励磁产生 $\dot{F}_f$，$\dot{F}_a$ 与 $\dot{F}_f$ 之间的相对转速极小，转子会被拉入同步；逐渐增大定子频率，转子就会不断地被拉入新的同步转速，直至达到工频同步转速。采用此法时，需要变频设备，成本较高。

（3）异步起动法

在同步电动机中装设起动绕组（其结构类似发电机的阻尼绕组，如图7-64所示），起动绕组相当于感应电动机中的转子笼型绕组。为了得到较大的起动转矩，起动绕组通常用电阻率较大的黄铜制成。

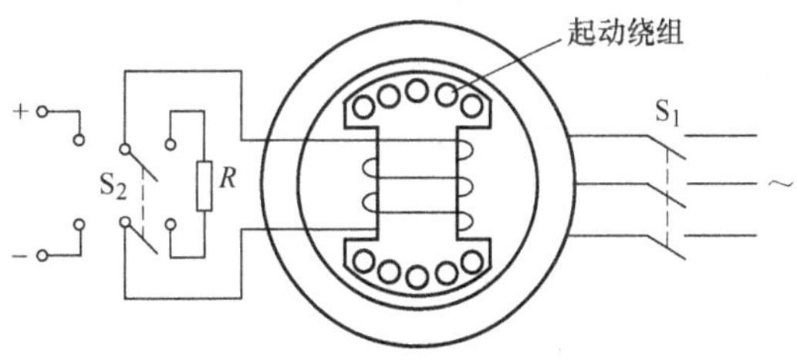

图7-64 同步电动机异步起动法接线图

异步起动法是目前最常用的起动方法，其原理和接线如图7-64所示。在起动前，

先把开关 S_2 合向限流电阻 R（通常为 5 ~ 10 倍励磁绕组的电阻值），再合上开关 S_1，定子绕组接通工频电源，产生同步旋转磁场，起动绕组切割磁力线，产生感应电流和电磁转矩，这种由导体感应电流与旋转磁场相互作用而形成的电磁转矩称为**异步转矩**。在异步转矩的作用下，转子就按照感应电动机的原理转动起来。在转速上升到接近同步转速时，再将开关 S_2 合向励磁电源，电机中将会瞬间产生一个接近同步转速的转子旋转磁场，此刻，定、转子磁场接近同步，依靠同步转矩以及凸极效应所产生的磁阻转矩，可将转子**牵入同步**。

2. 异步起动过程分析 *

异步起动可分为两个阶段，**异步起动阶段**（励磁接通前）和**牵入同步阶段**（励磁接通后）。整个过程所发生的物理现象较为复杂，会有多种转矩同时或顺次作用于转子，主要包括异步转矩、**单轴转矩**、磁阻转矩和同步转矩。

在异步起动阶段，主要是起动绕组产生的感应转矩和励磁绕组产生的所谓单轴转矩作用于转子。前者的 $T-s$ 曲线与异步电动机类似，如图 7-65 所示。单轴转矩则是一个新概念，下面做简要分析：

异步起动阶段，转子上的两个绕组——起动绕组和励磁绕组都在起作用。只考虑励磁绕组的作用时，该阶段的同步电动机可以看成是一台定子三相而转子单相（即励磁绕组）的感应电动机。单相励磁绕组产生频率为 sf_1 的脉振磁势 F_2，可分解成两个转向相反的旋转磁势 $\dot{F}_2^+$ 和 $\dot{F}_2^-$。$\dot{F}_2^+$ 与定子磁势 $\dot{F}_1$ 相对静止，相互间有稳定的异步转矩 T_a；而 $\dot{F}_2^-$ 相对于定子的转速为 $(1-2s)n_1$，会在定子绕组中感应出频率为 $(1-2s)f_1$ 的电流，再建立一个旋转磁势 $\dot{F}_3$，$\dot{F}_2^-$ 与 $\dot{F}_3$ 相对静止，相互间有稳定的异步转矩 T_b，T_b 在 $s=0.5$ 时为 0，在 $s<0.5$ 时为负（阻力转矩），在 $s>0.5$ 时为正（动力转矩）。单相励磁绕组所产生的两个异步转矩之和 T_a+T_b 就是所谓的“单轴转矩”，如图 7-65 所示。

将起动绕组所产生的异步转矩与励磁绕组所产生的单轴转矩相加，便得到异步起动过程中的合成电磁转矩，其 $T-s$ 曲线也画在图 7-65 中。从曲线可知，由于单轴转矩的存在，电动机合成转矩在 $0.5n_1$ 附近有明显的下凹，形成一个最小转矩 T_{min}，有可能将电动机转速“卡死”在半同步速附近而无法再升高。因此，为了限制单轴转矩的不利影响，必须尽量减小励磁绕组中的感应电流。异步起动过程中，之所以在励磁回路接入限流电阻，也是出于此种考虑。但是，将励磁绕组开路，使单轴转矩为 0 的极端做法绝对不允许，因为励磁绕组匝数很多，起动时所产生的高电压会破坏励磁绕组的绝缘，甚至造成人身伤害事故。

牵入同步阶段的物理现象也比较复杂。当转子转速达到同步转速的 95% 左右时，磁阻转矩（凸极机）及转子加励磁后所产生的同步转矩一般可将电动机牵入同步运行。由于 $n=0.95n_1$ 时转差率已经很低，所以磁阻转矩已经在起作用。若此时转子还未加励磁，即转子磁极无固定极性，磁阻转矩随着 δ 的变化而脉振，转子转速也就发生振荡，如图 7-66 所示。加上励磁后，转子磁极有了确定的极性，这时的振荡周期由未加励磁时的 π/ω_1 增大为 $2\pi/\omega_1$，由于同步转矩比磁阻转矩大得多，所以转速变化量相应增大，使转速瞬时值超过同步转速，经过一段时间的衰减振荡，最后被牵入同步稳定在同步转速运行。一般来说，在加入直流励磁电流的瞬间，同步电动机的转差率越小，惯量越小，负载越轻，拉入同步就越容易。由于磁阻转矩的作用，凸极同步电动机就容易拉入同步。有时在未加励磁的情况下，就被拉入同步。因此，为了改善起动性能，同步电动机大多采用凸极结构。

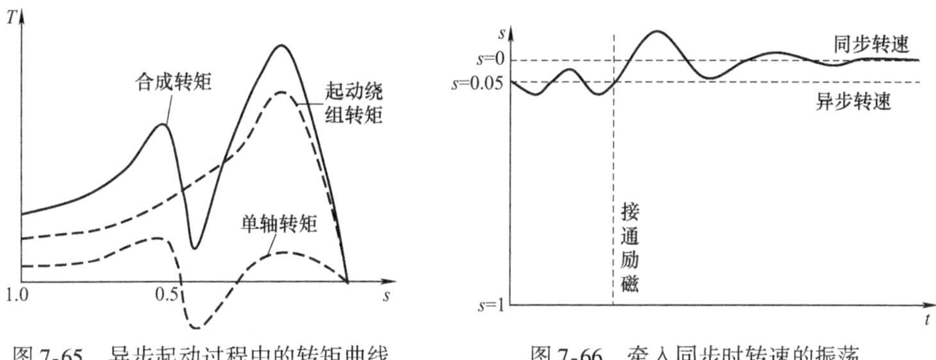

图7-65 异步起动过程中的转矩曲线　　图7-66 牵入同步时转速的振荡

7.9.4 同步调相机

同步调相机本质上是不带机械负载的同步电动机，并联在电网上运行，只吸收少量的有功功率维持电机本身的空转。通过调节励磁电流来控制电机与电网之间无功功率的交换。忽略电机本身消耗的有功功率后，其功率因数等于0。电枢电流全部为无功电流，且 $\dot{I}_d = \dot{I}$，$\dot{I}_q = 0$，电势方程式简化为

$$\dot{U} = \dot{E}_0 + j\dot{I}X_d \tag{7-126}$$

过励时，电流超前于电压90°，欠励时，电流滞后于电压90°，电流的大小为

$$I = \frac{U - E_0}{X_d} \tag{7-127}$$

根据方程式可以画出同步调相机的相量图，如图7-67所示。从式(7-127)和相量图可见，同步调相机无功功率的大小和性质可以通过调节励磁电流来方便而灵活地调节。因为电网上大多数负载为感性，故调相机通常都是在过励状态下运行，吸收容性无功功率（相当于作为无功功率源，输出感性无功功率），改善电网功率因数，保持电网电压稳定。在适当地点（靠近负载中心）装上调相机，能显著地提高电力系统的经济性与供电质量。

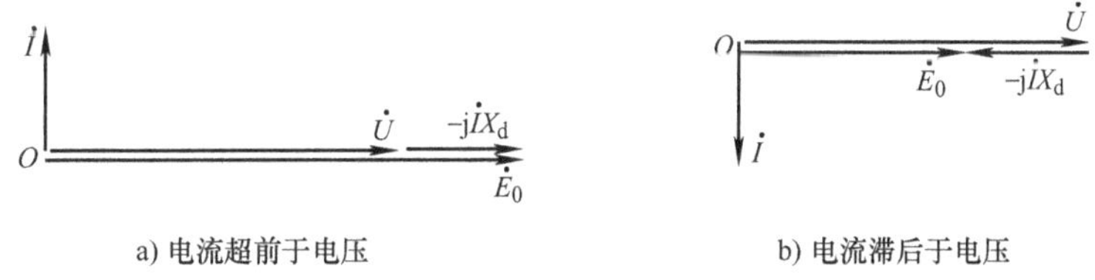

a) 电流超前于电压　　b) 电流滞后于电压

图7-67 同步调相机相量图

同步调相机的额定容量是指它在过励状态下的视在功率，这时的励磁电流称为额定励磁电流。根据实际运行要求和稳定性需要，它在欠励运行时的容量只是过励时的0.5～0.65倍。由于无需拖动机械负载，调相机的转轴可以细一些，并且可以适当地减小气隙长度和励磁绕组的用铜量。为提高材料利用率，减小体积，调相机的极数较少，大型调相机多采用氢冷或双水内冷方式。

例7-10 有一阻感性负载，有功功率为1000kW，功率因数 $\cos\varphi=0.5$，原来由一台同步发电机单独供电，为了改善功率因数，在负载端并联一台调相机，试求：

（1）发电机单独供电时的视在功率；

（2）用调相机完全补偿负载所需的无功功率，调相机的容量和发电机的视在功率各为多少？

（3）如果只将发电机的功率因数提高到0.8，求调相机的容量和发电机的视在功率各为多少？

解：（1）发电机单独供电时需要供给的功率为

有功功率 $P_N=1000\text{kW}$

无功功率 $Q=P\tan\varphi=1000\tan[\arccos(0.5)]\text{kvar}=1732.05\text{kvar}$

视在功率 $S=\sqrt{P^2+Q^2}=\sqrt{1000^2+1732.05^2}\text{kVA}=2000\text{kVA}$

（2）用调相机完全补偿无功功率，则

调相机的容量为 $S=1732.05\text{kvar}$

发电机的视在功率为 $S=1000\text{kVA}$

（3）只将发电机功率因数提高到0.8，则

发电机的无功功率为 $Q=P\tan\varphi=1000\tan[\arccos(0.8)]\text{kvar}=750\text{kvar}$

调相机的容量为 $S=(1732.05-750)\text{kvar}=982.05\text{kvar}$

发电机的视在功率为 $S=\sqrt{P^2+Q^2}=\sqrt{1000^2+750^2}\text{kVA}=1250\text{kVA}$

本章小结

三相同步电机是具有一个三相交流端、一个直流端和一个旋转机械端的双边激励机电装置。发电运行时，原动机拖动转子以同步转速旋转，转子磁势与定子绕组之间形成了恒速相对运动，励磁磁势循环不断地顺次扫过三相对称的定子绕组，产生三相对称的励磁电势，向电网或负载提供电能。

尽管汽轮发电机和水轮发电机的工作原理完全一样，但因原动机的要求，使得汽轮发电机和水轮发电机在结构上有较大差别。汽轮发电机通常制成隐极式转子结构，机身细长、转动惯量较小，适合于卧式高速运行；水轮发电机则制成多极的凸极转子结构，机身扁平，适合于水轮机的低速拖动，而且大多采用立式运行方式。

同步电机的励磁系统包括直流励磁机励磁系统、交流励磁机励磁系统（整流器励磁系统）、自并励静止励磁系统等。旋转整流器励磁系统和自并励系统在现代机组中得到了较多的应用。

空载运行时，同步发电机的气隙磁场由励磁磁势 $\dot{F}_f$ 单独激励，电枢绕组被旋转的 $\dot{F}_f$ 扫过时，能感应出励磁电势 $\dot{E}_0$，$\dot{E}_0$ 的大小由励磁电流 I_f 决定。

带三相对称负载运行时，会有三相对称电流（$\dot{I}_a$，$\dot{I}_b$，$\dot{I}_c$）通过电枢绕组，产生电枢反应磁势 $\dot{F}_a$。$\dot{F}_a$ 和 $\dot{F}_f$ 同步旋转，相对静止。$\dot{F}_a$ 对 $\dot{F}_f$ 的影响称为电枢反应。分析表明，

$\dot{F}_a$ 与 $\dot{F}_f$ 在电机圆周空间的夹角为 $90° + \psi$，ψ 是 $\dot{E}_0$ 超前于 $\dot{I}_a$ 的时间相位差（称为内功率因数角）。ψ 的大小主要由负载阻抗决定，所以说电枢反应取决于负载的性质。

一般来说，感性负载时，$0° < \psi < 90°$，电枢反应表现为直轴去磁兼交磁；容性负载且 $-90° < \psi < 0°$ 时，电枢反应表现为直轴增磁兼交磁。

在隐极电机中，电枢磁势 $\dot{F}_a$ 在电枢绕组中产生电枢反应磁通 $\dot{\Phi}_a$ 和漏磁通 $\dot{\Phi}_\sigma$，在电枢绕组中产生电枢反应电势 $\dot{E}_a = -j\dot{I}_a X_a$ 和漏电势 $\dot{E}_\sigma = -j\dot{I}_a X_\sigma$，不计电枢电阻时，电势方程式为 $\dot{E}_0 = \dot{U} + j\dot{I}_a X_s$，其中 $X_s = X_a + X_\sigma$ 称为隐极同步发电机的同步电抗。

对于凸极同步电机，一般将 $\dot{F}_a$ 分解为直交轴分量 $\dot{F}_{ad}$ 和 $\dot{F}_{aq}$，$\dot{F}_{ad}$ 和 $\dot{F}_{aq}$ 分别在电枢绕组中产生 $\dot{\Phi}_{ad}$ 和 $\dot{\Phi}_{aq}$，感应出 $\dot{E}_{ad}$ 和 $\dot{E}_{aq}$，电枢电势方程式为 $\dot{E}_0 = \dot{U} + j\dot{I}_d X_d + j\dot{I}_q X_q$，其中 $X_d = X_{ad} + X_\sigma$ 称为直轴同步电抗，$X_q = X_{aq} + X_\sigma$ 称为交轴同步电抗。

根据电势方程式可以绘制出同步发电机的相量图，它是分析同步电机性能的有力工具。

空载特性、短路特性、零功率因数特性、外特性、调整特性以及效率特性是同步发电机重要的运行特性。根据空载特性和短路特性可以求出同步电抗的不饱和值和短路比；根据零功率因数特性和空载特性可以求出同步电抗的饱和值、漏电抗以及电枢反应磁势；通过相量图、空载特性以及零功率因数特性还可以求得额定励磁电流和电压调整率等重要数据。

并网运行是同步发电机最重要的运行方式，发电机投入电网时必须满足相序一致、电压相等、频率相等、相位十分接近的条件，特别是相序一致必须满足。

发电机并网运行时，其端电压和频率会被锁定为电网电压和频率，成为固定不变的量值，这是并网运行与单机运行的区别所在。

发电机的功角 δ 在时间上为 $\dot{E}_0$ 超前于 $\dot{U}$ 的相位差；在空间上为 $\dot{F}_f$ 超前于合成磁势 $\dot{F} = \dot{F}_f + \dot{F}_a$ 的空间相位差。$P_M = f(\delta)$ 称为功角特性，可以通过调节发电机的输入转矩 T_1 来调节有功功率。当 $0 < \delta < \delta_m$ 时，同步发电机能够稳定运行；当 $\delta > \delta_m$ 时，同步发电机将失去同步。

通过调节励磁电流 I_f 可以达到调节无功功率的目的。过励状态时，发电机向电网输送滞后的无功功率；欠励状态时，发电机向电网输送超前的无功功率。在一定的有功功率下，电枢电流随励磁电流变化的函数关系称为发电机的 V 形曲线。

可以利用对称分量法分析同步发电机的不对称运行。正序系统的作用等同于三相对称运行，正序电抗也就是同步电抗；负序系统的作用相当于转差率 $s = 2$ 的感应电动机，负序电抗因为转子电流的作用而大大减小；零序电抗属于漏抗性质，其值更小。

分析突然短路的物理过程，可以采用超导闭合回路磁链守恒原理。采用此原理，可以定性分析短路发生的各阶段、电机各绕组对电枢磁通路径的影响，从而计算出各阶段的同步电抗和电流初值。

超瞬变电抗、瞬变电抗、稳态电抗以及各绕组的时间常数等参数是同步发电机非常重要的数据。

不对称运行和突然短路会对电机本身以及电力系统产生不良影响，应尽量避免不对称和突然短路的发生。

作为电动机运行是同步电机又一种重要运行方式。同步电动机的转速被电网频率锁定为同步转速，不随负载的变化而变化；通过调节励磁电流可以很方便地调节同步电动机的功率因数。

同步电动机的方程式、相量图、功角特性、V 形曲线等分析手段或性能曲线，与同步发电机类似，但要注意所采用的参考方向惯例。

在同步电动机上装设起动绕组，借助感应电动机的原理来完成起动，称为异步起动法。

同步调相机本质上是空载运行的同步电动机，并于电网运行，通过调节励磁电流来调节无功功率的大小和性质，从而改善电网的功率因数。

思　考　题

7-1　同步电机的转速为什么反比于极数？对于已经制造好的同步电机，为什么转速等于常数？

7-2　试比较同步电机与感应电机结构上主要异同之处。

7-3　隐极式及凸极式同步电机转子构造各有什么特点？它们适用的条件是怎样的？

7-4　在对称负载时，同步电机的定、转子磁势之间有无相对运动？在励磁绕组中有无感应电势？

7-5　在直流电机中，电刷的位置决定着电枢反应磁势的位置，在同步电机中由什么因素来决定电枢反应磁势的位置？

7-6　交轴及直轴电枢反应磁势对励磁磁势各产生什么影响？

7-7　同步电机所需的励磁电流可以由定子方面和转子方面联合供给吗？

7-8　同步电抗和哪些因素有关？它的大小说明什么问题？

7-9　当凸极同步电机电枢电流为恒定数值而内功率因数角 ψ 变动时，所产生的电枢反应电势 E_a 是否为恒值？ψ 在何值时 E_a 有最大值和最小值？

7-10　隐极同步电机和凸极同步电机的同步电抗有何异同？

7-11　为什么同步发电机电枢反应的效应，在电路中可以用电枢反应电抗来代替它？

7-12　列出凸极及隐极同步电机在纯电容负载下的电势方程式，并绘制其相量图。

7-13　如何通过实验来求取同步电抗的不饱和值和饱和值？

7-14　同步发电机三相短路时，其稳态短路电流为什么不大？

7-15　为什么 $\cos\varphi=1$ 时，同步发电机外特性曲线随着负载电流的减少而上升？

7-16　同步发电机供给一对称电感电阻负载，当负载电流增加时，怎样才能保持端电压不变？

7-17　为什么正常运行时，X_d 应采用饱和值，而在短路时却不采用饱和值？

7-18　隐极同步电机的电枢反应电抗与感应电机的什么电抗具有相同的物理意义？

7-19　每相同步电抗与每相绕组本身的励磁电抗有什么区别？

7-20　为什么说同步电抗是与三相有关的电抗而它的数值又是每相值？

7-21　一台同步发电机定子所加三相对称电压为恒定值，问在抽出转子和具有同步转速的无励磁电流的转子这两种情况下，定子电流哪个大？为什么？

7-22　对称负载运行的凸极同步电机有多少种电抗？

7-23 隐极电机是否具有直轴、交轴之分?

7-24 测定同步发电机开路特性和短路特性时，如果转速降低为$0.95n_1$，对实验结果各有什么影响?

7-25 为什么从开路特性和短路特性不能测定交轴同步电抗?

7-26 为什么从开路特性和短路特性不能准确地测定同步电抗的饱和值?

7-27 为什么零功率因数特性曲线与开路特性曲线的形状相似?

7-28 一台同步发电机的气隙比正常气隙长度偏大，其X_d和ΔU将如何变化?

7-29 同步发电机与电网并联时应满足哪些条件?不能满足其中任一个条件时，是否能够进行并联?

7-30 功角δ在时间及空间上各表示什么含义?为什么电机的功率与功角有关?

7-31 同步发电机的静态稳定极限与哪些因素有关?如何在设计及运行中予以提高?

7-32 并联在电网上运行的同步发电机，为什么它的负载大小与它同步电抗的大小无关(这和并联运行的变压器不同)，若要改变它的负载分配，应该采取什么措施?

7-33 改变在并联运行中同步发电机的励磁电流（过励或欠励）将引起怎样的后果?

7-34 试解释同步发电机在并联运行时产生振荡的原因、振荡过程以及抑制振荡的措施。

7-35 怎样用灯光旋转法来判断同步发电机在并联之前，它的转速是高于、低于或等于同步转速?

7-36 为什么V形曲线的最低点随着有功功率的增加而向右偏移?

7-37 一台并联在电网上运行的同步发电机，为什么增加它的输入功率，转子转速不会改变，仍以同步转速运行?

7-38 当一台直流电动机拖动一台同步发电机与无穷大电网并联后，减少直流电动机的励磁电流并保持直流电动机的端电压为恒值，问在这种情况下电动机的转速是否会升高?为什么?新的稳态与原来的稳态有何不同?

7-39 有一台并联在大电网上的隐极同步发电机，如何调节有功功率输出而保持无功功率输出不变?问此时功角和励磁电流是否改变?

7-40 绘出凸极同步发电机失去励磁（$E_0=0$）时的相量图，并推导其功角特性，此时功角δ代表什么意义?

7-41 同步电机转子失去励磁后还会产生励磁转矩吗?试就隐极和凸极两种情况分别讨论之。

7-42 研究三相不对称问题，采用什么方法?

7-43 为什么在三相同步电机中，负序电抗及零序电抗不同于正序电抗?

7-44 三相同步发电机发生瞬态短路时，短路电流为什么会很大?怎样从物理概念上解释?

7-45 为什么同步发电机瞬态短路时，它的参数X''_d和X'_d不同于发生稳态短路时的参数X_d?

7-46 在同步发电机突然短路的超瞬变、瞬变和稳态三个阶段中，电枢磁通的流通路径有何不同?

7-47 负序电抗的物理意义是什么?

7-48 试按数值的大小排列同步电机的各种电抗：X_d，X'_d，X'_q，X''_d，X''_q。

7-49 三相瞬态短路时，电枢短路电流的各分量为什么会衰减？

7-50 什么是超导闭合回路磁链守恒原理？

7-51 同步电动机的电势方程式、相量图及功角特性与发电机相比较有何异同之处？

7-52 增加或减少同步电动机与同步发电机的励磁电流各产生怎样的效应？对电网的影响怎样？

7-53 同步电动机为什么没有起动转矩？一般怎样起动它？使同步电动机达到同步转速，应该经过哪些步骤？应该注意哪些问题？

7-54 同步调相机是怎样的一种同步电机？它和同步电动机有何区别？

7-55 同步电动机与感应电动机的作用原理及工作特性之间有哪些主要差别？

7-56 当转子转速等于同步转速时，为什么同步电动机能够产生电磁转矩，而感应电动机的转矩则为零？

7-57 为什么感应电机能够自行起动，而没有安装起动绕组的同步电动机不能自行起动？

7-58 为什么同步电动机的功率因数可以很方便地调节，而感应电动机的功率因数则不能调节，永远为滞后性的？

7-59 在直流电动机中，$E_a > U$ 还是 $E_a < U$ 是判断电机作为发电机还是电动机运行的主要数据之一，在同步电机中这个结论还正确吗？决定同步电机运行于发电机还是电动机状态的主要依据是什么？

7-60 有一台同步电动机额定运行时 $\cos\varphi = 1$，若保持此时的励磁电流不变而空载运行，那么功率因数是否会改变？

7-61 有一台同步电动机在额定电压、额定频率、额定负载下运行，功角 $\delta = 30°$。设在励磁保持不变的情况下，运行情况发生了下述变化，问功角如何变化？（分析时不计定子电阻和凸极效应）

（1）电网电压下降5%，负载转矩不变；

（2）电网频率下降5%，负载转矩不变；

（3）电网电压和频率各下降5%，负载转矩不变。

习　　题

7-1 有一台三相同步发电机作单机运行，已知同步电抗 $X_s = 2\Omega$，每相励磁电势 $E_0 = 1000\text{V}$，电枢电阻忽略不计。求下列几种情况下的电枢电流，并说明其电枢反应的性质：

（1）每相是 2Ω 的三相对称纯电阻负载；

（2）每相是 2Ω 的三相对称纯电感负载；

（3）每相是 4Ω 的三相对称纯电容负载；

（4）每相是 $2-\text{j}2\Omega$ 的三相对称电阻电容性负载。

7-2 有一台三相凸极同步发电机，定子绕组Y联结，额定相电压 $U_N = 230\text{V}$，额定相电流 $I_N = 9\text{A}$，额定功率因数 $\cos\varphi_N = 0.8$（滞后）。若此电机在同步转速下运转，并已知其相励磁电势 $E_0 = 420\text{V}$，内功率因数角 $\psi = 60°$，不计电阻压降，试求：I_d、I_q 及 X_d、X_q 分别为多少？

7-3 有一台三相隐极同步发电机，定子绕组为Y联结，额定电压 $U_N=6300V$，额定电流 $I_N=572A$，额定功率因数 $\cos\varphi_N=0.8$（滞后），若此电机在同步转速下运转，励磁绕组开路，定子绕组端点外施三相对称线电压 $U_1=2300V$，测得定子电流 $I=572A$。不计电阻压降，试求：此电机运行在额定状态下的励磁电势 E_0。

7-4 有一台三相凸极同步发电机，定子绕组Y联结，额定相电压 $U_N=230V$，额定电流 $I_N=6.45A$，额定功率因数 $\cos\varphi_N=0.8$（滞后），并已知其同步电抗 $X_d=18.6\Omega$、$X_q=12.8\Omega$，不计电阻压降，试求在额定状态下的 I_d、I_q 及 E_0。

7-5 有一台三相隐极同步发电机，定子绕组为Y联结，额定功率 $P_N=25000kW$，额定电压 $U_N=10.5kV$，额定转速 $n_N=3000r/min$，额定电流 $I_N=1720A$，已知同步电抗 $X_s=2.3\Omega$，不计电阻压降，试借助相量图，用作图法求：

（1）$I_a=I_N$，$\cos\varphi=0.8$（滞后）时的励磁电势 E_0 值；

（2）$I_a=I_N$，$\cos\varphi=0.8$（超前）时的励磁电势 E_0 值。

7-6 有一台三相水轮发电机，定子绕组为Y联结，额定容量 $S_N=7500kVA$，额定电压 $U_N=6300V$，额定功率因数 $\cos\varphi_N=0.8$（滞后），频率 $f=50Hz$。已知由试验测得的数据见表7-3～表7-5。

表7-3 空载试验数据

I_f/A	103	200	272	360	464
E_0/V	3460	6300	7250	7870	8370

表7-4 短路试验数据

I_f/A	50	100	150	200	250
I_k/A	180	260	540	720	900

表7-5 当 $I=I_N$ 时的零功率因数试验数据

I_f/A	182	330	380	433	475
U/V	0	4720	5660	6330	6600

试求：

（1）由空载特性和短路特性求 X_d 的不饱和值；

（2）由空载特性和零功率因数特性求出漏电抗 X_σ。

7-7 有一台三相隐极同步发电机，同步电抗 $X_s=1.2\Omega$，定子绕组为Y联结，并联在400V电网上运行，已知输出功率 $P_2=100kW$，功率因数 $\cos\varphi=1$。若保持励磁电流不变，将输出功率调节到30kW，不计电阻压降，试求调节稳定后的：

（1）功角 δ；（2）功率因数 $\cos\varphi$；（3）电枢电流 I_a。

7-8 有一台三相隐极同步发电机，定子绕组为Y联结，接在电网上运行。起初每相励磁电势 $E_0=270V$，功率因数 $\cos\varphi=0.8$（滞后），功角 $\delta=12.5°$，输出电流 $I=120A$。如果调节励磁电流使得 $E_0=250V$，并减少原动机转矩，使得功角 $\delta=10°$，不计电阻压降，试求：

（1）运行情况改变后的输出电流及功率因数；

（2）两种情况下，发电机输出的有功功率和无功功率。

7-9　有一台三相凸极同步发电机，定子绕组为Y联结，同步电抗 $X_d=3.5\Omega$、$X_q=2.4\Omega$，接在 $U_N=400V$ 的电网上运行。已知在某运行状态下，每相励磁电势 $E_0=392V$，功角 $\delta=20°$，不计电阻压降，试求：

（1）功率因数 $\cos\varphi$；

（2）电磁功率为多少？

（3）保持该状态的励磁电流不变，则最大电磁功率为多少？

7-10　有一台三相凸极同步发电机，定子绕组为Y联结，接在电网上运行于过励状态。电网相电压 $U=230V$，同步电抗 $X_d=1.55\Omega$、$X_q=0.7\Omega$，输出视在功率为37.5kVA，功率因数 $\cos\varphi=0.8$（滞后）。若把功率因数提高到 $\cos\varphi=0.9$（滞后），同时保持有功功率不变。试求励磁电势减小到原来的百分之多少？

7-11　有两台三相同步发电机，并联在一起供给一功率因数固定的负载，起初两台发电机的功率因数 $\cos\varphi_{\mathrm{I}}=\cos\varphi_{\mathrm{II}}=0.8$（滞后），电流 $I_{\mathrm{I}}=I_{\mathrm{II}}=100A$。调节励磁电流及轴上的转矩，使第一台电机的 $I_{\mathrm{I}}=100A$、$\cos\varphi_{\mathrm{I}}=1$，并使端电压不变，不计电阻压降，试求：

（1）第二台发电机的励磁电流及轴上转矩应该怎样改变？

（2）第二台发电机的电流 I_{II} 和功率因数 $\cos\varphi_{\mathrm{II}}$ 各为多少？

7-12　有一台三相隐极同步发电机，并联在电网上运行，额定数据为：$S_N=7500kVA$，$U_N=3150V$，定子绕组为Y联结，$\cos\varphi_N=0.8$（滞后），同步电抗 $X_s=1.6\Omega$。不计电阻压降，试求：

（1）该电机输出额定负载时的电磁功率 P_M 和功角 δ；

（2）在不调节励磁电流的情况下，当发电机的输出功率减少到原来的一半时的电磁功率 P_M、功角 δ 以及功率因数 $\cos\varphi$。

7-13　有一台三相凸极同步发电机，并联在电网上运行，额定数据为：$S_N=8750kVA$，$U_N=11kV$，定子绕组为Y联结，$\cos\varphi_N=0.8$（滞后），同步电抗 $X_d=18.2\Omega$，$X_d=9.6\Omega$。不计电阻压降，试求：

（1）该电机在额定运行情况下的功角 δ_N 及励磁电势 E_0；

（2）最大电磁功率 P_{Mmax}。

7-14　有一台三相同步发电机，已知下列标幺值参数：$X_+^*=1.834$，$X_-^*=0.231$，$X_0^*=0.067$，设空载电压为额定电压，试求：

（1）三相稳态短路电流；

（2）单相稳态短路电流；

（3）单相稳态短路，未短路相上的端电压。

7-15　有一台三相同步发电机，各序电抗为 $X_+=1.871$，$X_-=0.219$，$X_0=0.069$，试问单相稳态短路电流为三相稳态短路电流之比为多少？

7-16　有一台三相同步发电机，$S_N=300000kVA$，已知 $X_d=2.27$，$X'_d=0.2733$，$X''_d=0.204$（均为标幺值），时间常数 $T'_d=0.993s$，$T''_d=0.0317s$，$T_a=0.246s$，设该机在空载电压为额定值时发生三相突然短路。试求：

（1）在最不利的情况下定子瞬态短路电流的表达式；

（2）最大瞬时冲击电流；

（3）分别求出在短路后0.5s、2s、5s时短路电流的瞬时值。

7-17　有一三相凸极同步电动机，定子绕组为Y联结，额定线电压 $U_N=6000V$，频率 $f_1=50Hz$，额定转速 $n_N=300r/min$，额定电流 $I_N=57.87A$，额定功率因数 $\cos\varphi_N=0.8$（超前），并已知电机参数 $X_d=64.2\Omega$，$X_q=40.8\Omega$，不计定子电阻，试求：

（1）在额定负载下的励磁电势 E_0；

（2）在额定负载下的电磁功率及电磁转矩。

7-18　有一三相隐极同步电动机，定子绕组为Y联结，$U_N=380V$，同步电抗 $X_s=5.8\Omega$，不计定子电阻，当输入功率为15kW时，试求：

（1）功率因数 $\cos\varphi=1$ 时的功角 δ；

（2）每相励磁电势 $E_0=300V$ 时的功角 δ 和功率因数 $\cos\varphi$ 值。

7-19　某工厂电源电压为 $U_N=6000V$，厂内用了许多感应电动机，它们的总输出功率为1500kW，平均效率为70%，功率因数为0.8（滞后）。厂新添了功率为400kW的设备，用一台效率为89%的同步电动机来拖动，如果此同步电动机在过励状态下运行，输出滞后无功功率，补偿整个工厂的功率因数到1。试求：此同步电动机的容量为多少？同步电动机的功率因数为多少？

7-20　有一车间所消耗的总功率为200kW，$\cos\varphi=0.65$（滞后），其中有两台感应电动机，它们的输入功率和功率因数各为

$$P_{\text{I}}=41kW,\ \cos\varphi_{\text{I}}=0.825$$
$$P_{\text{II}}=20kW,\ \cos\varphi_{\text{II}}=0.841$$

现将这两台感应电动机改用两台同步电动机来代替，两台同步电动机的输入功率分别与两台感应电动机输入功率相同，且使同步电动机运行在超前功率因数下，把整个车间的功率因数提高到1，并使两同步电动机的超前无功功率的分配与它们的有功功率成正比。试求：此两台同步电动机的容量各为多少？

7-21　某工厂变电所的容量为2000kVA，变电所本身的负荷为1200kW，功率因数 $\cos\varphi=0.65$（滞后）。今该厂欲增添一台同步电动机，额定数据为：$P_N=500kW$，$\cos\varphi_N=0.8$（超前），效率 $\eta_N=95\%$。问当该同步电动机额定运行时，全厂的功率因数是多少？变电所是否过载？

第 8 章 特种电机

特种电机一般是指结构、性能、用途或原理等与常规电机不同的一类电机，常用于驱动和控制类应用场合。随着计算机技术、现代电子技术、现代测控技术、数字信号处理技术和电工技术的不断融合，微型制造技术和新型电工材料商品化的高速进展，以及电力、航空航天、交通运输、医疗器件等高新技术的发展，特种电机的使用范围越来越广泛、种类越来越多。例如：计算机外围设备、高精度伺服控制系统、新能源直驱系统中常用的永磁电机；家用电器、电动汽车、高速驱动系统中常用的开关磁阻电机；喷绘机、医疗仪器、精密仪器中广泛使用的步进电机；轨道交通、工业机床、军事武器中常用的直线电机；冶金、航海等位置和方位同步指示系统及火炮、雷达等伺服系统中常用的自整角机；武器装备动力系统中可采用的超高功率密度超导电机；光学仪器、手术机器人、航空航天领域中有广泛应用前景的超声波电机，等等。本章主要以永磁电动机、开关磁阻电动机和步进电动机为例，对此类特种电机的结构形式、工作原理和运行特性进行阐述。

8.1 永磁无刷直流电动机与永磁同步电动机

采用永久磁钢产生转子磁场的电动机属于**永磁电动机**，较传统的电励磁电动机具有功率密度高和效率高的优点。随着永磁材料性能的不断提高和电机技术的发展，其在国民经济的各个领域得到了极其广泛的应用。根据输入电流的波形，永磁电动机可以分为：输入电流为方波的**永磁无刷直流电动机**（这与传统的以永磁体产生定子磁场的永磁有刷直流电动机不同）和输入电流为正弦波的**永磁同步电动机**。两者结构类似，定子与第 7 章中介绍的同步电动机定子的结构基本相同；而转子则是由永磁材料制成的一定极对数的永磁结构，根据永磁体分布位置的不同，主要分为**表贴式**和**内嵌式**的转子，如图 8-1 所示。由于输入电流波形不同，两种永磁电动机的气隙磁场和空载反电势波形也不同，永磁无刷直流电动机的更接近于方波，而永磁同步电动机的更接近于正弦波，因此两种电动机的磁极参数和绕组排布方式略有不同。下面主要对两种不同永磁电动机的工作原理和运行特性进行阐述。

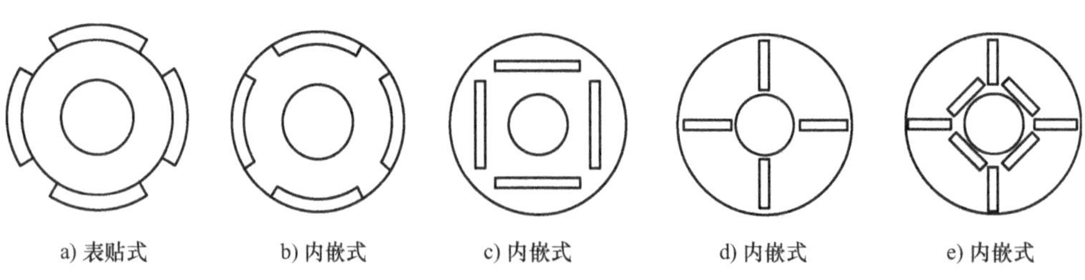

图 8-1　永磁转子的结构形式

8.1.1 永磁无刷直流电动机

永磁无刷直流电动机常简称为**无刷直流**（brushless DC motor，**BLDC**），利用电力电子开关和位置传感器代替了传统直流电动机中的电刷和换向器，从而具有直流电动机调速性能好、起动性能好和堵转转矩大的优点，可以认为是由一台BLDC、位置传感器、控制器、功率变换器（由电力电子开关器件构成）共同组成的一体化系统，其原理结构框图如图8-2所示。

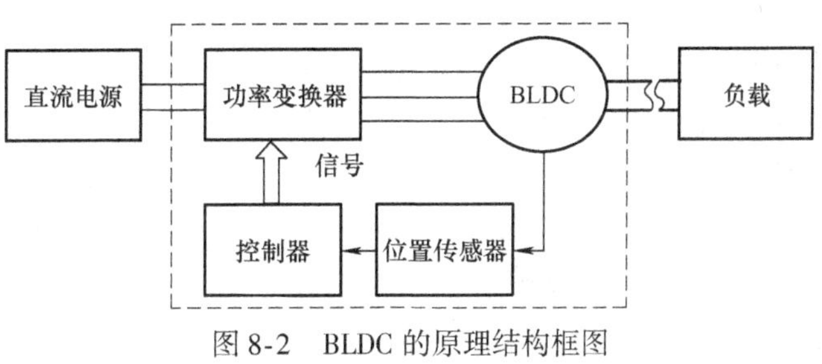

图8-2 BLDC的原理结构框图

1. 工作原理

BLDC的定子为电枢，定子绕组为电枢绕组；转子上的永磁体产生主磁场，充当磁极。根据图8-2所示，BLDC定子绕组的某一相绕组通电时，该相电流产生的磁场与转子永磁磁极相互作用而产生转矩，从而驱动转子旋转，再由位置传感器将转子位置转换为电信号，通过控制器去控制电力电子开关，使定子各相绕组根据转子位置按一定次序导通，获得可控的电动机转速。对于三相BLDC，其定子绕组可以采用星形或三角形联结，功率变换器电路可以采用全桥式或半桥电路。在实际应用中多采用三相全桥式星形联结，位置传感器常采用霍尔传感器，系统结构如图8-3所示。下面以此类BLDC系统为例阐明BLDC的工作原理。

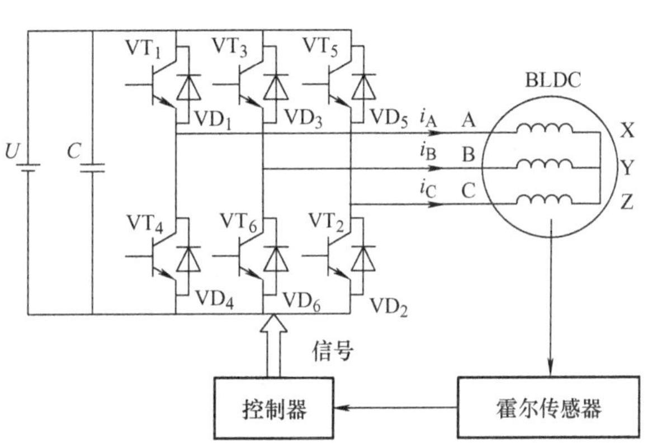

图8-3 三相全桥星形联结BLDC系统结构图

在图8-3中，随着电动机的旋转，霍尔传感器检测到转子磁极位置的变化，产生电动机转子的位置信号，经过控制器中的换相逻辑模块处理，产生六路开关信号驱动VT_1～VT_6六个功率开关器件。其驱动信号的产生机理如下：当转子永磁体转到图8-4a所示位置时，使功率开关管VT_1、VT_6导通，A、B相绕组通电，A相电流的方向与图8-3所示i_A参考方向相同，为正，B相电流为负，电枢电流在空间形成的磁势$\dot{F}_A$和励磁磁势$\dot{F}_f$相互作用，推动转子沿顺时针方向转动，此时电流流通路径为：电源正极→VT_1→A相绕组→B相绕组→VT_6→电源负极。当转子转过60°电角度，到达图8-4b所示位置时，保持功率开关管VT_1导通，VT_6截止、VT_2导通，A、C相绕组通电，A相电流为正，C相电流为负，$\dot{F}_A$和$\dot{F}_f$相互作用推动转子继续沿顺时针方向转动，此时电流流通路径为：电源正极→VT_1→A相绕组→C相绕组→VT_2→电源负极。依次类推，每当转子沿顺时针方向转过60°电角度时，功率开关管就进行一次换流，这个过程称为换相。随着电机转子的连续转动，功率开关管的导通顺序依次为VT_1VT_6→VT_1VT_2→VT_2VT_3→VT_3VT_4→

$VT_4VT_5 \to VT_5VT_6 \to VT_6VT_1 \to \cdots\cdots$，使转子磁场始终受到定子合成磁场的作用而沿顺时针方向连续转动，假设开关动作不经历暂态过程，即忽略定子绕组的电感。各相绕组电流和各开关管的导通情况如图8-5所示。

由以上阐述可知，从图8-4a到图8-4b的60°电角度范围内，定子磁势 $\dot{F}_A$ 保持空间方向不变，只有当转子转过60°电角度到达图8-4b位置时，定子磁势 $\dot{F}_A$ 才从图8-4a所示位置顺时针跃变至图8-4b所示位置，旋转磁场在空间中表现为一种跳跃式移位，跳跃间隔为60°电角度，即为1/6周期。因此每个电周期内，定子磁场变化6次，功率变换器中的开关管换流6次，每一个状态各有不同相的上、下桥臂开关管导通，每个功率开关管导通120°电角度，每一个状态导通两相绕组。因此这种导通方式称为120°导通型或两相导通星形三相六状态，这是BLDC最常用的一种运行方式。

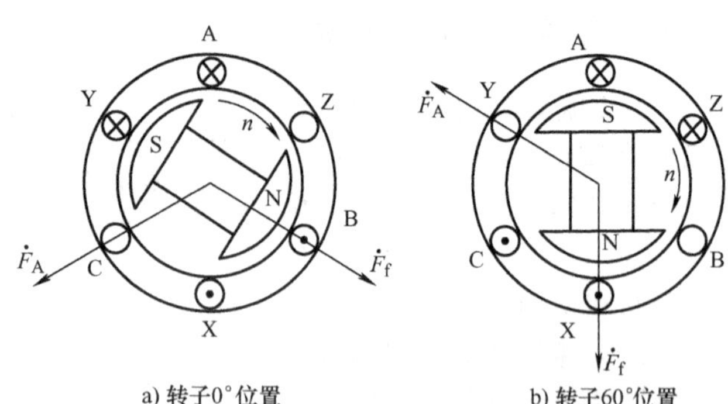

图8-4　两相导通三相星形六状态BLDC工作原理示意图

2. 感应电势和电磁转矩

定子绕组在磁场中运动产生感应电势和通电的定子绕组在磁场中受力产生电磁转矩这两个过程是BLDC实现机电能量转换的关键。下面对感应电势和电磁转矩的计算公式进行推导：

（1）感应电势（反电势）

为了保证输出功率最大、转矩脉动最小，定子绕组所产生的反电势波形应尽量与定子绕组电流波形一致（相位、频率和形状）。根据 $e=Blv$ 的关系式可知，当转子旋转速度恒定时，定子绕组所产生的反电势波形由气隙磁密的分布决定。因此，按照图8-5所示的BLDC理想定子电流波形，采用此类控制方法的BLDC其转子磁极应根据磁路设计使其气隙磁密更接近方波。然而，工程上受加工工艺的限制，BLDC的气隙磁密波形难以实现理想方波分布，通常将其近似为平顶宽度为120°电角度的梯形波，定子每相绕组所产生的反电势波形类似，如图8-6中实线所示。近似为梯形波的定子反电势在一个电周期区间的表达式可采用分段函数表示。

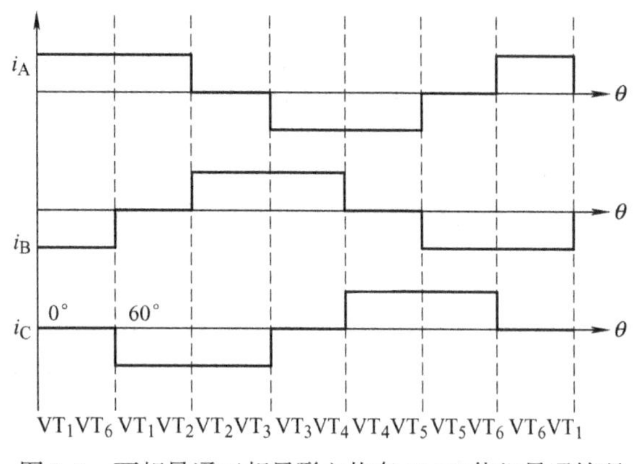

图8-5　两相导通三相星形六状态BLDC绕组导通情况

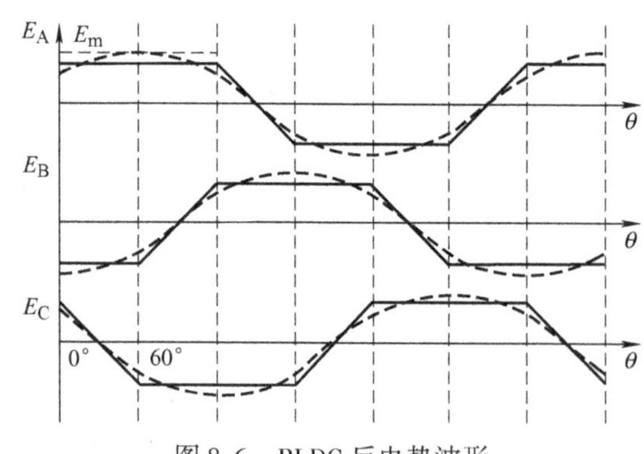

图8-6　BLDC反电势波形

许多中小功率BLDC的反电势波形由于制造工艺的误差，平顶宽度小于120°，甚至在60°~100°之间，其波形更接近于正弦。此外，由于对方波或梯形波反电势进行运行特性分析较为困难，因此BLDC的反电势常采用其正弦基波近似，如图8-6中虚线所示。基波幅值E_m参照交流电机电枢绕组感应电势的分析原理可以表示为

$$E_m=\sqrt{2}\times 4.44Nf\Phi_1 k_w \tag{8-1}$$

式中，k_w为绕组系数（因BLDC常采用集中绕组，$k_w=1$）。

当采用120°导通的运行方式时，相电流为120°方波，因此此时产生有效转矩的定子绕组反电势仅为1/3周期，其平均值可以表示为

$$E_A=\frac{1}{2\pi/3}\int_0^{\frac{2\pi}{3}}E_m\sin\omega t\mathrm{d}\omega t=0.827E_m \tag{8-2}$$

与普通直流电动机一样，实际使用中，BLDC也采用电势常数K_e（单位为V/r·min^{-1}）来表示单位转速时电枢绕组中所产生的反电势平均值

$$K_e=\frac{E_A}{n}\approx\frac{0.827E_m}{n}=0.0866pN\Phi_1 \tag{8-3}$$

式中，E_A为反电势平均值；n为转速；p为极对数。

某两相绕组导通期间BLDC的电压平衡方程为

$$U=2E_A+2I_AR_A+2\Delta u_s \tag{8-4}$$

式中，U为端电压；Δu_s为晶体开关管饱和管压降；I_A为每相绕组电流平均值；R_A为每相绕组电阻。

（2）电磁转矩

由于每个时刻只有两相绕组导通，BLDC的电磁转矩可以表示为

$$T=\frac{P_M}{\Omega}=\frac{2E_AI_A}{\Omega} \tag{8-5}$$

式中，$\Omega=2\pi n/60$为机械角速度。

把式(8-1)和式(8-2)代入式(8-5)得

$$T=\frac{2E_AI_A}{\Omega}=\frac{1.654E_mI_A}{\frac{2\pi n}{60}}=1.654p\Phi_1NI_A=K_TI_A \tag{8-6}$$

式中，K_T为转矩系数，表示定子绕组中通入单位电流时电动机所产生的平均电磁转矩值。

在稳态情况下，电动机转矩平衡方程为

$$T=T_2+T_0 \tag{8-7}$$

式中，T_2为电动机轴上的机械负载转矩；$T_0=K_TI_0$为空载转矩，I_0为空载电流。

3. 机械特性

由式(8-3)、式(8-4)和式(8-6)可以得到BLDC的机械特性表达式

$$n=\frac{U-2\Delta u_s-2I_AR_A}{2K_e}=\frac{U-2\Delta u_s}{2K_e}-\frac{R_A}{K_eK_T}T=n_0-\beta T \tag{8-8}$$

式中，$n_0=\frac{U-2\Delta u_s}{2K_e}$为理想空载转速；$\beta=\frac{R_A}{K_eK_T}$为机械特性曲线的斜率。

可以看出BLDC与一般他励直流电动机的机械特性表达式在形式上完全一样，差别只是

式中各物理量和系数的计算不同，因此 BLDC 的调速性能与一般他励直流电动机相同。

由β的表达式可知，它与电枢绕组的电阻成正比，与K_e、K_T成反比。β越小，电动机转速下降越慢，T变化引起的转速变化越小，机械特性较硬；反之，β大则机械特性较软。在正常情况下，当一台 BLDC 生产出来后，其$\beta \approx$常数，对应于不同的端电压U，电动机的机械特性曲线$n=f(T)$近似为一组平行线，如图 8-7 所示。可以看出，BLDC 和一般他励直流电动机一样具有良好的调速性能，可以通过改变电源电压实现无级调速。

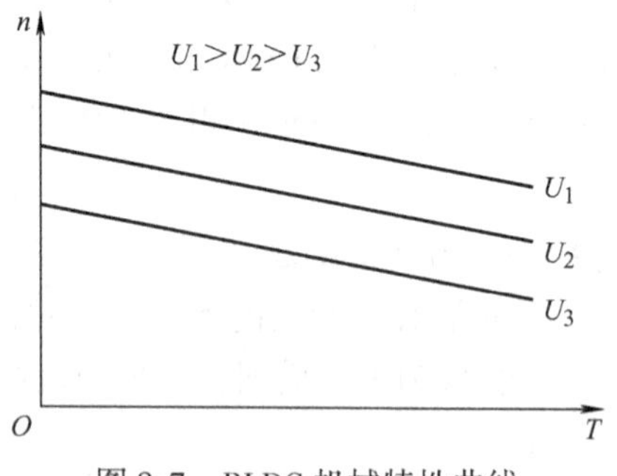

图 8-7　BLDC 机械特性曲线

例 8-1　已知一台永磁无刷直流电动机，采用两相导通星形六状态运行方式，端电压$U=220\text{V}$，电枢电流$I_a=1\text{A}$，转速$n=3000\text{r/min}$，电枢电阻$R_a=20\Omega$，忽略空载转矩和开关管压降，试求：

（1）该运行状态下的电磁转矩；

（2）如果电动机运行中，由于温度升高永磁体励磁磁通减少了 10%，那么在电枢电压和负载转矩保持不变的情况下，电枢电流、转速和电磁转矩各变化多少？

解：

（1）电枢电压　$E_a=\dfrac{1}{2}(U-2I_aR_a)=\dfrac{1}{2}\times(220-2\times1\times20)\text{V}=90\text{V}$

电磁转矩　$T=\dfrac{2E_aI_a}{\Omega}=\dfrac{2\times90\times1}{2\pi n/60}\text{N}\cdot\text{m}=0.573\text{N}\cdot\text{m}$

（2）因为负载转矩不变，在忽略空载转矩的情况下，电磁转矩不变，仍为 0.573N · m，且有$\Phi I_a=\Phi' I'_a$；

励磁磁通$\Phi'=0.9\Phi$，所以$I'_a=I_a/0.9=1.11\text{A}$；

$$E'_a=\frac{1}{2}(U-2I'_aR_a)=\frac{1}{2}\times(220-2\times1.11\times20)\text{V}=87.8\text{V}，且有\frac{E'_a}{E_a}=\frac{\Phi' n'}{\Phi n}；$$

所以$n'=\dfrac{E'_a\Phi n}{E_a\Phi'}=\dfrac{87.8}{90\times0.9}\times3000\text{r/min}=3251.85\text{r/min}$

8.1.2　永磁同步电动机

永磁同步电动机常简称为**永磁同步**（Permanent Magnet Synchronous Motor，**PMSM**），其基本的工作原理和运行特性与第 7 章介绍的同步电动机类似，结构上的区别在于用永磁体取代了转子励磁绕组。同 BLDC 一样，PMSM 也是机电一体化电动机，它不仅包括电动机本体，还包括位置传感器、控制器和电力电子开关电路。鉴于其结构简单、效率高、功率因数高的优点，常用于要求响应快、调速范围宽、定位准确的高性能伺服传动系统中。

1. 工作原理

PMSM 的定子与感应电动机或同步电动机的定子完全相同，定子铁心由带有齿和槽的硅钢片叠成，在槽中嵌入三相或两相绕组，在绕组中通对称电流，在气隙中就会产生旋转磁场，旋转磁场的转速即为同步转速，可表示为

$$n_1 = \frac{60f_1}{p} \tag{8-9}$$

式中，f_1为电源频率；p为极对数。

转子由永磁体做成两极或多极，根据N极和S极相互吸引的原理，定子旋转磁场将转子磁极紧紧吸住，并带着转子一起以恒定的同步转速n_1转动。随着负载的变化，定子磁极和转子磁极轴线间的夹角会变大或变小，但只要负载不超过PMSM的最大转矩值，转子就始终在定子旋转磁场的作用下以同步转速旋转，而当负载超过这个临界转矩时，PMSM就不再以同步转速旋转，甚至停转，这就是PMSM的失步现象。正是因为PMSM转速和电源频率之间的严格对应关系，在许多要求定速驱动的伺服场合或多台电动机同步运行的场合已得到很好的推广。

特别要注意的是，与7.9节介绍的同步电动机起动情况一样，PMSM起动也比较困难，对于转子转动惯量大或转子转速要求高的PMSM，为了使其能够自行起动，通常采用特殊的起动控制策略或在转子上加装笼型起动绕组。为了得到最大的转矩输出，配合正弦波的输入电流，PMSM的反电势一般设计成正弦形。为此，永磁体表面常设计成抛物线状，采用短距、分布式的定子绕组，并采用正弦脉宽调制的电压型逆变器供电，其控制系统常采用自控式，也需要位置反馈信息，可以采用矢量控制（磁场定向控制）或直接转矩控制的先进控制策略。

2. 运行特性

PMSM的电磁转矩和普通同步电动机电磁转矩的形式一样，如式(8-10)所示，其矩角关系如图8-8所示。

$$T = T' + T'' = \frac{m}{\Omega_1}\left[\frac{UE_0}{X_d}\sin\delta + \frac{U^2}{2}\left(\frac{1}{X_q} - \frac{1}{X_d}\right)\sin 2\delta\right] \tag{8-10}$$

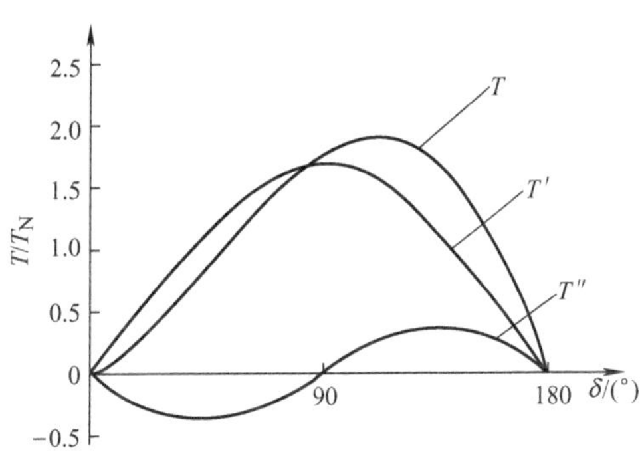

图8-8 PMSM矩角关系曲线

式中，T'是由永磁体产生的磁场与定子绕组产生的磁场相互作用产生的基本电磁转矩（又称永磁转矩）；T''是由于交直轴磁路不对称而产生的附加电磁转矩（又称磁阻转矩）。值得注意的是，由于PMSM的X_d通常小于X_q，所以图中的曲线T''为负正弦函数。

式(8-10)中，E_0是永磁体产生的反电势（又称空载反电势），是PMSM中一个非常重要的参数，是由永磁体产生的空载气隙基波磁通在电枢绕组中感应产生的，不仅决定电动机运行于增磁状态还是去磁状态，而且对动、稳态性能均有很大影响。合理设计E_0可以降低定子电流，提高电动机效率，降低电动机温升。E_0可以表示为

$$E_0 = 4.44k_{w1}Nf\Phi_1 = 4.44k_{w1}Nf\frac{k_\Phi b_{m0}B_rA_m}{\sigma_0} \times 10^{-4} \tag{8-11}$$

式中，k_{w1}为基波绕组系数；k_Φ为气隙基波磁通与总磁通之比（即气隙磁通波形系数）；b_{m0}为空载永磁体工作点磁密；B_r为工作温度下永磁材料的计算剩磁密度；A_m为永磁体面积，σ_0为空载漏磁系数。

由式(8-11)可以看出，E_0与气隙磁场强度有关，PMSM通常采用的钕铁硼稀土永磁材料在室温下的剩余磁感应强度为1.47T，最大磁能积约为397.9kJ/m^2，远大于传统电动机工作磁密，因此相同条件下PMSM产生的转矩比传统电励磁电动机大得多。

PMSM 和传统感应电动机相比，具有以下特点：

1）功率因数高。PMSM 在正常运转时，转子转速和定子磁场转速一致，转子笼条上没有电流，定子上感应电流减小，因此功率因数高（可高达 1），如图 8-9a 中曲线 1 所示。

2）具有较宽的经济运行范围。PMSM 转子笼条中没有电流，也就没有绕组损耗。因此效率较传统感应电动机高得多。不仅在额定负载时效率很高，而且在 25%～120% 额定负载的范围内都有较高的效率（功率因数也可以达到 0.9 以上），效率曲线比较平滑，变化不大。电动机效率基本不低于额定效率的 80%，如图 8-9b 中曲线 1 所示。

3）体积小，重量轻。由于 PMSM 转子上应用了稀土永磁材料，损耗低，效率和功率因数高，达到同样的功率，在保证效率和功率因数的基础上，体积可以做得比传统感应电动机小，重量可以更轻。

4）堵转转矩倍数高。一般可达 2.4～3.5 倍以上。在起动转矩要求高的情况下，若采用感应电动机，可采用高转差设计或增大容量的方式，造成效率和功率因数都很低，而 PMSM 可采用起动绕组的设计在不增大容量的条件下达到同样的转矩，节能效果明显。

5）可以实现低速高效率。传统感应电动机转速越低，效率越低，而 PMSM 可以通过增加永磁极数，实现低速驱动的高效率，适合直驱传动系统，省去减速设施，节能前景很好。

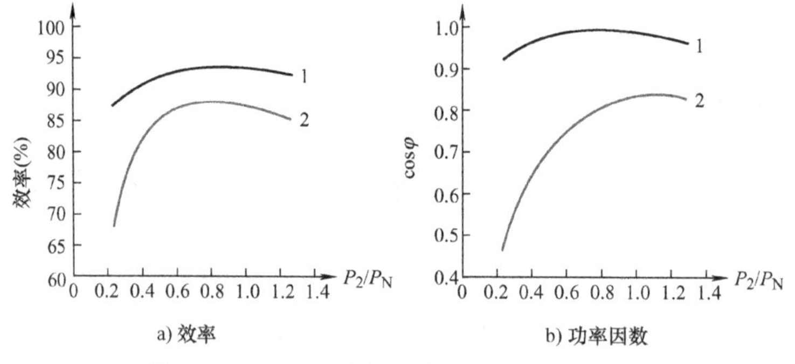

图 8-9　PMSM 和感应电动机的特性曲线比较

1—PMSM　2—感应电动机

8.2　开关磁阻电动机

1. 工作原理

开关磁阻电动机（switched reluctance motor，**SRM**），是继直流电动机和 BLDC 之后发展起来的一种调速电动机，具有结构简单、调速范围宽和可靠性高的特点。SRM 调速系统是一套由功率变换器（由电力电子开关器件构成的电子换相电路）、位置传感器、控制器和电动机本体组成的一体化系统，其原理结构框图如图 8-10 所示。SRM 是该系统中

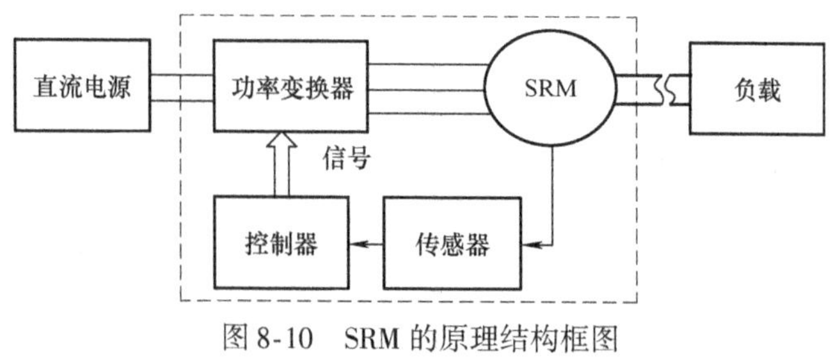

图 8-10　SRM 的原理结构框图

实现机电能量转换的重要部件，也是该系统区别于其他驱动系统的主要标志。功率变换器向SRM提供所需的能量，由蓄电池或交流电整流后得到直流电供电。控制器是系统中枢，它综合处理速度指令、速度反馈信号及电压、电流传感器的反馈信号，控制功率变换器中主开关器件的工作状态，实现对SRM运行状态的控制。

SRM结构上为**双凸极可变磁阻电机**，其定、转子的凸极均由普通硅钢片叠成，转子既无永磁体也无绕组，定子采用集中绕组。SRM可以设计成单相、两相、三相及多相等不同相数结构。通常应用较多的是三相6/4结构和四相8/6结构，都是采用径向相对极的绕组串联构成一相，如图8-11所示。基于“**磁阻最小原理**”——磁通总要沿着磁阻最小的路径闭合，具有一定形状的铁心在移动过程中，必然使自己的主轴线与磁场的轴线重合到最小磁阻位置，因此，可以通过可控开关依据转子位置依次开通和关断对应相电流，实现SRM转子的连续旋转。由于SRM绕组电流是单向的且相绕组与主开关器件串联，使得其功率变换器主电路简单，可以预防短路故障，具有普通交流及无刷直流驱动系统所没有的优点。其功率变换器主电路的形式根据回收定子绕组释放磁场能量方法的不同可采用多种形式，如不对称半桥、双绕组、裂相式、H桥式等，可根据实际情况综合考虑。

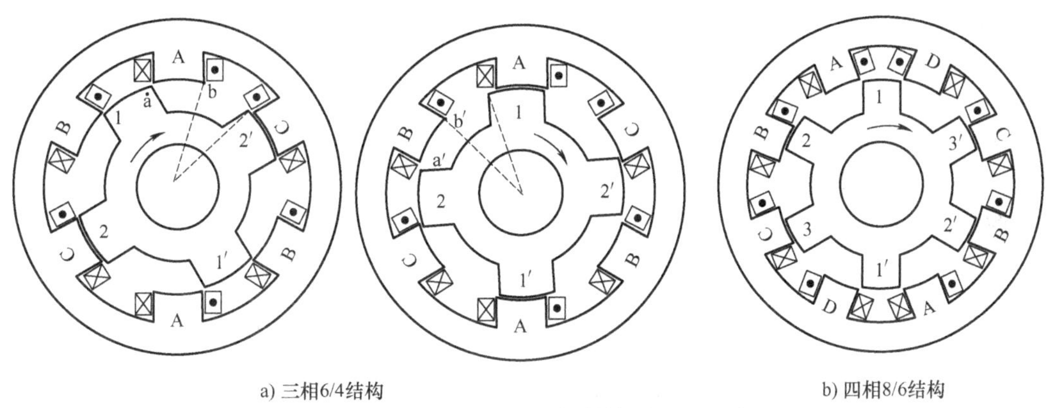

a) 三相6/4结构　　b) 四相8/6结构

图8-11　SRM的结构图

下面以三相6/4结构的SRM为例，配合实际应用中常见的三相不对称半桥式功率变换器（图8-12），来阐明SRM的工作原理。

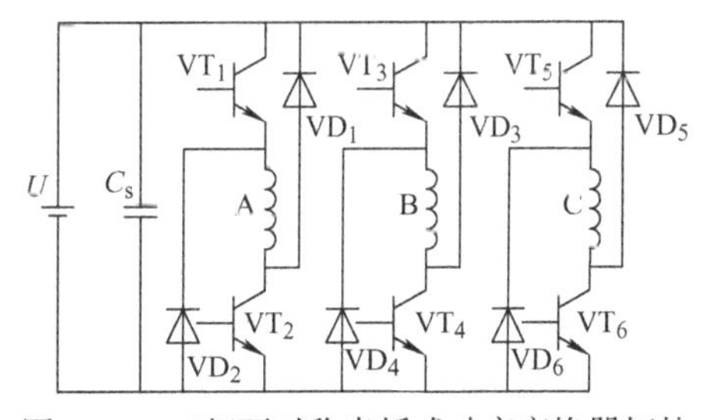

图8-12　三相不对称半桥式功率变换器拓扑

随着转子的旋转，位置传感器检测到转子磁极的变化，产生电动机转子的位置信号，经过控制电路中的换相逻辑模块处理，产生六路开关信号驱动$VT_1 \sim VT_6$六个功率开关器件。SRM的电磁转矩调节主要是通过控制功率开关器件的导通和关断时刻来实现的。以图8-11a所示的三相6/4结构SRM为例（假定定子齿宽＜转子齿宽＜定子槽宽），假设转子转到图8-11a左图所示位置时定子齿A开始励磁。功率开关器件驱动信号的产生机理如下：当转子转到图8-11a左图所示位置时，图8-12中功率开关管VT_1、VT_2导通，A相绕组通电励磁，根据磁路经过的磁阻最小原理，转子磁极受到磁场作用使其按照图中箭头所示方向旋转，使转子1－1′的轴线和定子励磁齿A轴线重合；电流流通路径为：电源正极→VT_1→A相绕组→VT_2→电源负极。功率开关管VT_1和VT_2一般在转子齿1正准备和定子励磁齿 A 完全重叠之前关断，即转子 a 点扫过定子 b 点之前。此时，因为 C 相绕组中电流不能突变，相电流仍按照原来的方向经过续流二极管 VD_1 和 VD_2 以及储能电容 C_s 续流；C_s 将吸收 A 相绕组部分磁场能量，实现能量回馈；电流流通路径为：电容负极→VD_2→A 相绕组→VD_1→电容正极。把转子齿 2′正准备脱离定子齿 A 到定子齿 A 开始励磁时刻对应的转子角位移称为导通角 α_{on}，把转子齿 2′正准备脱离定子齿 A 到功率开关管 VT_1 和 VT_2 关断时刻对应的转子角位移称为截止角 α_{off}，α_{on} 和 α_{off} 根据电机具体的电磁转矩要求确定。在 α_{on} 一定的情况下，增加 α_{off} 可以使平均转矩增大，但是同时续流阶段的延长可能会产生制动转矩，需要综合考虑。接着，当转子顺时针转过 30°，如图 8-11a 右图所示位置，图 8-12 中功率开关管 VT_3、VT_4 导通，B 相绕组通电励磁，根据磁路经过的磁阻最小原理，转子磁极受到磁场作用使其按照图中箭头所示方向旋转，使转子 2-2′的轴线和定子 B 相绕组轴线重合；电流流通路径为：电源正极→VT_3→B 相绕组→VT_4→电源负极。功率开关管 VT_3 和 VT_4 一般在转子齿 2 正准备和定子励磁齿 B 完全重叠之前关断，即转子 a′点扫过定子 b′点之前。依次类推，每当转子沿顺时针方向转过 1 个转子齿距时，三相绕组就轮流导通一次。随着电机转子的连续转动，功率开关管的导通顺序依次为 VT_1VT_2→VT_3VT_4→VT_5VT_6→VT_1VT_2→……，使转子始终受到定子磁场的吸引作用而沿顺时针方向连续转动。反之，若功率开关管的导通顺序为 VT_1VT_2→VT_5VT_6→VT_3VT_4→VT_1VT_2→……，则转子将会沿逆时针方向连续转动。

例 8-2 已知一台开关磁阻电动机，每相绕组开关频率为 f，转子齿极数为 Z_R，试求：该开关磁阻电动机转速为多少？

解：转速 $n=60f/Z_R$

2. 绕组电感曲线

SRM 的工作原理和结构都比较简单，但其双凸极的结构特点使其电动机的各个物理量随转子位置呈周期性变化。其中相绕组电感随转子位置的变化是影响 SRM 运行状态和电磁转矩大小的重要因素。下面以图 8-11a 所示的电机结构为例，讨论 A 相绕组自感 L_{AA} 随转子位置角 θ 的变化规律。在理想线性化假设下：忽略漏磁和磁路非线性，忽略功率损耗，假设铁心磁导率 $\mu=\infty$，转速恒定，则有绕组自感 L_{AA} 与转子位置角 θ 关系如图 8-13 所示，可以表示为线性分段函数。其中，起始位置为转子齿 2′刚离开定子齿 A 的位置，即定子齿 A 和转子齿**无重叠区域**的开始；导通角 α_{on} 为定子齿 A 开始励磁对应的转子角位移，即转子转到了图 8-11a 左图所示位置；θ_1 为临界重叠角，此时转子齿 1 正准备**进入**和定子励磁齿 A **部分重叠**位置；θ_2 为临界对齐角，此时转子齿 1 正准备**进入**和定子励磁齿 A 刚好**完全重叠**位置；θ_3 为转子齿 1 正准备**离开**和定子励磁齿 A **完全重叠**位置对应的转子角位移，之后转子齿 1 和定子励磁齿 A 的重叠区域将逐渐减少；转子齿 1 转到 θ_2 和 θ_3 中间，表示转子齿 1 和定子励磁齿 A 轴线的完全对齐位置；θ_4 为转子齿 1 正准备**离开**和定子励磁齿 A **部分重叠**位置对应的转子角位移，之后又是定子齿 A 和转子齿**无重叠区域**的开始，因此 θ_4 也是自感变化的周期。一般情况下，$0°<\alpha_{on}<\theta_1$，$\theta_1<\alpha_{off}<\theta_2$。导通角和截止角对电机电流波形的影响很大，是控制 SRM 电机电流和转矩的重要

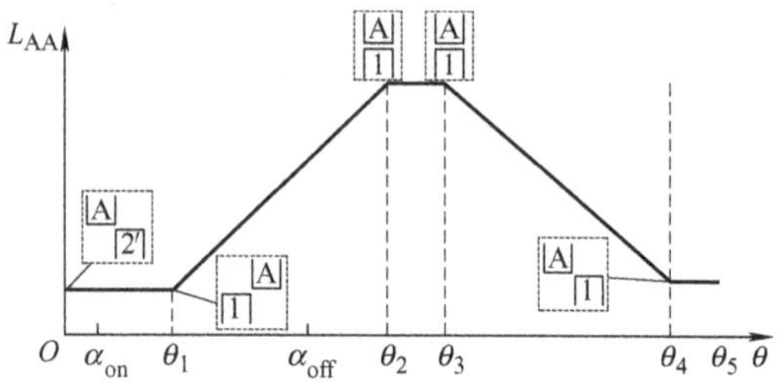

图 8-13 SRM 绕组自感与转子位置角的关系

方式。

3. 基本方程式

(1) 电势平衡方程

假设 SRM 的各相结构和电磁参数对称，第 k 相的电势平衡方程式可以表示为

$$u_k = R_k i_k + \frac{\mathrm{d}\psi_k}{\mathrm{d}t} = R_k i_k + \frac{\mathrm{d}}{\mathrm{d}t}(L_k i_k) \tag{8-12}$$

式中，u_k 为第 k 相端电压；R_k 为第 k 相电阻；i_k 为第 k 相电流；ψ_k 为第 k 相磁链，可以表示为电感和电流的乘积，是与 i_k 和 θ 有关的函数。

进一步考察 SRM 的电势，有

$$\frac{\mathrm{d}\psi_k}{\mathrm{d}t} = i_k \frac{\mathrm{d}L_k}{\mathrm{d}\theta}\Omega + L_k \frac{\mathrm{d}i_k}{\mathrm{d}t} \tag{8-13}$$

式中，转子的机械角速度 Ω 可以表示为 $\mathrm{d}\theta/\mathrm{d}t$。

(2) 转矩平衡方程

SRM 的电磁转矩并非恒定转矩，而是绕组电流和转子位置角的函数。当定子励磁齿和转子齿不对齐时，基于“磁阻最小原理”会产生磁阻性的电磁转矩，如果保持绕组中电流值不变，将不同转子位置的静态转矩连成曲线，则形成静态转矩特性，可以根据磁共能的方法计算，即

$$T = \left.\frac{\partial W'_{\mathrm{m}}(\theta,i)}{\partial\theta}\right|_{i=\text{常数}} \tag{8-14}$$

式中，磁共能 W'_{m} 的变化取决于转子位置角和绕组电流瞬时值，为

$$W'_{\mathrm{m}} = \int_0^i \psi(\theta,i)\,\mathrm{d}i \tag{8-15}$$

在理想线性化模型的假设下，电磁转矩式(8-14)可以简化为

$$T(\theta,i) = \frac{i^2}{2}\frac{\mathrm{d}L}{\mathrm{d}\theta} \tag{8-16}$$

因此有转矩平衡方程 $T = \frac{i^2}{2}\frac{\mathrm{d}L}{\mathrm{d}\theta} = J\frac{\mathrm{d}\Omega}{\mathrm{d}t} + T_{\mathrm{L}} = J\frac{\mathrm{d}^2\theta}{\mathrm{d}t^2} + T_{\mathrm{L}}$。根据式(8-16)，SRM 的电磁转矩方向是由相电流所对应的相电感变化率（$\mathrm{d}L/\mathrm{d}\theta$）决定的，和电流的方向无关。因此，若相电流处于电感上升区（θ_1，θ_2），电磁转矩为正转矩，则电机工作在电动状态；若相电流处于电感下降区（θ_3，θ_4），电磁转矩为负转矩，则电机工作在发电状态。只要根据转子位置来控制功率开关管的通断角度，以改变相电流的大小和波形，就可以控制 SRM 运行在电动状态或发电状态，这也是 SRM 控制的基本思想。

8.3 步进电动机

步进电动机是将脉冲电信号转换为相应的角位移或直线位移的执行元件，即给一个脉冲电信号，电动机就转动一个角度或前进一步，因此也称为**脉冲电动机**。通常情况下，步进电动机的位移步数和脉冲数成正比，适用于开环系统做执行元件，控制系统简单，适合于快速起动、反转和制动，其原理结构框图如图 8-14 所示。

步进电动机主要分为三种类型：**反应式**、**永磁式**和**混合式**。反应式步进电动机，定子上有绕组，转子由软磁材料组成，结构简单、成本低、步距角小，但动态性能差、效率低、发热大，可靠性难保证。永磁式步进电动机，转子用永磁材料制成，转子的极数与定子的极数相同，动态性能好、输出力矩大，但精度差，步距角大。混合式步进电动机，综合了反应式和永磁式的优点，其定子上有多相绕组，转子采用永磁材料，转子和定子上均有多个小齿以提高步距精度；输出力矩大、动态性能好，步距角小，但结构复杂、成本相对较高。下面以最常见的三相反应式步进电动机为例说明其工作原理和运行特性。

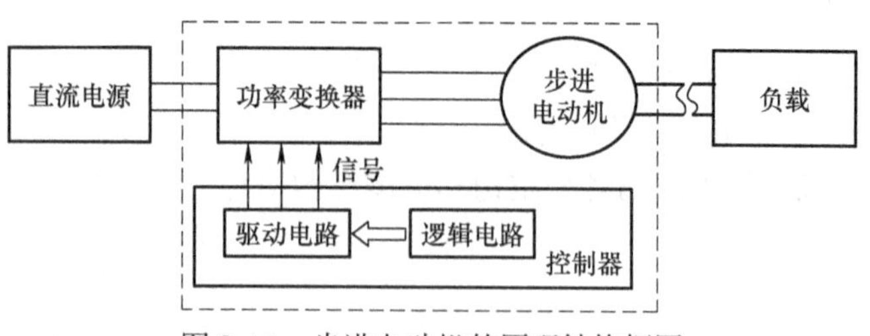

图 8-14　步进电动机的原理结构框图

1. 工作原理

图 8-15 给出了三相反应式步进电动机的典型结构。定、转子铁心都由硅钢片叠成；定子铁心有 6 个均匀分布的磁极，每个磁极上有 5 个小齿，各磁极上按规律绕有三相线圈，径向的两个磁极组成一对；转子上均匀分布 40 个小齿，每个小齿的齿距为360°/40 = 9°；定、转子上的小齿齿距和齿宽均相同。当定子某一相（如 A 相）磁极的小齿和转子小齿对齐时，由于定子相邻极间夹角为60°，60°/9 不是整数，即定子相邻极间所包含的转子小齿不是整数，所以，相邻定子磁极（B、C 相）的小齿就会分别和转子的小齿错开 1/3 齿距，即 3°，这就是**齿错位**现象。正是由于齿错位使每相磁阻随转子位置角而变，因此步进电动机和 SRM 一样都属于**可变磁阻电动机**。从结构和运行原理上看，大步距角的步进电动机和 SRM 十分相似，但实际上在设计、控制、性能特性和应用场合方面都是有本质差别的，见表 8-1。

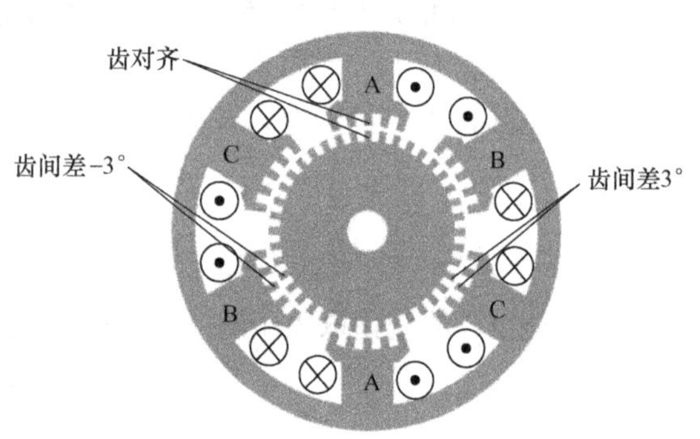

图 8-15　三相反应式步进电动机的典型结构

表 8-1　反应式步进电动机和 SRM 的主要差别

反应式步进电动机	SRM
开环，无位置反馈	闭环，有位置反馈
伺服控制，对步距精度要求高	功率驱动，对效率指标要求高
通过调电源脉冲频率调转速	可控开断角，也可调压或限流斩波
定、转子上齿槽均匀分布且定、转子上的齿槽宽度一致	定、转子均为双凸极
励磁为多相均匀分布的正弦波电流	励磁是顺序导通的电流脉冲
各相自感随位置正弦变化	各相自感随位置三角波或梯形波变化

下面以上述步进电动机为例，配合三相星形功率变换器（由电力电子开关器件构成，

如图8-16所示），来阐明步进电动机的工作原理。

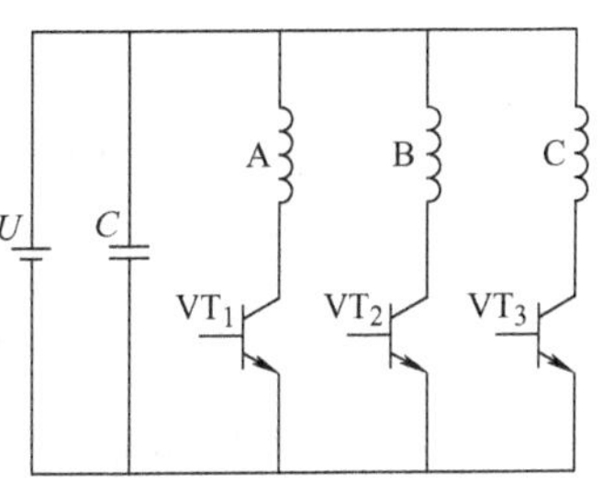

图8-16　三相星形功率变换器拓扑结构

三相线圈的一端与电源正极相连，另一端分别与功率变换器内三个电力电子开关连接，构成星形联结。当定子A相磁极的小齿和转子小齿对齐时，定子A相磁极下的磁阻比其他两相小，若VT_2导通给B相通电，B相绕组产生的磁力线会力图沿磁阻最小的路径闭合，转子逆时针旋转，直到定子B相磁极的小齿和转子小齿对齐（转子旋转3°），接着改为VT_3导通给C相通电，转子按逆时针方向再转过3°。依次类推，当三相绕组按A→B→C→A顺序循环通电时，转子会按逆时针方向每个通电脉冲转3°的规律步进式转动起来。若改变通电顺序，按A→C→B→A顺序循环通电时，转子会按顺时针方向每个通电脉冲转3°的规律步进式转动起来。因为每个时刻只有一个电力电子开关器件导通，只有一相绕组通电，三种通电状态循环通电，因此也称为单三拍运行方式。此外，若按照AB→BC→CA→AB的方式循环通电，则称为双三拍运行；若按照A→AB→B→BC→C→CA→A的方式循环通电，则称为单双六拍运行。

转子每步转过的空间机械角度称为**步距角**，可以表示为

$$\theta_b = 360°/(N_P Z_R) \tag{8-17}$$

式中，N_P为运行拍数；Z_R为转子齿数。

例8-3　已知一台三相6极反应式步进电动机，单三拍运行，步距角为1.5°，试求：

（1）该电动机有多少个转子齿？

（2）如果每相绕组开关频率为1000Hz，电动机运行的转速是多少？

解：

（1）转子齿数 $Z_R = 360°/(N_P\theta_b) = 360°/(3\times1.5°) = 80$

（2）电动机转速 $n = \dfrac{60f}{Z_R N_P} = \dfrac{60\times1000}{80\times3}\text{r/min} = 250\text{r/min}$

2. 运行特性

当控制脉冲不断输入，各相绕组按照一定规律轮流通电时，步进电动机的转子就一步步地转动起来，运行过程中良好的动态性能是伺服控制系统稳定可靠工作的保证。下面对步进电动机的矩角特性和矩频特性进行介绍。

（1）矩角特性

三相步进电动机可以单相通电，也可以两相同时通电。当两相同时通电时，其合成矩角特性应为两个单相矩角特性相加。因此首先介绍单相通电时的矩角特性。当B相绕组通电时，定子B相磁极下的每个小齿与相邻的转子小齿的相对位置以及相互作用所产生的转矩都是相同的，此时电机总的转矩等于定子B相磁极下的10个小齿与相邻转子小齿所产生的转矩之和。图8-17所示为一个定子小齿和一个相邻的转子小齿，θ表示定子齿轴线和转子齿轴线的空间机械夹角，δ表示定、转子间气隙长度，r表示气隙的平均半径，l表示电动机的有效长度。

根据能量转换的原理，电动机的静态转矩可表示为

$$T_B = \frac{dW'_m}{d\theta} \tag{8-18}$$

式中，W'_m根据式(3-41)可以表示为

$$W'_{m} = \frac{1}{2}F^2\Lambda \tag{8-19}$$

通常可以将磁导 Λ 用傅里叶级数的形式表示，忽略其中的高次谐波，可表示为 $\Lambda = \Lambda_1\cos\theta_e$。因此，式(8-18) 可以写为

$$T_B = \frac{1}{2}(NI_B)^2 Z_R \frac{d\Lambda}{d\theta_e} = -\frac{1}{2}(NI_B)^2 Z_R \Lambda_1 \sin\theta_e \tag{8-20}$$

式中，$\theta_e = \theta Z_R$ 为电角度表示的定子齿轴线和转子齿轴线的夹角。

当 B 相和 C 相绕组同时导通时，电动机的静态转矩可表示为

$$T = T_B + T_C = -\frac{1}{2}(NI_B)^2 Z_R \Lambda_1[\sin\theta_e + \sin(\theta_e - 120°)] = -\frac{1}{2}(NI_B)^2 Z_R \Lambda_1 \sin(\theta_e - 60°) \tag{8-21}$$

可以看出，与单相导通相比，两相同时导通时的矩角特性为一条幅值不变相移为 60°的正弦曲线，且最大静态转矩和单相导通时的最大转矩值相等，如图 8-18 所示。

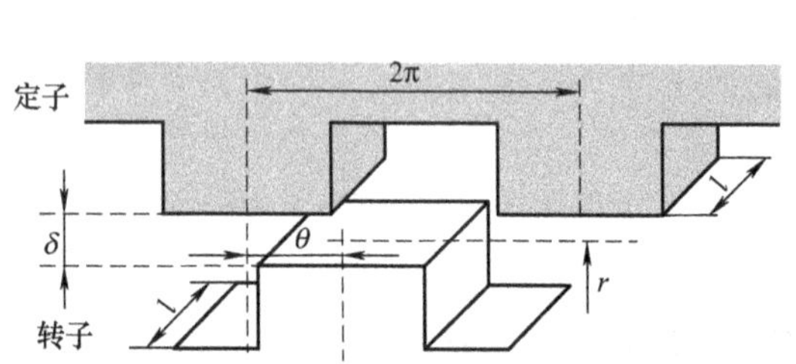

图 8-17　步进电动机一对定、转子小齿模型

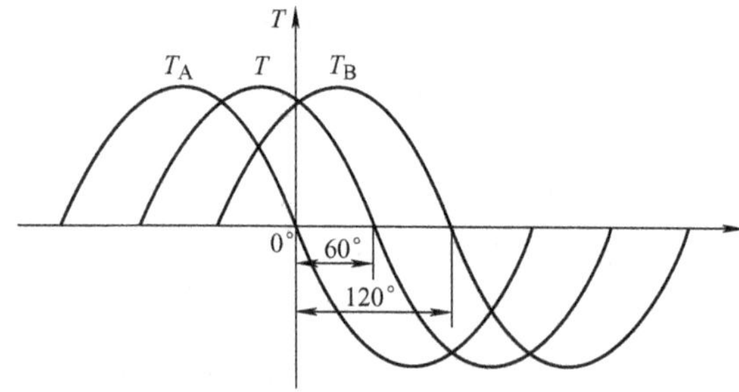

图 8-18　三相步进电动机两相通电时的矩角特性

（2）矩频特性

转矩 T 和控制脉冲频率 f 之间的关系称为步进电动机运行的矩频特性。对于具有一定电感 L 的电动机绕组来说，电流上升和下降的时间与 L 成正比。当控制脉冲频率 f 比较低时，绕组导通周期 T 比较长，电流波形接近矩形，通电时间内电流平均值比较大；随着 f 的增加，T 变小，电流波形接近三角波，通电时间内电流平均值减小。根据式(8-21) 可知，转矩和电流的二次方成正比，因此随着频率的增加，电动机转矩大大降低，负载能力也就大大降低了。此外，随着频率增加，铁心中的涡流损耗也很快增加，使步进电动机输出转矩下降。图 8-19 给出了步进电动机的矩频特性曲线，可以看出，随着 f 的增加，T 逐渐下降，到某一频率后，步进电动机会出现带不动负载的现象，只要受到很小的扰动，就会出现振荡、失步以至停转。

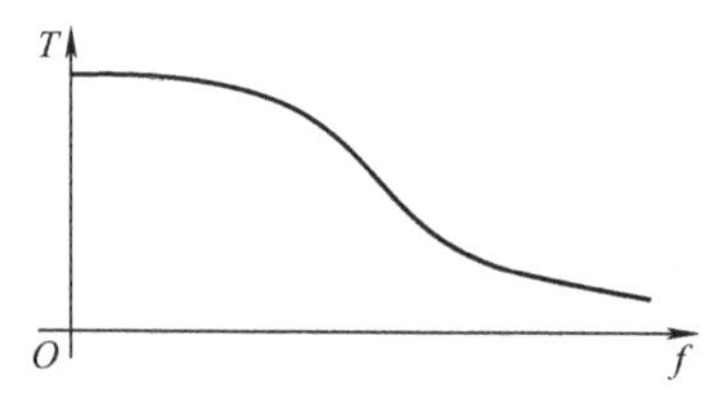

图 8-19　三相步进电动机的矩频特性

本章小结

特种电机已经成为现代工业自动化系统、现代科学技术和现代军事装备中不可或缺的重要元件，与数字控制系统相结合，已经被广泛应用于社会生产和人民生活的各个领域。鉴于

特种电机的广泛使用，本章以永磁无刷电动机、永磁同步电动机、开关磁阻电动机和步进电动机为例，介绍了它们的工作原理和运行特性。

永磁无刷直流电动机具有传统直流电动机的优点，同时又取消了电刷和集电环，具有梯形波磁场，体积小、重量轻，广泛应用于各种便携式电子设备和器具中，如录音机、VCD 机、电动按摩器及各种玩具，也广泛应用于汽车、船舶、航空、机械、医疗器械等行业。

永磁同步电动机也是由永磁体建立磁场的，但其磁场为正弦波，由于矢量控制策略的采用，永磁同步电动机比无刷直流电动机具有更宽的调速范围和更高的控制精度，在高性能伺服控制领域具有更大的竞争力。

开关磁阻电动机是在变频调速电动机、无刷直流电动机之后发展起来的新一代调速电动机，兼具直流、交流两类调速电动机的优点，结构简单、价格便宜、容错能力强，已成功地应用于电动车驱动、通用工业、家用电器和纺织机械等各个领域。

步进电动机的结构同开关磁阻电动机一样都是定、转子齿结构，根据磁阻变化的原理工作，速度与控制脉冲频率成正比，能够根据控制脉冲的要求，迅速起动、反转、制动和无级调速，无需反馈信号；工作时步距精度高，停止时能锁定；转矩会随着转速的升高而下降。

思　考　题

8-1　永磁无刷直流电动机与永磁同步电动机在结构和原理上有何相同和不同之处？

8-2　两相导通星形三相六状态无刷直流电动机，如果采用光电式位置传感器，当其转子上有 p 对磁极时，位置传感器在电动机中如何安装？

8-3　试说明永磁无刷直流电动机是如何实现换相的。

8-4　和传统感应电动机相比，永磁同步电动机有哪些特点？

8-5　试说明开关磁阻电动机控制的基本思想。

8-6　试以三相 6/4 结构的 SRM 为例，配合实际应用中常见的三相不对称半桥式功率变换器来阐明 SRM 的工作原理。

8-7　步进电动机与开关磁阻电动机在设计、控制、性能特性和应用场合方面有哪些差别？

8-8　试以三相反应式步进电动机为例，配合实际应用中常见的三相星形功率变换器来阐明步进电动机的工作原理。

8-9　步进电动机的步距角由哪些因素决定？步进电动机的转速由哪些因素决定？

8-10　画出三相步进电动机的矩频特性曲线，并说明这个特性对带载性能的影响。

习　　题

8-1　画出永磁无刷直流电动机的机械特性曲线，并说明这个特性在调速过程中的优势。

8-2　一台三相 6/4 极 SR 电动机，额定功率为 3kW，转速范围为 500～2000r/min，在 500～1500r/min 为恒转矩特性，在 1500～2000r/min 为恒功率特性，定子极弧宽度 $\beta_s = 30°$，转子极弧宽度 $\beta_r = 32°$，电感最大值 $L_{max} = 55mH$，电感最小值 $L_{min} = 5mH$。试画出理想线性模型下的电感变化曲线，推导电磁转矩表达式。

第 9 章 交流旋转电机的伺服控制

根据实际工作中应用需求的不同，所要求的与之相适应的控制目标（速度、转矩、位置）也不同。早先，直流电机因为优良的调速性能被广泛应用于数控机床、电力机车、轧钢机等大型机械设备中，但是换向器带来的噪声和维护保养问题使其很难满足超低速和高速运行的应用场合。目前，交流旋转电机伺服控制系统发展迅速，其主流的结构形式是通过矢量控制技术，使交流电机的调速性能接近或达到直流电机的性能。交流旋转电机伺服控制系统的提出，不仅拓宽了传统意义上交流电机的内涵，同时也将研究对象从以前单一的电机提升到系统，研究电机个体在系统中的行为特征和系统总体的特性。和传统交流电机不同的是，此类电机为了保证系统的运行特征，需要采用融合了计算机技术和智能控制算法的伺服控制器，通过功率变换器进行非正弦供电，实现性能上的高效率和高功率因数。本章主要以感应电机和永磁同步电机为例，推导了旋转电机中电压和电磁转矩的基本公式，然后从正弦稳态下的矢量控制的基本方程、等效电路图和时空统一相量图出发，阐述了矢量控制系统的基本思想和构成。

9.1 交流电机伺服控制系统

交流电机伺服控制系统主要由交流电机、伺服控制器和功率变换器构成，图 9-1 给出了交流电机伺服控制系统示意图。

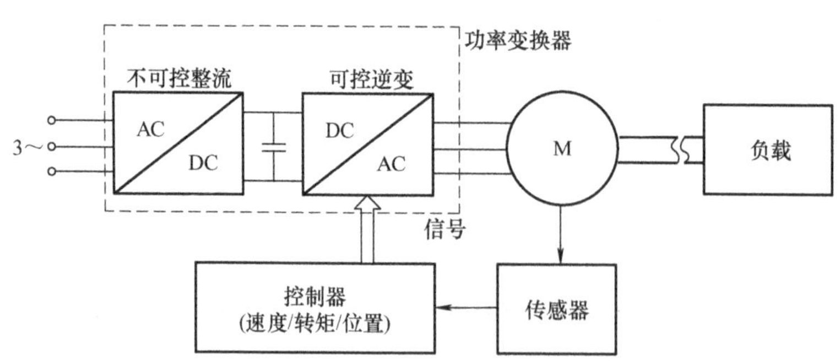

图 9-1 交流电机伺服控制系统示意图

图 9-1 中的 M 表示作为主要执行元件的交流电机，可以是前面各章所述的感应电机、同步电机或特种电机，都是基于电磁场理论将电能转换为机械能的装置。功率变换器由整流器、储能元件和逆变器构成，常采用不可控整流和电压型可控逆变的组成形式。幅值和频率固定不变的交流电经过不可控整流变成了幅值固定的直流电，再通过控制逆变器中电力电子器件的导通和关断最终变成了幅值和频率可控的交流电输出给电机绕组端，实现对系统的速度控制、转矩控制和位置控制，这三种控制都可以归结为对电磁转矩的

控制。

根据第6章中介绍的感应电机的机械特性可以知道，当定子反电势 E_1 和频率 f_1 保持不变时，电磁转矩和转速之间呈非线性关系。主要原因在于此时气隙磁通恒定，随着转子转速的降低（s 增大），转子电流增大，转子侧输入功率增加，一部分为电磁功率，另一部分为转子漏磁场储能。转速降低初始阶段因为 $X_{2\sigma}<R_2/s$，主要体现为电磁功率的增加；随着 s 的进一步增加 $X_{2\sigma}>R_2/s$，主要体现为转子漏磁场储能的增加，而电磁功率反而下降。根据电磁转矩的表达式(9-1) 可以看出，如果不是保持定子反电势恒定，而是直接保持转子全磁通 Φ_{1r} 在定子每相绕组中的感应电势 $E'_{2r}=4.44f_1N_1k_{w1}\phi_{1r}=\dfrac{R'_2}{s}I'_2$ 恒定，则此时电磁转矩 T 不受转子漏磁场的影响，而与转差率成正比（$E'_{2r}=$常数，$f_1=$常数，$R'_2=$常数，T 和 s 成正比）。

$$T=\frac{P_M}{\Omega_1}=\frac{3I'^2_2\dfrac{R'_2}{s}}{\dfrac{2\pi n_1}{60}}=\frac{3p}{2\pi f_1}\left[\frac{E'_{2r}}{R'_2/s}\right]^2\frac{R'_2}{s}=\frac{3pf_1}{2\pi}\left(\frac{E'_{2r}}{f_1}\right)^2\frac{s}{R'_2} \tag{9-1}$$

从式(9-1) 也可以看出，当 $\dfrac{E'_{2r}}{f_1}=$常数时，其机械特性为线性，如图9-2所示，此特性与直流电机相同，可以表示为

$$T=\frac{P_M}{\Omega_1}=\frac{3E'_{2r}I'_2}{\dfrac{2\pi n_1}{60}}=\frac{3\times4.44f_1N_1k_{w1}\Phi_{1r}I'_2}{2\pi f_1/p}$$
$$=C_2\Phi_{1r}I'_2 \tag{9-2}$$

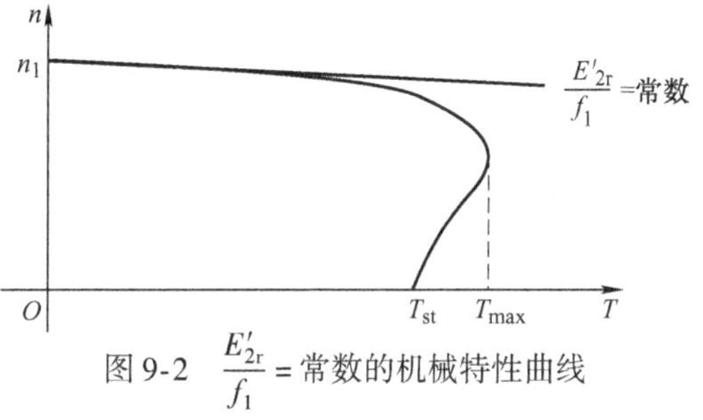

图9-2 $\dfrac{E'_{2r}}{f_1}=$常数的机械特性曲线

式中，C_2 为常数。

因此，如果能够像直流电机一样，可以**单独控制和调节转子电流I'_2**和**转子全磁通Φ_{1r}**，就可以获得和直流电机相似的调速性能，这也是**矢量控制的基本思想**。为此，可以进行**坐标变换**将转子全磁通恒定作为矢量控制的约束条件，将交流电机等效为一台他励直流电机来进行精确的转矩控制。下面以绕线转子感应电动机（笼型转子绕组可等效为三相对称绕组）和永磁同步电动机为例介绍交流电机伺服控制系统的基本概念。在建立感应电动机和永磁同步电动机的数学模型时，为了便于分析，都假设它们为三相“理想电机”。其基本假设如下：

1）电机定子绕组三相完全对称，空间上互差120°电角度。

2）电机定子电流在气隙中产生正弦分布的磁势，磁场的空间高次谐波忽略不计。

3）定子和转子表面光滑，气隙均匀。

4）忽略铁心中的磁滞损耗和涡流损耗。

5）忽略铁磁材料 $B-H$ 曲线的非线性，假设磁路为线性。

9.2 感应电动机的动态数学模型

基于前面理想电机的假设，由于气隙均匀，可以得到感应电机的电感具有如下特点：定子绕组自感为常数；定子绕组互感为常数；转子绕组自感为常数；转子绕组互感为常数；定、转子绕组互感为随定、转子轴线间夹角 θ 变化的余弦函数；所有电感都不随绕组电流大

小变化。伺服控制系统的控制期望是得到直流电机的高性能控制效果，而直流电机的电感特点是：励磁绕组和电枢绕组不存在磁耦合，其自感和互感都是常数。本节将详细阐述如何将**感应电动机等效为直流电动机**的方法，下面先说明电机矢量控制中将交流电机等效为直流电机要进行的坐标变换，再对坐标变换前后感应电动机的动态数学模型进行推导。

9.2.1 坐标变换

坐标变换是指将一个坐标系下的变量用另一个坐标系下的变量去替换，使分析计算得以简化。在电机矢量控制中进行的坐标变换主要是使含有时变元素的电感矩阵变换成**对角线常数阵**。而除了电感的变换外，电流、电压和阻抗也是需要变换的，假设变换矩阵为 $\boldsymbol{C}$，变换前的电机参数矩阵为 $\boldsymbol{A}$，则变换后的电机参数矩阵 $\boldsymbol{B}$ 可以表示为

$$\boldsymbol{B}=\boldsymbol{C}\boldsymbol{A} \tag{9-3}$$

常用的坐标系有三相静止坐标系、两相静止坐标系和两相旋转坐标系，下面详细说明。

三相静止坐标系是指固定于定子本身的坐标系，在空间中是静止的，如 ABC 坐标系，它是建立三相绕组磁链方程和电压方程的自然坐标系。

两相静止坐标系是指固定于定子本身的两相绕组的自然坐标系，在空间中是静止的，如 αβ0 坐标系，其中 α 轴与 A 相绕组轴线重合，β 轴超前 α 轴 90°电角度，0 序绕组则是一个孤立的系统。

两相旋转坐标系是指在空间中旋转的坐标系，用这种坐标系下的参数来表示的电机数学模型，定子磁链和电压方程都得到了大大的简化，也是我们这一章坐标变换的终极目标。比较常用的有：转速和转子转速相同的 dq0 坐标系，以及转速和电机同步速相同的 d_cq_c0 坐标系。本章将以 dq0 坐标为例进行简单介绍。

为了使系统参数从 ABC 坐标系变换到 dq0 坐标系，一般分两步走：ABC 坐标系变换到 αβ0 坐标系，即 3s/2s（stationary）变换；αβ0 坐标系变换到 dq0 坐标系，即 2s/2r（rotary）变换。两个坐标系下数学模型彼此等效的原则是：**在不同坐标下所产生的磁势完全一致**。下面分别介绍这几种变换。

1. 3s/2s 变换

根据磁势不变的原则，静止坐标系下的 A、B、C 三相绕组通三相对称正弦电流时，产生的合成磁势可以用 α、β 两相绕组通两相对称正弦电流产生的合成磁势等效。如图 9-3 所示的坐标变换下，A、B、C 三相绕组各自产生的磁势可以表示为 α、β 两相绕组合成磁势在 A、B、C 轴上的投影，即

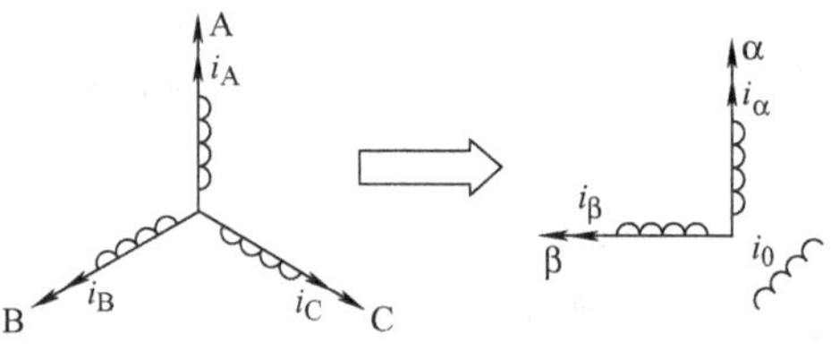

图 9-3 ABC 坐标系变换到 αβ0 坐标系示意图

$$\begin{cases}F_A=Ni_A=Ni_\alpha+Ni_0\\ F_B=Ni_B=-\dfrac{1}{2}Ni_\alpha+\dfrac{\sqrt{3}}{2}Ni_\beta+Ni_0\\ F_C=Ni_C=-\dfrac{1}{2}Ni_\alpha-\dfrac{\sqrt{3}}{2}Ni_\beta+Ni_0\end{cases} \tag{9-4}$$

写成矩阵形式，即

$$\begin{pmatrix} i_A \\ i_B \\ i_C \end{pmatrix} = \begin{pmatrix} 1 & 0 & 1 \\ -\frac{1}{2} & \frac{\sqrt{3}}{2} & 1 \\ -\frac{1}{2} & -\frac{\sqrt{3}}{2} & 1 \end{pmatrix} \begin{pmatrix} i_\alpha \\ i_\beta \\ i_0 \end{pmatrix} \Rightarrow \boldsymbol{i}_{ABC} = \boldsymbol{C}_{\alpha\beta-ABC}\boldsymbol{i}_{\alpha\beta} \tag{9-5}$$

式中，$\boldsymbol{C}_{\alpha\beta-ABC}$为从两相静止坐标 2s 到三相静止坐标 3s 的变换矩阵，其逆阵为从三相静止坐标 3s 到两相静止坐标 2s 的变换矩阵，即 3s/2s 变换的变换矩阵，记为 $\boldsymbol{C}_{ABC-\alpha\beta}$，也称为 Clark 变换，即

$$\boldsymbol{C}_{ABC-\alpha\beta} = \boldsymbol{C}_{\alpha\beta-ABC}^{-1} = \frac{2}{3}\begin{pmatrix} 1 & -\frac{1}{2} & -\frac{1}{2} \\ 0 & \frac{\sqrt{3}}{2} & -\frac{\sqrt{3}}{2} \\ \frac{1}{2} & \frac{1}{2} & \frac{1}{2} \end{pmatrix} \tag{9-6}$$

同理，电压矩阵 u 变换前后的关系也满足式（9-5）。

以感应电动机定子侧为例，将其 ABC 坐标系下的电压平衡方程式用 αβ0 坐标系下的参数表示，即

$$\begin{aligned} \boldsymbol{u}_{sABC} &= \boldsymbol{R}_{sABC}\boldsymbol{i}_{sABC} + \frac{d\boldsymbol{\psi}_{sABC}}{dt} = \boldsymbol{R}_{sABC}\boldsymbol{i}_{sABC} + \frac{d}{dt}(\boldsymbol{L}_{sABC}\boldsymbol{i}_{sABC} + \boldsymbol{M}_{srABC}\boldsymbol{i}_{rABC}) \\ &= \boldsymbol{R}_{sABC}\boldsymbol{i}_{sABC} + \boldsymbol{i}_{sABC}\frac{d\boldsymbol{L}_{sABC}}{dt} + \boldsymbol{L}_{sABC}\frac{d\boldsymbol{i}_{sABC}}{dt} + \boldsymbol{i}_{rABC}\frac{d\boldsymbol{M}_{srABC}}{dt} + \boldsymbol{M}_{srABC}\frac{d\boldsymbol{i}_{rABC}}{dt} \\ &\Rightarrow \boldsymbol{C}_{\alpha\beta-ABC}\boldsymbol{u}_{s\alpha\beta} = \left(\boldsymbol{R}_{sABC} + \frac{d\boldsymbol{L}_{sABC}}{dt} + \boldsymbol{L}_{sABC}\frac{d}{dt}\right)\boldsymbol{C}_{\alpha\beta-ABC}\boldsymbol{i}_{s\alpha\beta} + \\ &\left(\frac{d\boldsymbol{M}_{srABC}}{dt} + \boldsymbol{M}_{srABC}\frac{d}{dt}\right)\boldsymbol{C}_{\alpha\beta-ABC}\boldsymbol{i}_{r\alpha\beta} \end{aligned} \tag{9-7}$$

式中，下标 s 和 r 分别表示定子侧和转子侧参数，下标 ABC 和 αβ 分别表示 3s 和 2s 坐标系下参数，$\boldsymbol{u}$、$\boldsymbol{R}$、$\boldsymbol{i}$、$\boldsymbol{\psi}$、$\boldsymbol{L}$ 和 $\boldsymbol{M}$ 分别表示电压、电阻、电流、磁链、自感和互感矩阵。

把式（9 -7）两端同时左乘以 $\boldsymbol{C}_{\alpha\beta-ABC}^{-1}$可以得到

$$\begin{aligned} \boldsymbol{u}_{s\alpha\beta} = &(\boldsymbol{C}_{\alpha\beta-ABC}^{-1}\boldsymbol{R}_{sABC}\boldsymbol{C}_{\alpha\beta-ABC})\boldsymbol{i}_{s\alpha\beta} + \boldsymbol{i}_{s\alpha\beta}\frac{d(\boldsymbol{C}_{\alpha\beta-ABC}^{-1}\boldsymbol{L}_{sABC}\boldsymbol{C}_{\alpha\beta-ABC})}{dt} + \\ &(\boldsymbol{C}_{\alpha\beta-ABC}^{-1}\boldsymbol{L}_{sABC}\boldsymbol{C}_{\alpha\beta-ABC})\frac{d\boldsymbol{i}_{s\alpha\beta}}{dt} + \boldsymbol{i}_{r\alpha\beta}\frac{d(\boldsymbol{C}_{\alpha\beta-ABC}^{-1}\boldsymbol{M}_{srABC}\boldsymbol{C}_{\alpha\beta-ABC})}{dt} + \\ &(\boldsymbol{C}_{\alpha\beta-ABC}^{-1}\boldsymbol{M}_{srABC}\boldsymbol{C}_{\alpha\beta-ABC})\frac{d\boldsymbol{i}_{r\alpha\beta}}{dt} \end{aligned} \tag{9-8}$$

因此 2s 坐标系下的电阻矩阵和电感矩阵可分别写为

$$\boldsymbol{R}_{s\alpha\beta} = \boldsymbol{C}_{\alpha\beta-ABC}^{-1}\boldsymbol{R}_{sABC}\boldsymbol{C}_{\alpha\beta-ABC} = \begin{bmatrix} R_s & & \\ & R_s & \\ & & R_s \end{bmatrix} \tag{9-9}$$

$$L_{s\alpha\beta}=C_{\alpha\beta-ABC}^{-1}L_{sABC}C_{\alpha\beta-ABC}=\frac{2}{3}\begin{pmatrix}1 & -\frac{1}{2} & -\frac{1}{2}\\ 0 & \frac{\sqrt{3}}{2} & -\frac{\sqrt{3}}{2}\\ \frac{1}{2} & \frac{1}{2} & \frac{1}{2}\end{pmatrix}\begin{pmatrix}L_{AA} & M_{AB} & M_{AC}\\ M_{BA} & L_{BB} & M_{BC}\\ M_{CA} & M_{CB} & L_{CC}\end{pmatrix}\begin{pmatrix}1 & 0 & 1\\ -\frac{1}{2} & \frac{\sqrt{3}}{2} & 1\\ -\frac{1}{2} & -\frac{\sqrt{3}}{2} & 1\end{pmatrix}$$

$$=\begin{pmatrix}L_{\alpha} & & \\ & L_{\beta} & \\ & & L_0\end{pmatrix} \tag{9-10}$$

式中，$L_{AA}=L_{BB}=L_{CC}=M_{st}+L_{s\sigma}$，$M_{AB}=M_{BA}=M_{AC}=M_{CA}=M_{BC}=M_{CB}=-\frac{1}{2}M_{sr}$，则有 $L_{\alpha}=L_{\beta}=\frac{3}{2}M_{st}+L_{s\sigma}$，$L_0=L_{s\sigma}$。$M_{sr}$为定、转子相绕组的互感最大值，$L_{sl}$为定子绕组漏感。

$$\begin{aligned}M_{sr\alpha\beta}&=C_{\alpha\beta-ABC}^{-1}M_{srABC}C_{\alpha\beta-ABC}\\&=C_{\alpha\beta-ABC}^{-1}\begin{pmatrix}M_{sr}\cos\theta & M_{sr}\cos(\theta+120^{\circ}) & M_{sr}\cos(\theta-120^{\circ})\\ M_{sr}\cos(\theta-120^{\circ}) & M_{sr}\cos\theta & M_{sr}\cos(\theta+120^{\circ})\\ M_{sr}\cos(\theta+120^{\circ}) & M_{sr}\cos(\theta-120^{\circ}) & M_{sr}\cos\theta\end{pmatrix}C_{\alpha\beta-ABC}\\&=\frac{3}{2}\begin{pmatrix}M_{sr}\cos\theta & -M_{sr}\sin\theta & 0\\ M_{sr}\sin\theta & M_{sr}\cos\theta & 0\\ 0 & 0 & 0\end{pmatrix}\end{aligned} \tag{9-11}$$

由式(9-10) 和式(9-11) 可以看出，在3s 坐标系下，因为假设感应电动机定子三相绕组空间互差120°分布，所以其三相绕组的自感和它们之间的互感均为常数，而定子和转子相绕组之间的互感与定、转子相绕组的相对位置有关，是转子位置角 θ 的函数。在 2s 坐标系下，定子绕组的自感矩阵变成了常数对角阵 $L_{s\alpha\beta}$，说明经过 3s/2s 变换自感矩阵实现了**对角化**，但是定、转子绕组互感矩阵 $M_{sr\alpha\beta}$ 中的元素依然和转子位置 θ 有关，需要进一步变换。

2. 2s/2r 变换

根据磁势不变的原则，静止坐标系下的 α、β 两相绕组通两相对称正弦电流时，产生的合成磁势可以用 d、q 两相绕组通直流电流产生的合成磁势等效。dq0 坐标系和转子一起旋转，d 相绕组产生的磁势和 α 相绕组产生的磁势之间的夹角可以用转子位置角 θ 表示，此角度为电角度。如图 9-4 所示的坐标变换下，α、β 两相绕组各自产生的磁势可以表示为 d、q 两相绕组合成磁势在 α、β 轴上的投影，即

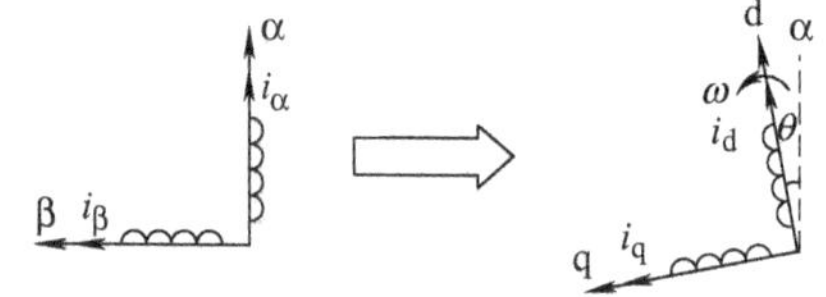

图 9-4　αβ0 坐标系变换到 dq0 坐标系示意图

$$\begin{cases}F_{\alpha}=Ni_{\alpha}=Ni_{d}\cos\theta-Ni_{q}\sin\theta\\ F_{\beta}=Ni_{\beta}=Ni_{d}\sin\theta+Ni_{q}\cos\theta\\ F_0=Ni_0=Ni_0\end{cases} \tag{9-12}$$

写成矩阵形式，即

$$\begin{pmatrix} i_\alpha \\ i_\beta \\ i_0 \end{pmatrix} = \begin{pmatrix} \cos\theta & -\sin\theta & 0 \\ \sin\theta & \cos\theta & 0 \\ 0 & 0 & 1 \end{pmatrix} \begin{pmatrix} i_d \\ i_q \\ i_0 \end{pmatrix} \Rightarrow \boldsymbol{i}_{\alpha\beta} = \boldsymbol{C}_{dq-\alpha\beta}\boldsymbol{i}_{dq} \tag{9-13}$$

式中，$\boldsymbol{C}_{dq-\alpha\beta}$为从两相旋转坐标2r到两相静止坐标2s的变换矩阵，其逆阵为从两相静止坐标2s到两相旋转坐标2r的变换矩阵，即2s/2r变换的变换矩阵，记为$\boldsymbol{C}_{\alpha\beta-dq}$，即

$$\boldsymbol{C}_{\alpha\beta-dq} = \boldsymbol{C}_{dq-\alpha\beta}^{-1} = \begin{pmatrix} \cos\theta & \sin\theta & 0 \\ -\sin\theta & \cos\theta & 0 \\ 0 & 0 & 1 \end{pmatrix} \tag{9-14}$$

同理，电压矩阵u变换前后的关系也满足式（9-13）。

依然以感应电动机定子侧为例，将αβ0坐标系下的电压平衡方程式(9-8）用dq0坐标系下的参数表示，即

$$\boldsymbol{u}_{s\alpha\beta} = \boldsymbol{R}_{s\alpha\beta}\boldsymbol{i}_{s\alpha\beta} + \boldsymbol{i}_{s\alpha\beta}\frac{d\boldsymbol{L}_{s\alpha\beta}}{dt} + \boldsymbol{L}_{s\alpha\beta}\frac{d\boldsymbol{i}_{s\alpha\beta}}{dt} + \boldsymbol{i}_{r\alpha\beta}\frac{d\boldsymbol{M}_{sr\alpha\beta}}{dt} + \boldsymbol{M}_{sr\alpha\beta}\frac{d\boldsymbol{i}_{r\alpha\beta}}{dt}$$

$$\Rightarrow \boldsymbol{C}_{dq-\alpha\beta}\boldsymbol{u}_{sdq} = \left(\boldsymbol{R}_{s\alpha\beta} + \frac{d\boldsymbol{L}_{s\alpha\beta}}{dt} + \boldsymbol{L}_{s\alpha\beta}\frac{d}{dt}\right)\boldsymbol{C}_{dq-\alpha\beta}\boldsymbol{i}_{sdq} + \left(\frac{d\boldsymbol{M}_{sr\alpha\beta}}{dt} + \boldsymbol{M}_{sr\alpha\beta}\frac{d}{dt}\right)\boldsymbol{C}_{dq-\alpha\beta}^{r}\boldsymbol{i}_{rdq} \tag{9-15}$$

式中，下标dq表示2r坐标系下的参数；$C_{dq-\alpha\beta}^{r}$为从两相旋转坐标2r到转子旋转坐标的变换矩阵，形式上和$C_{dq-\alpha\beta}$一样，但其中$\theta=0$。

把式（9-15）两端同时乘以$\boldsymbol{C}_{dq-\alpha\beta}^{-1}$可以得到

$$\boldsymbol{u}_{sdq} = (\boldsymbol{C}_{dq-\alpha\beta}^{-1}\boldsymbol{R}_{s\alpha\beta}\boldsymbol{C}_{dq-\alpha\beta})\boldsymbol{i}_{sdq} + \boldsymbol{i}_{sdq}\frac{d(\boldsymbol{C}_{dq-\alpha\beta}^{-1}\boldsymbol{L}_{s\alpha\beta}\boldsymbol{C}_{dq-\alpha\beta})}{dt} + (\boldsymbol{C}_{dq-\alpha\beta}^{-1}\boldsymbol{L}_{s\alpha\beta}\boldsymbol{C}_{dq-\alpha\beta})\frac{d\boldsymbol{i}_{sdq}}{dt} + \boldsymbol{i}_{rdq}\frac{d(\boldsymbol{C}_{dq-\alpha\beta}^{-1}\boldsymbol{M}_{sr\alpha\beta}\boldsymbol{C}_{dq-\alpha\beta}^{r})}{dt} + (\boldsymbol{C}_{dq-\alpha\beta}^{-1}\boldsymbol{M}_{sr\alpha\beta}\boldsymbol{C}_{dq-\alpha\beta}^{r})\frac{d\boldsymbol{i}_{rdq}}{dt} \tag{9-16}$$

因此2r坐标系下的电阻矩阵和电感矩阵可分别写为

$$\boldsymbol{R}_{sdq} = \boldsymbol{C}_{dq-\alpha\beta}^{-1}\boldsymbol{R}_{s\alpha\beta}\boldsymbol{C}_{dq-\alpha\beta} = \begin{bmatrix} R_s & & \\ & R_s & \\ & & R_s \end{bmatrix} \tag{9-17}$$

$$\boldsymbol{L}_{sdq} = \boldsymbol{C}_{dq-\alpha\beta}^{-1}\boldsymbol{L}_{s\alpha\beta}\boldsymbol{C}_{dq-\alpha\beta} = \begin{pmatrix} \cos\theta & \sin\theta & 0 \\ -\sin\theta & \cos\theta & 0 \\ 0 & 0 & 1 \end{pmatrix}\begin{pmatrix} L_\alpha & & \\ & L_\beta & \\ & & L_0 \end{pmatrix}\begin{pmatrix} \cos\theta & -\sin\theta & 0 \\ \sin\theta & \cos\theta & 0 \\ 0 & 0 & 1 \end{pmatrix} = \begin{pmatrix} L_d & & \\ & L_q & \\ & & L_0 \end{pmatrix} \tag{9-18}$$

式中，$L_d = L_a = L_d = L_\beta = \frac{3}{2}M_{sr} + L_{s\sigma}$，$L_0 = L_{s\sigma}$。

$$\boldsymbol{M}_{srdq} = \boldsymbol{C}_{dq-\alpha\beta}^{-1}\boldsymbol{M}_{sr\alpha\beta}\boldsymbol{C}_{dq-\alpha\beta}^{r} = \begin{bmatrix} \cos\theta & \sin\theta & 0 \\ -\sin\theta & \cos\theta & 0 \\ 0 & 0 & 1 \end{bmatrix}\left(\frac{3}{2}\begin{bmatrix} M_{sr}\cos\theta & -M_{sr}\sin\theta & 0 \\ M_{sr}\sin\theta & M_{sr}\cos\theta & 0 \\ 0 & 0 & 0 \end{bmatrix}\right)\begin{bmatrix} \cos0^\circ & \sin0^\circ & 0 \\ -\sin0^\circ & \cos0^\circ & 0 \\ 0 & 0 & 1 \end{bmatrix}$$

$$= \frac{3}{2}M_{sr}\begin{bmatrix} 1 & \\ & 1 \end{bmatrix} = \frac{3}{2}M_{sr}\boldsymbol{I} \tag{9-19}$$

由式(9-18）和式(9-19）可以看出，在2r坐标系下，定、转子绕组互感矩阵变成了常数对角阵$\boldsymbol{M}_{srdq}$，说明经过2s/2r变换互感矩阵完成了解耦和对角化，实现了坐标变换的目的。

3. 3s/2r 变换

直接从 ABC 变换到 dq0 坐标系的转换矩阵也称为**Park 变换**，可以表示为

$$\boldsymbol{C}_{\mathrm{ABC-dq}}=\boldsymbol{C}_{\alpha\beta-\mathrm{dq}}\boldsymbol{C}_{\mathrm{ABC}-\alpha\beta}=\frac{2}{3}\begin{pmatrix}\cos\theta & \cos(\theta-120°) & \cos(\theta+120°)\\ -\sin\theta & -\sin(\theta-120°) & -\sin(\theta+120°)\\ 0.5 & 0.5 & 0.5\end{pmatrix} \tag{9-20}$$

其逆阵也称为**反 Park 变换**，即

$$\boldsymbol{C}_{\mathrm{ABC-dq}}^{-1}=\boldsymbol{C}_{\mathrm{dq-ABC}}=\begin{pmatrix}\cos\theta & -\sin\theta & 1\\ \cos(\theta-120°) & -\sin(\theta-120°) & 1\\ \cos(\theta+120°) & -\sin(\theta+120°) & 1\end{pmatrix} \tag{9-21}$$

从 ABC 变换到 $\mathrm{d_cq_c0}$ 坐标系的变换矩阵和 $\boldsymbol{C}_{\mathrm{ABC-dq}}$的形式完全相同，只不过其中的 $\theta=\int\omega_1\mathrm{d}t$，而不是 $\theta=\int\omega\mathrm{d}t$，$\omega_1$为同步角速度，$\omega$ 为转子机械角速度。

例 9-1 当保证功率守恒时，试推导 ABC 坐标系到 αβ0 坐标系的变换矩阵。

解：式(9-5) 中的坐标变换是基于磁势不变原则的，变换矩阵 $\boldsymbol{C}_{\mathrm{ABC}-\alpha\beta}$不是单位正交矩阵，变换前后有功功率和无功功率并不相等。可采用线性代数中的 Schmidt 正交化方法直接将变换矩阵转化为与其等价的标准正交矩阵，得到功率守恒下 ABC 坐标系到 αβ0 坐标系的变换矩阵 $\boldsymbol{C}'_{\mathrm{ABC}-\alpha\beta}$和逆变换矩阵 $\boldsymbol{C}'_{\alpha\beta-\mathrm{ABC}}$如下：

$$\boldsymbol{C}'_{\mathrm{ABC}-\alpha\beta}=\sqrt{\frac{2}{3}}\begin{pmatrix}1 & -\frac{1}{2} & -\frac{1}{2}\\ 0 & \frac{\sqrt{3}}{2} & -\frac{\sqrt{3}}{2}\\ \sqrt{\frac{1}{2}} & \sqrt{\frac{1}{2}} & \sqrt{\frac{1}{2}}\end{pmatrix};\ \boldsymbol{C}'_{\alpha\beta-\mathrm{ABC}}=\sqrt{\frac{2}{3}}\begin{pmatrix}1 & 0 & \sqrt{\frac{1}{2}}\\ -\frac{1}{2} & \frac{\sqrt{3}}{2} & \sqrt{\frac{1}{2}}\\ -\frac{1}{2} & -\frac{\sqrt{3}}{2} & \sqrt{\frac{1}{2}}\end{pmatrix}$$

根据 $\boldsymbol{i}_{\mathrm{ABC}}=\boldsymbol{C}'_{\alpha\beta-\mathrm{ABC}}\boldsymbol{i}_{\alpha\beta}$，$\boldsymbol{u}_{\mathrm{ABC}}=\boldsymbol{C}'_{\alpha\beta-\mathrm{ABC}}\boldsymbol{u}_{\alpha\beta}$，可知：变换前的电压和电流大小等于变换后的$\sqrt{\frac{2}{3}}$。下面证明变换前后功率相等：

变换前为三相电机，功率可表示为 $P_{\mathrm{ABC}}=3U_{\mathrm{ABC}}I_{\mathrm{ABC}}\cos\varphi=3\times\sqrt{\frac{2}{3}}U_{\mathrm{dq}}\times\sqrt{\frac{2}{3}}I_{\mathrm{dq}}\cos\varphi$，变换后为等效两相电机，功率可表示为 $P_{\mathrm{dq}}=2U_{\mathrm{dq}}I_{\mathrm{dq}}\cos\varphi$，故变换前后总功率不变（$U_{\mathrm{ABC}}$、$I_{\mathrm{ABC}}$、$U_{\mathrm{dq}}$、$I_{\mathrm{dq}}$、$\cos\varphi$ 分别为 ABC 坐标系下的相电压和相电流、dq 坐标系下的相电压和相电流，以及功率因数）。

9.2.2 电压方程与转矩方程

根据上节的坐标变换，可以得到感应电动机在不同坐标系下的数学模型，这里只给出 3s 和 2r 坐标系的数学模型：

1. 3s 坐标系下

电压方程：

$$\begin{pmatrix}\boldsymbol{u}_{\mathrm{sABC}}\\ \boldsymbol{u}_{\mathrm{rABC}}\end{pmatrix}=\begin{pmatrix}\boldsymbol{R}_{\mathrm{sABC}} & \\ & \boldsymbol{R}_{\mathrm{rABC}}\end{pmatrix}\begin{pmatrix}\boldsymbol{i}_{\mathrm{sABC}}\\ \boldsymbol{i}_{\mathrm{rABC}}\end{pmatrix}+\begin{pmatrix}\boldsymbol{L}_{\mathrm{sABC}} & \boldsymbol{M}_{\mathrm{srABC}}\\ \boldsymbol{M}_{\mathrm{rsABC}} & \boldsymbol{L}_{\mathrm{rABC}}\end{pmatrix}\frac{\mathrm{d}}{\mathrm{d}t}\begin{pmatrix}\boldsymbol{i}_{\mathrm{sABC}}\\ \boldsymbol{i}_{\mathrm{rABC}}\end{pmatrix}+\begin{pmatrix}\boldsymbol{i}_{\mathrm{sABC}}\\ \boldsymbol{i}_{\mathrm{rABC}}\end{pmatrix}\frac{\mathrm{d}}{\mathrm{d}t}\begin{pmatrix}\boldsymbol{L}_{\mathrm{sABC}} & \boldsymbol{M}_{\mathrm{srABC}}\\ \boldsymbol{M}_{\mathrm{rsABC}} & \boldsymbol{L}_{\mathrm{rABC}}\end{pmatrix} \tag{9-22}$$

式中，

$$\boldsymbol{u}_{\mathrm{sABC}}=\begin{pmatrix}u_{\mathrm{A}}\\u_{\mathrm{B}}\\u_{\mathrm{C}}\end{pmatrix},\ \boldsymbol{u}_{\mathrm{rABC}}=\begin{pmatrix}u_{\mathrm{a}}\\u_{\mathrm{b}}\\u_{\mathrm{c}}\end{pmatrix},\quad \boldsymbol{i}_{\mathrm{sABC}}=\begin{pmatrix}i_{\mathrm{A}}\\i_{\mathrm{B}}\\i_{\mathrm{C}}\end{pmatrix},\quad \boldsymbol{i}_{\mathrm{rABC}}=\begin{pmatrix}i_{\mathrm{a}}\\i_{\mathrm{b}}\\i_{\mathrm{c}}\end{pmatrix} \tag{9-23}$$

$$\boldsymbol{R}_{\mathrm{sABC}}=\begin{pmatrix}R_{\mathrm{s}}&&\\&R_{\mathrm{s}}&\\&&R_{\mathrm{s}}\end{pmatrix},\ \boldsymbol{R}_{\mathrm{rABC}}=\begin{pmatrix}R_{\mathrm{r}}&&\\&R_{\mathrm{r}}&\\&&R_{\mathrm{r}}\end{pmatrix} \tag{9-24}$$

$$\boldsymbol{L}_{\mathrm{sABC}}=\begin{bmatrix}L_{\mathrm{AA}}&M_{\mathrm{AB}}&M_{\mathrm{AC}}\\M_{\mathrm{BA}}&L_{\mathrm{BB}}&M_{\mathrm{BC}}\\M_{\mathrm{CA}}&M_{\mathrm{CB}}&L_{\mathrm{CC}}\end{bmatrix}=\begin{bmatrix}M_{sr}+L_{\mathrm{s}\sigma}&-\frac{1}{2}M_{\mathrm{sr}}&-\frac{1}{2}M_{\mathrm{sr}}\\-\frac{1}{2}M_{\mathrm{sr}}&M_{\mathrm{sr}}+L_{\mathrm{s}\sigma}&-\frac{1}{2}M_{\mathrm{sr}}\\-\frac{1}{2}M_{\mathrm{sr}}&-\frac{1}{2}M_{\mathrm{sr}}&M_{\mathrm{sr}}+L_{\mathrm{s}\sigma}\end{bmatrix}=\begin{bmatrix}L_{\mathrm{ss}}&-M_{\mathrm{s}}&-M_{\mathrm{s}}\\-M_{\mathrm{s}}&L_{\mathrm{ss}}&-M_{\mathrm{s}}\\-M_{\mathrm{s}}&-M_{\mathrm{s}}&L_{\mathrm{ss}}\end{bmatrix}$$

$$\boldsymbol{L}_{\mathrm{rABC}}=\begin{bmatrix}L_{\mathrm{aa}}&M_{\mathrm{ab}}&M_{\mathrm{ac}}\\M_{\mathrm{ba}}&L_{\mathrm{bb}}&M_{\mathrm{bc}}\\M_{\mathrm{ca}}&M_{\mathrm{cb}}&L_{\mathrm{cc}}\end{bmatrix}=\begin{bmatrix}M_{sr}+L_{\mathrm{r}\sigma}&-\frac{1}{2}M_{\mathrm{sr}}&-\frac{1}{2}M_{\mathrm{sr}}\\-\frac{1}{2}M_{\mathrm{sr}}&M_{\mathrm{sr}}+L_{\mathrm{r}\sigma}&-\frac{1}{2}M_{\mathrm{sr}}\\-\frac{1}{2}M_{\mathrm{sr}}&-\frac{1}{2}M_{\mathrm{sr}}&M_{\mathrm{sr}}+L_{\mathrm{r}\sigma}\end{bmatrix}=\begin{bmatrix}L_{\mathrm{rr}}&-M_{\mathrm{r}}&-M_{\mathrm{r}}\\-M_{\mathrm{r}}&L_{\mathrm{rr}}&-M_{\mathrm{r}}\\-M_{\mathrm{r}}&-M_{\mathrm{r}}&L_{\mathrm{rr}}\end{bmatrix} \tag{9-25}$$

$$\boldsymbol{M}_{\mathrm{srABC}}=\begin{pmatrix}M_{\mathrm{sr}}\cos\theta&M_{\mathrm{sr}}\cos(\theta+120^\circ)&M_{\mathrm{sr}}\cos(\theta-120^\circ)\\M_{\mathrm{sr}}\cos(\theta-120^\circ)&M_{\mathrm{sr}}\cos\theta&M_{\mathrm{sr}}\cos(\theta+120^\circ)\\M_{\mathrm{sr}}\cos(\theta+120^\circ)&M_{\mathrm{sr}}\cos(\theta-120^\circ)&M_{\mathrm{sr}}\cos\theta\end{pmatrix},\quad \boldsymbol{M}_{\mathrm{rsABC}}=\boldsymbol{M}_{\mathrm{srABC}}^{\mathrm{T}} \tag{9-26}$$

转矩方程：

$$\begin{aligned}T&=T_{\mathrm{L}}+K\Omega+J\frac{\mathrm{d}\Omega}{\mathrm{d}t}\\&=-pM_{\mathrm{sr}}[(i_{\mathrm{A}}i_{\mathrm{a}}+i_{\mathrm{B}}i_{\mathrm{b}}+i_{\mathrm{C}}i_{\mathrm{c}})\sin\theta+(i_{\mathrm{A}}i_{\mathrm{a}}+i_{\mathrm{B}}i_{\mathrm{b}}+i_{\mathrm{C}}i_{\mathrm{c}})\sin(\theta+120^\circ)+\\&\quad(i_{\mathrm{A}}i_{\mathrm{a}}+i_{\mathrm{B}}i_{\mathrm{b}}+i_{\mathrm{C}}i_{\mathrm{c}})\sin(\theta-120^\circ)]\end{aligned} \tag{9-27}$$

2. 2r 坐标系下

根据坐标变换矩阵式(9-21) 将式(9-22) 用2r坐标系下的参数表示，可得电压方程：

$$\begin{pmatrix}\boldsymbol{u}_{\mathrm{sdq}}\\\boldsymbol{u}_{\mathrm{rdq}}\end{pmatrix}=\begin{pmatrix}\boldsymbol{R}_{\mathrm{sdq}}&\\&\boldsymbol{R}_{\mathrm{rdq}}\end{pmatrix}\begin{pmatrix}\boldsymbol{i}_{\mathrm{sdq}}\\\boldsymbol{i}_{\mathrm{rdq}}\end{pmatrix}+\begin{pmatrix}\boldsymbol{L}_{\mathrm{sdq}}&\boldsymbol{M}_{\mathrm{srdq}}\\\boldsymbol{M}_{\mathrm{rsdq}}&\boldsymbol{L}_{\mathrm{rdq}}\end{pmatrix}\frac{\mathrm{d}}{\mathrm{d}t}\begin{pmatrix}\boldsymbol{i}_{\mathrm{sdq}}\\\boldsymbol{i}_{\mathrm{rdq}}\end{pmatrix}+\begin{pmatrix}\boldsymbol{i}_{\mathrm{sdq}}\\\boldsymbol{i}_{\mathrm{rdq}}\end{pmatrix}\frac{\mathrm{d}}{\mathrm{d}t}\begin{pmatrix}\boldsymbol{L}_{\mathrm{sdq}}&\boldsymbol{M}_{\mathrm{srdq}}\\\boldsymbol{M}_{\mathrm{rsdq}}&\boldsymbol{L}_{\mathrm{rdq}}\end{pmatrix} \tag{9-28}$$

式中，

$$\boldsymbol{u}_{\mathrm{sdq}}=\begin{pmatrix}u_{\mathrm{sd}}\\u_{\mathrm{sq}}\\u_{\mathrm{s0}}\end{pmatrix},\ \boldsymbol{u}_{\mathrm{rdq}}=\begin{pmatrix}u_{\mathrm{rd}}\\u_{\mathrm{rq}}\\u_{\mathrm{r0}}\end{pmatrix},\ \boldsymbol{i}_{\mathrm{sdq}}=\begin{pmatrix}i_{\mathrm{sd}}\\i_{\mathrm{sq}}\\i_{\mathrm{s0}}\end{pmatrix},\ \boldsymbol{i}_{\mathrm{rdq}}=\begin{pmatrix}i_{\mathrm{rd}}\\i_{\mathrm{rq}}\\i_{\mathrm{r0}}\end{pmatrix} \tag{9-29}$$

$$\boldsymbol{R}_{\mathrm{sdq}}=\begin{pmatrix}R_{\mathrm{s}}&&\\&R_{\mathrm{s}}&\\&&R_{\mathrm{s}}\end{pmatrix},\ \boldsymbol{R}_{\mathrm{rdq}}=\begin{pmatrix}R_{\mathrm{r}}&&\\&R_{\mathrm{r}}&\\&&R_{\mathrm{r}}\end{pmatrix} \tag{9-30}$$

$$\boldsymbol{L}_{\mathrm{sdq}}=\begin{bmatrix}L_{\mathrm{sd}}&&\\&L_{\mathrm{sq}}&\\&&L_{\mathrm{s0}}\end{bmatrix}=\begin{bmatrix}\frac{3}{2}M_{\mathrm{sr}}+L_{\mathrm{s}\sigma}&&\\&\frac{3}{2}M_{\mathrm{sr}}+L_{\mathrm{s}\sigma}&\\&&\mathrm{L}_{s\sigma}\end{bmatrix}=\begin{bmatrix}\mathrm{L}_s&&\\&\mathrm{L}_s&\\&&\mathrm{L}_{s\sigma}\end{bmatrix}\tag{9-31}$$

$$\boldsymbol{L}_{\mathrm{rABC}}=\begin{bmatrix}L_{\mathrm{rd}}&&\\&L_{\mathrm{rq}}&\\&&L_{\mathrm{r0}}\end{bmatrix}=\begin{bmatrix}\frac{3}{2}M_{\mathrm{sr}}+L_{\mathrm{r}\sigma}&&\\&\frac{3}{2}M_{\mathrm{sr}}+L_{\mathrm{r}\sigma}&\\&&\mathrm{L}_{r\sigma}\end{bmatrix}=\begin{bmatrix}\mathrm{L}_r&&\\&\mathrm{L}_r&\\&&\mathrm{L}_{r\sigma}\end{bmatrix}\tag{9-32}$$

$$\boldsymbol{M}_{\mathrm{srdq}}=\frac{3}{2}\begin{bmatrix}M_{\mathrm{sr}}&&\\&M_{\mathrm{sr}}&\\&&0\end{bmatrix}=\begin{bmatrix}M_{\mathrm{m}}&&\\&M_{\mathrm{m}}&\\&&0\end{bmatrix}\qquad \boldsymbol{M}_{\mathrm{rsdq}}=\boldsymbol{M}_{\mathrm{srdq}}^{\mathrm{T}}\tag{9-33}$$

因此，式(9-28) 也可以写为式(9-34)（不考虑0 轴分量）

$$\begin{pmatrix}u_{\mathrm{sd}}\\u_{\mathrm{sq}}\\u_{\mathrm{rd}}\\u_{\mathrm{rq}}\end{pmatrix}=\begin{pmatrix}R_{\mathrm{s}}&&&\\&R_{\mathrm{s}}&&\\&&R_{\mathrm{r}}&\\&&&R_{\mathrm{r}}\end{pmatrix}\begin{pmatrix}i_{\mathrm{sd}}\\i_{\mathrm{sq}}\\i_{\mathrm{rd}}\\i_{\mathrm{rq}}\end{pmatrix}+\begin{pmatrix}L_{\mathrm{s}}&&M_{\mathrm{m}}&\\&L_{\mathrm{s}}&&M_{\mathrm{m}}\\M_{\mathrm{m}}&&L_{\mathrm{r}}&\\&M_{\mathrm{m}}&&L_{\mathrm{r}}\end{pmatrix}\frac{\mathrm{d}}{\mathrm{d}t}\begin{pmatrix}i_{\mathrm{sd}}\\i_{\mathrm{sq}}\\i_{\mathrm{rd}}\\i_{\mathrm{rq}}\end{pmatrix}+$$

$$\begin{pmatrix}&-\omega L_{\mathrm{s}}&&-\omega M_{\mathrm{m}}\\\omega L_{\mathrm{s}}&&\omega M_{\mathrm{m}}&\\0&&0&\\&0&&0\end{pmatrix}\begin{pmatrix}i_{\mathrm{sd}}\\i_{\mathrm{sq}}\\i_{\mathrm{rd}}\\i_{\mathrm{rq}}\end{pmatrix}\tag{9-34}$$

转矩方程：

$$T=T_{\mathrm{L}}+K\Omega+J\frac{\mathrm{d}\Omega}{\mathrm{d}t}=pM_{\mathrm{m}}(i_{\mathrm{sq}}i_{\mathrm{rd}}-i_{\mathrm{sd}}i_{\mathrm{rq}})\tag{9-35}$$

9.3 感应电动机的矢量控制系统

感应电动机的磁场定向矢量控制系统可以基于其在 $\mathrm{d_c q_c 0}$ 坐标系下的数学模型的，分别定义电压、电流和磁链的空间矢量为

$$\vec{u}_{\mathrm{s}}=u_{\mathrm{sd}}+\mathrm{j}u_{\mathrm{sq}},\ \vec{u}_{\mathrm{r}}=u_{\mathrm{rd}}+\mathrm{j}u_{\mathrm{rq}}$$
$$\vec{i}_{\mathrm{s}}=i_{\mathrm{sd}}+\mathrm{j}i_{\mathrm{sq}},\ \vec{i}_{\mathrm{r}}=i_{\mathrm{rd}}+\mathrm{j}i_{\mathrm{rq}}$$
$$\vec{\psi}_{\mathrm{s}}=\psi_{\mathrm{sd}}+\mathrm{j}\psi_{\mathrm{sq}},\ \vec{\psi}_{\mathrm{r}}=\psi_{\mathrm{rd}}+\mathrm{j}\psi_{\mathrm{rq}}\tag{9-36}$$

式中，

$$\psi_{\mathrm{rd}}=M_{\mathrm{m}}i_{\mathrm{sd}}+L_{\mathrm{r}}i_{\mathrm{rd}},\ \psi_{\mathrm{rq}}=M_{\mathrm{m}}i_{\mathrm{sq}}+L_{\mathrm{r}}i_{\mathrm{rq}}\tag{9-37}$$

若将 d 轴放在和 $\vec{\psi}_{\mathrm{r}}$ 的轴线重合的方向，也就是将 dq 坐标系的 d 轴沿转子磁场定向，如图 9-5 所示，此时与转子绕组 rd 交链的磁链 $\vec{\psi}_{\mathrm{rd}}$ 即为转子磁链 $\vec{\psi}_{\mathrm{r}}$，由式(9-36) 可知

$$\psi_{\mathrm{rq}}=0\tag{9-38}$$

根据式(9-37) 和式(9-38) 可知

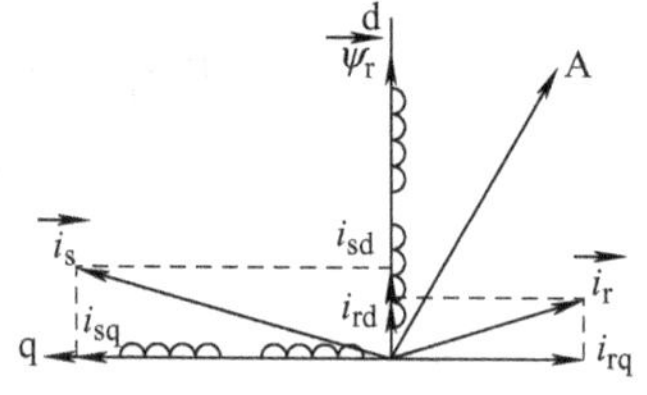

图 9-5　转子磁场定向控制示意图

$$i_{rd}=\frac{\psi_{rd}-M_m i_{sd}}{L_r},\ i_{rq}=-\frac{M_m}{L_r}i_{sq} \tag{9-39}$$

将式(9-39) 代入式(9-35)，可得

$$T=p\frac{M_m}{L_r}\psi_{rd}i_{sq} \tag{9-40}$$

可以看出，若能维持 ψ_{rd}为恒值，则 T 将与 i_{sq} 成正比。从转矩和运动控制的角度来看，感应电动机的控制已经和直流电动机相似了。由于 dq 坐标系沿转子磁场定向，所以这种矢量控制常称为转子磁场定向控制。此外，还有气隙磁场定向控制和定子磁场定向控制。

在转子磁场定向控制中，转子磁链的控制离不开转子磁链参数的获得，一般有两种方法：①直接法，如磁链估算法；②间接法，如转差频率法。图 9-6 给出了采用定子电流-转速模型的磁链估算法的感应电动机矢量控制系统框图。

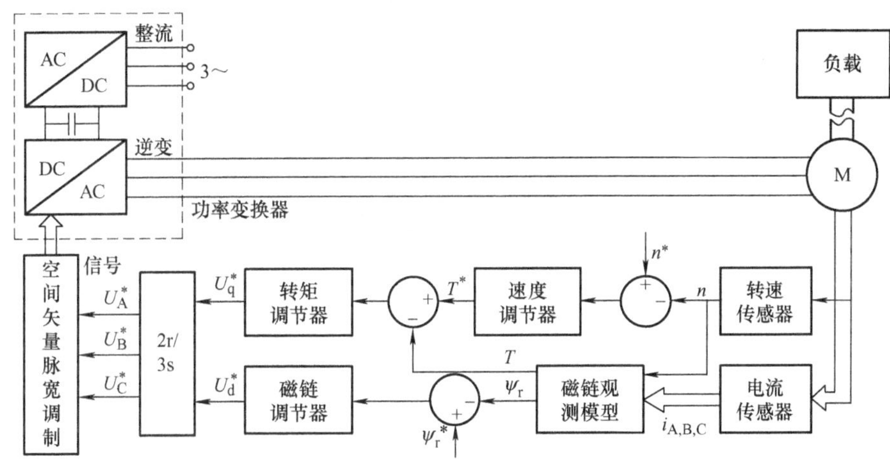

图 9-6 采用磁链估算法的转子磁场定向控制系统框图

9.4 永磁同步电动机的动态数学模型

基于前面理想电机的假设，以凸极永磁同步电动机为例进行分析，可以得到其电感特性如下：定子绕组自感和互感均可以表示为恒定分量和 2 次谐波的和，2 次谐波的出现主要因为凸极转子交直轴电感的不同，对于理想电机可以证明自感和互感 2 次谐波的幅值相等，对于隐极电机 2 次谐波幅值为零；转子上没有绕组，因此没有相关电感；所有电感都不随绕组电流大小变化。本节将通过推导坐标变换前后永磁同步电动机的动态数学模型详细阐述如何将永磁同步电动机等效为直流电动机的方法。

根据 9.2.1 介绍的坐标变换，可以得到永磁同步电动机在不同坐标系下的数学模型，这里只给出 3s 和 2r 坐标系的数学模型：

1. 3s 坐标系下

电压方程：

$$\begin{pmatrix}u_a\\u_b\\u_c\end{pmatrix}=\begin{pmatrix}R_s&&\\&R_s&\\&&R_s\end{pmatrix}\begin{pmatrix}i_a\\i_b\\i_c\end{pmatrix}+\frac{d}{dt}\begin{pmatrix}\psi_a\\\psi_b\\\psi_c\end{pmatrix} \tag{9-41}$$

式中，

$$\begin{pmatrix}\psi_a\\ \psi_b\\ \psi_c\end{pmatrix}=\begin{pmatrix}L_{aa} & M_{ab} & M_{ca}\\ M_{ab} & L_{bb} & M_{bc}\\ M_{ca} & M_{bc} & L_{cc}\end{pmatrix}\begin{pmatrix}i_a\\ i_b\\ i_c\end{pmatrix}+\psi_f\begin{pmatrix}\cos\theta\\ \cos(\theta-120°)\\ \cos(\theta+120°)\end{pmatrix} \tag{9-42}$$

$$\begin{cases}L_{aa}=L_0+L_2\cos2\theta\\ L_{bb}=L_0+L_2\cos2(\theta-120°)\\ L_{cc}=L_0+L_2\cos2(\theta+120°)\end{cases}\quad\begin{cases}M_{ab}=M_0+L_2\cos2(\theta+120°)\\ M_{bc}=M_0+L_2\cos2\theta\\ M_{ca}=M_0+L_2\cos2(\theta-120°)\end{cases} \tag{9-43}$$

转矩方程：

$$T=T_L+K\Omega+J\frac{d\Omega}{dt}=-pL_2[i_a^2\sin2\theta+i_b^2\sin(2\theta+120°)+i_c^2\sin(2\theta-120°)+2i_ai_b\sin(2\theta-120°)+2i_bi_c\sin2\theta+2i_ci_a\sin(2\theta+120°)] \tag{9-44}$$

2. 2r 坐标系下

根据坐标变换矩阵式(9-21) 将式(9-38) 用2r坐标系下的参数表示，可得

电压方程：

$$\begin{pmatrix}u_d\\ u_q\end{pmatrix}=\begin{pmatrix}R_s & -\omega L_q\\ \omega L_d & R_s\end{pmatrix}\begin{pmatrix}i_d\\ i_q\end{pmatrix}+\frac{d}{dt}\begin{pmatrix}\psi_d\\ \psi_q\end{pmatrix}+\begin{pmatrix}0\\ \omega\psi_f\end{pmatrix} \tag{9-45}$$

式中，

$$\begin{pmatrix}\psi_d\\ \psi_q\end{pmatrix}=\begin{pmatrix}L_d & \\ & L_q\end{pmatrix}\begin{pmatrix}i_d\\ i_q\end{pmatrix}+\begin{pmatrix}\psi_f\\ 0\end{pmatrix} \tag{9-46}$$

转矩方程：

$$T=T_L+K\Omega+J\frac{d\Omega}{dt}=p[\psi_f i_q+(L_d-L_q)i_d i_q] \tag{9-47}$$

式中，对于隐极永磁同步电动机，$L_d=L_q$。

9.5 永磁同步电动机的矢量控制系统

永磁同步电动机的d轴总是位于和永磁体N极轴线重合的位置，根据式(9-45) 可知，保持 i_d 不变，控制 i_q 就可以获得与 i_q 近似呈线性关系的电磁转矩。这就是永磁同步电动机的转子励磁磁场定向控制理论。

图9-7给出了永磁同步电动机转子励磁磁场定向控制系统框图。其中控制 $i_d=0$ 因为实现简单，无需复杂的定向磁链观测器，在工程中应用广泛。但是当转速要求较高时，电动机端电压已经达到最大值时，而永磁同步电动机的永磁体励磁磁势无法调节，需要增加定子直轴去磁电流分量来维持高速运行时电压的平衡，即 $i_d\neq0$ 的弱磁扩速控制。根据永磁同步电动机用途不同，矢量控制方法也各不相同，有恒磁链控制、最大转矩/电流控制、最大输出功率控制、$\cos\varphi=1$ 控制等，i_d 的取值依据也因此各不相同。

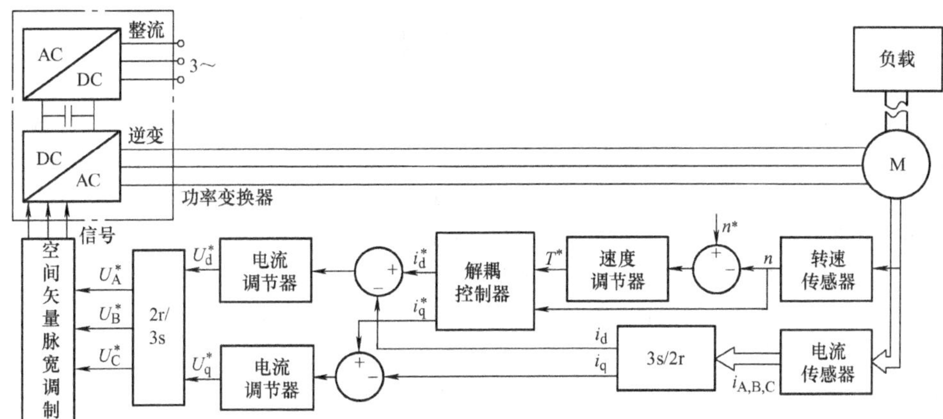

图 9-7　永磁同步电动机转子磁场定向控制系统框图

本章小结

交流旋转电机的伺服控制系统是对电动机定子电流矢量相位和幅值的控制，最终实现对转矩的控制，在电动机稳态运行和瞬态运行时都适用。

本章在介绍它的控制原理时，推导了类似直流电动机的电磁转矩表达式，表明了电磁转矩与磁通以及转子电流的关系。由转矩公式可以作出交流伺服电动机的机械特性，即 $T=f(s)$ 曲线，为了满足系统要求，机械特性曲线应具有下垂特性，且非线性度要小。以感应电动机和正弦永磁同步电动机为例，介绍了矢量控制的基本思想，说明了如何通过坐标变换实现交流电动机像直流电动机那样进行转矩控制，给出了变换前后电动机的数学模型。

思考题

9-1　为什么要进行坐标变换？它对感应电动机的控制有什么意义？

9-2　说明转子磁场定向控制的基本原理。

9-3　说明永磁同步电动机转子励磁磁场定向控制的基本原理。

9-4　请写出永磁同步电动机在 dq0 坐标系下的数学模型。

习题

9-1　试阐述感应电动机的电感特点，以及感应电动机伺服控制系统期望的电感特点。

9-2　已知一台感应电动机的三相电流表达式如下（单位：A）：

$$\begin{cases} i_A = 60\cos(\omega t) \\ i_B = 60\cos(\omega t - 120°) \\ i_C = 60\cos(\omega t + 120°) \end{cases}$$

请写出电流在 αβ0 坐标系下和 dq0 坐标系下的表达式。

9-3　试推导永磁同步电动机在 dq0 坐标下的电感矩阵表达式。

参 考 文 献

[1] CHAPMAN S J. 电机学：第五版 [M]. 刘新正，苏少平，高琳，等译. 北京：电子工业出版社，2012.

[2] UMANS S D. 电机学：第七版 [M]. 刘新正，苏少平，高琳，译. 北京：电子工业出版社，2014.

[3] 阎治安，苏少平，崔新艺. 电机学 [M]. 3 版. 西安：西安交通大学出版社，2016.

[4] 汪国梁. 电机学 [M]. 北京：机械工业出版社，2004.

[5] 胡虔生，胡敏强. 电机学 [M]. 北京：中国电力出版社，2009.

[6] 汤蕴璆，史乃，姚守猷，等. 电机学 [M]. 西安：西安交通大学出版社，1993.

[7] 艾维超. 电机学：上册 [M]. 北京：机械工业出版社，1988.

[8] 艾维超. 电机学：下册 [M]. 北京：机械工业出版社，1991.

[9] 汤蕴璆. 电机学：机电能量转换 [M]. 北京：机械工业出版社，1986.

[10] 何秀伟. 三相与单相异步电机 [M]. 西安：陕西科学技术出版社，1981.

[11] 陈宗穆. 变压器原理与应用 [M]. 长沙：湖南大学出版社，1987.

[12] 李树棠. 变压器基础知识 [M]. 西安：陕西人民出版社，1980.

[13] 贺益康，许大中. 电机控制 [M]. 3 版. 杭州：浙江大学出版社，2010.

[14] 徐大平，柳亦兵，吕跃刚. 风力发电原理 [M]. 北京：机械工业出版社，2011.

[15] 高景德，王祥珩，李发海. 交流电机及其系统的分析 [M]. 2 版. 北京：清华大学出版社，2005.

[16] 唐任远. 现代永磁电机理论与设计 [M]. 北京：机械工业出版社，2017.

[17] 唐任远. 特种电机原理及应用 [M]. 北京：机械工业出版社，2010.